Droit des sociétés

COURS DALLOZ

Série Droit privé

Sous la direction de Marie-Anne Frison-Roche
Professeur à Sciences Po (Paris)

DROIT DES SOCIÉTÉS

10e édition

2022

Véronique Magnier
Professeur à l'Université Paris-Saclay

DALLOZ

DALLOZ

31-35, rue Froidevaux - 75685 Paris Cedex 14

ISBN 978-2-247-20646-9
978-2-247-20970-5

Abréviations

Sigles juridiques

AMF	Autorité des marchés financiers
ANSA	Association nationale des sociétés par actions
BALO	*Bulletin des annonces légales obligatoires*
BODACC	*Bulletin officiel des annonces civiles et commerciales*
CMF	Conseil des marchés financiers
COB	Commission des opérations de bourse
EARL	Entreprise agricole à responsabilité limitée
EURL	Entreprise unipersonnelle à responsabilité limitée
GEIE	Groupement européen d'intérêt économique
GIE	Groupement d'intérêt économique
OPA	Offre publique d'achat
OPE	Offre publique d'échange
SA	Société anonyme
SARL	Société à responsabilité limitée
SAS	Société par actions simplifiée
SASU	Société par actions simplifiée unipersonnelle
SNC	Société en nom collectif

Revues

Bull. Joly	*Bulletin Joly Sociétés*
Bull. Joly Bourse	*Bulletin Joly Bourse*

Communic. ANSA	*Communication ANSA*
D.	*Recueil Dalloz*
Cah. dr. aff.	*Recueil Dalloz, cahier droit des affaires*
Doc. fr.	*Documentation française*
Dr sociétés	*Droit des sociétés*
Dr et patr.	*Droit et patrimoine*
JCP	*Juris-Classeur, édition Générale*
JCP E	*Juris-Classeur, édition Entreprise*
JCP N	*Juris-Classeur, édition Notariale*
LPA	*Les Petites affiches*
RJ com.	*Revue de jurisprudence commerciale*
RJDA	*Revue de jurisprudence de droit des affaires*
RLDA	*Revue Lamy Droit des affaires*
Rev. Banque	*Revue Banque*
Rev. sociétés	*Revue des sociétés*
S.	*Sirey*

INTRODUCTION

1 **L'importance et la diversité des sociétés.** Depuis l'Antiquité, les sociétés n'ont cessé d'être l'instrument juridique privilégié par les entrepreneurs pour exercer leur activité. Leur développement a été parallèle à celui des découvertes et des progrès industriels ou scientifiques[1]. Du point de vue économique, leur capacité à réunir activités, crédit et capitaux, leur permet de réaliser des opérations commerciales de bien plus grande envergure que les entreprises individuelles[2]. Le mouvement de concentration qui caractérise l'économie moderne accentue le phénomène en conduisant à la constitution de véritables groupes de sociétés de dimension internationale. La société est bien l'outil par excellence du progrès économique.

Une première raison tient à des motivations économiques : la société est le moyen de réunir des capitaux, de les accroître et d'offrir ainsi une capacité financière suffisante pour inspirer confiance et pouvoir, à son tour, obtenir plus facilement du crédit auprès des établissements bancaires et financiers.

1. Sous l'Antiquité, les marchands phéniciens constituaient des sociétés de navire pour répartir le risque « à la grosse aventure » que constituaient les traversées en mer. Au Moyen-Âge ont été créées des sociétés permettant de dissocier le risque des associés en fonction de leur intérêt dans la société, appelée société en commandite. Le développement du machinisme industriel au XIXe siècle s'est accompagné de la naissance de ce « merveilleux instrument du capitalisme » qu'est la société anonyme selon G. Ripert, *Aspects juridiques du capitalisme moderne*, 2e éd., LGDJ, 1951.

2. Celles-ci restent néanmoins les plus nombreuses. Elles représentent environ la moitié des entreprises françaises selon l'INSEE.

Mais la constitution d'une entreprise en société répond aussi à des motivations juridiques, qu'elles soient d'ordre patrimonial, fiscal ou social. Ainsi, la société est-elle un moyen pour l'entrepreneur d'affecter une certaine partie de ses biens à ses affaires en mettant à l'abri sa fortune personnelle, bien que cela soit surtout vrai pour les sociétés à l'occasion desquelles la responsabilité des associés est limitée à leurs apports. C'est aussi le moyen de transmettre une entreprise d'une manière moins onéreuse et plus simple. Alors que dans le cadre d'une entreprise individuelle, le décès du commerçant entraîne la disparition de l'exploitation, la société survit à ses fondateurs, soit que les associés en aient décidé ainsi, soit même que la continuation de la société ne dépende pas des personnes qui la composent.

Par ailleurs, la transmission d'une entreprise exploitée sous forme sociétaire s'opère par la cession de parts sociales ou d'actions, à des conditions fiscales avantageuses comparées à celle d'autres biens, comme le fonds de commerce[1]. En outre, l'entreprise en société peut être soumise à l'impôt sur les sociétés dont le régime est souvent intéressant pour les associés. Enfin, les dirigeants de sociétés peuvent bénéficier, sous certaines conditions, d'abattements fiscaux octroyés aux salariés, et, pour la plupart d'entre eux, le statut social avantageux de salarié leur est applicable.

De nouveaux mécanismes, institués par des lois récentes, ont pu faire penser que l'intérêt pour les sociétés allait s'estomper. Il s'agit en particulier de la fiducie[2] (C. civ., art. 2011) et de l'entrepreneur individuel à responsabilité limitée (C. com., art. L. 526-6)[3]. Les limites imposées à ces mécanismes, qui s'expliquent par le souhait du législateur de ne pas rejeter totalement la théorie du patrimoine telle qu'elle a été élaborée par Aubry et Rau au début du XXe siècle, constituent aujourd'hui des obstacles importants à leur

1. Les transmissions successorales s'opèrent souvent en apportant un bien en société, avec réserve d'usufruit pour les parents. Ensuite, les parts sociales sont réparties entre les enfants, par donation-partage.
2. La fiducie a été instituée par une loi du 19 févr. 2007, modifiée par la loi de modernisation de l'économie du 4 août 2008, elle-même réformée par une ordonnance du 30 janv. 2009.
3. L'entrepreneur individuel à responsabilité limité a été institué par une loi du 15 juin 2010.

mise en œuvre et justifient que le recours à la société soit encore très marqué.

Toutes ces raisons constituent autant de motifs justifiant l'adoption de la société comme forme juridique de l'entreprise. Cette importance donnée à l'institution explique l'intérêt porté aux sociétés par le législateur.

2 **Les sources du droit des sociétés.** Les règles applicables aux sociétés se trouvent dans le Code civil et dans le Code de commerce. Les textes d'origine ne posaient que quelques principes. Le législateur est intervenu par la suite pour réglementer, en dehors de toute codification, les sociétés commerciales, parallèlement à leur développement. Une loi du 24 juillet 1867 d'inspiration plutôt libérale est venue réunir les diverses dispositions applicables aux sociétés par actions. Elle a été complétée par une loi de 1925 consacrant l'existence des sociétés à responsabilité limitée en droit français. Ces lois furent abrogées par la très importante loi du 24 juillet 1966 qui rassembla alors la réglementation applicable à l'ensemble des sociétés commerciales. Ce texte fut amendé à maintes reprises. Formellement abrogée par une ordonnance du 18 septembre 2000, la loi de 1966 et ses réformes successives figurent aujourd'hui dans la partie législative du nouveau Code de commerce[1]. Sur le fond, avec cinquante années de recul, le droit des sociétés ne se lit plus comme au temps de la loi de 1966[2].

Il convient de rappeler quelques réformes importantes qui ont succédé à la loi de 1966. Une loi du 4 janvier 1978 a opéré une refonte du titre IX du livre III du Code civil consacré au contrat de société. Elle a réuni en quelques articles, les articles 1832 à 1844-17 du Code civil, les dispositions générales applicables à toutes les sociétés en l'absence de texte particulier y dérogeant. Ce corps de règles constitue le droit commun des sociétés, par

1. Une loi du 16 décembre 1999 a habilité le gouvernement à procéder par ordonnance à l'adoption de la partie législative de certains Codes dont le Code de commerce. La codification a été opérée à droit constant. Pour une appréciation critique de ce texte, v. D. Bureau et N. Molfessis, « Le nouveau Code de commerce ? Une mystification », *D.* 2001. Chron. 361. La loi n° 2001-1168 du 11 décembre 2001 portant mesures urgentes de réformes à caractère économique et financier (MURCEF) contient des dispositions relatives aux sociétés apportant des corrections aux erreurs matérielles effectuées lors de la codification.

2. A. Couret, « L'état du droit des sociétés, 50 ans après la loi du 24 juillet 1966 », *Bull. Joly*, juill. 2016, 433.

opposition à un droit spécial applicable à chaque type de sociétés. Cette loi du 4 janvier 1978 a par ailleurs réformé le droit des sociétés civiles (C. civ., art. 1845 à 1870-1) en alignant leur régime sur celui des sociétés commerciales, selon un phénomène classique d'enrichissement du droit civil par d'autres branches du droit privé.

La loi du 1er mars 1984 sur la prévention des difficultés des entreprises est venue renforcer le contrôle de la gestion des sociétés. D'autres encore ont consacré la naissance de nouvelles formes de sociétés telles la loi du 11 juillet 1985 créant l'entreprise unipersonnelle à responsabilité limitée, ou la loi du 3 janvier 1994 créant la société par actions simplifiée. D'autres lois sont venues régir différents types particuliers de sociétés, telles les sociétés d'exercice libéral, les sociétés coopératives, les sociétés agricoles.

Un important mouvement de réforme, inspiré par le gouvernement d'entreprise d'origine anglo-américaine, a conduit à la loi sur les nouvelles régulations économiques du 15 mai 2001. Ce mouvement tend à renforcer l'exigence de transparence et à assurer une meilleure répartition des pouvoirs au sein des grandes sociétés commerciales, principalement les sociétés anonymes[1]. Parallèlement la loi sur la sécurité financière[2] du 1er août 2003, de même que la loi pour la confiance et la modernisation de l'économie du 26 juillet 2005[3] sont venues renforcer le contrôle sur les sociétés cotées et la transparence des marchés financiers. Dans le même temps, une politique en faveur des petites et moyennes entreprises a permis d'assouplir le régime de certaines sociétés[4], d'approfondir le mouvement général de dépénalisation du droit

1. L. n° 2001-420, 15 mai 2001 (*JO* 16 mai, p. 7776) ; v. A. Viandier, *Sociétés et loi NRE*, Dossiers pratiques Francis Lefebvre, 2001 ; D. Bureau, *Bull. Joly* 2001. 553 ; *Rev. sociétés* 2001, n° 3, numéro spécial *Nouvelles régulations économiques*.

2. Comm. A. Lienhard, *D.* 2003. 1996 ; H. Le Nabasque, *Bull. Joly* 2003. 859 ; D. Schmidt, *D.* 2003. 2618 ; aj. *Le droit des sociétés pour 2004*, Dalloz, 2004 ; « Sécurité et droit des affaires après la loi sur la sécurité financière », *Rev. sociétés* 2003. 719 ; *La loi sur la sécurité financière*, Rev. Banque éd., 2004.

3. V. B. Saintourens, *Rev. sociétés* 2005. 527, spéc. 554.

4. Pour les SARL, voir L. 1er août 2003 (A. Lienahrd, *D.* 2003. 1900 ; P. Le Cannu, *Rev. sociétés* 2003. 409) ; Ord. 25 mars 2004 (A. Lienhard, *D.* 2004. 930 ; H. Lécuyer, *LPA* 16 avr. 2004, n° 77, 4); L. 2 août 2005 (B. Saintourens, *Rev. sociétés* 2005. 527) ; pour les SARL, les SA et les SAS, v. L. 4 août 2008 (B. Saintourens, *Rev. sociétés* 2008. 477 ; J.-F. Barbièri, *Bull. Joly* 2008. 560).

des sociétés[1] et de simplifier le régime des valeurs mobilières émises par les sociétés par actions[2]. Pas moins de quatre lois visant à « simplifier » le droit des sociétés ont été promulguées entre 2007 et 2012[3]. Inversement, la crise financière de la fin des années 2000 a conduit à renforcer les contrôles sur les sociétés dont les titres sont négociés sur les marchés réglementés. De nouveaux aspects de la gouvernance s'imposent, telle la responsabilité sociale et environnementale des entreprises, qui débordent aujourd'hui le seul domaine des sociétés cotées pour s'appliquer aux sociétés de grande taille, qu'elles relèvent du secteur public ou privé. Ces évolutions intègrent de plus en plus d'exigences d'ordre éthique dans le droit des sociétés, comme en témoignent la loi n° 2016-1691 du 9 décembre 2016, dite loi *Sapin II* et la loi n° 2017-399 du 27 mars 2017, *relative au devoir de vigilance des sociétés mères et entreprises donneuses d'ordre.* Ces textes imposent la mise en place de codes de conduite ainsi que des dispositifs de contrôle externes aux sociétés concernées permettant de s'assurer de l'efficacité de ces mesures[4].

Il convient de souligner également l'influence de plus en plus forte exercée par ***le droit européen.*** À ce jour, plus d'une dizaine de directives communautaires relatives aux sociétés ont été édictées sur la base de l'article 50 § 2 g du Traité sur le fonctionnement de l'Union européenne (TFUE, ex. art. 44 § 2 g TCE) et transposées en droit français. Alors que les premières directives visent tout particulièrement la protection des tiers et des associés (réduction des causes de nullité dans les grandes sociétés et inopposabilité aux tiers des clauses statutaires limitant les pouvoirs

1. J.-M. Coulon (dir.), *La dépénalisation de la vie des affaires, Doc. fr.*, coll. « Rapports officiels », 2008 ; *D.* 2008. 532 et 864 ; H. Matsopoulou, *Rev. sociétés* 2008. 1 ; *JCP E* 2008. Act. 149 ; *Banque et droit* 2008, n° 118, 30.
2. Ord. n° 2004-604, 24 juin 2004 portant réforme du régime des valeurs mobilières émises par les sociétés commerciales ; A. Couret, H. Le Nabasque (dir.), *Valeurs mobilières, augmentations de capital : nouveau régime*, Éd. Francis Lefebvre, 2004.
3. L. n° 2007-1787, 20 déc. 2007 relative à la simplification du droit ; L. n° 2009-526, 12 mai 2009 de simplification et de clarification du droit et d'allègement des procédures ; L. n° 2011-525, 17 mai 2011 de simplification et d'amélioration de la qualité du droit ; L. n° 2012-387, 22 mars 2012 relative à la simplification du droit et à l'allègement des démarches administratives (dite loi *Warsmann II*).
4. V. V. Magnier (dir.), Dossier *Les codes d'éthiques, un nouveau défi pour les entreprises*, Cah. dr. l'entr., juill.-août 2014.

des dirigeants), les dernières marquent une plus grande ambition : réglementation des fusions et des scissions à l'échelon interne et communautaire, unification à l'échelle européenne des règles comptables pour les sociétés et les groupes de sociétés, encadrement des OPA au sein de l'Union[1]. La mise en place d'un statut de société européenne à compter du 8 octobre 2004, intégré au droit français par la loi du 26 juillet 2005, ainsi que le projet d'instituer une société privée européenne auront également une influence forte sur l'harmonisation du droit des sociétés en Europe[2]. Les directives européennes les plus récentes modifient plus encore le régime des sociétés cotées, dans le prolongement du mouvement du *gouvernement d'entreprise*, multipliant les régimes dérogatoires altérant la cohérence du droit des sociétés. Aussi convient-il de citer deux directives importantes en matière de gouvernance des sociétés cotées, la directive n° 2007/36/CE du 11 juillet 2007 concernant l'exercice de certains droits des actionnaires de sociétés cotées[3] et la directive n° 2017/828/UE du 17 mai 2017 (dite directive *Actionnaires II*), modifiant la directive 2007/36/CE en vue de promouvoir l'engagement à long terme des actionnaires[4]. Les institutions européennes orientent désormais leur œuvre d'harmonisation dans le sens d'une responsabilité élargie des sociétés-mères à l'égard de leurs filiales et plus largement dans la chaîne d'approvisionnement, à l'instar d'un devoir de vigilance[5].

Une autre source d'inspiration provient de l'élaboration progressive d'un ***droit boursier***[6]. À la suite de l'ordonnance du

---

1. La directive OPA du 21 avril 2004 a été transposée en droit français par la loi n° 2006-387 du 31 mars 2006, elle-même modifiée par la la loi n° 2014-384 du 29 mars 2014 (Loi *Florange*).
2. Règl. CE n° 2157-2001 relatif à la société européenne, 8 oct. 2001. V. K. J. Hopt *et al.*, *La société européenne*, Dalloz, 2003. Aj. K. Rodriguez, « L'attractivité, nouvelle perspective du droit national des sociétés », *Bull. Joly* 2004. 330.
3. V., pour la transposition de la directive 2007/36/CE en France, V. Magnier, *Rev. sociétés* 2011. 267.
4. A. Couret, « Révision de la directive droits des actionnaires », *Bull. Joly*, juin 2017, p. 406.
5. Le Parlement européen a adopté le 10 mars 2021 une résolution contenant des recommandations sur le devoir de vigilance et la responsabilité des entreprises (Résolution du Parlement européen du 10 mars 2021 contenant des recommandations à la Commission sur le devoir de vigilance et la responsabilité des sociétés-mères [2020/2129(INL)]) qui invite la Commission à prendre un acte législatif en ce sens. *Adde* C. Coupet, « Le printemps des devoirs de vigilance », *Bull. Joly Soc.*, avr. 2021, p. 1.
6. A. Pietrancosta, *Le droit des sociétés sous l'influence du droit financier et du droit boursier*, CD Rom. 2000, éd. Hyperthèses, 2003.

28 septembre 1967 instituant la Commission des opérations de Bourse (COB), une loi du 2 août 1989, relative à la sécurité et à la transparence du marché financier, a largement étendu les pouvoirs de la COB, devenue depuis la loi sur la sécurité financière, l'Autorité des marchés financiers (AMF). À l'origine d'un règlement général, celle-ci est amenée à jouer un rôle considérable non seulement dans la surveillance des marchés et l'élaboration de nouveaux instruments financiers, mais aussi dans celle des sociétés cotées. Cette régulation s'appuyait sur la directive européenne du 10 mai 1993 sur les services d'investissement en valeurs mobilières transposée par la loi de modernisation des activités financières du 2 juillet 1996, puis la directive 2004/39/CE concernant les marchés d'instruments financiers transposée en droit français par l'ordonnance du 12 avril 2007, elle-même objet d'une refonte en profondeur à la suite de la crise financière mondiale[1]. L'ensemble des textes législatifs relevant du droit boursier a fait l'objet d'une codification à droit constant et figure désormais dans le Code monétaire et financier[2].

La crise financière de 2008-2009 ayant profondément et gravement affecté l'économie réelle, le droit financier a été réformé. Afin de renforcer la supervision des acteurs et des marchés financiers, et dans le but de soutenir le financement de l'économie pour accompagner la reprise, la loi de régulation bancaire et financière du 22 octobre 2010 a ainsi modifié en les élargissant les missions et pouvoirs de l'AMF[3] et apporté des modifications non négligeables au droit des offres publiques[4].

Un mouvement de simplification du droit des sociétés a été tenté, comme en témoignent de nombreux textes récents dont l'objectif est de renforcer l'attractivité de la place financière

1. Directive 2014/65/UE du Parlement européen et du Conseil du 15 mai 2014 concernant les marchés d'instruments financiers (MiFiD) modifiant la directive 2002/92/CE et la directive 2011/61/UE, JOUE L 173 du 12.05.2014 ; A.-C. Muller, « Marchés d'instruments financiers », *Rev. dr. banc. fin.*, 2014, n° 187, p. 52 ; H. Boucheta, « Les nouvelles bases de la réglementation financière », *Bull. Joly Bourse*, nov. 2014, 545 ; Th. Bonneau *et alii*, « Dossier : MIF II », *Rev. dr. banc. fin.*, 2014, n° 58 s., p. 113.

2. Le Code monétaire et financier, qui comprend de nombreuses dispositions intéressant le droit des sociétés cotées a été instauré par l'ordonnance du 14 décembre 2000.

3. V. ss 606.

4. V. ss 724. Sur cette loi, v. H. Le Nabasque, *Rev. sociétés* 2010. 547 ; Th. Bonneau, *Dr. sociétés* 2011. 7.

française et de réformer divers aspects du droit des sociétés tout en le simplifiant : ordonnance du 25 mars 2004 portant simplification du droit et des formalités pour les entreprises[1] ; loi n° 2011-525 du 17 mai 2011 portant simplification du droit ; loi n° 2012-387 du 22 mars 2012 relative à la simplification du droit et à l'allégement des démarches administratives ; ordonnance n° 2014-86 du 30 janvier 2014 allégeant les obligations comptables des micro-entreprises et petites entreprises ; ordonnance n° 2014-863 du 31 juillet 2014 relative au droit des sociétés, prise en application de l'article 3 de la loi n° 2014-1 du 2 janvier 2014 habilitant le gouvernement à simplifier et sécuriser la vie des entreprises,[2] ; loi du 29 décembre 2014 relative à la simplification de la vie des entreprises... Cette multiplicité de textes aboutit souvent à alourdir les dispositions du droit des sociétés et à faire perdre à ce dernier sa cohérence, l'objectif de simplification n'étant pour autant pas toujours atteint.

La loi n° 2019-486 du 22 mai 2019 dite loi *PACTE* (pour « plan d'action sur la croissance et la transformation des entreprises ») n'échappe pas à ce travers. S'inspirant fortement du rapport Notat-Sénard[3], cette loi très ambitieuse à y observer ses objectifs (*faire grandir les entreprises pour qu'elles créent plus d'emplois et redéfinir la place de l'entreprise dans la société afin de mieux associer les salariés*[4]) se décline en trois chapitres : des entreprises libérées (I), des entreprises innovantes (II), des entreprises plus justes (III). Ses mesures hétérogènes ont pour objet de faciliter la création d'entreprise et de réformer durablement le droit des sociétés. En particulier la réécriture des articles 1833 et 1835 du Code civil vise à affirmer le rôle central de l'entreprise dans la société civile, à consacrer l'intérêt social et à engager les sociétés à prendre en considération les enjeux sociaux et environnementaux de leur activité. Au-delà de ces réformes de fond, beaucoup

1. V. A. Lienhard, *D.* 2004. 930 et H. Lécuyer, *LPA* 16 avr. 2004, p. 4.
2. *JO* du 2 août 2014, 12814. V. V. Magnier, « Du choc de simplification au poids des réformes », *RLDA*, avr. 2014, n° 92, 3.
3. Rapport de N. Notat et J.D. Sénard, « L'entreprise, objet d'intérêts collectifs », *Doc. fr.* 2018.
4. *JO* n° 0119 du 23 mai 2019, Loi n° 2019-486, exposé des motifs.

d'autres dispositions plus techniques sont réformées, modifiant les règles afférant aux commissaires aux comptes et à leur rôle dans le contrôle des conventions réglementées, ou encore celles portant sur la rémunération des dirigeants. L'avenir dira si la pratique des sociétés, notamment les sociétés commerciales, s'en trouve fortement modifiée ou non[1].

3 **Interrogations sur le droit des sociétés.** Ainsi, le droit des sociétés français se présente sous la forme d'une réglementation pléthorique, souvent *tatillonne*, soumise à des influences diverses. Certains auteurs n'ont d'ailleurs pas manqué de souligner les inconvénients de réformes opérées au coup par coup sans vision d'ensemble[2]. À cela vient s'ajouter la réforme du droit des contrats qui a des incidences sur les solutions du droit des sociétés[3]. Ni l'œuvre de codification du droit des sociétés, il est vrai à droit constant, ni les réformes n'ont permis une modernisation en profondeur du droit des sociétés. Pourtant, le droit des sociétés n'a pas manqué de faire l'objet de réflexions approfondies en ce sens[4]. À défaut d'une réelle modernisation, les lois récentes ont nettement simplifié le régime des PME. À l'inverse, les grandes sociétés, en particulier les sociétés cotées sont soumises à une réglementation de plus en plus stricte et harmonisée à l'échelle européenne.

4 **Nature et typologie des sociétés.** Traditionnellement, la société s'analysait en un contrat librement consenti par les associés dans lequel leurs intérêts devaient prévaloir. Une seconde conception, institutionnelle, conçoit la société comme un groupement autonome, dont l'intérêt ne se limite pas à celui des seuls associés. Depuis toujours, ces conceptions s'opposent et constituent la ligne de partage dans la typologie des sociétés[5].

---

1. V. H. Le Nabasque (coord.), « Loi PACTE et droit des sociétés », *Bull. Joly Soc.*, 2019, n° 6, p. 33.
2. Y. Guyon, « L'évolution récente des assemblées d'actionnaires en droit français », in *Mélanges Flattet*, Lausanne, 1985, p. 39 ; B. Oppetit, *Les tendances actuelles du droit français des sociétés*, Journées de la société de législation comparée, 1989, p. 105-118.
3. Des questions nouvelles concernant la capacité et la représentation des sociétés personnes morales, les avants-contrats, l'abus de dépendance, la notion de « déséquilibre significatif » et celle d'imprévision... sont susceptibles d'avoir une incidence sur le droit des sociétés ; v. Dossier « Le droit des sociétés et la réforme du droit des contrats », dir. H. Le Nabasque, *Bull. Joly*, sept. 2016, p. 508.
4. Ph. Marini (dir.), *La modernisation du droit des sociétés*, rapport au Premier ministre, *Doc. fr.*, 1996.
5. Un troisième courant doctrinal, connu sous le nom de l'École de Rennes, conçoit la société comme une « technique d'organisation de l'entreprise ». V. J. Paillusseau, « Le droit de la personne morale »,

Une première distinction consiste à opposer les sociétés à l'occasion desquelles le risque des associés est illimité et celles qui permettent aux associés de limiter les risques qu'ils encourent. Dans les premières, les associés sont tenus de répondre indéfiniment et solidairement des dettes de la société[1]. À l'inverse, dans les secondes, les associés sont tenus au paiement de la dette sociale proportionnellement à leur participation dans le capital social[2]. Cette distinction est proche d'une autre distinction, celle opérée entre les sociétés de personnes et les sociétés de capitaux. Tandis que dans les premières, l'élément essentiel réside dans la personne de l'associé *(intuitu personae)*, dans les secondes, la personne de l'associé compte moins que les capitaux qu'il apporte. Ces distinctions ont été reprises dans la loi de 1966 qui assortit les sociétés de personnes d'un régime souple et peu contraignant et soumet les sociétés de capitaux à des règles strictes et contraignantes, sans faire de véritable distinction, parmi ces dernières, entre le régime des sociétés dont les titres sont cotés et celles qui ne sont pas cotées.

Or il convient de constater un certain recul des distinctions opérées traditionnellement au sein des sociétés commerciales et, parallèlement, l'apparition de nouveaux critères.

5 **Distinction nouvelle.** La pratique sociétaire fait en effet apparaître que des aménagements conventionnels, en marge du droit positif, ont conduit à un mélange des genres. La doctrine a relevé la résurgence d'éléments contractuels au sein de la société-institution[3]. C'est ainsi notamment que, dans certaines sociétés de capitaux, des clauses d'agrément ou de préemption permettent de réintroduire un certain *intuitus personae*. La société, même anonyme, se rapproche alors de la société de personnes. La plus parfaite illus-

RTD civ. 1993. 705. Un auteur voit dans le droit positif une consécration implicite de cette école : C. Lapeyre, « La nature de la société depuis la loi sur les nouvelles régulations économiques », *Bull. Joly* 2004, p. 21.

1. Il s'agit principalement des sociétés en nom collectif.
2. Il s'agit des sociétés par actions et des SARL.
3. Y. Guyon, *Traité des contrats, Sociétés (aménagements statutaires et conventions entre associés)*, 5e éd., LGDJ, 2002 ; J. Mestre, « La société est bien encore un contrat », in *Mélanges Mouly*, Litec, 1998, vol. 2, p. 131 ; R. Libchaber, « La société, contrat spécial », in *Mélanges Jeantin*, Dalloz, 1999, p. 281 ; P. Didier, « Brèves notes sur le contrat-organisation », in *Mélanges Terré*, Dalloz - Puf - Juris-Classeur, 1999, p. 635.

tration de ce mouvement est la consécration de la société par actions simplifiée. À l'inverse, les clauses de continuation de la société malgré le décès d'un associé permettent, dans les sociétés de personnes, d'écarter une cause de dissolution propre à ces sociétés, celle fondée sur le décès de l'un des associés[1].

La prise en compte de ces pratiques, ainsi que leur nécessaire encadrement appelleraient une différentiation plus marquée de la réglementation selon la taille des sociétés et la composition de leur actionnariat : un regroupement des formes de sociétés autour d'un statut simplifié et contractuel applicable à toutes les sociétés distinct d'un statut plus complexe et plus contraignant régissant les sociétés dont les titres sont négociés sur les marchés financiers[2]. Ce dernier régime est complété par une réglementation boursière soucieuse de protéger l'épargnant au-delà de l'actionnaire. Sans parvenir à une *summa divisio* aussi nette entre sociétés cotées et sociétés non cotées, une ordonnance du 16 septembre 2020[3] amorce néanmoins une évolution en ce sens en insérant un nouveau chapitre dans le Livre II du Code de commerce, intitulé « Des sociétés dont les titres sont admis aux négociations sur un marché réglementé ou sur un système multilatéral de négociation ». La typologie des sociétés n'en devient pas plus claire puisque, entre-temps, un certain nombre de règles propres, à l'origine, aux sociétés cotées ont été étendues aux sociétés de grande taille. Le critère de cotation doit donc se combiner avec le critère de la taille des sociétés créant une certaine confusion dans le droit spécial des sociétés commerciales[4].

6 **Plan.** En l'état actuel du droit positif, il apparaît que les sociétés obéissent à deux types de règles, le droit commun des sociétés, complété pour chaque forme d'entre elles, d'un droit spécial.

1. En droit fiscal, la distinction entre sociétés de personnes et sociétés de capitaux reste importante : les premières relèvent en principe de l'impôt sur le revenu, tandis que les secondes sont soumises à l'impôt sur les sociétés.
2. M.-A. Frison-Roche, « La distinction des sociétés cotées et des sociétés non cotées », in *Mélanges AEDBF-France*, Banque Éd., 1997, p. 189.
3. Ordonnance n° 2020-1142 du 16 septembre 2020 portant création, au sein du Code de commerce, d'un chapitre relatif aux sociétés dont les actions sont admises aux négociations sur un marché réglementé ou sur un système multilatéral de négociation.
4. H. Le Nabasque et E. Schlumberger, « À propos du nouveau chapitre X (du titre II du livre II du Code de commerce) dédié aux sociétés cotées », *Bull. Joly Soc.*, mai 2021, p. 61.

Après l'exposé des règles de droit commun des sociétés (PREMIÈRE PARTIE), une étude sera consacrée au droit spécial des sociétés (DEUXIÈME PARTIE). En marge de la législation, existent en outre les groupes de sociétés auxquels il convient de faire une place rapide (TROISIÈME PARTIE).

Première partie

Le droit commun des sociétés

7 **Notion de société.** À l'origine de toute société se trouve, selon les termes de l'article 1832, alinéa 1 du Code civil, un contrat par lequel deux ou plusieurs personnes se groupent en vue de la réalisation de certains buts ayant pour effet de faire naître des obligations à la charge du débiteur envers le créancier et, corrélativement, des droits au profit du créancier à l'encontre du débiteur. Mais le contrat de société n'est pas simplement générateur de droits et d'obligations. Il a ceci de particulier que, du seul fait qu'il est conclu, et moyennant le respect de certaines règles légales de formalité, une nouvelle personne va naître, une personne morale. Il y a bien dans cette nature hybride de la société quelque chose de particulier. L'étude du droit commun des sociétés va permettre de s'intéresser successivement à ce double aspect de la société.

8 **Plan.** Il conviendra tout d'abord de faire porter l'analyse sur le contrat de société (Titre 1) pour, ensuite, s'intéresser à la personnalité morale de la société (Titre 2).

Titre 1

Le contrat de société

9 **Plan.** Comme tout contrat, le contrat de société doit en premier lieu répondre aux conditions générales de validité du contrat (CHAPITRE 1). La société doit remplir par ailleurs des conditions propres, qui en font un contrat distinct des autres contrats (CHAPITRE 2). Parmi les sociétés, certaines d'entre elles restent à jamais de simples contrats, il s'agit des sociétés sans personnalité morale (CHAPITRE 3).

Chapitre 1

Les conditions générales du contrat

10 **Plan.** La société, en tant que contrat, doit répondre à certaines conditions de fond qui assurent la validité de l'acte juridique (Section 1), ainsi qu'à l'exigence de pluralité des contractants associés (Section 2).

Section 1

Les conditions de fond

11 En application de l'article 1128 du Code civil, trois conditions sont essentielles à la validité du contrat de société. Les deux premières, attachées à la personne de l'associé, concernent son consentement (**§ 1**) et à sa capacité de contracter (**§ 2**) ; la dernière exige de la société qu'elle ait un objet licite (**§ 3**)[1].

1. Avant l'ordonnance du 10 février 2016 portant réforme du droit des contrats, l'ancien article 1108 comptait, outre ces trois conditions, l'exigence d'une cause licite. L'objet et la cause avaient tendance à se confondre en droit des sociétés.

§ 1. Le consentement

12 **Plan.** Le consentement de chaque associé est une condition essentielle du contrat de société, ce qui découle de l'article 1832 du Code civil, mais aussi de l'article 1842, alinéa 2, de ce même Code[1]. Si le Code civil se contente de ne l'envisager qu'à travers les vices qui peuvent l'affecter (**A**), le consentement est, en droit des sociétés, fréquemment étudié sous l'angle de la simulation (**B**).

A. Les vices du consentement

13 Le consentement des associés ne doit pas être donné par erreur, ni sous l'effet d'un dol ou de la violence.

14 **L'erreur.** En droit des sociétés, il existe trois sortes d'erreur. Il peut s'agir d'une erreur sur la personne de l'associé. Cette erreur est retenue lorsque la considération de la personne a été la cause principale de la convention. Dès lors, ce type d'erreur se rencontre dans les sociétés de personnes, sociétés à fort *intuitu personae*[2] et non dans les sociétés de capitaux dans lesquelles la personne de l'associé est, en principe, indifférente[3].

Second type d'erreur que l'on peut rencontrer en droit des sociétés, l'erreur sur la forme de la société. Une telle erreur est assimilée à une erreur sur la nature du contrat. Cette erreur entraîne des conséquences dommageables notamment lorsqu'un associé croit sa responsabilité vis-à-vis des créanciers sociaux limitée aux apports qu'il a faits à la société, alors qu'elle est en réalité illimitée.

Un dernier type d'erreur consiste en une erreur sur les apports. L'apport est le bien qu'une personne affecte à la société en contrepartie de son entrée dans la société en tant qu'associé. On assimile une erreur sur les apports à une erreur sur le prix. Pas plus que le droit civil ne retient l'erreur sur la valeur, c'est-à-dire l'erreur sur

1. La particularité du consentement en droit des sociétés est que les associés ne consentent pas à échanger des biens ou des services mais à les « agréger », à les mettre en commun, P. Didier, « Le consentement sans l'échange : le contrat de société », *RJ com.* nov. 1995, n° spéc, 74.
2. Les sociétés en nom collectif, par exemple.
3. Les sociétés anonymes, par exemple.

l'évaluation de l'objet du contrat, l'erreur dans le contrat de société ne peut être retenue que si elle porte sur la réalité et la nature de l'apport et non sur sa valeur. Toutefois, dans certains cas, l'opération d'apport obéit à un régime particulier afin que soit garantie l'exactitude de sa valeur.

15 **Le dol.** Le dol se traduit en droit des sociétés par un acte de déloyauté commis par l'un des associés à l'encontre d'un ou des autres associés. Il suppose traditionnellement la réunion de deux éléments, l'un intentionnel, l'autre matériel, où la victime du dol doit prouver qu'il n'aurait pas consenti à être associé s'il avait eu connaissance de manœuvres frauduleuses, pratiquées avec le dessein de le tromper. Le dol se rencontre plus fréquemment que l'erreur, mais reste rare en droit des sociétés. Le nouvel article 1137 du Code civil élargit la définition du dol en ajoutant aux classiques manœuvres et mensonges, « la dissimulation intentionnelle par l'un des contractants d'une information dont il sait le caractère déterminant pour l'autre partie ». Le dol par réticence pourrait servir de fondement à la demande d'indemnisation de l'associé prenant une décision d'investissement dans une société sur la base d'une information inexacte, imprécise ou trompeuse[1].

On ne trouve pas trace en jurisprudence de cas de *violence* appliqué au droit des sociétés[2].

16 **Régime des vices du consentement.** Tout consentement vicié rend en principe l'engagement nul. Soucieux de limiter les cas de nullités dans certains types de sociétés, le législateur a cependant atténué la rigueur de la règle dans les sociétés à responsabilité limitée et les sociétés par actions : le vice du consentement n'est pris en considération dans ce type de sociétés que si le vice atteint tous les associés fondateurs et le risque d'annulation s'en trouve considérablement diminué.

On observe plus fréquemment en droit des sociétés des cas de simulation du consentement.

1. L'associé trompé pourrait alors rechercher la responsabilité personnelle du dirigeant ayant commis ce dol ; rapp. C. com., 16 mai 2018, n° 16-20684, *Bull. Joly*, oct. 2018, p. 569, note P.-L. Perrin.
2. Toutefois, l'évolution jurisprudentielle qui se dessine en droit des obligations pourrait conduire à retenir des cas de violence économique.

B. La simulation du consentement

17 **Définition.** La simulation consiste à conclure un contrat fictif. À cette occasion, une société est créée mais elle dissimule une exploitation personnelle. Pour les associés qui donnent leur consentement au contrat, ce consentement n'est qu'apparent. On distingue trois hypothèses. La simulation peut porter soit sur l'existence même du contrat ; soit sur la nature du contrat ; soit sur la personne du contractant, c'est l'hypothèse d'interposition de personne.

18 **Simulation portant sur l'existence du contrat.** L'acte est fictif. Une telle simulation se rencontre lorsque les prétendus associés n'ont eu aucune intention de s'associer ni de coopérer, ni même de contracter. La société ne répond pas aux critères distinctifs de la société, comme la pluralité d'associés, ou encore l'*affectio societatis*, et n'a aucune existence juridique.

Alors qu'une partie de la doctrine considérait que la sanction d'une société fictive devait être l'inexistence, la jurisprudence a tranché en faveur de la nullité de la société[1].

19 **Simulation portant sur la nature du contrat.** Dans cette hypothèse, les parties ont entendu conclure un contrat dont les dispositions sont tenues secrètes, sous l'apparence d'un contrat de société. Parfois, la société apparente cache une opération illicite, déguisant ainsi une volonté de fraude. L'apport d'un immeuble à une société peut déguiser une donation faite à un membre de la famille au détriment, le cas échéant, des droits des autres héritiers, et attester d'une volonté de se soustraire à des contraintes fiscales. De même,

1. Com. 16 juin 1992 (arrêt *Lumale*), *D.* 1993. 508, note L. Collet ; *Bull. Joly* 1992. 875, note P. Le Cannu ; 22 juin 1999 (arrêt *Kreditanstalt*), *Bull. Joly* 1999. 978, note A. Couret ; *adde*, L. Commanges, « Le dangereux paradoxe de la nullité des sociétés fictives », *Bull. Joly* 2003. 12. Traditionnellement, sur la base de la règle selon laquelle la nullité n'a pas d'effet rétroactif en droit des sociétés, des tiers de bonne foi ont pu se prévaloir d'une existence, même très brève, de la société, pour réclamer leur dû, les « associés » n'ayant pu leur opposer cette nullité. Cependant, la jurisprudence considère qu'est frappé de nullité absolue un contrat conclu avec une société dépourvue de personnalité juridique (Com. 9 janv. 2019, n° 17-15386). Aussi, la question de l'anéantissement rétroactif du contrat et des prestations respectives des parties qu'engendre la nullité pose des difficultés pratiques notamment en cas de prestation de service. La jurisprudence ancienne analysait la prestation de service indue comme un cas d'enrichissement sans cause. Désormais, les tiers pourraient réclamer au « faux représentant » d'une société inexsitente la restitution de leur prestation en valeur, sur la base du nouvel art. 1352-8 du Code, laquelle s'apprécie à la date à laquelle elle a été fournie, V. note J.-F. Barbièri sous Com. 9 janv. 2019, n° 17-15386, *Bull. Joly*, mars 2019, 6.

la création d'une société peut permettre d'éviter la formation d'un autre contrat plus onéreux, tel un contrat de travail assorti de charges sociales élevées.

20 **Simulation portant sur la personne de l'associé.** C'est un cas d'interposition de personne. Celui qui se présente comme associé n'est en réalité que le prête-nom du véritable associé qui préfère agir en coulisse. En pratique, deux contrats sont conclus, dont un contrat de société, le second étant un mandat conclu entre le véritable associé et le prête-nom. Les tribunaux ne répriment pas systématiquement ce genre d'opération[1]. C'est seulement lorsque cette opération est frauduleuse qu'elle sera sanctionnée.

Il a été jugé par ailleurs que seul le véritable propriétaire des titres, et non pas le prête-nom, pouvait céder ceux-ci, et donc en acquérir le prix de cession[2].

§ 2. La capacité

21 La capacité, aptitude d'une personne à être titulaire de droits et à les exercer, connaît des régimes distincts selon qu'il s'agit de personnes physiques (**A**) ou de personnes morales (**B**).

A. Les personnes physiques

22 **Principe.** Suivant les règles applicables aux capacités, toutes les personnes physiques capables peuvent être associées. En revanche, la loi applique des régimes particuliers aux personnes à qui elle ne reconnaît pas une entière capacité.

23 **Les mineurs.** Ils peuvent, en principe, être associés. Néanmoins, si le mineur associé d'une société anonyme ou d'une société à responsabilité limitée n'est pas émancipé, il doit agir par l'intermédiaire de son représentant légal. En outre, l'autorisation du juge des tutelles est nécessaire pour qu'il puisse apporter un immeuble ou un fonds de commerce. Dans une société civile, le mineur non émancipé doit agir sous l'autorisation du juge des tutelles. La règle

1. Com. 30 janv. 1961 ; 26 mars 1996, *Bull. Joly* 1996. 681.
2. Com. 1er févr. 1994, *Bull. Joly* 1994. 395, note P. Le Cannu.

est plus stricte pour les associés qui sont tenus personnellement et solidairement de toutes les dettes de la société et qui doivent avoir la qualité de commerçant. Il en va ainsi des associés de société en nom collectif et des commandités de société en commandite, qui ne peuvent donc être mineurs, même s'ils sont émancipés, (C. com., art. 121-2).

24 **Les majeurs incapables.** Le juge limite leur capacité de manière différenciée, selon qu'il s'agit d'un majeur sous sauvegarde de justice (il peut être associé quelle que soit la forme de la société), d'un majeur en curatelle (il peut être associé mais est assisté de son curateur) ou d'un majeur en tutelle (il peut être associé, mais est représenté par son tuteur et l'autorisation du conseil de famille est nécessaire pour qu'il apporte un bien à la société).

25 **Le cas des époux en société.** Il a connu une évolution importante[1]. La jurisprudence avait consacré autrefois le principe de la nullité des sociétés entre époux, exception faite de la participation des époux à une même société par actions. La nullité était motivée par deux arguments principaux tirés, l'un de l'existence de la puissance maritale et, l'autre, de l'atteinte susceptible d'être portée à l'immutabilité des régimes matrimoniaux du fait de la présence de deux époux au sein d'une même société. La prohibition des sociétés entre époux est désormais abandonnée au profit de l'autonomie professionnelle des époux. Depuis la loi du 23 décembre 1985, qui établit l'égalité des époux dans les régimes matrimoniaux, deux époux peuvent être associés dans une même société, quelle qu'en soit la forme, et participer ensemble à la gestion sociale (C. civ., art. 1832-1, al. 1). Le texte reconnaît, en outre, la validité d'une société entre époux qui ne serait constituée que par l'emploi de biens en communauté pour les apports ou l'acquisition de parts sociales. La qualité d'associé est reconnue à celui des époux qui fait l'apport ou réalise l'acquisition (C. civ., art. 1832-2). La Cour de cassation précise que lorsque les deux époux, mariés sous le régime de la communauté, ont la qualité

1. V. F. Dekeuwer-Deffossez, « Mariage et sociétés », in *Mélanges Roblot*, LGDJ, 1984 ; sur le pacte de solidarité, v. C. Malecki, « Le Pacs et le droit des sociétés », *Rev. sociétés* 2000. 653 ; R. Besnard-Goudet, « Réflexions sur le Pacs et le droit des sociétés », *JCP E* 2001. 1128.

d'associé, les dividendes doivent être versés par la société à chacun d'eux, à proportion de leurs droits respectifs[1].

Par ailleurs, une personne mariée, quel que soit son régime matrimonial, peut entrer dans une société sans avoir à demander l'autorisation de son conjoint. Alors que cette liberté est totale dans les sociétés par actions, la loi réserve une exception dans les sociétés de personnes, lorsque la personne est mariée sous le régime de la communauté légale et qu'elle apporte à la société un bien prélevé sur la communauté : le conjoint se voit reconnaître le droit de revendiquer la qualité d'associé pour la moitié des parts acquises (C. civ., art. 1832-2). Pour cela, il doit être averti de la démarche de son conjoint et la justification de cette information doit apparaître dans l'acte d'apport. Le défaut d'information du conjoint de l'apporteur d'un bien commun est sanctionné par la nullité de l'apport, par renvoi exprès de l'article 1427 du Code civil[2]. Le conjoint de l'apporteur doit ensuite notifier à la société son intention d'être personnellement associé. L'agrément des associés accordé à l'un des époux vaut alors pour les deux. Si en revanche, le conjoint renonce à revendiquer ce droit, cette renonciation est définitive. Mais elle doit intervenir de manière expresse, car son silence ne vaut pas renonciation à un exercice ultérieur de son droit[3]. La loi du 1er août 2003, dite « loi pour l'initiative économique », rend le conjoint commun en biens créancier d'une information sur les risques que font courir aux biens communs les dettes que son époux contracte à l'occasion de l'exercice de sa profession (C. com., art. L. 526-4 mod.).

L'autonomie professionnelle des époux, aujourd'hui de principe, n'est cependant pas sans présenter de risque d'ordre patrimonial. Ainsi, la Cour de cassation confirme que la cession du logement familial à une société civile immobilière pouvait menacer, voire anéantir la protection de celui-ci, en contravention avec l'article 215, alinéa 3 du Code civil, notamment quand l'un des

1. Civ. 1re, 5 nov. 2014, n° 13-25820, *Bull. Joly*, mars 2015, 119, note A. Rabreau.
2. L'action en nullité est exclusive de l'action en inopposabilité ouverte par l'art. 1421 du Code civil pour sanctionner les actes frauduleux : Civ. 1re, 23 mars 2011, n° 09-66.512, *JCP E* 2011. 23, note H. Hovasse, *Bull. Joly* 2011. 464, note S. et A. Gaudemet.
3. Com. 12 janv. 1993, *JCP N* 1993. II. 273, note H. Le Nabasque et 301, note D. Randoux.

deux époux (associé minoritaire) n'a pas consenti à un acte de disposition le concernant[1].

26 **La capacité des personnes physiques étrangères.** Elle dépend de leur loi nationale et du type de société dont elles sont associées. Dans les sociétés à responsabilité limitée et dans les sociétés civiles, elles doivent être simplement titulaires de la carte de résident[2], alors que dans les sociétés exigeant la capacité commerciale, elles doivent en outre être titulaires de la carte de commerçant. Ce régime ne s'applique pas aux ressortissants des pays membres de l'Union européenne pour lesquels toute discrimination est supprimée.

27 **Incompatibilités et interdictions.** Il faut enfin tenir compte de certaines incompatibilités avec l'exercice d'une profession commerciale, applicables, par exemple, aux fonctionnaires, architectes, avocats, magistrats, experts-comptables... qui ne peuvent être commerçants et ne peuvent donc être ni associés en nom collectif, ni commandités de société en commandite.

Quant aux interdictions légales, les personnes condamnées pour infractions en relation avec les affaires (escroquerie) à des peines égales ou supérieures à trois ans d'emprisonnement sans sursis, ne peuvent pas être associées en nom ni commandités de société en commandite.

B. Les personnes morales

28 **Les personnes morales de droit privé.** Les sociétés civiles peuvent être associées d'une société à responsabilité limitée et d'une société anonyme, mais pas d'une société dans laquelle la qualité de commerçant est requise. Ces sociétés doivent avoir la personnalité morale, ce qui exclut les sociétés en participation et les sociétés créées de fait[3]. Les associations et les syndicats professionnels peuvent être associés de n'importe quelle société, à

1. Civ. 1re, 14 mars 2018, n° 17-16482, *JCP G* 2018. 554, obs. G. Wiederkehr. L'opération peut être avantageuse fiscalement. En revanche, des mécanimes protecteurs du conjoint peuvent être aménagés, comme par exemple une restriction de l'objet social, excluant la disposition des actifs immobilisés pour éviter la vente du logement familial par le seul époux gérant de la SCI abritant le bien.
2. Décr. 28 janv. 1998, art. 1er, al. 2.
3. V. ss 88.

condition d'avoir la capacité juridique et un patrimoine propre (ce qui exclut les associations non déclarées) et que cette opération favorise la réalisation de l'objet de l'association ou sert l'intérêt collectif de la profession représentée par le syndicat.

29 **Les personnes morales de droit public.** Une loi spéciale est nécessaire pour habiliter l'État à souscrire des actions ou des parts sociales. Quant aux régions, départements et communes, ils ne peuvent prendre aucune participation dans le capital des sociétés commerciales autres que les sociétés d'économie mixte. Les établissements publics peuvent prendre des participations dans toute société pourvu que son activité soit compatible avec leur objet.

§ 3. L'objet social

30 **L'objet social.** Il n'existe pas de définition légale de l'objet social mais les auteurs le définissent comme le « genre d'activité » que la société se propose d'exercer. L'objet désigne, en ce sens, la nature de l'exploitation commune telle qu'elle est définie dans les statuts. Il se détermine par sa description dans les statuts : c'est l'objet social statutaire. Mais une société peut avoir une activité plus restreinte que ce que décrivent les statuts. C'est l'objet social réel.

31 **Conditions de l'objet social : licéité et détermination.** L'objet doit être licite. Cette exigence est expressément posée par l'article 1833 du Code civil. Ce qui est interdit aux individus l'est normalement aux sociétés : sera ainsi jugé illicite tout objet social qui est contraire à une loi impérative ou qui heurte les bonnes mœurs. De même, sera illicite toute activité ayant pour but l'entrave au libre exercice du commerce et de l'industrie. En outre, diverses activités sont soumises à une réglementation particulière, par exemple à l'obtention de diplômes ou d'autorisation[1], qu'il convient de respecter au moment du choix de la forme sociale. La Cour de cassation apprécie la seule licéité de l'objet social statutaire, s'agissant d'une SARL sans s'intéresser à l'objet réel de la société. Cette solution d'interprétation très stricte, bien que conforme au droit de

1. Ainsi, en va-t-il des pharmacies, des agences de voyages ou des sociétés de taxi.

l'Union européenne[1] s'agissant d'une SARL[2], ne tient pas compte de l'objet réel de la société.

La sanction civile frappant une société ayant un objet illicite est la nullité absolue et peut être invoquée par tout intéressé. En cas de contradiction entre l'objet statutaire[3] et l'objet réel, ce dernier peut être pris en compte par les juges pour l'appréciation du caractère licite de l'objet social. Des sanctions pénales peuvent être infligées si l'objet réel est interdit.

L'objet social doit être déterminé. Une société ne pourrait pas avoir un objet universel. Les statuts d'où il résulterait qu'une société peut exercer toutes sortes d'activités ne seraient pas réguliers[4]. Les statuts doivent donc délimiter la sphère d'activité pour laquelle la société a été créée. Il est vrai que les statuts fixent rarement à la société une activité déterminée unique. Une raison tient au fait que l'exploitation nécessite une certaine souplesse et peut évoluer dans le temps. Au surplus, le changement d'objet social statutaire relève d'un changement fondamental dans la vie de la société et suppose une décision préalable et expresse des associés selon la procédure propre à la modification des statuts. En pratique, les statuts stipulent donc que la société peut accomplir, outre son objet principal, tous les actes qui se rattachent directement ou indirectement à celui-ci.

32 **Intérêt de la détermination de l'objet social.** La règle de la détermination de l'objet présente plusieurs intérêts : il est tout d'abord possible, en fonction de l'objet social, de déterminer si une société est civile ou commerciale, en dehors des cas où la loi ne dicte pas la solution. En découle la règle de la spécialité de la société qui

1. Dans un arrêt *Marleasing*, la CJCE avait jugé que « l'objet de la société doit être compris comme se référant à l'objet de la société tel qu'il est décrit dans l'acte de constitution ou dans les statuts » : CJCE, 13 nov. 1990, n° C-106/89, *Bull. Joly*, fév. 1991, 190, note B. Saintourens. S'agissant d'autres formes de sociétés non visées par le droit de l'UE, celui-ci n'a pas vocation à s'appliquer : Com. 16 juin 1992, n° 90-17237, *Lumale*, *D.* 1993. 508, note L. Collet; *Bull. Joly*, sept. 1992, 960, note P. Le Cannu (demande de nullité et de fictivité d'une SCI).

2. Com. 10 nov. 2015, n° 14-18179, *Bull. Joly*, janv. 2016, 28, note S. Messaï-Bahri.

3. Pour un objet statutaire contraire aux prescriptions du Code de la santé publique, v. Com. 27 mai 2015, n° 14-17035, *Bull. Joly*, nov. 2015, 563, note L. Camensuli-Feuillard.

4. La Commission des opérations de Bourse, devenue l'Autorité des marchés financiers, surveille la rédaction de l'objet social dans les sociétés qui font appel public à l'épargne. Elle l'a rappelé à propos d'une société dont l'objet statutaire était la réalisation de « toutes opérations commerciales, industrielles et financières ».

impose à celle-ci d'agir uniquement dans les limites de son objet tel qu'il est précisé par les statuts[1]. Elle limite également les pouvoirs des dirigeants sociaux. Dans certaines sociétés, un acte de gestion dépassant l'objet social n'engagera pas en principe la société[2]. Au surplus, la vente d'un fonds de commerce dont l'exploitation représenterait l'activité principale de la société entraînerait une modification de fait de l'objet social relevant nécessairement d'une décision des associés[3]. Enfin, lorsque l'objet est définitivement réalisé ou éteint, la société est dissoute (C. civ., art. 1844-7, 2°). La réalisation de l'objet emportant dissolution de la personne morale, les rédacteurs de statuts doivent veiller à préciser les liens entre les différentes activités de la société composant l'objet social pour savoir si la réalisation de l'une emporte extinction du tout[4].

Objet social et pouvoirs des dirigeants de société

Dans les rapports avec les tiers, les dirigeants de société sont investis des pouvoirs les plus étendus pour agir en toutes circonstances au nom de la société, sous réserve des pouvoirs que la loi attribue expressément aux associés. En vertu de la loi, les associés ont seuls le pouvoir de modifier les statuts sociaux.

La décision de céder un bien appartenant à la société relève-t-elle de la compétence des dirigeants ou des associés ? Un courant jurisprudentiel indique que le critère permettant de déterminer si une aliénation de biens sociaux peut être décidée par les dirigeants repose sur la nécessité que représente ou non le bien vendu pour la réalisation de l'objet social.

Lorsque la vente compromet la poursuite de l'objet social, en ce qu'elle porte atteinte à l'activité de la société et entraîne indirectement mais nécessairement une modification de l'objet statutaire, l'aliénation appelle une décision des associés. Ainsi, la Cour de cassation a considéré que la décision des dirigeants d'interrompre la publication du périodique qui constituait l'objet principal de la société n'était pas valable (Com. 12 janv. 1988)[5].

1. V. toutefois en matière de cautionnement accepté à l'unanimité dans certains types de sociétés, ss 261 et 298.

2. La question porte fréquemment sur la souscription par la société d'un cautionnement au bénéfice d'une société tiers: Com. 8 nov. 2005, *Bull. Joly* 2006. 339, note J.-F. Barbièri ; Com. 26 juin 2007, *Bull. Joly* 2008. 23, note F.-X. Lucas ; Com. 8 nov. 2007, *D.* 2008. AJ 2881.

3. Com. 12 janv. 1988, *Rev. sociétés* 1988. 623, note Y. Chaput, *RTD civ.* 1989. 304, note J. Mestre ; Rapp. Com. 29 janv. 1979, *Bull. civ.* IV, n° 28 ; Com. 1er févr. 1994, *Bull. Joly* 1994. 390, note A. Laude.

4. Com. 3 avr. 2007, *Bull. Joly* 2007. 1101, note J.-P. Garçon, *Dr. sociétés* 2007. comm. 107, note H. Lécuyer.

5. Plus récemment, il a été décidé que la vente des parcelles exploitées par une société en participation, décision prise à l'unanimité par les associés sans nouvel engagement de leur part, avait mis fin à la société par l'extinction de son objet : Com. 8 nov. 2016, n° 14-23461, *Bull. Joly,* fév. 2017, note

À l'inverse, si l'objet social demeure possible à atteindre, en dépit de la vente décidée par les dirigeants, celle-ci ne sera pas remise en cause. Ainsi, lorsque la cession d'un actif immobilier n'interdit pas de continuer d'exploiter le fonds de commerce, objet de la société, la décision relève de la compétence des dirigeants (Com. 1er févr. 1994 ; Com. 20 nov. 2012, n° 11-835).
En définitive, la validité des actes engagés par les dirigeants dépend de la manière dont est rédigé l'objet social.

33 **Consécration de l'intérêt social et intégration d'une dimension sociale et environnementale dans la gestion des sociétés.** Dans la lignée du rapport Notat-Sénard[1], dont elle s'inspire, la loi *PACTE* réforme les articles 1833 et 1835 du Code civil pour imposer aux sociétés qu'elles soient gérées dans l'intérêt social, en prenant en considération les enjeux sociaux et environnementaux de leur activité. Cette nouvelle disposition trouve un prolongement dans l'affirmation d'une nouvelle obligation à la charge des dirigeants de sociétés anonymes[2]. La même loi innove en ajoutant deux options qui permettent aux sociétés de se doter d'une raison d'être et, pour certaines d'entre elles, de choisir la qualité « société à mission ».

A. Intérêt social et poursuite d'enjeux sociaux et environnementaux

34 Parmi les dispositions ayant pour ambition de réformer durablement le droit des sociétés, la loi *PACTE* enrichit l'article 1833 du Code civil. À cet article, qui disposait que « toute société doit avoir un objet licite et être constituée dans l'intérêt commun des associés », la loi *PACTE* ajoute un alinéa 2, selon lequel : « La société est gérée dans son intérêt social, en prenant en considération les enjeux sociétaux et environnementaux de son activité. » Avec la reprise de la notion d'intérêt social, déjà développée par la jurisprudence[3], la réforme l'inscrit désormais dans la loi et impose une obligation nouvelle, celle de tenir compte des enjeux sociaux et environnementaux dans l'activité sociale. L'articulation entre

J.-F. Barbièri ; *adde* Com. 30 mars 2016, n° 14-13729, *Bull. Joly*, juill-août 2016, 389, note L. Camensuli-Feuillard.

1. N. Notat et J.D. Sénard, « L'entreprise, objet d'intérêts collectifs », *Doc. fr.* 2018.
2. Pour les SA monistes, v. ss 540, C. com., art. L. 225-35 complété en indiquant que le conseil d'administration prend également en considération la raison d'être de la société, lorsque celle-ci est définie dans les statuts en application de l'art. 1835 du C. civ. Pour le directoire, v. ss 582.
3. V. ss 170 et 172.

les intérêts protégés ne va pas de soi, d'autant que cette nouvelle exigence s'inscrit dans un article qui continue de disposer que la société est constituée dans l'intérêt commun des associés. En outre, elle conduit les fondateurs à s'interroger au-delà de la loi[1]. Si la loi *PACTE* a pleine portée, cette obligation nouvelle indiquerait qu'il ne suffit plus de respecter les normes sociales et environnementales, qu'il importe désormais d'intégrer ces impacts dans les prises de décision sociale[2], au-delà même de l'intérêt social. Elle invite très certainement – le juge le dira – les organes de la société (et notamment l'organe de gestion) à étudier de manière prudente les conséquences de leurs décisions sur les enjeux sociaux et de leur activité, en dehors de la seule protection de l'intérêt social. L'on doit considérer que cette obligation s'impose de manière autonome, avant même que les organes visent à agir dans l'intérêt social. Une telle interprétation signifierait que cette obligation incomberait non seulement à l'organe de gestion mais aussi, le cas échéant, à la société elle-même qui devrait désormais prendre en compte des intérêts autres que le sien[3]. Naturellement, le degré d'exigence attendu lors de la prise en considération des enjeux sociaux et environnementaux dépendra de l'activité et de la taille de la société.

L'inobservation de cette prescription ne sera toutefois pas de nature à entraîner la nullité (C. civ., art. 1844-10), ce qui semble conduire, en pratique, à neutraliser les conséquences de l'intégration de la dimension sociale et environnementale de la société. En effet, la loi *PACTE* modifie l'article 1844-10 du Code civil pour éviter que la violation de cette nouvelle obligation puisse entraîner la nullité de la société ou celle d'un acte ou d'une décision sociétaire. En revanche, les actes conclus contrairement à l'intérêt social demeureront annulables[4]. La responsabilité des dirigeants

---

1. M. Lescure, rapport n° 1761, AN, t. I, p. 256.

2. Rapp., l'obligation pour les grandes sociétés soumises à l'art. L. 225-101-1 du C. com., de s'interroger sur les conséquences sociales et environnementales de leur activité, v. ss 505.

3. En ce sens, D. Porrachia, *in* Dossier « Loi PACTE et droit des sociétés », dir. H. Le Nabasque, *Bull. Joly*, juin 2019, p. 48.

4. La question demeure de savoir si l'intérêt social prévaut désormais sur l'intérêt commun des associés, celui-ci pouvant être sacrifié au bénéfice des considérations sociales et environnementales. En toute hypothèse, les sociétés sont invitées à définir de nouveaux équilibres entre intérêts en présence et les considérations à prendre en compte.

pourrait en outre être recherchée en cas de manquement à la référence à la considération des enjeux sociaux et environnementaux. Plusieurs auteurs voient dans cette nouvelle exigence posée par la loi *PACTE* une mesure symbolique de portée plus incitative que normative. D'autres y voient un véritable défi à relever pour les sociétés françaises[1].

La loi *PACTE* va plus loin en offrant deux options aux sociétés.

B. Option générale : la raison d'être

35 Outre la prise en considération des enjeux sociaux et environnementaux de son activité (obligatoire mais dont la portée semble limitée), la société peut désormais choisir de se donner une raison d'être. Cette nouvelle notion se distingue de l'objet social[2] et de l'intérêt social. Ainsi, l'article 1835 du Code civil est complété par la loi *PACTE*, pour indiquer que « les statuts peuvent préciser une raison d'être, constituée des principes dont la société se dote et pour le respect desquels elle entend affecter les moyens dans la réalisation de son activité » (C. civ., art. 1835)[3]. Au-delà de son but (toujours lucratif) et de son objet, la société peut donc désormais se doter de principes optionnels lui servant de guide dans la réalisation de son activité[4], dans le respect naturellement de l'intérêt social. Ces principes doivent figurer dans les statuts et des moyens devront être affectés pour permettre de faire respecter ces principes. Ces normes comportementales devraient s'imposer à tous les organes sociaux, notamment les dirigeants[5].

1. J.-M. Moulin, « Les entreprises face au défi (enthousiasmant) du risque environnemental », *Bull. Joly Soc.*, juill. 2021, p. 6.

2. V. ss 30.

3. Pour les SA monistes, v. ss 534, l'art. L. 225-35 du C. com. est complété en indiquant que le conseil d'administration prend également en considération la raison d'être de la société, lorsque celle-ci est définie dans les statuts en application de l'art. 1835 du C. civ. Pour le directoire, v. ss 582.

4. I. Tchoutourian, « L'inconnu de la réforme de l'objet social », *Bull. Joly*, mars 2018, p. 134.

5. Demeure la question de la sanction en cas de violation de l'un des principes exprimant la raison d'être de la société. Soit l'on considère que le mécanisme est optionnel, auquel cas aucune sanction ne pourra être prononcée sur la base de l'art. 1835. Soit l'on considère qu'une fois insérée dans les statuts, la violation des statuts par un acte ou une décision sociétaire pourrait entraîner la nullité de ces derniers.

C. Option ciblée : la société à mission

36 Au-delà de l'option offerte à toutes les sociétés françaises de se donner une raison d'être, les sociétés commerciales peuvent en outre choisir la qualité de « société à mission » (C. com., art. L. 210-10). En telle hypothèse, les statuts de la société devront préciser, outre sa raison d'être, les objectifs sociaux et environnementaux que celle-ci se donne pour mission de poursuivre dans le cadre de son activité et préciser les modalités du suivi de sa mission[1]. Pour que la société puisse acquérir cette qualité, elle doit mettre en place un comité de mission, distinct de ses organes sociaux, lequel doit présenter un rapport joint au rapport annuel de gestion. Il revient aux statuts de prévoir les modalités de composition de ce comité. Pour faire publiquement état de sa qualification de société à mission, la société doit déclarer cette qualité au greffier du tribunal de commerce compétent. Elle peut alors s'en prévaloir dans l'ensemble de ses documents. La loi instaurant par ailleurs un contrôle externe, l'exécution des objectifs sociaux et environnementaux mentionnés dans les statuts et l'exécution de la mission de la société font l'objet d'une vérification par un organisme tiers indépendant[2] (OTI) donnant lieu à un avis joint au rapport du comité de suivi de la mission. Lorsque l'une des conditions pour bénéficier de l'appellation de société à mission n'est pas respectée, ou lorsque l'avis de l'OTI conclut qu'un ou plusieurs objectifs sociaux ou environnementaux objet de la mission ne sont pas respectés, le ministère public ou toute autre personne intéressée peut saisir le président du tribunal de commerce statuant en la forme des référés, aux fins d'enjoindre, le cas échéant sous

1. La mission pourrait consister en une decision de réinvestir les profits dans des œuvres caritatives, modification du processus de production pour favoriser une activité plus écologique, ou encore la prise en compte de critères sociaux renforcés en matière de diversité ou d'une meilleure prise en compte de la situation des personnes en situation de handicap.

2. L'OTI doit avoir été désigné par l'organe en charge de la gestion (C. com., art R. 210-21, II), sauf clause contraire des statuts. Il doit figurer parmi les organismes accrédités à cet effet par le Comité français d'accréditation (COFRAC ; C. com., art. R. 210-21, I) ou par tout autre organisme d'accréditation signataire de l'accord de reconnaissance multilatéral établi par la coordination européenne des organismes d'accréditation. Ses pouvoirs sont très importants : il a accès à l'ensemble des documents détenus par la société, utiles à la formation de son avis, notamment au rapport du comité de mission. Il procède à toute vérification sur place qu'il estime utile au sein de la société, et au sein des entités concernées par un ou plusieurs objectifs sociaux et environnementaux constitutifs de la mission, avec leur accord.

astreinte, au représentant légal de la société de supprimer la mention « société à mission » de tous les actes, documents ou supports électroniques émanant de la société. Outre la suppression de cette mention, une faute à ses propres engagements pourrait être reprochée à une société commerciale bénéficiant de la qualité « société à mission » (et à ses dirigeants) qui ne chercherait pas à réaliser les objectifs sociaux et environnementaux qu'elle se serait donné de poursuivre. Une régularisation pourrait cependant être admise par le président du tribunal avant qu'il prononce une mesure de dé-labellisation.

Dépourvus d'une force normative importante, la consécration de la notion d'intérêt social et l'institution de ces trois niveaux d'engagements sociaux par la loi *PACTE* semblent avoir une portée plus stratégique et réputationnelle, voire symbolique, que juridique[1].

37 **La cause du contrat.** La réforme du droit des contrats a supprimé la cause comme condition de validité du contrat. En l'état antérieur du droit positif, l'article 1108 du Code civil exigeait que la cause soit licite. Il a pu être jugé qu'était illicite la cause lorsque les associés avaient constitué une société dont l'objet est licite mais qui a été établie pour tromper les créanciers[2], ou en fraude du conjoint[3]. Même si la cause a disparu, il n'est pas interdit de penser que, sur le fond, le même résultat puisse être atteint sur le fondement de la contrepartie illusoire ou dérisoire inscrite dans le nouvel article 1169 du Code civil.

1. V. I. Urbain-Parleani, « L'article 1835 et la raison d'être », *Rev. sociétés* 2019, p. 575 ; *adde* Rapport Rocher, Repenser la place des entreprises dans la société : bilan et perspectives deux ans après la loi PACTE, Rapport remis au ministre de l'Économie, des Finances et de la Relance le 19 octobre 2021, coord. B. Rocher.

2. V. Com. 18 avr. 1972, *Bull. civ.* IV, n° 112.

3. V. Com. 28 janv. 1992 (arrêt *Demuth*), *Bull. Joly* 1993. p. 364.

SECTION 2
LA PLURALITÉ D'ASSOCIÉS

38 **Principe et exceptions.** Par définition, un contrat suppose la présence de deux parties, voire plus, alors que l'acte juridique qui n'est l'œuvre que d'une seule volonté est unilatéral. Cette règle vaut en principe pour toute société, notamment lors de sa création. Pourtant le principe souffre une atténuation et une exception.

D'une part, en cours de vie sociale, la société peut survivre momentanément alors que toutes les parts sociales seraient concentrées dans les mains d'un seul. D'autre part, il existe le cas particulier de la société unipersonnelle.

39 **Plan.** On étudiera successivement la règle lors de la création de la société (**§ 1**), puis le cas particulier de la survie d'une société devenue unipersonnelle en cours de vie sociale (**§ 2**) et les cas exceptionnels de la société unipersonnelle (**§ 3**).

§ 1. Lors de la création de la société

40 **Principe.** Le contrat de société visé par l'article 1832, alinéa 1er du Code civil exige le concours d'au moins deux personnes. Cette règle générale est précisée par des règles de droit spécial des sociétés. Ainsi, quatre personnes sont nécessaires à la constitution de sociétés en commandite par actions ; sept dans les sociétés par actions dont les titres sont cotés sur un marché. Mais aucune ne peut être librement constituée par un seul associé.

La pluralité d'associés doit exister non seulement lors de la constitution de la société, mais aussi tout au long de la vie sociale. Pourtant, il peut exister des situations dans lesquelles une société présentée comme pluripersonnelle, est en fait dominée et dirigée par une seule personne. Le reste des membres du groupe ne sont en fait que des prête-noms. Il n'est pas facile de vérifier dans quelle mesure de telles sociétés sont régulières ou affectées d'un vice de fictivité[1].

1. V. ss 20.

Plus grave est le cas d'une société pluripersonnelle qui devient unipersonnelle en cours de vie sociale. Il en est ainsi lorsque toutes les parts sociales se trouvent réunies entre les mains d'un seul associé. Ce type de difficulté peut se rencontrer dans les sociétés ayant un faible nombre d'associés. L'un des deux associés décède et n'a pas d'héritier ; l'un des associés rachète toutes les parts des autres associés. La société devient alors unipersonnelle. En application de l'article 1832 du Code civil, la société unipersonnelle devrait être dissoute. Le Code civil admet néanmoins, comme tempérament, la survie temporaire de la société unipersonnelle.

§ 2. La survie d'une société devenue unipersonnelle

41 **Principe.** Aux termes de l'article 1844-5 du Code civil, « la réunion de toutes les parts en une seule main n'entraîne pas la dissolution de plein droit de la société ». Celle-ci continue à vivre, bien que temporairement. La situation doit en effet être régularisée dans le délai d'un an. Dans ce délai, l'associé unique a le choix entre trois alternatives : céder certaines de ses parts sociales à un ou plusieurs tiers et permettre à la société de continuer ; créer de nouvelles parts en procédant à une augmentation de capital ouverte à des tiers ; décider de dissoudre la société.

Ce délai d'un an peut être prorogé par le tribunal pour un délai supplémentaire de six mois. Une fois ces délais dépassés sans que l'associé n'ait régularisé la situation ni dissout la société, la loi accorde alors à tout intéressé le droit de demander la dissolution de la société en justice (C. civ., art. 1844-5, al. 3). Ce n'est que si une action en dissolution est introduite que la société pourra alors être dissoute. Tout intéressé peut demander la dissolution[1].

Dans l'attente de la régularisation, la société doit continuer de fonctionner. L'associé unique assume l'ensemble des fonctions et

1. L'expression « tout intéressé » est interprétée au sens large incluant en l'espèce le créancier d'une SCI : Com. 3 déc. 2013, n° 12-23787, *Bull. Joly*, mars 2014, 153, note A. Reygrobellet.

la responsabilité qu'il encourt reste conforme à celle encourue lors de la constitution de la société.

42 **Régime.** Si la dissolution est prononcée, elle entraîne en principe la transmission universelle du patrimoine de la société à l'associé unique (C. civ., art. 1844-5, al. 3). Depuis la loi du 5 janvier 1988, cette dissolution est soumise à une procédure simplifiée : il suffit d'une simple déclaration de la dissolution faite au Registre du commerce et des sociétés. Les créanciers de la société peuvent faire opposition à la dissolution de la société dans le délai de trente jours à compter de la publication de la dissolution.

La survie d'une société initialement pluripersonnelle devenue unipersonnelle ne peut être que temporaire et accidentelle. Il convient alors de la distinguer d'une autre situation d'associé unique, de source légale. Il s'agit du cas de la société unipersonnelle.

§ 3. Le cas de la société unipersonnelle

43 **Innovation.** La loi du 24 juillet 1966 sur les sociétés commerciales avait maintenu le principe de la pluralité d'associés qu'elle avait intégré dans la définition même de la société, faisant de celle-ci un contrat. En revanche, depuis la loi n° 85-697 du 11 juillet 1985, il est décidé que, dans les cas prévus par la loi, « la société peut être instituée par l'acte de volonté d'une seule personne », disposition qui a été incorporée par la suite dans l'article 1832 du Code civil.

44 **Portée.** Il ne faut pas se méprendre sur la portée de cette innovation. Elle reste limitée dans la mesure où seule la loi peut être à l'origine d'une société unipersonnelle. Ceci signifie non seulement que la source d'une telle société ne peut être que légale, mais aussi que la société unipersonnelle peut revêtir uniquement les formes énumérées par la loi de manière limitative. La loi de 1985 prévoit deux cas : l'entreprise unipersonnelle à responsabilité limitée (EURL), dont le régime est proche de la société à responsabilité limitée (SARL), sauf pour les dispositions relatives à la pluralité des personnes contractantes ; l'entreprise agricole à responsabilité

limitée (EARL) qui est une société civile à responsabilité limitée. Il faut préciser que l'EARL peut être unipersonnelle mais peut compter aussi plusieurs associés. En 1999, le législateur a ajouté une nouvelle société d'une seule personne, la société par actions simplifiée unipersonnelle (SASU).

La société unipersonnelle présente certains avantages pour un entrepreneur. En premier lieu, elle facilite le passage de l'entreprise individuelle à la société pluripersonnelle et inversement, le retour à l'entreprise unipersonnelle en évitant la transformation de l'entreprise. Elle est en outre une manière de contourner le refus de reconnaître, en droit français, un patrimoine d'affectation. Elle ne doit pas servir néanmoins comme instrument de fraude. Ainsi, celui qui, participant à une entreprise, souhaite limiter sa responsabilité ou contourner une interdiction commerciale, pourra être tenté de se dissimuler derrière la façade d'une EURL. Une étude particulière sera ultérieurement consacrée à chacune de ces sociétés.

CHAPITRE 2

Les conditions spécifiques au contrat de société

45 **Plan.** Le contrat de société doit répondre à certaines conditions spécifiques, qui le distinguent des autres contrats. Ces conditions résultent de la définition de la société donnée par l'article 1832 du Code civil. Selon cette disposition, « la société est instituée par deux ou plusieurs personnes qui conviennent par un contrat d'affecter à une entreprise commune des biens ou leur industrie en vue de partager le bénéfice ou de profiter de l'économie qui pourra en résulter... Les associés s'engagent à contribuer aux pertes ».

En premier lieu, la société est caractérisée par un élément matériel, la mise en commun d'apports. Celle-ci procède de l'affectation de biens ou de l'industrie à la société. Cet élément matériel répond en outre à une finalité commune, la recherche d'un profit en vue de le partager. Mais la société a un caractère aléatoire : ce partage peut se révéler être un partage des pertes et tout associé doit donc s'engager à participer aux résultats, qu'il s'agisse de profits ou de pertes. C'est là le second élément distinctif de la société. Enfin, la réunion de ces deux éléments ne suffirait pas à constituer une société sans la présence d'un troisième et dernier élément, l'élément intentionnel du contrat de société. Cet élément, bien que ne figurant pas dans l'article 1832 du Code civil, est indispensable : c'est la volonté de s'associer.

L'étude portera successivement sur la mise en commun d'apports (SECTION 1), la participation aux résultats (SECTION 2) puis la volonté de s'associer (SECTION 3).

SECTION 1
LA MISE EN COMMUN D'APPORTS

46 **Nécessité d'une mise en commun d'apports en société.** L'apport en société est un élément essentiel du contrat de société, sans lequel cette dernière ne pourrait être valablement constituée. Par l'acte d'apport, les associés manifestent leur volonté d'œuvrer ensemble et rendent possible l'accomplissement du but intéressé de la société. En outre, les apports donnent la mesure du capital social, instrument essentiel du fonctionnement de la société. On comprend la rigueur de la sanction prévue en l'absence d'apports qui est la nullité de la société (C. civ., art. 1844-10)[1].

Il existe néanmoins différentes catégories d'apports et toutes ne contribuent pas à constituer le capital social. C'est pourquoi, il convient d'envisager successivement les différentes catégories d'apports (**§ 1**), avant de s'interroger sur la notion de capital social (**§ 2**).

§ 1. Les différentes catégories d'apports

47 Aux termes de l'article 1832 du Code civil, chaque associé est tenu de mettre en commun des biens ou son industrie. Traditionnellement, les biens apportés sont de deux types : ils sont soit en numéraire, soit en nature. On est ainsi amené à distinguer

1. On assimile à l'absence d'apports, le cas plus fréquent d'apports fictifs, donc sans utilité ni valeur (brevet périmé, par exemple).

deux catégories d'apport de biens, l'apport en numéraire (**A**) et l'apport en nature (**B**), auxquels vient s'ajouter l'apport en industrie (**C**). Chaque catégorie est soumise à un régime juridique particulier.

A. L'apport en numéraire

48 **Définition.** L'apport en numéraire est l'apport que l'associé réalise par le versement de la somme à laquelle il s'est engagé. Il est de loin le plus fréquent en pratique. La somme est transférée à la société et versée soit intégralement au moment de la constitution de la société, soit successivement, à des époques fixées par les statuts. En contrepartie de son apport, l'associé reçoit des droits sociaux (actions dans les sociétés par actions, parts sociales dans les autres sociétés).

Apports en numéraires et « apports » en compte courant [1]

Il arrive souvent que les associés consentent à la société des avances ou des prêts, indépendamment de leurs apports. Il s'agit de simples opérations de prêt, dans lesquelles un associé accepte de mettre à la disposition de la société une certaine somme. La pratique parle de comptes courants d'associés ainsi que d'« avances ou d'apports » en compte courant. Mais il ne s'agit pas d'apport au sens juridique du terme et leur régime est très éloigné de celui des apports en numéraire :

– les sommes versées dans un compte courant ne participent pas à la formation du capital. « L'apporteur » en compte courant ne reçoit pas de part sociale ;

– il est un prêteur. Il est créancier de la société, non associé. La somme mise à disposition de la société est productrice d'intérêts et ne donne pas droit au versement d'un dividende ;

– cette somme permet de faire face à des besoins ponctuels de trésorerie et est destinée à être remboursée soit à tout moment, soit dans un certain délai. L'associé, lui, ne peut en principe récupérer son apport qu'au moment de la dissolution de la société ou lorsqu'il se retire de la société.

Les juges ont affirmé l'indépendance des deux statuts, même lorsque le prêteur est par ailleurs associé, ce qui emporte plusieurs conséquences. D'une part, la cession des droits sociaux n'entraîne pas, sauf stipulation expresse contraire, cession du solde créditeur du compte courant au cédant [2] ; d'autre part il est acquis que le remboursement du solde créditeur du compte courant

1. I. Urbain-Parléani, *Les comptes courant d'associés*, LGDJ, 1986 ; D. Danet, « Les comptes courant d'associés, pour en finir avec un *apartheid* juridique », *RTD com.* 1993. 55.

2. Com. 11 janv. 2017, n° 15-14064, *Bull. Joly*, mars 2017, note J.-F. Barbièri.

peut avoir lieu à tout moment[1] et quelle que soit la situation de la société, alors que la qualité d'associé exigerait au contraire le maintien de cette somme dans la société[2] lorsqu'elle connaît des difficultés[3] ; de plus, l'associé apporteur en compte courant n'est pas considéré comme un créancier « tiers » au regard des dispositions de l'article 1857 du Code civil[4]. Enfin, une compensation entre une avance en compte courant et la dette résultant de la fraction non libérée du capital n'est pas admise, faute de connexité[5]. Cette consécration de l'autonomie de l'apporteur en comptes courants par le juge est une illustration de la primauté donnée à la parole contractuelle sur l'aspect institutionnel de la société[6].

49 **Régime.** Deux opérations distinctes président à la réalisation des apports, la souscription et la libération. La souscription de l'apport s'analyse en une promesse de réaliser l'apport. La libération de l'apport n'est autre que le versement effectif de la somme d'argent. La totalité du capital prévu doit être souscrite au moment de la promesse : la société ne sera créée qu'autant que l'ensemble du capital aura été souscrit. En outre, une fraction de l'apport doit obligatoirement être libérée par chaque associé au moment de la souscription. En règle générale, il revient aux statuts de fixer le montant de cette fraction ainsi que les modalités de la libération du solde des apports.

Cette liberté statutaire disparaît néanmoins dans deux cas : dans les libérations de 20 % immédiates du capital, le solde étant

1. Com. 8 déc. 2009, *Gaz. Pal.* 21 avr. 2010, p. 18, obs. B. Dondero ; Com. 10 mai 2011, *D.* 2011. 2383, note C. Bloud-Rey. Ainsi, dans une SCI, le remboursement du compte-courant d'associé n'est pas conditionné par le retrait de ce dernier : Civ. 3e, 12 nov. 2014, n° 13-16.182, *Dr. sociétés* 2015, comm. 25, obs. H. Hovasse.

2. Com. 20 mai 1997, *Bull. Joly* 1997. 804, note Calendini ; A. Couret, « Dépendance ou indépendance des qualités d'associé ou d'apporteur en compte courant », *Bull. Joly* 1992. 7 ; Com. 10 mai 2011, n° 10-18749, *JCP E* 2011. 1575, note R. Mortier ; C. de Watrigant, « Le remboursement du compte courant d'associé », *Dr. sociétés* 2001, chron. 4. Après hésitation, les juges considèrent que le droit au remboursement immédiat de la créance est acquis sans prendre en considération la « mauvaise conjoncture », les « circonstances défavorables », ni les difficultés que rencontre la société débitrice, ni même les limites de sa trésorerie (Com. ,8 déc. 2009, n° 08-16418, *Rev. Soc.* 2010, p. 37, obs. A. Lienhard). Cette jurisprudence justifie l'intérêt d'assortir la convention de compte-courant d'une clause de retour à meilleure fortune.

3. Lorsque la pérennité de la société est en cause, les juges du fond peuvent assouplir les effets de la règle en accordant des délais de grâce à la société : Paris, P. 5, ch. 9, 26 fév. 2015, n° 14/16934, *Bull. Joly*, juill-août 2015, 338, note M. Laroche.

4. Com. 3 mai 2012, n° 11-14844, D. 2012, 1264, note A. Lienhard, *Bull. Joly*, 2012, 571, J.-F Barbièri (note crit.).

5. Com. 18 janv. 2000, *Bull. Joly* 2000. 527, note A. Couret.

6. En toute logique, cette autonomie a un impact sur les délais de prescription : la créance de remboursement du compte courant d'un associé ne court qu'à compter du jour de sa demande en paiement et non pas à compter de la décision de distribution des dividendes par l'assemblée générale, ni de leur mise en paiement par inscription en compte courant : Com. 18 oct. 2017, n° 15-21906, *Bull. Joly*, déc. 2017, p. 730.

libéré sur décision du gérant dans les cinq ans de l'immatriculation (C. com., art. L. 223-7) ; dans les sociétés anonymes, une moitié au minimum du capital doit être libérée à la souscription, le solde devant intervenir dans les cinq ans sur appel de fonds du conseil d'administration ou du directoire selon les cas (C. com., art. L. 225-1 et L. 225-3). À la date de libération du surplus, le versement effectif des fonds doit avoir lieu, par un versement d'espèces, remise d'un chèque ou ordre de virement[1].

Les fonds sont bloqués sur un compte bancaire au nom de la société en formation pour devenir disponibles après l'exécution des formalités d'immatriculation[2].

50 **Sanctions.** En cas de retard dans le versement de la somme promise, l'associé défaillant s'expose à deux sanctions édictées par l'article 1843-3, alinéa 6 du Code civil, qui dérogent au droit commun : les intérêts de la somme due courent de plein droit au taux légal contre l'associé à partir du jour où il doit la verser, sans avoir été mis au préalable en demeure de payer ; l'associé, même de bonne foi, peut être condamné à verser en outre des dommages-intérêts supplémentaires pour le préjudice subi par la société du fait de ce retard. En droit commun, de tels dommages-intérêts ne peuvent, en principe, être prononcés contre le débiteur de bonne foi.

B. L'apport en nature

51 **Définition.** L'apport en nature consiste en tout bien attribué à la société, autre qu'une somme d'argent, susceptible d'une évaluation pécuniaire et pouvant être exploité commercialement. Il peut s'agir de biens immobiliers ou mobiliers, de biens corporels ou incorporels : immeubles, fonds de commerce, brevets d'invention, droit au bail... Aux termes de l'article 1843-3 du Code civil, cet apport peut être fait en pleine propriété, en jouissance du bien apporté, ou encore en usufruit.

1. La libération par compensation avec une dette connexe a été admise dans une société civile, dès lors que les statuts ne l'interdisaient pas, Civ. 3e, 28 nov. 2001, *D.* 2002. 215, obs. M. Boizard, *Bull. Joly* 2002. 427, note N. Peterka.
2. Com. 19 mai 1998, *Bull. Joly* 1998. 952 note P. Serlooten.

52 **L'apport en pleine propriété.** Il se réalise par le transfert à la société de la propriété du bien apporté et par sa mise à la disposition effective de la société. L'apporteur transfère à la société tous les droits qu'il a sur ce bien, de même que les risques. Dès lors, si au cours de la vie de la société, le bien vient à disparaître accidentellement, la société en subira les conséquences et l'associé conservera, à la dissolution, son droit à restitution de la valeur pour laquelle le bien a été apporté à l'origine. Néanmoins, ce transfert ne peut intervenir avant que la société ait été immatriculée, date à laquelle elle acquiert la personnalité juridique. Avant l'immatriculation, les risques restent donc à la charge de l'apporteur.

Il arrive, notamment en cas d'apport de fonds de commerce, que l'associé transmette à la société un bien composé d'éléments d'actif (clientèle, matériel, stock) et d'un passif. Dans ce cas, l'apport correspond à la valeur nette du bien. À concurrence de cette valeur, l'apport à titre gratuit (ou *pur et simple*) sera rémunéré par des parts sociales. Le surplus, apporté à titre onéreux, ne donnera pas lieu à l'attribution de parts. Pour que le transfert de propriété soit opposable aux tiers, des formalités de publicité doivent être observées et les créanciers disposent, le cas échéant, de l'action paulienne visée à l'article 1167 du Code civil[1].

L'apport en société d'un fonds de commerce

Lors d'un apport d'un fonds de commerce en société, le commerçant reçoit en contrepartie des parts sociales ou des actions. Les créanciers de l'apporteur ne peuvent faire opposition au paiement du prix ni faire surenchère du sixième, conformément aux règles de droit commercial. Le législateur a donc énoncé une règle rigoureuse à l'égard de la société, afin d'assurer la protection des créanciers de l'apporteur : dans la mesure où les associés, dûment informés, ont accepté l'apport, la société est tenue à titre de caution solidaire du passif du fonds de commerce. Par conséquent, dans les sociétés où la responsabilité est illimitée, tous les associés deviennent solidairement responsables du passif du fonds apporté.

La rigueur de cette règle appelait un régime renforcé de publicité et des nullités :

Le système de publicité est le même qu'en cas de vente du fonds (C. com., art. L. 141-13 et L. 141-21.) : double insertion dans un journal d'annonces légales et une insertion au BODACC. À compter de cette dernière publicité,

1. Com. 3 déc. 2002, B. Lecourt, « De l'utilité de l'action paulienne en droit des sociétés », in *Mélanges Guyon*, Dalloz, 2003, p. 615.

> les créanciers de l'apporteur disposent de dix jours pour faire opposition à l'apport et déclarer leur créance au greffe du tribunal de commerce.
> Afin d'éviter les effets rigoureux de la solidarité, chaque associé peut alors invoquer, dans les quinze jours, soit la nullité de la société (si la société ne peut se constituer faute de l'apport), soit la nullité de l'apport (si le fonds est apporté à une société déjà constituée).

L'apporteur doit, au même titre qu'un vendeur, la garantie d'éviction et la garantie des vices cachés. Mais, à la différence du vendeur, il ne bénéficie pas du privilège du vendeur et en cas d'apport d'un immeuble, il ne peut invoquer une rescision pour lésion de plus des sept douzièmes.

53 **L'apport en jouissance.** L'apport en jouissance d'un bien est très différent[1]. En ce cas, l'apporteur conserve la propriété de la chose, mais il est tenu de le mettre à la disposition de la société pour une durée déterminée. Par conséquent, à la dissolution de la société, l'apporteur reprend, en qualité de propriétaire, le bien qu'il a apporté. Toutefois, si le bien porte sur des choses fongibles, la société devient propriétaire du bien apporté et devra, à l'expiration du délai convenu, en rendre une quantité et une valeur égales.

Aux termes de l'article 1843-3 alinéa 4 du Code civil, l'apporteur est garant envers la société comme un bailleur envers son preneur. Ce type d'apport est donc assimilable à une location. Seule, la contrepartie de l'apport en jouissance est distincte : elle consiste en l'attribution de parts sociales et d'une fraction des bénéfices et non dans le droit au payement d'un loyer.

54 **L'apport en usufruit.** Il s'opère par transmission d'un droit réel, mais le droit transféré n'est qu'un droit de jouissance. La société n'acquiert donc pas le droit de disposer du bien. Un tel apport est soumis aux mêmes règles que l'apport en propriété, en ce qui concerne la transmission du droit, la garantie et les risques.

55 **Régime juridique des apports en nature.** L'apporteur reçoit des droits sociaux à hauteur de la valeur du bien mis à la disposition de la société. Les apports en nature soulèvent la difficulté particulière de leur évaluation. Il revient à l'apporteur de faire cette évalua-

1. C. Régnaut-Moutier, *La notion d'apport en jouissance*, LGDJ, 1994 ; N. Peterka, « Réflexions sur la nature juridique de l'apport en jouissance », *Bull. Joly* 2000. 361.

tion. Il y a lieu de craindre que le bien ne soit surévalué, source d'erreur pour les créanciers sociaux sur la solvabilité de la société. Cette erreur peut avoir des conséquences particulièrement graves dans les sociétés où les associés ne répondent pas personnellement du passif de la société. La surévaluation est également préjudiciable à l'égalité entre associés. En effet, les parts ou actions sont attribuées à chacun en proportion des apports effectués et toute majoration gonflerait artificiellement la participation de l'apporteur. Toute sous-évaluation de l'apport aurait, à l'inverse, des conséquences néfastes sur la situation de l'apporteur. C'est pourquoi l'intervention d'un commissaire aux apports est obligatoire pour tout apport en nature dans les sociétés anonymes, ainsi que pour les apports d'un montant important dans les sociétés à responsabilité limitée. Dans les sociétés à risque illimité, l'évaluation par un commissaire aux apports n'est pas obligatoire, mais elle reste possible. Les associés de société à responsabilité limitée ne sont pas liés par l'évaluation du commissaire aux apports, mais ils deviennent alors responsables solidaires de leur propre évaluation. Les actionnaires de société anonyme ne sont pas garants de cette valeur vis-à-vis des tiers : la signature des statuts vaut approbation de l'évaluation faite par le commissaire aux apports.

C. L'apport en industrie

56 **Définition.** L'article 1832 du Code civil vise, sous le nom d'apport en industrie, une troisième catégorie d'apport. Le terme d'industrie doit être pris dans son sens étymologique de *travail*. L'apport en industrie est donc en premier lieu un apport en travail : l'apport par un individu de son activité, de sa compétence, de son expérience professionnelle. Mais l'apport en industrie ne se limite pas à ce type d'apport. La jurisprudence consacre en effet l'apport de *know how*[1], l'apport de crédit[2] ou d'influence : l'associé fait alors

1. Le savoir-faire consiste en un ensemble d'informations pratiques non brevetées, résultant de l'expérience de son titulaire,
2. Civ. 1re, 16 juill. 1997, *Bull. Joly* 1997. 992, obs. J.-J. Daigre, *Rev. sociétés* 1998. 71, note R. Baillod.

bénéficier la société de son nom, de sa réputation, de ses relations. Il reste que le crédit ou l'influence doit être licite[1].

L'apport en industrie reste rare en pratique. Le statut de salarié est souvent préféré aussi bien par celui qui apporte son activité que par la société elle-même.

L'apport en industrie est rémunéré par l'attribution de parts sociales et l'apporteur est considéré comme un associé à part entière[2]. Néanmoins ce type d'apport ne contribue pas à former le capital social (C. civ., art. 1843-2). De cette particularité, naît le régime original des apports en industrie.

57 **Régime.** L'apport en industrie ne peut être fait dans toutes les sociétés. Admis dans les sociétés à risques illimités, il a longtemps été refusé au profit de sociétés dans lesquelles la responsabilité des associés se trouve limitée au montant de leurs apports (les sociétés anonymes et les sociétés à responsabilité limitée). Cette règle se justifie par le fait qu'un apport en industrie ne peut faire l'objet d'une saisie et ne constitue donc aucune garantie pour les créanciers sociaux qui ne peuvent pas se retourner contre les biens des associés eux-mêmes. Si cette règle est maintenue aujourd'hui pour les sociétés anonymes, elle a été assouplie progressivement pour les sociétés à responsabilité limitée et les sociétés par actions simplifiées. Dans ce type de société, l'apport en industrie est désormais autorisé, mais il appartient aux statuts de déterminer les modalités selon lesquelles peuvent être souscrites des parts sociales ou des actions en industrie (C. com., art. L. 223-7, al. 2 pour les SARL ; art. L. 227-1 pour les SAS).

L'apporteur en industrie reçoit des parts ouvrant droit aux bénéfices et au partage de l'actif net. Aux termes de l'article 1844-1 du Code civil, la part de l'apporteur en industrie dans les bénéfices sociaux est égale à la part de l'associé qui a la moins apporté. Cette règle n'est pas impérative et peut donc être

1. Un associé ne pourrait s'engager valablement à faire bénéficier la société du crédit politique dont il jouit, par exemple de son influence sur les milieux parlementaires, sans courir le risque d'être sanctionné pour corruption (C. pén., art. L. 432-11) ; aj. Civ. 1re, 16 juill. 1997, *Rev. sociétés* 1998. 71, note R. Baillod.

2. Dès lors, une société constituée d'un seul apporteur en capital et d'un apporteur en industrie n'est pas une société unipersonnelle (Paris 6 juill. 2001, *D.* 2001. AJ 2975, obs. A. Liehnard, *Rev. sociétés* 2001. 883, obs. Y. Guyon ; confirmé par Com. 30 mars 2004, *D.* 2004. 1088, obs. A. Lienhard.

modifiée par les statuts. L'apporteur en industrie n'aura pas droit au remboursement de l'apport en cas de dissolution.

§ 2. Le capital social

58 **Plan.** Toute société est dotée d'un capital social dont le montant est déterminé par les statuts sociaux. Cette détermination est fixée librement dans l'ensemble des société civiles et commerciales sauf, exceptionnellement, dans les SA qui se voient imposer un minimum légal. Il convient de définir la notion (**A**) avant d'en analyser les fonctions (**B**).

A. Définition

59 **Règle de la fixité du capital social.** Le capital social est composé du total du montant des apports en numéraire et des apports en nature, à l'exclusion des apports en industrie. D'un point de vue économique et financier, le capital représente la richesse de la société, mais cela n'est vrai qu'à la constitution de la société, lorsque le capital social équivaut à l'actif net[1] de la société. Le développement de son activité permet à la société de générer des richesses en actif net sans que son capital en soit modifié. C'est donc l'actif net, qu'il convient de consulter pour connaître la véritable valeur de la société en cours de vie sociale.

En revanche, le capital social est une notion centrale du droit des sociétés. Il représente la valeur portée au bilan indiquant le montant de l'actif au-dessous duquel les associés s'interdisent tout prélèvement à leur profit. Le capital social est en effet régi par la règle de la fixité (ou d'intangibilité) selon laquelle toute modification de cette valeur en cours de vie sociale est en principe interdite. Le capital social joue dès lors une fonction essentielle dans la société.

1. L'actif net se compose principalement du capital social et des résultats accumulés et conservés dans la société depuis sa création.

Les clauses de capital variable permettent à tout associé d'entrer ou de sortir de la société à tout moment !

Représentant le gage des créanciers, le capital social est régi par la règle de la fixité (ou d'intangibilité). Cette règle soumet toute modification de cette valeur en cours de vie sociale à une procédure lourde d'augmentation ou de réduction du capital social (convocation d'une assemblée générale extraodinaire, publicité dans un journal d'annonce légale, modification des statuts). Dans les sociétés de petite taille où aucun montant légal n'est exigé, des clauses de capital variable sont souvent proposées par les statuts. On en trouve dans les SAS et les SARL mais sont interdites dans les SA (dont le seuil minimal est fixé par la loi). Il ne faut d'ailleurs pas confondre ces clauses avec des formes particulières de sociétés que sont les SICAV ou les SCOP, formes de sociétés dans lesquelles le capital est admis à varier tout au long de la vie sociale. L'avantage de ces clauses est de faciliter l'entrée et la sortie d'associés car elles évitent d'avoir à recourir à la procédure lourde d'augmentation de capital social. En revanche, elles présentent des risques pour les associés car leur participation au capital peut être facilement diminuée. Aussi, les bonnes pratiques exigent que la clause de variabilité mentionne un certain nombre d'éléments. Doit y figurer un montant de capital « plancher », lequel ne peut être inférieur au 10e du capital fixé par les statuts. Il faut aussi mentionner un capital maximal, au-delà duquel il faudra respecter les règles d'augmentation de capital. Doit en outre être prévu l'organe compétent pour décider de l'augmentation ou de la diminution du capital souscrit : il peut s'agir du dirigeant, des associés, ou d'une catégorie particulière d'associés. Formellement, les associés sont en outre tenus de faire apparaître dans les statuts le montant du capital « souscrit », c'est-à-dire le montant de capital que les associés s'engagent à apporter.

B. Les fonctions du capital social

60 La doctrine assigne deux fonctions primordiales au capital social[1]. Le capital social est à la fois le gage des créanciers sociaux et la clé de répartition du pouvoir entre les associés.

61 **Fonction de garantie.** Intangible, le capital social l'est nécessairement parce qu'il exerce en tout premier lieu une fonction de garantie. Il représente le gage général des créanciers sociaux. Dès lors, cette règle entraîne deux séries de conséquences.

Tout d'abord, il est interdit aux associés de distribuer, sous forme de dividende, une partie du capital social. Une telle distribution constituerait une distribution fictive, c'est-à-dire effectuée en l'absence d'un résultat d'activité positif. Or une telle distribution est prohibée par la loi. Par la règle de la fixité, les créanciers sont assurés que les associés ne dissiperont pas, en les distribuant à leur profit, les valeurs à concurrence desquelles s'élève le capital social.

En second lieu, l'intangibilité du capital social explique qu'à la dissolution de la société, les associés ne pourront récupérer leurs apports qu'une fois que tous les créanciers auront été désintéressés. Il faut néanmoins nuancer l'importance de cette règle en distinguant selon les types de sociétés.

Dans les sociétés où la responsabilité des associés est limitée à leurs apports, le capital social est la seule garantie des créanciers sociaux qui ne pourraient, sauf cas d'exception, exiger des associés qu'ils répondent des dettes sociales sur leur patrimoine propre. Aussi bien la garantie que constitue la règle de l'intangibilité du capital est-elle importante. Toutefois le droit spécial des sociétés fait au capital social une place de plus en plus réduite, par rapport, notamment à l'actif social qui constitue la vraie valeur de la société. Dans les sociétés où la responsabilité est illimitée, la meilleure garantie réside dans la responsabilité personnelle des associés, sauf, bien évidemment, s'ils sont eux-mêmes insolvables.

1. Ces fonctions sont aujourd'hui remises en cause, ce dont témoigne la possibilité pour une SARL et une SAS de fixer librement dans ses statuts le montant de son capital social, v. ss 320 ; *adde*, A. Couret et H. Le Nabasque (dir.), *Quel avenir pour le capital social ?*, Dalloz, 2004 ; Th. Massart, *Bull. Joly* 2008. 632.

62 **La clé de répartition du pouvoir.** Le capital social constitue par ailleurs la clé de répartition du pouvoir dans la société. Le droit aux dividendes, aux réserves et le droit de vote sont en principe proportionnels à la part de capital détenue. Il existe néanmoins d'importantes atténuations à cette règle de principe. Ainsi, pour l'apporteur en industrie qui reçoit des parts sociales en échange de son apport et dont les parts sont assorties du droit de vote, cet apport n'est pas capitalisé. En outre, il est possible, dans les sociétés anonymes, de dissocier davantage l'apport au capital et le pouvoir dans la société. C'est le cas aujourd'hui des actions de préférence[1].

Bilan simplifié d'une société nouvellement créée

Deux amis décident de créer une société en nom collectif au capital de 2 000 euros.

X apporte un fonds de commerce dont la valeur nette est estimée à 1 000 euros avec 400 euros de dettes.

Y apporte 1 000 euros en capital et 1 000 euros en compte courant.

ACTIF :	PASSIF :
Fonds de commerce : 1 400 euros	Capital : 2 000 euros
Trésorerie : 2 000	C. courant : 1 000
	Dette : 400
TOTAL : 3 400	TOTAL : 3 400

SECTION 2
LA PARTICIPATION AUX RÉSULTATS

63 **Plan.** Outre les apports, l'article 1832 du Code civil exige que les associés participent tous aux résultats, c'est-à-dire aux profits et aux pertes. Il convient de définir l'objet de la participation (**§ 1**) avant d'en décrire le régime juridique (**§ 2**).

1. V. ss 462.

§ 1. L'objet de la participation

64 **Plan.** La participation aux résultats consiste soit à partager les bénéfices résultant de l'exploitation (**A**), soit à réaliser des économies (**B**), soit à contribuer aux pertes éventuelles (**C**).

A. Le partage des bénéfices

65 **La notion de bénéfice.** La recherche d'un bénéfice, afin de le partager, est l'objectif assigné à toute société. Tel est le but, *intéressé* (ou lucratif), de la société, qui a toujours permis de la distinguer d'autres groupements. Encore fallait-il préciser la notion de bénéfice. Par un arrêt en date du 14 mars 1914, les chambres réunies de la Cour de cassation ont indiqué qu'il fallait entendre par bénéfice tout « gain pécuniaire ou gain matériel qui ajouterait à la fortune des associés »[1]. Le gain, sans être nécessairement pécuniaire, devait être appréciable en argent. Il consistait donc en un enrichissement positif. Un siècle après l'arrêt *Caisse rurale de la commune de Manigod*, la loi n° 2014-856 du 31 juillet 2014 ouvre le secteur de l'économie sociale et solidaire aux sociétés commerciales en leur permettant de revendiquer, sous certaines conditions, leur appartenance au secteur de l'économie sociale et solidaire. L'économie sociale et solidaire est un « mode d'entreprendre et de développement économique adapté à tous les domaines de l'activité humaine auquel adhèrent des personnes morales de droit privé qui se caractérisent par le fait qu'elles poursuivent un but autre que le seul partage des bénéfices, que leur fonctionnement est régi par un principe de gouvernance démocratique, et qu'elles obéissent à des règles de gestion spécifique »[2].

> **La notion de bénéfice**
> **L'arrêt *Caisse rurale de la commune de Manigod***
> La Caisse rurale de Manigod, constituée sous la forme d'une coopérative, accordait à ses adhérents des prêts à des taux de 2,60 %. Elle empruntait auprès d'autres adhérents au taux de 2,50 %. Les statuts de la coopérative

1. Cass. 14 mars 1914, *DP* 1914. I. 257, note L. Sarrut, arrêt *Caisse rurale de la commune de Manigod*.
2. V. « L'ouverture du secteur de l'économie sociale et solidaire aux sociétés commerciales », *Dr. sociétés* 2014, comm. 22, obs. J. Monnet.

prévoyaient que les *excédents* qu'elle réalisait n'étaient pas répartis entre les adhérents.
L'économie provenant du différentiel de taux permet-elle à la coopérative de réaliser des bénéfices au sens de l'article 1832 du Code civil et de les répartir entre ses adhérents ?
La Cour de cassation définit le bénéfice comme étant *un gain pécuniaire ou un gain matériel qui ajouterait à la fortune des associés*, et écarte la possibilité pour une société de réaliser de simples économies.
Par conséquent, le fait pour les adhérents de pouvoir diminuer leurs charges financières ne peut être considéré comme un bénéfice. La coopérative est donc une association, non une société.

Le critère retenu par la Cour de cassation cantonnait les sociétés à un domaine relativement restreint et présentait l'intérêt, en pratique, de permettre de distinguer sans hésitation les associations des sociétés.

66 **La différence entre associations et sociétés.** La qualification entre société et association dépendait du but poursuivi par le groupement. Si le groupement était constitué pour réaliser et partager des bénéfices, on était en présence d'une société ; s'il était constitué dans un but autre que de réaliser et partager des bénéfices, qu'il soit charitable, intellectuel ou artistique, on était en présence d'une association. Constituaient de même des associations, les groupements qui, sans avoir pour but la recherche de bénéfices, visaient la recherche d'une économie.

La loi du 4 janvier 1978 prend acte de la jurisprudence *Manigod* et inclut la notion d'économies dans l'article 1832 du Code civil, conduisant à un élargissement de la finalité et du domaine des sociétés.

B. La réalisation d'économies

67 **L'élargissement de la finalité des sociétés.** Désormais, doivent être considérées comme des sociétés, non seulement les groupements ayant pour fin la réalisation et le partage des bénéfices au sens de l'arrêt *Caisse de Manigod*, mais encore ceux qui cherchent à réaliser une économie en commun. La recherche d'une économie s'entend en général d'une économie en numéraire : l'achat d'un matériel à un coût moindre. Mais il peut s'agir également d'atténuer des pertes.

Avec la nouvelle rédaction de l'article 1832 du Code civil, la prise en considération d'une économie recherchée se trouve à l'origine de certaines difficultés. Il résulte en effet de l'extension de la finalité des sociétés une certaine confusion dans la détermination des sociétés et d'autres groupements, notamment de l'association et du groupement d'intérêt économique (GIE).

68 **La confusion avec les associations.** Les deux formes de groupement peuvent être librement adoptées lorsque le but recherché est uniquement la réalisation d'opérations à un moindre coût. Cette solution est peu satisfaisante. La confusion des domaines a en effet entraîné un développement très important mais parfois artificiel du secteur associatif, notamment dans le secteur sportif ou de la santé. Alors que ces groupements sont constitués sous forme d'associations, certains d'entre eux ont une activité commerciale et recouvrent en réalité de véritables entreprises. Une redéfinition de l'association est souhaitée[1].

69 **La confusion avec le GIE.** Le Groupement d'intérêt économique, créé en 1967, est conçu comme une forme intermédiaire entre la société et l'association. Un tel groupement n'a pas en principe d'activité propre et n'a pas pour but de réaliser des bénéfices pour lui-même[2]. Sa constitution vise à faciliter ou développer l'activité économique de ses membres, d'améliorer ou d'accroître les résultats de cette activité. L'extension de la finalité des sociétés à la réalisation d'économies conduit à un recoupement des domaines de la société et du GIE et réduit ce groupement à une forme particulière de société.

C. La contribution aux pertes

70 **Notion.** En contrepartie de leur participation aux bénéfices, ou à l'économie réalisée, les associés s'engagent à contribuer aux pertes (C. civ., art. 1832, al. 3). Simple dans son énoncé, la règle appelle néanmoins quelques précisions.

Pourtant personnage central de la société, l'associé est la personne qui porte le risque de l'aléa social. La loi l'indique en préci-

1. Colloque sur le monde associatif, 92e Congrès des notaires de France, *LPA* 24 avr. 1996.
2. V. ss 719.

sant que les associés « s'engagent à contribuer aux pertes » (C. civ., art. 1832, al. 3). C'est la manière de dire juridiquement que l'aléa social est inhérent à la propriété de parts sociales ou d'actions. Aussi, dans l'hypothèse où l'actif social ne suffit pas à apurer le passif de la société, les dettes comptabilisées en fin de vie sociale doivent être supportées par les associés, créanciers de dernier rang. Les pertes au sens de l'article 1832, alinéa 2 du Code civil s'entendent donc des dettes sociales qui n'ont pas pu être réglées par la société et qui devront être supportées par les associés à la dissolution de la société. Elles sont distinctes des pertes comptables qui recouvrent une notion plus large : il s'agit de l'excédent de charges supportées par la société sur les produits réalisés, ce qui inclut des dettes non dues comme les provisions ou les amortissements.

La contribution aux pertes ne concerne que les relations entre associés : elle détermine la part de chaque associé aux pertes éventuelles. Elle se distingue de l'obligation aux dettes sociales qui se caractérise par l'engagement des associés à l'égard des créanciers sociaux et détermine le droit de poursuite des seconds sur les premières[1]. Dans les sociétés à l'occasion desquelles la responsabilité des associés est illimitée, l'obligation au passif social des associés est indéfinie, conjointe ou solidaire selon les cas. Dans ce type de société, les associés peuvent être poursuivis pour l'ensemble des dettes sociales (en cas de solidarité), ou une fraction d'entre elles (en cas d'obligation conjointe). Ils sont en quelque sorte garants de la société. À l'inverse, pour les associés qui voient leur responsabilité limitée à leurs apports, comme dans les sociétés anonymes, chacun n'est tenu qu'à la seule contribution aux pertes[2], limitée au montant de son apport. Une fois qu'il a libéré celui-ci, ni la société, ni les créanciers sociaux ne peuvent plus rien exiger de lui.

L'obligation de contribuer aux pertes peut se traduire par une obligation aux dettes après la clôture de la liquidation de la

1. Civ. 3e, 6 juill. 1994, *Rev. sociétés* 1995. 39, note B. Saintourens.
2. La société seule est obligée à la dette. Si, après que toutes les dettes ont été payées, la valeur de l'actif est inférieure à celle du capital, la société accuse des pertes et les associés doivent contribuer à ces pertes.

société, l'ancien associé étant alors tenu à l'égard des créanciers sociaux dans la mesure de ce qu'il a pu percevoir indûment à l'occasion des opérations de partage[1]. Outre l'action en paiement des dettes sociales, ouverte à chacun des créanciers, le liquidateur judiciaire peut donc légitimement agir contre les associés pour voir fixer leurs contributions aux pertes sociales[2].

La contribution aux pertes permet ainsi de déterminer qui supportera définitivement le poids des pertes de la société, et dans quelle proportion il le fera. Selon l'article 1844-1 du Code civil, chacun contribue aux pertes proportionnellement à la part du capital qu'il détient dans la société. Mais une répartition statutaire inégalitaire est admise, dans certaines limites. L'associé qui aura payé plus que sa part prévue dans les statuts aura un recours contre ses coassociés, bien que ce recours se révèle parfois illusoire du fait de sommes en jeu très élevées. Si la loi réserve aux associés le droit de fixer un autre mode de répartition des bénéfices et des pertes que la proportionnalité aux apports, c'est sous réserve de la prohibition des clauses léonines[3].

§ 2. Le régime juridique de la participation

71 **Plan.** Après avoir présenté les conditions du partage de bénéfices (**A**), il conviendra d'étudier les modalités de la participation (**B**).

A. Les conditions du partage de bénéfices

72 À l'inverse du régime de la contribution aux pertes qui se plie aux règles classiques du partage lors de la dissolution de la société, le partage des bénéfices est soumis à une double condition : il sup-

1. Pour un associé de SARL, v. Com. 8 oct. 2013, n° 12-24.825, *Dr. sociétés* 2014, comm. 6, obs. D. Gallois-Cochet.
2. Com. 20 sept. 2011, n° 10-24888, *Bull. Joly*, nov. 2011, note F.-X. Lucas (cas d'une société civile de moyen) ; Com. 27 sept. 2016, n° 15-13348, *Bull. Joly*, déc. 2016, 699, note F.-X. Lucas (cas d'une SNC). La solidarité entre associés ne valant cependant que pour les besoins de l'obligation aux dettes sociales, le liquidateur devra diviser son recours entre les associés et ne pourra, en toute hypothèse, demander à chacun des associés de contribuer qu'à proportion de sa part dans le capital social.
3. V. ss 77.

pose, en condition de fond, l'existence de bénéfices distribuables et doit obéir à une procédure particulière de distribution.

73 **L'existence de bénéfices distribuables.** Les actionnaires ont un droit au dividende, c'est-à-dire à une part des bénéfices réalisés dans l'année ou prélevés sur les réserves disponibles. Tous les bénéfices ne sont pas toujours distribuables. Selon certains types de sociétés, la société doit constituer des réserves. Par ailleurs, la décision de distribuer des bénéfices implique qu'auparavant avaient été apurées les pertes antérieures. Au cas contraire, une telle décision reviendrait à opérer une distribution de dividendes fictifs. Une telle distribution, est interdite. Elle peut emprunter des formes diversifiées, de la plus évidente (les associés reçoivent des dividendes alors que le bilan ne fait apparaître aucun bénéfice), à des formes plus subtiles (la dissimulation de certains éléments du passif ou, au contraire, l'apparition à l'actif de profits qui ne sont pas encore réalisés).

Pour se protéger, la société dispose d'une action en répétition ouverte contre les associés qui ont encaissé les dividendes fictifs. Les textes mentionnent expressément la société, mais la même solution paraît devoir être appliquée à l'action exercée par les créanciers sociaux. En outre, les dirigeants qui procéderaient à cette distribution s'exposeraient à la sanction pénale prévue pour les délits de distribution de dividendes fictifs (C. com., art. L. 242-6).

74 **La décision de distribution.** L'auteur de la décision est nécessairement l'assemblée générale, à qui il revient, en premier lieu, d'approuver les comptes de l'exercice, de constater l'existence de sommes distribuables et enfin de fixer le montant des dividendes. À partir de la décision de répartition des dividendes, l'associé est considéré comme créancier de la somme constituant le dividende. Jusque-là, la collectivité des associés était titulaire d'une créance globale correspondant au passif interne dont la société est tenue envers ses membres. La décision de mise en distribution individualise donc le droit de chacun et la rend exigible à l'époque indiquée, pour le montant fixé.

B. Les modalités du partage

75 **La règle de proportionnalité.** L'associé est celui qui subit l'aléa social. Les associés ont donc vocation à partager les bénéfices découlant de l'activité sociale ou, inversement « s'engagent à contribuer aux pertes » (C. civ., art. 1832, al. 1 et 3). Partage ou contribution sont régis par la proportionnalité. La règle de répartition est en effet celle de la proportionnalité en fonction des apports et donc de la participation prise par chacun dans le capital social de la société. Cette règle générale est énoncée à l'article 1844-1 du Code civil : « la part de chaque associé dans les bénéfices et sa contribution aux pertes se déterminent à proportion de sa part dans le capital social »... Elle vaut pour toutes les hypothèses, que ce soit en cours de vie sociale ou en fin de vie sociale au moment de la liquidation. Ainsi, si l'assemblée décide de distribuer des dividendes, ceux-ci seront répartis entre les associés selon une répartition proportionnelle à la fraction du capital détenue par chacun d'eux. De même, s'il reste encore des biens après remboursement de tous les créanciers sociaux à la liquidation, les associés se répartiront *ce boni* de liquidation en proportion de leur apport. Pour l'apporteur en industrie, la participation sera égale à celle de l'associé qui a le moins apporté, sauf clause contraire des statuts.

Si la société a enregistré des pertes trop longtemps, elle fera l'objet d'une procédure de liquidation judiciaire. Dans ce cas, chacun des associés contribuera aux pertes *proportionnellement à la part du capital qu'il détient dans la société.*

Cependant cette règle n'est pas d'ordre public et admet des clauses statutaires contraires. Une telle souplesse s'explique par le souci du législateur de permettre que certains associés soient favorisés par rapport à d'autres, suivant l'intérêt qu'ils portent à la société. Dès lors, la loi réserve aux associés le droit de fixer un autre mode de répartition des bénéfices et des pertes.

76 **La validité des clauses d'inégalité de traitement.** Plusieurs hypothèses sont envisageables, tel le retour à la règle de l'égalité héritée du droit romain. Les statuts peuvent ainsi prévoir un partage égal des bénéfices et des pertes malgré des apports de valeur

inégale. Chacun recevra la même quotité de dividende, indépendamment de sa participation initiale. À l'inverse, se trouve le cas de partage inégal, en dépit d'apports de même valeur. Par ailleurs, les statuts peuvent décider de favoriser certains associés en leur attribuant une part plus importante des bénéfices. Ce type de partage non proportionnel est d'ailleurs légalement organisé dans certains de types de société.

Dans les sociétés anonymes, notamment, le législateur permet de créer des actions de préférence qui peuvent conférer à leurs titulaires des droits patrimoniaux plus importants qu'aux titulaires d'actions ordinaires[1].

La règle symétrique de celle retenue pour le partage des bénéfices existe pour la contribution aux pertes. La symétrie peut être parfaite, auquel cas l'inégalité sera la même qu'il s'agisse de partager les bénéfices ou les pertes. Mais un partage peut être différent selon qu'il s'agit des bénéfices ou des pertes, soit que les deux règles prévoient une inégalité différente, soit que la différence porte sur les bénéfices, et non sur les pertes, ou inversement.

Une certaine liberté est donc laissée aux associés et les modalités de partage sont donc à prévoir dans les statuts sociaux. Cette souplesse a néanmoins une limite. Le législateur interdit en effet l'insertion de clauses léonines dans les statuts sociaux.

77 **La prohibition des clauses léonines.** L'article 1844-1, alinéa 2 du Code civil dispose que doivent être réputées non écrites toutes les stipulations « attribuant à un associé la totalité du profit procuré par la société ou l'exonérant de la totalité des pertes, celle excluant un associé de la totalité du profit ou mettant à sa charge la totalité des pertes ». Une première interdiction concerne la clause qui attribuerait à un seul des associés la totalité des bénéfices, excluant en contrepartie, tous les autres associés de leur droit aux bénéfices. Il est clair qu'une telle convention annihile le contrat de société dans son essence. Symétriquement, est réputée nulle la clause qui exclurait totalement un associé du profit, supprimant par là sa vocation aux bénéfices.

1. V. ss 462.

Parallèlement, est prohibée toute clause d'exonération des pertes qui affranchirait un associé de toute contribution aux pertes ou, à l'inverse, celle qui mettrait à sa charge la totalité des pertes (excluant ainsi les autres d'une telle contribution aux pertes). Ces clauses ne sont pas des clauses léonines au sens où elles ne permettent pas de se payer « la part du lion ». Mais l'interdiction repose, par extension, sur l'idée qu'il est contraire à la nature de la société que certains associés puissent participer aux bénéfices et ne rien risquer quand d'autres, au contraire, subissent l'aléa social sans contrepartie.

78 **Applications aux cessions massives de droits sociaux.** La jurisprudence a longtemps fait une application large de la prohibition des clauses léonines en droit des sociétés. Notamment, elle considère comme léonines les clauses qui portent, si ce n'est sur l'ensemble des bénéfices, du moins sur une fraction largement supérieure à celle à laquelle la participation au capital de l'associé donnerait droit.

Une question particulièrement difficile est née de la présence de clauses extrastatutaires, dans certains types de cession de parts sociales, ayant pour résultat d'exonérer un associé de tout risque de perte sociale. Ainsi, dans les cessions massives de droits sociaux, échelonnées dans le temps, une première cession est assortie d'une promesse d'achat à un prix minimum garanti. Le bénéficiaire de la promesse est assuré de céder ses titres à ce prix plancher, quel que soit le prix des parts au moment de la cession. Alors que la Cour de cassation a longtemps fait preuve d'une grande sévérité en condamnant indistinctement ces conventions [1], au motif qu'elles avaient pour résultat d'exonérer les bénéficiaires de toute participation aux pertes, la Chambre commerciale de la Cour de cassation adopte une position plus souple [2]. Après avoir adopté la solution contraire, la chambre civile de la Cour de cassation [3] semble se rapprocher de la solution de la Chambre commer-

1. V. par ex., Com. 10 févr. 1981, *Rev. sociétés* 1982. 98, obs. Ph. Merle.
2. Com. 20 mai 1986 (arrêt *Bowater*), *Rev. sociétés* 1986. 587, obs. D. Randoux ; *RTD com.* 1987. 66, obs. Cl. Champaud et P. Le Floch, *JCP E* 1986. II. 15846, n° 1, obs. A. Viandier et J.-J. Caussain ; *RTD civ.* 1987. 744, obs. J. Mestre.
3. Civ. 1re, 29 oct. 1990, *Bull. Joly* 1990. 1052, n° 343, note P. Le Cannu ; *RTD com.* 1991. 395, n° 3, obs. Cl. Champaud ; aj. E. Claudel, « Clauses léonines extra-statutaires ; les voies d'un compromis », in

ciale. Celle-ci a précisé sa position en décidant que l'article 1844-1 du Code civil ne s'applique pas, en principe, aux promesses d'achat de parts ou de titres sociaux à un prix déterminé d'avance[1], ce qui a pour effet bénéfique de faciliter l'entrée temporaire d'investisseurs dans le capital des sociétés[2].

> **Clauses léonines et cessions de parts sociales**
> **L'arrêt *Bowater***
> **« La cour d'appel n'a pas à vérifier si la fixation, au jour de la promesse, d'un prix minimum, a pour effet de libérer le cédant de toute contribution aux pertes sociales dès lors qu'elle constate que la convention litigieuse constitue une cession ».**
> La Chambre commerciale de la Cour de cassation observe l'objet de la clause, indépendamment du résultat. Selon que l'objet du contrat consiste en une transmission pure et simple de droits sociaux ou vise le contrat de société, l'article 1844-1 du Code civil sera inapplicable ou au contraire applicable. Il n'en reste pas moins que, selon la fin poursuivie, la promesse sera ou non constitutive d'une clause léonine. L'arrêt réserve en effet le cas de la fraude, cas dans lequel la cession serait en réalité une manœuvre opérée dans l'unique dessein de se soustraire à la prohibition de l'article 1844-1 du Code civil. En dehors de ce cas, la promesse de cession avec fixation d'un prix plancher n'entraîne pas dénaturation du pacte social.
> La portée de l'arrêt est double : il consacre une conception stricte du domaine d'application de l'article 1844-1 du Code civil obligeant à distinguer le contrat de société de tout autre type de contrat (la vente, notamment). En pratique, il valide les cessions massives de droits sociaux, ainsi que les conventions de portage (convention par laquelle le porteur – le plus souvent une banque – accepte, sur demande d'un donneur d'ordre, de se rendre actionnaire par acquisition ou souscription d'actions, étant expressément convenu que, passé un certain délai, ces actions seront transférées à une personne désignée et à un prix fixé dès l'origine[3]). Sous réserve de fraude.

79 **Effets de la nullité de la clause[4].** L'article L. 235-1 du Code de commerce exclut les clauses léonines du nombre des causes de

Mélanges Jeantin, Dalloz, 1999, p. 183 ; F.-X. Lucas, « Promesse d'achat de droits sociaux à prix garanti et prohibition des clauses léonines ; à la recherche de la cohérence perdue », *JCP E* 2000. 168.

1. Com. 10 janv. 1989 (arrêt *Jallet*), *JCP* 1989. II. 21256, note A. Viandier ; *Bull. Joly* 1989. 256, n° 81, note P. Le Cannu ; 19 oct. 1999, *JCP E* 1999. 2067, note Y. Guyon, *Dr. sociétés* 2000. comm.3 ; Paris 21 févr. 2003, *Bull. Joly* 2004, p. 262 et Chron. S. Sylvestre, « Validité de la promesse de rachat consentie par la société émettrice au souscripteur des titres qu'elle a émis », *Bull. Joly* 2004, p. 179.
2. Com. 16 nov. 2004, *Bull. Joly* 2005, § 45, obs. N. Mathey ; Com. 22 févr. 2005, *D.* 2005. 973, D. Kessler ; H. Le Nabasque, *Rev. sociétés* 2005. 593. Pour le capital-risque, v. Paris 21 déc. 2001, *Dr. sociétés* 2002. comm. 44.
3. Le portage crée une obligation de restitution au bénéfice du créancier : Com. 20 sept. 2016, n° 15-15369, *Bull. Joly*, déc. 2016, 717, note P.-L. Périn.
4. Com. 24 mai 1994, *Bull. Joly* 1994. 797, note P. Le Cannu ; *Rev. sociétés* 1994. 708, obs. Y. Reinhard.

nullité des sociétés anonymes et des sociétés à responsabilité limitée. Dans les autres sociétés, il est logique de considérer que, selon les termes de l'article 1844-1, alinéa 2 du Code civil, ainsi que pour des avantages pratiques, la clause doit être réputée non écrite, à l'exclusion de toute autre sanction[1].

Section 3
La volonté de s'associer

80 Supposant que plusieurs personnes aient convenu chacune d'effectuer un apport dans le dessein de partager le bénéfice ou de profiter de l'économie qui pourra en résulter, le contrat conclu ne sera un contrat de société que si tous les contractants ont, en outre, l'intention de s'associer. Cette intention prend le nom d'*affectio societatis*. Bien qu'elle ne soit pas formellement exigée par l'article 1832 du Code civil, elle constitue le troisième élément caractéristique du contrat de société[2]. Il faut néanmoins réserver le cas des sociétés unipersonnelles. Dans ces sociétés, en effet, seul un acte unilatéral de volonté peut constituer l'élément intentionnel du contrat de société. On étudiera donc l'*affectio societatis* (**§ 1**), avant de traiter du cas particulier de l'acte unilatéral de volonté dans les sociétés unipersonnelles (**§ 2**).

§ 1. L'*affectio societatis*

81 **Notion.** L'*affectio societatis* n'a pas reçu de définition légale. Il est pourtant un élément essentiel du contrat de société et son défaut permet de caractériser la fictivité d'une société[3]. La Cour de cassa-

1. Elle ne devrait donc pas influer sur la validité du contrat et, par là, sur l'existence de la société elle-même : Ripert et Roblot par M. Germain, n° 1040.
2. Cette exigence ressort indirectement des dispositions de l'article 1833 du Code civil.
3. Les deux caractéristiques de la société fictive sont une société où les associés n'ont aucune *affectio societatis* et qui, en tant que personne, ne poursuit pas son intérêt propre : v. Com. 15 mai 2007, *D.* 2007. 603 ; *Dr. sociétés.* 2007. comm. 174, note R. Mortier ; *Bull. Joly* 2007. 1093, note N. Mathey. Mais les critères varient d'une affaire à l'autre. Ainsi le critère de l'absence d'activité réelle est également retenu : Com. 14 juin 2016, n° 14-18671, *Bull. Joly*, oct. 2016, 593, note J.-P. Legros.

tion[1] invite les juges du fond à rechercher la présence de deux critères : une collaboration effective à une activité dans un intérêt commun et sur un pied d'égalité[2].

82 **Collaboration effective.** Tout contrat de société implique la collaboration effective de tous les contractants à l'œuvre commune. L'associé ne doit pas être cantonné dans une attitude passive, en attendant sa part de bénéfice. Néanmoins, les auteurs admettent que l'*affectio societatis* recouvre des comportements diversifiés, notamment en fonction de la taille et de la forme de la société. Sans doute cette participation effective à l'entreprise est-elle plus ou moins intense. Notamment dans les grandes sociétés, la collaboration effective exige moins qu'elle n'accorde un minimum de participation : elle implique que chaque associé ait pour le moins le droit de contrôler la marche des affaires sociales, le droit aussi de donner librement son avis sur celles-ci et le droit enfin de faire prévaloir cet avis s'il le fait partager par les autres associés. En revanche, l'*affectio societatis* doit certainement être beaucoup plus effectif dans les petites sociétés.

83 **Application.** La notion d'*affectio societatis* sert souvent, en pratique, à qualifier le contrat de société et à le distinguer d'autres situations juridiques qui lui sont proches. Parfois, ce sera le caractère volontaire et effectif de la collaboration entre les personnes qui permettra de qualifier le contrat de contrat de société. Ainsi, en sera-t-il de l'hypothèse où un concubin invoque l'existence d'une société. La jurisprudence considère alors qu'une simple cohabitation, même prolongée, ne suffit pas à caractériser la volonté de s'associer[3]. Parfois, ce sera la participation aux décisions collectives qui pourra être considérée comme déterminante. Ainsi, lorsqu'un banquier consent une avance à l'un de ses clients et reçoit en contrepartie une quote-part des bénéfices, il ne sera

1. Com. 3 juin 1986, *Rev. sociétés* 1986. 585, note Y. Guyon.
2. Ces éléments doivent traduire la volonté de s'associer. La Cour a pu pourtant déduire la qualité d'associé d'un simple comportement, Com. 24 sept. 2004, *D.* 2004. 1305, obs. G. Kessler. *Adde*, N. Reboul-Maupin, « Remarques sur une notion conceptuelle et fonctionnelle : l'*affectio societatis* », *Rev. sociétés* 2000. 425 ; P. Serlooten, « L'*affectio societatis*, une notion à revisiter », in *Mélanges Guyon*, Dalloz, 2003, 1007.
3. Paris 17 avr. 1991, *JCP E* 1991. II. 187, note Y. Guyon ; *contra* Com. 25 juill. 1949, *JCP* 1950. II. 5798, note Bastian.

considéré comme véritable associé que s'il dispose d'un droit d'intervention dans la vie de l'entreprise ou si, du moins, il en exprime la volonté, sans quoi, il sera qualifié de simple prêteur[1].

De même que la collaboration doit exister entre les associés, elle doit être exclusive de toute subordination.

84 **L'égalité entre actionnaires.** La collaboration doit se faire sur un pied d'égalité, ce que recèle la poursuite d'un *intérêt commun*[2] (C. civ., art. 1833) et ce qui exclut tout lien de subordination entre les associés. Par là, le contrat de société est distingué du contrat de travail[3], même assorti d'une clause de participation aux bénéfices. Sans doute, le salarié a-t-il alors un droit de regard sur la détermination du bénéfice annuel. Mais, d'une part, le lien de subordination subsiste : même si ses fonctions dans la société lui laissent une certaine initiative, il ne peut en principe exercer aucune fonction de direction ni de contrôle ; d'autre part, le salarié ne court pas totalement l'aléa de l'entreprise comme l'associé. Il a en effet droit à son salaire. L'associé, à l'inverse, ne touchera aucun dividende si la société n'a pas réalisé de bénéfices ; le cas échéant, il devra même contribuer aux pertes.

85 **Applications.** Il est vrai que dans la plupart des cas, sauf peut-être dans les sociétés en nom collectif, la collaboration n'est pas véritablement égalitaire. Certains associés se comportent comme des maîtres de l'affaire, les autres se contentant de recevoir les dividendes. Néanmoins, l'égalité établie entre associés ou actionnaires doit permettre de reconnaître à tous les associés le droit de contrôler, de critiquer le déroulement des affaires sociales, voire d'y participer (C. civ., art. 1844). L'*affectio societatis* est donc aussi utile pour dénoncer les situations où la société est en réalité l'affaire d'une seule personne, les autres faisant simplement figure d'hommes de paille. Elle est également utile pour apprécier la réalité d'une promesse de société[4].

1. Paris 28 sept. 1999, *JCP E* 2000. 2999 ; *RTD com.* 2000. 103, obs. Cl. Champaud et D. Danet ; Paris 29 mars 2002 (arrêt *Grémillet*), *Dr. sociétés.* 2003. comm. 100, obs. F.-G. Trébulle ; Com. 24 sept. 2003, *Dr. sociétés* 2004. comm. 2, obs. F.-G. Trébulle.

2. J. Mestre, « L'égalité en droit des sociétés (aspects de droit privé) », *Rev. sociétés* 1989. 399 ; P. Didier, « L'égalité des actionnaires, mythe ou réalité ? », *Cah. dr. entr.* 1994, n° 5, 20.

3. Com. 5 nov. 1974, *Rev. sociétés* 1975. 492, note Y. Guyon.

4. Com. 3 mars 2021, n° 19-10693, *Bull. Joly Soc.*, juil. 2021, note C.-M. Bénard, annule la promesse de société dépourvue d'*affectio societatis*, faute d'accord précis sur l'objet de la société.

À l'évidence, l'*affectio societatis* ne se conçoit pas à propos de la société unipersonnelle. Seul un acte unilatéral de volonté préside à l'existence de ce type de société.

§ 2. L'acte unilatéral de volonté

86 La première, la loi du 11 juillet 1985 créant l'entreprise unipersonnelle à responsabilité limitée, a rompu avec la tradition juridique qui considérait que seul un contrat de société pouvait permettre la création d'une société. Depuis cette loi de 1985, suivie récemment par la loi du 12 juillet 1999 créant la société par actions simplifiée unipersonnelle, un acte unilatéral de volonté suffit pour que puissent être créés ces types de sociétés.

L'idée de collaboration est donc exclue dans de telles sociétés. Mais la rédaction de l'alinéa 2 de l'article 1832 du Code civil conduit à considérer que la création d'une société par acte unilatéral de volonté n'est qu'une solution exceptionnelle qui déroge au principe de création par voie conventionnelle. La société ne peut être créée par acte unilatéral que dans les cas où la loi l'autorise expressément. C'est le cas précisément de ces deux formes de sociétés. Sans un cadre législatif préalable, il est impossible à la volonté privée de créer une nouvelle catégorie de société unipersonnelle.

Il apparaît que la société, en tant que contrat, comporte des éléments généraux communs à tous les contrats, ainsi que, en tant que contrat spécial, des éléments spécifiques. Ces éléments sont nécessaires pour que la société acquière la personnalité morale. Ils peuvent en outre être suffisants pour les sociétés, dites sociétés sans personnalité morale, qui se contentent de rester en l'état de pur contrat.

Chapitre 3

Les sociétés sans personnalité morale

87 **Plan.** Si toute personne morale suppose un contrat originel, certaines sociétés restent purement contractuelles ; c'est le cas de la société en participation et de la société créée de fait. La constitution de ces sociétés s'achève avec la signature du contrat de société, pour la société en participation (Section 1), ou s'induit d'un comportement, pour la société créée de fait (Section 2).

Section 1

La société en participation

88 **Origines.** Le Code de commerce, dès son origine, prévoyait l'existence d'« associations commerciales en participation, définies comme des sociétés dont l'existence ne se révèle pas aux tiers » (art. 47 à 50 abrogés). Il s'agissait de sociétés occultes, qui n'avaient d'existence qu'entre associés. Cette particularité de la non-révélation aux tiers a été reprise dans la loi de 1966 (art. 419 à 422) qui adopte alors la qualification définitive de « société en participation ». La réforme opérée par la loi du 4 janvier 1978 a abrogé ces dispositions pour faire apparaître un nouvel

article 1871 dans le Code civil, qui consacre l'existence de la *société en participation.* Aujourd'hui, les exemples de sociétés en participation sont nombreux, attestant de l'utilité pratique de ce type de sociétés.

89 **Plan.** Il convient de définir les conditions d'existence de ce type de sociétés (**§ 1**) avant d'en présenter le régime juridique (**§ 2**).

§ 1. Conditions d'existence

90 Aux termes de l'article 1871 du Code civil, les *associés peuvent convenir que la société ne sera pas immatriculée. La société est dite alors « société en participation »*. Les éléments constitutifs de la société doivent néanmoins pouvoir être relevés : pluralité d'associés, apports, vocation aux pertes et aux bénéfices, *affectio societatis.* Son objet peut être civil ou commercial mais il doit être licite.

91 **Société en participation occulte ou ostensible.** Traditionnellement, la société en participation est occulte. Les associés décident de ne pas révéler la société aux tiers, ce qui explique l'absence d'immatriculation au Registre du commerce et des sociétés. Mais le seul fait de la non-immatriculation n'entraîne pas la non-révélation aux tiers. Ainsi, à côté de la société en participation occulte (non révélée), il existe des sociétés en participation dites *ostensibles* dans lesquelles les participants agissent en qualité d'associés au vu et au su des tiers.

Dès lors, des situations très diverses existent, selon la volonté des participants : la révélation peut avoir lieu dès la création de la société, mais elle intervient plus fréquemment en cours de vie sociale ; la société peut être révélée pour certaines activités, mais pas pour toutes ; elle peut être révélée à certains tiers et pas à d'autres ; certains associés peuvent vouloir rester anonymes, pas d'autres.

La grande utilité pratique de cette société s'explique par le double avantage qu'elle présente : souplesse et discrétion. Elle est ainsi utilisée lors d'une coopération interentreprises, par exemple, pour constituer un pacte entre deux grands actionnaires pour la gestion de leurs droits de vote dans une troisième société ; ou encore pour la formation de *pools* bancaires, qui regroupent plusieurs banques à se regrouper en vue de financer des opérations ponctuelles et risquées.

92 **Preuve de la société en participation.** La preuve de ce type de société n'est pas toujours aisée à rapporter. Se pose ainsi la question de la confusion entre une société non immatriculée et une simple opération de prêt qui sera parfois rémunérée par une participation aux bénéfices. Le critère fondamental sera alors l'*affectio societatis* dont la présence permet de trancher en faveur de la société lorsqu'il y a doute sur le groupement : une collaboration effective opérée dans un intérêt commun et sur un pied d'égalité sera alors recherchée[1]. Il existe un contentieux très abondant de requalification, dont l'enjeu est le régime juridique de la société en participation.

§ 2. Régime juridique

93 **Dans les rapports des associés entre eux.** Les dispositions de l'article 1871-1 du Code civil s'appliquent de manière supplétive. La liberté statutaire est la règle dans les sociétés en participation. Pourtant, certaines règles impératives relatives à la constitution et au fonctionnement des sociétés doivent être respectées. Notamment, lorsque l'objet de la société est commercial, les associés gérants doivent avoir la capacité de commerçant si la société est occulte. Si la société est révélée, tous les associés doivent avoir cette capacité, ce qui exclut les mineurs même émancipés, ainsi que les personnes frappées d'une interdiction ou d'une incompatibilité.

La société n'étant pas dotée d'un patrimoine propre, seuls des apports en jouissance sont possibles et les biens en nature mis à sa disposition restent donc la propriété personnelle ou indivise des associés[2]. La société n'est pas soumise aux mesures de publicité

1. Civ. 1re, 14 janv. 2003 (achat collectif d'un billet de loterie), *Dr. sociétés* 2003. comm. 69, obs. F.-X. Lucas.
2. Ainsi, la cession de biens immobiliers peut intervenir au profit d'une société en participation, dès lors que l'acte est fait au profit des associés. En l'espèce, l'acte de vente mentionnait l'identité de chacun des associés: Com. 27 mai 2014, n° 13-14220, *Bull. Joly*, oct. 2014, 387, note B. Dondero.

requises pour l'immatriculation au Registre du commerce et des sociétés. Elle ne peut ester en justice, ni être tenue pour responsable des actes passés par le gérant, et encore moins être mise en redressement ou en liquidation judiciaire.

Une ou plusieurs personnes choisies parmi les associés ou, plus rarement, en dehors de la société peuvent recevoir mandat de gérer la société[1] et être rémunérés[2]. La responsabilité du gérant en tant que mandataire est autonome et ne se limite pas à la faute détachable des fonctions[3]. Les participants ont les mêmes droits que les autres associés[4] : droit de participer aux décisions collectives, contrôle de la gestion du gérant, droit aux dividendes[5] sous réserve des clauses léonines de l'article 1844-1, alinéa 2 du Code civil. Il est interdit d'augmenter les engagements des associés en cours de vie sociale sans leur consentement unanime (C. civ., art. 1836, al. 2). L'accord unanime des associés est en principe nécessaire avant toute cession de parts sociales, sauf disposition statutaire contraire[6].

Au moment de la dissolution de la société en participation, chaque associé a droit au paiement de ses dettes, au remboursement de ses apports, et à une part de l'actif subsistant proportionnelle à ses apports.

En l'absence de dispositions statutaires contraires, sont applicables les règles régissant la société en nom collectif ou la société

1. Com. 6 mai 2008, *D.* 2008. 2113, note B. Dondero ; comp. ss 80.
2. Com. 9 janv. 2019, n° 17-16.504 : Alors que les statuts d'une société en participation ne précisent rien concernant la rémunération de son gérant, et dès lors que le procès-verbal d'approbation des comptes de cette dernière détaille les salaires dont a bénéficié le gérant, les rémunérations perçues par celui-ci doivent être regardées comme ayant été approuvées par les associés de la société en participation. Ces rémunérations ne peuvent donc faire l'objet d'une demande de remboursement de la part de l'un des associés.
3. Com. 4 fév. 2014, n° 13-13386, *Bull. Joly*, juill.-août 2014, 435, note B. Dondero. En dépit d'une similitude de situation, le mandataire d'une société (en participation ou immatriculée) n'est pas traité de façon identique à un organe social qui peut s'abriter derrière l'écran de la personne morale. Sur la notion de « faute détachable des fonctions », v. ss 181.
4. V. ss 148.
5. Ce droit aux bénéfices existe pour une société associée, quand bien même la société en participation est dissoute : Com.30 mai 2018, n° 16-21204, *Bull. Joly*, oct. 2018, p. 551, note Th. De Ravel D'Esclapon.
6. Le fait que la société ne soit pas titulaire d'un patrimoine propre ne fait pas obstacle à la cession par les associés de leurs parts de société, droit qu'ils tiennent du contrat de société, Com. 15 mai 2012, n° 11-30.192, *Rev. sociétés* 2013. 88, note B. Dondero.

civile, suivant que la société en participation a un objet commercial ou civil.

94 **Dans les relations des associés avec les tiers.** L'article 1872-1 du Code civil dispose que le gérant a les plus larges pouvoirs sur les biens dont il a apparemment la disposition. Mais le régime de responsabilité est particulier : « chaque associé contracte en son nom personnel et est seul engagé à l'égard des tiers ». Il convient néanmoins de distinguer suivant les cas.

Dans le cas d'une société occulte, la personne qui agit et contracte en son nom personnel est seule engagée à l'égard des tiers. S'il s'agit du gérant, il agit en son nom propre et n'engage que lui-même[1]. De même que dans les relations entre associés, la responsabilité du gérant repose sur une faute personnelle, le caractère détachable ou non détachable de la faute imputée étant indifférent[2]. S'il s'agit d'un autre associé, celui-ci sera seul responsable.

L'action des tiers contre les participants est en revanche possible dans trois cas prévus par la loi. Tout d'abord, lorsque la société est révélée aux tiers : si *les participants agissent en qualité d'associé au vu et au su des tiers*, chacun d'eux est tenu des obligations nées des actes accomplis par d'autres associés, avec solidarité dans les sociétés à objet commercial, sans solidarité dans les sociétés à objet civil. La révélation suppose un acte positif des associés (donc leur consentement à la révélation) et il ne suffit pas que le gérant révèle l'identité des associés sans leur accord[3]. Il en est de même, en second lieu, de l'associé qui, *par son immixtion dans la gestion, a laissé croire au cocontractant qu'il entendait s'engager à son égard.* Enfin, s'il est *prouvé que l'engagement a tourné au profit* de l'un ou de plusieurs participants, le tiers a une action directe contre ceux-ci.

1. Paris 31 mai 2001 (ouverture d'un compte bancaire au nom du gérant) *Dr. sociétés* 2002. comm. 29, obs. F-X. Lucas.
2. Com. 4 fév. 2014, n° 13-13.386, *Bull. Joly* 2014, 435, note B. Dondero.
3. Com. 15 juill. 1987, *JCP* 1988. II. 20958, note Ph. Pétel, *Rev. sociétés* 1988. 70, obs. P. Didier.

Section 2
La société créée de fait

95 **Notion.** La société créée de fait ne fait pas l'objet d'une définition légale et la doctrine en discute l'intérêt[1]. Elle serait la situation dans laquelle deux ou plusieurs personnes se comportent en fait comme des associés, sans avoir entrepris les démarches nécessaires à la constitution d'une société. Elle est visée par l'article 1873 du Code civil qui soumet le régime juridique de cette société à celui de la société en participation. Il convient d'étudier ses conditions d'existence (**§ 1**) avant d'en voir le régime juridique (**§ 2**).

§ 1. Conditions d'existence

96 **Éléments constitutifs de la société créée de fait.** Afin de caractériser l'existence d'une société créée de fait, les juges observent si les éléments du contrat en général et ceux du contrat de société prévus à l'article 1832 du Code civil sont réunis. Comme tout contrat, la société créée de fait doit répondre aux exigences relatives au consentement des parties, à leur capacité de contracter et avoir un objet et une cause licites. Une mise en commun d'apports doit être effectuée. Ils peuvent être en numéraire, en nature et, comme c'est très souvent le cas au moins pour l'un des associés, en industrie. La participation aux résultats suppose une participation non seulement aux bénéfices, mais aussi une contribution aux pertes, ce qui ne sera pas le cas en l'absence de risque supporté par l'un des associés.

97 **Intérêt de la société créée de fait.** L'intérêt d'une telle société est le plus souvent rétrospectif, à l'occasion d'une rupture entre conjoints ou concubins. Les tribunaux sont amenés à constater qu'une société a été créée, qui protège l'un des deux partenaires, notamment celui (ou celle) qui a apporté son industrie à l'exploi-

1. F.-X. Lucas, « La société dite "créée de fait" », in *Mélanges Guyon*, Dalloz, 2003, p. 737.

tation alors qu'aucun patrimoine commun n'a été constitué entre eux. Les règles du partage précédant la dissolution de la société pourront, alors être appliquées ; les créanciers pourront quant à eux poursuivre le règlement de leur créance sur le patrimoine social. Tel est le cas, par exemple, lorsque des époux mariés sous le régime de la séparation de biens exploitent ensemble un fonds de commerce appartenant à l'un des conjoints. En cas de divorce, le conjoint qui aura apporté son industrie à l'activité pourra profiter du partage des biens acquis en commun et du *boni* de liquidation s'il parvient à prouver l'existence d'une société créée de fait.

98 **La preuve de la société créée de fait.** La preuve des éléments constitutifs de la société créée de fait peut être rapportée par tous moyens (C. civ., art. 1872, al. 1). La preuve de l'*affectio societatis* est difficile à rapporter puisque, par définition, les personnes – tels des concubins – n'ont pas la volonté connue de collaborer à une œuvre commune. Cet élément n'en est pas moins déterminant car il doit faire apparaître qu'il y a bien eu participation à une activité commune, poursuite supposée d'un objectif commun ou encore intention de s'associer[1]. De manière constante, la jurisprudence affirme que les éléments de preuve étant cumulatifs ils doivent être établis séparément et ne peuvent se déduire les uns des autres[2].

Cette preuve ne joue en réalité qu'entre associés. La Cour de cassation a en effet admis que, à l'égard des tiers, *l'apparence d'une telle société s'apprécie globalement, indépendamment de la révélation de ces divers éléments*[3].

1. Ainsi, une simple cohabitation entre personnes non mariées ne suffit pas à établir la participation à une activité commune, Civ. 1re, 18 juill. 1995, *Dr. sociétés* 1995. 207, note Th. Bonneau, 12 mai 2004, *D.* 2004. 1672, obs. A. Lienhard. De même pour la collaboration de deux consultants professionnels qui exercent à titre indépendant des activités analogues ou complémentaires, en l'absence d'une volonté non équivoque d'association (Paris 21 juin 2002, *Dr. sociétés* 2003. 5, obs. F.-X. Lucas) ; ou encore de l'exercice en libéral de la profession d'infirmier (Colmar, 9 oct. 2013, n° 12/03877, *Bull. Joly*, avr. 2014, 226, note B. Dondero).

2. Civ. 1re, 12 mai 2004, *Rev. sociétés* 2005. 131, note F.-X. Lucas ; Com. 23 juin 2004, *Rev. sociétés* 2005. 131, note F.-X. Lucas ; Civ. 1re, 20 janv. 2010.

3. Civ. 1re, 13 nov. 1980, *D.* 1981. 541 ; Com. 11 juill. 1988, *Bull. Joly* 1988. 664, note P. Le Cannu.

§ 2. Régime juridique

99 **Renvoi à la société en participation.** La loi renvoie aux dispositions applicables aux sociétés en participation (C. civ., art. 1873). Il convient dès lors de distinguer les rapports entre associés et les relations avec les tiers.

100 **Dans les rapports entre associés.** La répartition des bénéfices et des pertes est proportionnelle aux apports. Au moment de la dissolution de la société, chaque associé aura droit au paiement de ses dettes, au remboursement de ses apports, et à une part de l'actif subsistant, proportionnellement à ses apports.

101 **Dans les relations avec les tiers.** Chacun des associés est tenu des obligations nées des actes accomplis en qualité d'associé par un autre associé (C. civ., art. 1872-1, al. 2). La responsabilité des associés est indéfinie et solidaire si l'objet de la société est commercial, indéfinie et conjointe si l'objet est civil. Toutefois, chaque associé est seul engagé vis-à-vis des tiers lorsqu'il contracte en son nom personnel. Les tiers poursuivants ont donc intérêt à prouver que le débiteur a agi pour le compte d'une société au vu et au su de tous. L'impossibilité d'appliquer les procédures collectives à la société conduit à la mise en redressement ou en liquidation judiciaire des associés commerçants.

102 En dehors des cas où la société reste un pur contrat, destiné à créer des droits et des obligations, l'immatriculation d'une société au Registre du commerce et des sociétés donne naissance à un être juridique nouveau. La société devient une personne morale. C'est ce second aspect de la société qu'il convient à présent d'aborder.

TITRE 2

LA PERSONNALITÉ MORALE DE LA SOCIÉTÉ

103 **Personnalité morale et société.** En règle générale, le contrat de société donne naissance à un être juridique nouveau, dont l'existence va être indépendante et qui sera doué d'une vie juridique propre. L'article 1842 du Code civil le dit d'une manière générale pour toutes les sociétés et l'article L. 210-6, alinéa 1 du Code de commerce le confirme pour les sociétés commerciales. Sauf à préciser que la jouissance de la personnalité morale est subordonnée pour toutes les sociétés, civiles comme commerciales, à l'accomplissement d'une formalité : l'immatriculation au Registre du commerce et des sociétés.

La notion de personnalité correspond essentiellement à un procédé de technique juridique destiné à conférer au bénéficiaire une *aptitude à devenir sujet de droits et d'obligations*[1]. Par ce procédé, non seulement les personnes physiques se voient, à leur naissance, conférer cette personnalité, mais aussi certains groupements et organisations. Ces personnes sont désignées traditionnellement sous le vocable « personne morale ». L'avantage principal pour un groupement de se voir attribuer une telle personnalité

1. Y. Guyon, n° 127.

juridique est de lui conférer une certaine autonomie eu égard aux droits patrimoniaux et extrapatrimoniaux attachés.

La source de l'attribution de la personnalité morale a fait l'objet d'une controverse doctrinale opposant la théorie de la fiction à celle de la réalité.

104 **La théorie de la fiction.** Soutenue par les juristes allemands Ihering et Savigny au XIXe siècle, cette théorie refuse l'attribution de la personnalité à toute autre personne que celle dotée d'une faculté de vouloir et d'agir. Dès lors, seul l'homme peut être réellement sujet de droits et d'obligations. Toutefois, par un acte de volonté, l'État souverain peut décider d'octroyer de manière artificielle la personnalité morale à des groupements de personnes ou de biens. Il en résulte qu'une loi est nécessaire pour attribuer la personnalité morale.

105 **La théorie de la réalité.** Selon cette théorie, défendue en France par François Gény, la volonté est le seul critère permettant de révéler l'existence d'une personne. Cette volonté suffit dès lors à révéler l'existence du groupe, sans passer nécessairement par le législateur. Il convient ainsi de reconnaître la personnalité juridique, même dans le silence de la loi, à tout groupement qui a un intérêt collectif distinct de ses membres et qui obéit à une certaine organisation.

106 **Droit positif.** La jurisprudence semble avoir marqué sa préférence pour la théorie de la réalité par un arrêt célèbre du 28 janvier 1954[1]. Elle soumet néanmoins la naissance de la personnalité juridique à trois conditions : un groupement pourvu d'une expression collective, visant la défense d'un intérêt, qui soit digne d'être juridiquement protégé. Les décisions les plus récentes semblent témoigner d'une renaissance de la théorie de la réalité[2].

Pour les sociétés, aucune disposition expresse ne reconnaissait aux sociétés commerciales la personnalité juridique. Celle-ci résultait dès lors d'une tradition ancienne, dont la Cour de cassation avait étendu l'application aux sociétés civiles[3]. Les sociétés

1. Civ. 2e, 28 janv. 1954, *D.* 1954. 217, note G. Levasseur, *JCP* 1954. II. 7978, concl. Lemoine.
2. Soc. 23 janv. 1990, *JCP* 1990. II. 21529, note Nevot ; *Dr. sociétés* 1990. 322, note J. Savatier ; *Rev. sociétés* 1990. 440, note R. Vatinet (affaire *Bendix*).
3. Cass. req. 23 févr. 1891, *D.* 1891. 2. 337 ; *S.* 1892. 1. 73, note Maynal.

se voyaient dès lors accorder la personnalité juridique à la signature des statuts.

En 1966, toute équivoque a été levée, puisque la loi détermine le moment où la société acquiert la personnalité morale et fait dépendre celle-ci d'une formalité, l'immatriculation au Registre du commerce et des sociétés. L'article 1842 du Code civil le dit d'une manière générale pour toutes les sociétés et l'article L. 210-6, alinéa 1 du Code de commerce le confirme pour les sociétés commerciales. L'expression collective d'un groupement n'est dès lors pas un élément nécessaire pour caractériser la personnalité morale. Pour preuve, les sociétés d'un seul associé jouissent elles aussi de la personnalité morale à compter de leur immatriculation. À l'inverse, l'expression collective d'un groupement n'est pas suffisante. Il existe des sociétés pluripersonnelles qui n'acquièrent jamais la personnalité morale, faute d'être immatriculées. C'est le cas de la société en participation (C. civ., art. 1871) et de la société créée de fait (C. civ., art. 1873).

La théorie de la fiction semble avoir triomphé en droit positif[1]. À partir de l'immatriculation, la société est dotée d'une vie propre, indépendamment de celle des associés qui la composent, à laquelle des effets juridiques importants sont attachés.

107 **Plan.** On étudiera successivement la constitution de la société (CHAPITRE 1), son organisation (CHAPITRE 2), puis les adaptations qui affectent le cours de la vie sociale (CHAPITRE 3).

1. V. toutefois pour un renouveau de la théorie de la réalité en jurisprudence, sur la base d'un droit à un procès équitable, F. Vinckel, « La capacité des sociétés et le droit au procès équitable », *Bull. Joly* 2002. 192.

CHAPITRE 1

La constitution de la société

108 **Plan.** Aux termes de l'article L. 210-6, alinéa 1 du Code de commerce, repris par l'article 1842 alinéa 1er du Code civil, les sociétés «jouissent de la personnalité morale à dater de leur immatriculation» au Registre du commerce et des sociétés. En précisant le moment où la société acquiert la personnalité morale, le législateur de 1966 a donc levé l'incertitude quant aux conditions de l'acquisition de la personnalité morale (SECTION 1). Il a en revanche soulevé la question du statut de la société en formation, à laquelle un sort particulier doit être réservé (SECTION 2). Il conviendra enfin d'étudier quels sont les effets attachés à l'acquisition de la personnalité morale (SECTION 3).

SECTION 1

L'ACQUISITION DE LA PERSONNALITÉ MORALE

109 **Plan.** Outre les conditions attachées à l'existence du contrat de société, la future société doit obéir à certaines formalités pour être constituée (**§ 1**). Des sanctions sont attachées aux irrégularités de constitution (**§ 2**).

§ 1. Les formalités de constitution

110 **Particularité.** Les formalités nécessaires à l'obtention de la personnalité morale pour les sociétés ne trouvent pas d'équivalent dans le droit commun des contrats. Elles se justifient par un souci de protection des associés comme des tiers. D'une part, les associés qui entrent dans la société en cours de vie sociale doivent pouvoir connaître leurs droits et leurs obligations bien après la fondation de la société. D'autre part, les tiers qui traiteront avec la société doivent pouvoir à tout moment se renseigner sur les particularités de la société avec laquelle ils contractent. Ces formalités sont communes aux sociétés civiles et commerciales. Il revient aux fondateurs de la société de procéder à ces formalités de constitution, sous peine d'engager leur responsabilité, (C. com., L. 210-8). La rédaction des statuts constituant l'élément central de ces formalités, il est possible de distinguer deux étapes dans leur déroulement : les formalités préalables à la signature des statuts (**A**) et les formalités qui lui sont postérieures (**B**).

A. Les formalités préalables à la signature des statuts

111 **Les formalités préliminaires.** Le contrat de société suppose le plus souvent une période préalable, régie, pour l'essentiel, par le droit commun des avant-contrats. À l'origine, il existe généralement un simple projet de société. Les parties envisagent de s'associer, mais ne sont pas encore parvenues à s'accorder sur les éléments essentiels de la future société. Il ne s'agit que d'une invitation à des pourparlers et, juridiquement, le projet de société n'engendre aucune obligation à la charge des parties qui restent libres de poursuivre les négociations ou non[1].

Si les négociations progressent, le projet se transforme en *promesse* de société concrétisée par la rédaction d'un *protocole*. Les fondateurs ou les futurs associés ont pu à ce stade envisager la forme de la société, le montant de son capital, le lieu de son siège

1. Civ. 1re, 16 févr. 1977, *Rev. sociétés* 1977. 681, note Y. Guyon.

et la répartition des pouvoirs et fonctions. En cas de rupture de la promesse, l'exécution forcée ne pourra être exigée et la sanction ne pourra être que l'octroi de dommages-intérêts sur le fondement de l'article 1142 du Code civil[1]. Si, au contraire, les parties ont pu se mettre d'accord pour continuer, l'étape suivante est l'établissement de l'acte social, ce qui se traduira par la rédaction et la signature des statuts.

112 **La rédaction et la signature des statuts.** Pour toutes les sociétés destinées à être dotées de la personnalité morale, la loi prescrit la rédaction de statuts (C. civ., art. 1835). Un certain nombre de mentions obligatoires doivent y figurer qui comprennent l'indication du montant des apports de chaque associé, la forme juridique de la société, sa durée, sa dénomination, son siège, et son objet. Ils doivent préciser les modalités de fonctionnement de la société, ce que l'on a interprété comme comprenant, le cas échéant, les modalités de vote des décisions collectives, ainsi que l'organisation de l'administration et de la direction de la société. Depuis la loi PACTE, les statuts sociaux peuvent préciser une raison d'être, constituée des principes dont la société se dote[2]. En outre, pour les sociétés commerciales, la loi précise les mentions particulières à faire figurer pour chaque type d'entre elles.

Les statuts peuvent être rédigés par acte authentique ou sous seing privé et doivent être signés, sauf disposition légale contraire, par tous les associés. Les statuts constituent non seulement le support nécessaire à la publicité au Registre du commerce et de sociétés, mais aussi le fondement du pacte social : c'est à la date de leur signature que l'on apprécie les conditions requises pour la validité du contrat ; ils vont régir l'ensemble de la vie sociale et leur modification ne pourra avoir lieu en cours de vie sociale que selon une procédure lourde et complexe.

Outre les statuts, l'acte de société comporte des *annexes* qui précisent les décisions relatives aux premiers dirigeants, et contiennent le rapport, s'il en existe, des commissaires aux

1. Com. 28 avr. 1987, *Rev. sociétés* 1988. 59, obs. Fr. Benac-Schmidt ; 11 juill. 2000, *Bull. Joly* 2000. 1167, note B. Saintourens.
2. V. ss 35.

apports, ainsi que l'état des actes accomplis par les fondateurs en vue d'une reprise ultérieure de ces actes par la société nouvellement constituée[1].

B. Les formalités postérieures à la signature des statuts

113 **Enregistrement et dépôt au greffe.** Les statuts doivent être enregistrés auprès de l'administration fiscale dans le mois qui suit leur signature. Ils doivent en outre faire l'objet d'un avis dans un journal d'annonces légales. Le défaut d'insertion a pour sanction l'impossibilité de faire immatriculer la société. Survient ensuite le dépôt des documents au greffe du tribunal de commerce à fin d'immatriculation. Ce dépôt s'opère par l'intermédiaire du Centre de formalités des entreprises[2]. Aucun délai n'est exigé par la loi pour déposer les statuts.

114 **L'immatriculation au registre du commerce et des sociétés.** Le greffier qui reçoit la demande d'immatriculation doit s'assurer, sous sa responsabilité, de sa régularité et vérifier que les énonciations fournies sont conformes aux dispositions législatives et réglementaires. En cas de non-conformité, une régularisation est possible dans les délais d'un mois et, à défaut de cette régularisation, le greffier saisira le juge commis à la surveillance des registres. Dans le cas contraire, le greffier procédera à l'immatriculation de la société, et transmettra le dossier à l'INSEE pour que cet organisme attribue à la nouvelle société un numéro qui servira à son identification (numéro SIREN ou SIRET).

1. V. ss 123. La loi de 1966 imposait, pour les sociétés commerciales, une formalité préalable : une déclaration de conformité souscrite par les fondateurs ou les premiers dirigeants. Elle répondait à l'exigence communautaire d'instaurer un contrôle préalable à la constitution des sociétés. N'ayant pas répondu à ces attentes, cette formalité a été supprimée par la loi du 11 février 1994.

2. Au plus tard au 1er janv. 2023, une plateforme unique pour les formalités des entreprises permettra de créer toute entreprise, quelles que soient son activité et sa forme juridique. Une assistance physique à l'accomplissement des formalités sera maintenue. Les différents registres des entreprises, notamment les registres des métiers et du commerce et des sociétés, seront rapprochés afin d'éviter des coûts inutiles.

Statuts et actes extra-statutaires[1]

Les statuts constituent le pacte social. Ils sont nécessairement établis par écrit et doivent contenir des mentions obligatoires. Le contrat de société n'est pas pour autant un contrat solennel. En effet, l'écrit n'est pas exigé comme condition de validité du contrat. Il sert de preuve et rend possible l'immatriculation au RCS. La violation des statuts ne constitue pas en elle-même une cause de nullité des actes et délibérations sociales. Toutefois, la Cour de cassation réserve les cas dans lesquels il a été fait usage de la faculté ouverte par une disposition impérative d'aménager conventionnellement la règle posée. Dans ce cas, la violation des statuts peut constituer une cause de nullité d'une délibération sociale[2].

Les statuts sont souvent complétés par un ou plusieurs pactes d'associés[3] venant préciser les droits et obligations des associés concernant leur droit de vote en assemblée et la sortie de la société (clauses d'agrément ou de préemption). À la différence des statuts, qui ont portée générale à l'égard de tous les associés, fondateurs ou non, le pacte d'associés n'a de portée qu'entre associés signataires. Ils ne sont pas rendus publics.

Le règlement intérieur est par ailleurs un document permettant d'organiser la vie de la société, tel que le fonctionnement du conseil d'administration dans une société anonyme, la mise en œuvre d'un programme de promotion immobilière. Ce document est subordonné aux statuts et doit donc être conforme à ces derniers[4]. Comme pour les statuts, la violation d'un règlement intérieur ne constitue pas en elle-même une cause de nullité de la délibération sociale mais engage la responsabilité pour faute de son auteur, en cas de dommage.

1. S. Schiller, « Pactes, statuts, règlement intérieur : quelle hiérarchie ? », *Rev. Soc.* 2011. 331.
2. Civ. 3e, 8 juil. 2015, n° 13-14.348, *Bull. Joly Soc.*, 2015, note H. Hovasse (le principe d'unanimité, sauf clause contraire, pour modifier les statuts, posé par l'article 1836 du Code civil, relève des dispositions impératives du titre visé par l'article 1844-10 du même code ; dès lors, la méconnaissance des règles statutaires de majorité renforcée requise pour la modification des statuts doit être sanctionnée par la nullité).
3. V. ss 456.
4. Com. 1er mars 2011, n° 10-13.795, *D.* 2011, note A. Lienhard.

La Cour de cassation affirme la supériorité des statuts sur un pacte d'associés[1]. Cepandant, un acte extra-statutaire peut déroger aux statuts mais la Cour de cassation considère qu'il doit être pris par décision unanime des associés[2].

115 **Publicité.** Il revient enfin au greffier de faire insérer, dans le délai de huit jours, un avis d'immatriculation dans le *Bulletin officiel des annonces civiles et commerciales* (*BODACC*) contenant les caractéristiques de la société. Cette immatriculation rend l'existence de la société opposable aux tiers.

§ 2. Les sanctions des irrégularités de constitution

116 **Évolution.** La sanction de droit commun d'un acte irrégulier est sa nullité, avec effet rétroactif. Sous l'influence du droit communautaire, ce régime des nullités est apparu peu protecteur des intérêts des tiers. C'est pourquoi, les cas de nullité ont été réduits (**A**), de même que leurs effets enserrés dans des limites strictes (**B**).

A. Les cas de nullités

117 **Domaine.** La nullité de la société peut être encourue pour non-respect des conditions générales du contrat et des conditions propres au contrat de société énoncées aux articles 1832 et 1833 du Code civil[3] (C. civ., art. 1844-10 et C. com., art. L. 235-1 s.). Peuvent être ainsi annulées des sociétés constituées avec un nombre d'associés inférieur au minimum légal, celles dans les-

1. Com. 2 juin 1987, n° 86-10.108, Rev. sociétés 1988, p. 223, note J. Mestre ; Com. 7 janv. 2004, n° 00-11692 : RJDA 2004, n° 840 ; Bull. Joly Soc., avr. 2004, n° 104, p. 544, note P. Le Cannu P ; Adde Y.Guyon Y. note ss. Civ. 1re, 21 mars 2000, n° 98-14.933, Rev. sociétés 2000, p. 509 ; Com. 5 juin 2019, n° 17-18.967.

2. Com. 12 mai 2015, n° 14-13.744, *JCP E* 2015. 1338, note B. Dondero ; *Bull. Joly Soc.*, sept. 2015, p. 443, note F. Danos ; Com. 29 janv. 2020, n° 18-15.179, *Bull. Joly Soc.*, mai 2020, note M.-L. Coquelet.

3. La violation d'une disposition de la loi de 1966, même sanctionnée pénalement, n'est pas génératrice de nullité si la loi ne l'a pas prévu, Paris 21 mars 2000, *RTD com.* 2000. 387, obs. Y. Guyon ; *Bull. Joly* 2000. 964, note P. Le Cannu.

quelles un apport est fictif ou celles encore dans lesquelles les associés n'ont pas d'*affectio societatis*. Peut également être annulée la société ayant un objet illicite ou immoral, ou qui n'aurait pas été constituée dans l'intérêt commun. En revanche, les clauses prohibées par les articles 1844-1 du Code civil et L. 235-1 du Code de commerce sont seulement réputées non écrites et n'entraînent pas la nullité de la société. Dans les sociétés par actions et les sociétés à responsabilité limitée, les cas de nullité pour incapacité et vice du consentement ne seront retenus que si tous les associés ont été victimes de l'incapacité ou du vice du consentement (C. com., art. L. 235-1, al. 1). La fraude peut être une cause de nullité des sociétés.

Le défaut de publicité n'est pas une cause de nullité, sauf dans les sociétés en nom collectif et les sociétés en commandite simple (C. com., art. L. 235-2).

L'action en nullité se prescrit par un délai de trois ans à compter du jour où la nullité est encourue (C. civ., art. 1844-14 et C. com., art. L. 235-9[1]). Dans la plupart des cas, une action en régularisation est possible.

118 **L'action en régularisation.** Toutes les nullités, à l'exception de celles fondées sur l'illicéité de l'objet, peuvent faire l'objet d'une régularisation tant que le tribunal saisi d'une action en nullité n'a pas rendu sa décision (C. com., art. L. 235-3 et C. civ., art. 1844-11). Trois dispositions d'ordre procédural facilitent cette régularisation. Le tribunal saisi d'une action en nullité ne peut prononcer la nullité moins de deux mois après la date d'assignation en justice par exploit introductif d'instance (C. com., art. L. 235-4). Il peut d'office fixer un délai pour permettre de couvrir la nullité. Si une assemblée doit être convoquée ou une consultation prévue pour couvrir la nullité, le tribunal peut accorder par jugement un délai nécessaire pour que les associés puissent prendre leur décision, dès lors qu'il est justifié d'une convocation régulière de l'assemblée et de l'envoi aux associés du texte des projets de

1. La possibilité de reporter la détermination du point de départ de l'action n'est pas ouverte ; *comp.* les actions en nullité de convention réglementée, v. ss 346.

décision et des documents nécessaires à la consultation (C. com., art. L. 235-4).

Deux cas particuliers doivent être précisés. Quand la nullité est fondée sur un vice du consentement ou sur l'incapacité d'un associé et qu'une régularisation peut intervenir, toute personne y ayant intérêt est en droit de mettre en demeure celui qui est susceptible de l'opérer et lui demander soit de régulariser, soit d'agir en nullité dans un délai de six mois à peine de forclusion (C. civ., art. 1844-12 et C. com., art. L. 235-6). Quand, dans les sociétés de personnes, la nullité est fondée sur la violation des règles de publicité, toute personne ayant intérêt à la régularisation peut mettre la société en demeure d'y procéder dans un délai de trente jours. À défaut, tout intéressé peut demander la désignation d'un mandataire judiciaire qui sera chargé d'accomplir la formalité litigieuse (C. com., art. L. 235-7).

La régularisation a pour effet de rendre irrecevable l'action en nullité. Elle n'interdit pas en revanche d'intenter une action en dommages-intérêts à l'encontre de l'auteur de l'irrégularité.

B. Les effets de nullité

119 **Dissolution.** Par dérogation au régime de droit commun, la nullité en droit des sociétés met fin, sans rétroactivité, à l'exécution du contrat (C. civ., art. 1844-5 et C. com., L. 235-10). Il est fait ici emprunt à la théorie jurisprudentielle de la société de fait qui permet de considérer qu'une société irrégulièrement constituée a existé. Le prononcé de la nullité produit alors les effets de la dissolution, quelle qu'en soit la cause. La société sera donc liquidée selon les règles de droit commun de la dissolution des sociétés[1]. Les articles 1844-16 du Code civil et L. 235-12 du Code de commerce disposent que ni la société ni les associés ne peuvent se prévaloir d'une nullité à l'égard des tiers de bonne foi. Cependant, la nullité résultant de l'incapacité ou d'un vice du consentement est opposable même aux tiers de bonne foi par l'incapable et ses

1. V. ss 234.

représentants légaux, ou par l'associé dont le consentement a été vicié. L'annulation de la société peut engager la responsabilité civile des personnes à qui elle est imputable.

SECTION 2

LE STATUT DE LA SOCIÉTÉ EN FORMATION

120 **Plan.** Il convient de comprendre ce que recouvre la notion (**§ 1**) afin d'analyser le sort des actes accomplis pendant la période constitutive (**§ 2**).

§ 1. Notion

121 **Difficultés.** Le législateur, tant dans le Code civil que dans le Code de commerce, utilise la notion de société en formation, sans en préciser les contours. Il est donc revenu à la doctrine de définir la notion qui, selon elle, comporte deux éléments. D'un côté, la société en formation est une société régulièrement constituée ou en passe de l'être. Mais, d'un autre, elle n'est pas encore immatriculée et n'a donc pas acquis la personnalité morale. La société en formation est donc une société en devenir. Elle ne se confond pas avec la société en participation, société constituée mais à l'occasion de laquelle les associés ont expressément convenu qu'elle ne serait pas immatriculée. La société en formation suppose à l'inverse la volonté des participants de l'immatriculer. Elle se confond encore moins avec la société créée de fait qui se déduit du comportement des personnes considérées[1]. La société en formation suppose la volonté de créer une société et ne se confond

1. Toutefois, Com. 4 déc. 2001, *JCP E* 2002. 624, note F.-X. Lucas (société en formation requalifiée en société créée de fait).

pas non plus avec une société inexistante[1]. Malgré ces différences fondamentales relevées par la doctrine, il arrive néanmoins que la jurisprudence confonde ces différents types de société, voire, pour une même société, applique les qualifications distinctes de société en formation à l'égard de certains associés et de société créée de fait à l'égard d'autres associés[2].

Plusieurs critères de distinction ont tour à tour été proposés. Le premier tient à la nature de l'activité accomplie par la société pendant la période considérée : si les actes accomplis ont une portée limitée et sont strictement nécessaires à la constitution de la société, celle-ci sera considérée comme étant en formation[3] ; si, au contraire, la société a opéré un véritable début d'activité, elle sera considérée comme une société créée de fait. Un deuxième critère, plus juridique, a été proposé par la Cour de cassation[4] : la qualification de société créée de fait nécessiterait un degré d'*affectio societatis* plus important que dans les sociétés en formation.

La plus grande difficulté tient au fait qu'aucune disposition législative ne fixe la durée de la période de formation. Ni ses limites. Or, d'une part, le début de cette période est difficile à fixer : elle remonte habituellement à la signature des statuts, mais elle peut aussi bien avoir lieu à une époque antérieure à cette signature[5]. D'autre part, s'il ne fait aucun doute que la période de formation s'achève avec l'immatriculation de la société au Registre du commerce et des sociétés, encore faut-il que cette immatriculation ne se fasse pas *in extremis*. Par exemple, au moment où le dépôt de bilan est inévitable, l'intention des prétendus associés se réduisant au souhait de soumettre leur groupement

1. La jurisprudence distingue les sociétés en cours de constitution (ou en formation) des sociétés dépourvues de toute personnalité juridique. Dans le premier cas, un mandataire peut agir en son nom, alors que dans le second cas, il ne peut s'agir que d'un « faux représentant ». Par conséquent, le juge considère qu'est frappé de nullité absolue le contrat conclu avec une société dépourvue de personnalité juridique : Com. 9 janv. 2019, n° 17-15386, *Bull. Joly*, mars 2019, p. 6, note J.-F. Barbièri ; v. ss 18.

2. Paris 22 déc. 1983, *Rev. sociétés* 1984. 745, obs. J.-P. Sortais.

3. Com. 7 avr. 1992, *Bull. Joly* 1992. 622, note P. Le Cannu.

4. Com. 7 déc. 1981, *Rev. sociétés* 1982. 858, note F. Dekeuwer-Defossez.

5. C'est en effet à cette date que des formalités précises et non équivoques matérialisent l'intention des associés, R. Besnard Goudet, « La nécessaire qualification de société en formation en matière de reprise des actes », *Dr. sociétés* déc. 2001, chron. 5.

au droit des procédures collectives. Il résulte du silence du législateur qu'une société peut rester en formation pour une durée très longue sans encourir aucune sanction[1]. Il convient, dès lors, de s'interroger sur le sort des actes accomplis pendant cette période de formation.

§ 2. Le sort des actes accomplis pendant la période constitutive

122 **Solutions.** La période précédant l'immatriculation d'une société est soumise à un régime complexe dont le contentieux est abondant[2]. Aux termes de l'article 1843 du Code civil, repris par l'article 210-6, alinéa 2 du Code de commerce, « les personnes qui ont agi au nom de la société en formation avant son immatriculation sont tenues responsables personnellement des actes ainsi accomplis ». Le texte ajoute : « La société régulièrement immatriculée peut reprendre les engagements souscrits, qui sont alors réputés avoir été dès l'origine contractés par celle-ci »[3]. Il est fait état du mécanisme de reprise, qui permet en fait d'opérer une substitution de débiteur (**A**) et qui s'oppose aux cas de défaut de reprise (**B**).

A. La reprise des engagements par la société

123 **Les conditions de fond.** La décision de reprise appartient à la société elle-même mais suppose au préalable l'immatriculation de la société, puisqu'elle ne peut être effectuée que par une personne dotée de la capacité juridique. Quant à la nature des actes susceptibles d'être repris, l'article 1843 du Code civil vise « les actes et

1. Com. 20 nov. 1990, *Bull. Joly* 1991. 204, note P. Le Cannu.
2. E. Paillet, « L'activité de la société en formation », *Rev. soc.* 1980, 419 ; B. Saintourens, « L'acte accompli pour une société en formation : le royaume des incertitudes », *in Mélanges Hauser*, Lexis-Nexis-Dalloz, 2012, 1019 ; M. Germain et V. Magnier, *Traité de droit des affaires. Les sociétés commerciales*, T.2, LGDJ, 2017, n° 1563 s.
3. Dans la société européenne, la possibilité de prévoir par convention contraire que les personnes qui ont accompli les actes antérieurement à l'immatriculation de la société ne sont pas tenus indéfiniment et solidairement responsables même en l'absence de reprise par la société constitue une dérogation importante au droit français des sociétés.

engagements souscrits ». Les juges en ont déduit que seuls des actes juridiques de type contractuel pouvaient faire l'objet d'une reprise, excluant ainsi les engagements et créances de type délictuel, de même qu'une action en justice[1]. Il doit en outre être apporté la preuve que ces actes ont été pris au nom et pour le compte de la société en formation. Un abondant contentieux porte en outre sur les modalités de la reprise.

124 **Les modalités de la reprise.** La loi prévoit une reprise facultative par la société après immatriculation et le décret de 1967, désormais codifié dans la partie réglementaire du Code de commerce, offre deux autres modes de reprise. Pour les actes accomplis pour le compte de la société antérieurement à sa constitution, c'est-à-dire avant la signature des statuts, il peut être dressé un état de ces actes, qui sera annexé aux statuts. La signature des statuts emportera automatiquement reprise des engagements par la société, une fois celle-ci immatriculée. Entre la signature des statuts et l'immatriculation de la société, les associés peuvent donner mandat à l'un ou plusieurs d'entre eux ou au gérant non associé de prendre des engagements pour le compte de la société. Pour ces actes, l'immatriculation de la société au registre du commerce emportera reprise par la société sous réserve qu'ils soient déterminés et que les modalités en soient précisées par le mandat[2]. En dernier lieu, une décision pourra être prise, sauf clause contraire des statuts, à la majorité des associés en assemblée générale, après l'immatriculation des statuts.

Il existe donc trois modes de reprise en dehors desquels la reprise n'est pas possible. Après avoir donné quelques signes d'un relâchement du contrôle du juge pour favoriser des régularisations plus ou moins implicites[3], la jurisprudence adopte aujourd'hui une lecture plus littérale des textes conduisant à renforcer l'exigence de formalisme[4] et considère que l'acte conclu au nom et

1. Com. 30 nov. 1999, *Rev. sociétés* 2000. 512, obs. M. Beaubrun ; *Cah. dr. aff.* 2000. 627, note E. Lamazerolles ; *Bull. Joly* 2000. 1078, note B. Saintourens.
2. Com. 24 mars 1998, *Bull. Joly* 1998. 770, note P. Le Cannu.
3. Com. 29 janv. et 1er juill. 2008, *Bull. Joly* 2008. 571 et 959, notes J.-F. Barbièry ; déjà Com. 14 janv. 2003, *Bull. Joly* 2003. 431.
4. Com. 2 févr. et 13 juill. 2010, *Bull. Joly* 2010. 454 et 882, notes J.-F. Barbièri.

pour le compte de la société en formation ne peut être repris de façon implicite par la société immatriculée qui l'exécute[1]. Le régime de la reprise des engagements contractés, bâti en 1966, reste relativement rigide et donne lieu à un abondant contentieux.

125 **Les effets de la reprise.** L'acte est considéré comme ayant été souscrit, dès l'origine, par la société. L'intérêt essentiel de la reprise réside donc dans sa rétroactivité. La reprise libère en effet toutes les personnes qui avaient agi au nom de la société et qui, en vertu de la solution de principe, étaient tenues pour responsable de ces actes. Seule la caution qui s'était engagée pendant la période de formation reste tenue[2]. La reprise permet également de passer outre le défaut initial de qualité pour agir de la société[3]. Dans l'hypothèse où la société n'est pas immatriculée (à la suite d'une mésentente, par exemple), les associés peuvent être tenus pour responsables indéfiniment des actes lorsqu'ils ont manifesté leur accord pour reprendre les actes. La solution est différente en cas de défaut de reprise des actes par la société immatriculée.

B. Le défaut de reprise

126 **Règle.** En l'absence de reprise, s'applique le principe de la responsabilité personnelle des personnes qui ont agi au nom de la société en formation[4]. Cette responsabilité est solidaire si la société est commerciale, sans solidarité si la société est civile. La jurisprudence a tendance à entendre de manière restrictive les personnes ayant agi au nom d'une société en formation. Ce qui

1. Com. 13 déc. 2011, n° 11-10.699, *Rev. sociétés* 2012. 92, note S. Prévost ; Com. 1er avr. 2014, n° 12-23501, *Dr. sociétés*, 2014, comm. 161, note R. Mortier ; Civ. 1re, 9 juill. 2014, n° 13-20356, *JCP G* 2014, 1265, obs Ph. Simler ; Civ. 3e, 15 oct. 2015, n° 13-24355, *Bull. Joly*, déc. 2015, 622, note J.-F. Barbièri ; Com. 20 févr. 2019, n° 17-14242,

2. V. sur cette importante question J. Bonnard, « Le cautionnement des engagements souscrits pour le compte d'une société en formation », *Rev. sociétés* 1992. 255 ; *adde*, Com. 5 nov. 2003, *Bull. Joly* 2004. 269, note J.-F. Barbièri. La reprise a aussi un intérêt fiscal, puisqu'elle évite le versement de nouveaux droits d'enregistrement.

3. Le défaut initial de qualité pour agir de la société est ainsi susceptible de régularisation par l'effet de la reprise d'un contrat par la société en assemblée générale, et ce même après l'écoulement du délai de forclusion attaché à l'action intentée : Civ. 3e, 7 avr. 2016, n° 15-10881, *Bull. Joly*, nov. 2016, 642, note H. Barbier.

4. Ainsi, un prêt contracté au nom d'une société en formation n'engage, en l'absence de reprise de cet engagement, que celui qui se dit son représentant. Dès lors, la sûreté réelle consentie ne peut garantir la dette personnelle des cogérants : Com. 1er avr. 2014, n° 12-23501, *Bull. Joly*, juill-août 2014, 438, note J.-F. Barbièri.

semble en effet déterminant est le fait d'avoir accompli un acte au nom de la société. Par conséquent, seuls les fondateurs qui ont agi seront tenus pour responsables[1]. Inversement, un associé qui n'a pas la qualité de fondateur peut voir sa responsabilité retenue s'il est démontré qu'il a accompli certains actes au nom de la société. En cas de mandat, la jurisprudence paraît estimer que les mandants et leur mandataire sont tous tenus indéfiniment et solidairement[2]. Un contrat consenti au nom de la personne morale en cours de constitution n'engage, en l'absence de reprise de cet engagement, que celui qui se dit son représentant. Ainsi, en l'absence de reprise d'un prêt, la sûreté consentie en garantie ne peut garantir la dette personnelle des gérants ayant contracté le prêt[3].

Néanmoins, s'il s'avère que la société a bénéficié de l'acte qu'elle refuse de reprendre, elle pourrait être tenue de rembourser les frais exposés par celui qui s'était engagé, sur le fondement d'un enrichissement sans cause ou de la gestion d'affaire (C. civ., art. 1375). Par ailleurs, si les associés ont commencé d'exercer l'activité sociale de façon régulière, la société devient alors une société en participation ou une société créée de fait. Si l'une de ces qualifications est retenue, le créancier pourra poursuivre une autre personne que celle qui a passé l'acte en conformité avec les règles propres à ces sociétés[4].

Il se peut que la société n'acquière jamais la personnalité morale. Ce défaut lui interdit d'acquérir des droits et d'assumer les obligations attachées à cet acte juridique[5]. Elle pourra au mieux être qualifiée de société en participation ou créée de fait.

Les contrats conclus par une société en formation et donc dépourvue de toute capacité juridique sont nuls, de nullité abso-

1. Com. 19 mai 1992, *Dr. sociétés* 1992. comm. 199, obs. Th. Bonneau.
2. Com. 1er avr. 1974, *Rev. sociétés* 1975. 62, note Guilberteau ; 14 janv. 1992, *Dr. sociétés* 1992. 3, obs. Th. Bonneau.
3. Pour un cautionnement simple, Civ. 1re, 2 oct. 2002, n° 00-10.499, *Bull Joly* 2002, p. 1335, note B. Saintourens; Pour un cautionnement réel, Com. 1er avr. 2014, n° 12-23501, *Bull. Joly* 2014, p. 438, note J.-F. Barbièri.
4. V. ss 93.
5. Com. 1er juill. 2003 (annulation des délibérations d'assemblée générale), *Dr sociétés* 2003. 204, obs. F.-G. Trébulle.

lue[1]. Le caractère absolu de la nullité résulte du défaut de cocontractant, la société non immatriculée étant dénuée d'existence. Juridiquement logique, cette solution formelle protège les intérêts de la société, des associés et des tiers. Elle ne facilite néanmoins pas le début des sociétés compte tenu de la complexité du régime de la reprise.

Section 3
Les effets de la personnalité morale

127 **Plan.** Une fois la société régulièrement constituée, la société acquiert la personnalité juridique[2]. L'acquisition de la personnalité morale a pour effet d'accorder à la société un certain nombre d'attributs (**§ 1**) et de responsabilités (**§ 2**).

§ 1. Les attributs de la société

128 **Plan.** Il convient de distinguer les attributs extrapatrimoniaux (**A**) et les attributs patrimoniaux (**B**) de la société.

A. Les attributs extrapatrimoniaux

129 Ces attributs permettent d'individualiser la société. Tout comme pour les personnes physiques cette individualisation s'opère par l'attribution d'un nom (la dénomination sociale), d'un domicile (le

1. Civ. 3e, 5 oct. 2011, n° 10-12073, *Bull. Joly Soc.*, déc. 2011, 948, note P. Le Cannu ; Com. 21 fév. 2012, n° 10-27630, *D.* 2012, 608, obs. A. Lienhard ; Com. 13 nov. 2013, n° 12-26158, *Bull. Joly Soc.*, fév. 2014, 67, note A. Constantin ; Com. 21 oct. 2014, n° 13-22.428, *Dr. sociétés* 2015, comm. 23, obs. R. Mortier (nullité d'une promesse de vente conclue par une société en formation).

2. Les juges se réservent néanmoins le droit d'apprécier la réalité de la personne morale, notamment lors de la constitution d'une filiale par une société-mère afin d'étendre, le cas échéant, une procédure collective à la mère, sur le fondement de la confusion des patrimoines : Com. 3 févr. 1998, *Bull. Joly* 1998. 654, note J.-J. Daigre ; 22 juin 1999, *Bull. Joly* 1999. 978, note A. Couret ; 16 janv. 2001, *Dr. et patr.* juin 2001, p. 107, obs. D. Porrachia ; *adde*, D. Cohen, « La légitimité des montages en droit des sociétés », in *Mélanges Terré*, Dalloz - PUF - Juris-Classeur, 1999, p. 261.

siège social), d'une nationalité. Il existe en outre un critère propre aux sociétés : leur qualité, civile ou commerciale.

130 **Dénomination sociale.** Toute société dotée de la personnalité juridique doit avoir une appellation déterminée par les statuts (C. civ., art. 1835). C'est le nom de la société, sa dénomination sociale.

Le choix de l'appellation est libre, malgré quelques limites : il est impossible de choisir plusieurs dénominations pour une même société ; sont proscrits les noms contraires à l'ordre public et aux bonnes mœurs ; il est interdit de reproduire un patronyme autre que celui d'un des associés de même qu'est interdite l'appellation d'une société concurrente (concurrence déloyale[1]). Toutefois, le dépôt d'une marque contenant un nom patronymique n'interdit pas à un tiers qui porte ce même nom d'utiliser, après le dépôt de cette marque, son nom de famille à titre de dénomination sociale, sous réserve que ce tiers soit de bonne foi[2].

Contrairement à la règle de l'immutabilité du patronyme des personnes physiques, une société peut changer d'appellation en cours de vie sociale. Le changement entraîne modification des statuts. Il doit donc relever de l'organe compétent pour une telle modification, et selon les majorités requises. Ce changement s'accompagne d'une inscription modificative au Registre du commerce et des sociétés.

Afin que les tiers puissent être renseignés sur le type de société auquel ils ont affaire, la dénomination doit être suivie ou précédée de la mention de la forme sociale : tantôt la mention peut être indiquée en clair ou en abrégé (par exemple, pour les SNC et les SARL), tantôt la mention doit figurer en toutes lettres (ainsi pour les sociétés en commandite ou pour les sociétés par actions simplifiées).

1. Com. 3 avr. 1979 (affaire *Kenwood*), *Bull. civ.* IV, n° 122.

2. Selon l'article L. 713-6 a) du Code de la propriété intellectuelle, l'enregistrement d'une marque ne fait pas obstacle à l'utilisation d'un même signe ou d'un signe similaire, lorsque cette utilisation est soit antérieure à l'enregistrement, soit le fait d'un tiers de bonne foi employant son nom patronymique. Ainsi, la bonne foi peut s'inférer de ce que le titulaire du patronyme exerce dans la société qui utilise son nom à titre de dénomination sociale des fonctions de contrôle et de direction : Com. 21 juin 2011, n° 10-23262 ; en revanche, la recherche intentionnelle d'un risque de confusion est exclusive de toute bonne foi : Com. 13 nov. 2013, n° 12-26439, *Bull. Joly*, fév. 2014, 74, note C.-A. Maetz.

131 **Dénomination ou raison sociale.** Il convient de distinguer la dénomination sociale de la raison sociale, longtemps exigée pour toutes les sociétés commerciales de personnes (SNC et sociétés en commandites simples) et qui ne survit aujourd'hui que pour les sociétés civiles professionnelles. La raison sociale comprend nécessairement le nom des associés, de tous ou de certains d'entre eux. À la différence de la dénomination sociale, la raison sociale ne peut comprendre d'autres noms et encore moins être un nom de fantaisie.

La question de l'utilisation du nom de famille par une société est délicate car, en principe, le nom constitue un droit de la personnalité incessible, insaisissable et imprescriptible. Soucieuse de protéger le porteur d'un nom notoire, la Cour de cassation distingue selon que l'activité est à l'origine de la notoriété du nom ou qu'il est déjà notoire. Lorsque l'activité sociale a fait connaître le nom, celui-ci devient un actif de la société[1]. À l'inverse, lorsque le nom a déjà une notoriété, sa valeur revient à l'associé qui en a autorisé l'usage par la société. Celle-ci a la possibilité de conserver ce nom lorsque l'associé cesse son activité et ne fait plus partie de la société, sous réserve de requérir son accord ou celui de ses héritiers. Pour toute renonciation du titulaire du nom à ses droits, une manifestation expresse ou tacite de sa volonté est nécessaire[2].

132 **Le siège social.** Aux termes de l'article L. 210-2 du Code de commerce, toute société doit avoir un siège social. Il constitue le domicile de la personne morale et doit être mentionné dans les statuts. En fait, le siège statutaire ne correspond pas toujours à la réalité. Il peut consister en une simple adresse, et ne pas correspondre au siège réel de la société, c'est-à-dire le lieu où se prennent les décisions et où se tient l'assemblée générale. Il peut même se trouver à l'étranger.

---

1. Le patronyme de l'associé est un signe distinctif qui se détache de sa personne pour s'appliquer à la personne morale et devient objet de propriété incorporelle de la société : Com. 12 mars 1985, *Rev. sociétés* 1985. 607, note G. Parléani ; Com. 13 juin 1995 (affaire *Petrossian*), *Rev. sociétés* 1996. 65, obs. G. Parléani.

2. Com. 6 mai 2003, n° 00-18192, (affaire *Ducasse*), *Bull. Joly* 2003, p. 921, note P. Le Cannu ; Com. 12 juin 2007, *D.* 2007. 1796, obs. A. Lienhard. La restriction d'usage du nom de famille (limitation, interdiction) est qualifiée d'acte de disposition : Com. 10 juill. 2018, n° 16-23694, *Bull. Joly*, nov. 2018, p. 619, note R. Dalmau.

Le droit français privilégie la réalité et consacre la théorie du siège réel. En principe, le siège statutaire est retenu et sa détermination est du ressort des fondateurs. Mais en cas de discordance entre le siège statutaire et le siège réel, le législateur offre une option au profit des tiers. Selon la règle énoncée aux articles 1887, alinéa 2 du Code civil et L. 210-3 du Code de commerce, *les tiers peuvent se prévaloir du siège statutaire, mais celui-ci ne leur est pas opposable par la société si le siège réel se trouve dans un autre lieu.* Les tiers peuvent donc, selon leur intérêt, se contenter de faire prévaloir le siège statutaire ou choisir le siège réel.

Les conséquences de la localisation du siège social se traduisent en termes de compétence[1], d'information, de nationalité de la société. En cas d'assignation en justice d'une société, le tribunal qui a compétence territoriale est le tribunal du lieu du siège social. Le lieu du siège social détermine l'endroit où doivent être appliquées les formalités de publicité. Au regard de la nationalité, le lieu du siège détermine la nationalité de la société et de la loi applicable.

133 **Nationalité des sociétés.** Aux termes de l'article 1837, alinéa 1 du Code civil, toute société dont le siège se trouve sur le territoire français est soumise aux dispositions de la loi française. Ainsi, une société dont le siège se situe sur le territoire français devra se soumettre à la législation française pour la rédaction des statuts ou pour les formalités de constitution. Le siège retenu est en principe le siège statutaire, sauf fraude.

Exceptionnellement, un autre critère que celui du siège social, a pu être retenu. Ainsi, une jurisprudence connue sous le nom de « jurisprudence du temps de guerre » a pu adopter le critère du contrôle. Ce critère a permis, après la première guerre mondiale, de prendre en compte la nationalité des dirigeants et des actionnaires contrôlant les sociétés basées en France pour distinguer les sociétés. Ont ainsi été réputées de nationalité étrangère les sociétés

1. La compétence des juridictions consulaires est admise dès lors que la contestation se rattache par un lien direct à la gestion d'une société commerciale, peu important que le défendeur n'ait pas la qualité de commerçant ou qu'il n'ait pas accompli d'acte de commerce : Com. 14 nov. 2018, n° 16-26115, *JCP E* 2018. 1632, note D. Houtcieff.

dont le siège était situé en France mais dont le capital était en majorité la propriété d'associés d'origine étrangère.

Aujourd'hui, cette exception subsiste pour s'appliquer à des sociétés appartenant à des secteurs sensibles, tels le secteur bancaire, celui des transports maritimes ou encore de la presse.

134 **Le changement de nationalité.** Il est, en pratique, une opération simple. Il suppose que la société transfère son siège hors de son état d'origine. Pourtant, au regard du droit français, l'opération pose des difficultés. D'une part, le droit positif ne prévoit pas qu'une société étrangère puisse transférer son siège en France. L'administration fiscale en déduit que l'immatriculation en France donne naissance à une nouvelle personne morale, soumise, dès lors, au droit français. D'autre part, une société française pourrait transférer son siège à l'étranger mais le droit des sociétés et le droit fiscal posent un certain nombre d'obstacles souvent insurmontables à ce transfert. Ainsi, le changement de nationalité implique en principe une décision prise à l'unanimité des associés. Dans les sociétés par actions, la décision peut être prise à la majorité qualifiée en assemblée générale, mais ceci n'est possible que si une convention entre États le permet. Or aucune convention de la sorte n'a existé jusqu'à peu[1]. Dès lors, même dans ce type de sociétés, l'unanimité est requise. Pour l'administration fiscale, le changement de nationalité entraîne la disparition de la personne morale et rend exigible tous les impôts liés aux opérations de liquidation. Aujourd'hui, seul le transfert intracommunautaire d'une société européenne est possible[2].

135 **La qualité, civile ou commerciale de la société.** Elle demeure un critère important de son individualisation en tant que personne juridique, bien que la forme de la société l'emporte souvent aujourd'hui.

---

1. L'entrée en vigueur du règlement du Conseil relatif au statut de la société européenne devrait modifier cet état de fait : v. ss 2.

2. La liberté d'établissement érigée en principe par le Traité de Rome devrait faire évoluer ces règles, notamment sous l'impulsion conjuguée des règles relatives à la société européenne et de la jurisprudence de la CJCE depuis son arrêt *Centros* (CJCE 9 mars 1999, *Rev. sociétés* 1999. 386, note G. Parléani ; *D.* 1999. 550, note M. Menjucq ; *Bull. Joly* 1999. 705, note J.-P. Dom). *Adde*, M. Menjucq, « Réflexion critique sur la proposition de 14e directive relative au transfert intra-communautaire du siège social », *Bull. Joly* 2000. 137 ; M. Pariente, « Les obstacles à la libre mobilité des entreprises européennes à l'intérieur de l'Union », *Bull. Joly* 2002. 21.

À l'origine, en vertu du principe de spécialité, le critère de l'objet social permettait seul de déterminer le critère commercial ou civil de la société. Puis la loi du 24 juillet 1966 sur les sociétés commerciales a introduit un nouveau critère en énonçant, en son article 1er : « sont commerciales à raison de leur forme et quel que soit leur objet, les sociétés en nom collectif, les sociétés en commandite simple, les sociétés à responsabilité limitée et les sociétés par actions » (C. com., art. L. 210-1). Restent les sociétés civiles professionnelles, les groupements d'intérêt économique (GIE) et toutes les sociétés qui n'ont pas la personnalité morale, faute d'immatriculation (sociétés en participation et créées de fait). Le critère de l'objet prime alors, avec des conséquences importantes pour le régime de la société en cause.

136 **Les conflits de critère.** Une société commerciale par la forme, en vertu de la loi (société à responsabilité limitée, société en nom collectif) peut régulièrement avoir un objet civil. Dans ce cas, le régime reste dicté par la forme et non par l'objet.

Un cas particulier touche les sociétés d'exercice libéral. Ces sociétés ont pour objet l'exercice en commun d'une profession mais elles peuvent toutefois emprunter la forme des sociétés commerciales. Certaines règles qui leur sont applicables sont dérogatoires du droit des sociétés commerciales, notamment la compétence des tribunaux civils pour traiter des litiges les concernant. Le régime des baux commerciaux ne s'applique pas aux sociétés commerciales qui exercent une activité civile. Exceptionnellement donc, l'objet civil l'emporte sur la forme commerciale. Toutefois les associés peuvent insérer une clause compromissoire pour les contestations survenant entre eux.

À l'inverse de ce qui se passe pour une société de forme commerciale (qui peut exercer une activité civile), il n'est pas possible pour une société de forme civile d'exercer une activité commerciale Ainsi, pour une société civile immobilière, l'exploitation d'un fonds de commerce est impossible. En cette hypothèse, il conviendrait de qualifier la société en société créée de fait qui se verrait alors appliquer le régime d'une société en nom collectif.

B. Les attributs patrimoniaux

137 **Le patrimoine social.** La société dotée de la personnalité morale a un patrimoine distinct de celui des associés. Elle peut dès lors être propriétaire, créancière ou débitrice. L'actif social se compose des biens apportés à la société lors de sa constitution et des biens acquis postérieurement. Il constitue le gage des créanciers de la société. Le passif social comprend les dettes de la société, notamment les droits de créance des associés à l'égard de la société, qui constituent le capital social.

138 **Les capitaux propres.** Alors que le patrimoine social reste une notion abstraite, les capitaux propres représentent la véritable valeur de la société. Ceux-ci comprennent, outre le montant du capital social, les réserves ou les pertes de la société. Ils donnent la mesure de la situation financière de la société. S'ils deviennent inférieurs au montant du capital social, cela signifie que la société a subi des pertes d'un montant supérieur à celui du capital social augmenté des éventuelles réserves. C'est ce qui explique que dans les sociétés à risque limité, lorsque le montant des capitaux propres devient inférieur à la moitié du capital social, les associés doivent soit dissoudre la société, soit poursuivre l'activité en reconstituant les capitaux propres.

En contrepartie de ces attributs qui sont des droits, la personne morale acquiert, de même que les personnes physiques, des devoirs dont le non-respect engage sa responsabilité.

§ 2. La responsabilité de la société

139 **Responsabilité civile de la personne morale.** Sur le plan civil, la société encourt une responsabilité de droit commun de nature contractuelle comme délictuelle. Dans cette dernière hypothèse, toutes les causes de responsabilité visées aux articles 1382 et suivants du Code civil sont admises, qu'il s'agisse d'une responsabilité pour faute personnelle (par le truchement des organes dirigeants) ou d'une responsabilité du fait d'autrui ou du fait des choses que l'on a sous sa garde fondée sur les articles 1384 et 1385 du Code civil.

Il est possible d'agir directement contre la société sans avoir à mettre en cause la personne qui est intervenue dans la réalisation du dommage, dirigeant ou préposé.

140 **Responsabilité pénale de la personne morale.** Une jurisprudence traditionnelle posait le principe de l'irresponsabilité pénale des personnes morales. D'une part, en effet, il semblait impossible d'imputer à la personne morale une volonté délictueuse et l'élément intentionnel faisait défaut. D'autre part, on ne peut lui infliger des sanctions classiques telles que l'emprisonnement. Pourtant, cette solution est apparue inadaptée, tant du fait de l'importante capacité de nuire des personnes morales (accidents dans les contrats de transport, atteinte à l'environnement) que de leur puissance économique, les rendant plus aptes que les personnes physiques à indemniser les victimes.

C'est pourquoi un article 121-2, introduit dans le nouveau Code pénal, fait peser sur les personnes morales une responsabilité pénale[1] : « Les personnes morales, à l'exclusion de l'État, sont responsables pénalement... des infractions commises, pour leur compte, par leurs organes ou représentants... La responsabilité pénale des personnes morales n'exclut pas celle des personnes physiques auteurs ou complices des mêmes faits ». Récemment, la loi du 9 mars 2004[2], a fait disparaître le principe de spécialité qui limitait jusque-là la mise en cause des personnes morales. Désormais, la responsabilité des sociétés personnes morales peut être engagée à propos de toutes les infractions, sans qu'un texte le prévoie expressément[3].

141 **Domaine de la responsabilité.** Les personnes visées sont toutes les personnes morales, de droit privé comme de droit public, à l'exception de l'État et des collectivités lorsqu'elles agissent dans l'exercice de leurs prérogatives de puissance publique. Toutes les personnes morales de droit privé sont donc visées, quel que soit leur but, lucratif ou non. Ce qui inclut les sociétés, les associa-

---

1. V. M. Boizard *et al.*, *La responsabilité pénale des personnes morales*, Dalloz, 1993.
2. L. n° 2004-204 portant adaptation de la justice aux évolutions de la criminalité, 9 mars 2004, dite *Perben II* (*JO* 10 mars 2004, 4567).
3. N. Stolowy, « La disparition du principe de spécialité dans la mise en cause pénale des personnes morales », *JCP E* 2004. 876.

tions, les syndicats, les comités d'entreprise et les partis politiques, mais exclut les sociétés sans personnalité morale.

142 **Infractions punissables.** La loi du 9 mars 2004 ayant mis fin au principe de spécialité, les personnes morales peuvent être poursuivies pour toute infraction pénale commise, dès lors que les conditions d'imputabilité de ces faits sont réunies (C. pén., art. 121-2). L'annexe de la circulaire du ministère de la Justice du 13 février 2006 mentionne, à titre d'exemple de nouvelles infractions pour lesquelles la responsabilité pénale des personnes morales peut être retenue, les infractions en matière de société des articles L. 241-1 et suivants du Code de commerce et tout particulièrement les abus de biens sociaux qui peuvent être constatés entre sociétés d'un même groupe[1].

Ces infractions ont dû avoir été commises pour le compte de la personne morale : l'infraction a dû bénéficier à titre principal à la société qui en aura tiré profit. Elle doit en outre avoir été commise par ses organes (le conseil d'administration) ou son représentant légal[2].

143 **Procédure.** L'action publique s'exerce à l'encontre de la personne morale « prise en la personne de son représentant légal à l'époque des poursuites ». Lorsque le dirigeant est lui-même poursuivi pénalement pour les mêmes faits, le président du tribunal de grande instance doit désigner un mandataire de justice afin qu'il représente la société à l'instance. Ce représentant ne peut être soumis à aucune mesure de contrainte (mise en examen, placement sous contrôle judiciaire, détention provisoire...). Il doit néanmoins subir personnellement la procédure dirigée contre la société (interrogatoires, comparutions...).

144 **Sanctions.** La division traditionnelle entre peine correctionnelle et peine criminelle est maintenue. En général, une amende systématiquement prévue sera assortie d'une interdiction d'exercer certaines activités professionnelles et de l'exclusion des marchés publics. La fermeture des établissements de l'entreprise peut être

1. V. comm. H. Matsopoulou, *Rev. sociétés* 2004. 283 ; 2006. 483 et 2008. 873.
2. Crim. 2 déc. 1997, *Rev. sociétés* 1998. 148, note B. Bouloc. Pour une extension de la notion de représentant, v. Crim. 30 mai 2000, *Bull. Joly* 2001. 37, note C. Mascala.

exigée en cas notamment de délit de travail clandestin ou d'atteinte à l'environnement. La dissolution de la personne morale pourra être décidée dans les cas les plus graves. Ces sanctions font l'objet d'une publication et d'une mention portée sur le casier judiciaire de la personne morale. La condamnation de la société n'entraîne pas toujours celle d'une personne physique.

CHAPITRE 2

L'organisation de la société

145 **Cadre général.** La manière de concevoir l'organisation des sociétés a connu une évolution importante. À l'origine, les sociétés étaient conçues comme une démocratie : le pouvoir suprême appartenait aux associés réunis en assemblée générale souveraine, les dirigeants étant les mandataires des associés. La complexité de la gestion de la société exigeait en effet que les associés délèguent une partie de leurs prérogatives. La réalité est aujourd'hui bien différente car il s'est opéré un renforcement progressif des pouvoirs des dirigeants sociaux, au détriment de ceux de la collectivité des associés. Trois règles en découlent, qui sont communes à toutes les formes de sociétés.

Une première règle veut qu'un associé puisse jouir dans la société d'un minimum de droits et de pouvoirs, destinés à manifester qu'il est un membre du groupement constitué par le pacte social. Une seconde règle commune d'organisation est que toute société exprime sa volonté au travers d'un organe destiné à représenter la société. Troisième règle, la plupart des sociétés d'une certaine importance doivent impérativement se doter d'un organe de contrôle dont la mission est permanente, le commissaire aux comptes.

Dès lors, l'organisation des sociétés traduit un équilibre fragile entre les associés (SECTION 1), l'organe de gestion (SECTION 2), ainsi que l'organe de contrôle (SECTION 3).

SECTION 1

LES ASSOCIÉS

146 **Théorie des droits individuels.** La notion d'associé se définit à partir de deux critères : la réalisation d'un apport et la participation à la vie sociale[1]. L'associé ne se voit pas reconnaître un véritable statut, mais il dispose d'un certain nombre de droits individuels. Ces droits peuvent, le cas échéant, être réduits mais ne peuvent être supprimés sans son consentement. Ils échappent donc exceptionnellement à la loi de la majorité, devenue la règle dans la plupart des sociétés.

La loi n'a précisé ni le domaine ni l'étendue de ces droits. La détermination de ces droits individuels s'est donc élaborée au cas par cas, à l'occasion soit d'une clause des statuts, soit d'une décision prise en assemblée générale pour lesquelles l'associé considère qu'elles portent atteinte à ses droits. Cette atteinte est plus souvent relevée dans les grandes sociétés, notamment dans les sociétés par actions, que dans les petites sociétés plus respectueuses de la volonté de chaque associé.

147 **Plan.** Le domaine des droits individuels de l'associé est en expansion, bien que parfois ces droits soient limités dans leur mise en œuvre. Il comporte le droit de participer à la vie sociale (**§ 1**), le droit au maintien de la qualité d'associé (**§ 2**) et le droit de céder ses titres (**§ 3**). Il convient néanmoins de souligner que l'exercice de ces droits est soumis à l'appréciation des juges qui en viennent à sanctionner certains abus de droit des sociétés et ont récemment reconnu la responsabilité personnelle d'un associé (**§ 4**).

§ 1. Le droit de participer à la vie sociale

148 Le droit de participer à la vie sociale recouvre plusieurs prérogatives qui sont soit d'ordre pécuniaire, soit d'ordre extra-pécuniaire. Parmi ces dernières, le droit de participer aux

1. A. Viandier, *La notion d'associé*, LGDJ, 1978.

décisions sociales s'exprime principalement par le droit de vote accordé à chaque associé. Mais l'effectivité de ce droit est subordonnée à une information préalable nécessaire à la participation à la vie sociale. Il en découle un droit pour chaque associé d'être informé quel que soit le montant de sa participation dans le capital social.

C'est ainsi que l'on peut distinguer le droit à l'information (**A**), le droit de vote (**B**) et le droit de participer aux dividendes (**C**).

A. Le droit à l'information

149 **Droit à l'information.** Il n'existe pas à proprement parler de disposition de droit commun posant le principe d'un droit à l'information des associés. Néanmoins, l'étude du droit spécial des sociétés fera apparaître des dispositions souvent identiques pour chaque type de sociétés. Le droit des actionnaires à l'information sociale fait l'objet d'une attention toute particulière de la part du législateur qui pose des règles spécifiques et précises[1]. Une distinction fondamentale repose sur un droit occasionnel et un droit permanent à l'information.

150 **Un droit occasionnel à l'information.** Il résulte de l'article 1856 du Code civil pour les sociétés civiles, complété par les dispositions de l'article 40 du décret du 3 juillet 1978, que les comptes sociaux doivent être communiqués à tout associé, quelle que soit sa participation dans le capital social, avant la réunion de l'assemblée annuelle. Une règle identique existe pour les sociétés commerciales. La sanction du non-respect de cette information minimale est la nullité de la délibération prise en assemblée générale, sauf si par ailleurs l'associé a bénéficié d'une information suffisante[2].

Ce droit à l'information est complété par un droit de poser des questions écrites. Tout associé a en effet le droit de poser à l'organe de gestion des questions écrites sur la gestion de la société. Cette méthode des questions écrites a d'abord été pratiquée dans les sociétés en nom collectif et les sociétés à responsa-

1. V. ss 433.
2. Civ. 1re, 31 oct. 1989, *Bull. Joly* 1990. 93, note P. Le Cannu, *RTD com.* 1990. 214, obs. M. Alfandari et M. Jeantin.

bilité limitée. La loi du 1er mars 1984 sur la prévention des difficultés des entreprises l'a étendue aux sociétés par actions. Ce droit n'est soumis à aucune condition de participation dans le capital social. Les dirigeants sont tenus de répondre aux questions qui leur sont ainsi adressées. Ce droit connaît des modalités distinctes suivant les types de société.

151 **Droit d'obtenir les documents sociaux.** De manière permanente, le droit est reconnu à tout associé d'obtenir communication des documents sociaux. Dans les sociétés civiles et les sociétés en nom collectif, aucune restriction n'est posée et ce droit porte sur tout document émis par la société. En revanche, dans les sociétés anonymes et à responsabilité limitée, ce droit est doublement limité : seuls certains documents limitativement énumérés peuvent être communiqués, et seuls ceux relatifs aux trois derniers exercices. Un associé qui se voit opposer un refus de la part de la société peut obtenir communication de ces documents par voie judiciaire[1].

B. Le droit de vote

152 **Le droit de vote.** Le droit pour tout associé de participer aux décisions collectives, énoncé à l'article 1844 du Code civil, est un droit essentiel de l'associé[2]. Il trouve sa meilleure expression dans le droit de vote. Ce droit est d'ordre public et, par conséquent, les statuts ne peuvent supprimer le droit de vote d'un associé dans les cas non prévus par la loi[3].

153 **L'attribution du droit de vote.** En principe, le droit de vote est attribué à tout associé. Mais les situations particulières de parts ou actions indivises ou celles grevées d'usufruit appellent des précisions.

1. TGI Nanterre 15 mars 1983, *D.* 1983. 514, note M. Jeantin, *Rev. sociétés* 1984. 37, note Y. Chartier.
2. V. P. Le Cannu, « Tout associé a le droit de participer aux décisions collectives », Liber amicorum, Mélanges en l'honneur de Philippe Merle, Dalloz, 2012, p. 443 ; « Le droit de vote », Dossier *Dr. sociétés*, n° spécial mars 2015 ; C. Coupet, « L'attribution du droit de vote dans les sociétés », LGDJ 2015, tome 561.
3. Civ. 7 avr. 1932, *DP* 1933. I. 153, note P. Cordonnier ; Cass. req. 23 juin 1941, *Journ. soc.* 1943. 209, note R.B. ; Com. 9 févr. 1999, *Rev. sociétés* 1999. 79, note P. Le Cannu ; *Cah. dr. aff.* 1999. 563 ; *JCP E* 1999. 724 note Y. Guyon ; *Bull. Joly* 1999. 566, note J.-J. Daigre (affaire *Château d'Yquem*).

En cas d'indivision comportant des droits sociaux, chaque indivisaire peut user et jouir de ces droits, dans la mesure compatible avec le droit des autres indivisaires. Toutefois, s'agissant de l'exercice des droits des actionnaires dans les sociétés anonymes, le droit de vote ne peut être exercé que par un mandataire unique, qu'il soit indivisaire ou non, lequel les représente (C. com., art. L. 225-110). Dans les autres sociétés, une règle identique existe (C. civ., art. L. 1844), mais les statuts peuvent y déroger.[1]. Lorsqu'il y a désaccord entre les indivisaires sur le choix du mandataire, celui-ci sera désigné en justice à la demande du plus diligent d'entre eux (C. civ., art. 1844, al. 2). Bien que les indivisaires ne puissent exercer individuellement le droit de vote attaché à ces droits et doivent se faire représenter en assemblée générale par un mandataire unique, ils n'en restent pas moins des associés auxquels des droits individuels sont reconnus. Aussi, disposent-ils dans les sociétés anonymes d'un droit de communication et de consultation des documents sociaux identiques à celui reconnu aux actionnaires (C. com., art. L. 225-118)[2]. Il en est de même de la convocation aux assemblées générales (C. com., art. L. 225-231). En vertu de l'article 1844, alinéa 1 du Code civil, la Cour de cassation considère en outre qu'ils peuvent participer aux assemblées générales[3]. Dans le même sens, un indivisaire seul peut demander la nomination d'un expert de gestion dans les conditions fixées à l'article L. 225-231[4], ou encore demander l'ajournement d'une assemblée générale[5].

1. Com. 21 janv. 2014, n° 13-10.151, *Bull. Joly* 2014, p. 212, note D. Poracchia et H. Barbier. Les irrégularités de convocation d'associés coindivisaires à l'assemblée générale n'emportent pas, faute de grief, l'annulation de l'assemblée (CA Paris, 5-9, 1er mars 2018, n° 15/07467, *Bull. Joly*, oct. 2018, p. 581, note J.-Ch. Pagnucco).

2. Ce droit a également été reconnu à un indivisaire dans une société civile, en application de l'article 1855 du Code civil qui vise l'associé en général : Civ. 3e, 27 juin 2019, n° 18-17.662, *Rev. Soc.*, 2020. 368, note L. Godon.

3. Com. 21 janv. 2014, n° 13-10.151, *Bull. Joly* 2014, p. 212, note D. Poracchia et H. Barbier. Les irrégularités de convocation d'associés coindivisaires à l'assemblée générale n'emportent pas, faute de grief, l'annulation de l'assemblée (CA Paris, 5-9, 1er mars 2018, n° 15/07467, *Bull. Joly*, oct. 2018, p. 581, note J.-Ch. Pagnucco).

4. Com. 4 déc. 2007, n° 05-19.643 ; v. ss 599.

5. Com. 7 juil. 2020, n° 18-19.330, *Dr. Soc.*, 2020, n° 127, note R. Mortier. La Cour précise qu'en l'occurrence, il convient pour l'indivisaire d'établir un lien entre l'exercice de ce droit et la conservation de la valeur de l'indivision.

Si une part est grevée d'usufruit, le droit de vote appartient au nu-propriétaire, sauf pour les décisions concernant l'affectation des bénéfices, où il est réservé à l'usufruitier (C. civ., art. 1844, al. 3). Les statuts peuvent aménager cette disposition, sous la double réserve qu'il ne soit pas dérogé au droit du nu-propriétaire de participer aux décisions collectives[1] et que l'usufruitier puisse voter les décisions concernant les bénéfices[2]. Un auteur souligne parfaitement le paradoxe auquel confinent ces solutions : le droit des biens impose la nullité des clauses déniant tout droit de vote à l'usufruitier - non considéré comme associé[3] -, tandis que le droit des sociétés autorise inversement à priver de droit de vote le nu-propriétaire, pourtant considéré comme associé en titre[4]. La loi n° 2019-744 du 19 juillet 2019[5] étend les droits de l'usufruitier lors des décisions collectives : l'usufruitier et le nu-propriétaire ont le droit de participer à toutes les décisions collectives (mêmes celles sur lesquelles ils ne disposent pas du droit de vote) ; l'usufruitier et le nu-propriétaire peuvent convenir, ensemble, que l'usufruitier exerce le droit de vote sur les décisions autres que celles portant sur l'affectation des bénéfices[6]. Il est également reconnu au nu-propriétaire indivis de droits sociaux la qualité d'associé, ce qui lui donne le droit de participer aux assemblées, en personne ou par son représentant (mais le vote appartient au mandataire représentant l'indivision)[7].

1. Com. 4 janv. 1994 (arrêt *De Gaste*), *Bull. Joly* 1994. 249, note. J.-J. Daigre et *JCP E* 1996. I. 575 ; Com. 22 févr. 2005, *JCP E* 2005. 968, note R. Kaddouch. Dans les sociétés anonymes la répartition légale est quelque peu différente et opère selon un critère organique (C. com., art. L. 225-110). Y. Paclot, « Remarque sur le démembrement des droits sociaux », *JCP E*1997. I. 678.

2. Com. 31 mars 2004, *D.* 2004. 1167, obs. A. Lienhard ; R. Kaddouche, « L'usufruit des droits sociaux, technique de transfert du droit de vote », *Bull. Joly* 2004. 189. L'arrêt repose sur une solution originale fondée non sur le droit des sociétés mais sur le droit des biens (art. 578).

3. M. Cozian, « L'usufruitier de droits sociaux a-t-il ou non la qualité d'associé ? », *JCP E* 2003. 946 ; Civ. 3e, 29 nov. 2006, *JCP E* 2007. 2033, note Y. Paclot.

4. A. Pietrancosta, « Usufruit et droit des sociétés », *Dr. et patr.* mai 2005, p. 63 ; *adde*, L. Godon, « Un associé insolite : le nu-propriétaire de droits sociaux », *Rev. sociétés*. 2010. 143.

5. Loi de simplification, de clarification et d'actualisation du droit des sociétés, *JO* du 20 juillet 2019, dite loi « Soilihi ».

6. De façon sévère, la Cour de cassation juge que le non-respect des dispositions statutaires relatives à la répartition du droit de vote entre usufruitier et nu-propriétaire de parts sociales est sanctionné par la nullité de la délibération sociale : Com. 13 janv. 2021, n° 19-13.399, *Bull. Joly Soc.*, avr. 2021, p. 34, note A. Rabreaud.

7. Com. 21 janv. 2014, n° 13-10.151, préc.

L'associé a le droit de disposer de son vote et de s'engager par des conventions de vote. Néanmoins une convention par laquelle un associé transférerait son droit de vote à un tiers serait illicite. De même pour une convention par laquelle un associé s'engagerait à voter, par avance, dans un sens déterminé, ou encore qui ne laisserait aucune liberté de choix aux associés pour la détermination d'un mandataire social[1]. Il ne faut pourtant pas en conclure que toute convention relative au droit de vote est nulle[2]. En effet, une convention qui se borne à limiter la liberté de choix des actionnaires dans l'intérêt social a pu être considérée comme valable[3]. Il convient donc de distinguer les conventions de vote dont la durée est limitée et qui ne portent pas atteinte à l'intérêt social des autres conventions.

154 **La suppression du droit de vote.** Elle reste circonscrite à des cas particuliers, notamment dans les sociétés anonymes et dans les sociétés à responsabilité limitée. Ainsi la loi prévoit-elle cette suppression pour éviter les conflits d'intérêts entre l'actionnaire et la société. En outre, l'associé peut être privé de son droit de vote à titre de sanction : tel est le cas des actions qui n'auraient pas été libérées à échéance.

155 **L'exercice du droit de vote.** En principe, il revient à l'associé en personne d'exercer personnellement son droit de vote au cours d'une assemblée générale régulièrement convoquée[4]. Néanmoins, un associé a la possibilité de se faire représenter soit par un mandataire désigné par l'associé soit par les dirigeants sociaux par l'intermédiaire d'un mandat en blanc. C'est donc seulement dans le premier cas que l'associé aura le loisir d'imposer à son mandataire le sens de son vote.

Le droit de vote par correspondance est également admis. C'est un droit intangible : il n'a pas à être prévu dans les statuts qui,

1. V. par ex., Com. 10 mars 1950, *JCP* 1950. II. 5694, note D. Bastian.
2. Ch. Feyria, « Étude de la jurisprudence sur les conventions portant atteinte à la liberté du vote dans les sociétés », *RTD com.* 1951. 419 ; *adde*, M. Germain, « Le transfert du droit de vote », *RJ com.*, n° spécial, nov. 1990. 135 ; M. Jeantin, « Les conventions de vote », *ibid.*
3. T com. Paris 1er août 1974, *Rev. sociétés* 1974. 685, note B. Oppetit (choix des postes d'administrateurs) ; Com. 24 févr. 1987, *Bull. Joly* 1987, p. 213, note P. Le Cannu.
4. Les associés sont convoqués, à peine de nullité en cas de grief, quinze jours au moins avant la réunion de l'assemblée, par lettre recommandée, Ch. mixte 16 déc. 2005, *D.* 2006. AJ 146.

en outre, ne pourraient déroger à son organisation légale et réglementaire.

Dans les sociétés comportant peu d'associés, la loi consacre le droit de participer par voie de consultation écrite. Elle permet d'éviter la convocation d'une assemblée générale. Chaque associé reçoit alors le texte des résolutions proposées, ainsi que les documents nécessaires pour l'informer sur la ou les questions à l'ordre du jour. Chacun retourne à la société un formulaire indiquant le sens de son vote. Cependant, cette pratique n'est pas reconnue pour tous les types de décisions. Ainsi, l'assemblée générale annuelle chargée d'approuver les comptes sociaux ne peut être remplacée par une consultation écrite. Sous certaines conditions, la loi prévoit de même que le consentement donné par l'ensemble des associés à un acte vaut approbation de celui-ci. Cette solution résulte de l'article 1854 du Code civil pour les sociétés civiles. Elle existe pour les sociétés en nom collectif et a été étendue aux sociétés à responsabilité limitée par la loi du 11 février 1994, lorsque les statuts en prévoient la possibilité et que les décisions susceptibles d'être prises de cette manière sont précisées.

Le droit de vote s'exerce chaque année en assemblée générale, lors de l'approbation annuelle des comptes. Dans la plupart des sociétés, cette approbation se fait à la majorité simple, sauf stipulation statutaire contraire. Il faut par ailleurs réunir une assemblée pour modifier les statuts. Ceux-ci ne peuvent être modifiés que par l'accord unanime des associés (C. civ., art. 1836). Mais la règle de l'unanimité n'est pas d'ordre public et les statuts peuvent prévoir qu'une majorité suffira.

Un registre des délibérations d'assemblées d'associés ou d'actionnaires doit être tenu. Pour simplifier la vie des sociétés, un décret du 31 octobre 2019 autorise les sociétés commerciales à tenir de manière dématérialisée leurs registres, notamment le registre des délibérations des assemblées d'associés ou d'actionnaires[1]. Le texte autorise également la certification par signature

1. Le décret du 31 octobre 2019 autorise les sociétés commerciales à tenir de manière dématérialisée leurs registres. Il s'agit du registre des délibérations des associés dans les SNC (C. com., art. R. 221-3, al. 3 nouv.), les SCS et les SARL (C. com., art. R. 223-26, al. 3 mod.), y compris les SARL à associé unique ; du registre des délibérations du conseil d'administration ou du conseil de surveillance et du registre de présence à ces conseils (C. com., art. R. 225-20, al. 2 nouv. et art. R. 225-20, al. 2 nouv.),

électronique des copies ou des procès-verbaux des délibérations des organes sociaux[1].

C. Le droit aux dividendes

156 **Le droit aux dividendes.** Il résulte des termes de l'article 1832 du Code civil que tout associé doit profiter des résultats positifs produits par l'activité sociale, que celle-ci réalise des bénéfices ou simplement des économies. Ce droit de participer aux résultats s'exprime principalement par la perception d'un dividende en cours de vie sociale, accompagné, le cas échéant, d'un droit sur les réserves. À la dissolution de la société, la mesure du dividende final est donnée par le *boni* de liquidation.

Le dividende est la part de bénéfices attribuée à chaque associé ou actionnaire. Par principe, en cas de démembrement des droits sociaux, il revient à l'usufruitier un droit sur les dividendes lorsqu'ils proviennent de la distribution des bénéfices[2] Lorsque deux époux, mariés sous le régime de communauté, ont la qualité d'associé, les dividendes doivent être versés par la société à chacun d'eux, à proportion de leurs droits respectifs[3]. Mais le droit de chaque associé au partage des résultats n'est pas absolu. L'assemblée générale est en effet souveraine pour décider d'une mise en réserve systématique des bénéfices sociaux, à condition de ne pas commettre un abus de droit[4]. Après avoir approuvé les comptes de l'exercice, prélevé les sommes destinées à être mises

et du registre des délibérations des assemblées d'actionnaires dans les SA (C. com., art. R. 225-22, al. 3 nouv. et art. R. 225-49, al. 3 nouv.) ; du registre des délibérations des assemblées d'obligataires et des assemblées de titulaires de valeurs mobilières donnant accès au capital dans les sociétés par actions ; du registre des délibérations des associés dans les sociétés civiles (D. n° 78-704, 3 juill. 1978, art. 45, al. 3 nouv.).

1. Pour les SNC : C. com., art. R. 221-4, al. 2 nouv. ; SA : C. com., art. R. 225-24, al. 2 mod., art. R. 225-51, al. 2 mod. et art. R. 225-106, al. 1er mod. ; sociétés civiles : D. n° 78-704, 3 juill. 1978, art. 46, al. 2 nouv. et art. 47, al. 2 nouv.). Le décret précise le niveau minimum de la signature requis, par référence au règlement (UE) eIDAS n° 910/2014 du 23 juillet 2014 sur l'identification électronique et les services de confiance pour les transactions électroniques au sein du marché intérieur. Ce niveau de signature électronique est applicable à titre supplétif dans les SAS unipersonnelles lorsque les statuts ne précisent pas les modalités de la signature électronique (C. com., art. R. 227-1-1 nouv.).

2. Les dividendes s'analysent en effet comme les fruits civils de droits sociaux (Com. 5 oct. 1999, n° 97-17.377, *Bull. civ.* IV, n° 163). En revanche, lorsqu'ils proviennent d'un prélèvement effectué sur les réserves, les sommes distribuées doivent, en présence de titres démembrés, revenir au nu-propriétaire (Com. 27 mai 2015, n° 14-16.246).

3. Civ 1re, 5 nov. 2014, n° 13-25.820, *Bull. Joly* 2015, 119, note A. Rabreau.

4. V. ss 169.

en réserve et constaté l'existence de sommes distribuables, l'assemblée en fixe le montant. Dans ces conditions, la notion de dividende se distingue nettement de la notion de bénéfices sociaux.

En principe, le dividende est payé en numéraire. Dans les sociétés anonymes, néanmoins, les statuts peuvent offrir aux actionnaires le choix entre le paiement du dividende en numéraire et son paiement sous forme d'actions nouvelles. Les sommes distribuables sont réparties suivant la proportion statutaire ou, à défaut, en fonction de la fraction du capital détenue par chacun des associés. Les statuts peuvent valablement accorder à certains associés une part de dividende supérieure à celle à laquelle leur participation au capital leur donnerait droit. Il convient alors de créer des actions ou des parts sociales privilégiées[1]. On ne peut accorder en revanche aux associés d'une société, par voie de stipulation statutaire, un intérêt dont le montant est prédéterminé et qui serait versé en l'absence de dividendes[2].

157 **Dividendes fictifs.** Tout dividende distribué en violation des règles sur l'approbation des comptes et la constatation d'un bénéfice distribuable est un dividende fictif (C. com., art. L. 232-12, al. 3). Les sanctions prévues en ce cas sont pénales et civiles. Elles peuvent engager la responsabilité des dirigeants, mais aussi, le cas échéant, des commissaires aux comptes. Quant aux associés, ils doivent restituer à la société les dividendes indus, dès lors qu'il est établi qu'ils avaient eu connaissance du caractère irrégulier de cette distribution ou qu'ils ne pouvaient l'ignorer compte tenu des circonstances[3].

---

1. V. ss 462 ; aj. J.-M. de Bermond de Vaulx, « Les parts sociales privilégiées », *JCP E* 1993. I. 294.
2. Cette clause prend le nom de clause d'intérêt fixe. Sa prohibition s'explique en ce qu'elle permet d'assurer le versement d'une rémunération systématique de l'associé qui échapperait ainsi aux risques sociaux. V. J. Derruppé, « La clause d'intérêts fixes », in *Mélanges Hamel*, Dalloz, 1961, p. 179.
3. V. par ex. pour une SARL, Aix, 2 avr. 1992, *Dr. sociétés* 1992. 229, obs. H. Le Nabasque.

§ 2. Le droit au maintien de la qualité d'associé

158 La qualité d'associé est l'objet en elle-même d'un certain nombre de mesures de sauvegarde. C'est pourquoi l'associé a non seulement le droit de rester associé (**A**), mais il se voit aussi reconnaître le droit de rester associé sans que ses engagements puissent être augmentés sans son consentement (**B**).

A. Le droit de rester associé

159 **Principe.** Le droit de faire partie de la société dans laquelle l'associé est entré consiste principalement à ne pas en être exclu. Il ne peut être privé malgré lui de sa qualité d'associé[1], dès lors, bien évidemment qu'il a rempli ses obligations. En tant que membre de la société, son exclusion reviendrait à une véritable expropriation.

Le respect de ce droit interdit également au juge d'exclure un associé de la société, en ordonnant le rachat de ses parts. L'interdiction de l'exclusion judiciaire a ainsi été posée par un arrêt de principe, dans le cas d'une société en nom collectif[2], qui peut être étendu à toutes les formes de société. Mais ce droit peut être limité.

160 **Limites légales.** Une disposition légale peut faire échec au droit de l'associé ou de l'actionnaire. Une telle limite a un double fondement. Soit elle sert de sanction à un manquement aux obligations légales de l'associé. C'est ainsi que le non-respect pour un actionnaire de l'obligation de libérer ses actions permet qu'il soit exclu de la société. Soit la limite légale se justifie lorsque la société est en redressement judiciaire : ainsi, lorsque notamment la survie de la société le requiert, le juge peut ordonner la cession des actions d'un ou de plusieurs dirigeants.

1. A. Viandier, *La notion d'associé*, préf. F. Terré, LGDJ, 1978 ; Comp. R. Libchaber, « Pour un renouvellement de l'analyse des droits sociaux », *in* Mélanges Y. Guyon, Dalloz, 2003, p. 717 ; J.-J. Daigre, « La perte de la qualité d'actionnaire », *Rev. sociétés* 1999. 535.
2. Com. 12 mars 1996, *Rev. sociétés* 1996. 554 ; *JCP E* 1996. II. 831, note Y. Paclot ; J.-J. Daigre, « De l'exclusion d'un associé en réponse à une demande de dissolution », *Bull. Joly* 1996. 576.

161 **Limites statutaires.** En dehors des limites prévues par la loi, la validité de clauses statutaires prévoyant la possibilité pour l'assemblée générale d'exclure un associé a été discutée. En principe, le respect du droit de l'associé ou de l'actionnaire fait obstacle à la validité d'une telle clause. Elle était pourtant traditionnellement considérée comme valable dans les sociétés de personnes, sa validité se justifiant par la nature essentiellement contractuelle de cette société. De telles considérations sont en revanche absentes des sociétés par actions et la clause devrait y être considérée comme non valable. À la suite de nombreux arrêts rendus par différentes cours d'appel, la Cour de cassation a reconnu, implicitement et sous certaines conditions[1], puis expressément, la validité d'une telle clause[2].

Les clauses statutaires d'exclusion depuis l'affaire du *Midi Libre*

Ayant relevé que les statuts de la société ne prévoyaient pas la possibilité d'exclure un actionnaire, la cour d'appel a estimé à bon droit que la société n'était pas fondée à ordonner la cession de ses actions détenues par les sociétés.

Une interprétation *a contrario* de l'arrêt a permis de valider les clauses statutaires d'exclusion d'un associé, sous réserve de faire figurer dans ces clauses la mention de l'organe compétent pour prononcer l'exclusion, les motifs de l'exclusion ainsi que le droit reconnu pour l'associé d'être entendu. La solution s'explique : le droit de l'associé de faire partie de la société n'est pas un droit attaché à la personne de l'associé, mais procède de sa volonté. Or il a manifesté, en entrant dans la société, la volonté de se soumettre à la loi des statuts, admettant ainsi que les statuts peuvent déroger au principe. Par la suite, la Cour de cassation a validé de manière générale les clauses d'exclusion comportant les trois exigences classiques[3] : insertion de la clause dans les statuts[4], précision des conditions des motifs[5], respect des droits de la défense[6]. La loi ne permet pas, lorsque les statuts stipulent que la décision doit être prise à l'unanimité des autres associés, de priver l'associé dont

1. Com. 13 déc. 1994 (affaire *Le Midi Libre), JCP E* 1995. II. 705, note Y. Paclot ; *Bull. Joly* 1995. 152, note P. Le Cannu, *Rev. sociétés* 1995. 298, note D. Randoux, *RTD civ.* 1995. 674, obs. P.-Y. Gautier.
2. Com. 8 mars 2005, n° 02-17-692, *D.* 2005. 839, obs. A. Lienhard ; *Rev. socciétés* 2005. 618, note D. Randoux (pour une SNC) ; Com. 20 mars 2012, n° 11-10-855, *D.* 2012. 1585, note M. Laroche (pour une société civile).
3. Com. 20 mars 2012, n° 11-10.855, *JCP E* 2012, 1310, note R Mortier ; *Adde* D. Gallois-Cochet, « L'obscure clarté du régime de l'exclusion statutaire », *Dr. sociétés* 2014, étude 23.
4. V. pour une insertion dans le règlement intérieur « faisant partie du pacte social » : Com. 20 oct. 1998, n° 96-20.819.
5. *Ibid ; adde* Com. 21 oct. 1997, n° 95-21.156.
6. Ce respect suppose que les motifs soient notifiés à l'associé avant son exclusion et qu'il puisse faire entendre ses observations.

l'exclusion est proposée de son droit de participer à cette décision et de voter, l'exercice du droit de vote de l'associé exclu devant être respecté [1]. En pratique, la survenance de certains événements nettement précisés dans les statuts peut entraîner le rachat forcé des titres, soit par la société, soit par les autres associés. Il ne s'agit donc pas d'une exclusion à titre de sanction [2]. Une telle clause s'avère utile en cas de mésentente entre associés, afin d'éviter la dissolution de la société.

Les clauses statutaires d'exclusion ont reçu une consécration légale dans un type nouveau de sociétés, les sociétés par actions simplifiées [3]. Est en outre récemment apparue une nouvelle hypothèse permettant la « sortie » d'un actionnaire, différente de celle de l'exclusion, la clause des statuts donnant lieu à éviction. Cette figure originale peut conduire à l'éviction automatique de l'actionnaire, laquelle s'affranchirait des contraintes et des limites liées à la clause d'exclusion et de celles liées aux promesses de vente [4].

Le droit au maintien de la qualité d'associé se double du droit de ne pas être contraint à une augmentation des engagements de l'associé.

B. Le droit de ne pas être contraint à une augmentation des engagements

162 **Principe.** En entrant dans la société, l'associé a pris un certain nombre d'engagements dont il connaît la nature et l'étendue et dont il accepte la responsabilité. Cet engagement ne peut être subordonné à l'obligation pour l'associé d'accepter un sacrifice supplémentaire, présent ou futur, pour rester associé. C'est ce qu'énonce l'article 1836 du Code civil : « En aucun cas, les engagements d'un associé ne peuvent être augmentés sans le consentement de celui-ci » [5].

1. Com. 6 mai 2014, n° 13-14.960, *Bull. Joly* 2014, p. 506, note R. Mortier ; Com. 10 fév. 2015, n° 13-17.555, *Bull. Joly* 2015, p. 297, note P. Kasparian.
2. Pour une qualification de promesse unilatérale de vente et non d'une exclusion de l'engagement souscrit par un associé conférant aux autres parties, aux conditions qu'il prévoit, une option d'achat de ses droits sociaux en cas de cessation de ses fonctions : Com. 6 mai 2014, n° 13-17.349 et 13-19.066, *Dr. sociétés*, comm. 182, obs. R. Mortier.
3. V. ss 670.
4. Com. 29 sept. 2015, n° 14-17343, Sté. Socotec, *Bull. Joly*, déc. 2015, p. 629, note B. Dondero.
5. Com. 3 avr. 2007, *D.* 2007. 1148, obs. A. Lienhard; *Bull. Joly* 2007, p. 894, note P. Le Cannu.

163 **Conséquences.** L'interdiction faite d'augmenter les engagements des associés justifie notamment que l'assemblée générale, même extraordinaire, ne puisse imposer à un associé de souscrire une augmentation de capital contre sa volonté ; elle ne peut davantage subordonner le maintien de sa qualité d'associé à la condition d'opérer un versement supplémentaire permettant d'augmenter le capital social ; elle ne peut pas non plus lui imposer une mesure de blocage de son compte courant. De même, une clause statutaire venant limiter le principe de libre concurrence reconnu classiquement à l'associé[1] n'est valable que si elle est prise à l'unanimité[2]. Par ailleurs, la transformation d'une société dans laquelle la responsabilité des associés est limitée à leurs apports en une société en nom collectif (dans laquelle la responsabilité des associés est illimitée) exige l'accord unanime des associés. En outre, dans une société en nom collectif, l'assemblée ne peut imposer aux associés le versement de fonds complémentaires pour faire face aux exigences du créancier[3].

§ 3. Le droit de céder ses titres

A. Le principe

164 **Principe.** Les droits sociaux, parts sociales ou actions, ont une valeur vénale et font partie du patrimoine de l'associé ou de l'actionnaire. Dès lors, la cession de droits sociaux reste une convention privée entre deux personnes, soumise aux conditions de droit commun de la vente[4]. En cas de contestation sur la valeur des droits sociaux, celle-ci est déterminée par un expert désigné

1. En l'absence d'une stipulation contraire, l'associé n'est pas, en cette qualité, tenu de s'abstenir d'exercer une activité concurrente de celle de la société et doit seulement s'abstenir d'actes de concurrence déloyale : pour un associé de SARL, v. ss 329 : pour un associé de SAS, v. ss 667.
2. Elle doit par ailleurs répondre aux conditions de validité imposées aux clauses de non-concurrece par la jurisprudence. Ces clauses doivent être limitées dans le temps et dans l'espace, proportionnées aux intérêts légitimes à protéger et une contrepartie financière est nécessaire : Com. 8 oct. 2013, n° 12.25.984.
3. Com. 7 mars 1989, *Rev. sociétés* 1989. 473, note Y. Chartier ; aj. F. Rizzio, « Le principe d'intangibilité des engagements des associés », *RTD com.* 2000. 27.
4. En particulier, le prix de cession doit être réel et sérieux : Com. 23 oct. 2007, *D.* 2008. 952, note G. Chantepie, *Bull. Joly* 2008. 90, note A. Couret.

soit par les parties, soit, à défaut, par ordonnance du président statuant en la forme des référés (C. civ., art. 1843-4)[1]. Cherchant à tout prix à protéger l'associé cédant, la Chambre commerciale de la Cour de cassation a progressivement étendu le domaine d'intervention et les pouvoirs de l'expert de l'article 1843-4 du Code civil. Cette extension dépassant les cas de cession prévus expressément par la loi pour s'étendre à des cas prévus par les statuts[2], voire en dehors des statuts[3], une telle interprétation de l'article 1843-4 avait été critiquée au motif qu'elle perturbait gravement les prévisions contractuelles[4]. L'ordonnance n° 2014-863 du 31 juillet 2014 relative au droit des sociétés est revenue à plus de rigueur[5] en restreignant le domaine impératif d'intervention de l'expert aux seuls cas prévus expressément par la loi[6]. Dans l'hypothèse d'une référence expresse à l'article 1843-4, l'expert ainsi désigné[7] voit également son pouvoir limité puisqu'il est « tenu d'appliquer, lorsqu'elles existent, les règles de détermination de la valeur prévues soit par les statuts soit par toute convention liant les parties » (art. 1843-4, I, al. 2 nouv.). Lorsque le rachat est prévu par un texte contenant un renvoi express à l'article 1843-4, toutes les directives de détermination du prix

1. Cette disposition est d'ordre public et attribue une compétence exclusive au président du tribunal pour désigner l'expert : Com. 9 févr. 2010, *Rev. sociétés* 2010. 95, obs. A. Lienhard ; Civ. 1re, 25 nov. 2003, *D.* 2003. 3053, obs. A. Lienhard, Civ. 3e, 28 mars 2012, n° 10-26-531, *D.* 2012. Act. 943, A. Lienhard. La décision du président du tribunal est sans recours possible : Com. 15 mai 2012, n° 11-12-999, *D.* 2012. 2573, note J. Moury ; Com. 14 fév. 2018, n° 16-24790, *Bull Joly*, avr. 2018, p. 196, note A. Couret.

2. Com. 4 décembre 2007, n° 06-13.912, *Bull. Joly* 2008, p. 216, note F.-X. Lucas; *Dr. Soc.* 2008, comm. 23, obs. R. Mortier.

3. Com. 24 nov. 2009, *Bull. Joly* 2010. 318, note P. Le Cannu ; Com. 4 déc. 2012, n° 10-16.280, *D.* 2013. 147, note A. Couret, *JCP E* 2013. Cons. A. Garnier). V. toutefois pour une promesse unilatérale de vente, Com. 11 mars 2014, n° 11-26.915, *Dr. Soc.* 2001, comm. 78, obs. R. Mortier. *Adde* M. Buchberger, « Cessions de droit sociaux et exigence d'un prix déterminable », *D.* 2012. 1632, *Bull. Joly.*, juin 2014, 360, note P. Le Cannu ; Com. 14 nov. 2018, n° 17-15828, *Bull. Joly*, fév. 2019, p. 8, note B. Saintourens.

4. Ces perturbations touchaient non seulement à la prévision du prix, mais retardait également le versement de celui-ci, créant des incertitudes pénalisant à la fois la société et les actionnaires.

5. Anticipant cette réforme, Com. 11 mars 2014, n° 11-26915, préc.

6. Ces renvois, fréquents, sont visés par le Code civil (par ex., droit de retrait dans une SCI, art. 1869) comme par le Code de commerce (par ex., rachat suivant un refus d'agrément dans une SARL, art. L.223-14, al.3 ; droit de retrait légal du gérant de SNC en cas de révocation, art. L. 221-12, al. 1er etc...). *Adde* A. Couret et J. Moury, « Le nouvel article 1843-4 du code civil : tombeau ou cénotaphe ? » *D.* 2015, 1328 ; H. Synvet, *L'article 1843-4 du Code civil comme illustration des dérèglements affectant les sources du droit des sociétés*, *Mélanges Serlooten*, Dalloz, 2015, 355.

7. L'expert peut être un arbitre : Com. 10 oct. 2018, n° 16-22215, *Bull. Joly*, janv. 2019, p. 7, note D. Cohen.

s'imposent donc au tiers estimateur désigné pour déterminer le prix[1]. Par ailleurs, l'ordonnance du 31 juillet 2014 innove en prévoyant en outre un recours subsidiaire à l'expert lors de cessions et rachats prévus par les statuts et eux seuls – donc, en dehors des cas légaux mentionnés précédemment – (art. 1843-3, II nouv.). Dans cette hypothèse de recours subsidiaire, l'expert est tenu d'appliquer, lorsqu'elles existent, les modalités de valorisation des droits sociaux prévues hors statuts.

Il n'est pas tenu en revanche de se référer aux méthodes prévues par des clauses statutaires[2]. Le résultat de l'expertise s'impose au juge, sauf erreur grossière résultant d'une faute objective d'évaluation[3]. Cette solution toute prétorienne devrait être maintenue sous l'empire de l'ordonnance du 31 juillet 2014[4]

En l'absence de dispositions statutaires, la date d'évaluation des droits en cas de retrait d'un associé est la date « la plus proche de celle du remboursement de la valeur de ces droits »[5]. En pratique, ces cessions sont souvent précédées d'une promesse de cession des titres[6]. On en déduit que le droit de céder ses droits sociaux, donc de transférer à autrui la qualité d'associé, constitue l'un des droits fondamentaux de tout associé. Il n'en reste pas moins que la société peut avoir intérêt à contrôler les opérations de cession afin d'éviter notamment, l'entrée, en qualité d'associé,

1. Antérieurement à la réécriture de l'article 1843-3 par l'ordonnance du 31 juillet 2014, la Cour de cassation avait à l'inverse privé d'efficacité toutes les directives d'évaluation, qu'elles fussent statutaires ou extrastatutaires, et donnait donc toute liberté à l'expert pour déterminer le prix de cession (Com. 5 mai 2009, n° 08-17.465, *Dr. sociétés* 2009, comm. 114, note R. Mortier).

2. La différence opérée entre les méthodes de valorisation statutaires et extrastatutaires tient sans doute au fait que les statuts requièrent rarement l'unanimité pour leurs modifications, à la différence des contrats classiques. L'ordonnance vise à éviter qu'une majorité puisse imposer ses propres méthodes à des associés minoritaires.

3. Com. 6 juin 2001, *Dr. des soc.* 2001, n° 170, obs. Bonneau ; Com. 3 mai 2012, n° 11-12717, *Rev. soc.* 2013, 18, note Moury, *JCP* E 2012, 1395 ;Com. 15 janv. 2013, n° 12-11666, *Bull Joly*, mars 2013, 182, note R. Mortier ; Paris, P. 5, ch. 8, 22 oct. 2013, n° 10/17138, *Bull. Joly*, avr. 2014, 230, note E. Schlumberger ; Com. 29 sept. 2015, n° 14-15767, *Bull. Joly*, fév. 2016, 81, note I. Parachkevova.

4. Le champ de l'erreur grossière pourrait s'étendre au fait pour l'expert de ne pas se soumettre aux prévisions statutaires ou contractuelles relatives à l'évaluation.

5. Com. 4 mai 2010, n° 08-20-693, *Bull. civ.* IV, n° 85, *Rev. sociétés* 2010. 577, note J. Moury, *Bull. Joly* 2010. 660, note F.-X. Lucas ; *adde* Com. 15 janv. 2013, n° 12-11.666 ; comp. Com. 3 mai 2012, n° 11-12.717, *JCP E* 2012. 1395, note A. Viandier, *Bull. Joly* 2012. 701, note R. Mortier.

6. Lors d'une promesse de cession de titres assortie d'un délai, la rétractation du promettant avant expiration du délai se résout de manière classique par l'allocation de dommages-intérêts (C. civ., art. 1142). Consacrant une pratique notariale répandue, la Cour de cassation admet que les parties stipulent qu'une telle rétractation ne s'oppose pas à l'exécution de la promesse : Civ. 3e, 27 mars 2008, *Bull. Joly* 2008. 852, note R. Libchaber.

d'une personne physique ou morale qui ne présenterait pas les garanties que les organes sociaux ont estimées nécessaires. C'est pourquoi, un droit particulier est parfois accordé à la société lors d'une cession de droits sociaux, le droit d'agréer le cessionnaire.

B. L'agrément

165 **Notion.** L'agrément est le droit accordé à la société d'accepter ou de refuser l'accès de nouveaux associés dans la société. Ce droit d'agrément renforce donc la considération de la personne qui a prévalu lors de la constitution de la société. Ce mécanisme de l'agrément est prévu par la loi, avec des variantes, dans l'ensemble des sociétés émettant des parts sociales. Il apparaît donc aujourd'hui comme une règle d'application générale pour la cession de parts sociales. En outre, les sociétés par actions ont recours à ce type de procédure par le biais de clauses statutaires ou de pactes extrastatutaires. La décision par laquelle la société accorde son agrément ne se prête en rien au mécanisme de la condition et une clause d'agrément ne pourrait être stipulée assortie d'une condition[1]. Au-delà de certaines particularités du droit d'agrément propres à chaque type de société qui seront étudiées ultérieurement, la procédure d'agrément, ainsi que les conséquences d'un refus d'agrément, sont comparables dans toutes les formes de société.

166 **Procédure d'agrément.** L'associé qui souhaite céder ses parts doit notifier à la société ainsi qu'à l'ensemble des associés, par acte extrajudiciaire ou par lettre recommandée, son projet de cession. Les textes relatifs à la procédure d'agrément dans la SARL sont silencieux quant au contenu de la demande[2], à la différence de ceux sur l'agrément dans les sociétés par actions. Dans ces dernières, il doit, à cette occasion, indiquer les noms, prénoms et adresse du bénéficiaire de la cession, le nombre des titres de capital (ou valeurs mobilières donnant accès au capital) et le prix

1. Com. 17 janv. 2012, *D.* 2012. 719, note J. Moury ; *adde* ss 454.
2. C. com., art. L. 228-24, al. 1.

offert[1]. La double notification[2] est une condition de validité de la procédure d'agrément. En cas contraire, elle sera considérée comme irrégulière[3]. La Cour de cassation précise que le défaut de notification ne peut être invoqué par le cessionnaire pour obtenir la nullité de la cession[4]. Il appartient ensuite à l'organe de gérance de convoquer une assemblée générale aux fins de statuer sur la demande d'agrément. La compétence de l'assemblée générale est d'ordre public dans les sociétés en nom collectif et les sociétés à responsabilité limitée ; elle peut être écartée dans les sociétés civiles (C. civ., art. 1861). Plusieurs issues sont à envisager.

167 **L'agrément est acquis.** L'agrément résulte de la décision favorable de l'organe compétent accordé dans le délai de trois mois suivant la demande (C. civ., art. 1863). La décision régulièrement prise est souveraine et ne peut être contestée. L'agrément est, de même, réputé acquis, lorsque la société s'est abstenue de répondre dans le délai de trois mois, ou encore lorsque, après un refus d'agrément, la société s'est engagée à racheter les parts et que ce rachat n'est pas intervenu dans le délai imparti. Dans ce dernier cas, le cessionnaire retrouve sa liberté de cession.

168 **Le refus d'agrément et ses conséquences.** Le refus ne peut procéder que d'une décision expresse, notifiée à l'associé dans les trois mois suivant sa demande. Elle n'a pas à être motivée. Afin de ne pas contraindre l'associé à rester dans la société malgré lui, la loi oblige dans la plupart des cas la société à s'engager soit à faire acquérir les parts par un cessionnaire dans les trois mois de la demande, soit à acquérir elle-même les parts en vue d'une réduction de son capital dans le même délai[5]. Le rachat par la société

1. Ce silence peut emporter des conséquences inattendues. Dans un cas, rare, de cession conçue globalement, les juges ont refusé d'annuler l'assemblée d'une SARL qui avait agréé comme cessionnaire l'auteur d'une offre portant sur toutes les parts, mais faite à un prix inégalitaire. L'assemblée n'avait pas eu à se prononcer sur le prix (différencié) de cession des parts : Com. 3 mars 2015, n° 14-13381, *Bull. Joly*, juill-août 2015, 358, note B. Dondero.

2. Cette règle ne vaut pas pour les sociétés par actions (C. com., art. L. 228-24).

3. L'article 1861 du Code civil, applicable aux sociétés civiles, permet néanmoins de ne réaliser qu'une notification à la société quand les statuts prévoient que l'agrément ne sera donné que par le gérant.

4. Com. 11 févr. 1992, *Bull. Joly* 1992. 442, note P. Le Cannu, *Rev. sociétés* 1992. 494, note Y. Chartier.

5. En cas de désaccord, la valeur de ces droits est déterminée par un expert désigné soit par les parties, soit, à défaut d'accord entre elles, par ordonnance du président du tribunal statuant en la forme des référés : v. C. civ., art. 1843-4 ; aj. L. Cadiet, in *Mélanges Guyon*, Dalloz, 2003, p. 153.

de ses parts nécessite néanmoins le consentement de l'associé cédant, en raison des lourdes conséquences fiscales qui en découlent pour ce dernier[1]. La société n'a pas un droit de préemption sur ces titres et, par conséquent, en cas de refus, l'associé cédant peut toujours retirer son offre de cession.

Ces solutions retenues par les textes applicables aux sociétés civiles et aux sociétés à responsabilité limitée, ne sont pas reproduites pour les sociétés en nom collectif. Il faut en déduire que la société n'est pas contrainte de proposer un cessionnaire ni de racheter les parts, auquel cas l'associé en nom reste prisonnier de son titre. La règle, exceptionnelle, se justifie par l'importance donnée à l'*intuitu personae* dans les sociétés en nom collectif. Un mécanisme de préemption, même indirect, ne pourrait y porter atteinte.

Les clauses de *earn out*

L'*earn out* est un mécanisme de transmission de sociétés, très répandu en pratique. Par ce mécanisme, une partie du prix d'achat de l'ensemble des parts sociales ou d'actions est dépendant des résultats futurs de la société vendue. Il permet au vendeur d'accroître le prix de vente si la société s'avère prospère. La période pendant laquelle dure l'*earn out* profite également à l'acheteur, car le vendeur demeuré généralement en charge de la gestion s'efforce d'accroître les performances de la société. Quelques arrêts récents font apparaître que l'opération présente cependant certains risques :

1/Risque de potestativité. Le débiteur de l'obligation de verser un supplément de prix ne s'engage qu'autant que les performances de la société atteignent un niveau prédéterminé dans le contrat. Lorsque le versement de ce complément est subordonné à la condition que son bénéficiaire ait la qualité de dirigeant à l'heure du paiement, la Cour de cassation estime à juste titre que cette condition revêt un caractère potestatif dans la mesure où la réalisation de cette condition dépend en réalité de la seule volonté du débiteur du complément[2].

2/Risque d'indétermination du prix : Face à un tel risque, bien réel dans les clauses d'*earn out*, la jurisprudence adopte une position souple. Dès lors que l'acte fait référence à « la valeur réelle de l'entreprise et à l'évolution des résultats » et que « ces éléments sont indépendants de la seule volonté des parties », les juges affirment le caractère objectif du critère choisi pour la

1. L'opération est traitée comme une dissolution partielle, entraînant l'application des règles du partage. Outre le droit de partage de 1 %, l'administration fiscale est fondée à taxer les plus-values sur les parts.
2. Com. 19 janv. 2010, n° 08-19.376, *Rev. sociétés*. 2010. 165, note A. Couret ; *adde* F. Safi, « La déterminabilité du prix dans une clause d'*earn out* », *Droit et patr.* mars 2013. 30.

fixation du prix[1]. Par prudence, le prix du solde est souvent laissé à l'appréciation d'un tiers désigné au titre de l'article 1592 du Code civil. Mais la nature de la mission de ce tiers est source de contentieux : de mauvais payeurs tentent – en vain – de faire requalifier la décision du tiers-estimateur (laquelle est insusceptible de recours sauf erreur grossière) en une sentence arbitrale, susceptible d'appel[2].

3/ Risque que l'appréciation du complément du prix soit faussée par des comptes inexacts. La Cour de cassation invite les juges du fonds à rechercher si le cessionnaire n'avait pas été trompé par les mentions figurant au bilan de la société cédée quant à la consistance de l'actif social et si la réticence dolosive imputée au cédant ne l'avait pas déterminé à souscrire des engagements qu'il n'aurait pas pris s'il avait connu la situation exacte[3]

§ 4. L'abus de droit des associés

169 **Source[4].** Dans le silence de la loi, la jurisprudence admet que l'abus de droit puisse être sanctionné, qui provient de l'attitude d'une partie des associés, majoritaires ou minoritaires selon les cas, lorsqu'un conflit latent oppose ces deux camps. C'est ainsi que la jurisprudence sanctionne, sous certaines conditions, soit l'abus de majorité (**A**), soit l'abus de minorité (**B**).

A. L'abus de majorité

170 **Définition.** L'abus de majorité a pu être rapproché de l'abus de droit. À l'origine, il consistait pour les associés majoritaires à prendre des décisions dans l'intention de nuire aux minoritaires. Mais la jurisprudence a élargi la définition de l'abus en retenant deux critères. Est désormais abusive la décision *prise contrairement à l'intérêt général et dans l'unique dessein de favoriser les membres de la majorité au détriment de la minorité*[5]. Dès lors,

1. Com. 10 mars 1998, *Rev. sociétés* 1998. 541, note B. Saintourens; *Cah. dr. aff.* 1998. Chron. 631. V., toutefois, en cas de calcul du complément du prix sur la base de comptes peu fidèles : Com. 27 oct. 2009, n° 08-70.102, *Bull. Joly* 2010. 218, note A. Couret.
2. Com. 16 févr. 2010, n° 09-11.586, *Rev. sociétés* 2010. 165, note A. Couret ; J. Maury, « Arbitrage et détermination du prix de vente à dire de tiers estimateur », *D.* 2010. 1765.
3. Com. 27 oct. 2009, *Rev. sociétés* 2010. 162, note J.-Ph. Dom.
4. D. Tricot, « Abus de droits dans les sociétés, abus de majorité et abus de minorité », *RTD com.* 1994. 617 ; Y. Reinhard, « L'abus de droit dans le contrat de société », *Cah. dr. entr.* 1999, n° 6 ; A. Couret, « L'abus et le droit des sociétés », *Dr. et patr.* juin 2000. 66.
5. Com. 18 avr. 1961, *JCP* 1961. II. 12164, note Bastian.

les juges relèvent en général comme élément déterminant la rupture intentionnelle d'égalité entre les associés[1]. Mais selon une jurisprudence constante, il n'y a pas abus en l'absence de préjudice causé à la société[2]. Les cas d'abus de majorité restent rares[3] et la double condition exigée par les juges fait l'objet d'analyses critiques en doctrine[4]. La jurisprudence semble avoir consacré l'abus de majorité négatif, cas d'abstention qui était jusque-là réservé à l'abus de minorité[5].

171 **Sanctions.** La sanction principale est l'annulation de la résolution abusive, mais elle n'est pas possible en cas d'abus négatif. Les majoritaires peuvent en outre être condamnés à verser des dommages-intérêts[6]. Exceptionnellement, la dissolution de la société pourrait être prononcée par le juge pour mésentente entre associés.

L'action est généralement intentée par les associés minoritaires sur le fondement de l'article 1382 du Code civil, mais elle peut

1. La jurisprudence qualifie rarement d'abusive la décision systématique de mise en réserve (Com. 23 juin 1987, *Bull. Joly* 1987. 624) ; *contra* lorsque la mise en réserve n'est plus justifiée par l'intérêt de la société, Com. 1er juill. 2003, *Bull. Joly* 2003. 1137, note A. Constantin. Pour une SCI dont l'associé minoritaire est placé dans une situation personnelle précaire en raison de la décision des majoritaires d'affecter les bénéfices réalisés à un compte de réserve ou aux comptes courants d'associés : Civ. 3e, 12 nov. 2015, n° 14-23716. Également dans une SCI, Civ. 3e, 8 juill. 2015, n° 13-14348, *Bull. Joly*, déc. 2015, 643, note H. Hovasse. Par ailleurs, l'abus a été retenu en cas de fixation de rémunérations exagérées pour les dirigeants sociaux ou dans le cas d'une organisation de la direction dans l'unique dessein de favoriser un clan familial.

2. Com. 21 janv. 1970, *JCP* 1970. II. 16541, note B. Oppetit (affaire *Saupiquet-Cassegrain*) ; 4 oct. 1994, *Dr. sociétés* 1994. 207, obs. H. Le Nabasque ; 21 mai 2001, *Bull. Joly* 2001. 1003, note H. Le Nabasque (fixation d'une prime d'émission) ; *adde*, D. Cohen, « La prime d'émission entre liberté et contrôle », *JCP E* 2002. 35 ; Com. 26 sept. 2018, n° 16-21825, *Bull. Joly*, déc. 2018, p. 692, note J.-Ch. Pagnucco. Ainsi, la decision de dissoudre la société n'est pas constitutive d'un abus de majorité dès lors qu'elle est conforme à l'intérêt social et qu'elle ne porte pas atteinte aux droits de l'actionnaire minoritaire au seul profit de l'actionnaire majoritaire : Com. 7 mars 2018, n° 16-10727, *Bull. Joly*, juin 2018, p. 335, note Th. De Ravel d'Esclapon ; Com. 10 juin 2020, n° 18-15.614, *Bull. Joly Soc.*, oct. 2020, p. 19, note A. Reygrobellet (mise en réserve systématique jugée non contraire à l'intérêt social).

3. Com. 30 sept. 2020, n° 18-22.076, *Bull. Joly Soc.*, 2020, p. 22, note E. Guégan. Il s'agit d'un cas très rare de fraude relative à un apport en nature, à la suite d'une collusion entre majoritaires. Il avait en effet été rémunéré par l'émission d'un nombre d'actions de la société émettrice, dont la valeur avait été intentionnellement sous-évaluée, conduisant ainsi à une forte dilution de la participation d'un minoritaire (au sein d'une société familiale dans laquelle les héritiers se disputaient le pouvoir depuis des années). La Cour a conclu a un abus de majorité et le montage frauduleux a été santionné par des dommages et intérêts (dont l'action se prescrit par cinq ans, en vertu de l'art. 2224 du Code civil).

4. Com. 18 mars 2020, n° 17-27.150, *Bull. Joly Soc.*, 2020, n° 9, p. 9, note E. Guégan. *Adde* D. Schmidt, *Les conflits d'intérêts dans la société anonyme*, Joly Éditions, Paris, 2004, n° 318 à 345, p. 313 à 339.

5. Civ. 1re, 16 juill. 1998, *Cah. dr. aff.* 2000. 63. Pour un cas d'« incohérence entre deux résolutions » prises en assemblée : Paris, pôle 5, 24 mai 2011, n° 10-09266, note B. Dondero.

6. La jurisprudence précise que les dommages-intérêts doivent être réclamés aux majoritaires qui ont commis l'abus et non à la société (Com. 6 juin 1990).

l'être également par la société elle-même, victime de l'atteinte portée à l'intérêt social[1].

B. L'abus de minorité

172 **Définition.** Les droits des minoritaires sont strictement limités par le législateur (conditions de détention d'une part minimale du capital social ; brefs délais pour agir en justice) et le juge veille à ce que ces prérogatives accordées aux minoritaires ne soient pas détournées de leur but. C'est pourquoi l'abus positif est rare. L'abus négatif est plus fréquent. Il consiste à bloquer toute modification du pacte social en assemblée, soit par la non-participation des minoritaires aux assemblées générales, soit par l'abstention ou un vote systématiquement hostile empêchant d'obtenir la majorité qualifiée exigée par la loi pour les modifications du pacte social (minorité de blocage).

Les applications jurisprudentielles de l'abus sont plutôt restrictives. La Cour de cassation relève non seulement que l'opération refusée est *essentielle* pour la société[2], voire *nécessaire à la survie de celle-ci,* mais également que les minoritaires ont adopté une attitude *dans l'unique dessein de favoriser les membres de la minorité au détriment de l'ensemble des autres associés*[3]. La préservation de l'intérêt social prévaut. C'est pourquoi, les juges procèdent au cas par cas, notamment lorsque le refus des minoritaires porte sur un vote en assemblée générale extraordinaire relatif à une augmentation de capital[4] ou, autre sujet sensible, la prorogation (et donc la survie) de la société[5].

---

1. Com. 21 janv. 1997, *JCP E* 1997. II. 965, note J.-J. Daigre.
2. Com. 15 juill. 1992, *JCP E* 1992. II. 375 note Y. Guyon.
3. Com. 9 mars 1993, n° 91-14.685 (*Flandin*) : *Bull. civ. IV*, n° 101 ; *Bull. Joly Soc.*, mai 1993, n° 152, p. 537, note P. Le Cannu ; *D.* 1993, p. 363, note Y. Guyon ; *Dr. sociétés* 1993, comm. 95, obs. H. Le Nabasque ; *JCP E* 1993. 448, note A. Viandier ; *JCP G* 1993, II 22107, note Y. Paclot ; *JCP N* 1993. 101266, note J-F. Barbièri ; *Rev. sociétés* 1993, p. 403, note P. Merle ; *RJDA* 4/93, n° 323, concl. M. Raynaud Dernièrement ; Com. 9 juin 2021, n° 19-17.161, *Bull. Joly Soc.*, oct. 2021, p. 12, note G. Grundeler.
4. Cette conception restrictive de la notion d'abus de minorité par la Cour de cassation renforce corrélativement le droit pour chaque actionnaire d'exprimer un vote éclairé sur des décisions fondamentales pour l'avenir de la société, comme l'est une augmentation de capital : Com. 27 mai 1997, *Bull. Joly* 1997. 765, *D.* 1998. 182, obs. J. Hallouin ; Com. 20 mars 2007, *Bull. Joly* 2007. 745, note D. Schmidt ; aj. Paris 26 juin 1990, *JCP* 1990. II. 21589, note M. Germain (affaire *Fromagerie Paul Renard*) ; v. Ph. Merle, « L'abus de minorité », *RJ com.* 1991. 81.
5. TGI Grasse, 18 fév. 2019, n° 17/04872, *Bull. Joly*, avr. 2019, p. 35, note B. Dondero.

173 **Sanction.** Pour un abus négatif de minorité, aucune décision n'ayant été votée, la nullité n'est pas une sanction adéquate. L'allocation de dommages-intérêts est au contraire possible, mais elle constitue une sanction peu satisfaisante. C'est pourquoi, une jurisprudence a laissé entendre que la seule sanction efficace pour vaincre l'obstruction des minoritaires était de rendre exécutoire la résolution soumise à l'assemblée par l'autorité judiciaire[1]. L'arrêt *Flandin* du 9 mars 1993[2] est revenu à une position plus orthodoxe en estimant que *le juge ne peut se substituer aux organes sociaux légalement compétents.* Il a toutefois précisé que le juge peut *désigner un mandataire aux fins de représenter les associés minoritaires défaillants à une nouvelle assemblée et de voter en leur nom dans le sens des décisions conformes à l'intérêt social mais ne portant pas atteinte à l'intérêt légitime des minoritaires.* La fonction de mandataire appelé à exercer le droit de vote du minoritaire n'a aucun statut légal. Il est tenu, comme tout mandataire, d'une obligation de reddition des comptes à l'égard de son mandant (C. civ. art. 1993). Il a été précisé de manière prétorienne qu'un mandataire *ad hoc*, désigné pour représenter un associé minoritaire et voter en son nom, ne pouvait opposer à ce dernier le secret professionnel tiré de son statut d'administrateur judiciaire pour refuser de lui rendre compte de l'exécution de ce mandat[3]. Le juge, quant à lui, ne peut fixer à l'avance le sens du vote du mandataire *ad hoc* sans contrevenir aux règles de procédure civile[4]. Il ne peut pas plus juger qu'un abus de minorité entraîne la validité d'une résolution alors que celle-ci avait été adoptée à une majorité insuffisante[5].

174 **Responsabilité individuelle de l'associé.** La jurisprudence a admis que les associés qui prennent des décisions avec l'intention de nuire à un tiers engagent leur responsabilité sur le fondement

1. Com. 14 janv. 1992, *Rev. sociétés* 1992. 44, obs. Ph. Merle ; *Bull. Joly* 1992. 273, note P. Le Cannu, *JCP* 1992. II. 21849, note J.-F. Barbièri ; *Dr. sociétés* 1992. 55, obs. H. Le Nabasque ; *D.* 1992. 337, note J.-Cl. Bousquet (affaire *Vitama*).
2. Préc. note 286 ; *contra*, T. com. Paris 31 oct. 2000, *Dr. sociétés* 2001. 83, obs. F.-X. Lucas.
3. Com. 18 nov. 2014, n° 13-19.767, *Bull. Joly* 2015, p. 93, obs. I. Parachkévova. *Dr. sociétés* 2015, 15, comm. 22, obs. R. Mortier.
4. Com. 4 fév. 2014, n° 12-29.348, *Bull. Joly*, mai 2014, 302, note D. Schmidt (note crit.).
5. Civ. 3e 21 déc. 2017, n° 15-25.627, *Bull. Joly*, fév. 2018, p. 74, note J.-F. Barbièri.

de l'article 1382 du Code civil[1]. Plus récemment, les juges ont affirmé que la responsabilité personnelle d'un associé envers le tiers cocontractant de la société pouvait être engagée sous le visa des articles 1382 et 1842 du Code civil[2].

SECTION 2
L'ORGANE DE GESTION

175 Toute société est dotée d'un organe de gestion dont les membres sont les dirigeants de la société. Initialement, les dirigeants sociaux étaient considérés comme des mandataires des associés ou de la société[3]. Aujourd'hui, ils détiennent leurs pouvoirs propres de la loi et ont vu le domaine de ces pouvoirs largement étendu[4]. Ce renforcement des pouvoirs des dirigeants sociaux se retrouve dans l'ensemble des formes sociales (**§ 1**), et explique, parallèlement, l'accroissement sensible de leurs responsabilités (**§ 2**).

§ 1. Les pouvoirs des dirigeants

176 Les dirigeants sociaux ont pour mission d'agir, en toutes circonstances, dans l'intérêt de la société. Mais cette règle n'est commune à toutes les sociétés que dans la détermination des pouvoirs

1. Com. 13 mars 2001, n° 98-16.197, *Dr. sociétés* 2001, comm. 101, obs. F. -X. Lucas.
2. Com. 18 fév. 2014, n° 12-29.752, *Bull. Joly* 2014, p. 382, note B. Fages. Selon cet arrêt, seule est de nature à engager cette responsabilité une faute intentionnelle d'une particulière gravité, incompatible avec l'exercice normal des prérogatives attachées à la qualité d'associé. Cette définition de la faute de l'associé s'aligne sur la notion de « faute séparable des fonctions » appliquée jusqu'alors aux dirigeants sociaux, v. ss181 ; pour le cas moins clair d'un dirigeant associé unique de SASU, Com. 12 mars 2013, n° 12-11.514, *Dr. sociétés*, 2013, comm. 141, obs. D. Gallois-Cochet.
3. Le fondement du mandat survit au moment de la démission du dirigeant. La Cour de cassation considère en effet que le dirigeant, mandataire, puisse à tout moment renoncer à son mandat en notifiant au mandant sa renonciation, sous la seule réserve fixée par l'article 2007 du Code civil, celle d'indemniser le mandant en cas de préjudice, à moins que la renonciation n'ait eu pour fin que de prévenir un « préjudice considérable » pour le mandataire lui- même : Com. 22 févr. 2005, *Bull. civ.* IV, n° 38 ; *Rev. sociétés* 2005. 625, note J.-J. Daigre. Pour un directeur général de SAS devenu délégué syndical : Soc. 1er févr. 2011, n° 10-20.953.
4. La Cour de cassation a eu l'occasion d'affirmer que le dirigeant social n'est pas un mandataire de la société au sens de l'article 1984 du Code civil. Les dispositions de ce même code sur la représentation ne lui sont donc pas applicables : Com. 18 sept. 2019, n° 16-26.962, *Dr. soc.*, déc. 2019, p. 18, note R. Mortier.

des dirigeants dans leurs rapports entre associés (**A**). Dans les rapports avec les tiers, les règles diffèrent selon les formes de sociétés (**B**).

A. Les pouvoirs des dirigeants dans les rapports entre les associés

177 Dans les rapports internes, les textes relatifs aux sociétés à risques illimités (société en nom collectif, société en commandite simple et société civile) mais aussi ceux relatifs aux sociétés à risques limités (société à responsabilité limitée et société anonyme) sont identiques. Les dirigeants sociaux peuvent effectuer, vis-à-vis des associés, tous actes de gestion. Cette règle impose une double limite au pouvoir des dirigeants : seuls des actes de gestion peuvent être accomplis, ce qui exclut toute compétence que la loi attribue de manière exclusive à un autre organe social. Tel est le cas de la répartition annuelle des dividendes et de l'approbation des comptes que la loi réserve expressément à la seule assemblée des associés ou des actionnaires. Seconde limite, les pouvoirs des dirigeants sociaux doivent être utilisés dans l'intérêt de la société. En cas contraire, les dirigeants engageraient leur responsabilité pour faute, cette responsabilité étant entendue au sens large. Il en est ainsi lorsque l'acte a été effectué dans l'intérêt personnel du dirigeant, mais aussi s'il a été accompli à la suite d'une négligence ayant des conséquences graves pour la société.

Aux termes de l'article 1848 du Code civil pour les sociétés civiles, L. 221-4 et L. 223-18 du Code de commerce pour les sociétés en nom collectif et les SARL, il est possible d'aménager statutairement les pouvoirs des dirigeants, plus précisément d'en restreindre l'étendue en leur imposant, par exemple, de prendre l'avis conforme de l'assemblée générale avant de passer certains actes importants, ou encore en transférant le pouvoir de décision touchant à certains actes à cette assemblée. En cas de non-respect de ces règles la responsabilité des dirigeants peut être engagée.

B. Les pouvoirs des dirigeants dans les rapports avec les tiers

178 Concernant les rapports avec les tiers, une distinction s'impose. Alors que la limite des pouvoirs des dirigeants est traditionnellement constituée par l'objet social et le reste dans les sociétés à responsabilité illimitée, une extension des pouvoirs a, à l'inverse, été réalisée dans les sociétés à responsabilité illimitée.

179 **Sociétés à responsabilité illimitée.** Dans les sociétés en nom collectif, et par extension les sociétés en commandite simple et les sociétés civiles, tout acte accompli par les dirigeants engage la société à l'égard des tiers dès lors que cet acte entre bien dans les limites de l'objet social. La société est donc engagée du moment que l'acte accompli est conforme à l'objet social et bien qu'il soit contraire à son intérêt. C'est ce que confirme la Cour de cassation dans l'hypothèse d'une sûreté souscrite par une SARL en garantie de la dette d'un tiers[1]. En revanche, pour tout acte dépassant l'objet social, la société ne sera pas engagée. Seul le gérant ayant passé l'acte pourra voir sa responsabilité pour faute engagée. Il résulte de cette règle que les tiers sont tenus de vérifier si l'acte envisagé entre bien dans les limites de l'objet de la société à responsabilité illimitée.

En revanche, si les statuts comportent des clauses restrictives des pouvoirs des dirigeants, ils restent inopposables aux tiers (C. civ., art. 1849 et C. com., L. 221-5). La société est donc régulièrement engagée par les actes qui excéderaient les pouvoirs que les statuts accordent aux gérants. Bien entendu, les tiers ne peuvent prétendre à l'engagement de la société si l'acte accompli excède les prérogatives que la loi elle-même accorde aux gérants.

180 **Sociétés à responsabilité limitée.** Depuis la transposition de la première directive européenne visant à renforcer la protection des tiers, l'objet social ne limite plus les pouvoirs des dirigeants sociaux de sociétés anonymes et des gérants de SARL. La société est en effet engagée par tous les actes de ses dirigeants, même s'ils dépassent l'objet social. Néanmoins, il existe deux limites :

1. Com. 12 mai 2015, n° 13-28504, *Batelière* (et pour une SA, n° 14-11028), *Bull. Joly*, déc. 2015. 609.

la société peut apporter la preuve que le tiers contractant avait connaissance du dépassement de pouvoir pour échapper à cet engagement. Elle peut aussi démontrer que le tiers ne pouvait, en raison des circonstances, prétendre ignorer le dépassement de pouvoir. Ainsi, le fait que le tiers est lui-même associé de la société permettra à la société d'échapper à son engagement. En revanche, la seule publication des statuts ne suffit pas à apporter la preuve de l'impossible ignorance du tiers contractant.

En outre, la loi interdit expressément l'accomplissement de certains actes. Les gérants de SARL et les dirigeants de SA ne peuvent contracter, sous quelque forme que ce soit, des emprunts auprès de la société, se faire consentir par elle un découvert et faire cautionner ou avaliser par elle leurs engagements auprès des tiers. Les actes accomplis en violation de ces dispositions sont frappés d'une nullité d'ordre public[1]. L'interdiction est néanmoins levée dans le cas où les fonctions de direction sont occupées par des personnes morales et lorsque la société exploite un établissement de crédit[2].

§ 2. La responsabilité des dirigeants

181 **Devoirs et responsabilité.** La loi ne comporte pas de texte général fixant les devoirs des dirigeants. En application de la théorie de la représentation, ils doivent agir au mieux des intérêts de la société, en apportant l'activité et la diligence nécessaires à la réalisation de l'objet social[3].

L'histoire de la responsabilité des dirigeants (ou des gérants de SARL) est celle d'un développement rapide adapté aux besoins de la vie des affaires. La loi de 1925 (pour les SARL) avait posé le principe d'une responsabilité civile pour faute prouvée et admis la responsabilité pénale dans quelques cas exceptionnels. Par la

1. Montpellier, 7 janv. 1980, *Rev. sociétés* 1980. 737, note Ch. Mouly.
2. V. ss 358 et 573.
3. V. E. Scholastique, *Le devoir de diligence des administrateurs de sociétés (droits français et anglais)*, LGDJ, 1998, préf. A. Tunc ; pour un exemple de préjudice né de l'obligation pour le dirigeant de consacrer du temps à des tâches autre que le développement de l'activité de la société : Com. 12 avr. 2016, n° 14-29483, *Bull. Joly*, oct. 2016, 616, note S. Messaï-Bahri.

suite sont apparus les premiers signes d'une responsabilité renforcée au cas de faillite de la société. La loi de 1966, puis celles des 13 juillet 1967 et 25 janvier 1985 ont recueilli ces différents aspects, doublant la responsabilité civile d'une responsabilité pénale qui joue un rôle à la fois répressif et préventif.

À l'égard des tiers, cependant, la jurisprudence a développé une théorie originale[1] en soumettant la recherche de la responsabilité personnelle des dirigeants à la preuve qu'ils ont commis une faute détachable de leurs fonctions, celle-ci étant entendue au sens strict. Une telle faute est caractérisée lorsque le dirigeant commet intentionnellement une faute d'une particulière gravité incompatible avec l'exercice normal des fonctions sociales[2], ce qui est le cas d'une faute pénale intentionnelle[3], lorsque le dirigeant a agi en dehors de l'objet social[4] ou encore lorsqu'il commet un dol à l'occasion de la cession d'un actif social[5]. En dehors de ces cas particuliers, les chambres civiles et commerciale de la Cour de cassation privilégient une approche concrète fondée sur une analyse d'agissements précisément définis du dirigeant, tenant compte de la durée du manquement, de leur caractère délibéré[6] et des

1. Cette théorie est inspirée de la notion de faute de service du droit administratif dégagée par le tribunal des conflits en 1873 : T. confl. 30 juill. 1873, *Les grands arrêts de la jurisprudence administrative*, Dalloz, n° 3.

2. Com. 28 avr. 1998, *JPC E* 1998. 1258, note Y. Guyon ; 20 mai 2003, *D.* 2003. 2623, note B. Dondero ; *Rev. sociétés* 2003. 481, note J.-F. Barbièri ; Com. 26 févr. 2008 : aj. J.-F. Barbièri, in *Mélanges Guyon*, Dalloz, 2003 ; M. Germain, « La responsabilité civile des dirigeants sociaux, rapport de synthèse », *Rev. sociétés* 2003. 284.

3. Pour un défaut d'assurance obligatoire constitutive d'une infraction : Com. 28 sept. 2010, n° 09-66.255, *Bull. Joly* 2010, p. 976, note A. Couret, *Rev. sociétés* 2010. 97, note B. Dondero ; Com. 18 mai 2010, n° 09-66172, *Bull. Joly*, oct. 2010, p. 812, note B. Dondero ; 9 déc. 2014, n° 13-26.398, *Bull. Joly* 2015, p. 134, note P. Dupichot ; Pour la 3e chambre civile : Civ. 3e 10 mars 2016, n° 14-15.326, *Bull. Joly* 2016, p. 335, note S. Messaï-Bahri : *contra* Civ. 3e, 4 janv. 2006, *D.* 2006. AJ 231. Pour une appréciation plus subjective de la faute détachable, Com. 27 mai 2014, n° 12-28.657, *Bull. Joly*, juil-août 2014, 467, note E. Mouial-Bassilana ; Com. 24 juin 2014, n° 13-50.050, *Dr. sociétés* 2014, comm. 164, M. Roussille ; Com. 27 mai 2015, n° 14-11.405, *Bull Joly*, sept. 2015, 446, note B. Brignon.

4. Com. 18 mai 2010, n° 09-66172, *Bull. Joly*, oct. 2010, 812, note B. Dondero ; Com. 10 nov. 2015, n° 14-18179, *Bull. Joly*, janv. 2016, 28, note S. Messaï-Bahri.

5. Ainsi, doit être approuvé l'arrêt d'appel qui, pour engager à l'égard d'un tiers cessionnaire d'un actif social la responsabilité personnelle du dirigeant de la société cédante, a jugé que les mensonges et dissimulations réalisés par ce dernier, portant sur des informations qu'il savait déterminantes du consentement du cessionnaire, caractérisent bien une faute intentionnelle, d'une particulière gravité, manifestement incompatible avec l'exercice normal de ses fonctions : Com. 4 nov. 2020, n° 18-19.747, *Bull. Joly Soc.*, avr. 2021, p. 42, note J.-C. Pagnucco.

6. Ainsi, pour des actes de concurrence déloyale, pour laquelle la Cour de cassation rappelle la nécessité de rechercher si de tels actes ne caractérisent pas une faute au sens de sa jurisprudence : Com. 14 nov. 2018, n° 17-19851, *Bull. Joly*, mars 2019, p. 36, note S. Messaï-Bahri ; ou encore pour des garanties non autorisées : Com. 8 nov. 2017, n° 16-10626, *Bull. Joly*, fév. 2018, p. 84, note B. Dondero.

procédures engagées, de la gravité de la faute (ou erreur) de gestion[1], de la poursuite d'un but d'enrichissement personnel..., permettant de caractériser suffisamment la faute (il en va, dès lors, ainsi, des fautes pénales non intentionnelles[2]). Et la jurisprudence précise que le dirigeant peut commettre une faute séparable de ses fonctions même s'il a agi dans les limites de ses attributions[3]. La chambre criminelle de la Cour de cassation, quant à elle, écarte la théorie de la faute séparable des fonctions pour retenir de manière plus classique que la faute pénale est imputable personnellement au dirigeant, qu'elle ait été ou non commise dans l'exercice de ses fonctions[4].

Récemment, un devoir de loyauté a été mis à la charge du dirigeant de société ou des mandataires sociaux par la jurisprudence.

Le devoir de loyauté du dirigeant ou du mandataire social

Le devoir de loyauté puise sa source dans la finalité des fonctions du dirigeant, à savoir la poursuite de l'intérêt social[5]. Il permet de sanctionner les comportements déloyaux des dirigeants et trouve sa source dans une jurisprudence sensibilisée aux questions de conflits d'intérêts.

Un premier arrêt de la Chambre commerciale de la Cour de cassation du 27 février 1996 (affaire *Vilgrain*)[6] consacre une obligation de loyauté du dirigeant envers les associés. En l'espèce, le président d'une société anonyme s'était porté acquéreur, avec trois de ses proches, des titres d'un actionnaire de sa société. Quelques jours plus tard, il revendait ces titres en effectuant une importante plus-value. La Cour de cassation estime que le président *a manqué au devoir de loyauté qui s'impose au dirigeant d'une société à l'égard de tout associé*. Les applications de cette obligation sont nom-

1. Com. 5 avr. 2018, n° 16-23365, *Bull. Joly*, juil. 2018, p. 402, note S. Messaï-Bahri.
2. Com. 3 mai 2018, n° 16-23627, *Bull. Joly*, sept. 2018, p. 509, note S. Messaï-Bahri.
3. Com. 10 fév. 2009, n° 07-20445, *Bull. Joly*, mai 2009, 499, note S. Messaï-Bahri. Les juges prennent en considération le comportement volontaire du dirigeant, préjudiciable au tiers (tromperie d'un gérant de SARL sur la solvabilité d'une association se portant garante d'actes engagés par sa société : Com. 31 mars 2015, n° 14-14575, *Bull. Joly*, juill-août 2015, 363, note S. Messaï-Bahri.
4. Crim. 5 avr. 2018, n° 16-87669 et n° 16-83961, *Bull. Joly*, mai 2018, p. 258, note A. Couret. Le premier arrêt exclut toute référence à l'idée de faute séparable pour les intérêts civils requis dans le cadre d'une faute pénale. *Adde* cas d'un manquement boursier : Com. 31 mars 2004, n° 03-14491, *Bull. Joly* 2004, p. 460, note J.-J. Daigre.
5. S. Messaï-Bahri, *La responsabilité civile des dirigeants sociaux*, t. 18, IRJS éd., 2009, n° 168 s.
6. Com. 27 févr. 1996, *Bull. Joly* 1996. 485, note A. Couret; *JCP E* 1996. II. 838, note D. Schmidt et N. Dion ; *JCP* 1996. II. 22665, note J. Ghestin ; *D.* 1996. 518, note Ph. Malaurie.

breuses[1]. Sa violation peut constituer une faute grave privant le dirigeant de son indemnité conventionnelle de révocation[2].

Un second arrêt rendu par la même chambre[3] consacre une obligation de loyauté du dirigeant envers la société. Une première expression du devoir de loyauté du dirigeant à l'égard de la société repose sur l'obligation de non-concurrence qui pèse sur le dirigeant et qui lui interdit d'exercer une activité concurrente à celle-ci[4]. En l'espèce, le directeur général d'une société avait démissionné et créé une société concurrente en embauchant plusieurs de ses anciens collaborateurs. La Cour de cassation estime que l'ancien dirigeant était tenu à une obligation de loyauté à l'égard de sa société et le condamne à verser des dommages-intérêts à celle-ci. Une nouvelle expression du devoir de loyauté du dirigeant à l'égard de la société existe lorsque le dirigeant fait prendre à la charge de la société ses dettes personnelles – ce qui s'inscrit dans les manquements dans le cadre du délit d'abus de biens sociaux[5].

Cette obligation est une application particulière au contrat de société de l'obligation de bonne foi prévue en matière contractuelle à l'article 1104 du Code civil. Exprimée de manière générale, elle a vocation à s'appliquer aux dirigeants de toutes les sociétés, quelle que soit leur forme[6], et permet ainsi d'élargir l'application des sanctions prévues par la loi pour les dirigeants de sociétés anonymes et les gérants de sociétés à responsabilité limitée[7]. S'il en découle une obligation d'information particulière, elle n'impose pas toutefois au cessionnaire de droits sociaux un devoir de conseil et contraint le cédant de prouver qu'il n'était pas en mesure d'obtenir l'information par lui-même[8]. Cette approche est confortée par les termes du nouvel article 1112-1 du Code civil issu de la réforme de l'ordonnance du 10 février 2016, selon

1. Cas d'un associé minoritaire victime d'une réticence dolosive : CA Paris, pôle 5, 8e ch., 17 sept. 2013, n° 12/14712, *Bull. Joly* 2014, 25, note Th. Massart.
2. Com. 5 juill. 2016, n° 14-23904, *Bull. Joly*, déc. 2016, 714, note B. Saintourens.
3. Com. 24 févr. 1998, *Bull. Joly* 1998. 813, note B. Petit ; Com. 12 mai 2004, n° 00-15618, *Bull. Joly soc.*, août 2004, 1114, note D. Schmidt (hypothèse où le dirigeant n'est pas directement partie à la cession mais seulement intéressé en tant que dirigeant de la société cessionnaire) ; *adde* K. Grévain-Lemercier, *Le devoir de loyauté en droit des sociétés*, th. Rennes I, 2011 ; H. Le Nabasque, « Le développement du devoir de loyauté en droit des sociétés », *RTD com.* 1999. 273 ; B. Daille-Duclos, « Le devoir de loyauté du dirigeant », *JCP E* 1998. 1486 ; J.-J. Caussain, « À propos du devoir de loyauté des dirigeants de société », *in Mélanges Mercadal*, éd. F. Lefebvre, 2002, 303 ; L. Nurit-Pontier, « La loyauté en droit des sociétés », Actes pratiques, mars-avr. 2011.
4. Ce qui n'est pas nécessairement le cas lorsque le dirigeant accepte un emploi au sein d'une société concurrente : Com. 8 fév. 2017, n° 15-17904, *Rev. Sociétés* 2017. 290, obs. P. Pisoni.
5. Com. 5 avr. 2018, n° 16-23365, *Bull. Joly*, juil. 2018, p. 402, note S. Messaï-Bahri.
6. Pour l'application d'un devoir de loyauté pesant sur le président du directoire et des membres du conseil de surveillance d'une société anonyme : Com. 12 avr. 2016, n° 14-19200, *Bull. Joly*, déc. 2016, 709, note E. Schlumberger. Pour son application dans une SAS : Paris, P. 5, ch. 8, n° 12/12567, 17 sept. 2013, *Bull. Joly*, fév. 2014, 91, note P.-L. Périn.
7. L'obligation de loyauté, ajoutée à une obligation de fidélité pesant sur le gérant d'une SARL lui interdit de négocier, en qualité de gérant d'une autre société, un marché dans le même secteur d'activité : Com. 15 nov. 2011, n° 10-15.049, *Bull. Joly* 2011. 54, note M. Corradi ; *JCP E* 1893, note A. Couret et B. Dondero. En revanche, pour un dirigeant de SAS : Com. 18 déc. 2012, n° 11-24.305, *D.* 2013. 288, note Th. Favorio. L'acquisition de parts par interposition d'une société ne fait pas échec au devoir de loyauté du dirigeant, Com. 6 mai 2008, *D.* 2008. 2113, note B. Dondero.
8. M. Caffin-Moi, *Cession de droit sociaux et droit des contrats*, 2009, Economica, n° 48 s.

lequel l'obligation d'information à la charge d'une partie à une convention – y compris une cession de droits sociaux – n'exclut en aucun cas le devoir incombant à l'autre partie de se renseigner par ses propres moyens sur l'opération projetée.
La Cour de cassation semble néanmoins désormais faire preuve de plus de rigueur en exigeant des juges du fond qu'ils établissent à la fois que l'information non révélée ait été de nature à influencer le consentement de l'associé [1] et que cette information stratégique ait été légitimement ignorée par lui [2].
Ensuite, la Cour de cassation a poursuivi son œuvre et l'a étendue aux mandataires sociaux. Par un premier arrêt remarqué, elle a affirmé pour la première fois l'obligation de loyauté pesant sur un administrateur commun à la société mère et à sa filiale [3]. En l'espèce, une proposition de désignation de dirigeants dans une filiale avait fait l'objet d'une approbation par le conseil d'administration de la société mère. Deux administrateurs de ce conseil, également actionnaires dans la filiale, s'étaient opposés au choix opéré par le conseil. Selon la Cour, « si l'administrateur d'une société exerce en principe librement son droit de vote, dans l'intérêt de la société, le devoir de loyauté auquel l'administrateur d'une société-mère est tenu à l'égard de celle-ci l'oblige, lorsqu'une décision est votée par le conseil d'administration de cette société, à voter dans le même sens au sein du conseil d'administration de la filiale, sauf lorsque cette décision est contraire à l'intérêt social de cette filiale ». A ainsi été consacrée une limite à la liberté du vote au sein de la filiale d'un groupe, sous réserve que la décision ne soit pas contraire à l'intérêt social. Dans un nouvel arrêt, le tribunal de commerce de Paris a considéré qu'un administrateur en situation de conflit d'intérêts, dans le contexte d'un projet de prise de contrôle non sollicitée de la société administrée par son premier actionnaire, avait manqué à son devoir de loyauté et de confidentialité, auquel le tenait le règlement intérieur du conseil, en ne s'abstenant pas de participer aux réunions relatives à ce projet. Les juges ont considéré que l'administrateur en situation de conflits d'intérêts ayant adhéré au règlement intérieur au moment de sa nomination, engageait ainsi sa responsabilité contractuelle [4]. En pratique, ce devoir de loyauté peut en outre être intégré à un contrat de management [5], sans qu'une telle convention puisse déroger au respect de l'intérêt social, lequel prime sur celui des associés

1. Com. 13 déc. 2016, n° 15-18.002, *Bull. Joly*, mai 2017, p. 308, note Th. Massart.
2. Com. 12 avr. 2016, n° 14-19.200 (dans une affaire de cession des titres d'associés minoritaires) ; *Bull. Joly*, déc. 2016, p. 709, note R. Schlumberger. *Adde* Com. 16 mai 2018, n° 16-16.547, *Bull. Joly*, oct. 2018, note A. Reygrobellet. *Contra*, imposant ce devoir au dirigeant cessionnaire en cas de négociations en cours avec un tiers, au stade de simples pourpalers : Com. 10 juill. 2018, n° 16-27.868, *Bull. Joly*, nov. 2018, note A. Reygrobellet.
3. Com. 22 mai 2019, n° 17-13.565, *Rev. soc.* 2019. 681, note J. Delvallée ; *Bull. Joly Soc.*, oct. 2019, n° 12, p. 8, note A. Gaudemet.
4. T. com., Paris, 10 nov. 2020, n° 2019036759, (SCOR/COVEA), *Rev. soc.*, fév. 2021. 99, note D. Schmidt.
5. Une telle obligation de loyauté peut prendre la forme d'un devoir d'information envers tout associé obligeant le dirigeant à révéler l'existence de négociations en cours pour la cession de la société : Versailles, 1er juill. 2014, *Bull. Joly Soc.*, 2014, p. 698, note Th. Massart. Sur les conventions de management, v. ss 656.

> Un associé est soustrait à tout devoir de loyauté[1]. Les juges refusent le bénéfice du devoir de loyauté à l'associé apporteur en compte courant[2] mais l'étendent au salarié[3].

SECTION 3

L'ORGANE DE CONTRÔLE

182 **Plan.** La société est soumise à un contrôle des comptes efficace, effectué par le commissaire aux comptes. Son rôle s'est considérablement accru[4] et la loi du 1er mars 1984 sur la prévention des difficultés des entreprises a rendu sa présence obligatoire dans toutes les sociétés commerciales d'une certaine taille.

Depuis 1984, la désignation d'un commissaire aux comptes était obligatoire dans toutes les sociétés par actions, ainsi que dans les autres sociétés commerciales dotées de la personnalité morale (sociétés à responsabilité limitée et sociétés de personnes) dont l'importance était attestée par le franchissement de deux au moins de ces trois seuils : 1,550 million d'euros pour le total du bilan ; 3,1 millions d'euros pour le montant hors taxes du chiffre d'affaires ; cinquante salariés.

Le statut et les missions du commissaire aux comptes ont été unifiés par la loi du 1er août 2003 et les dispositions les concernant ont été regroupées dans un Livre VIII du Code de commerce. À la suite des scandales financiers qui ont touché les plus grands cabinets d'audit[5], la loi du 1er août 2003 a apporté d'importantes innovations à l'organisation et au contrôle de la profession (C. com., art. L. 821-1.), ainsi qu'au statut des commissaires aux comptes (C. com., art. L. 822-1.). La loi *PACTE*, au prétexte d'ali-

1. Com. 12 mai 2004, n° 00-15.618, préc.
2. Com. 24 mai 2017, n° 15-19.430, *Bull. Joly*, nov. 2017, p. 654.
3. Soc. 30 nov. 2017, n° 16-14.541.
4. V. *Le commissariat aux comptes, renforcement ou dérive ?*, Étude du CREDA, Litec, 1989.
5. M.-A. Frison Roche (dir.), *Les leçons d'Enron : capitalisme, la déchirure*, éd. Autrement, 2003 ; *adde*, D. Heustfel et J. Mongel, « La loi Sarbanes Oxley doit-elle inspirer une réforme du gouvernement d'entreprise en France ? », *Rev. sociétés* 2003. 13.

gner le droit français sur le droit européen[1], réforme en profondeur le régime du commissariat aux comptes en instaurant des seuils pour toutes les sociétés commerciales – la désignation volontaire demeurant toujours possible –, et en harmonisant les seuils existants pour soumettre une société à un audit légal[2]. Aussi, l'analyse portera successivement sur le statut (**§ 1**) et les attributions du commissaire aux comptes (**§ 2**), puis sur ses devoirs et responsabilités (**§ 3**).

§ 1. Le statut du commissaire aux comptes

183 Les commissaires aux comptes sont soumis à un double statut, en tant que membres d'une profession libérale (**A**) d'une part et en tant qu'organes sociaux chargés d'une mission de surveillance des comptes sociaux (**B**) d'autre part.

A. Membre de la profession

184 **L'accès à la profession.** La règle est que nul ne peut exercer les fonctions de commissaire aux comptes s'il n'est pas préalablement inscrit sur une liste établie à cet effet tenue dans le ressort de chaque cour d'appel. Pour pouvoir être inscrite, une personne physique doit en remplir les conditions de moralité et d'aptitude : être en possession du diplôme d'expertise comptable, avoir passé un examen professionnel et accompli un stage. Les fonctions de commissaire aux comptes peuvent être exercées par des personnes morales ou physiques. Pour ces dernières, ces fonctions sont incompatibles avec toute activité de nature à porter atteinte à leur indépendance, ainsi qu'avec la qualité de commerçant (C. com., art. L. 822-10).

---

1. La directive 2013/34/UE du 26 juin 2013 relative aux états financiers annuels, aux états financiers consolidés et aux rapports y afférents de certaines formes d'entreprises vise à limiter les charges administratives pesant sur les PME et à simplifier les obligations d'élaboration et de publication de l'information financière des petites entreprises.
2. Ainsi, les seuils de désignation d'un commissaire aux comptes sont relevés : 4 millions d'euros de total du bilan (contre 1 550 000 € auparavant), 8 millions d'euros de chiffre d'affaires (contre 3 100 000 € auparavant) et 50 salariés (pour les SNC, C. com., art. D. 221-5 ; pour les SARL, C. com., art. D. 223-27 nouv. ; pour les SA, C. com., art. D. 225-164-1 nouv. ; corrélativement, le critère du contrôle qui existait pour les SAS a été supprimé, C. com., art. D. 227-1, al. 1^{er}mod. ; v. ss 594.

185 **L'organisation de la profession.** Elle est telle que les commissaires aux comptes ont longtemps été groupés en différentes compagnies régionales et regroupés au sein d'une compagnie nationale. Les compagnies régionales ont disparu. Établissement d'utilité publique doté de la personnalité morale, la compagnie nationale est chargée de représenter la profession des commissaires aux comptes auprès des pouvoirs publics. Elle concourt au bon exercice de la profession, à sa surveillance ainsi qu'à la défense de l'honneur et de l'indépendance de ses membres (C. com., art. L. 821-6).

Afin de renforcer le contrôle sur la profession, la loi du 1er août 2003 a institué auprès du ministre de la Justice un Haut conseil du commissariat aux comptes[1], composé de douze membres dont quatre magistrats, le président de l'Autorité des marchés financiers, quatre personnes qualifiées dans les matières économiques et financières, un professeur des universités ainsi que deux anciens commissaires aux comptes. Il a pour mission d'assurer la surveillance de la profession avec le concours de la compagnie nationale et de veiller au respect de la déontologie et de l'indépendance des commissaires aux comptes. Il est en particulier chargé d'identifier et de promouvoir les bonnes pratiques professionnelles et émet un avis sur les normes d'exercice professionnelles rédigées par la compagnie. Il est l'organe compétent, désormais, pour assurer l'inscription et la discipline des commissaires. Il est enfin chargé de définir les orientations et le cadre des contrôles périodiques imposés aux commissaires aux comptes dans leur activité professionnelle (C. com., art. L. 821-1).

B. Organe de la société

186 **Nomination.** En tant qu'organe social, le commissaire aux comptes est nommé soit par les statuts lors de la constitution de la société, soit par l'assemblée générale en cours de vie sociale. La loi a édicté un certain nombre d'incompatibilités visant à garantir leur indépendance vis-à-vis des gérants ou des administrateurs. La loi sur

1. A. Couret et M. Tudel, « Le nouveau contrôle légal des comptes », *D.* 2003. 2290.

la sécurité financière a renforcé cette exigence d'indépendance en précisant le domaine des incompatibilités générales (art. L. 822-10) et spéciales (art. L. 822-12 et L. 822-13) qui pèsent sur la profession. D'une manière générale, les fonctions de commissaire aux comptes sont incompatibles avec toute activité ou tout acte de nature à porter atteinte à son indépendance, avec tout emploi salarié et avec toute activité commerciale. Plus spécialement, un commissaire aux comptes ne peut être nommé ni dirigeant ni salarié des personnes morales qu'il contrôle moins de cinq ans après la cessation de ses fonctions et, réciproquement, la personne qui a été dirigeant ou salarié d'une personne morale ne peut être nommée commissaire aux comptes de cette personne morale moins de cinq ans après la cessation de ses fonctions[1]. L'article L. 822-11 nouveau du Code de commerce consacre également une séparation stricte des fonctions, gage d'impartialité, en interdisant aux commissaires aux comptes de fournir à la personne qui l'a chargé de certifier les comptes, tout conseil ou toute autre prestation de services n'entrant pas dans les diligences directement liées à sa mission[2]. Cette interdiction s'étend aux commissaires affiliés à un réseau national ou international dont les membres ont un intérêt économique commun et qui n'a pas pour activité exclusive le contrôle légal des comptes. Sont déclarées nulles les délibérations prises à défaut de désignation régulière de commissaire ou prises sur le rapport de commissaires nommés ou restés en fonction contrairement aux dispositions légales (C. com., art. L. 820-3-1). Les sanctions pénales frappent les dirigeants qui n'auraient pas provoqué la désignation des commissaires aux comptes ou qui ne les auraient pas convoqués aux assemblées générales (C. com., art. L. 820-4), ainsi que les personnes qui auraient accepté, exercé ou conservé les fonctions de commissaires aux comptes malgré une incompatibilité légale (C. com., art. L. 820-6)[3]. La loi n'inter-

1. Pendant le même délai, cette personne ne peut être nommée commissaire aux comptes des personnes morales possédant au moins 10 % du capital de la personne dans laquelle elle exerçait ses fonctions, ou dont celle-ci possédait au moins 10 % du capital lors de la cessation de ses fonctions.
2. Cette interdiction porte le nom évocateur de « Muraille de Chine ».
3. H. Matsopoulou, « Le renforcement de l'indépendance des commissaires aux comptes », *Rev. sociétés* 2003. 813.

dit pas, en revanche, qu'un associé ou un actionnaire soit commissaire aux comptes.

Les commissaires sont désignés pour six exercices. Leur mandat expire après la réunion de l'assemblée générale ordinaire qui statue sur les comptes du sixième exercice (C. com., art. L. 823-3). Ils sont en principe immédiatement et indéfiniment rééligibles sauf lorsqu'ils exercent leur mission au sein d'une personne morale dont les titres sont cotés (art. L. 822-14, al. 1er)[1].

187 **Cessation des fonctions.** Le commissaire aux comptes peut démissionner avant l'expiration normale de ses fonctions, du moment que ce droit ne porte pas préjudice à la société[2]. Exceptionnellement, il peut être récusé ou relevé de ses fonctions.

La récusation a pour objet d'écarter de cette fonction un commissaire aux comptes dont la compétence ou l'indépendance seraient suspectées. La récusation, toujours judiciaire, est soumise à des conditions strictes (C. com., art. L. 823-6) : l'action doit être intentée dans les trente jours de la désignation du commissaire aux comptes, soit par un ou plusieurs associés représentant au moins le vingtième du capital social, soit par une association d'actionnaires relevant de l'article L. 225-120 du Code de commerce, soit encore par le conseil social et économique, le ministère public, ou, dans les sociétés cotées, par l'AMF. La récusation ne peut être prononcée que pour juste motif. La preuve doit donc être rapportée de circonstances tenant à la personne du commissaire et permettant de suspecter sérieusement sa compétence, son honorabilité ou son indépendance[3].

Le commissaire aux comptes peut aussi être relevé de ses fonctions[4], mais seulement sous certaines conditions : le relevé des fonctions ne peut résulter que d'une faute ou d'un empêchement[5].

1. Cette interdiction ne touche en pratique que les commissaires aux comptes exerçant leur profession à titre individuel car elle n'empêche pas l'instauration d'une rotation au sein des sociétés de commissaires aux comptes.
2. Nîmes 27 mars 1973, *Rev. sociétés* 1974. 327, note E. du Pontavice.
3. Paris 11 juill. 1969, *Rev. sociétés* 1969. 214, note J. Hémard.
4. En cas de suppléance du CAC, le fait que le commissaire suppléant appartienne au cabinet du commissariat aux comptes titulaire ne suffit pas à fonder une demande en relèvement, même si le titulaire se révèle défaillant dans la conduite de sa mission : Com. 21 mars 2018, n° 16-18697, *Bull. Joly*, mai 2018, p. 291, note J.-F. Barbièri.
5. Com. 6 févr. 1990, *Rev. sociétés* 1990. 433, note D. Vidal ; Com. 6 mai 2002, *Dr. sociétés* 2002. 138, obs. D. Vidal.

Il ne peut être prononcé que par l'autorité judiciaire, le tribunal de commerce statuant en la forme des référés, l'assemblée étant ainsi dépossédée de son droit de révoquer le commissaire aux comptes (C. com., art. L. 823-7). L'action en révocation est ouverte aux dirigeants, à l'assemblée générale, à un ou plusieurs associés ou actionnaires représentant au moins le vingtième du capital social, aux associations d'actionnaires, au ministère public et à l'AMF lorsque la société fait publiquement appel à l'épargne.

188 **La rémunération.** La rémunération du commissaire aux comptes est laissée à la charge de la société (C. com., art. L. 823-18), selon les modalités d'un plan de mission prévu à l'article R. 823-11 du Code de commerce, qui fixe notamment le nombre d'heures de travail en fonction de l'importance de la société. En cas de désaccord sur le montant de la rémunération, il revient au président de la chambre régionale de concilier les parties. S'il échoue, le litige est porté devant la chambre régionale de discipline qui décide et, en appel, le Haut Conseil[1]. Depuis la loi du 1er août 2003, les actionnaires et associés doivent bénéficier de la mise à disposition, au siège de la personne contrôlée, de l'information sur le montant des honoraires versés à chacun des commissaires aux comptes (C. com., art. L. 820-3 al. 2).

§ 2. Les attributions du commissaire aux comptes

189 Le commissaire aux comptes s'est vu attribuer par la loi de 1966 une mission permanente de contrôle des comptes sociaux (**A**), sur laquelle sont venues se greffer plusieurs missions occasionnelles (**B**). La loi PACTE a créé une nouvelle mission consistant en un audit légal allégé pour les petites entreprises (**C**). Ces missions et prestations pourraient être élargies à l'avenir. En effet, le nouvel article L. 820-1-1 du Code de commerce, issu de la loi PACTE,

1. Com. 16 déc. 1997, *Cah. dr. aff.* 1998. 118, note M. Boizard, *BCNCC* 1998, 55, note Ph. Merle ; J.-F. Barbièri, « Contentieux de la rémunération des commissaires aux comptes : problèmes de procédure », *Bull. Joly* 1998. 293.

envisage plus largement des missions autres que la certification des comptes, qui seraient « confiées par la loi et le règlement » aux commissaires aux comptes, ce qui pourrait conduire à l'avenir ceux-ci à assumer des rôles nouveaux[1].

A. La mission permanente de contrôle

190 **La mission de contrôle des comptes**, qui est considérée comme permanente même si les interventions dans la société ne sont que ponctuelles[2], constitue la mission principale des commissaires aux comptes. Dans cette mission, les commissaires aux comptes sont amenés à *certifier* « que les comptes annuels sont réguliers et sincères et donnent une image fidèle du résultat des opérations de l'exercice écoulé ainsi que de la situation financière et du patrimoine de la société à la fin de cet exercice » (C. com., art. L. 823-9). Cette certification s'accompagne d'une *justification* de l'appréciation apportée par le commissaire aux comptes. Celui-ci ne reçoit cependant pas mission de certifier l'exactitude des comptes, mais seulement leur sincérité et leur régularité. C'est qu'en effet, ordinairement, le commissaire aux comptes doit se contenter de rechercher si les valeurs comptables ont fait l'objet d'une évaluation correcte, si les risques et dépréciations ont fait l'objet d'une appréciation raisonnable et si les modes d'évaluation employés sont conformes à la loi et aux usages. En principe, l'application des impératifs de régularité et de sincérité doit permettre de donner une *image fidèle* (mais pas nécessairement parfaite) de la situation sociale, en application des exigences de la directive communautaire relative aux comptes sociaux[3]. Cette

1. Sur le fondement de ce nouvel art. L. 820-1-1 du Code de commerce, une loi ou un règlement pourrait autoriser les commissaires aux comptes à assumer le rôle de tiers de confiance pour vérifier annuellement la mise en œuvre des objectifs sociaux et environnementaux qu'une société à mission compte poursuivre (C. com., art. L. 210-10, 4°, en attente d'un décret d'application).
2. Com. 19 oct. 1999 et 15 janv. 2002, *Dr. sociétés* 2002. 94, obs. D. Vidal (non détection de détournements de fonds).
3. E. du Pontavice, « La notion d'image fidèle dans les comptes annuels des sociétés françaises depuis la mise en harmonie de la loi française avec la 4e directive », in *Mélanges Flattet*, Lausanne, 1985, p. 85. La CJUE a précisé que le principe de l'image fidèle, posé par la quatrième directive européenne « Société », ne permet pas de déroger aux règles comptables d'évaluation des actifs (en l'espèce, il s'agissait de la règle de l'évaluation des actifs sur la base de leur prix d'acquisition ou de leur coût de revient) au profit d'une autre base d'évaluation (en l'espèce, l'évaluation sur la base de leur valeur réelle), même lorsque le prix d'acquisition ou le coût de revient de ces actifs est manifestement inférieur à leur valeur réelle : CJUE 3 oct. 2013, n° C-322/12.

mission implique que les commissaires aux comptes procèdent par « sondages ». Elle exclut toute immixtion dans la gestion.

Une fois le contrôle effectué, le commissaire aux comptes est tenu d'une triple mission. Il doit informer les dirigeants sociaux du résultat de ses contrôles. Il prend la décision de certifier les comptes, avec ou sans réserve, ou de ne pas les certifier. Enfin, il présente un rapport général à l'assemblée chargée d'approuver les comptes de l'exercice, en faisant valoir, le cas échéant, les raisons qui l'ont conduit à émettre des réserves[1] ou à refuser de certifier les comptes.

La certification peut concerner les comptes consolidés dans un groupe de sociétés, les plus importantes rémunérations versées, le calcul de la participation des salariés aux résultats.

B. Les missions occasionnelles

191 **L'information.** Le commissaire aux comptes se voit confier une importante mission d'information. Les contrôles et vérifications qu'il exerce lui permettent en effet de dispenser une information objective aux différents organes de la société contrôlée. Cette mission a été très largement étendue depuis la loi du 1er août 2003 lorsque le commissaire aux comptes l'exerçait au sein d'une société faisant appel public à l'épargne et désormais au sein des sociétés cotées[2].

En premier lieu, le commissaire aux comptes doit présenter le résultat des investigations effectuées aux dirigeants sociaux. Le commissaire aux comptes peut alors faire part de ses observations en les invitant, éventuellement, à rectifier les irrégularités ou les inexactitudes découvertes. Pour lui permettre d'accomplir efficacement cette mission dans les sociétés anonymes, la loi impose désormais qu'il soit convoqué à toutes les réunions du conseil d'administration (ou du directoire et du conseil de surveillance, ou encore de tout organe d'administration ou de surveillance) qui

1. Les réserves émises par un commissaire aux comptes dans son rapport général peuvent fonder une demande d'expertise de gestion : v. ss 601.
2. V. ss 597.

examinent ou arrêtent les comptes annuels ou intermédiaires (C. com., art. L. 823-17).

Le commissaire a ensuite un rôle à jouer auprès des associés ou actionnaires. Il rend compte de sa mission à l'assemblée générale ordinaire en lui présentant le rapport général sur l'exercice social. Dans les sociétés anonymes qui en ont désigné un, il doit en outre présenter un rapport spécial à l'occasion d'opérations telles que les conventions dites « réglementées »[1] (C. com., art. L. 225-40), en cas de fusion entre sociétés ou de réduction du capital social. Il veille à *s'assurer que l'égalité est respectée entre les associés* (C. com., art. L. 823-11).

Le conseil social et économique (ex comité d'entreprise) peut convoquer le commissaire aux comptes afin que lui soient données toutes explications sur les comptes ainsi que sur la situation financière de l'entreprise (C. trav., art. L. 2312-64). Les divers documents soumis à l'assemblée générale doivent lui être communiqués.

Le commissaire aux comptes doit révéler au procureur de la République les faits délictueux dont il a eu connaissance et signaler les irrégularités relevées par eux au cours de l'accomplissement de leur mission (C. com., art. L. 823-12, al. 2). Selon une recommandation de la Compagnie nationale des commissaires aux comptes, la révélation s'applique aux infractions rencontrées lors des diverses missions, que ces infractions soient prévues par la loi ou qu'elles présentent une incidence significative pour les comptes sociaux. La dénonciation des faits délictueux n'engage pas la responsabilité du commissaire aux comptes. En cas de non-révélation des faits délictueux, le commissaire aux comptes s'expose à des sanctions pénales (C. com., art. L. 820-7).

192 **Le devoir d'alerte[2].** Il est une mission confiée au commissaire aux comptes par la loi du 1er mars 1984, complétée par la loi du 10 juin 1994, afin de prévenir les difficultés d'une entreprise et de protéger l'intérêt des associés, des salariés, et plus largement l'intérêt social. Dès lors qu'il a relevé, à l'occasion de l'exercice

1. V. ss 342 et 568.
2. A. Godfroy, *Le commissaire aux comptes et la procédure d'alerte*, thèse Paris-II, 1999.

de sa mission, *des faits de nature à compromettre la continuité de l'exploitation* (C. com., art. L. 234-1), le commissaire aux comptes doit en informer les dirigeants sociaux et provoquer la prise de mesures de redressement permettant d'éviter la cessation des paiements de la société. Si rien n'est fait, une procédure spéciale d'alerte auprès des associés et, éventuellement, du président du tribunal de commerce, est alors mise en place. Spéciale dans les sociétés anonymes[1], cette procédure est commune à toutes les autres formes de société : le commissaire aux comptes demande au dirigeant des explications et celui-ci est tenu de répondre sous quinze jours. La réponse est communiquée au conseil social et économique (CSE) et le commissaire aux comptes en informe le président du tribunal de commerce. En cas d'inobservation de ces dispositions ou si en dépit des décisions prises la continuité de l'exploitation reste compromise, le commissaire aux comptes établit un rapport spécial et invite par écrit le dirigeant à faire délibérer l'assemblée générale. Ce rapport est communiqué au CSE. Si, à l'issue de la délibération, les décisions prises restent insuffisantes, le commissaire aux comptes informe de ses démarches le président du tribunal de commerce et lui en communique les résultats (C. com., art. L. 234-2).

193 **Droit d'information et pouvoir d'investigation.** Afin de lui permettre d'exercer au mieux sa mission, la loi a accordé au commissaire aux comptes un droit d'information étendu, comprenant notamment le droit de consulter les comptes annuels et de gestion, les documents de gestion prévisionnelle (C. com., art. L. 232-3), le rapport de gestion. Il dispose en outre d'un large pouvoir d'investigation auprès de la société contrôlée, qui s'étend aux sociétés du même groupe et aux tiers qui ont accompli des opérations pour le compte de la société (C. com., art. L. 823-13 et L. 823-14). Ce pouvoir d'investigation a un caractère d'ordre public et ne pourrait donc faire l'objet d'une réduction statutaire. Les dirigeants sociaux qui font sciemment obstacle aux vérifications ou contrôles des commissaires aux comptes ou qui leur refusent la

1. V. ss 596.

communication des documents s'exposent à des sanctions pénales pour entrave à leur mission de contrôle (C. com., art. L. 820-4 2e).

En contrepartie de ces prérogatives, les commissaires aux comptes ont des devoirs et des responsabilités tout aussi importants.

C. Mission d'audit légal allégé pour les petites entreprises

194 **L'audit légal petite entreprise (ALPE).** La loi PACTE a procédé à l'unification des critères de nomination des commissaires aux comptes pour toute forme sociale et au rehaussement significatif des seuils de nomination. Désormais, seules les sociétés, quelque soit leur forme, dépassant deux des trois seuils légaux (4 millions d'euros de total du bilan, 8 millions d'euros de chiffre d'affaires, 50 salariés) ont l'obligation de désigner un commissaire aux comptes pour opérer le contrôle annuel de leurs comptes. De nombreuses sociétés n'ont donc plus l'obligation de désigner un commissaire aux comptes. Le législateur a toutefois souhaité permettre aux petites entreprises de bénéficier volontairement d'un contrôle allégé en optant pour un « audit légal petite entreprise » ou « ALPE » visé à l'article L. 823-12-1 du Code de commerce. Outre la certification annuelle des comptes, conduisant à la rédaction d'un rapport sur les comptes visé à l'article L. 823-9 du Code de commerce, le commissaire aux comptes alors désigné doit établir un rapport sur les risques financiers, comptables et de gestion (C. com., art. L. 823-12-1). Le Commissaire aux comptes reste soumis aux obligations afférentes au devoir d'alerte et de révélation des faits délictueux. En revanche, il est dispensé d'établir certains rapports spéciaux[1] - mais pas tous[2] -, la mission de présenter ces

1. Cette dispense concerne tout particulièrement les rapports suivants : celui sur les conventions réglementées prévu pour les SARL (C. com., art. L. 223-19), v. ss 345 ; les sociétés anonymes (C. com., art. L. 225-40 et L. 225-88), v. ss 570 et 590 - et les sociétés par actions simplifiées (C. com., art. L. 227-10), v. ss 677 ; celui exposant les circonstances dans lesquelles une convention n'a pas été soumise à la procédure des conventions réglementées (C. com., art. L. 225-42 et L. 225-90) ; celui fourni à l'assemblée en cas d'augmentation de capital avec suppression de droit préférentiel de souscription (C. com., art. L. 225-135), v. ss 617 ; celui consacré au gouvernement d'entreprise établi dans les sociétés anonymes et sociétés en commandite par actions de grande taille (C. com., art. L. 225-235 et L. 226-10-1), v. ss 597.
2. Par exemple, le commissaire aux comptes doit continuer de présenter un rapport spécial à l'AGE d'une SA en cas d'attributions d'options de souscription ou d'achat d'actions au personnel salarié (C. com., art. L. 225-177).

derniers revenant alors au président de l'assemblée générale de la société qui, elle, reste soumise à la présentation de ces rapports aux actionnaires, même en l'absence de désignation d'un commissaire aux comptes. Celui-ci est par ailleurs dispensé d'effectuer certaines diligences qui lui incombent lorsque s'applique le dispositif de certification de droit commun[1].

Cet audit allégé s'impose en outre aux « petits groupes ». Afin de contrer toute manœuvre consistant à scinder une entreprise en plusieurs sociétés pour échapper au contrôle légal des comptes, la loi PACTE désigne par « petit groupe », un ensemble de sociétés contrôlé par une personne morale et qui dépasse, ensemble, deux des trois seuils légaux (C. com., art. L. 823-2-2, al. 1er)[2]. La loi soumet ces nouvelles entités à l'obligation de désigner un commissaire aux comptes qui doit alors effectuer un audit allégé[3]. Si dans ces petits groupes, des sociétés filiales dépassent deux des seuils prévus, elles sont soumises quant à elles au régime de contrôle de droit commun.

§ 3. Devoirs et responsabilités

A. Les devoirs

195 **Les devoirs.** Les commissaires aux comptes sont astreints au devoir d'accomplir leur mission avec diligence ; ils doivent garder le secret professionnel pour les faits, actes et renseignements dont ils ont pu avoir connaissance à raison de leurs fonctions (C. com., art. L. 822-15) ; interdiction leur est faite de s'immiscer dans la gestion de l'entreprise (C. com., art. L. 823-10). Ils n'ont pas par conséquent à donner quelque avis que ce soit sur l'opportunité

1. Ainsi, le commissaire aux comptes sera dispensé de consulter les associés d'une SARL dont les capitaux propres sont devenus inférieurs à la moitié du capital social (C. com., art.L. 223-42, al. 4), v. ss 366 ou encore de certifier le montant global des rémunérations versées aux personnes les mieux rémunérées d'une SA (C. com., art. L. 225-115, 4°), v. ss 431.
2. Par dérogation, si la société contrôlante est elle-même contrôlée par une société ayant désigné un commaissaire aux comptes, elle n'a pas l'obligation d'en nommer un. Cette désignation par la holding, société mère, pourrait toutefois être volontaire, la loi ne l'interdisant pas.
3. V. CNCC, « Mission ALPE, décryptage », 12 juin 2019, https://cdn.cncc.fr/download/decryptage-norme-alpe-version-13-juin-2019.pdf.

des actes de gestion pris par les dirigeants. Ils commettraient même une faute en portant une appréciation sur la manière dont la société est gérée. Depuis la loi du 1er août 2003, les contrôles à l'encontre des commissaires aux comptes ont été renforcés. Ils peuvent ainsi être soumis à des inspections diligentées par le garde des Sceaux et, lorsque les commissaires aux comptes exercent au sein d'une société cotée, par l'Autorité des marchés financiers (C. com., art. L. 821-8 nouv.). Par ailleurs, ils peuvent être soumis à des contrôles périodiques organisés selon les modalités définies par le Haut conseil ou encore à des contrôles occasionnels décidés par la Compagnie nationale ou les compagnies régionales (C. com., art. L. 821-7 nouv.). Enfin l'exercice de leur mission exige une intervention personnelle et ils restent toujours, de ce fait, personnellement responsables.

B. Les responsabilités

196 **La responsabilité disciplinaire.** Les commissaires aux comptes encourent une responsabilité d'ordre disciplinaire lorsqu'ils ont commis des faits contraires aux règles déontologiques de la profession. Le jugement des infractions disciplinaires est soumis au Haut conseil du commissariat aux comptes. Les peines disciplinaires vont de l'avertissement à la radiation de la liste professionnelle.

197 **La responsabilité civile.** Les commissaires aux comptes encourent ensuite une responsabilité civile[1]. Ils sont en effet responsables, tant à l'égard de la société que des tiers, des conséquences dommageables des fautes[2] et négligences[3] commises par eux dans l'exercice de leurs fonctions (C. com., art. L. 822-17, al. 1er). Ils sont également civilement responsables des fautes commises par les dirigeants lorsque, en ayant eu connaissance, ils ne les ont pas révélées dans leur rapport à l'assemblée générale (C. com.,

1. J.-F. Barbièri, « Responsabilité du commissaire aux comptes : la gestion du risque judiciaire », *Bull. Joly* 2002, 1997 et 2004, p. 617.
2. Com. 11 févr. 2003, *Bull. Joly* 2003, p. 549, note J.-F. Barbièri.
3. Toutefois, de simples négligences sans volonté de cacher les faits dont le commissaire aux comptes aurait eu connaissance ne suffisent pas à caractériser la dissimulation, Com. 17 déc. 2002, *Bull. Joly* 2003. 627, note J.-F. Barbièri, *Rev. sociétés* 2003. 297, note B. Le Bars.

art. L. 822-17, al. 3). Dans leur mission générale et principale de contrôle des comptes, les commissaires sont tenus d'une simple obligation de moyens[1]. La faute s'apprécie par référence à la conduite d'un commissaire diligent et actif, placé dans la même situation. Le lien de causalité entre la faute du commissaire aux comptes et le dommage subi doit être prouvé[2]. Mais le préjudice peut s'analyser en une simple perte de chance pour la société[3]. L'action en responsabilité est de la compétence du tribunal de grande instance et non du tribunal de commerce car le commissaire n'est pas commerçant. Elle se prescrit par trois ans à compter du fait dommageable, ou de sa révélation s'il a été dissimulé (C. com., art. L. 822-18 et L. 225-254)[4].

198 **La responsabilité pénale**[5]. Les commissaires aux comptes sont responsables pénalement en cas d'exercice de la profession en violation d'une incompatibilité, en cas de violation du secret professionnel, en cas de non-révélation au Parquet des faits délictueux dont ils ont eu connaissance et au cas où ils auraient donné ou confirmé sciemment une information mensongère sur la situation de la société (C. com., art. L. 820-5 à 820-7). Ils peuvent être également poursuivis pour complicité des délits commis par les dirigeants sociaux[6].

1. V., par ex., Com. 9 févr. 1988, *Rev. sociétés* 1988. 555, note J. Monéger, *BCNCC* 1988. 197, note E. du Pontavice.
2. Com. 15 juin 1993, *Bull. Joly* 1993, p. 1130, note M. Jeantin ; *BCNCC* 1994. 94, note Ph. Merle.
3. Com. 19 oct. 1999, *Bull. Joly* 2000, p. 5, note C. Ruellan, *BCNCC* 2000. 36, 58, note Ph. Merle, *RTD com.* 2000. 120 obs, Cl. Champaud et D. Danet.
4. V. par ex., Paris 6 oct. 1999, *BCNCC* 1999. 116, 668, note Ph. Merle.
5. F. Salomon, « Les commissaires aux comptes et le droit pénal », *Dr. sociétés* 2004, études 4 et 5.
6. V. E. du Pontavice, « Commissaire aux comptes, expert-comptable et complicité des délits commis par les dirigeants sociaux », *Rev. sociétés* 1988. 489.

CHAPITRE 3

Les adaptations de la société

199 **Plan.** Les développements de la société et sa mise en concurrence avec d'autres sociétés rendent nécessaires des adaptations des sociétés en cours de vie sociale. Ces adaptations peuvent ne toucher qu'un élément de la société, comme les opérations sur le capital, ou plus profondément, attaquer la structure sociétaire en imposant des opérations de restructurations, ou encore plus gravement, conduire à la dissolution de la société. L'étude portera successivement sur les variations du capital social (SECTION 1), les restructurations de sociétés (SECTION 2), et les règles de dissolution de la société (SECTION 3).

SECTION 1

LES VARIATIONS DU CAPITAL SOCIAL

200 **Notion.** En cours de vie sociale, la société connaît des périodes de plus ou moins grande prospérité. Son développement peut nécessiter des augmentations de capital, ses pertes peuvent rendre nécessaire une réduction de capital. C'est pourquoi, dans la mesure du respect de dispositions légales strictes, il est possible

de déroger de manière exceptionnelle à la règle de l'intangibilité du capital, pour procéder soit à une augmentation de capital, soit à sa réduction.

Le régime juridique de ces variations du capital social n'est spécifié que pour les sociétés anonymes et les sociétés à responsabilité limitée, sociétés dans lesquelles ces opérations sont en pratique fréquentes. Néanmoins, il est possible de dégager certaines règles de principe qui sont de nature à être appliquées à l'ensemble des sociétés. Ces règles concernent aussi bien l'augmentation (**§ 1**) que la réduction et l'amortissement du capital de la société (**§ 2**).

§ 1. L'augmentation du capital

201 **Les raisons d'une augmentation du capital social.** L'augmentation par une société de son capital répond à des préoccupations diverses. Elle permet notamment d'accroître les moyens financiers de la société autrement que par voie d'emprunt. La société fait alors appel à des apports nouveaux, qui peuvent aussi bien résulter d'un apport d'argent que d'un apport de biens autres que de l'argent. La société peut aussi souhaiter consolider des mesures d'autofinancement par lesquelles elle a mis des bénéfices en réserve. L'augmentation de capital se fera, précisément, par incorporation de réserves au capital. L'augmentation de capital peut encore permettre aux salariés de devenir actionnaires[1], ou de répondre au besoin d'effectuer la conversion en actions de valeurs mobilières composées[2]. Dans les sociétés par actions, elle peut en outre permettre à la société d'émettre des actions de préférence[3].

202 **Augmentation de capital par apports nouveaux.** Lorsque la société a besoin d'un apport en argent frais, elle fera appel à des apports nouveaux. Ces apports peuvent être faits en numéraire ou en nature. Pour ces derniers, un commissaire doit être désigné à l'unanimité des associés de SARL (C. com., art. L. 223-33) ou des

1. V. ss 609.
2. V. ss 483.
3. V. ss 462.

actionnaires de SA (C. com., art. L. 225-147). À défaut d'unanimité, l'intéressé sera désigné en justice. Si la situation de la société est saine, elle se contentera de faire appel à ses propres associés ou actionnaires pour réaliser cet apport. Si, au contraire, la société connaît des difficultés, elle cherchera un partenaire qui souhaitera prendre une part substantielle dans le capital social. L'augmentation de capital subséquente pourra être réservée à ce tiers. L'opération se réalise par une libération des apports.

L'augmentation de capital peut également provenir d'un apport en nature, mais pas d'un apport en industrie.

203 **Augmentation de capital par incorporation des réserves.** Cette opération consiste simplement à convertir des réserves en capital, par une écriture comptable. Elle résulte pour les associés ou les actionnaires soit en une distribution gratuite d'actions, soit en une augmentation de valeur des parts ou actions déjà distribuées.

204 **Décision.** En principe, la décision d'augmenter le capital appartient impérativement à l'assemblée générale des associés, à la majorité renforcée. Elle rend nécessaire la modification des statuts et le respect d'une procédure de publication similaire à celle de la constitution de la société. Dans les sociétés par actions, des dispositions particulières permettent de déléguer ce pouvoir aux dirigeants[1].

§ 2. La réduction et l'amortissement du capital

205 **Réduction du capital.** Une réduction de capital peut intervenir conventionnellement sans que la société ait subi des pertes, mais elle intervient le plus fréquemment lorsque la société a enregistré des pertes. Cette opération constitue en effet une mesure d'assainissement de la situation financière de la société. Elle peut en outre être préalable à l'entrée d'un nouvel actionnaire dans le capital social. C'est la pratique du « coup d'accordéon ». La loi

1. V. ss 614.

impose en outre de réduire le capital dans certains cas selon les types de sociétés.

206 **Décision.** La décision est à nouveau prise par l'assemblée des associés ou des actionnaires. Elle nécessite une modification des statuts et le respect de la procédure de publication identique à celle de la constitution de la société.

207 **Amortissement du capital.** L'amortissement est l'opération par laquelle la société rembourse aux associés tout ou partie du montant nominal de leurs parts. Elle est réalisée par des prélèvements sur les bénéfices ou les réserves. L'amortissement constitue une restitution anticipée des apports à titre d'avance sur le *boni* de liquidation. Le capital reste inchangé. Les parts ainsi amorties deviennent des parts en jouissance, conservant le droit de vote et le droit aux bénéfices, mais elles perdent le droit au remboursement de la valeur nominale. L'opération est décidée sur délibération des actionnaires par une majorité renforcée.

Section 2
Les restructurations de sociétés

208 **Plan.** Afin de s'adapter à l'environnement économique, les structures sociétaires doivent pouvoir elles-mêmes évoluer souplement. Le droit des sociétés offre ainsi plusieurs modes de restructuration de sociétés, soit que la société veuille adopter une autre forme juridique et se transformer, soit qu'elle souhaite opérer une concentration avec une autre société. On verra successivement la transformation de la société (**§ 1**) et la concentration de sociétés (**§ 2**).

§ 1. La transformation de la société

209 **Plan.** La transformation de la société est l'opération par laquelle la société change de forme juridique, sans que sa personnalité morale en soit modifiée. Elle rend nécessaire une modification

statutaire. Ce changement permet à la société de s'adapter et le droit des sociétés facilite la transformation. Elle peut être soit volontaire soit imposée par le législateur lorsque la survie de la société en dépend. La transformation emporte des effets importants aussi bien vis-à-vis de la société et des associés qu'à l'égard des tiers. Mais la survie de la personnalité morale n'est assurée qu'autant que la transformation est régulière. C'est pourquoi il convient d'étudier les conditions de la transformation (**A**) avant d'en voir les effets (**B**).

A. Les conditions de la transformation

210 **Les conditions de fond.** Il est nécessaire que soient respectées les conditions relatives au changement des statuts, imposées par la loi et les statuts selon les types de société (règles de convocation en assemblée générale extraordinaire, règles de *quorum* et de majorité). En outre, la société qui se transforme doit remplir les conditions exigées pour la validité de la société sous sa forme nouvelle (nombre d'associés, montant du capital). Enfin, la transformation en une société par actions de certaines sociétés doit obéir à des règles particulières. Ainsi, lorsqu'une société de quelque forme que ce soit qui n'a pas de commissaire aux comptes se transforme en société par actions, un ou plusieurs commissaires à la transformation, chargés d'apprécier la valeur des biens composant l'actif social et les avantages particuliers doivent en principe être désignés, sauf accord unanime des associés, par décision de justice (C. com., art. L. 224-3 mod.)[1]. L'étude du droit spécial des sociétés permettra de préciser l'ensemble de ces conditions.

211 **Les règles de publicité.** La transformation entraînant une modification statutaire, elle doit faire l'objet de mesures de publicité : insertion dans un journal d'annonces légales, dépôt au greffe du tribunal de commerce de la décision de transformation et de la désignation des nouveaux dirigeants en assemblée, dépôt des

1. V. le tableau synthétique présenté par F. Paponnaud, « Les nouvelles règles applicables aux transformations après la loi de sécurité financière du 1er août 2003 », *Dr. sociétés* 2004. étude 6.

nouveaux statuts, inscription modificative au Registre du commerce et des sociétés et insertion au *BODACC* rendant la transformation opposable aux tiers.

B. Les effets de la transformation

212 **À l'égard de la société.** La transformation régulière d'une société n'entraîne pas la création d'un être moral nouveau (C. civ., art. 1844-3 et C. com., art. L. 210-6). Grâce au maintien de la personnalité morale, la transformation aura donc des effets limités du point de vue juridique (maintien des droits et obligations contractées par la société sous son ancienne forme) et fiscal (non-exigibilité de droits de mutation, non-imposition de plus-values ou de bénéfices).

Toutefois, les dirigeants sociaux voient leur mandat prendre fin au jour de la prise d'effet de la transformation, sans pouvoir demander des dommages-intérêts[1]. Concernant les commissaires aux comptes, ils sont en principe maintenus dans leurs fonctions, à moins que, du fait de la nouvelle forme de la société, leur présence ne soit plus obligatoire.

Quant aux actifs acquis avant la transformation, ils demeurent dans le patrimoine de la société[2].

213 **À l'égard des associés.** Les nouveaux droits des associés prennent effet à partir de la date de la transformation. À cette date, les associés sont soumis aux règles de la société transformée. Toutefois les engagements antérieurs des associés sont maintenus. Notamment, les associés d'une société en nom collectif restent tenus solidairement et indéfiniment de toutes les dettes contractées par la société avant sa transformation.

214 **À l'égard des créanciers.** La transformation ne doit pas atteindre les droits des créanciers sociaux antérieurs à celle-ci et elle est

1. La solution est sévère car, du simple fait de la transformation, il est mis fin aux fonctions des organes d'administration, sans révocation. Les effets institutionnels de la transformation l'emportent donc sur les droits personnels des mandataires sociaux (v. l'hypothèse d'une tranformation d'une SAS en SNC : Paris, P. 5, ch. 8, 22 sept. 2015, n° 14/12205, *Bull. Joly*, mars 2016, 141, note P.-L. Périn).

2. Cette continuité s'applique aussi bien aux actifs mobiliers qu'immobiliers. Il n'y a donc pas lieu à une évaluation de ces biens par un commissaire aux apports (Com. 27 mai 2015, n° 13-27458, *Bull. Joly*, nov. 2015, 587, note E. Gicquiaud), contrairement à ce que la loi peut exiger pour la création de certaines sociétés (v. ss 324).

sans influence sur eux (maintien des contrats de travail, d'un bail). Ces créanciers bénéficient en outre des garanties nouvelles que leur offre la transformation. Ainsi, lorsqu'une SARL se transforme en société en nom collectif, un créancier de la SARL peut rechercher la responsabilité indéfinie et solidaire des associés[1]. Ils conservent en outre le bénéfice des sûretés consenties avant la transformation, notamment les cautions données par les associés et les dirigeants, que ces derniers soient encore en place ou non après la transformation[2].

§ 2. La concentration des sociétés

215 **La concentration.** L'efficacité économique et l'ouverture des marchés poussent les entreprises à la concentration. Aux termes de l'article L. 430-1 du Code de commerce modifié par la loi relative aux nouvelles régulations économiques, une opération de concentration est réalisée grâce à des procédures juridiques qui reposent toutes sur les mêmes techniques : la fusion, la scission, l'apport partiel d'actifs.

216 **La fusion.** Une fusion est une opération par laquelle deux ou plusieurs sociétés réunissent leurs patrimoines pour ne former qu'une seule société. La fusion peut se réaliser soit par l'absorption par une société préexistante d'une ou plusieurs autres sociétés (*fusion absorption*), soit par l'attribution à une société, créée à cet effet, de l'ensemble du patrimoine de plusieurs sociétés. Il s'agit dans ce dernier cas, d'une fusion par constitution d'une société nouvelle. Aux termes de l'article L. 236-1 du Code de commerce, une fusion entraîne la transmission universelle du patrimoine de la ou des sociétés absorbées[3]. La ou les sociétés destinées à disparaître seront alors dissoutes du fait de la transmission universelle du

1. Civ. 3e, 10 janv. 1973, *Rev. sociétés* 1973. 647, note J.-P. Sortais.
2. Com. 3 janv. 1995, *Rev. sociétés* 1995. 493, note Ph. Delebecque, *Bull. Joly* 1995. 237, note P. Le Cannu.
3. Cette transmission universelle du patrimoine peut conduire à alourdir la dette de l'absorbée : Com. 28 fév. 2018, n° 16-18692, *Bull. Joly*, juin 2018, p. 351, note B. Dondero.

patrimoine et il sera procédé à un échange de droits sociaux[1]. La jurisprudence distingue clairement l'opération de fusion de l'apport en société[2].

Responsabilité pénale et transmission universelle du patrimoine

Traditionnellement, la jurisprudence française estimait qu'en vertu du principe « nul n'est responsable pénalement que de son propre fait » énoncé à l'article 121-1 du Code pénal, la responsabilité pénale de la société absorbée ne pouvait être transférée à la société absorbante[3]. La chambre criminelle assimilait en effet la dissolution par voie de fusion à la mort d'une personne physique. Cette chambre opère un revirement de jurisprudence en décidant que la responsabilité pénale de la société absorbée peut être transférée à la société absorbante[4]. Aussi, une société absorbante peut être désormais condamnée en raison d'une infraction commise avant la fusion par la société absorbée. Selon cet arrêt, trois conditions sont néanmoins nécessaires : l'opération doit relever de la directive européenne relative aux fusions des sociétés (Dir. 2011/35 du 5 avr. 2011, réformée par Dir. 2017/1132 du 14 juin 2017) ; les condamnations concernées sont seules les peines d'amende et de confiscation ; l'opération de fusion doit être conclue à compter de l'arrêt rendu par la Cour de cassation, soit postérieurement au 25 novembre 2020.

La Chambre criminelle rejoint la position de la CJUE en adoptant une interprétation fondée sur la continuité économique de la société absorbée par la société absorbante dans l'opération de fusion. Elle rejoint également la jurisprudence rendue par la Chambre commerciale en droit boursier[5] et en

1. Sur le sort du cautionnement en cas de fusion, v. Com. 8 nov. 2005, *D.* 2005. AJ 2875 : et sur la date d'effet d'une fusion-absorption entraînant la perte de la personnalité morale (Civ. 3e, 17 mai 2006, *D.* 2006. AJ 1687, obs. A. Lienhard).

2. Com. 9 nov. 2010, *Rev. sociétés* 2010. 219, note Th. Massart.

3. Crim. 25 oct. 2016, n° 16-80.366, *Rev. Soc.*, note H. Mastopoulou; *JCP E* 2017, n° 1087, note F. Deboissy.

4. Crim. 25 nov. 2020, n° 18-86.955, *RJDA* 2/21, p. 87, avis R. Salomon ; *Rev. Soc.*, fév. 2021, p. 79, note B. Bouloc.

5. Com. 15 juin 1999, n° 97-16.439, *RJDA* 8-9/99, n° 949.

droit de la concurrence[1]. La Cour européenne des droits de l'homme considère quant à elle que cette approche fondée sur la continuité économique de l'entreprise est conforme au principe de la personnalité des peines garanti par la Convention EDH[2].

La loi du 3 juillet 2008 transposant la directive n° 2005/56/CE du 26 octobre 2005 consacre, pour les sociétés de capitaux, la possibilité de participer à des fusions transfrontalières à l'intérieur de l'Union européenne, ce qui constitue une grande avancée, en particulier pour les restructurations des petites et moyennes entreprises[3].

217 **La scission.** Elle est l'opération par laquelle une société transmet son patrimoine à plusieurs sociétés qui, soit préexistent, soit sont créées à l'occasion de la scission. En échange de cet apport, la société qui en bénéficie doit procéder à une augmentation de capital et émettre des titres en proportion.

218 **L'apport partiel d'actif.** Il s'agit d'une forme de scission par laquelle une société fait apport à une autre société, existante ou nouvellement créée, d'une branche d'activité. La société scindée est amenée à disparaître, contrairement à celle qui fait un apport partiel d'actif qui représente une partie cohérente et homogène de son actif. En échange de cet apport, il sera reçu des titres émis par la société bénéficiaire de l'apport.

219 **Sources.** Dans la mesure où le régime juridique des scissions et de l'apport partiel d'actif est calqué sur celui de la fusion, c'est à cette dernière que l'essentiel de l'analyse sera consacré, et plus

1. Com. 21 janv. 2014, n° 12-29.166, *RJDA* 4/14, n° 385.
2. L'approche du droit français fondée sur la continuité économique de l'entreprise, qui vise à prendre en compte la spécificité de la situation générée par la fusion-absorption, ne contrevient pas au principe de la personnalité des peines garanti par la Convention EDH. Il est dès lors possible, selon cette cour, de condamner la société absorbante sur le fondement de l'article L. 442-6 du Code de commerce, à raison d'actes commis avant cette fusion-absorption dans le cadre de l'activité de l'absorbée : CEDH, 1er oct. 2019, n° 37858/14, Carrefour France, *Bull. Joly Soc.*, déc. 2019, p. 29, note A. Reygrobellet.
3. M. Menjucq, « Adoption de la directive sur les fusions transfrontalières des sociétés de capitaux », *JCP* 2006. Act. 1 ; M. Luby, « Liberté d'établissement des sociétés et fusion transfrontalière », CJCE 13 déc. 2005, *D.* 2006. 451 ; H. Le Nabasque, *Rev. sociétés* 2008. 493 ; C. Cathiard *et al.*, *Bull. Joly* 2010. 794.

particulièrement à la fusion-absorption qui est de loin la plus fréquente. Quelques dispositions générales sont applicables à toutes les sociétés quelle que soit leur forme (C. com., art. L. 236-1 s). Le législateur a prévu des dispositions spécifiques aux sociétés à responsabilité limitée et aux sociétés anonymes, issues pour l'essentiel des troisième et sixième directives européennes des 9 octobre 1978 et 17 décembre 1982 (C. com., art. L. 236-8.), mais la loi de simplification du 22 mars 2012 a étendu à toute forme de société la possibilité de soumettre un apport partiel d'actif au régime des fusions et scissions (C. com., art. L. 236-6-1).

220 **Plan.** Une fusion s'opère en plusieurs étapes. Il convient d'étudier tout d'abord les opérations préalables à la fusion (ou scission) (**A**), la réalisation de la fusion (ou scission) (**B**) et ses effets (**C**).

A. Les opérations préalables à la fusion (ou scission)

221 **Domaine.** Les opérations de fusion et de scission peuvent être réalisées entre des sociétés de forme différente (C. com., art. L. 236-2) et il est même admis qu'une société dissoute puisse participer à de telles opérations, avant toute répartition d'actif entre associés (C. com., art. L. 236-1). Ces opérations sont décidées dans chacune des sociétés concernées, dans les conditions requises pour la modification des statuts. Elles reposent pour une grande part sur la volonté des parties. Mais les plus grandes difficultés concernent, d'une part, l'évaluation des apports, d'autre part, leur rémunération.

222 **L'évaluation des apports.** Les parties doivent se mettre d'accord sur la valeur à attribuer à chaque société. Les méthodes d'évaluation doivent être précises et cohérentes[1]. L'emploi de plusieurs critères permettant l'évaluation la plus objective possible s'avère nécessaire. Lorsque les mêmes critères sont utilisés pour comparer les sociétés, les méthodes d'évaluation doivent être calculées sur la même période ou sur la même base. La justesse de cette évaluation des sociétés concernées est fondamentale en ce qu'elle va per-

1. La Commission des opérations de bourse a été amenée à publier des recommandations dont s'inspiraient même les sociétés ne faisant pas appel public à l'épargne.

mettre de déterminer la parité d'échange et, par là, la rémunération des apports.

223 **La rémunération des apports.** Ces apports sont rémunérés à partir de la parité d'échange, c'est-à-dire le rapport d'échange entre les valeurs des titres des sociétés tel qu'il est fixé après l'évaluation des apports. Cette parité détermine le nombre de titres à émettre afin de remplacer les titres détenus par la société qui va disparaître (absorbée ou scindée). Si l'évaluation des titres (qui correspond à la valeur des apports de la société absorbée ou scindée) est supérieure à la valeur nominale des titres, la différence entre ces deux valeurs constituera une prime de fusion (ou de scission).

224 **Le projet de fusion (ou scission).** Le projet de fusion ou de scission est arrêté par l'organe dirigeant, conseil d'administration ou directoire de société anonyme, ou encore gérant de chacune des sociétés participant à l'opération. Il contient l'ensemble des conditions de réalisation de l'opération de fusion ou de scission. Notamment, ce projet doit indiquer la forme et l'identité des sociétés participantes, les buts et les motifs de la fusion, les dates d'arrêté des comptes et d'effet des opérations, la description et l'évaluation des éléments d'actifs et de passif dont la transmission est prévue, la parité d'échange des titres ainsi que, s'il y a lieu, le montant de la prime de fusion (ou de scission), les droits et avantages particuliers éventuellement concédés.

225 **Le commissaire à la fusion (ou scission).** Depuis la loi du 5 janvier 1988, transposant les directives européennes, l'intervention d'un ou de plusieurs commissaires à la fusion (ou à la scission) est obligatoire dans les sociétés anonymes et les sociétés à responsabilité limitée sauf, depuis la loi du 3 juillet 2008, si les actionnaires de chacune des sociétés participantes décident le contraire, à l'unanimité (C. com., art. L. 236-10 et 236-23). Ces commissaires sont choisis parmi les commissaires aux apports et sont donc soumis aux mêmes incompatibilités que ces derniers. Ils sont désignés par le président du tribunal de commerce. Ils ont pour mission de vérifier la pertinence des valeurs attribuées aux titres des sociétés participant et du rapport d'échange. Ils rédigent alors un rapport qu'ils doivent mettre à la disposition des associés au siège de la société, au moins un mois avant la tenue de l'assemblée générale

qui se prononcera sur l'opération de concentration. Ils seront tenus responsables des fautes commises dans l'élaboration de ce rapport. Un même et seul commissaire peut être désigné pour toutes les sociétés concernées.

B. La réalisation de la fusion (scission)

226 **Publicité.** Le projet de fusion ou de scission est communiqué aux commissaires aux comptes, s'il y a lieu, ainsi qu'au conseil social et économique, et doit être déposé au greffe du tribunal de commerce du siège de chacune des sociétés concernées (C. com., art. L. 236-6). Une insertion doit être faite dans un journal d'annonces légales ainsi qu'au *BALO* si l'une des sociétés offre ses titres au public. Le projet doit alors être soumis à l'approbation des associés de sociétés concernées.

227 **La société absorbée (ou scindée).** La décision de fusion ou de scission doit être décidée par l'assemblée générale extraordinaire dans les conditions requises pour la modification des statuts (C. com., art. L. 236-2). Au cas où l'opération a pour effet d'augmenter les engagements des associés de l'une ou de plusieurs sociétés concernées, la décision doit être prise à l'unanimité (C. com., art. L. 236-5).

228 **La société absorbante (ou bénéficiaire).** Dans les sociétés anonymes et les sociétés à responsabilité limitée, un rapport sur la valeur des apports en nature et les avantages particuliers doit être établi par les commissaires à la fusion sous leur responsabilité, en même temps que le rapport sur les modalités de la fusion (C. com., art. L. 236-10). Ces commissaires doivent en outre vérifier que le montant de l'actif net apporté par la société absorbée est au moins égal au montant de l'augmentation de capital de la société absorbante. L'assemblée générale extraordinaire doit, quant à elle, se prononcer sur l'opération de concentration dans les conditions prévues pour la modification des statuts (C. com., art. L. 236-2). En outre, le conseil d'administration (ou le directoire) doit mettre à la disposition des actionnaires un rapport écrit sur l'opération (C. com., art. L. 236-9). La loi *PACTE* amende l'article L. 236-9 pour autoriser l'assemblée d'une société anonyme absorbante à

recourir aux délégations de compétence et délégations de pouvoir au bénéfice de son conseil d'administration ou de son directoire, sur le modèle de ce que prévoit déjà le droit français en matière d'augmentation de capital[1].

229 **Publicité.** Les sociétés participant à une fusion ou à une scission devaient, à peine de nullité de l'opération, déposer au greffe du tribunal de commerce une déclaration de conformité. Depuis l'entrée en vigueur de la loi du 29 décembre 2014 relative à la simplification de la vie des entreprises, l'obligation de déclaration de conformité est restreinte aux sociétés anonymes et aux sociétés participant à une opération de fusion transfrontalière au sein de l'Union européenne (C. com., art. L. 236-6 mod.). La loi *PACTE* supprime cette obligation de déclaration auprès du greffe du tribunal pour les opérations de fusion et de scission concernant les sociétés par actions simplifiées et les sociétés en commandite par actions[2].

230 **Nullités.** La nullité de la délibération de l'une des assemblées participant à l'opération et le défaut de dépôt de la déclaration de conformité sont les seuls cas de nullité d'une fusion ou d'une scission (C. com., art. L. 235-1). La prescription de l'action en nullité est de six mois à compter de la date de la dernière inscription au Registre du commerce et des sociétés rendue nécessaire par l'opération. Une régularisation est possible et, dans ce cas, le tribunal saisi de l'action en nullité doit accorder aux sociétés intéressées un délai pour régulariser la situation (C. com., art. L. 235-8). Une décision d'annulation d'une fusion doit faire l'objet d'une publicité. Elle n'a aucun effet rétroactif. Toutes les sociétés ayant participé à l'opération sont solidairement responsables de l'exécution des obligations mises à la charge de la société absorbante entre la date d'effet de l'opération et la date de publication de la décision ayant prononcé la nullité (C. com., art. L. 235-11).

1. V. ss 614.
2. Cette modification apportée par l'art. 101 de la loi PACTE est conforme à la directive n° 2017/1132/UE du 14 juin 2017 relative à certains aspects du droit des sociétés.

C. Les effets de la fusion (ou scission)

231 **La date des effets de la fusion (ou scission).** Sauf dans le cas où il y a création d'une nouvelle société, la fusion prend effet à la date de la dernière assemblée générale ayant approuvé l'opération. Le traité de fusion peut toutefois prévoir que l'opération de fusion prendra effet à une autre date avec effet différé ou bien rétroactif. Mais cette date ne peut être ni postérieure à la date de clôture de l'exercice en cours de la société bénéficiaire en cas d'effet différé, ni antérieure à la date de clôture du dernier exercice clos de la société qui va être dissoute en cas d'effet rétroactif[1]. Lorsque la fusion entraîne la création d'une ou de plusieurs sociétés, la fusion prend effet à la date d'immatriculation de la nouvelle société, ou de la dernière d'entre elles.

La prise d'effet de la scission est déterminée par la date de l'immatriculation au Registre du commerce et des sociétés de la nouvelle société, ou de la dernière s'il en est créé plusieurs. S'il n'est pas créé de société, la prise d'effet aura lieu à la date de la tenue de l'assemblée générale extraordinaire qui aura approuvé la scission. Le projet de scission peut toutefois prévoir une autre date de prise d'effet qui est soumise aux mêmes restrictions qu'en cas de fusion.

232 **La société absorbée (ou scindée).** La fusion entraîne la dissolution de la société absorbée sans liquidation et la transmission universelle de son patrimoine à la société absorbante, dans l'état où il se trouve à la date de réalisation définitive de la fusion. Pour la Cour de cassation, la disparition de la personnalité morale de la société absorbée est opposable aux tiers à compter de la date de la publication de la dissolution et de la radiation de la société au registre du commerce[2]. Les associés reçoivent en échange des parts ou actions de la société bénéficiaire, dans les conditions fixées par le projet de fusion (C. com., art. L. 236-3-I). La dissolution fait automatiquement perdre leurs fonctions aux dirigeants.

---

1. J. Paillusseau, « La rétroactivité des opérations de fusion », *JCP* 2000. 1557.
2. Com. 24 mai 2011, n° 10-19.222, *Bull. Joly* 2011. 578, note R. Raffray ; Civ. 3e, 24 mai 2011, n° 10-19.230, *Bull. Joly* 2011. 855, note X. Vamparys ; *adde* M.-L. Coquelet, « Transmission universelle du patrimoine : sort des actions en justice », *Bull. Joly* 2007. 783.

Néanmoins, le nombre des dirigeants dans une société anonyme absorbante peut dépasser le nombre légal pendant un délai de trois ans à compter de la date de la fusion (C. com., art. L. 225-95). Le mandat des commissaires aux comptes prend fin avec la fusion.

La transmission du patrimoine s'étend à *toute créance ou à toute dette existant au jour de la fusion*, même si elle est future ou éventuelle[1]. On s'interroge en revanche sur la transmission de *contrats conclus intuitu personae*[2]. La jurisprudence paraît décider qu'ils ne se transmettent pas à la société absorbante, sauf manifestation expresse de volonté [3]. Concernant la transmission d'un contrat de franchise, elle exige l'accord du franchisé[4], Il est naturellement possible d'exclure à l'avance la transmission de certains contrats.

Dans un souci de protection des créanciers, le législateur accorde aux créanciers de la société absorbée le droit de faire opposition s'ils considèrent qu'ils courent un risque nouveau. Cette opposition doit avoir lieu dans les trente jours, à compter de la dernière publicité du projet de fusion, mais elle n'a pas d'effet suspensif. Le tribunal de commerce décide du sort à donner à cette opposition. Au cas où la société ne suivrait pas la décision de justice, la fusion resterait valable mais ne serait pas opposable aux créanciers. Les obligataires ont la possibilité, soit de demander le remboursement de leurs titres, soit de devenir créanciers de la nouvelle société, soit de s'opposer à la fusion dans les mêmes conditions que les autres créanciers sociaux. L'opposition produira les mêmes effets qu'à l'égard des créanciers.

La scission entraîne la disparition de la société scindée, et, de même que pour la fusion, la société scindée est dissoute sans liquidation. La transmission universelle du patrimoine de la

1. Com. 4 févr. 1997, *Bull. Joly* 1997. 448, note M.-L. Coquelet.
2. Une garantie de passif stipulée au profit de l'absorbée n'est pas un contrat *intuitu personae* (Com. 10 juill. 2007, *Bull. Joly* 2007. 1225). La garantie de passif est en effet attachée aux titres cédés.
3. Pour un cautionnement : Com. 30 juin 2009, n° 08-10.719, *Bull. Joly* 2009. 1049, note D. Houtcieff ; Com. 13 sept. 2011, n° 10-21.370, *Dr. sociétés* 2011. 214, note D. Gallois-Cochet. Com. 18 févr. 1997, *Rev. sociétés* 1998. 324, note N. Fortuit, concernant une concession de marque.
4. Com. 3 juin 2008, *Rev. sociétés* 2009. 339, note L. Amiel-Cosme ; Com. 24 nov. 2009, *Rev. sociétés* 2010. 562, note L. Amiel-Cosme ; Com. 12 oct. 2010, *Rev. sociétés* 2010. 508, obs. A. Lienhard. Cette solution paraît contestable dans la mesure où le choix *intuitu personae* concerne la personne du franchisé, mais manifestement pas celle du franchiseur.

société dissoute s'opère au profit des bénéficiaires dans l'état où se trouve ce patrimoine à la date de la réalisation définitive de l'opération (C. com., art. L. 236-3). Les créanciers et les obligataires de la société scindée disposent, comme en matière de fusion, d'un droit d'opposition.

233 **Les sociétés bénéficiaires.** Le patrimoine de la société absorbée est transmis de plein droit à la société absorbante[1]. Une procédure d'agrément, lorsqu'elle est prévue en cas de fusion par les statuts, peut être appliquée à l'entrée des associés de la société absorbée dans la société absorbante. Encore faut-il que la clause soit précise. À défaut, en cas d'incertitude sur le champ d'application de la clause d'agrément, les actionnaires devront s'en remettre au pouvoir souverain d'interprétation des juges du fond[2]. Le mandat des commissaires aux comptes se poursuit jusqu'au terme initialement prévu.

La fusion (ou la scission) de la société est sans effet sur le droit de vote double qui peut être exercé au sein de la ou des sociétés bénéficiaires, si celles-ci en bénéficient (C. com., art. L. 225-124, al. 2). En outre, à compter du 10 juin 2017, « les droits de vote double dans des sociétés tierces dont bénéficie la société absorbée ou la société scindée sont maintenus, en cas de fusion ou de scission, au profit de la société absorbante ou de la société nouvelle résultant de l'opération de fusion ou de scission » (C. com., art. L. 225-124, al. 3)[3].

Les mêmes règles de transmission sont applicables en cas de scission. Le projet doit avoir réparti l'actif et le passif entre les différentes sociétés bénéficiaires des apports, mais ces sociétés

1. L'effet translatif permet à la société absorbante de bénéficier de plein-droit des délais qui ont commencé à courir au bénéfice de la société absorbée (Com. 12 mars 2008), ou encore de se prévaloir d'une condamnation prononcée à l'avantage de l'absorbée (Com. 21 oct. 2008). En revanche, s'agissant des contrats *intuitus personae*, ceux-ci ne sont pas automatiquement transmis quand le cocontractant n'a pas donné son accord (Com. 3 juin 2008, *D.* 2008. 1623, obs. A. Lienhard).

2. Com. 3 juin 1986, *D.* 1987. 95, note J.-J. Daigre ; *JCP E* 1987. II. 15083, note Y. Paclot ; *Rev. sociétés* 1987. 52, note Y. Reinhard ; Com. 6 mai 2003 (affaire *Y. Rocher*), *D.* 2003. 1438, obs. A. Lienhard ; *Bull. Joly* 2003. 812 et 742. Chron. A. Constantin ; Com. 12 févr. 2008, *JCP E* 2008. 2209, note Y. Paclot ; Ch. civ. et com. 9 juin 2011, n° 10-05.530, *JCP E* 2011. 1597, note Y. Paclot. En outre, la Cour de cassation admet qu'une société tierce à la fusion puisse valablement soumettre à agrément l'entrée de la société absorbante dans son capital en vertu d'une clause statutaire. V. I. Urbain Parléani, « La fusion absorption à l'épreuve des clauses d'agrément », in *Mélanges Guyon*, Dalloz, 2003, p. 1061.

3. Sur le droit de vote double, v. ss 441.

sont en principe débitrices solidaires envers les créanciers de la société scindée (C. com., art. L. 236-20 et L. 236-21).

Si une société nouvelle est constituée, il doit être procédé à la désignation d'un commissaire aux comptes, dès lors que les dispositions législatives et réglementaires le requièrent.

SECTION 3

LA DISSOLUTION DE LA SOCIÉTÉ

234 **Notion.** La dissolution marque le terme de l'existence sociale. Le patrimoine n'a plus de titulaire. Il convient alors de le liquider, de payer les créanciers sociaux et de partager le solde entre les associés. La liquidation est assimilable à la dévolution successorale à la suite du décès d'une personne physique.

On examinera les causes de la dissolution (**§ 1**) et ses effets (**§ 2**).

§ 1. Les causes de dissolution

235 Le Code civil, en son article 1844-7, consacre un article aux causes de dissolution communes à toutes les sociétés. À ces causes s'ajoutent celles qui sont propres à chaque type de société et qui seront étudiées ultérieurement. Concernant les causes applicables à toutes les sociétés, tantôt la dissolution est automatique et arrive de plein droit, tantôt elle provient soit d'un acte émanant de la volonté des associés, soit d'une décision judiciaire. On distinguera les causes présidant à une dissolution de plein droit (**A**) des causes de dissolution volontaire (**B**).

A. La dissolution de plein droit

236 La dissolution de plein droit trouve son origine dans certains événements qui entraînent automatiquement la dissolution de la société. Si une intervention judiciaire est nécessaire dans certains de ces cas, le juge ne fera que constater l'existence de l'événement

et prononcera la dissolution, sans user de son pouvoir d'appréciation. Ces causes de dissolution sont au nombre de cinq.

237 **L'arrivée du terme.** Elle est la cause de dissolution la plus naturelle. Lorsqu'une société a été constituée pour une durée déterminée, la société est dissoute de plein droit à l'expiration du temps pour lequel elle a été conclue (C. civ., art. 1844-7 1°). Ce terme ne peut pas dépasser 99 ans, en application de la disposition de l'article 1838 du Code civil. Cependant les associés peuvent éviter la dissolution de la société en décidant d'en proroger le terme. La prorogation n'entraîne pas création d'une personne morale nouvelle. Elle s'analyse en une modification des statuts et doit donc être décidée selon les conditions imposées pour tout changement d'une disposition statutaire. Cette prorogation doit être demandée un an au moins avant la date d'expiration de la société (C. civ., art. 1844-6, al. 2). À défaut, tout associé peut demander au président du tribunal de commerce la désignation d'un mandataire de justice chargé de provoquer la consultation de l'assemblée. Il ne peut y avoir de prorogation tacite et une décision des associés ultérieure au terme ne pourrait avoir d'effet rétroactif[1]. À l'arrivée du terme, la société n'a plus la personnalité morale. Si, malgré tout, l'activité de la société continuait, ses associés seraient considérés comme des associés de fait.

238 **La réalisation ou l'extinction de l'objet social.** La société prend fin par la réalisation de son objet (C. civ., art. 1844-7 2°). Cette réalisation de l'objet suppose que l'opération pour laquelle la société a été instituée soit définitivement accomplie. L'extinction de l'objet implique, quant à elle, que l'activité pour laquelle la société a été créée se révèle impossible. Ainsi en est-il en cas de fermeture judiciaire d'un fonds de commerce qui était l'unique objet de l'exploitation de la société. Cette cause de dissolution joue rarement en pratique puisque les statuts définissent l'objet de manière très large et que les juges en font aussi une interprétation extensive[2].

1. Paris 21 oct. 1994, *Bull. Joly* 1995. 43, note M. Jeantin.
2. Une société peut être simplement mise en sommeil, c'est-à-dire être en cessation temporaire d'activité. Cette cessation d'activité n'équivaut pas à une dissolution et la reprise d'activité est possible à tout moment. Elle doit néanmoins faire l'objet d'une publicité et d'une inscription modificative au Registre du commerce et des sociétés.

239 **L'annulation du contrat de société.** Il produit les effets d'une dissolution anticipée par justice (C. civ., art. 1844-7 3° et 1844-15, al. 2).

240 **Les causes statutaires.** Selon l'article 1844-7 8° du Code civil, la société prend fin *pour toute autre cause prévue par les statuts.* Il est donc possible pour les statuts de prévoir une cause de dissolution en dehors de la loi, en cas de survenance de tel ou tel événement (par exemple, la modification de la situation juridique ou financière de l'un des associés). Cette cause de dissolution est rare, une clause de rachat des parts lui étant souvent préférée.

241 **La liquidation judiciaire.** En vertu de l'article 1844-7 7° du Code civil, la société prend fin par l'effet d'un *jugement ordonnant la liquidation judiciaire.* Le jugement de redressement judiciaire n'entraîne pas, quant à lui, la dissolution mais permet, au contraire, la continuation de la société.

242 **Réunion de toutes les parts en une seule main.** La réunion de toutes les parts en une seule main n'entraîne plus la dissolution de plein droit de la société. Une régularisation est possible dans le délai d'un an (C. civ., art. 1844-5, al. 3). La loi sur les nouvelles régulations économiques a écarté les dispositions de l'article 1844-5 du Code civil pour les SARL et les sociétés par actions simplifiées qui n'ont plus qu'un associé.

B. La dissolution voulue

243 **Dissolution voulue par les associés.** Selon l'article 1844-7 4° du Code civil, une dissolution anticipée de la société peut être décidée à tout moment par les associés. Cette décision peut être prise à une majorité renforcée correspondant aux conditions de modifications statutaires.

244 **La dissolution judiciaire anticipée.** Cette décision doit être prise par le tribunal à la demande d'un associé pour justes motifs (C. civ., art. 1844-7 5°). Deux cas sont cités en exemple par le Code civil : l'inexécution de ses obligations par un associé (il s'agit donc d'une simple application de l'article 1184 du Code civil) ; *la mésentente entre associés paralysant le fonctionnement de la société.* Ce second motif est souvent invoqué, bien qu'il soit soumis à des conditions strictes. La mésentente doit paralyser le fonctionne-

ment de la société[1] et ne pas être imputable à l'un ou l'autre des associés en conflit[2]. Un simple désaccord entre associés, relatif à des différends d'ordre privé ou patrimoniaux, ne suffit donc pas[3] et la partie qui invoque la mésentente doit apporter la preuve de la gravité de celle-ci. Ce facteur de paralysie doit faire apparaître la perte de *l'affectio societatis*, ce qui ne sera pas le cas lorsque l'opposition provient d'un seul associé minoritaire, les autres associés témoignant de leur volonté de rester associés[4]. En outre, si la société est prospère, les juges tenteront au préalable de faire dénouer la crise par un administrateur provisoire. Enfin, le demandeur ne peut être lui-même à l'origine du trouble social et l'associé demandeur à l'origine de la mésentente verra sa demande rejetée[5]. Inversement, tout associé a qualité pour demander en justice la dissolution anticipée pour justes motifs et la seule suspicion qu'un demandeur en dissolution serait l'initiateur d'un dysfonctionnement social est insuffisante à rendre sa demande irrecevable[6]. L'action en dissolution est d'ordre public et aucune disposition, de source statutaire ou extrastatutaire, ne pourrait l'écarter. Elle impose de mettre en cause la société[7].

L'administration provisoire de la société [8]

Une création prétorienne

L'administrateur provisoire est un mandataire désigné en justice en cas de crise grave empêchant le fonctionnement normal de la société. Il est chargé

1. Civ. 1re, 16 oct. 2013, n° 12-26.729, *Bull. Joly* 2014, p. 39, note E. Forget.
2. Com. 10 sept. 2013, n° 12-20.523, *Bull. Joly* 2014, p. 37, note J.-F. Barbièri (incapacité des associés d'arrêter ensemble les décisions nécessaires à la bonne exécution de l'objet social).
3. Par ex., Civ. 1re, 18 mai 1994, *Bull. Joly* 1994, p. 841, note C. Priéto (paralysie d'une société de médecins) ; Paris 25 mars 1993, *Rev. Sociétés*, 1993. 661, note Y. Guyon (mésentente provoquant la chute des résultats) ; Com. 5 avril 2018, n° 16-19.829, *Bull. Joly*, juin 2018, p. 325, note L. Camensuli-Feuillard.
4. Civ. 3e, 5 mai 2015, n° 14-13.060, *Bull. Joly*, oct. 2015, p. 478, note A. Cerati-Gauthier.
5. Par ex., Com. 13 févr. 1996, *Bull. Joly* 1996, p. 498, note J.-J. Daigre, *D.* 1997. 108, note D. Gibirila, *Rev. sociétés* 1996. 563, note J. Honorat.
6. Com. 14 sept. 2014, n° 13-20083, *Bull. Joly*, nov. 2014, p. 428, note J.-F. Barbièri ; G. Wicker, « La légitimité de l'intérêt à agir », *in Mélanges Y. Serra*, Dalloz, 2006, 455.
7. Civ. 1re, 4 juill. 1995, *Dr. sociétés* 1995. 206, obs. Th. Bonneau.
8. L'administration provisoire se distingue du mandat *ad hoc*. Sans avoir à répondre aux critères exigents fixés de manière prétorienne pour l'administration provisoire (mesure de protection de l'intérêt social tournée vers l'avenir), le mandat *ad hoc* correspond au besoin d'apurer une situation passée, irrégulière ou imparfaite dans laquelle se trouvait la société (par ex., satisfaire une demande d'accès aux documents sociaux ou de combler un défaut de convocation de l'assemblée depuis la constitution de la société) ; V. B. Lecourt, « Questions autour de l'administration provisoire », *JCP E* 2016. 1384.

d'assurer momentanément la gestion des affaires sociales et se substitue aux dirigeants sociaux.
Sa désignation est une mesure exceptionnelle qui suppose que *soit rapportée la preuve de circonstances rendant impossible le fonctionnement normal de la société et menaçant celle-ci d'un péril imminent*[1]. La désignation peut être demandée soit par les dirigeants de la société, soit par un ou plusieurs associés, mais elle est refusée aux créanciers sociaux. Elle relève de la compétence du président du tribunal de commerce qui statue en référé (C. pr. civ., art. 873) et entraîne le dessaisissement des dirigeants sociaux.
L'administrateur provisoire est investi de tous les pouvoirs conférés par la loi au dirigeant de la société[2]. Mais la décision qui le nomme peut préciser ou limiter ses pouvoirs. Sa mission est provisoire et, en pratique, elle constitue une phase intermédiaire utile visant à préparer, si la mission du mandataire judiciaire confirme le caractère irrémédiable de la crise, une demande ultérieure de dissolution. Il encourt les mêmes responsabilités qu'un dirigeant social, à l'égard de la société, des actionnaires et des tiers.

245 **La dissolution, sanction pénale.** La dissolution est la peine maximale qui pourra être prononcée par une juridiction pénale, pour des infractions graves commises pour le compte de la société par ses organes ou son représentant[3].

§ 2. Les effets de la dissolution

246 La dissolution de la société, que la cause soit de plein droit, conventionnelle ou judiciaire, entraîne immédiatement sa liquidation. À l'égard des tiers, la disparition de la société n'est rendue opposable que par la publication au registre du commerce et des sociétés des actes ou événements l'ayant entraînée, même si ceux-ci ont fait l'objet d'une publicité légale[4]. La dissolution obéit

1. Com. 6 févr. 2007, *Bull. Joly* 2007, p. 690, note P. Scholer ; Com. 10 nov. 2009, *RTD com.* 2010. 557 et Com. 18 mai 2010, *RTD com.* 2010. 739, obs. C. Champaud et D. Danet. Pour le cas d'une SAS : Com. 8 nov. 2017, n° 14-21481, *Bull. Joly,* fév. 2017, 117, note P.-L. Périn.
2. Pour une lecture très étroite des pouvoirs de l'administrateur provisoire, v. Civ. 3e, 3 mai 2007, *Bull. Joly* 2007. 1058, note B. Saintourens, *Dr. sociétés* 2007. 127, note H. Lécuyer ; pour la possibilité, accordée à l'administrateur provisoire judiciaire par l'ordonnance de référé, d'accomplir des actes de disposition : Com. 8 nov. 2016, n° 14-21481, *JCP E* 2017, 1195, note B. Lecourt.
3. V. ss 140.
4. Com. 20 sept. 2011, n° 10-15.068, Cette solution met fin à une jurisprudence qui avait pour conséquence de priver de tout effet le formalisme de la radiation au RCS, considérant la dissolution acquise dès lors que le délai de trente jours après la publication de la dissolution de la société dans un journal d'annonces légales était passé et qu'aucune opposition des créanciers n'était intervenue : Com. 24 nov. 2002, n° 00-13.663, *Rev. Sociétés* 2002. 711, note B. Saintourens ; Civ. 3e, 20 juin 2007, n° 06-13.514, *Bull. civ.* III, n° 112.

à deux types de formalité : une insertion dans un journal d'annonces légales du lieu du siège social, suivie dans le mois à compter du jour de la dissolution, d'une mention au Registre du commerce et des sociétés. La dénomination sociale est complétée par la mention « société en liquidation » et il est fait mention des liquidateurs. Ces mentions doivent figurer sur tous les actes et documents émanant de la société. Le greffier insère également une mention au *BODACC*.

La dissolution s'effectue en deux étapes : la liquidation (**A**), suivie du partage (**B**).

A. La liquidation

247 L'article 1844-8 du Code civil énonce que la société est en liquidation *dès l'instant de sa dissolution*. En principe, la société, dès qu'elle est dissoute, devrait disparaître immédiatement. En fait, la personnalité morale des sociétés survit pour les besoins de leur liquidation. Celle-ci correspond à l'ensemble des opérations consécutives à la dissolution, nécessaires pour terminer les affaires dans lesquelles la société est engagée et pour régler la situation sociale, pour réunir les éléments d'actifs, pour éteindre son passif en vue de procéder au partage entre les associés de l'actif net restant. Il serait impossible pour les associés de renoncer à la liquidation et à la désignation d'un liquidateur, et cela même si la décision était prise à l'unanimité.

Les règles applicables à la liquidation sont précisées par l'article 1844-8 du Code civil. Pour beaucoup d'entre elles, ces règles sont impératives. Deux séries de mesures doivent retenir l'attention : celles relatives à la condition juridique de la société pendant sa liquidation, le régime de la liquidation.

248 **La condition juridique de la société en liquidation.** Selon l'article 1844-8 du Code civil, « la personnalité morale de la société subsiste pour les besoins de la liquidation jusqu'à la clôture de celle-ci ». Plusieurs conséquences découlent de cette règle de la survie de la personne morale de la société. La société conserve son nom et son siège social ; les créanciers sociaux conservent les avantages principaux de la personnalité morale, et notamment, le

droit d'agir contre la société considérée comme telle[1]. Ils conservent surtout leur droit de préférence sur le patrimoine de la société par rapport aux créanciers personnels des associés. La survie de la société concerne aussi les associés qui continuent de profiter de l'organisation collective de la société et ne voient pas leur situation réduite à l'état d'indivisaires.

En revanche, la société perd certaines prérogatives, de même que ses dirigeants : elle perd le droit d'ester en justice et, seuls, les liquidateurs sont habilités à agir pour représenter la société. Elle perd en outre la possibilité de se transformer ou d'exercer une nouvelle activité.

249 **Nomination d'un liquidateur.** Un ou plusieurs liquidateurs doivent être désignés par les associés ou conformément aux statuts, quand bien même la clôture de la liquidation suivrait immédiatement la décision de dissolution[2]. Lorsqu'il est impossible de désigner statutairement ou à l'amiable un liquidateur, ou lorsque la dissolution a été prononcée en justice, il revient au président du tribunal de commerce, statuant sur requête de tout intéressé, de désigner un liquidateur. Le liquidateur peut être choisi, en règle générale, parmi les associés ou les tiers, mais le liquidateur désigné par justice doit être choisi en principe parmi les administrateurs judiciaires. L'acte de nomination du liquidateur est publié dans le délai d'un mois dans un journal d'annonces légales. En régime normal, le liquidateur est nommé pour toute la durée de la période de liquidation et ses fonctions prennent fin à la clôture de la liquidation. Celle-ci doit intervenir dans les trois ans, renouvelables pour les besoins de la liquidation (C. civ., art. 1844-8, al. 4). Les fonctions du liquidateur peuvent aussi prendre fin par le règlement judiciaire ou la liquidation des biens de la société, sa démission ou sa révocation. Le liquidateur statutaire n'est révocable que par décision prise à l'unanimité des associés dans les sociétés de personnes ou d'une assemblée extraordinaire dans les sociétés de capitaux.

1. Ainsi, la personnalité morale subsiste aussi longtemps que les droits et obligations à caractère social ne sont pas liquidés : Com. 30 mai 1978, n° 76-14.690, *JCP* 1979, II, 19087, note Y. Guyon.
2. Paris 16 sept. 2003, *Dr. sociétés* 2004. 11, obs. J. Monnet et H. Hovasse.

250 **Mission du liquidateur.** Le liquidateur représente la société. Il se substitue pour cela à l'organe de gestion. À ce titre, il a le pouvoir et le devoir de continuer les affaires en cours et d'engager, mais seulement pour les besoins de la liquidation, de nouvelles affaires. Il lui faut obtenir l'autorisation des associés ou l'autorisation de justice, suivant qu'il a été nommé par les associés ou par justice. Mais, surtout, le liquidateur est là pour liquider la société. À ce titre, le liquidateur est investi des pouvoirs les plus étendus pour réaliser l'actif afin de désintéresser les créanciers et parvenir au partage de l'actif net entre les associés. Il peut donc vendre les meubles, immeubles et fonds de commerce. Il a le pouvoir de recouvrer les créances et de payer les créanciers sociaux et, comme la société n'est pas alors soumise aux procédures de la loi du 25 juillet 1985, il peut les payer au fur et à mesure qu'ils se présentent.

251 **Devoirs et responsabilités.** Du fait de l'exercice de ses pouvoirs, le liquidateur est responsable, tant à l'égard de la société que des tiers, des fautes qu'il commet dans l'exercice de ses fonctions. L'action en responsabilité se prescrit en principe par trois ans à compter de la survenance des faits. Mais le quitus donné au liquidateur par les associés, lors de la clôture de la liquidation, a un effet exonératoire. Cet effet ne joue que dans la mesure où il concerne des faits révélés à l'assemblée et uniquement dans les rapports du liquidateur avec la société.

La loi fait obligation au liquidateur de convoquer la collectivité des associés en fin de liquidation pour statuer sur le compte définitif, sur le quitus de la gestion du liquidateur et pour constater la clôture de la liquidation. Selon l'article L. 238-2 nouveau du Code de commerce tout intéressé, mais non le ministère public, peut faire condamner sous astreinte le liquidateur à convoquer l'assemblée d'une société commerciale, ou à solliciter son renouvellement[1]. Si l'assemblée n'est pas réunie, le liquidateur peut être enjoint sous astreinte de déposer ses comptes au greffe du tribunal de commerce qui statuera, alors, sur les comptes et la clôture.

1. Avant la loi pour l'initiative économique du 1er août 2003, la sanction était de nature pénale.

Une fois intervenue la délibération de la collectivité des associés ou, à défaut, la décision de justice, les comptes définitifs doivent être déposés au greffe. Le liquidateur doit enfin publier un avis de clôture de la liquidation dans un journal d'annonces légales et faire radier la société du Registre du commerce. Le greffier doit faire insérer un avis au *BODACC*. Si la clôture n'est pas intervenue dans les trois ans à compter de la dissolution, le ministère public ou tout intéressé peut saisir le tribunal, qui fait procéder à la liquidation ou à son achèvement. Le prononcé de la clôture entraîne la disparition de la personne morale.

B. Le partage

252 **La mise en œuvre.** La mise en œuvre du partage entre associés se fait en fonction des règles prévues par le partage des successions, y compris celles de l'attribution préférentielle (C. civ., art. 1844-9). En principe, ce partage est amiable. Il pourrait être judiciaire, si les associés ne s'entendent pas ou si figuraient parmi eux des incapables.

253 **La répartition.** Le partage porte soit sur l'actif restant après extinction du passif, soit sur le passif après réalisation de l'actif. S'il reste des biens d'actifs non réalisés, tout bien apporté qui se retrouve en nature dans la masse partagée est attribué à l'associé qui en a fait l'apport. Si le montant du bien est supérieur au montant de l'actif restant, l'associé doit une soulte à la société. S'il reste une somme à partager, chaque associé reçoit le montant nominal des parts et actions dont il est titulaire. Si, après remboursement des apports, il reste encore une somme, ce *boni* de liquidation est réparti entre les associés en proportion de leur participation au capital social, sauf dispositions statutaires contraires. L'apporteur en industrie a une part égale à celle de l'associé qui a le moins apporté en numéraire ou en nature (C. civ., art. 1844-1, al. 1). Enfin, dans l'hypothèse où il reste un passif non réglé intégralement, les associés dont la responsabilité est limitée aux apports perdent tout ou partie de ceux-ci. Les associés tenus solidairement et indéfiniment des dettes sociales devront, quant à eux, désintéresser personnellement les créanciers sociaux. Mais,

le plus souvent en pratique, il est fait, dans ce cas, application des règles du redressement ou de la liquidation judiciaire.

254 **Action des créanciers sociaux.** La personnalité morale de la société ayant disparu, la jurisprudence reconnaît aux créanciers sociaux un droit d'action directe contre les associés s'ils ne sont pas désintéressés et alors que le partage de l'actif a été fait. L'obligation de contribuer aux pertes se traduit ainsi pour l'associé par une obligation aux dettes après la clôture de la liquidation, l'ancien associé étant alors tenu à l'égard des créanciers sociaux de ce qu'il a pu percevoir indûment à l'occasion des opérations de partage[1]. L'action est limitée aux apports dans les sociétés à risque limité. En revanche, dans les sociétés à risque illimité, l'action peut porter sur le tout. L'action est prescrite par cinq ans.

1. Com. 8 oct. 2013, n° 12-24.825, *Dr. sociétés* 2014, comm. 6, obs. D. Gallois-Cochet.

DEUXIÈME PARTIE

LE DROIT SPÉCIAL DES SOCIÉTÉS

255 **Typologie classique des sociétés.** Selon la typologie classique en droit français, une première distinction repose sur l'importance des risques encourus par les associés. C'est pourquoi il convient, traditionnellement, d'opposer les sociétés à l'occasion desquelles la responsabilité des associés est illimitée et celles qui permettent aux associés de limiter leur responsabilité. Dans les premières, les associés sont tenus de répondre indéfiniment et solidairement des dettes de la société : il s'agit principalement des sociétés en nom collectif et des sociétés en commandite simple (pour les commandités). À l'inverse, dans les secondes, les associés seront tenus du paiement de la dette sociale proportionnellement à leur participation dans le capital social : il s'agit des sociétés à responsabilité limitée et des sociétés par actions.

Une seconde distinction, proche de la précédente, consiste à distinguer les sociétés de personnes et les sociétés de capitaux. Tandis que dans les premières, l'élément essentiel réside dans la personne de l'associé (*intuitu personae*), dans les secondes, la personne de l'associé compte moins que les capitaux qu'il apporte. Ces distinctions ont été consacrées par la loi de 1966 qui a assorti les sociétés de personnes d'un régime souple et peu contraignant et soumet les sociétés de capitaux à des règles plus strictes. Les sociétés en nom collectif et les sociétés en commandite simple, auxquelles il convient de rattacher les sociétés civiles, appartiennent à la première catégorie de sociétés. Dans la seconde, se trouvent les sociétés par actions. La société à responsabilité limitée, initialement conçue comme une société de personnes a vu progressivement son régime aligné sur celui des sociétés de capitaux, bien que la législation récente tende à la rapprocher des sociétés de personnes.

256 **Plan.** L'étude du droit spécial des sociétés conduit à distinguer trois types de sociétés qui se dégagent nettement de cette typologie : les sociétés de personnes (TITRE 1), la société à responsabilité limitée (TITRE 2) et les sociétés de capitaux (TITRE 3).

TITRE 1

LES SOCIÉTÉS DE PERSONNES

257 **Plan.** Entrent traditionnellement dans l'étude des sociétés de personnes la société civile (CHAPITRE 1), la société en nom collectif (CHAPITRE 2) et la société en commandite simple (CHAPITRE 3).

CHAPITRE 1

La société civile

258 **Caractéristiques.** La société civile est de loin la forme la plus répandue avec la société à responsabilité limitée. Son régime juridique, très souple, est précisé par les articles 1845 et suivants du Code civil. Il a été modifié par la loi du 4 janvier 1978 et tend à se rapprocher de celui des sociétés commerciales. Une loi du 31 décembre 1990 permet désormais aux sociétés civiles d'adopter le statut des sociétés d'exercice libéral. Des sociétés à statut spécial cohabitent avec les sociétés civiles de droit commun[1].

259 **Plan.** L'étude de la société civile permettra de distinguer les règles de droit commun (SECTION 1) et celles applicables aux sociétés civiles à statut spécial (SECTION 2).

SECTION 1

LES RÈGLES DE DROIT COMMUN

260 **Caractéristiques.** Ont le caractère civil toutes les sociétés auxquelles la loi n'attribue pas un autre caractère à raison de leur forme, de leur nature ou de leur objet (C. civ., art. 1845, al. 2). La

1. Pour une étude approfondie sur les SCI, v. M. Stork *et alii*, *Les sociétés civiles immobilières*, LGDJ Lextenso, coll. « Les intégrales », 2016.

responsabilité des associés de société civile est en principe indéfinie mais non solidaire[1].

L'étude de la constitution (**§ 1**), du fonctionnement (**§ 2**) et de la disparition (**§ 3**) des sociétés civiles sera successivement abordée.

§ 1. La constitution des sociétés civiles

261 **Conditions de fond.** La constitution de la société civile doit satisfaire aux règles du contrat (au sens de l'art. 1128 du C. civ.) et plus particulièrement du contrat de société (au sens de l'article 1832 du Code civil). Les associés doivent donc avoir la capacité civile. Ils peuvent être des personnes physiques ou morales. Ils doivent être au minimum deux. Ils sont subsidiairement obligés au paiement du passif social à proportion des parts qu'ils détiennent[2].

Aucun capital minimum n'est exigé. Il est divisé en parts sociales égales dont la valeur nominale est librement fixée. Les apports peuvent être de toute nature, en numéraire, en nature ou en industrie.

L'objet ne peut être que civil, par opposition aux activités commerciales (activité libérale, exploitation agricole, activité immobilière)[3].

262 **Conditions de forme.** Les statuts sont rédigés et signés par tous les associés. Les conditions de publicité sont de droit commun, de même que l'obligation pour les fondateurs de passer par le centre de formalités des entreprises. La société acquiert la personnalité morale à compter de son immatriculation au Registre du commerce et des sociétés.

---

1. La responsabilité des associés est donc conjointe. Les associés sont tenus pour l'ensemble du montant des dettes sociales, mais chacun n'est tenu qu'à proportion de sa participation au capital social.

2. Ils sont aussi « personnellement débiteurs des intérêts moratoires nés de leur propre retard à exécuter cette obligation consécutive à la défaillance de la société », et cela à compter de leur assignation valant mise en demeure : Com. 21 janv. 2014, n° 12-26461, *Bull. Joly*, juin 2014, 394, note F.-X. Lucas.

3. La Cour de cassation admet toutefois, sur le fondement des articles 1852 et 1854 du Code civil, la validité d'un cautionnement consenti au nom d'une SCI, même s'il n'entre pas dans l'objet social, dès lors qu'il a obtenu l'accord unanime des associés et n'est pas contraire à l'intérêt social : Com. 28 mars 2000, *RJDA* 2000. 810 ; Com. 8 nov. 2011, n° 10-24.438, *D.* 2012. J. 415, note E. Schlumberger; Civ. 3e, 12 sept. 2012, n° 11-17-948, *D.* 2012. Act.

§ 2. Le fonctionnement des sociétés civiles

263 **Plan.** Le fonctionnement de la société repose sur une répartition des tâches entre les associés (**A**), la gérance et son contrôle (**B**).

A. Les associés

264 **Le droit à l'information.** Les associés ont le droit d'obtenir, au moins une fois par an, communication des livres et des documents sociaux (C. civ., art. 1855). L'associé peut être assisté d'un expert. Il peut en outre poser par écrit des questions sur la gestion sociale auxquelles il devra être répondu par écrit dans le délai d'un mois.

265 **Le droit de participer aux décisions collectives.** Les décisions sont prises par les associés réunis en assemblée. Les statuts peuvent également prévoir qu'elles résulteront d'une consultation écrite (C. civ., art. 1853), ou encore du consentement de tous les associés exprimé dans un acte (C. civ., art. 1854). Les gérants doivent, au moins une fois par an, rendre compte de leur gestion aux associés (C. civ., art. 1856). Mais un associé non gérant peut à tout moment, par lettre recommandée, demander au gérant de provoquer une délibération des associés sur une question déterminée.

À défaut de clause statutaire, les décisions sont prises à l'unanimité.

La Cour de cassation considère que la clause qui substitue une règle majoritaire à la règle de l'unanimité est « un aménagement conventionnel d'une disposition impérative » dont la violation est sanctionnée par la nullité[1]. En cas d'irrégularité, la Cour de cassation a affirmé qu'une décision prise lors d'une assemblée générale de société civile pouvait être annulée par le juge si l'irrégularité de la décision portait atteinte à l'application de dispositions légales, mais seulement dans l'hypothèse où il est démontré qu'elle fait grief à l'associé demandeur[2].

---

1. Civ. 3e, 8 juill. 2015, n° 13-14348, *Bull. Joly*, déc. 2014, 643, note H. Hovasse ; *adde* v. ss 510.
2. Ch. mixte 16 déc. 2005, *D.* 2006. 146, obs. A. Lienhard, *Rev. sociétés* 2006. 327, note B. Saintourens, à propos d'une convocation dont les délais prévus par une disposition réglementaire n'avaient pas été respectés ; Com. 7 juill. 2015, n° 14-18705, *Dr. soc.* 2015, comm. 191, obs. R. Mortier. La Cour de cassation exige que soit rapportée la preuve que l'irrégularité a nui à l'associé. Pour une extension de cette jurisprudence à la SARL, v. ss 333.

266 **Le droit de retrait.** Un associé peut se retirer totalement ou partiellement de la société, dans les conditions prévues par les statuts ou, à défaut, après autorisation donnée par une décision unanime des autres associés (C. civ., art. 1869)[1]. Ce droit de retrait est strictement personnel à l'associé de sorte qu'un créancier ne pourrait l'invoquer par la voie oblique[2]. Ce retrait peut également être autorisé pour justes motifs par une décision de justice. L'associé a droit au remboursement de la valeur de ses parts, sous réserve qu'elles aient été libérées[3]. Leur valeur est fixée, en l'absence d'accord entre les intéressés, par un expert désigné par le tribunal (C. civ., art. 1869, al. 2) et la date d'évaluation est la date la plus proche de celle du remboursement de la valeur de ces droits[4]. L'avis de l'expert ne lie pas le juge, à moins que les parties ne s'en soient remises à l'estimation de l'expert. Le retrayant peut obtenir que lui soient attribués les biens qu'il a apportés lorsqu'ils se retrouvent en nature dans l'actif social[5]. Aussi longtemps qu'il n'est pas remboursé de la valeur de ses droits sociaux, il conserve la qualité d'associé[6], reste titulaire de ses parts[7], a droit à la rétribution de ses apports en capital – et donc à sa quote-part dans les bénéfices à distribuer[8] – et reste tenu au paiement des charges dues[9]. Il conserve également un intérêt à agir en annulation d'assemblées générale[10]. Il en va de même quand le rembourse-

---

1. Ce droit existe pour les sociétés civiles professionnelles, mais n'est pas reconnu dans les sociétés d'exercice libéral à responsabilité limitée (SELARL). Pour ces dernières, en effet, leur régime relève de la loi n° 90-1258 du 31 déc. 1990 qui ne contient aucune disposition spéciale autorisant un tel retrait : Civ. 1re, 12 déc. 2018, n° 17-12467, *Bull. Joly*, fév. 2019, p. 16, note A. Reygrobellet.
2. Com. 4 déc. 2012, n° 11-14.592, *JCP E* 2013. 1150, note C. Lebel.
3. Civ. 3e, 17 janv. 2019, n° 17-22070, *JCP E* 2019, p. 1172, note P. Schultz (en l'espèce, une SCI avait demandé à l'associé de libérer son apport après son retrait de la société. Elle obtient gain de cause au motif que le capital social non libéré – ce serait plutôt la promesse initiale d'apport – s'analyse en une créance de la société contre son associé qui ne s'éteint pas lors du retrait de ce dernier.)
4. Com. 4 mai 2010 ; Com. 15 janv. 2013, n° 12-111666, *JCP E* 2013, 1129, note B. Dondero.
5. Civ. 3e, 12 mai 2010.
6. Com. 17 juin 2008, n° 07-14.965, *Rev. sociétés* 2009. 826, note J.-F. Barbièri ; *Bull. Joly* 2008. 965, note F.-X. Lucas. Cette solution cède en présence d'une règle spéciale fixée applicable à une société civile professionnelle : Civ. 1re, 17 déc. 2009, n° 08-19-895, *D.* 2010. 745, note M. Laroche.
7. Civ. 1re, 15 oct. 2014, n° 13-18.983, sur renvoi après cassation de Civ. 1re, 9 juin 2011, n° 10-18-655, *D.* 2011. 2523, note D. Gallois-Cochet.
8. Civ. 1re, 9 juin 2011, n° 10-18-655, *D.* 2011. 2523, note D. Gallois-Cochet.
9. Com. 31 mars 2015, n° 13-23238, *Bull. Joly*, juin 2015, 290, note J.-F. Barbièri. L'arrêt précise que l'associé retrayant ne peut pas déterminer unilatéralement les modalités de son retrait.
10. Com. 7 juill. 2021, n° 19-20.673, *Bull. Joly Soc.*, oct. 2021, p. 33, note J.-F. Barbièry. Le retrayant non remboursé agit alors non pas en qualité d'associé, qu'il a perdue, mais en celle de propriétaire de ces droits et de créancier de la société, ainsi que pour la sauvegarde des droits patrimoniaux qu'il a conservés, tenant aussi bien au capital apporté et à la valeur de ses parts qu'à la rémunération de son apport.

ment n'est que partiel[1]. Le retrait entraîne une réduction du capital social.

À l'inverse du droit de retrait, le droit d'exclure un associé de société civile se heurte au droit pour tout associé de demeurer en société[2] et, en l'absence d'un motif grave justifiant l'exclusion, la décision d'exclure devient abusive[3].

267 **Le droit de céder ses parts.** Lors d'une opération de cession des parts de société civile, il convient de tenir compte de la situation de l'associé à l'égard de ses co-associés mais également de sa situation personnelle.

Les parts sociales ne peuvent être cédées qu'avec l'agrément de tous les associés (C. civ., art. 1861), qu'il s'agisse d'une cession entre associés, entre conjoints, entre parents ou entre tiers. Les statuts peuvent toutefois convenir que cet agrément sera obtenu à une majorité qu'ils déterminent, ou qu'il peut être accordé par le gérant. Le projet de cession est notifié, avec demande d'agrément, à la société et à chacun des associés. Plusieurs situations liées au refus d'agrément doivent être envisagées. Si plusieurs associés expriment leur volonté d'acquérir ils sont, sauf clause ou convention contraire, réputés acquéreurs à proportion du nombre des parts qu'ils détiennent (C. civ., art. 1862, al. 1er). Si aucun associé ne se porte acquéreur, la société peut faire acquérir les parts par un tiers désigné à l'unanimité des autres associés ou selon les modalités prévues par les statuts. En cas de refus d'agrément, la société peut également racheter les parts en vue de leur annulation[4] (C. civ., art. 1862, al. 2). Mais les associés ne peuvent contraindre l'associé qui sollicite l'agrément à céder ses parts, celui-ci ayant toujours le droit de conserver ses parts[5]. La procédure de la cession se fait selon les règles de droit commun posées

1. Com. 10 sept. 2014, n° 13-13.957, *Rev. sociétés* 2015, p. 115, note J.-F. Barbièri.
2. V. ss. 159 s.
3. Com. 14 nov. 2018, n° 16-24532, *Bull. Joly*, janv. 2019, p. 21, note J.-F. Barbièri.
4. L'expiration du délai de six mois ouvert à une SCP saisie de la demande de rachat d'un associé, marquant le terme extinctif du temps imparti pour qu'elle exécute son obligation légale, permet seulement à l'intéressé une action en réalisation forcée de celle-ci. Elle ne vaut donc pas consentement implicite de la personne morale à la demande et l'acquisition corrélative des parts : Civ. 1re, 7 févr. 2006, *D.* 2006. AJ 721.
5. Paris 24 nov. 1989, *RTD com.* 1990. 215, obs. E. Alfandari et M. Jeantin ; Com. 7 déc. 2010. *Rev. sociétés* 2011. 296, note B. Saintourens, *rapp.* ss 337 pour les SARL.

par l'article 1690 du Code civil et rend nécessaire une publicité pour devenir opposable aux tiers (C. civ., art. 1865). En cas d'agrément, l'article 1862 du Code civil n'organise pas un droit de préemption au profit des associés. Un droit de préemption pourrait cependant être accordé statutairement au profit des associés. Dans une telle hypothèse, les associés pourraient se porter acquéreur des parts sociales avant toute cession envisagée par l'un des leurs. Ni l'agrément prévu à l'article 1861, ni l'obligation de rachat visée par l'article 1862 ne trouveraient à s'appliquer. En cas de contestation du prix, celui-ci sera fixé selon les dispositions de l'article 1843-4 du Code civil, le tout sans préjudice du droit du cédant de conserver ses parts. À compter du transfert de propriété, les risques sont à la charge du nouvel acquéreur de parts sociales. En conséquence, au-delà du paiement du prix des parts, le cessionnaire répond indéfiniment des dettes sociales après l'accomplissement des formalités de publicité.

Le droit tient également compte de la situation personnelle de l'associé. Les parts d'une société civile n'étant pas des droits sociaux négociables, un époux ne peut céder ses parts sans l'accord de son conjoint[1], à la différence de la cession d'actions d'une société anonyme qu'un époux peut vendre seul[2].

268 **Le décès de l'associé.** Selon, le principe formulé à l'alinéa 1er de l'article 1870 du Code civil, la société n'est pas dissoute par le décès d'un associé, mais continue avec ses héritiers ou légataires, sauf à prévoir dans les statuts qu'ils doivent être agréés par les associés. Il importe en pratique de bien rédiger les statuts de société civile, afin de préciser sans ambiguïté le champ de l'exemption d'agrément, à défaut de quoi le principe de continuité a vocation à s'appliquer[3].

---

1. S'agissant de la cession de parts d'une SCI : Civ. 1re, 9 nov. 2011, n° 10-12.123.
2. Civ. 1re, 27 mai 2010, n° 09-11.894.
3. Sur la question, dans une telle hypothèse, de l'agrément, v. Com. 5 avr. 2018, n° 16-18097, *Bull. Joly*, juin 2018, p. 348, note J.-Ch. Pagnucco.

B. La gérance et son contrôle

269 **Nomination.** La société civile peut être administrée par un ou plusieurs gérants, associés ou non. Le gérant est nommé soit par les statuts, soit par un acte séparé, soit par une décision des associés représentant, sauf clause contraire, plus de la moitié des parts sociales. La question demeure de savoir si, dans une société civile, un associé, le plus souvent le gérant, peut être lié à la société par un contrat de travail[1]. La révocation des gérants se fait selon les mêmes modalités que leur nomination. Si elle est décidée sans juste motif, elle peut donner lieu à des dommages-intérêts (C. civ., art. 1851)[2]. Le gérant est également révocable par les tribunaux pour cause légitime, à la demande de tout associé (C. civ., art. 1851, al. 2)[3]. La cause légitime de révocation judiciaire s'apprécie différemment d'une faute séparable des fonctions[4].

270 **Les pouvoirs.** Dans les rapports entre associés, le gérant peut accomplir tous les actes de gestion que demande l'intérêt de la société (C. civ., art. 1848), à défaut de dispositions particulières des statuts sur le mode d'administration. S'il y a plusieurs gérants, ils exercent séparément ce pouvoir, chacun ayant le droit de s'opposer à une opération avant qu'elle ne soit conclue.

Dans les rapports avec les tiers, le gérant engage la société par les actes entrant dans l'objet social[5]. Les clauses statutaires limitant ces pouvoirs sont inopposables aux tiers[6] (C. civ., art. 1849).

1. À la différence d'un associé en nom collectif, l'associé de société civile n'est pas commerçant et n'est pas tenu solidairement du passif social, mais il l'est indéfiniment dans la proportion que dicte sa participation au capital, de manière conjointe. Une cour d'appel a pu valider le contrat de travail d'un gérant de société civile par ailleurs associé : Paris, 5e ch, sect. 3, 28 janv. 1988 ; *comp.* pour la SNC, v. ss 296.

2. Mais constitue une cause légitime de révocation le défaut d'établissement d'une comptabilité dont la tenue était prévue statutairement, Civ. 1re, 24 sept. 2003, *Dr. sociétés* 2004. 23, obs. F.-X. Lucas. Une jurisprudence a admis que les statuts d'une société civile pouvaient contenir une clause excluant pour le gérant le droit d'obtenir des dommages-intérêts en cas de révocation sans juste motif, Civ. 3e, 6 janv. 1999, *Cah. dr. aff.* 1999. 263 obs. V. Avena-Robardet ; *Bull. Joly* 1999. 498, note A. Couret ; *Rev. sociétés* 1999. 380, obs. B. Saintourens ; *adde*, J. Attard, « La révocation des dirigeants sociaux », *JCP* 2000. I. 217.

3. Tous les associés n'ont pas besoin d'être mis en cause pour qu'ils puissent faire valoir leurs observations éventuelles : Com. 15 janv. 2013, n° 11-28.510. Cette solution est transposable aux conditions de révocation des autres dirigeants, notamment des gérants de SARL (v. ss 352 *in fine*).

4. Civ. 3e, 12 mars 2014, n° 13-14374, *Bull. Joly* 2014, p. 330, J.-F. Barbièri ; v. ss 181.

5. Lorsque le gérant de la société a été mis sous tutelle, son représentant légal n'est pas investi du pouvoir de représenter celle-ci, Civ. 1re, 12 juill. 2012, n° 11-13.161, *Rev. sociétés* 2013. 86, note A. Gaudemet.

6. Les juges admettent des hypothèses d'opposabilité *par* les tiers, à la société, des limitations statutaires aux pouvoirs du dirigeant : Civ. 3e 14 juin 2018, n° 12-8672, *Bull. Joly* 2018, p. 483, note

Les sociétés civiles peuvent, à travers leur gérant, consentir une sûreté pour autrui mais la Cour de cassation considère que, pour être valable, cet engagement doit être conforme à l'intérêt social : il est donc possible de remettre en cause des garanties souscrites en faveur de tiers par une société civile (et, semble-t-il, plus largement à responsabilité illimitée) dont l'engagement peut apparaître comme étant contraire à l'intérêt social, quand bien même il rentrerait dans leur objet social et aurait reçu le consentement unanime des associés[1]. L'action en nullité d'une telle sûreté pour autrui vise à faire constater une nullité absolue et non relative[2].

271 **Les responsabilités.** Chaque gérant est responsable civilement envers la société et les tiers des infractions aux lois et aux règlements, de la violation des statuts et de ses fautes de gestion. Aucune disposition légale ne prévoit de responsabilité pénale du gérant, mais la jurisprudence admet qu'il peut être condamné sur la base des textes de droit commun (abus de confiance, escroquerie).

272 **Le contrôle de la gérance.** Les associés sont conduits à exercer un contrôle de la gestion par leur participation à la vie sociale. En outre, un commissaire aux comptes doit être désigné si la société civile a une activité économique, c'est-à-dire une activité tendant à la création ou à la distribution de richesses et si, à la clôture de l'exercice, elle dépasse deux des trois critères suivants : 4 millions d'euros de total du bilan (contre 1 550 000 € avant la loi *PACTE*), 8 millions d'euros de chiffre d'affaires (contre 3 100 000 € auparavant) et cinquante salariés.

A. Couret. V. D. Gallois-Cochet, « L'invocabilité par les tiers des clauses limitant le pouvoir des dirigeants sociaux », *in Mélanges M. Germain*, p. 325 s.

1. Pour la Chambre commerciale, Com. 8 nov. 2011, n° 10-24438, *Bull. Joly* 2012, 297, note F.-X Lucas, *D.* 2012. J. 415, note E. Schlumberger ; Com. 23 sept. 2014, n° 13-17347, *Rev. soc.* 2014, 714, note A. Viandier ; Com. 10 fév. 2015, n° 14-11760, *Bull. Joly,* mai 2015, 234, note. F. Danos ; Civ. 3e, 12 sept. 2012, n° 11-17948, *Bull. Joly,* déc. 2012, 831, note D. Poracchia ; Civ. 3e 21 déc. 2017, n° 16-26500, *Bull. Joly,* mai 2018, p. 286, note E. Schlumberger ; *Comp.* avec les solutions dans la SARL, v. ss 357.

2. Civ. 1re, 18 oct. 2017, n° 16-17184, *Bull. Joly,* févr. 2018, p. 76,note E. Schlumberger. L'implication de la nullité absolue ouvre droit, sur le fondement du nouvel art. 1180 du C. civ., aux associés d'agir s'ils constatent que la société ne tire aucun avantage de la garantie, ainsi qu'aux créanciers démontrant une atteinte à leurs intérêts (et au-delà des conditions strictes de l'action paulienne). Pour les solutions applicables aux sociétés à responsabilité limitée, v. ss 666.

273 **Le régime des conventions**[1]. Dorénavant, dans les sociétés civiles ayant une activité économique, le gérant ou, s'il en existe un, le commissaire aux comptes présente à l'assemblée générale un rapport sur les conventions passées directement ou par personne interposée entre la personne morale et l'un de ses gérants. Il en est de même des conventions passées entre cette personne morale et une société dont un associé indéfiniment responsable, un gérant, un administrateur, le directeur général, un directeur général délégué, un membre du directoire ou du conseil de surveillance, un actionnaire disposant d'une fraction des droits de vote supérieure à 10 % est simultanément gérant de la société civile concernée (C. com., art. L. 612-5 modifié). L'assemblée générale statue sur ce rapport. Ces dispositions ne s'appliquent pas aux conventions courantes conclues à des conditions normales qui, en raison de leur objet ou de leurs implications financières ne sont significatives pour aucune des parties.

Une convention non approuvée produit ses effets mais la société peut engager la responsabilité, individuelle ou solidaire, de l'administrateur ou de la personne assurant le rôle de mandataire social en cas de conséquences préjudiciables attachées à cette convention.

§ 3. La disparition des sociétés civiles

274 **La transformation.** La transformation de la société civile en société commerciale est possible et elle n'entraîne pas création d'une personne morale nouvelle si la transformation est régulière (C. civ., art. 1844-3). La fusion d'une société civile avec une autre société est aussi possible, de même que sa scission (C. civ., art. 1844-4).

275 **La dissolution.** Les causes de dissolution de droit commun sont applicables aux sociétés civiles (C. civ., art. 1844-7). En revanche, la survenance d'un événement personnel touchant l'un des associés n'entraîne pas la dissolution de la société, à la différence de ce qui se passe dans les sociétés commerciales de personnes

1. V. ss 568.

(décès, faillite). La dissolution est suivie de la liquidation et du partage en application des règles de droit commun.

SECTION 2
LES SOCIÉTÉS CIVILES À STATUT SPÉCIAL

§ 1. La société civile de moyens

276 **Caractéristiques.** La société civile de moyens a pour objet exclusif de faciliter à chacun des membres d'une profession libérale l'exercice de son activité par la mise en commun des moyens utiles à cet exercice, sans que la société puisse elle-même exercer la profession.

Les associés sont indéfiniment et conjointement responsables du passif social.

La société est gérée par un ou plusieurs gérants dans les mêmes conditions que la société civile.

La cessation de l'activité professionnelle d'un membre d'une société civile de moyen n'entraîne pas l'extinction de l'objet social de celle-ci et n'implique pas la dissolution de cette dernière[1]. En revanche, lorsque la grave mésentente entre associés, excluant tout *affectio societatis*, aboutit à la paralysie du fonctionnement de la société, il y a lieu de prononcer la dissolution anticipée de celle-ci[2].

§ 2. La société civile professionnelle

277 **Caractéristiques.** La société civile professionnelle a pour objet exclusif l'exercice d'une profession libérale par l'association de plusieurs personnes physiques habilitées à exercer la profession

1. Com. 15 sept. 2009, *Gaz. Pal.* avr. 2010, p. 25.
2. Com. 23 juin 2015, n° 14-16065.

réglementée concernée. Ce type de société peut renvoyer à des régimes spéciaux adaptés à différents types de professions. Une ordonnance du 31 mars 2016 a introduit un régime de sociétés dites « pluriprofessionnelles d'exercice » (SPE), complété par un décret du 5 mai 2017[1]. Sous réserve des dispositions de ce décret, les dispositions réglementaires relatives à la profession exercée sont applicables à la SPE[2]. Seront ici exposées uniquement les règles de droit commun.

La société civile professionnelle doit être immatriculée au Registre du commerce et des sociétés, mais elle jouit de la personnalité morale à compter, selon les cas, de l'agrément de l'inscription ou de la titularisation auprès de l'ordre professionnel compétent.

278 **Statut de l'associé.** Un associé ne peut en principe être membre que d'une seule société civile professionnelle. Il répond indéfiniment et solidairement des dettes sociales qui peuvent résulter tant des agissements du gérant que des fautes professionnelles commises par les associés.

Tout associé a droit de participer aux décisions collectives. Les associés se réunissent pour prendre ces décisions collectives, mais les statuts peuvent prévoir une consultation écrite à la place. Ils ne peuvent délibérer que si les trois quarts au moins des associés sont présents lors de la première convocation. Il suffira de deux associés présents ou représentés lors de la seconde convocation. Les décisions ordinaires sont prises à la majorité des voix dont disposent les associés présents ou représentés, sauf clause contraire des statuts. Les modifications statutaires doivent être prises à la majorité des trois quarts des voix[3].

1. Ces SPE peuvent être constituées pour l'exercice en commun de plusieurs des professions d'avocat, d'avocats au Conseil d'État et à la Cour de cassation, de commissaire-priseur judiciaire, d'huissier de justice, de notaire, d'administrateur judiciaire, de mandataire judiciaire, de conseil en propriété industrielle et d'expert-comptable.

2. En cas de conflit entre les dispositions réglementaires spécifiques à chaque profession pour une même forme sociale, et dans le silence du décret du 5 mai 2017, il est fait application des règles de droit commun applicables à la forme de société civile ou commerciale choisie par la SPE.

3. La majorité est de deux tiers dans les sociétés civiles professionnelles d'avocats.

Les associés ont droit aux bénéfices[1], droit à l'information et droit au maintien dans la société selon les règles de droit commun.

L'exclusion d'un associé peut être décidée à l'unanimité des autres associés lorsqu'il est frappé d'une interdiction d'exercer d'au moins trois mois. Concernant le retrait de l'associé, un associé peut céder ses parts ou demander à la société le remboursement de leur valeur à tout moment[2]. Quand un associé est frappé d'une interdiction définitive d'exercer la profession, la cession est forcée. En cas de transmission des parts, les héritiers n'acquièrent pas la qualité d'associé mais seulement le droit de les céder. Les associés confient l'administration de la société à un ou plusieurs gérants, choisis parmi les associés. Les statuts fixent les modalités de leur mandat, ainsi que leurs pouvoirs.

279 **Dissolution.** Outre les causes de dissolution de droit commun, la radiation ou la destitution de la société par les organes professionnels compétents entraîne la dissolution de plein droit de la société. Il en va de même en cas de décès ou du retrait simultané de tous les associés. La dissolution entraîne la liquidation de la société.

1. La société perçoit des honoraires versés en rémunération de l'activité professionnelle des associés. En contrepartie, ceux-ci ont droit au partage des bénéfices réalisés par la société, selon les règles de droit commun.

2. La Cour de cassation a décidé que l'article 1843-4 s'applique aux SCP de médecins et que l'expertise prévue par cet article est impérative, de sorte que la valeur des parts sociale de l'associé retrayant est déterminée par un expert désigné soit par les parties, soit, à défaut d'accord entre elles, par ordonnance du président du tribunal de grande instance statuant en la forme des référés et sans recours possible : Civ. 1re, 25 nov. 2015, n° 14-14003, *Bull. Joly*, fév. 2016, 95, note B. Brignon.

CHAPITRE 2

La société en nom collectif

280 **Caractéristiques.** La société en nom collectif est réglementée par les articles L. 221-1 à L. 221-16 du Code de commerce. Elle est toujours commerciale à raison de sa forme et constitue la société commerciale de type le plus simple. Elle est marquée par un fort *intuitu personae* et le législateur laisse une large place à la volonté des parties dans leurs rapports internes. À bien des égards, ses règles paraîtront voisines de celles applicables aux sociétés civiles. Toutefois, la société en nom collectif se distingue par le fait que « les associés en nom collectif ont tous la qualité de commerçant et répondent indéfiniment et solidairement des dettes sociales » (C. com., art. L. 221-1). Cette solidarité est d'ordre public et aucune clause des statuts ne pourrait en affranchir les associés[1]. L'engagement pesant sur les associés tenus d'une obligation aux dettes sociales ne s'analyse pas en cautionnement solidaire[2]. L'associé qui entre dans la société en cours de vie sociale est tenu du passif antérieur à son entrée[3], et, de même, celui qui en sort reste tenu

1. Si un associé en nom ne détient qu'une part minime du capital social, il pourra être poursuivi sur son patrimoine personnel pour l'ensemble de la dette sociale, après constat de l'insolvabilité de la société débitrice principale.
2. Par conséquent, les associés d'une SNC ne peuvent invoquer le bénéfice de subrogation reconnu aux cautions en se prévalant des dispositions de l'article 2314 du Code civil pour être déchargés de la dette sociale : Com. 14 mai 2013, n° 10-25.680, *Dr. sociétés* 2013, comm. 158, obs. D. Gallois-Cochet.
3. Req. 12 mars 1928, *S.* 1928. I. 226.

à l'égard des tiers de la totalité du passif antérieur à son départ[1]. En revanche, il ne sera pas tenu du passif qui naîtra après son départ, dès lors que celui-ci est régulièrement publié. La société en nom collectif repose sur la confiance mutuelle entre associés.

281 **Plan.** L'étude de la société en nom collectif portera successivement sur sa constitution (SECTION 1), son fonctionnement (SECTION 2) et sa disparition (SECTION 3).

SECTION 1
LA CONSTITUTION DE LA SOCIÉTÉ EN NOM COLLECTIF

282 La constitution de la société en nom collectif obéit aux règles du droit commun des sociétés. Quelques règles spéciales seront néanmoins précisées concernant les conditions de fond (**§ 1**) et les formalités constitutives (**§ 2**).

§ 1. Les conditions de fond

283 Les conditions de fond propres à la constitution de la société en nom collectif ont trait à la personne des associés, au capital social, à la dénomination sociale et à l'objet social.

284 **Les associés.** La société en nom collectif doit comprendre au moins deux associés, sans qu'aucun maximum légal ne soit fixé. Les associés ont tous la qualité de commerçant. L'exigence de la capacité commerciale exclut en qualité d'associé de la société les mineurs même émancipés, les majeurs en tutelle ou en curatelle, les personnes frappées d'interdiction, de déchéance ou d'incompatibilité. Depuis la loi du 23 décembre 1985 relative à l'égalité des époux dans les régimes matrimoniaux, il n'est plus interdit à deux

1. Civ. 1re, 16 mars 1942, *S.* 1942. 1. 105, note P. Esmein, *JCP* 1942. II. 1854, note D. Bastian ; Com. 4 janv. 1994, *Bull. Joly* 1994. 314, note P. Le Cannu. En pratique, l'acquéreur des parts exige du cédant une garantie de passif obligeant celui-ci à prendre à sa charge tout ou partie des dettes qui se révéleraient postérieurement à la cession ; v. H. Dubout, « Le fonctionnement des garanties de passif dans le temps », *Bull. Joly* 1999. 1154.

époux d'être associés, seuls ou avec des tiers, de la même société (C. civ., art. 1832-1). Les personnes morales peuvent être associées en nom, cependant cette possibilité est interdite à une société civile qui n'a pas la qualité de commerçant. Les associés de SNC ne peuvent être liés à cette société par un contrat de travail[1].

285 **Le capital social.** La loi n'impose aucun capital minimum. La garantie des créanciers sociaux réside en effet dans la responsabilité indéfinie et solidaire des associés de la société en nom collectif, ainsi que dans la prise de garanties telles que le cautionnement solidaire ou, à défaut, une hypothèque du gérant ou de l'associé majoritaire pour les engagements de la société.

Aucun délai légal n'est imposé pour la libération des apports en numéraire, qui se fait sur appel de la gérance, selon les besoins. Les apports en nature ne font l'objet d'aucune procédure de vérification. Des apports en industrie peuvent être effectués, mais ils ne concourent pas à la formation du capital.

286 **La dénomination sociale.** La loi de 1966 prévoyait que les sociétés en nom collectif aient une raison sociale qui incorpore le nom des associés indéfiniment et solidairement responsables. Cette règle avait pour but d'informer les tiers sur les personnes responsables. Depuis la loi du 11 juillet 1985, la société en nom collectif est désignée par une dénomination sociale. Les associés peuvent donc désormais choisir un nom de fantaisie, auquel peut être incorporé le nom d'un ou plusieurs associés sans que cela soit une obligation (C. com., art. L. 221-2). La dénomination doit en revanche être précédée ou suivie de la mention « société en nom collectif » ou du sigle *SNC* qui renseignent les tiers sur la responsabilité des associés.

287 **L'objet social.** Certaines activités sont interdites aux sociétés en nom collectif, par exemple, les entreprises d'assurances et les coopératives de commerçants détaillants. D'autres, en revanche, ne peuvent s'exercer qu'en nom propre ou sous la forme de société en nom collectif[2]. La rédaction de l'objet social est un élément

1. Soc. 14 oct. 2015, n° 14-10960, *Bull. Joly*, déc. 2015, 646, note A. Couret ; Comp. avec l'associé de SARL, v. ss 351.
2. Comme, par exemple, l'activité de débit de tabac.

important de la constitution de la société en nom collectif car il délimite le pouvoir des gérants à l'égard des associés et des tiers, à la différence des sociétés à responsabilité limitée et des sociétés anonymes qui sont engagées par les actes de leurs dirigeants dépassant l'objet social.

§ 2. Les formalités constitutives

288 La société en nom collectif, comme toute société immatriculée, doit être constatée par un acte écrit authentique ou sous seing privé. Si la société est constituée sous seing privé, il suffit de dresser un original conservé au siège social ainsi que les exemplaires nécessaires aux formalités. Les statuts doivent comporter les mentions nécessaires à la constitution de toute société (C. com., art. L. 210-2) et porter la signature de tous les associés. Ils peuvent, en outre, contenir d'autres mentions, concernant notamment la désignation des gérants et leur pouvoir, ainsi que les modalités de consultation des associés (C. com., art. L. 221-3 et 221-6). Dans les sociétés en nom collectif, les formalités de publicité applicables à toutes les sociétés sont requises à peine de nullité. Cette cause de nullité peut être invoquée par les tiers, mais ni les associés ni la société ne peuvent s'en prévaloir à l'égard des tiers (C. com., art. L. 235-2).

Section 2

Le fonctionnement de la société en nom collectif

289 Comme la société civile, la société en nom collectif est contractuelle et son fonctionnement repose pour beaucoup sur les statuts de la société. Seront successivement étudiées les règles de fonctionnement

applicables aux associés non gérants (**§ 1**), à la gérance (**§ 2**), et au contrôle exercé par le commissaire aux comptes (**§ 3**).

§ 1. Les associés non gérants

290 Les associés de société en nom collectif bénéficient de droits individuels importants, parfois renforcés du fait d'un *intuitu personae* marqué et de la responsabilité indéfinie et solidaire qui pèse sur chacun d'eux.

291 **Le droit à l'information.** Compte tenu de la responsabilité indéfinie et solidaire qui pèse sur eux, les associés de société en nom collectif se voient accorder une information étendue, que les statuts peuvent développer. Deux fois par an, les associés non gérants ont le droit de prendre connaissance et copie au siège social des livres et documents sociaux (C. com., art. L. 221-8). Ils peuvent se faire assister d'un expert mais la consultation doit se faire en personne. Deux fois par an, ils peuvent également poser par écrit des questions sur la gestion sociale. Les gérants doivent y répondre par écrit. Quinze jours précédant la tenue de l'assemblée générale, les documents sociaux, comprenant le rapport de gestion, le texte des résolutions et, le cas échéant, le rapport du commissaire aux comptes, doivent être adressés à tous les associés non gérants. L'inventaire est tenu à leur disposition au siège social. En cas de non-respect de ces dispositions, la nullité des délibérations pourrait être prononcée (C. com., art. L. 221-7).

292 **Le droit de participer aux décisions collectives.** Les associés en nom doivent obligatoirement se réunir en assemblée pour l'approbation annuelle des comptes, dans les six mois de la clôture de l'exercice (C. com., art. L. 221-7), ainsi que lorsque la réunion est demandée par un des associés, verbalement ou par lettre recommandée (C. com., art. L. 221-6). Les modalités de convocation de l'assemblée sont fixées par les statuts. À défaut, le droit de convocation appartient au gérant ou encore à tout associé. Le commissaire aux comptes, s'il en existe un, doit également être convoqué. Le recours à la méthode des consultations écrites est possible (C. com., art. L. 221-6, al. 2), ainsi que la prise de décision dans

un acte signé par tous les associés. L'unanimité est requise pour la prise de certaines décisions : la révocation d'un gérant associé lorsque tous les associés sont gérants ou lorsque le gérant associé révoqué est statutaire (C. com., art. L. 221-12) ; la continuation de la société malgré cette révocation ou lors de la survenance d'une incapacité, d'une interdiction ou de la faillite frappant l'un des associés ; la cession de parts sociales (C. com., art. L. 221-13) ; la transformation de la société en société par actions simplifiée. De même, la modification des statuts ne peut être décidée que pas tous les associés, parties au contrat de société. L'application aux sociétés en nom collectif de la règle générale de l'article 1836 du Code civil, qui subordonne la modification des statuts d'une société à l'accord unanime des associés, sauf clause contraire des statuts, laisse penser que l'unanimité n'est pas une exigence impérative : les statuts pourraient donc se contenter d'une simple majorité[1]. Pour les autres décisions, les statuts peuvent librement fixer la majorité. À défaut, la règle de l'unanimité s'applique. En règle générale, chaque associé dispose d'une voix, mais il est possible de prévoir que chaque part sociale donne droit à une voix.

293 **Le droit aux dividendes.** Après approbation des comptes sociaux par l'assemblée, et si la société a réalisé des bénéfices, l'assemblée doit en décider l'affectation, conformément aux statuts. Puisque les associés sont tenus indéfiniment et solidairement du passif social, il n'est pas obligatoire de constituer une réserve légale (C. com., art. L. 232-10). Les associés peuvent renoncer aux bénéfices d'un exercice clos, sans que cette renonciation ait un caractère léonin[2]. Lorsque la distribution a été décidée, la mise en paiement des dividendes doit avoir lieu dans un délai de neuf mois après la clôture de l'exercice, sauf prorogation judiciaire de ce délai (C. com., art. L. 232-12).

294 **Le droit de céder ses parts.** Dans les sociétés en nom collectif, les parts sociales ne sont pas susceptibles d'être représentées par des titres négociables. Leur cessibilité est restreinte et requiert un agrément unanime des associés. Cette règle est impérative et

---

1. T. civ. Seine 20 mars 1920 ; v. ss 154.
2. Com. 13 févr. 1996, *Rev. sociétés* 1996. 771, note B. Saintourens.

s'applique aussi bien pour les cessions à des tiers que pour les cessions entre associés. Toute clause contraire est réputée non écrite[1] (C. com., art. L. 221-13). Par ailleurs, les statuts ne peuvent valablement prévoir une clause de rachat, selon laquelle, à défaut d'agrément du cessionnaire, les parts du cédant seraient rachetées par la société ou les associés. Cependant, la Cour de cassation considère que l'absence d'exercice du droit d'agrément, dont bénéficie l'associé d'une société en nom collectif, peut être fautive et engager sa responsabilité à l'égard de l'associé potentiellement cédant[2]

La convention de croupier

La convention de croupier a progressivement disparu, le législateur ayant opéré le choix de ne plus en reconnaître l'existence lors de la refonte des textes de droit commun des sociétés par la loi du 4 janvier 1978[3]. De rares exemples existent encore cependant[4]. Lorsque l'agrément est refusé, l'associé reste prisonnier de ses titres. Le fort *intuitu personae* qui caractérise la société en nom collectif justifie la rigueur de cette règle. Mais la pratique avait reconnu la possibilité à l'associé de passer une convention par laquelle il pouvait convenir avec un tiers, appelé croupier, de partager les bénéfices et les pertes résultant de sa participation dans la société. L'associé cède alors ses droits patrimoniaux d'associé, autrement dit ses droits pécuniaires, sans céder sa qualité d'associé. Selon les règles du droit commun des contrats, cette convention ne produit d'effet qu'entre les parties. La société l'ignore et n'a à connaître que de l'associé. La jurisprudence précise que l'associé doit conserver l'exercice de ses prérogatives, tant en ce qui concerne les résolutions à prendre que le contrôle de la gestion sociale. Elle veille, de même, à ce que cette convention ne constitue pas une cession déguisée prohibée par la loi[5].

---

1. Cette disposition atteste sans aucun doute du caractère impératif de la procédure d'agrément. La sanction en cas de contravention à la règle devrait donc être la nullité (comp. la SA, ss 454 et la SAS, ss 673). Pourtant, la Cour de cassation considère que le défaut d'agrément unanime des associés à la cession des parts sociales d'une SNC n'entraîne pas la nullité de la cession, laquelle est seulement opposable à la société et aux associés : Com. 16 mai 2018, n° 16-16498, *JCP E* 2018, p. 1631, 19, obs. M. Caffin Moi, *Bull. Joly*, juil.-août 2018, p. 422, note J.-F. Barbièri. Une telle solution pose des difficultés quant au sort de la société cédante lorsqu'elle a disparu à l'issue d'une procédure de dissolution-liquidation mais qui, en raion de l'inopposabilité de la cession, aurait dû être réputée toujours associée de la SNC.
2. Com. 6 févr. 2019, n° 17-20112.
3. L'ancien article 1861 du Code civil disposait : « chaque associé peut, sans le consentement de ses associés, s'associer à une tierce personne, relativement à la part qu'il a dans la société ; il ne peut sans ce consentement, l'associer à la société, alors même qu'il en aurait l'administration ».
4. Pour un exemple dans une société civile, Com. 23 juin 2015, n° 14-18291, *Bull. Joly*, nov. 2015, 564, note E. Schlumberger.
5. Paris 19 févr. 1979, *Rev. sociétés* 1980. 283 (2 esp.), obs. D. Randoux.

Lorsque la cession reçoit l'agrément de tous les associés, elle nécessite des formalités : elle doit être constatée par un écrit. Pour être opposable à la société, elle doit être signifiée ou acceptée par la société par acte authentique, conformément à l'article 1690 du Code civil. Néanmoins, la signification peut être remplacée par le dépôt d'un original de l'acte de cession au siège social contre remise par le gérant d'une attestation de ce dépôt.

Pour être opposable aux tiers, la cession n'a plus à être publiée au Registre du commerce et des sociétés. Dans un souci de simplification, l'ordonnance n° 2014-863 du 31 juillet 2014 prévoit désormais que cette opposabilité est assurée par le dépôt au RCS des statuts modifiés, dépôt qui peut être effectué par voie électronique (C. com., art. L. 221-14, al. 2).

La validité de l'exclusion de l'associé, que l'on peut comprendre comme l'opération inverse à la cession volontaire de parts, est discutée. La Cour de cassation a cependant admis la validité d'une clause statutaire prévoyant l'exclusion de l'associé en nom faisant lui-même l'objet d'un redressement judiciaire[1].

295 **La transmission des parts.** Le décès de l'un des associés entraîne en principe la dissolution de la société (C. com., art. L. 221-15). En pratique, cependant, les statuts prévoient la continuation de la société et plusieurs situations sont envisagées par la loi.

Il peut être stipulé dans les statuts une clause de continuation entre les seuls associés survivants (C. com., art. L. 221-15, al. 4). L'héritier est alors créancier de la société. Il n'est pas associé et n'a droit qu'à une indemnisation égale à la valeur des droits sociaux de son auteur. Il peut par ailleurs être stipulé une clause de continuation avec les héritiers (al. 2), sous réserve éventuellement d'un agrément accordé par les associés de la société. Si l'agrément est refusé, l'héritier aura droit à une indemnisation. Dans le cas particulier où l'héritier est mineur, il est prévu que ce dernier ne réponde des dettes sociales qu'à concurrence de l'actif de la succession de son auteur (al. 7). La société doit alors se transformer, dans le délai d'un an, en société en commandite dans

1. Com. 8 mars 2005, *D.* 2005. 839, obs. A. Lienhard ; *Rev. sociétés* 2005. 618, note D. Randoux.

laquelle le mineur deviendra associé commanditaire. À défaut, la société est dissoute[1]. Il peut enfin être stipulé une clause de continuation avec bénéficiaire désigné par les statuts (al. 3), assortie éventuellement d'une clause d'agrément. Les bénéficiaires de la clause sont redevables à la succession de la valeur des droits sociaux qui leur sont attribués (al. 5).

§ 2. La gérance

296 **Nomination du gérant.** L'administration de la société est assurée par un ou plusieurs gérants, désignés soit dans les statuts soit par un acte ultérieur prévu par les statuts. Dans le silence des statuts, la loi prévoit que tous les associés sont gérants de plein droit (C. com., art. L. 221-3, al. 1). La désignation du gérant s'effectue à l'unanimité des associés, sauf stipulation contraire des statuts. Le gérant peut être soit personne physique, soit personne morale, associé ou non associé. La capacité requise du gérant est commerciale si le gérant est associé, civile s'il n'est pas associé. Seul le gérant non associé peut être lié à la société par un contrat de travail[2], en plus de son mandat de gérant, lequel peut donner lieu à rémunération. Lorsqu'un salarié devient associé en nom collectif, son contrat doit nécessairement être suspendu.

La nomination du gérant doit faire l'objet d'une publicité, comme pour toute nomination de dirigeant social. Selon le droit commun des sociétés, ni la société ni les tiers ne peuvent se prévaloir d'une irrégularité dans la nomination des gérants lorsque cette nomination a été régulièrement publiée (C. com. art. L. 210-9, al. 1).

297 **Cessation des fonctions.** Les fonctions du gérant prennent fin avec l'arrivée du terme de son mandat, son décès, la survenance d'une incapacité, d'une interdiction de gérer ou de la faillite personnelle frappant le gérant, sa démission ou sa révocation. Concernant les conditions et les effets de cette dernière, elles diffèrent selon la

1. Paris 12 juin 1997, *Bull. Joly* 1997. 892, note P. Le Cannu.
2. Soc., 14 oct. 2015, n° 14-10960, *Bull. Joly*, déc. 2015, 646, note A. Couret.

qualité du gérant. Lorsque le gérant est associé statutaire, sa révocation ne peut être décidée qu'à l'unanimité des autres associés. Cette règle impérative s'applique également pour révoquer un gérant lorsque tous les associés sont gérants. Dans ces deux cas, la révocation entraîne la dissolution de la société, sauf si la continuation de la société a été prévue par une clause statutaire ou décidée par les autres associés à l'unanimité. Le retrait du gérant révoqué est alors possible. Lorsque le gérant est associé mais non statutaire, il est révoqué dans les conditions prévues par les statuts ou, à défaut, sur décision des autres associés prise à l'unanimité. Sa révocation entraîne la dissolution de la société, sauf clause contraire des statuts ou décision unanime des associés de continuer la société. Son retrait de la société est impossible. Lorsque le gérant n'est pas associé, il est un mandataire et comme tel toujours révocable dans les conditions prévues par les statuts ou, à défaut, par une décision prise à la majorité (C. com., art. L. 221-12, al. 3). Sa révocation n'entraîne pas la dissolution de la société.

En toute hypothèse, la révocation prononcée sans juste motif peut donner lieu à des dommages-intérêts.

298 **Pouvoirs du gérant.** L'étendue des pouvoirs du gérant diffère selon qu'ils concernent les rapports entre associés ou les rapports avec les tiers.

Dans les rapports entre associés, le gérant unique peut faire tous les actes de gestion dans l'intérêt de la société (C. com., art. L. 221-4, al. 1). L'acte de gestion s'entend au sens large et comprend l'acte d'administration et l'acte de disposition dès lors qu'il concourt à la réalisation de l'objet social. Mais les statuts peuvent restreindre les pouvoirs du gérant en subordonnant à l'autorisation préalable des associés certains de ces actes. Le dépassement par le gérant de ses pouvoirs pourra entraîner la mise en jeu de la responsabilité du gérant et fournira un juste motif à sa révocation.

En cas de pluralité de gérants, ceux-ci détiennent séparément le pouvoir d'engager seuls la société et de la représenter. Mais les statuts peuvent restreindre le pouvoir de chaque gérant d'agir seul et, d'une manière générale, répartir les pouvoirs entre les gérants ou organiser un conseil de gérance dont les décisions seront prises à la majorité ou à l'unanimité. Chaque gérant a le droit de s'opposer à toute opération envisagée par un autre avant qu'elle soit conclue (C. com., art. L. 221-4, al. 2).Dans les rapports avec les tiers, la société est engagée par tout acte du gérant unique entrant dans l'objet social (C. com., art. L. 221-5, al. 2) mais pas par les actes qui dépasseraient cet objet[1]. De même, les pouvoirs du gérant sont limités à l'égard des tiers par ceux que la loi attribue à d'autres organes de la société. La responsabilité indéfinie des associés justifie cette dernière règle. En revanche, dès lors que ces actes entrent dans le cadre de l'objet social, ils pourraient, semble-t-il, engager les sociétés, même s'ils étaient contraires à l'intérêt social. Les limitations statutaires sont, quant à elles, inopposables aux tiers.

Le gérant a seul le pouvoir de représenter la société en justice. L'assemblée ne dispose pas d'un tel pouvoir et ne peut donc valablement le déléguer à un tiers. Lorsque des gérants tiers à la société sont désignés, les associés perdent donc tout pouvoir d'agir au nom et pour le compte de la société, de sorte qu'ils ne peuvent, même à l'unanimité, confier à un tiers le soin de représenter la société[2]. Il est permis de penser que, d'une manière générale, l'assemblée n'est pas compétente pour prendre des décisions relevant du domaine de compétence légale du gérant, autrement dit de tout acte entrant dans l'objet social et pris dans l'intérêt de la société[3].

En cas de pluralité de gérants, chaque gérant détient les pouvoirs fixés par la loi et les statuts. En cas d'opposition formée par un gérant aux actes d'un autre gérant, celle-ci peut être surmontée par un vote unanime des associés ou par le tribunal si l'acte litigieux n'est pas contraire aux statuts. Elle est par ailleurs sans

1. Com. 26 janv. 1996, *Bull. Joly* 1993. 482, note P. Le Cannu ; *contra*, la jurisprudence admet aujourd'hui qu'une décision unanime des associés puisse valider un acte excédant l'objet social, dès lors qu'il n'est pas contraire à l'intérêt social : Com. 17 déc. 2003, *Dr. sociétés* 2004. 64, obs. J. Monnet.
2. Com. 22 oct. 2013, n° 12-24658, *Dr. sociétés* 2014, comm. 7, obs. D. Gallois-Cochet, *Bull. Joly*, janv. 2014, 32, note F.-X. Lucas. La Cour de cassation voit dans les pouvoirs des organes de SNC des pouvoirs légaux, dont les contours sont fixés par la loi. Il s'ensuit que les associés ne sont pas libres de définir ces pouvoirs et peuvent encore moins les déléguer.
3. La seule hypothèse dans laquelle une délibération des associés peut engager la société dans les rapports avec les tiers serait celle où il est envisagé de sortir de l'objet social défini par les statuts.

effet à l'égard des tiers, à moins qu'il ne soit établi que le tiers en avait eu connaissance (C. com., art. L. 221-5, al. 2).

Pouvoir du gérant de SNC, objet social et intérêt social

Dans une SNC, tout acte de gestion qui n'est pas réservé à la compétence d'un autre organe, engage valablement la société à l'égard des tiers s'il entre dans l'objet social et s'il a été accompli au nom de la société (C. com., art. L. 2215).

L'objet social constitue l'activité que la société se propose d'exercer (objet statutaire) ou exerce effectivement (objet réel).

L'intérêt social désigne soit le seul intérêt des associés (selon une analyse contractuelle de la société), soit l'intérêt de l'entité autonome et indépendante que constitue la société, englobant l'intérêt des associés, des salariés, des fournisseurs et des clients (selon une analyse institutionnelle de la société). La jurisprudence entend l'intérêt social comme l'intérêt propre de la société en tant qu'institution hiérarchisée dans laquelle dirigeants et associés ne sauraient agir en négligeant l'intérêt commun et supérieur qui les domine[1].

Il en résulte qu'un acte peut être profitable à la société tout en dépassant les limites de l'objet social et, inversement, qu'il peut nuire à la société alors qu'il est conforme à l'objet social.

Dans le premier cas, la société ne sera pas engagée, alors que dans le second, celle-ci sera engagée. Mais elle pourra exercer une action en responsabilité à l'encontre du gérant.

299 **Responsabilité du gérant.** Par application du droit commun, chaque gérant doit répondre personnellement de ses fautes à l'égard des tiers, mais il peut aussi voir sa responsabilité engagée par la société ou par des associés. Les gérants engagent leur responsabilité envers la société pour violation des statuts, infraction aux lois et règlements ou faute de gestion. L'action sociale peut être exercée par les associés. En effet, outre l'action en réparation du préjudice subi personnellement, un ou plusieurs associés peuvent intenter l'action sociale en responsabilité contre les gérants. Dans

1. Pour de nombreux exemples, v. N. Rontchevsky, « L'utilisation de la notion d'intérêt social en droit des sociétés, en droit pénal et en droit boursier », *Bull. Joly Bourse* 2010. 355. Visant tout particulièrement les sociétés cotées, le rapport Viénot (1995, v. ss 495) définit l'intérêt social comme « l'intérêt supérieur de la personne morale elle-même, c'est-à-dire de l'entreprise considérée comme agent économique autonome poursuivant des fins propres, distinctes de celle de ses actionnaires, ses salariés, ses créanciers, ses fournisseurs, ses clients, mais qui correspondent à leur intérêt général commun qui est d'assurer la prospérité et la continuité de l'entreprise ». *Contra* D. Schmidt pour qui l'intérêt social doit se comprendre comme l'intérêt commun des associés, Prolégomènes, extrait de « Les conflits d'intérêts dans la société anonyme », *Bull. Joly* 2004. 470. Aujourd'hui, la Cour de cassation développe une conception plus patrimoniale de l'intérêt social, destinée à protéger le patrimoine de la société : Com. 10 fév. 2015, n° 14-11760, *Bull. Joly* 2015, 234, note F. Danos.

une telle hypothèse et en cas de condamnation, les dommages-intérêts sont alloués à la société (C. civ., art. 1843-5, al. 1er). Aucune décision de l'assemblée des associés ne peut en revanche avoir pour effet d'éteindre une action en responsabilité contre les gérants pour la faute commise dans l'accomplissement de leur mandat[1].

Si la société fait l'objet d'une procédure de redressement ou de liquidation judiciaire, le gérant associé s'y trouve soumis de plein droit puisque le jugement qui ouvre le redressement ou la liquidation judiciaires de la société produit ses effets à l'égard de tous les associés : le tribunal doit ouvrir une procédure de redressement ou de liquidation judiciaires à l'égard de chacun d'eux (C. com., art. L. 624-1). Le gérant non associé sera condamné au comblement de passif sur son patrimoine personnel s'il a commis une faute de gestion ayant contribué à l'insuffisance d'actif (C. com., art. L. 624-3).

En cas de faute commune, plusieurs gérants pourront être condamnés solidairement. Les gérants sont par ailleurs responsables pénalement en application du droit commun.

§ 3. Le commissaire aux comptes

300 **Nomination.** La loi impose, depuis 1984, la nomination d'un commissaire aux comptes dans toutes les sociétés en nom collectif qui, à la clôture de l'exercice social, dépassent un moins deux de ces trois seuils : 4 millions d'euros de total du bilan (contre 1 550 000 € avant la loi *PACTE*), 8 millions d'euros de chiffre d'affaires (contre 3 100 000 € auparavant) et cinquante salariés (C. com., art. D. 221-5). Dans les sociétés de moindre importance, la nomination d'un commissaire aux comptes reste une possibilité. Elle peut être décidée soit par les associés aux conditions de majorité prévues par les statuts, ou, à défaut, à l'unanimité (C. com., art. L. 221-9, al. 1), soit par décision de justice à la demande d'un ou de plusieurs associés (C. com., art. L. 221-9,

1. Civ. 3e, 27 mai 2021, no 19-16.716, *Bull. Joly Soc.*, oct. 2021, p. 15, note R. Dalmau.

al. 3), soit encore si un ou plusieurs associés représentant au moins le quart du capital en font la demande.

301 **Mission et responsabilités.** Les dispositions concernant les pouvoirs, obligations, responsabilité et fin des fonctions sont celles du droit commun des sociétés[1].

SECTION 3
LA DISSOLUTION DE LA SOCIÉTÉ EN NOM COLLECTIF

302 **Les causes de dissolution.** Aux causes de dissolution de droit commun auxquelles la société en nom collectif est soumise, il faut ajouter des causes de dissolution liées à des événements touchant personnellement les associés. Ainsi en est-il précisément en cas de décès d'un associé sauf clause prévoyant la continuation de la société (C. com., art. L. 221-15) ; en cas de révocation de l'un des gérants lorsque tous les associés sont gérants ou si un ou plusieurs gérants choisis par les associés sont désignés par les statuts, sauf clause contraire ou décision de continuer la société (C. com., art. L. 221-12) ; lorsqu'une mesure d'incapacité ou d'interdiction d'exercer une profession commerciale, ou encore un jugement de liquidation judiciaire ou arrêtant un plan de cession sont prononcés à l'encontre d'un associé, sauf clause contraire ou décision de continuer la société (C. com., art. L. 221-16).

303 **Les effets de la dissolution.** La dissolution de la société doit faire l'objet des mesures de publicité précédemment exposées. Les effets de la dissolution sont communs à toutes les sociétés (C. com., art. L. 237-1 à L. 237-31).

1. V. ss 182.

CHAPITRE 3

La société en commandite simple

304 **Caractéristiques.** La société en commandite simple est régie par les articles L. 222-1 à L. 222-11 du Code de commerce et, subsidiairement par les règles applicables à la société en nom collectif. C'est une société de personnes qui se caractérise par une dissociation du pouvoir et du capital. Elle comprend en effet deux catégories d'associés : un ou plusieurs commandités, dont le statut est assimilable à celui des associés en nom collectif, et qui sont donc des commerçants indéfiniment et solidairement responsables des dettes sociales ; un ou plusieurs commanditaires, qui ne répondent des dettes sociales qu'à hauteur de leurs apports (C. com., art. L. 222-1). La société en commandite simple est toujours commerciale, quel que soit son objet.

305 **Déclin.** Cette forme de société est née au Moyen âge et a connu un réel essor jusqu'au XIXe siècle. Elle a cependant largement été concurrencée par la société à responsabilité limitée à partir de 1930. Bien qu'en déclin aujourd'hui, elle est souvent utilisée dans des montages juridiques qui permettent des combinaisons de sociétés, notamment entre la société en commandite et la société en responsabilité limitée.

306 **Plan.** Il convient d'étudier les règles de constitution (SECTION 1), de fonctionnement (SECTION 2) et de dissolution (SECTION 3) propres à la société en commandite simple.

SECTION 1
LA CONSTITUTION DE LA SOCIÉTÉ EN COMMANDITE SIMPLE

307 **Les associés.** La société en commandite simple doit être constituée par deux associés au moins, un commandité et un commanditaire. L'associé commandité doit remplir les mêmes conditions que pour être associé de société en nom collectif. La capacité civile suffit en revanche pour le commanditaire. Néanmoins, il peut être assigné devant les tribunaux de commerce car, en participant à une société commerciale par la forme, il effectue un acte de commerce. Les associés de société en commandite peuvent être des personnes morales.

308 **Les apports et le capital social.** Les biens apportés à une société en commandite peuvent être en numéraire, en nature ou en industrie, mais l'apport en industrie est interdit aux commanditaires qui doivent obligatoirement faire un apport en capital. La loi ne prévoit aucun capital minimum ni de libération de ce capital qui se fera sur appel du gérant.

309 **Dénomination sociale.** La société en commandite simple est désignée par une dénomination sociale à laquelle peut être incorporé le nom d'un ou de plusieurs associés. Ce nom doit être précédé ou suivi des mots « société en commandite simple » qui ne peuvent pas être abrégés.

310 **Statuts et formalités de publicité.** Les statuts de la société en commandite doivent contenir les mentions obligatoires requises par le droit commun. Ils doivent préciser en outre le montant ou la valeur des apports de tous les associés, la part dans ce montant ou cette valeur de chaque associé, la part globale des associés commandités et la part de chaque associé commanditaire dans la

répartition des bénéfices et dans le *boni* de liquidation (C. com., art. L. 222-4).

L'accomplissement des formalités de publicité est requis, comme dans les sociétés en nom collectif, à peine de nullité. La régularisation est possible. Le tribunal peut ne pas prononcer la nullité si aucune fraude n'est constatée. Les associés et la société ne peuvent se prévaloir de cette cause de nullité à l'égard des tiers (C. com., art. L. 235-2).

SECTION 2
LE FONCTIONNEMENT DE LA SOCIÉTÉ EN COMMANDITE SIMPLE

311 **Les droits des associés.** Les commandités ont les mêmes droits que les associés en nom collectif. Les commanditaires ont le droit de participer à la vie sociale et droit au partage des bénéfices. Les décisions collectives doivent réunir tous les associés. Elles sont prises dans les conditions prévues par les statuts. Toutefois, la réunion d'une assemblée est obligatoire si elle est demandée soit par un commandité, soit par le quart en nombre et en capital des commanditaires (C. com., art. L. 222-5). Les associés doivent de même être réunis pour approuver les comptes annuels. Pour le vote des décisions extraordinaires, la loi a fixé les conditions de majorité (C. com., art. L. 222-9) : l'accord unanime des associés est requis pour le changement de nationalité ; l'unanimité des commandités et la majorité en nombre et en capital des commanditaires pour les autres modifications statutaires.

Les parts des associés ne peuvent être cédées qu'avec le consentement de tous les associés (C. com., art. L. 222-8). Toutefois, les statuts peuvent apporter trois types d'assouplissements, touchant plus particulièrement les parts des commanditaires. Il peut être stipulé que les parts des associés commanditaires seront librement cessibles entre associés, qu'elles pourront être cédées à des tiers avec le consentement de tous les commandités et de la majorité des commanditaires, ou encore qu'un associé commandité pourra céder une partie (seulement) de ses parts à un commanditaire ou à un tiers, avec le consentement de tous les commandités et de la majorité des commanditaires.

Le décès du commandité est une cause de dissolution de la société, sauf clause statutaire contraire prévoyant la continuation de la commandite (C. com., art. L. 222-10). À l'inverse, le décès d'un commanditaire n'empêche pas la continuation de la société mais les statuts peuvent imposer l'agrément des héritiers du défunt dans les mêmes conditions que pour les sociétés en nom collectif.

312 **La gérance.** L'originalité de la société en commandite simple réside dans le fait que seuls les associés commandités ou des tiers peuvent être gérants. En effet, l'associé commanditaire a l'interdiction de s'immiscer dans la gestion externe de la société (C. com., art. L. 222-6, al. 1). Il peut néanmoins accomplir des actes de contrôle et de surveillance interne. En cas de contravention à la prohibition de s'immiscer dans la gestion externe, le commanditaire répond solidairement avec les commandités, sur son patrimoine propre, des dettes et engagements de la société qui résultent de ses actes. Sa responsabilité solidaire peut en outre être étendue par le tribunal à tous les engagements de la société, compte tenu du nombre et de l'importance de ses actes d'immixtion (C. com., art. L. 222-6, al. 2).

Par ailleurs, les règles de la société en nom collectif s'appliquent.

313 **Le contrôle de la société.** Un commissaire aux comptes doit être désigné lorsque deux des trois seuils prévus par la loi selon les règles de droit commun sont atteints.

Section 3
La dissolution de la société en commandite simple

314 **Les causes de dissolution.** Aux causes de droit commun de dissolution, il faut ajouter trois causes propres aux sociétés en comman-

dite simple : le décès d'un associé commandité, sauf disposition statutaire contraire ; le défaut de transformation de la société en SARL ou en SA ou l'absence d'un nouveau commandité dans le délai d'un an à compter du décès du seul commandité, lorsque ses héritiers sont tous mineurs ; l'incapacité, l'interdiction professionnelle ou le redressement judiciaire d'un commandité, sauf clause contraire des statuts ou vote unanime des associés de poursuivre l'exploitation.

TITRE 2

LA SOCIÉTÉ À RESPONSABILITÉ LIMITÉE

315 **Plan.** L'article L. 223-1 du Code de commerce définit la société à responsabilité limitée comme étant une société instituée par une ou plusieurs personnes qui ne supportent les pertes qu'à concurrence de leurs apports. En règle générale, au moins deux personnes décident ensemble de constituer une société à responsabilité limitée. Mais la loi du 11 juillet 1985 a prévu, par ailleurs, la possibilité de créer des sociétés unipersonnelles à responsabilité limitée. Il convient donc d'étudier distinctement la société à responsabilité limitée comportant plusieurs associés, ou encore la SARL (CHAPITRE 1) et l'entreprise unipersonnelle à responsabilité limitée, l'EURL (CHAPITRE 2).

316 **Caractéristiques.** Les sociétés à responsabilité limitée, pluripersonnelles, sont très nombreuses[1]. Leur succès prouve que leur création, en 1925, répondait à un besoin. En comparaison, la société anonyme présente certaines lourdeurs, ne serait-ce que parce que

1. En 2014, selon l'INSEE, les sociétés à responsabilité limitée constituaient encore la majorité des sociétés nouvellement créées, même si leur part décroît rapidement (57 % en 2014 après 67 % en 2013 et 77 % en 2012). La société par actions simplifiée a tendance à lui faire concurrence v. ss 656. Les SARL unipersonnelles, qui avaient connu un regain en 2011, ne constituent plus que 22 % des créations de sociétés.

sept actionnaires sont (encore) nécessaires. Quant à la société en nom collectif, elle est dangereuse pour tous les associés, à raison de l'obligation indéfinie et solidaire au paiement du passif social qui pèse sur eux.

CHAPITRE 1

La société à responsabilité limitée (SARL)

317 **Plan.** La société à responsabilité limitée est une société commerciale par la forme. La responsabilité de chaque associé y est, en principe, limitée au montant de son apport. Les parts sociales, à la différence des actions, ne sont pas librement cessibles. La société à responsabilité limitée s'avère donc particulièrement adaptée pour les petites et moyennes entreprises. C'est d'ailleurs à leur intention que cette forme de société a été créée et les textes récents tentent de revenir à plus de simplicité en allégeant le régime de la SARL. En témoignent la loi du 1er août 2003 pour l'initiative économique[1], l'ordonnance du 25 mars 2004 portant simplification du droit et des formalités pour les entreprises[2] et la loi de modernisation de l'économie du 4 août 2008[3].

Pourtant, il y a beaucoup d'illusion dans le recours à la société à responsabilité limitée. L'expérience a montré que de nombreuses sociétés n'étaient en réalité que des façades derrière lesquelles un seul intéressé entendait mener une affaire commerciale sans en

1. V. A. Lienhard, *D.* 2003. 1900 ; P. Le Cannu, *Rev. sociétés* 2003. 409.
2. V. A. Lienhard, *D.* 2004. 930 et H. Lécuyer, *LPA* 16 avr. 2004, p. 4.
3. V. B. Saintourens, *Rev. sociétés* 2008. 477 ; J.-F. Barbièri, *Bull. Joly* 2008. 560.

courir personnellement les risques. C'est pourquoi les textes ont étendu la liquidation de biens ou le règlement judiciaire de la société à ceux qui se comportent comme les maîtres de la société et, dans le même esprit, les rend responsables du passif social.

La société à responsabilité limitée est d'une nature juridique mixte. Par son caractère fermé, elle se présente plutôt comme une société de personnes et les règles qui président à sa constitution et à sa dissolution en témoignent. En revanche, la loi de 1966 et les règles de transposition du droit européen ont réalisé un rapprochement avec la société anonyme, notamment pour ce qui est des règles d'organisation et de fonctionnement de la société.

Seront successivement étudiées les règles relatives à la constitution de la SARL (SECTION 1), à son organisation (SECTION 2) et à ses adaptations (SECTION 3).

SECTION 1
LA CONSTITUTION DE LA SARL

318 **Plan.** Les sociétés à responsabilité limitée sont naturellement soumises aux conditions générales de constitution des sociétés. Elles obéissent aussi à certaines conditions propres aux SARL. C'est pourquoi il convient d'indiquer les conditions de fond qui doivent être réunies (**§ 1**), les conditions de forme qui doivent être remplies (**§ 2**) et les sanctions attachées aux règles de constitution (**§ 3**).

§ 1. Les conditions de fond

A. Conditions relatives aux associés

319 **Nombre, consentement, capacité.** La SARL comprend au minimum deux associés et au maximum cent (C. com., art. L. 223-3). Si ce nombre vient à être dépassé, la société doit être dissoute dans le délai d'un an, à moins que, pendant ce délai, le nombre d'associés soit devenu égal ou inférieur à cent, ou que la société ait fait l'objet d'une transformation.

Le consentement des associés doit être réel et absent de vice. Cependant le vice du consentement des associés ne sera une cause de dissolution de la société que s'il atteint l'ensemble des associés.

Il n'est pas exigé des associés de SARL qu'ils aient la qualité de commerçant et un mineur, émancipé ou non, ou encore un majeur protégé peut faire partie de la société. Cependant, il a été jugé que la souscription de parts sociales par un mineur non émancipé, agissant sans l'autorisation de ses parents ni du juge des tutelles, devait être considérée comme nulle[1], cette nullité étant relative. Il convient de rappeler que deux époux peuvent, seuls ou avec d'autres, être associés dans une même société à responsabilité limitée et participer, ensemble ou non, à la gestion sociale (C. civ., art. 1832-1).

B. Conditions relatives au capital social

320 **Suppression du minimum légal et modes de financement.** Alors que la loi exigeait traditionnellement un capital minimum de 7 500 euros, le montant du capital de la société est désormais fixé, librement, par les statuts (C. com., art. L. 223-2)[2].

Le capital social est divisé en parts égales dont la valeur nominale peut être librement fixée par les statuts (C. com., art. L. 223-2, al. 1). Ces parts ne peuvent être représentées par des titres négociables (C. com., art. L. 223-12).

Il est important de souligner que, de façon quelque peu antinomique, une SARL est désormais autorisée à émettre des obligations dès lors que, d'une part, elle répond à deux des trois critères en vertu desquels elle doit désigner un commissaire aux comptes (4 millions d'euros de total du bilan ; 8 millions d'euros de chiffre d'affaires et cinquante salariés) et que, d'autre part, les comptes des trois derniers exercices ont été régulièrement approuvés par

1. CA Montpellier, ch.2, 29 janv. 2013, n° 12/01556, *Dr. sociétés* 2013, comm. 156, obs. D. Gallois-Cochet. La cour ne se prononce pas sur le sort de l'apport : plus qu'un rachat, il semble que l'idée d'un remboursement de la valeur nominale des parts soit préférable.

2. V. Th. Massart, « Une grande réforme à petit budget », *Bull. Joly* 2002. 1361 ; L. Nurit-Pontier, « La détermination statutaire du capital social : enjeux et conséquences », *D.* 2003. Chron. 1612.

les associés. L'émission d'obligations est décidée par l'assemblée générale des associés[1].

Les apports peuvent être en numéraire, en nature ou en industrie.

321 **Apports en numéraire.** Alors que la totalité des apports en numéraire devait être libérée intégralement à la signature des statuts, la loi relative aux nouvelles régulations économiques a apporté un assouplissement important en permettant une libération de 20 % à la constitution, le solde étant libéré sur décision du gérant dans les cinq ans suivant l'immatriculation[2] (C. com., art. L. 223-7, al. 1). Toute nouvelle souscription de parts en numéraire ne peut avoir lieu avant la libération intégrale, à peine de nullité.

Les fonds provenant de la libération des apports en numéraire doivent être déposés dans les huit jours de la réception, pour le compte de la société en formation, à la Caisse des dépôts et consignations, chez un notaire ou dans une banque[3]. Si la société n'est pas constituée dans le délai de six mois à compter du premier dépôt de fonds, les apporteurs peuvent individuellement demander en justice l'autorisation de retirer le montant de leurs apports. Cette règle vaut aujourd'hui aussi lorsque la société n'est pas immatriculée au Registre du commerce et des sociétés dans le même délai. Désormais, également, un mandataire peut demander directement au dépositaire le retrait des fonds, dès lors qu'il représente l'ensemble des apporteurs (C. com., art. L. 223-8). Au cas de constitution, les fonds restent bloqués jusqu'à l'immatriculation de la société au Registre du commerce et des sociétés.

322 **Apports en nature.** Une règle spéciale, venant alourdir la constitution de société, préside à la constitution d'apports en nature. L'article L. 223-9 du Code de commerce prévoit que les statuts doivent contenir l'évaluation de chacun de ces apports, au vu d'un rapport annexé aux statuts et établi sous sa responsabilité

1. Ces titres sont soumis aux dispositions applicables aux obligations émises par les sociétés par actions, à l'exclusion des règles relatives à l'appel public à l'épargne ; v. ss 470.
2. Ce mode de libération vise à faciliter la création d'entreprises, mais ne tient pas compte du manque important de fonds propres dans ce type de sociétés. V. J.-Ph. Dom, *Bull. Joly* 2001. 758.
3. Cette règle semble interdire implicitement la libération par compensation.

par un commissaire aux apports[1]. Celui-ci est désigné à l'unanimité par les futurs associés ou, à défaut, nommé par une décision de justice à la demande de l'associé le plus diligent. Les futurs associés peuvent décider à l'unanimité que le recours à un commissaire aux apports ne sera pas obligatoire si deux conditions sont réunies : la valeur d'aucun apport n'excède pas 30 000 euros[2] et la valeur totale de l'ensemble des apports en nature n'excède pas la moitié du capital social[3]. Les associés peuvent retenir une valeur autre que celle qui a été fixée par le commissaire aux apports, mais ils seront alors solidairement responsables de leur évaluation pendant cinq ans[4]. Cette règle s'applique aussi en cas d'absence de commissaire aux apports. Le cas échéant, les associés pourront être tenus responsables pénalement d'une surévaluation frauduleuse des apports (C. com., art. L. 242-2-4°). Un nouveau cas de dispense a été introduit par la loi n° 2016-1691 du 9 décembre 2016, dite loi *Sapin II*, qui concerne les apports réalisés en cours de vie sociale : lorsque l'augmentation du capital est réalisée, soit en totalité, soit en partie par des apports en nature, les règles de l'article L. 223-9 du Code de commerce s'appliquent (C. com., art. L. 223-33, al. 1er). En-deçà des seuils réglementaires, et sous réserve que la décision soit unanime, les associés peuvent renoncer à faire intervenir un commissaire aux apports. Ils seront alors tenus solidairement de leur évaluation pendant cinq ans.

323 **Apports en industrie.** Interdits puis fortement limités, les apports en industrie faits à une société à responsabilité limitée sont aujourd'hui possibles[5]. L'article L. 223-7 modifié du Code de

1. On constate que les dispenses d'évaluation consacrées dans les SA par la loi de simplification du 22 mars 2012 n'ont pas été étendues aux SARL, v. ss 389.
2. *Cf.* C. com., art. D. 223-6-1, Ce seuil est aligné sur celui fixé en cas de constitution d'un patrimoine affecté par la loi n° 2101-658 du 15 juin 2010 relative à l'entrepreneur individuel à responsabilité limitée (C. com., art. L. 526-9).
3. Soit une SARL qui se constitue avec un capital de 100 000 euros, tout apport en nature de plus de 30 000 euros devra faire l'objet d'un rapport du commissaire aux apports, ainsi que dans le cas où la valeur totale des apports en nature est de 30 000 euros ou plus (alors même qu'aucun de ces apports ne serait supérieur à 3 000 euros).
4. Les associés concernés sont ceux qui font partie de la société au moment où l'action en responsabilité est intentée, ce qui inclut les associés entrés en cours de vie sociale.
5. P. Le Cannu, « Les apports à une SARL et la libération du capital des sociétés à capital variable », *Rev. sociétés* 2001. 633.

commerce pose néanmoins la condition que les statuts déterminent « les modalités selon lesquelles peuvent être souscrites des parts sociales en industrie ». Jusque-là, seuls les apports en industrie liés à l'apport en nature d'un fonds de commerce ou d'un fonds artisanal par l'apporteur en industrie ou son conjoint étaient autorisés. Ces apports ne sont pas pris en compte pour la détermination du capital et les statuts précisent la quote-part de l'apporteur en industrie dans la répartition des bénéfices et des pertes.

§ 2. Les conditions de forme

324 **Les statuts.** Aux termes de l'article L. 223-6 du Code de commerce, tous les associés doivent intervenir à l'acte constitutif de la société, comme dans les sociétés de personnes. Ces statuts doivent contenir les mentions obligatoires et préciser le nom du gérant ainsi que le mode des transmissions des parts sociales. Ils sont établis soit par acte authentique (pour les apports d'immeubles) soit par acte sous seing privé, avec autant d'originaux qu'il est nécessaire pour le dépôt d'un exemplaire au siège social et l'exécution des diverses formalités requises. En outre, un exemplaire des statuts doit être remis à chaque associé.

Aux statuts sont annexés, le cas échéant, le rapport du commissaire aux apports ainsi que l'état des actes accomplis pour le compte de la société en formation. Cet état doit indiquer, pour chaque acte considéré, l'engagement qui en résultera pour la société. La signature des statuts par les associés emportera reprise des engagements par la société lorsque celle-ci aura été immatriculée (C. com., art. L. 210-6).

La société est désignée par une dénomination sociale, à laquelle peut être incorporé le nom d'un ou plusieurs associés. Elle doit toujours être précédée ou suivie des mots « société à responsabilité limitée », ou des initiales « SARL », et du montant du capital social.

La Cour de cassation a décidé que la décision des associés d'une SARL de déroger conventionnellement aux statuts et de s'en affranchir, voire de les modifier, peut résulter d'actes contractuels postérieurs dès lors que tous les associés y consentent[1].

325 **Les formalités de publicité.** Après signature, il doit être procédé aux formalités de publicité classiques : avis dans un journal d'annonces légales, dépôt au centre de formalité des entreprises aux fins d'immatriculation de la société au Registre du commerce et des sociétés, publicité au *BODACC.*

§ 3. Sanctions du non-respect des règles de constitution

326 Les règles générales applicables à toutes les sociétés commerciales pour les nullités et les responsabilités des fondateurs et des premiers gérants s'appliquent aux sociétés à responsabilité limitée. Aucun texte ne prévoit expressément la nullité de la société à responsabilité limitée pour inobservation des conditions de fond ou de forme de constitution. Dès lors, la nullité ne peut être fondée que sur les règles du droit commun des contrats. Aux termes de l'article L. 223-10 du Code de commerce, les premiers gérants et les associés auxquels la nullité de la société pour irrégularité de constitution est imputable sont solidairement responsables, envers les autres associés et les tiers, du dommage résultant de l'annulation de la société.

Section 2
L'organisation de la SARL

327 **Plan.** L'évolution du droit des sociétés à responsabilité limitée a permis aux associés d'exercer un meilleur contrôle sur la gérance, accentué par la présence d'un commissaire aux comptes. Au-delà

1. Com. 12 mai 2015, n° 14-13744, *Bull. Joly,* sept. 2015, 443, note F. Danos. *Adde* M. Germain, « Pactes, statuts et ordre public », *in Mélanges Philippe Merle,* Dalloz, 2012, 305 ; S. Schiller, « Pactes, statuts, règlement intérieur : quelle hiérarchie ? », *Rev. soc.* 2011, 311 : il s'agissait en l'espèce d'un contrat signé par tous les associés permettant au gérant démissionnaire d'exercer une activité concurrente à la société, en dépit d'une clause statutaire de non-concurence.

donc des règles d'organisation et de fonctionnement communes à toutes les sociétés, certaines règles spéciales s'appliquent aux associés (**§ 1**) et à la gérance de la société à responsabilité limitée (**§ 2**).

§ 1. Les associés

328 La loi précise les droits reconnus aux associés de SARL (**A**) ainsi que le régime de cession et transmission des parts sociales (**B**). Elle réglemente également les conventions conclues entre la société et l'un de ses associés (ou le gérant) (**C**).

A. Les droits des associés

329 Selon les règles de droit commun, l'associé de SARL bénéficie des mêmes prérogatives que les associés des autres sociétés commerciales, et notamment de ceux de société en nom collectif. Il a ainsi droit au maintien de la qualité d'associé, sans être contraint à une augmentation de ses engagements. Le principe de libre concurrence reconnu classiquement à l'associé est applicable à l'associé de SARL et aucun devoir de non-concurrence ne pèse *a priori* sur lui, sauf stipulation contraire des statuts[1]. Il convient néanmoins de souligner quelques particularités concernant les droits des associés de SARL.

330 **Le droit aux dividendes.** Le porteur de parts participe à la répartition des bénéfices sociaux qui obéit aux règles de droit commun. En cas de distribution de dividendes fictifs, la responsabilité pénale des dirigeants pourra être engagée et la répétition de ces dividendes exigée des associés même de bonne foi (C. com., art. L. 241-3-2°). L'action en répétition se prescrit par trois ans à compter de la mise en distribution (C. com., art. L. 223-40).

331 **Le droit à l'information.** Les associés disposent d'une information étendue pour laquelle la loi fixe des règles minimales (C. com.,

1. Com. 15 nov. 2011, n° 10-15.049 ; Com. 19 mars 2103, n° 12-14.407, *Dr. sociétés* 2013, comm. 102, obs. M. Roussille ; Com. 3 mars 2015, n° 13-25.237, *Dr. sociétés*, 2015, comm. 103, obs. R. Mortier.

art. L. 223-26). Cette information est soit permanente, soit préalable à la prise des décisions collectives.

À toute époque de l'année, l'associé peut prendre connaissance au siège social des principaux documents sociaux concernant les trois derniers exercices sociaux. L'associé peut se faire assister d'un expert (C. com., art. L. 223-26, al. 4) mais il ne peut pas se faire représenter.

Par ailleurs, les comptes annuels, le rapport de la gérance et celui, le cas échéant, du commissaire aux comptes doivent être adressés à tous les associés dans les quinze jours qui précèdent la tenue de l'assemblée générale d'approbation des comptes. L'inventaire doit être tenu à leur disposition au siège social. À dater de la communication des documents, l'associé qui le souhaite a la faculté de poser des questions écrites auxquelles le gérant est tenu de répondre au cours de l'assemblée. Le non-respect de ces dispositions peut entraîner la nullité de la délibération (C. com., art. L. 223-26, al. 2) et l'imputation de sanctions pénales à la charge du gérant.

Dans la période qui précède toute autre consultation des associés, les textes de résolutions et le rapport de gestion, ainsi que, le cas échéant, celui du commissaire aux comptes, doivent être adressés aux associés.

332 **Le droit de participer aux décisions collectives.** Chaque associé a droit de participer aux décisions et dispose d'un nombre de voix égal à celui des parts sociales qu'il détient. Toute clause contraire est réputée non écrite (C. com., art. L. 223-28). Un associé peut se faire représenter par un autre associé ou par son conjoint à moins que la société ne soit constituée que des deux époux. Les statuts peuvent en outre prévoir la représentation d'un associé par une autre personne. Le mandat ne peut pas être permanent. Il doit en outre être global : un associé ne pourrait se réserver une partie de ses parts et constituer mandat pour une autre partie. Le commissaire aux comptes a également accès à toutes les assemblées (C. com., art. L. 223-39).

333 **Les modalités d'exercice du droit de vote.** La loi prévoit trois modes de consultation : en assemblée, par consultation écrite ou par acte des associés. La consultation en assemblée est obligatoire pour

l'approbation des comptes annuels, dans les six mois de la clôture de l'exercice (C. com., art. L. 223-27, al. 3), ainsi que lorsque la réunion est demandée par un ou plusieurs associés détenant de dixième des parts sociales, et représentant le dixième des associés (C. com., art. L. 223-27, 4° nouv.). En toute autre matière, les statuts peuvent stipuler que certaines décisions seront prises par consultation écrite des associés, ceux-ci disposant d'un délai minimal de quinze jours pour émettre leur vote par écrit. Ces décisions peuvent aussi résulter du consentement unanime des associés exprimé dans un acte, sous seing privé ou notarié. Ce mode de consultation n'est possible que s'il est prévu par les statuts et s'il ne s'agit pas de décisions pour lesquelles une assemblée est obligatoire.

Il revient au gérant de prendre l'initiative de convoquer les associés aux assemblées et de provoquer les consultations écrites dans les six mois suivant la clôture de l'exercice, sous réserve de prolongation de ce délai par décision de justice (C. com. art. L. 223-26 mod.). Si l'assemblée des associés n'a pas été réunie dans ce délai, le ministère public ou toute personne intéressée peut saisir le président du tribunal compétent statuant en référé afin d'enjoindre, le cas échéant sous astreinte, aux gérants de convoquer cette assemblée ou de désigner un mandataire pour y procéder. En cas de pluralité de gérants, les statuts peuvent confier ce soin à chacun des gérants ou à tous les gérants collectivement (C. com., art. L. 223-18, al. 4). On rappelle qu'un ou plusieurs associés détenant un seuil de participations minimal peuvent demander la réunion d'une assemblée. Tout associé, quelle que soit sa participation dans le capital, a en outre le droit de demander en justice la désignation d'un mandataire qui sera chargé de convoquer l'assemblée et de fixer son ordre du jour. Dans ce cas, l'urgence n'est pas exigée, il suffit que la réunion soit conforme aux intérêts de la société, après que l'associé a vainement mis en demeure le gérant de procéder à cette convocation. Il revient au juge d'apprécier la conformité de la décision à l'intérêt social[1].

1. Com. 19 juin 1990, *Rev. sociétés* 1990. 621, note J.-P. Sortais.

Une assemblée irrégulièrement convoquée *peut* être annulée. Toutefois, la nullité n'est pas recevable lorsque tous les associés étaient présents ou représentés (C. com., art. L. 223-27, al. 5). La Cour de cassation a par ailleurs étendu aux SARL l'exigence d'un grief pour que soit prononcée la nullité d'une délibération pour défaut de convocation d'un associé à l'assemblée[1].

À l'instar de ce que la loi du 15 mai 2001 a permis pour les sociétés anonymes[2], la loi du 4 août 2008 ouvre la possibilité pour des assemblées de SARL de se tenir par visioconférence. Cette souplesse est cependant strictement encadrée : le recours à la visioconférence est exclu dans les cas où l'assemblée délibère sur les comptes annuels ou consolidés et cette modalité de vote doit avoir été prévue par les statuts. En outre, les statuts peuvent accorder un droit d'opposition au profit d'un nombre déterminé d'associés et pour une délibération déterminée (C. com., art. L. 223-27, al. 3)[3].

La loi ne distingue pas entre les assemblées ordinaires et extraordinaires. Seulement, les décisions qui n'entraînent pas une modification des statuts et qui n'ont pas pour objet l'agrément de nouveaux associés ne sont adoptées lors de la première réunion ou de la première consultation écrite, que si elles réunissent plus de la moitié des parts sociales composant le capital. Si cette majorité n'est pas obtenue, une seconde délibération ou consultation doit avoir lieu, et la décision doit être prise à la majorité des votes émis, quel que soit le nombre des votants (C. com., art. L. 223-29). Les statuts peuvent prévoir une majorité plus élevée. L'ensemble de ces règles a vocation à s'appliquer lors de l'assemblée qui approuve les comptes (v. ss 334). Les décisions entraînant la modification des statuts, sont prises par les associés représentant les trois quarts des parts sociales. Toute clause statutaire aggravant cette majorité est réputée non écrite. Cependant cette règle générale souffre des exceptions. La révocation d'un gérant statutaire doit impérativement être décidée à la majorité absolue. L'unani-

1. Com. 10 nov. 2015, n° 14-16022, *Bull. Joly*, mars 2016, 149, note M. Buchberger ; *adde* v. ss 265.
2. V. ss 436.
3. Par prudence, les types d'opérations concernés devraient également être déterminés, à l'avance, par les statuts.

mité est requise pour le changement de nationalité, la transformation de la société en société en nom collectif et pour toute autre décision entraînant l'augmentation des engagements des associés. Une double majorité, en nombre des associés et en parts, est exigée pour la cession des parts sociales à un tiers et pour leur nantissement (C. com., art. L. 223-15). Pour les SARL constituées après la loi du 2 août 2005, l'assemblée ne délibère valablement que si les associés présents ou représentés possèdent au moins, sur première convocation, le quart des parts et, sur deuxième convocation, le cinquième de celles-ci. Les modifications statutaires sont décidées à la majorité des deux tiers des parts détenues par les associés présents ou représentés. Les statuts peuvent toutefois prévoir des quorums ou une majorité plus élevée, sans pour autant admettre l'unanimité.

La nullité des délibérations collectives est expressément prononcée dans quelques cas : défaut de communication des documents comptables avant la tenue de l'assemblée (C. com., art. L. 227-26, al. 2.) ; convocation irrégulière... En dehors de ces hypothèses, s'applique la règle générale selon laquelle la nullité des actes ou délibérations de la vie sociale, autres que ceux qui modifient les statuts, ne peut résulter que de la *violation d'une disposition impérative* (C. com., art. L. 235-1, al. 2). Il n'est pas toujours aisé de savoir si une règle est impérative, en dehors des cas où le législateur le dit expressément ou reconnaît un pouvoir d'appréciation au juge. La tendance aujourd'hui est d'adopter une lecture stricte de l'article L. 235-1. Ainsi, dans le prolongement de la jurisprudence *Larzul*[1], il a été décidé que la possibilité donnée aux associés de SARL de limiter la cessibilité des parts sociales entre eux relevant de dispositions impératives, la violation de telles stipulations statutaires encourt la nullité[2].

1. Selon cette jurisprudence, il avait été jugé qu'une décision collective prise en violation des statuts d'une société commerciale n'était pas sanctionnée par la nullité, sauf pour « les cas dans lesquels il a été fait usage de la faculté, ouverte par une disposition impérative, d'aménager conventionnellement la règle posée par celle-ci » : Com. 18 mai 2010, n° 09-14.855, *Rev. sociétés* 2010. 374, note P. Le Cannu, *Bull. Joly* 2010. 651, note H. Le Nabasque ; *adde* ss 510.

2. Com. 10 fév. 2015, n° 13-25.588, *Dr. sociétés* 2015, comm. 67, obs. D. Gallois-Cochet. La Cour de cassation décide donc que les articles L. 223-14 et L. 223-1- du Code de commerce constituent des dispositions impératives et que dans l'hypothèse où elles sont « aménagées » par les statuts, la violation de telles clauses est sanctionnée par la nullité.

334 **L'approbation des comptes et l'affectation des résultats de l'exercice.** Il revient à l'assemblée d'approuver les comptes annuels, de se prononcer sur l'affectation des bénéfices de l'exercice et sur les modalités de sa distribution. Le bénéfice distribuable est constitué par les bénéfices de l'exercice, diminué des pertes, ainsi que d'un prélèvement de sommes affectées à la réserve légale. Ce prélèvement doit être au moins d'un vingtième (C. com., art. L. 232-10) mais cesse d'être obligatoire lorsque la réserve atteint le dixième du capital social. Les statuts peuvent prévoir que d'autres sommes seront prélevées pour constituer une réserve statutaire, qui devient dès lors obligatoire. En outre, les associés peuvent décider de porter en réserve tout ou partie des bénéfices de l'exercice. Les dividendes doivent être prélevés en priorité sur le bénéfice distribuable de l'exercice, mais l'assemblée peut décider la mise en distribution de réserves dont elle a la libre disposition (C. com., art. L. 232-11). L'assemblée détermine la part contributive de chacun et effectue le paiement des dividendes dans un délai de neuf mois après la clôture de l'exercice, sauf prolongation par décision de justice. La distribution de dividendes fictifs est sanctionnée pénalement (C. com., art. L. 241-3-2°) et la répétition de ces dividendes indus peut être exigée des associés (C. com., art. L. 223-40).

B. La cession et la transmission des parts sociales

335 **Formalisme de la cession.** La cession des parts sociales de la société à responsabilité limitée est soumise à l'ensemble des dispositions générales relatives aux cessions de parts sociales non négociables et obéit donc aux règles de forme et de publicité applicables dans les sociétés en nom collectif. Notamment si la cession est parfaite entre les parties dès l'accord de volonté, elle n'est en revanche opposable à la société qu'après l'accomplissement des formalités exigées par l'article 1690 du Code civil : la cession doit être réalisée par notification par huissier ou par acceptation de la société dans un acte authentique, soit encore par signification de la cession à la société, dépôt d'un acte de cession au siège social et remise d'une attestation du dépôt par le gérant au déposant. Les

formalités d'opposabilité des cessions de parts de SARL sont, par renvoi, celles applicables aux cessions de parts de SNC[1].

336 **L'agrément des tiers.** L'ordonnance du 25 mars 2004 a assoupli les dispositions relatives à l'agrément des tiers, tout en l'encadrant. Désormais, la cession faite au bénéfice d'un tiers étranger à la société est nécessairement soumise à un agrément recueillant le consentement de la majorité des associés représentant au moins la moitié des parts sociales (C. com., art. L. 223-14). Toute clause statutaire venant à supprimer l'agrément ou modifier la double majorité est réputée non écrite. En revanche, les statuts peuvent prévoir une majorité plus forte. La rigueur de cette règle s'explique par le caractère fermé de la société. Aucune disposition légale n'interdit toutefois au cédant de participer au vote.

337 **La procédure d'agrément.** Elle se fait selon les conditions de droit commun déjà exposées[2]. Notamment, si la société refuse de consentir à la cession, les associés sont tenus, dans le délai de trois mois à compter de ce refus (prorogeable trois mois), d'acquérir ou de faire acquérir les parts à un prix fixé dans les conditions prévues à l'article 1843-4 du Code civil. Mais dans cette hypothèse de refus, le cédant peut renoncer à la cession des parts[3], (C. com., art. L. 223-14, al. 3)[4]. En outre, si la société ne procède pas au rachat des parts dans les trois (ou six) mois qui suivent la notification du projet de cession à la société par l'associé cédant, celui-ci pourra procéder à la cession initialement prévue ou renoncer à la cession des parts. En revanche, si l'associé cédant détient ses parts depuis moins de deux ans, il peut rester prisonnier de ses titres, sauf en cas de succession, de liquidation de communauté, de donation au profit du conjoint, d'un ascendant ou descendant (C. com., art. L. 223-14, al. 6).

1. V. ss 294.
2. V. ss 166.
3. Reste à savoir si ce droit de repentir doit s'exercer avant dire d'expert ou peut l'être après fixation du prix par l'expert.
4. L'ordonnance du 25 mars 2004 apporte une ici une innovation majeure, dans un souci, semble-t-il de simplification, en reconnaissant au cédant un droit de repentir en cas de refus d'agrément, droit auquel la doctrine était favorable ; v. J.-C. Hallouin, « Sur le refus d'agrément... », *in Mélanges Paillusseau*, Dalloz, 2003, p. 313.

La violation d'une clause d'agrément entraîne la nullité de la cession des parts sociales[1]. En cas d'irrégularité dans la procédure d'agrément, la Cour de cassation affirme que la société est titulaire de l'action en nullité[2]. De même pour les associés dont le consentement à la cession est requis par la procédure d'agrément. Le tiers acquéreur ne peut quant à lui se prévaloir d'une telle irrégularité[3], la procédure d'agrément n'ayant pas pour objet de protéger ses intérêts. Une cession intervenue sans respecter la procédure d'agrément ne peut pas être confirmée et le formalisme de l'agrément reste très rigoureux[4].

338 **La libre cessibilité entre associés.** Les parts sociales sont librement cessibles entre associés (C. com., art. L. 223-16, al. 1). Une telle cession ne porte pas en effet atteinte au caractère fermé de la société. Elle peut néanmoins modifier les équilibres dans la répartition des parts sociales, conduisant parfois à un renversement de majorité. C'est pourquoi, la loi permet aux statuts de prévoir une clause limitant la cession entre associés. En ce cas, les conditions de l'agrément sont déterminées par les dispositions de l'article L. 223-14 du Code de commerce applicables à la cession à un tiers. Toutefois, les statuts peuvent dans ce cas, réduire la majorité ou abréger les délais prévus à cet article (al. 2).

La liberté de céder ses parts à un associé s'étend au conjoint, ascendant ou descendant de l'associé (C. com., art. L. 223-13). Toutefois, les statuts peuvent prévoir que ces personnes devront recevoir l'agrément des associés dans les conditions prévues à l'article L. 223-14 pour la cession à des tiers.

339 **La transmission successorale de parts.** Les parts sont librement transmissibles par voie de succession légale et, semble-t-il, testamentaire[5]. Il faut y joindre le cas de liquidation de communauté de biens entre époux. Toutefois, les statuts peuvent stipuler une clause

1. Com. 18 mai 2010, n° 09-14.855, *Bull. Joly* 2010, p. 651, note H. Le Nabasque ; Com. 10 fév. 2015, *Bull. Joly* 2015, n° 13-25.588, p. 238, note J. C. Pagnucco.
2. Com. 11 fév. 1992 ; 3e civ., 19 juill. 2000 et 3e civ., 6 oct. 2004.
3. Com. 20 mai 2014, n° 13-16.187 *Dr. sociétés* 2014, comm. 125, obs. D. Gallois-Cochet.
4. Com. 21 janv. 2014, n° 12-29.221, *Dr. sociétés* 2014, comm. 64, obs. D. Gallois-Cochet ; *Bull. Joly*, avr. 2014, 250, note B. Saintourens.
5. P. Catala, « Le sort des parts sociales au décès de l'associé », in *Études Cabrillac*, Litec, 1999, p. 76. *Contra*, Ripert et Roblot, n° 1302.

d'agrément dans les conditions prévues à l'article L. 223-14 pour la cession aux tiers. Dans une telle hypothèse, l'héritier – d'ores et déjà propriétaire des parts mais qui doit être agréé par les associés – acquiert la qualité d'associé seulement au jour où il est agréé (C. com., art. L. 223-13)[1]. Par ailleurs, les statuts peuvent stipuler qu'en cas de décès de l'un des associés la société continuera avec son héritier ou seulement avec les associés survivants. Ils peuvent également stipuler que les sociétés continueront, soit avec le conjoint survivant, soit avec un ou plusieurs des héritiers, soit avec toute autre personne désignée par les statuts ou, si ceux-ci l'autorisent, par dispositions testamentaires. Lorsque la société continue dans ces conditions, la valeur des droits sociaux attribués aux bénéficiaires de cette stipulation est rapportée à la succession (C. com., art. L. 223-13, al. 3 et 4).

340 **Les clauses de garantie de passif.** L'acquisition de parts sociales est une opération risquée, puisqu'elle porte sur un actif et un passif. En principe, le cessionnaire doit pouvoir déterminer, grâce à la comptabilité, la valeur de l'actif et l'étendue du passif de la société dont il entend acheter les parts. Toutefois, les documents comptables peuvent être incomplets ou inexacts, les éléments d'actifs peuvent être surévalués et les éléments de passifs sous-évalués (omission volontaire ou involontaire d'une dette, révélation ultérieure d'un élément de passif, comme une dette fiscale à la suite d'un contrôle...). La clause de garantie de passif a pour effet de protéger le cessionnaire contre ces risques[2].

Les clauses de garantie de passif

Les transmissions d'entreprise sont des opérations fréquentes[3]. Quand la cession porte sur une fraction importante des parts de la société, l'acquéreur exige du cédant une clause de garantie de passif. Le but de cette clause est

1. L'héritier ne sera considéré associé qu'à l'issue de la procédure d'agrément : Com. 3 mai 2018, n° 15-20851, *Bull. Joly*, juil.-août 2018, p. 425, note Cl.-A. Michel.

2. Le dirigeant cessionnaire ne peut être privé du bénéfice de la clause de garantie de passif au motif qu'il avait connaissance de ce passif. En effet, la bonne foi n'autorise pas le juge à porter atteinte à la substance même des droits et obligations des parties, Com. 10 juill. 2007, *Bull. Joly* 2008. 1187, note A. Couret, *D.* 2007. 2839, note Ph. Stoffel-Munck et 1955, note P.-Y. Gauthier, *JCP* 2007. II. 10154, note D. Houtcieff. En cas de fusion, le bénéfice de la clause passe à la société absorbante, Com. 10 juill. 2007, *Bull. Joly* 2007. 1285, note A. Couret.

3. V. « Actes du colloque Transmission d'entreprise », *LPA* 30 mai 2012, n° spéc., n° 108.

de protéger le tiers cessionnaire contre les risques d'incertitude pesant sur la situation de l'entreprise.

Par cette clause, l'acquéreur exige du cédant que, d'une part, il certifie l'exactitude du bilan ou de la situation comptable qui a servi de base au prix de cession et que, d'autre part, il s'engage à prendre à sa charge toutes les dettes qui ne figureraient pas au bilan au moment de la cession et qui se révéleraient par la suite. Il est fréquent en pratique qu'une telle clause impose au cessionnaire d'informer le cédant de l'apparition d'un passif couvert par la clause sous peine d'être déchu du droit de s'en prévaloir[1].

Comme l'étendue de l'engagement du cédant est appréciée en fonction du contenu de la clause, celle-ci doit être rédigée avec soin. Il est fréquent qu'une garantie de passif soit assortie d'une clause plafonnant l'engagement du garant. Celle-ci constitue alors une clause limitative de responsabilité. Mais elle peut également s'analyser en **clause de révision du prix** dont le régime est quelque peu différent[2], les parties ayant souhaité que la garantie n'excède pas le prix de cession des parts[3]. En dehors de cette hypothèse, une clause de plafonnement est en principe valable[4], sous réserve qu'elle ne contredise pas la portée de l'obligation essentielle du cédant. S'il y a contradiction, la clause est alors réputée non écrite et le garant s'expose à supporter une garantie « déplafonnée »[5].

Ces clauses ont, en général, une durée d'efficacité limitée dans le temps (trois à cinq ans, ou durée des prescriptions fiscales et sociales). Elles obligent le garant à indemniser intégralement le bénéficiaire de toute perte, dommage ou préjudice subi en raison de l'inexactitude des déclarations – ou omissions d'informations significatives – concernant la société, ce qui exige que soit rapportée la preuve d'un préjudice[6]. En cas de revente des droits sociaux durant cette période, ou encore de fusion, se pose la question de la transmission de la garantie respectivement au nouvel acquéreur[7] et à la société absorbante[8].

---

1. Com. 9 juin 2009, n° 08-17.843, *D.* 2009. 1693 et 2010. 287, obs. E. Lamazerolles ; Com. 15 mars 2011, n° 09-13.299, *Rev. sociétés* 2011. 287, obs. S. Prévost ; *D.* 2011. Pan. 2761, obs. E. Lamazerolles.

2. Alors que la clause de garantie de passif *stricto sensu* fait naître une obligation pour le cédant de reconstituer l'intégralité de l'actif de la société, la clause de révision du prix se limite à obliger le cédant à rembourser l'acquéreur de la perte de valeur subie par les parts sociales cédées du fait de l'apparition du passif devenu exigible. La restitution ne peut être supérieure au prix de cession ; V. P. Mousseron *et alii*, « Les clauses de garantie d'actif et de passif », *Actes prat.* Sept.-oct. 2012, n° 125.

3. Com. 18 déc. 2001, *Bull. Joly* 2002. 486, note A. Couret.

4. Com. 29 juin 2010, *JCP E* 2010. 1790, note P. Stoffel-Munck.

5. Com. 20 janv. 2009, *Dr. sociétés* 2009. 72, note H. Hovasse ; *Bull. Joly* 2011. 76, note B. Dondero. Cette solution est logique: le cédant qui se rend coupable de manœuvres dolosives ne saurait se prévaloir d'une clause limitative de responsabilité pour se soustraire aux conséquences de son dol ; *adde* Com. 2 févr. 2010, n° 09-11.064, *Bull. civ.* 2010, IV, n° 32, *RTD civ.* 2010. 322, obs. B. Fages.

6. Com. 21 mars 2018, n° 16-13867, *Bull. Joly*, sept. 2018, p. 500, note J.-M. Moulin.

7. Après des décisions contradictoires (Com. 12 févr. 2008, n° 06-15.951, *Bull. Joly* 2008. 100, note P. Mousseron ; Com. 11 mars 2008, n° 06-20.738, *D.* 2008. 1801, note O. Deshayes), la Cour de cassation a admis que « l'absence de stipulation, dans l'acte de cession initial, d'une faculté de transmission de la garantie contractuelle ne faisait pas par elle-même obstacle à ce que le bénéficiaire de celle-ci cède la créance en résultant au sous-acquéreur de ses droits sociaux » : Com. 9 oct. 2012, n° 11-21.528, *RLDA* janv. 2013. 78, p. 10, note V. Magnier.

8. Com. 9 juin 2009, n° 08-15.123, *Bull. Joly* 2009. 214, note X. Vamparys ; Com. 11 sept. 2012, n° 11-13.167, *Bull. Joly* 2012. 470, note P. Mousseron ; *adde* D. Poracchia, « Le rayonnement des garanties conférées dans les cessions de titres sociaux », *Gaz. Pal.* mai-juin 2010. 1943.

> Le terme de « garantie » utilisé prête à discussion quant à l'application de l'article L. 225-35 du Code de commerce et à la soumission de ce type de garantie à l'exigence d'une autorisation préalable du conseil d'administration de société anonyme[1].

341 **La location de parts.** La loi du 2 août 2005 en faveur des PME a consacré le bail de parts de SARL et introduit un chapitre IX dans le titre III du Livre II du Code de commerce (C. com., art. L. 239-1 à L. 239-5). Elle offre ainsi la possibilité à un preneur à bail, moyennant versement d'un loyer fixe, d'avoir la jouissance des parts sans disposer des ressources immédiates pour acquérir l'entreprise, et de devenir ultérieurement propriétaire des parts[2]. Ce nouvel outil de transmission, destiné aux sociétés fermées, est réservé à certaines sociétés dont les SARL[3]. Un certain nombre de conditions doivent être respectées[4] : la possibilité de louer les parts doit avoir été prévue par les statuts ; le locataire doit être nécessairement une personne physique. La loi établit un partage des droits dans la société entre le bailleur et le locataire qui se rapproche très sensiblement de celui organisé entre nu-propriétaire et usufruitier : dans les assemblées statuant sur les modifications statutaires ou sur le changement de nationalité, le droit de vote attaché à l'action ou à la part sociale louée appartient au bailleur ; dans les autres assemblées, le droit de vote attaché à l'action ou à la part sociale louée appartient au locataire. Pour l'exercice des autres droits attachés aux parts sociales louées, le bailleur est considéré comme le nu-propriétaire et le locataire comme l'usufruitier[5]. Si le régime de cette location semble très encadré par des dispositions légales (exigence d'une clause statutaire, d'un écrit et d'un enregistrement, publicité...), son dispositif

1. V. ss 547. Selon un auteur, ce type de garantie est autonome et n'entre donc pas dans le champ de l'art. L. 225-35 (B. Dondero, *D.* 2004. 405). V. Com. 12 juill. 2011, n° 10-16.118, pour une clause de révision du prix stipulée au bénéfice du cessionnaire.

2. Concrètement se superposent un contrat de bail soumis aux dispositions du Code civil et un contrat de société.

3. Pour les SA, v. ss 410. Ce qui exclut les SNC, les sociétés civiles et les SEL, sauf au profit de professionnels salariés ou collaborateurs libéraux exerçant au sein d'une société de profession libérale soumise à un statut spécial.

4. Pour le détail, v. C. Malecki, *D.* 2005. Chron. 2382.

5. V. *supra*. Si l'opération se rapproche d'un usufruit (jouissance de la chose, droit d'en percevoir les fruits), les divergences sont grandes : la location d'actions ne consiste pas en un démembrement de propriété (droit réel) et fait naître un rapport d'obligation entre le locataire et le propriétaire (droit personnel).

fiscal en constitue l'intérêt principal. Un régime similaire a été mis en place par la même loi du 2 août 2005 pour le crédit-bail de parts sociales, opération qui consiste en une location de parts sociales assortie d'une promesse unilatérale de vente moyennant un prix convenu tenant compte, au moins pour partie, des versements effectués à titre de loyers.

Les dispositions légales ou statutaires prévoyant l'agrément du cessionnaire de parts sont applicables dans les mêmes conditions au locataire (C. com., art. L. 239-3, al. 1). Un tel agrément du locataire est justifié car le locataire va exercer certaines des attributions normalement dévolues à l'associé (droit de vote, notamment). Il semble que le régime propre à la procédure d'agrément puisse s'appliquer.

342 **Le nantissement des parts.** Un associé de SARL peut nantir tout ou partie de ses parts sociales au profit de ses créanciers. Le nantissement doit être constaté par un acte notarié ou sous seing privé enregistré et signifié à la société concernée (C. civ., art. 2075). Au cas de réalisation du gage par le créancier nanti, la société a la possibilité de racheter les parts sans délai après l'adjudication et réduire son capital (C. com., art. L. 223-15).

C. Les conventions entre la société et un associé (ou gérant)

343 Afin de prévenir des conflits d'intérêts et d'éviter le détournement de l'actif social au profit exclusif de certains associés, la loi a imposé une procédure particulière aux conventions intervenues entre la société et l'un de ses gérants ou associés[1]. Ces conventions, dites *réglementées*, doivent être distinguées des conventions libres et des conventions interdites.

344 **Le domaine des conventions réglementées.** L'article L. 223-19 du Code de commerce vise, d'une part, toute convention intervenue directement ou par personne interposée[2] entre la SARL et l'un de

1. Cette procédure est une transposition du régime des conventions réglementées applicable dans les sociétés anonymes ; v. ss 568.
2. Selon la jurisprudence, il y a interposition de personne dès lors que le tiers qui a conclu la convention avec la SARL n'est pas le véritable bénéficiaire mais qu'elle profite à une personne visée par la loi.

ses associés ou gérant[1]. Il vise, d'autre part, toute convention passée entre la SARL et une société dont un associé indéfiniment responsable (ou encore gérant, administrateur, directeur général, membre du directoire, membre du conseil de surveillance) est simultanément gérant ou associé de la SARL. Alors que la première série de conventions vise directement les associés ou les gérants de la SARL, la seconde vise ces mêmes personnes, lorsqu'elles contractent par l'intermédiaire d'une société dont ils sont associés ou qu'ils dirigent.

345 **La procédure des conventions réglementées.** Les conventions mentionnées à l'article L. 223-19 du Code de commerce doivent faire l'objet d'un vote en assemblée au vu d'un rapport établi par le gérant ou, s'il existe, le commissaire aux comptes. S'il s'agit d'une convention passée par un gérant non associé avec la société et en l'absence d'un commissaire aux comptes, le vote de l'assemblée est nécessairement préalable à la convention. Dans les autres cas (notamment pour une convention passée par un associé non gérant), le vote pourra être ultérieur à la convention. Le vote peut dans tous les cas être remplacé par une consultation écrite à la condition que le rapport spécial soit joint aux documents communiqués aux associés. Le gérant ou l'associé intéressé ne peut prendre part au vote et ses parts ne sont pas prises en compte pour le calcul du *quorum* et de la majorité.

346 **Sanction.** L'article L. 223-19, alinéa 4 du Code de commerce prévoit que les conventions non approuvées produisent néanmoins leurs effets à l'égard des tiers, à charge pour le gérant ou l'associé intéressé de supporter, individuellement ou solidairement selon les cas, les conséquences préjudiciables à la société[2] (al. 4). L'action en responsabilité se prescrit par trois ans à compter de la conclusion de la convention ou de sa révélation en cas de dissi-

1. La Cour de cassation incite à qualifier avec rigueur les rapports juridiques susceptibles de naître entre la société et ses associés en cours de vie sociale afin de leur permettre d'être dispensés de la procédure des conventions réglementées : Com. 9 déc. 2014, n° 13-25504, *Bull. Joly*, fév. 2015, 83, note S. Messaï-Bahri.

2. Com. 28 juin 1988, *RD bancaire et bourse* 1989. 76, obs. M. Jeantin et A. Viandier.

mulation[1]. Le gérant ou l'associé engage aussi sa responsabilité en ne soumettant pas la convention à l'approbation des autres associés.

347 **Les conventions libres.** Ces dispositions légales ne sont pas applicables aux conventions portant sur des *opérations courantes et conclues à des conditions normales* (C. com., art. L. 223-20). Par opération courante, il faut comprendre celles qui sont nécessaires à la réalisation de l'activité sociale. Quant aux conditions normales, il s'agit des conditions habituellement pratiquées par la société dans ses relations avec les tiers de telle sorte que la personne intéressée ne retire pas de l'opération un avantage qu'elle n'aurait pas eu si elle avait été un tiers à la société. Ces conventions sont libres et ne sont donc pas soumises à la procédure des conventions réglementées.

348 **Les conventions interdites.** L'article L. 223-21 du Code de commerce interdit aux gérants et associés autres que les personnes morales de contracter sous quelque forme que ce soit des emprunts auprès de la société, de se faire consentir par elle un découvert en compte courant ou autrement, ainsi que de faire cautionner ou avaliser par elle leurs engagements envers les tiers. L'interdiction s'étend aux conjoints, ascendants et descendants des associés ou gérants de la société, aux représentants légaux des personnes morales associées, à leurs conjoints, ascendants et descendants, ainsi qu'à toute personne interposée. Le non-respect de cette interdiction est sanctionné par la nullité absolue du contrat. Toutefois la règle ne s'applique pas si la société exploite un établissement financier et s'il s'agit d'opérations courantes de ce commerce conclues à des conditions normales.

1. L'article L. 225-42 du Code de commerce offre cette possibilité de reporter la détermination du point de départ de la prescription au jour de la révélation, en cas de dissimulation de la convention, ce qui n'est pas permis par la prescription de l'article L. 235-9 relatif aux « actions en nullité de la société et d'actes et délibérations postérieurs à sa constitution » ; v. Com. 21 janv. 2014, n° 12-29452, *Bull. Joly*, mars 2014, 166, note B. Dondero.

§ 2. La gérance

349 L'organisation de la gérance assurée par une personne physique est obligatoire au sein des sociétés à responsabilité limitée. Si tous les associés peuvent souhaiter être gérants, ils ne peuvent pas l'être de plein droit comme dans les sociétés en nom collectif et doivent alors chacun être nommé gérant. Comme dans les sociétés de personnes, et à la différence des sociétés par actions, lors même que plusieurs gérants ont été désignés, la gérance est en principe exercée individuellement.

La loi pose des règles quant au statut (**A**) et aux pouvoirs (**B**) du gérant, ainsi que des mesures permettant le contrôle de la gestion (**C**).

A. Le statut du gérant

350 **Nomination.** Les gérants sont nommés par les associés soit dans les statuts, soit par une décision postérieure à la constitution de la société (C. com., art. L. 223-18) prise selon les conditions de l'article L. 223-29 du Code de commerce : sur première convocation, par un ou plusieurs associés représentant plus de la moitié du capital social et, sur seconde convocation, à la majorité des votes émis, quel que soit le nombre des votants. Les statuts peuvent prévoir une majorité plus forte mais pas plus faible[1]. Le nombre des gérants est librement fixé par les statuts. Ils peuvent être choisis soit parmi les associés, soit en dehors des associés, mais ils sont obligatoirement des personnes physiques et ne doivent pas être frappés de déchéance[2] ou d'incapacité. En l'absence de disposition statutaire contraire, le ou les gérants sont nommés pour la durée de la société. La nomination du gérant doit faire l'objet des formalités de publicité de droit commun. La stabilité du gérant est grande, quel que soit son mode de nomination.

1. Com. 31 mars 2021, n° 19-12.057 : La clause statutaire selon laquelle les décisions relatives à la révocation de la gérance doivent être prises par « des associés représentant plus de la moitié des parts sociales » ne doit pas être interprétée comme imposant la présence de plusieurs associés, *Bull. Joly Soc.*, juill. 2021, p. 31, note G. Grundeler.

2. D. Miellet, « Le point sur les déchéances liées à une condamnation pénale », *JCP E* 2003. 229.

351 **Cumul avec un contrat de travail.** Dans le silence de la loi, rien n'empêche le gérant de conclure un contrat de travail avec la société qu'il gère et d'exercer au sein de celle-ci des fonctions salariées. Il est alors mandataire et salarié de la société. La solution est admise par la jurisprudence, sous certaines conditions[1] : le contrat de travail doit correspondre à un emploi effectif ; les fonctions techniques, qui sont la conséquence du contrat de travail, doivent être nettement distinctes de la fonction de gérance ; l'intéressé doit être placé dans un état de subordination à l'égard de la société, ce qui suppose que l'intéressé soit minoritaire s'il est associé et qu'il ne jouisse pas au titre de son mandat des pouvoirs les plus étendus. Lorsque le contrat de travail est consenti pendant la gérance de l'intéressé, il entre dans le domaine des conventions réglementées et devra être soumis à la procédure de contrôle visée à l'article L. 223-19 du Code de commerce. Le gérant, s'il est associé, ne pourra participer au vote et ses parts ne seront pas prises en compte pour le calcul de la majorité. La cessation des fonctions de gérant ne met pas fin à son contrat de travail.

Si les conditions du cumul ne sont pas remplies, le contrat de travail est automatiquement suspendu jusqu'à la cessation du mandat social[2].

352 **Révocation.** Outre l'arrivée du terme fixé par les statuts, la démission ou l'occurrence d'un événement personnel empêchant le gérant d'exercer ses fonctions qui provoquent la cessation des fonctions, celle-ci peut avoir lieu par révocation soit par décision des associés aux conditions prévues à l'article L. 223-29 du Code de commerce[3], soit par décision judiciaire (C. com., art. L. 223-25).

Lorsque le gérant est révoqué par décision des associés, les statuts peuvent exiger une majorité plus forte. En l'absence de règle le lui interdisant, le gérant associé peut prendre part au vote.

1. V. par ex., Soc. 16 mai 1990, *Rev. sociétés* 1990. 407 ; 14 mai 1998, *JCP E* 1999. 284, note C. Puigelier ; Soc. 22 oct. 2015, n° 14-13886, *Bull. Joly*, janv. 2016, 30, note Th. Favario.

2. V. par ex., Soc. 11 juin 1997, *Bull. Joly* 1997. 882, note B. Petit.

3. Dans cette hypothèse, seuls les associés sont recevables à exercer l'action, Com. 17 déc. 2003, *Dr. sociétés* 2003. 52, obs. J. Monnet.

Dès lors, en pratique, un gérant associé majoritaire[1] sera difficilement révoqué par ses associés. Dans ce cas, seul le tribunal pourra prononcer la révocation du gérant aux conditions énoncées ci-dessous.

En l'absence de disposition précise, la question s'est posée de savoir si la révocation pouvait être discutée sans être inscrite à l'ordre du jour. La jurisprudence semble l'admettre dès lors que figure une mention relative à la gestion de la société[2]. La révocation peut aussi être prononcée au cours d'une assemblée à la suite d'incidents graves et imprévus, dits « incidents de séance »[3].

La décision des associés n'a pas à être justifiée. Toutefois, si la révocation a été décidée sans justes motifs, elle peut donner lieu au versement de dommages-intérêts[4]. Il revient à la société de rapporter la preuve d'un juste motif de révocation[5]. De même, la révocation peut donner lieu à des dommages-intérêts si elle a eu lieu dans des conditions humiliantes et vexatoires[6]. En revanche, il n'est pas possible au gérant de demander sa réintégration. Le juste motif existe certainement en cas de faute du gérant, dès lors qu'elle présente une certaine gravité. Mais la jurisprudence considère que la révocation peut être justifiée par des motifs autres que la faute de l'intéressé, quand l'intérêt social l'exige. Elle admet ainsi, qu'en dehors de toute faute, il y a juste motif de révocation dès lors qu'une mésentente compromet l'intérêt social ou le fonctionnement de la société[7]. En revanche, la perte de

1. La gérance est qualifiée de « majoritaire » lorsque le gérant de droit ou de fait, son conjoint et ses enfants mineurs non émancipés possèdent la majorité du capital.

2. V. par ex., Orléans 18 mars 1999, *JCP E* 2000. 31, obs. A. Viandier et J.-J. Caussain ; Paris 26 nov. 1999, *Bull. Joly* 2000. 340, note L. Dessertine.

3. Com. 28 févr. 1977, *RJ com.* 1978. 294, note Ph. Merle ; *Rev. sociétés* 1978. 245, obs. J.-P. Gastaud ; Paris 2 juill. 1999, *RJDA* 1999. 876.

4. Com. 13 mars 2001, *D.* 2001. 1175, obs. A. Lienhard, *Rev. sociétés* 2001. 818, note B. Dondero ; aj. R. Baillod, « Le "juste motif" de révocation des dirigeants sociaux », *RTD com.* 1983. 395 ; M.-P. Lamour, « La responsabilité personnelle des associés », *D.* 2003. Chron. 51 ; Com. 9 nov. 2010, *Bull. Joly* 2011. 110, note B. Dondero ; pour le cas d'un refus du dirigeant d'une société liée à un groupe de respecter « l'intérêt social du groupe » : Versailles, ch. 12, 19 janv. 2016, n° 14/00470, *Bull. Joly*, juin 2016, 342, note Th. Favario.

5. Com. 3 fév. 2015, n° 12-24.580, *Dr. sociétés* 2015, comm. 64, obs. H. Hovasse.

6. Com. 17 déc. 2002, *D.* 2003. 206, obs. A. Lienhard, *Bull. Joly* 2003. 307, note P. Le Cannu.

7. Com 4 mai 1999, *Bull. Joly* 1999. 914, note P. Le Cannu, *JCP E* 1999. 1237, obs. A. Viandier et J.-J. Caussain, *Dr. sociétés* 1999. 126, note Th. Bonneau (mésentente entre les cogérants). En revanche, un conflit passé n'est pas considéré comme un juste motif de révocation : Rennes, 28 juin 2016, n° 15/05758, *Bull. Joly*, nov. 2016, 668, note J. Klein.

confiance des associés à l'égard du gérant ne constitue pas un juste motif de révocation lorsqu'aucune faute ne peut être retenue à son encontre[1] ou si l'intérêt social n'est pas compromis[2]. Le principe du contradictoire doit également être respecté lors de la procédure de révocation[3]. Revenant toutefois sur ces exigences, la Cour de cassation a dernièrement précisé que lorsque les questions à l'ordre du jour de l'assemblée générale, à laquelle la révocation du gérant est décidée, peuvent déboucher sur celle-ci et que le gérant peut présenter ses observations, la révocation n'est pas brutale, même si elle n'est pas inscrite à l'ordre du jour de l'assemblée. Des reproches sur les comptes sociaux, les prélèvements effectués par le gérant et les relations entre la SARL et une autre société dirigée par lui, peuvent constituer un juste motif de révocation. La Cour de cassation semble revenir à plus de sévérité concernant le sort du gérant révoqué[4].

Lorsque le gérant est révoqué par décision de justice, la décision revient au président statuant en référé pour cause légitime, à la demande de tout associé quelle que soit sa participation dans le capital, sans que les autres associés soient mis en cause pour qu'ils puissent faire valoir leurs observations éventuelles[5]. Il pourra nommer à sa place un administrateur provisoire[6]. La révocation par justice est utile pour permettre la révocation du gérant associé majoritaire. Elle l'est encore lorsque le gérant est unique et qu'il y a lieu de douter qu'il convoque l'assemblée destinée à le révoquer. En ce cas, une autre façon de procéder serait qu'un associé demande au président du tribunal de commerce la désignation d'un mandataire chargé de convoquer l'assemblée.

Au cas d'une procédure de redressement judiciaire ouverte à l'égard de la société, le gérant peut être relevé de ses fonctions par le tribunal (C. com., art. L. 621-59 ; L. 1985, art. 23).

---

1. Com. 4 mai 1993, *Rev. sociétés* 1993. 800, note P. Didier ; *Bull. Joly* 1993. 769, note R. Baillod.
2. Solution applicable également à un président de société par actions simplifiée : Com. 14 nov. 2018, n° 17-11.103.
3. Paris 2 oct. 1997, *Bull. Joly* 1998. 131, note P. Le Cannu ; *adde*, M.-H. de Laender, « La révocation des dirigeants sociaux », *Dr. sociétés* mai 2000. chron. 4.
4. Com. 14 oct. 2020, n° 18-12.183, *Bull. Joly Soc.*, janv. 2021, p. 5, note B. Saintourens.
5. Solution transposée de Com. 15 janv. 2013, n° 11-28.510, concernant une société civile, v. ss 269.
6. V. ss 244.

353 **Rémunération.** La loi n'a pas prévu le mode de fixation de la rémunération des gérants. Elle est donc librement fixée par les statuts, par l'acte de nomination ou, à défaut, par une décision collective des associés[1]. Le plus souvent, elle comprend deux éléments : un traitement fixe et un pourcentage sur les bénéfices ou sur le chiffre d'affaires. La question de savoir si la décision des associés visant à fixer la rémunération du gérant est constitutive d'une convention entre lui et la société relevant des dispositions de l'article L. 223-19 du Code de commerce est délicate. Si l'on considère que la rémunération a un caractère conventionnel, le gérant est exclu du vote. En revanche, si l'on admet que la rémunération a un caractère institutionnel, aucun texte ne peut lui interdire de participer au vote. La solution est critiquable, spécialement si le gérant est majoritaire. La jurisprudence a pu soumettre la rémunération à cette procédure lorsqu'elle était excessive[2]. Mais la Cour de cassation a précisé par la suite que cette détermination ne procédant pas d'une convention entre la société et son gérant, ce dernier pouvait, s'il était associé, prendre part au vote[3], ce dont il découlait que la délibération relative à la rémunération du gérant n'était pas constitutive d'un abus de majorité[4]. Elle annule cependant les montants de rémunération excessifs de nature à dissuader les associés de prononcer sa révocation[5].

354 **Statut fiscal et social.** Le régime fiscal et social des gérants de SARL a été longtemps fonction du caractère majoritaire ou minoritaire de la gérance. Aujourd'hui, un alignement a été opéré entre les régimes fiscaux de ces deux catégories de gérants. Fiscalement, le gérant minoritaire est assimilé à un salarié : il bénéficie de la

1. Com. 25 sept. 2012, n° 11-22754, *Bull. Joly*, janv. 2013, p. 22, note B. Dondero. À défaut de clause statutaire fixant précisément la rémunération du gérant, les associés doivent se prononcer chaque année sur celle-ci (par une approbation des associés) : Com. 15 mars 2017, n° 14-17873, *Bull. Joly*, oct. 2017, note V. Malassigné. Il en va différemment dans la SAS dans laquelle un autre organe que l'assemblée peut décider de la fixation de la rémunération du dirigeant : v. ss 666.
2. En ce sens, Com. 30 mai 1989, *JCP* 1990. II. 21405, note M. Marteau-Petit, *Bull. Joly* 1989, p. 715, note P. Le Cannu.
3. Com. 4 mai 2010, n° 09-13.205, *LPA* 21 juill. 2010, p. 17 ; Com. 31 mars 2021, n° 19-12057, *Bull. Joly Soc.*, juill. 2021, p. 31, note G. Grundeler : L'allocation d'une prime exceptionnelle à un gérant ne s'analyse pas en une convention réglementée, ce dont il résulte que celui-ci peut prendre part au vote ; *adde* sur la procédure des conventions réglementées dans les SARL, v. ss 344.
4. Com. 4 oct. 2011, n° 10-23.398, *Rev. sociétés* 2012. 38, note D. Schmidt.
5. Com. 6 nov. 2012, n° 11-20582, *Bull. Joly* 2013. 125, note B. Dondero.

déduction forfaitaire pour frais professionnels de 10 % et de l'abattement de 20 %. Quant aux rémunérations allouées aux gérants majoritaires, elles sont soumises à l'impôt sur le revenu mais elles bénéficient également de la déduction de 10 % et de l'abattement de 20 %.

Du point de vue social, la distinction entre gérant minoritaire et gérant majoritaire est encore marquée. Seul le gérant, associé minoritaire, égalitaire ou non associé, bénéficie de tous les avantages réservés aux salariés et relève du régime général de la sécurité sociale : il bénéficie de la législation sur les accidents du travail et de la retraite des cadres. Il ne peut, en revanche, bénéficier du régime d'assurance chômage que s'il est lié à la SARL par un contrat de travail. Le statut du gérant majoritaire relève du régime de travailleurs indépendants, moins protecteur en ce qui concerne l'assurance-maladie.

B. Les pouvoirs du gérant

355 Les sociétés à responsabilité limitée sont marquées par un certain particularisme des pouvoirs des dirigeants, mais uniquement dans les rapports entre la société et les tiers.

356 **Pouvoir du gérant dans ses rapports avec les associés.** Selon l'article 223-18, alinéa 4 du Code de commerce, dans les rapports entre associés, les pouvoirs des gérants sont déterminés par les statuts ou, à défaut, par renvoi à l'article 221-4 du Code de commerce applicable aux sociétés en nom collectif. Ainsi, le gérant de SARL peut accomplir, comme celui de société en nom collectif, tous actes de gestion dans l'intérêt de la société. Les statuts peuvent prévoir des limitations de pouvoir, notamment pour les contrats importants et le gérant commettrait une faute en ne respectant pas ces limitations. Cette faute constituerait un motif de révocation et pourrait engager la responsabilité du gérant qui serait tenu, éventuellement de verser des dommages et intérêts à la société pour le préjudice subi.

Les statuts peuvent organiser une gestion collective. Dans ce cas, il peut être prévu une répartition des compétences entre les différents gérants. Mais, si rien n'est précisé dans le pacte social, la gérance reste en principe individuelle, sauf le droit pour les autres gérants de s'opposer à toute opération avant sa conclusion ou à réclamer des dommages et intérêts pour le préjudice subi[1].

Un gérant ne peut pas déléguer à un tiers l'intégralité de ses pouvoirs[2], mais il peut en déléguer une partie à des tiers[3], associés ou non, notamment pour leur attribuer la direction financière ou commerciale de la société et à condition que les statuts ne l'interdisent pas.

357 **Pouvoirs des gérants dans les rapports avec les tiers.** Dans les rapports avec les tiers, le gérant dispose des pouvoirs les plus étendus pour agir en toutes circonstances au nom de la société, sous réserve des pouvoirs que la loi attribue expressément aux associés (C. com., art. L. 223-18, al. 5).

> **Affaire du *Journal de Doullens*[4]**
> Lorsque l'objet social d'une SARL consiste en l'exploitation d'un hebdomadaire, dont la dénomination est précisément celle de la société, la cession de cet hebdomadaire implique nécessairement une modification des statuts de la société pour laquelle la loi attribue expressément compétence aux associés. L'opération échappe donc à la compétence du gérant.

La société est engagée par tous les actes du gérant, y compris ceux qui ne relèvent pas de l'objet social. Elle peut néanmoins se dégager en prouvant que le tiers savait que l'acte dépassait cet objet ou qu'il ne pouvait l'ignorer, étant entendu que la seule publication des statuts est insuffisante à constituer cette preuve. En revanche, les clauses statutaires limitant le pouvoir des gérants restent inopposables aux tiers (C. com., art. L. 223-18, al. 6). Concernant l'opposabilité de clauses statutaires *par* les tiers, la jurisprudence est intervenue à plusieurs reprises pour valider leur prétention dans certains cas[5].

1. Com. 3 déc. 2002, *Dr. sociétés* 2003. 131, obs. J. Monnet.
2. Par ex., Paris 17 déc. 1996, *Rev. sociétés* 1997. 392, note Y. Guyon.
3. Par ex., Civ. 2e, 22 oct. 1997, *Rev. sociétés* 1998. 76, note Y. Chartier.
4. Com. 12 janv. 1988, *Rev. sociétés* 1988. 263, note Y. Chaput, *Bull. Joly* 1988. 212, note L. Faugérolas.
5. Ainsi, lorsque le tiers se prévaut d'une violation des limites statutaires pour faire valoir une fin de non-recevoir à caractère procédural : Com. 13 nov. 2013, n° 12-25675, *Bull. Joly*, mars 2014, p. 166, note P. Le Cannu ; Com. 14 fév. 2018, n° 16-21077, *Bull. Joly*, mai 2018, note A. Couret : « Un tiers peut se prévaloir des statuts d'une personne morale pour justifier du défaut de pouvoir d'une personne à figurer dans un litige comme le représentant de celle-ci » ; V. ss 270.

La Cour de cassation a précisé que la société peut contracter, *via* son gérant, des sûretés pour autrui sans que la contrariété à l'intérêt social puisse être invoquée pour demander la nullité de l'engagement souscrit par le gérant à l'égard des tiers[1].

Au cas de pluralité de gérants, chacun a tout pouvoir pour engager seul la société, et l'opposition formée par un gérant aux actes d'un autre gérant est sans effet à l'égard des tiers, à moins qu'il ne soit établi qu'il en a eu connaissance (art. L. 223-18, al. 7).

En définitive, le gérant d'une SARL a pouvoir d'accomplir tous les actes nécessaires à la gestion de la société. Les statuts peuvent limiter ses pouvoirs, mais cette limitation de pouvoirs est inopposable aux tiers.

358 **Devoirs du gérant.** Outre le devoir général de diligence qui incombe à tout dirigeant de société[2], la loi impose au gérant d'établir un rapport de gestion, l'inventaire et les comptes annuels et de les soumettre à l'assemblée des associés dans les six mois de la clôture de l'exercice (C. com., art. L. 223-26). Il doit également appliquer les formalités prévues lors d'une convention intervenant entre la société et l'un de ses gérants, soumise aux dispositions particulières de l'article L. 223-19 du Code de commerce. L'article L. 223-21 du Code de commerce fait interdiction aux gérants de SARL de contracter, sous quelque forme que ce soit, des emprunts auprès de la société, se faire consentir par elle un découvert et faire cautionner ou avaliser par elle leurs engagements auprès des tiers. Les actes accomplis en violation de ces dispositions sont frappés d'une nullité d'ordre public.

Toute SARL est tenue, au travers de son gérant, de déposer au greffe du tribunal compétent les comptes annuels, le rapport de gestion, la proposition d'affectation des résultats soumise à l'assemblée générale et la résolution d'affectation votée (C. com., art. L. 232-22, I). Ces dispositions sont élargies dans les groupes de sociétés mais assouplies dans les micro-entreprises et les petites

1. Com. 12 mai 2015, n° 13-28504, *Bull. Joly*, déc. 2015, 650, note R. Mortier. Rapp. Pour la SAS, ss 666 ; Comp. pour les sociétés à responsabilité illimitée, en particulier la Société civile, v. ss 270.

2. Com. 12 févr. 2002, *D.* 2003. 1032, note Y. Picod, *Bull. Joly* 2002, p. 617, note B. Saintourens ; *adde*, v. ss 181.

entreprises (Com. art. L. 221-16 et L. 223-16-1, réd. Ord. n° 2014-86 du 30 janv. 2014)[1].

359 **Responsabilités du gérant.** Les responsabilités du gérant sont soumises au droit commun de la responsabilité des dirigeants. Les gérants sont responsables civilement, individuellement ou solidairement selon les cas, envers la société ou envers les tiers des infractions aux dispositions législatives et réglementaires relatives aux SARL, de la violation des statuts et des fautes commises dans leur gestion (C. com., art. L. 223-22). À l'égard des tiers, toutefois, la responsabilité personnelle des gérants ne peut être engagée qu'en cas de faute séparable de leurs fonctions[2], ce qui est le cas, selon la Chambre commerciale de la Cour de cassation, tout particulièrement d'une infraction pénale intentionnelle[3]. Outre l'action en réparation du préjudice subi personnellement, les associés peuvent, soit individuellement, soit en se groupant, intenter l'action sociale en responsabilité contre les gérants (action *ut singuli*). Aucune décision de l'assemblée ne peut avoir pour effet d'éteindre une action en responsabilité contre les gérants pour faute commise dans l'accomplissement de leur mandat. Ils pourront être appelés à contribuer au passif social en cas d'ouverture d'une procédure de redressement ou de liquidation judiciaires de la société. Le gérant encourt en outre une responsabilité pénale au titre de sa gestion en cas de distribution de dividendes fictifs, de présentation de faux bilan, ou encore d'abus de biens sociaux. (C. com., art. L. 241-1 à 241-9).

1. Les petites entreprises peuvent, dans des conditions fixées par un règlement de l'Autorité des normes comptables, adopter une présentation simplifiée de leurs comptes annuels. Les micro-entreprises au sens de l'article L. 221-16-1 du Code de commerce, à l'exception de celles dont l'activité consiste à gérer des titres de participations et de valeurs mobilières, ne sont pas tenues d'établir d'annexe. Ces dispositions s'appliquent à toute forme sociale, y compris les SA, cotées ou non.

2. Com. 20 mai 2003, *D.* 2003. 1502, obs. A. Lienhard et 2623, note B. Dondero ; *Bull. Joly* 2003. 786, note H. Le Nabasque. Lorsque la responsabilité personnelle du gérant est recherchée à raison d'une faute séparable de ses fonctions sociales, celui-ci est valablement poursuivi en son nom ; Com. 23 juin 2021, n° 19-21.766, *Bull. Joly. Soc.*, oct. 2021, p. 30, note E. Famoux.

3. Com. 28 sept. 2010, *Rev. sociétés* 2010. 97, note B. Dondero ; Com. 9 déc. 2014, n° 13-26298, *Bull. Joly* 2015, p. 134, note Ph. Dupichot. La solution vaut assurément pour les autres formes de société; v. ss 181 ; comp. cependant, Civ. 3e, 4 janv. 2006, *D.* 2006. AJ 231.

C. Le contrôle de la gestion

360 **Le commissaire aux comptes.** Tant que la société ne dépasse pas certains seuils, la nomination d'un commissaire aux comptes n'est pas obligatoire. En revanche, les associés doivent obligatoirement nommer un commissaire aux comptes si la société dépasse au moins deux de ces trois seuils : 4 millions d'euros de total du bilan (contre 1 550 000 € avant la loi *PACTE*), 8 millions d'euros de chiffre d'affaires (contre 3 100 000 € auparavant) et cinquante salariés (C. com., art. D. 223-27 nouv.). La sanction du défaut de nomination du commissaire aux comptes est la nullité des délibérations. Dans les sociétés qui n'atteignent pas les seuils réglementaires, chacun des associés est doté d'un pouvoir personnel de contrôle. En outre, la loi permet que les statuts ou l'assemblée prévoient une telle nomination, ou encore qu'elle soit demandée en justice par un ou plusieurs associés représentant au moins le dixième du capital social (C. com., art. L. 223-35).

Quant aux règles applicables à ces commissaires aux comptes, elles sont de droit commun.

361 **L'expertise de gestion.** En application de la loi du 1er mars 1984, dans les SARL comme dans les sociétés anonymes, un ou plusieurs associés représentant au moins le dixième du capital social peuvent demander au tribunal de commerce statuant en la forme de référés, la désignation d'un ou plusieurs experts chargés de présenter un rapport sur une ou plusieurs opérations de gestion[1]. Le ministère public et le conseil social et économique (CSE) sont habilités à agir aux mêmes fins. Le rapport est adressé au demandeur, mais aussi au CSE, au commissaire aux comptes, ainsi qu'au gérant. Il est en outre annexé au rapport du commissaire aux comptes établi en vue de la prochaine assemblée générale (C. com., art. L. 223-37).

362 **La procédure d'alerte.** Le commissaire aux comptes dispose d'un droit d'alerte qui lui permet de relever, à l'occasion de l'exercice de sa mission, tout fait de nature à compromettre la continuité de l'exploitation et l'oblige à demander des explications au gérant qui

1. Sur la complémentarité de cette expertise avec l'expertise *in futurum* de l'art. 145 C. pr. civ., Paris 4 oct. 2002, *Dr. sociétés*. 62, obs. F.-G. Trébulle. Pour les SA, v. ss 601.

est tenu de répondre dans les quinze jours. Il informe le président du tribunal de commerce de la réponse. Si le commissaire aux comptes constate qu'en dépit des décisions prises, la continuité de l'exploitation demeure compromise, il établit un rapport spécial en vue d'une délibération en assemblée. Si, à l'issue de cette réunion, il constate que la continuité de l'exploitation reste compromise, il doit en informer le président du tribunal de commerce (C. com., art. L. 234-2). Le CSE est lui aussi informé. En cas de déclenchement puis d'arrêt par le commissaire aux comptes d'une procédure d'alerte, celui-ci peut reprendre le cours de la procédure au point où elle s'était arrêtée lorsque, en dépit des éléments ayant motivé sa décision de l'arrêter, la continuité de l'exploitation demeure compromise (C. com., art. L. 234-2, réd. L. 17 mai 2011).

Section 3
Les adaptations de la société

363 **Plan.** Les adaptations de la SARL concernent tout particulièrement les règles relatives aux variations du capital social (**§ 1**), à la transformation (**§ 2**) et à la dissolution de la société (**§ 3**).

§ 1. Les variations du capital social

364 Une société qui se développe est naturellement amenée à intervalles plus ou moins rapprochés de procéder à l'augmentation de son capital. À l'inverse, elle peut être contrainte, par les difficultés qu'elle rencontre de le réduire. Il convient de souligner les particularités des règles concernant l'augmentation et la réduction du capital d'une société à responsabilité limitée.

365 **L'augmentation de capital.** Une telle opération suppose la libération intégrale du capital social. Elle s'effectue soit par apports nouveaux, en numéraire ou en nature, soit par incorporation de réserves ou de bénéfices en capital, soit par voie de compensation[1].

1. Com. 7 févr. 1972, *Rev. sociétés* 1973. 297.

L'augmentation de capital entraîne une modification statutaire. Lorsqu'elle s'effectue par apports nouveaux, la décision doit être prise par les associés représentant les trois quarts des parts sociales. Toute clause exigeant une majorité plus élevée est réputée non écrite. Toutefois, la majorité ne peut obliger un associé à augmenter ses engagements (C. com., art. L. 223-30). La loi ne prévoit aucun droit préférentiel de souscription semblable à celui dont bénéficient les actionnaires dans les sociétés anonymes, mais rien n'interdit les statuts ou les associés d'instituer un tel droit ou de prévoir la création d'une prime d'émission[1]. Lorsque les parts sont souscrites par des tiers, il semble que ceux-ci doivent être agréés comme des acquéreurs de parts sociales, c'est-à-dire par la majorité des associés représentant moitié des parts sociales. Les parts sociales souscrites en numéraires doivent être libérées d'un quart au moins de leur valeur (C. com., art. L. 223-32).

Lorsque l'opération a lieu par incorporation de réserves ou de bénéfices, la décision doit être prise par les associés représentant au moins la moitié des parts sociales. La société a le choix entre deux solutions : soit créer des parts sociales nouvelles qui seront attribuées aux associés proportionnellement des parts qu'ils possèdent, soit augmenter la valeur nominale des parts sociales déjà possédées par les associés.

366 **La réduction du capital.** Elle doit être autorisée dans les conditions exigées par la modification des statuts. La décision doit donc être prise par l'assemblée des associés représentant au moins les trois quarts des parts sociales (C. com., art. L. 223-34). En aucun cas elle ne peut porter atteinte à l'égalité des associés. Des raisons distinctes peuvent conduire une société à procéder à une réduction de capital. Quand celle-ci est non motivée par des pertes, la loi prévoit des mesures de protection des créanciers sociaux pour lesquels le capital social constitue le gage. Ceux-ci peuvent former opposition par signification d'huissier portée devant le tribunal de commerce dans un délai d'un mois. L'opposition a un effet

1. Pour ces mécanismes, v. ss 615.

suspensif. Le tribunal peut ordonner soit le remboursement des créances, soit la constitution de garanties par la société au profit des créanciers, ou rejeter l'opposition s'il estime que l'intérêt des créanciers n'est pas en péril.

Le plus souvent, la réduction de capital est motivée par des pertes. Lorsque les capitaux propres de la société deviennent inférieurs à la moitié du capital, la loi oblige les associés soit à décider la dissolution anticipée de la société soit à reconstituer les capitaux propres de la société à hauteur d'une valeur au moins égale à la moitié du capital social dans un délai de deux ans. À défaut, les associés devront procéder à une réduction de capital d'un montant au moins égal aux pertes qui n'ont pu être imputées sur les réserves (C. com., art. L. 223-42). À défaut par le gérant ou par le commissaire aux comptes de provoquer une décision, ou si les associés n'ont pas pu délibérer valablement, tout intéressé peut demander en justice la dissolution anticipée de la société. Ces règles sont édictées à peine de sanctions pénales envers le gérant (C. com., art. L. 241-6).

La société peut procéder à la réduction du capital en réduisant le nombre des parts, en réduisant la valeur nominale des parts sociales déjà possédées, et, exceptionnellement lorsque la réduction n'est pas motivée par des pertes, en rachetant elle-même les parts afin de les annuler. L'achat doit être réalisé dans un délai de trois mois à compter de l'expiration du délai d'opposition accordé aux créanciers.

§ 2. La transformation de la SARL

367 **Règles générales.** Selon les règles de droit commun, une société à responsabilité limitée peut se transformer en une société d'un autre type sans perdre sa personnalité juridique ni son patrimoine (C. com., art. L. 223-43).

La transformation est obligatoire lorsque le nombre des associés est supérieur à cent. Elle peut être volontaire, compte tenu du développement que connaît l'activité de la société.

368 **Règles spéciales.** La transformation de SARL en société en nom collectif[1], en commandite simple ou en commandite par actions exige l'accord unanime des associés, à peine de nullité de la transformation. La transformation de la société en société anonyme doit être décidée par un ou plusieurs associés représentant les trois-quarts des parts sociales. Si les capitaux propres de la société excèdent 750 000 euros, la transformation en société anonyme peut être décidée par des associés représentant seulement la majorité des parts sociales. En principe, cette transformation en société par actions rend nécessaire la désignation d'un ou plusieurs commissaires à la transformation par décision de justice à la demande du gérant ou à l'unanimité des associés. Si la société a un commissaire aux comptes, il peut être désigné commissaire à la transformation[2]. Ces commissaires sont chargés d'apprécier, sous leur responsabilité, la valeur des biens composant l'actif social et les avantages particuliers. Les commissaires aux comptes doivent quant à eux attester que le montant des capitaux propres est au moins égal au capital social et établir le rapport sur la situation de la société.

Il est possible de confier cette tâche aux commissaires à la transformation qui ne présentent alors qu'un seul rapport aux associés.

La transformation de la société donne lieu aux mêmes formalités de publicité que pour la constitution d'une société.

§ 3. La dissolution de la SARL

369 **Les causes de dissolution.** Les causes de dissolution communes à toutes les sociétés s'appliquent aux sociétés à responsabilité limitée. En outre, la dissolution est une des issues possibles prévues par la loi au cas d'élévation du nombre des associés au-delà de cent et enfin, au cas où, du fait de pertes, les capitaux propres sont devenus inférieurs à la moitié du capital social. À la différence

1. V. pour un ex., T. com. 27 sept. 1994, *Dr. sociétés* 1995. 42, obs. D. Vidal.
2. V. C. com., art. L. 224-3 et F. Paponnaud, « Les nouvelles règles applicables aux transformations après la loi de sécurité financière du 1er août 2003 », *Dr. sociétés* 2004. étude 6.

des sociétés en nom collectif, la société n'est pas dissoute par le décès d'un associé, ni par sa mise en liquidation judiciaire, sa faillite personnelle ou son incapacité, sauf stipulation contraire des statuts (C. com., art. L. 223-41).

La loi du 11 juillet 1985 consacrant désormais la licéité des sociétés unipersonnelles à responsabilité limitée, la réunion de toutes les parts en une seule main n'est plus une cause de dissolution. Dans ce cas, la SARL pluripersonnelle se transforme automatiquement en EURL (C. com., art. L. 223-4).

Les effets de la dissolution sont de droit commun.

CHAPITRE 2

L'entreprise unipersonnelle à responsabilité limitée (EURL)

370 **Intérêt.** La possibilité de créer une entreprise unipersonnelle à responsabilité limitée a répondu au souci de restreindre les risques encourus par les entrepreneurs individuels tenus des dettes de leur entreprise sur la totalité de leur patrimoine. Elle a permis de pallier l'absence d'une technique prévoyant l'affectation aux créances professionnelles d'une partie du patrimoine de l'entrepreneur. Cette technique, connue sous le nom de patrimoine d'affectation, permet de scinder le patrimoine de l'entrepreneur en plusieurs masses distinctes dont l'une est spécialement affectée à l'activité économique de l'entrepreneur et sert de garantie privilégiée aux créanciers.

Les règles de la société à responsabilité limitée de droit commun, sauf exception expresse ou incompatibilité, s'appliquent à la création (SECTION 1), au fonctionnement (SECTION 2) et à la disparition (SECTION 3) des sociétés à responsabilité limitée d'une seule personne.

Section 1

La création de l'EURL

371 **Formation.** Une société unipersonnelle à responsabilité limitée peut résulter de deux situations. Ou bien la société est créée comme telle par un associé unique au terme d'un acte unilatéral de volonté aboutissant à l'affectation de ses biens ou de son industrie. Ou bien la société unipersonnelle résulte de la réunion en une seule main de toutes les parts d'une société à responsabilité limitée traditionnelle. En ce cas, l'article L. 223-4 du Code de commerce écarte l'application de l'article 1844-5 du Code civil relatif à la dissolution judiciaire de la société. Ainsi, une société pluripersonnelle peut devenir unipersonnelle et, inversement, une société unipersonnelle peut devenir pluripersonnelle sans autre formalité que la publicité des cessions de parts.

372 **Associé.** L'associé unique peut être une personne physique ou morale (C. com., art. L. 223-1). L'associé unique, personne physique, n'est pas commerçant. Il doit être animé de la volonté de se comporter en tant que membre d'une personne morale sans avoir l'*affectio societatis*. Depuis la loi du 11 février 1994, il peut être l'associé unique de plusieurs EURL. Alors qu'une EURL ne pouvait avoir pour associé unique une autre EURL, l'ordonnance n° 2014-863 du 31 juillet 2014 a abrogé l'interdiction figurant à l'article L. 223-5 du Code de commerce, alignant le régime des EURL sur celui des SASU[1].

373 **Capital social.** Le montant du capital est fixé librement par les statuts. Les règles relatives aux types d'apports et à leur mode de libération sont identiques à celles applicables aux SARL[2]. Lors de la constitution, les apports doivent être évalués dans les statuts. L'apport en nature nécessite l'intervention d'un commissaire aux apports désigné par l'associé unique dans les mêmes conditions que pour la SARL (C. com., art. L. 223-9).

---

1. V. ss 680.
2. L'apport d'un fonds de commerce à une EURL a été formellement allégé par la loi *Sapin II* : le nombre de mentions obligatoires de l'acte d'apport est réduit par rapport à celles prévues pour les cessions de fonds (C. com., art. L. 141-1, al. 1).

374 **Objet.** L'EURL peut être utilisée pour toute activité, industrielle, commerciale ou artisanale, ainsi que par les membres des professions libérales (SELARL). La loi de 1985 a en outre prévu l'exploitation d'activités agricoles au travers d'une société civile, l'EARL.

Section 2

Le fonctionnement de l'EURL

375 **Le gérant.** L'associé peut gérer la société ou confier cette gérance à un tiers ou à plusieurs personnes, par hypothèse non associés. Le gérant doit être une personne physique, ce qui oblige l'associé personne morale à désigner un tiers (C. com., art. L. 223-18). L'associé unique gérant doit décider de sa propre nomination et rémunération dans le respect de l'intérêt social[1]. Lorsqu'il n'est pas gérant, l'associé unique d'une SARL devenue unipersonnelle peut révoquer librement l'un des cogérants non associé[2]. Le gérant est investi à l'égard des tiers des pouvoirs les plus étendus pour agir en toutes circonstances au nom de la société et engage la société même par des actes ne relevant pas de l'objet social. Pour le cas où le gérant passerait des conventions avec la société, celles-ci devraient être soumises à l'approbation préalable de l'associé unique, à moins qu'il ne s'agisse de conventions courantes conclues à des conditions normales. Il lui est interdit de contracter des emprunts auprès de la société, de faire cautionner ou avaliser par la société des engagements envers les tiers. Il s'agit en effet de conventions interdites au sens de l'article 223-21 du Code de commerce. Seulement, le gérant, s'il est l'associé unique n'a pas à établir de rapport spécial sur les conventions mais doit

1. Il résulte des articles L. 223-31 et R. 223-26 du Code de commerce que la décision fixant la rémunération du gérant associé unique d'une entreprise à responsabilité limitée doit être répertoriée dans le registre prévu au troisième alinéa du premier de ces textes et qu'une telle décision, prise en violation de cette disposition, peut être annulée à la demande de tout intéressé. La Cour de cassation admet toutefois que la décision de l'associé unique puisse intervenir après le versement des sommes en cause et rappelle que la violation du formalisme imposé ici par le Code de commerce ne donne pas lieu à une nullité de plein droit : Com. 9 janv. 2019, n° 17-18.864.
2. Com. 9 mars 2010, *LPA* 17 juin 2010, p. 16, note O. Roumélian.

faire mention de la convention dans le registre des délibérations (C. com., art. L. 223-19, al. 3).

La loi du 4 août 2008 a allégé les règles de publicité des EURL dont l'associé unique, personne physique, assume personnellement la gérance. Dans un tel cas, il est fait exception à l'obligation de déposer le rapport de gestion au RCS et ce rapport doit simplement être tenu à la disposition des tiers qui en font la demande (C. com., art. L. 232-22, I, 2°, al. 2). En outre, le dépôt au RCS de l'inventaire et des comptes annuels, dûment signés, vaut approbation des comptes (C. com., art. L. 223-31, al. 2). Une EURL dont l'associé unique, personne physique, assume personnellement la gérance est dispensée d'établir chaque année un rapport de gestion, dès lors que l'activité de cette société ne dépasse pas, à la clôture d'un exercice social, deux des trois seuils suivants : 1 million d'euros de total de bilan : 2 millions de chiffre d'affaires hors taxe et 20 salariés (C. com., art. D. 232-1).

376 **L'associé unique.** L'associé unique exerce tous les pouvoirs dévolus à l'assemblée des associés dans la SARL, y compris celui de révoquer un co-gérant non associé. Il a néanmoins fallu prévoir des dispositions appropriées à la situation. Les règles relatives à la tenue des assemblées sont expressément écartées. L'associé unique prend seul les décisions ordinaires et extraordinaires. L'article L. 223-31 du Code de commerce prévoit que le rapport de gestion, l'inventaire et les comptes annuels sont établis par le gérant. L'associé unique approuve les comptes, le cas échéant après rapport du commissaire aux comptes, dans le délai de six mois à compter de la clôture de l'exercice. L'associé unique ne peut déléguer ses pouvoirs et ses décisions doivent être consignées dans un registre. En cas de non-respect de ces dispositions, la nullité pourrait être demandée en justice par tout intéressé. Les conventions passées entre l'associé unique et la société se voient appliquer le même régime que dans les sociétés à responsabilité limitée pluripersonnelles[1], sous réserve des règles spéciales. Le contrôle consiste en un rapport spécial du gérant s'il n'est pas l'associé

1. V. ss 343.

unique, ou le cas échéant du commissaire aux comptes, et en sa ratification par l'associé unique, préalable ou postérieure à la convention selon qu'il existe un commissaire aux comptes ou non.

SECTION 3
LA DISPARITION DE L'EURL

377 **La transformation de la société.** En cas de cession partielle des parts, l'EURL se transforme de plein droit en SARL pluripersonnelle. Il convient toutefois de procéder aux formalités de publicité de cession afin de rendre cette transformation opposable aux tiers.

378 **La dissolution de la société.** Les causes de dissolution de droit commun sont applicables à l'EURL, sauf celles qui supposent une pluralité d'associés (dissolution pour mésentente). Le décès de l'associé unique ne met pas fin à la société, sauf clause contraire des statuts (C. com., art. L. 223-41, al. 2). Dans cette hypothèse, la société continue avec l'héritier du défunt auxquels les parts sont transmises. S'il y a plusieurs héritiers, la société devient pluripersonnelle. Un cas de dissolution est particulier à l'EURL : lorsque l'interdiction faite à une EURL d'avoir pour associé unique une autre EURL n'est pas respectée, tout intéressé peut demander la dissolution de la société par voie judiciaire (C. com., art. L. 223-5).

Avant la réforme apportée par la loi relative aux nouvelles régulations économiques, la dissolution de l'EURL entraînait obligatoirement la transmission universelle du patrimoine de la société à l'associé unique et sa personnalité morale disparaissait immédiatement sans liquidation. Dès lors, la limitation de responsabilité cessait au jour de la dissolution de la société, ce qui rendait le régime peu attrayant[1]. La loi relative aux nouvelles

1. V. D. Vidal, « La transmission universelle du patrimoine d'une EURL à l'associé unique en cas de dissolution », *Dr. sociétés* févr. 1999. 3 ; O. Barret, « À propos de la transmission universelle du patrimoine d'une société », in *Mélanges Jeantin*, Dalloz, 1999, p. 109 ; *adde*, B. Rolland, « Les difficultés dues à la liquidation judiciaire des sociétés unipersonnelles », *JCP E* 2000. 451 ; Ph. Hoonakker, « L'ouverture d'une procédure collective à l'encontre d'une société unipersonnelle oblige-t-elle l'associé unique au passif social ? », *JCP E* 2000. 933.

régulations économiques écarte la transmission universelle pour les sociétés dont l'associé unique est une personne physique et impose donc de procéder à une liquidation (C. civ., art. 1844-5, al. 3 nouv.). Cette réforme est particulièrement bienvenue pour éviter que les associés qui se trouvent en cessation de paiements en raison d'un passif mal estimé ou d'un passif apparu après la transmission supportent les effets de la dissolution. En cas de redressement ou de liquidation judiciaires, l'associé unique, personne physique, pourra être poursuivi dans les mêmes conditions que pour la SARL pluripersonnelle. Si l'associé unique est une personne morale, l'ensemble du patrimoine de la société dissoute est en revanche transmis à l'associé unique. Un arrêt récent vient toutefois semer le trouble dans cet édifice théorique en ayant admis que l'ancien associé unique, personne physique, d'une société unipersonnelle dissoute et dont la liquidation avait été clôturée de manière prématurée avant règlement d'une créance sociale, pouvait se prévaloir d'un droit propre et personnel sur la créance dont il était devenu *titulaire* à la suite de la société[1]. La Cour de cassation a eu l'occasion de préciser qu'en cas d'ouverture d'une procédure collective de l'EURL, la transmission universelle du patrimoine à l'associé unique ne pouvait avoir lieu et que s'appliquaient les règles, d'ordre public, propres aux entreprises en difficultés[2].

1. Com. 5 mai 2009, *Rev. sociétés* 2009. 575, note J.-F. Barbièri. *Adde*, Com. 7 avr. 2010. Logiquement, la survie de la personne morale devrait conduire à considérer que c'est elle qui reste « titulaire » des créances sociales jusqu'à la liquidation, étant entendu que la clôture de la liquidation ne peut avoir lieu avant règlement de toutes les créances sociales (v. ss 248).
2. Com. 12 juill. 2005 (2 esp.), *D.* 2005. 2002, obs. A. Lienhard.

TITRE 3

LES SOCIÉTÉS DE CAPITAUX

379 **Caractéristiques.** Les sociétés étudiées jusqu'à présent étaient marquées, tout au moins à l'origine, par un fort *intuitu personae*. De là, leur régime dont certaines dispositions étaient justifiées par le caractère fermé de la société. À l'inverse, dans les sociétés de capitaux, la personne de l'associé importe moins que les capitaux apportés. Elle est même souvent indifférente. Ce que visent ces sociétés, c'est à rassembler des capitaux en quantité suffisante pour financer une activité sociale importante. Cet objectif justifie que les pouvoirs publics portent une plus grande attention à ces formes de sociétés qu'aux sociétés de personnes, dont l'organisation reste fondée pour une grande part sur le pacte social.

Dans les sociétés de capitaux, le risque et la responsabilité de chaque associé sont limités au montant de son apport. L'action, part qu'il reçoit en contrepartie de son apport, est en principe librement négociable. La société survit au décès d'un associé.

380 **Diversité.** Il existe néanmoins différents types de sociétés de capitaux, qui ne répondent pas toutes aux mêmes objectifs et n'exigent pas toutes le même degré de réglementation. Ainsi, dans la société en commandite par actions, le régime des commandités reste proche de celui des associés en nom collectif. De même, en créant la société par actions simplifiée, pluripersonnelle ou individuelle, le législateur a cherché à alléger le régime de certaines

sociétés de capitaux grâce à la grande liberté contractuelle qu'offre cette nouvelle forme de société. Depuis la loi du 24 juillet 1867, la constitution des sociétés anonymes n'est plus soumise à une autorisation gouvernementale préalable, mais le législateur a soumis cette forme de société à une réglementation précise et contraignante, complétée, pour celles d'entre elles dont les titres sont admis à la négociation sur un marché réglementé, par une réglementation boursière non moins précise et contraignante. Issue de la transposition du règlement 2157/2001 par la loi du 26 juillet 2005, la société européenne emprunte un certain nombre de règles à la société anonyme, tout en comportant une certaine spécificité.

381 **Plan.** L'importance de la société anonyme justifie que l'on consacre une part substantielle de ce titre 3 à son étude (SOUS-TITRE 1), sans que soient négligées pour autant celles de la société en commandite par actions (SOUS-TITRE 2), de la société par actions simplifiée (SOUS-TITRE 3) et de la société européenne (SOUS-TITRE 4).

SOUS-TITRE 1

LA SOCIÉTÉ ANONYME

382 **Importance et diversité des sociétés anonymes.** La société anonyme est une remarquable *machine juridique mise au service de l'économie capitaliste.* Elle permet de réaliser le rassemblement d'importants capitaux nécessaires au financement de l'activité des grandes entreprises. Toutefois, il faut se garder d'une confusion. La grande partie des sociétés anonymes sont des sociétés dites de famille. Les actions de ces sociétés sont nominatives, leurs actionnaires sont peu nombreux et, en fait, la considération de la personne reste prédominante[1]. Les grandes sociétés anonymes, dont le bilan totalise plusieurs millions d'euros, cotées à la Bourse de Paris ou même sur des places étrangères et comportant plusieurs milliers d'actionnaires sont, quant à elles, peu nombreuses. Au début des années 2000, on comptait environ 800 sociétés privées en France dont les titres étaient cotés en bourse[2]. Aujourd'hui, la société par actions simplifiée est préférée pour la souplesse de sa

1. Une explication de l'importance quantitative des sociétés familiales constituées sous la forme de société anonyme tient au statut fiscal et social du dirigeant de SA qui a longtemps été plus avantageux que celui de gérant de SARL.
2. Les sociétés anonymes et plus largement les sociétés par actions ont constitué une *association nationale des sociétés par actions* (ANSA) dont le rôle est d'étudier les problèmes juridiques, fiscaux, comptables, qui se posent aux sociétés par actions. L'association, dirigée et conseillée par d'éminents spécialistes du droit des sociétés, édite à l'intention de ses membres des feuillets de documentation et des brochures du plus grand intérêt.

réglementation par rapport aux sociétés anonymes et même aux sociétés à responsabilité limitée.

Ces sociétés sont sources de risques importants. Notamment les petits porteurs d'actions, incapables de prendre une part quelconque à la marche de la société, ont tendance à s'en remettre aux dirigeants sociaux qui se comportent en véritables maîtres de l'affaire. Ceux-ci sont alors tentés, parfois, de faire prévaloir leur intérêt personnel, ou tout au moins les intérêts du groupe dont la société fait partie sur les véritables intérêts de la société et des actionnaires. Le danger est d'autant plus grand que, même si les dirigeants peuvent voir leur responsabilité engagée, il n'en demeurera pas moins que les sommes auxquelles ils pourront être condamnés sont peu de chose comparées aux sommes engagées dans l'affaire.

Le législateur a été obligé de prendre en compte ces différences de statut. La notion d'appel public à l'épargne (devenue l'offre au public), et plus encore celle de société cotée, domine le statut d'ensemble d'une société, non seulement lors de sa constitution, mais encore à l'occasion de toute sa vie. Par sa mission et son œuvre, la COB (devenue aujourd'hui l'AMF) a étendu considérablement son emprise sur les grandes sociétés anonymes et a accentué la distinction qui doit être faite entre ces divers types de sociétés anonymes.

383 **Orientations législatives.** On s'explique alors pourquoi ont été si nombreuses et si contraignantes les interventions du législateur et des pouvoirs publics en matière de société anonyme, notamment durant les dernières décennies et dont voici retracées quelques étapes importantes.

La protection de l'épargne en est une. En témoignent les nombreuses lois visant la protection de l'épargne : la loi du 3 janvier 1983 sur le développement des investissements et la protection de l'épargne ; la grande loi du 2 août 1989 relative à la *sécurité et la transparence des marchés financiers*. Cette dernière a accru notamment les pouvoirs de la COB, modifié le régime des participations et réglementé les opérations de marché (OPA, OPE, cessions de bloc de contrôle). Depuis cette loi, de très nombreux textes réglementaires ont été pris à l'initiative des anciens organes de contrôle de la bourse, la COB et le CMF (Conseil des marchés financiers). La loi du 1er août 2003 sur la sécurité financière a eu pour objectif de renforcer la transparence sur les marchés financiers. À cet effet, elle a créé l'AMF (née de la fusion de la COB et du CMF) et imposé un contrôle renforcé sur les sociétés cotées par cette autorité.

Une autre préoccupation du législateur est la défense des intérêts des actionnaires de grandes sociétés, dont le caractère démocratique est peu développé, quand bien même la France a su développer des mécanismes d'épargne collective protecteurs des petits actionnaires. Depuis 1966, les pouvoirs publics se sont préoccupés de donner aux actionnaires, d'une part des moyens d'action à l'égard de la société, d'autre part et surtout, des moyens d'information. Le législateur s'est également inquiété de ménager la protection des actionnaires minoritaires. D'importantes réformes en ce sens depuis la loi du 15 mai 2001, inspirées d'un mouvement de pensée d'origine anglo-américaine attestant d'un retour à une certaine morale, le gouvernement d'entreprise, touchent les plus grandes sociétés anonymes, celles qui faisaient appel public à l'épargne, et aujourd'hui les sociétés dont les titres sont cotés sur le marché réglementé. Le législateur reste néanmoins en retrait par rapport à ces réflexions[1] et préfère s'en remettre pour une large part aux organisations professionnelles en raison de la nature comportementale des normes édictées dans ce domaine (v. ss 495).

Une préoccupation, d'inspiration plus ancienne mais peu mise en œuvre jusque récemment, consiste à vouloir assurer une participation des travailleurs dans l'entreprise. À cet effet une ordonnance du 22 février 1945 avait institué les comités d'entreprise,

1. Ph. Bissara, « Le gouvernement d'entreprise en France : faut-il légiférer encore et de quelle manière ? », *Bull. Joly* 2003. 51 ; R. Routier, « De nouvelles pistes pour la gouvernance ? », *Bull. Joly* 2003. 611 ; Hurstel et Bierder, « Est-il urgent et indispensable de réformer le droit des sociétés au nom de la "corporate governance" ? », *Rev. sociétés* 1995. 633 ; Cohen, « Le "gouvernement d'entreprise" : une nécessité en droit français ? », in *Mélanges Malaurie, Defrénois* 2005. 159 ; Daigre, « Le gouvernement d'entreprise : feu de paille ou mouvement de fond ? », *Dr. et patr.* juill.-août 1996, p. 21 ; aj. *Communic. ANSA*, sept.-oct. 1996, n° 2846 ; Peyrelevade, *Le gouvernement d'entreprise ou les fondements incertains d'un nouveau pouvoir*, Economica, 1999.

dont les pouvoirs furent renforcés par les lois Auroux de 1982[1], ainsi que par la loi du 15 mai 2001. D'autres lois ou ordonnances ont eu pour but de favoriser la participation et l'intéressement des travailleurs aux profits de l'entreprise, objectif relancé par la loi *sur l'épargne salariale* du 19 février 2001[2], la loi de *modernisation sociale* du 17 janvier 2002[3], la loi du 30 décembre 2006 sur la participation de l'actionnariat salarié et la loi du 30 décembre 2008 en faveur des revenus du travail. Plus récemment, plusieurs lois en sont venues à imposer différentes formes de participation des salariés à la gestion des sociétés de grandes tailles ou cotées, par une représentation d'administrateurs salariés, actionnaires ou non[4].

384 **Plan.** S'il a souvent ces orientations nouvelles à l'esprit[5], le législateur n'a pourtant pas créé deux régimes distincts selon que la société est cotée ou non. Par là, et non sans contradiction, il a encouragé les petites entreprises à continuer à adopter la forme de la société anonyme.

C'est ainsi que l'étude de la société anonyme portera sur les règles communes à l'ensemble des sociétés anonymes, relativement à leur constitution (CHAPITRE 1), à leur financement (CHAPITRE 2), à leur mode d'organisation (CHAPITRE 3), ainsi qu'aux adaptations en cours de vie sociale (CHAPITRE 4), étant précisé à l'occasion les particularités des règles applicables aux sociétés peu nombreuses qui procèdent à une offre au public ou à celles, moins nombreuses encore, qui sont cotées.

1. V. not. L. 4 août 1982 relative aux libertés des travailleurs dans l'entreprise et L. 28 oct. 1982 relative au développement des institutions représentatives du personnel.
2. V. *LPA* 22 févr. 2001, n° spéc. ; *adde*, rapport Balligand-de Foucault, *L'épargne salariale au cœur du contrat social*, Doc. fr., coll. « Rapports officiels », 2000.
3. *B. Saintourens, Bull. Joly* 2002. 461.
4. V. ss 610.
5. V. en dernier lieu, deux projets qui préconisent une nette distinction entre sociétés cotées et sociétés non cotées : *D.* 2003. 1996. comm. A. Lienhard.

CHAPITRE 1

La constitution de la société anonyme

385 **Distinction.** Aux termes de l'article L. 225-1 du Code de commerce, la société anonyme est la société dont le capital est divisé en actions, constituée entre des associés, ne supportant les pertes qu'à concurrence de leurs apports. La société anonyme pouvait se constituer de deux façons : avec appel public à l'épargne ou sans appel public à l'épargne. Cette notion était mal adaptée aux réglementations communautaires qui ne la connaissent pas. L'ordonnance du 22 janvier 2009 lui substitue celle d'offre au public, complétée par celle de l'admission de titres financiers aux négociations sur un marché réglementé. Aujourd'hui, le statut contraignant des sociétés faisant appel à l'épargne publique a disparu et l'offre au public a été réformée par l'ordonnance n° 2019-1067 du 21 octobre 2019[1] et son décret n° 2019-1097 du 28 octobre 2019, *JO* du 30 octobre 2019[2].

La constitution de la société est soumise à des conditions de fond (SECTION 1) et de forme (SECTION 2).

1. *JO*, 22 oct. 2019 ; V. ss 417.
2. *JO*, 30 oct. 2019.

SECTION 1

LES CONDITIONS DE FOND

386 **Plan.** Ces conditions de fond sont parfois différentes selon que la société se constitue sans faire (**§ 1**) ou en faisant offre au public (**§ 2**).

§ 1. La constitution sans offre au public

387 **Conditions relatives aux associés.** Les associés doivent répondre aux conditions de droit commun de l'article 1128 du Code civil : leur consentement ne doit pas être vicié et ils doivent avoir la capacité de contracter. L'associé peut être une personne physique ou une personne morale. Un mineur émancipé ou non, un incapable majeur, un conjoint, un étranger peuvent être associés d'une société anonyme. En outre, les conditions de l'article 1832 du Code civil doivent être satisfaites. L'*affectio societatis* doit exister chez tout associé, bien qu'il reste théorique dans les grandes sociétés anonymes. Pendant longtemps, le nombre d'associés a été fixé à un minimum de sept, sans maximum légal. L'ordonnance n° 2015-1127 du 10 septembre 2015, a réduit de sept à deux le nombre minimum d'actionnaires d'une société anonyme dont les titres ne sont pas admis aux négociations sur un marché réglementé. Une règle spécifique est désormais formulée pour les sociétés cotées en bourse qui doivent toujours avoir sept actionnaires (C. com., art. L. 225-1, al. 2, réd. Ord. 10 sept. 2015).

388 **Montant minimum du capital.** Lorsque la société se constitue sans faire d'offre au public, le montant du capital doit être au minimum de 37 000 euros, mais les statuts peuvent en disposer autrement. Le minimum requis peut être différent pour certaines activités réglementées de sociétés anonymes[1].

389 **Les apports.** Ils peuvent être effectués en numéraire ou en nature. Les apports en industrie sont interdits. La souscription des apports

1. Ainsi, le capital minimum pour les sociétés coopératives est de 450 000 euros et pour les établissements de crédit de 225 000 euros.

doit être intégrale. La libération des apports en numéraire doit être de la moitié du capital souscrit à l'émission, le solde devant être versé dans les cinq ans sur appel des dirigeants (C. com., art. L. 225-3, al. 2). Dans les SA de grande taille, tout apport en nature est soumis à une procédure de vérification par un commissaire aux apports désigné à l'unanimité des actionnaires ou, à défaut, par le président du tribunal de commerce à la demande d'un ou plusieurs fondateurs (C. com., art. L. 225-8, al. 1 nouv.). Le commissaire établit sous sa responsabilité un rapport sur l'évaluation des apports en nature. Le rapport est tenu à la disposition des futurs actionnaires. La signature des statuts vaut approbation par les actionnaires de l'évaluation des apports. La loi n° 2012-387 du 22 mars 2012 relative à la simplification du droit et à l'allégement des démarches administratives consacre deux cas de dispense d'une procédure d'évaluation s'il existe une évaluation récente et fiable du bien apporté (C. com., art. L. 225-8-1) : soit parce qu'il s'agit d'apporter des valeurs mobilières négociées sur un marché réglementé, soit parce qu'une évaluation a été réalisée dans les six mois par un commissaire aux apports[1]. À la différence des apports en numéraire, la libération des apports en nature est intégrale lors de la souscription. La valeur nominale[2] des actions est librement fixée et ne doit plus être mentionnée obligatoirement dans les statuts des sociétés par actions.

390 **Licéité de l'objet social.** L'objet social doit être licite et conforme aux bonnes mœurs. L'adoption de la forme de la société anonyme est interdite pour certaines activités, mais elle est obligatoire pour d'autres types d'activités : sociétés d'investissement en valeurs mobilières, sociétés d'assurances, sociétés à objet sportif, sociétés d'économie mixte. Pour certaines activités, comme pour les sociétés de professions libérales exerçant sous la forme de

1. Ces dispenses s'appliquent aussi bien lors de la constitution de la société qu'en cas d'augmentation de capital. Une nouvelle évaluation peut toutefois s'imposer, sous certaines conditions, à l'initiative et sous la responsabilité des fondateurs ou, en cas d'augmentation de capital, du conseil d'administration, voire d'un ou plusieurs actionnaires représentant au moins 5 % du capital ou d'une association d'actionnaires répondant aux conditions fixées à l'article L. 225-120 du Code de commerce.
2. L'action peut avoir trois valeurs distinctes : sa valeur nominale, fixée par convention dans les statuts, sa valeur intrinsèque, qui correspond à la fraction de l'actif net par action, et sa valeur boursière, qui correspond au montant de la cotation de l'action en bourse.

société anonyme, l'objet social est soumis à une réglementation propre à la profession.

§ 2. La constitution avec offre au public

391 **Capital social.** Avant l'ordonnance du 22 janvier 2009, une société qui faisait appel public à l'épargne devait se constituer avec un capital minimum plus élevé que pour une société ne faisant pas appel public à l'épargne. Désormais, le minimum est en principe de 37 000 euros. Ce capital doit être intégralement souscrit à la constitution, et représenté uniquement par des apports en numéraire et en nature. Aucun apport en industrie ne peut être effectué.

Les apporteurs de numéraire doivent obligatoirement signer un bulletin de souscription et libérer la fraction du montant nominal des actions à verser immédiatement, qui ne peut être inférieure à la moitié de ce montant (C. com., art. L. 225-3, al. 2). La liste des souscripteurs et les fonds correspondants sont déposés, dans les huit jours de leur réception, auprès d'une banque, d'un notaire ou de la Caisse des dépôts et consignation. Ces personnes ou organes constatent ces souscriptions et leur versement par un *certificat du dépositaire*, établi sur présentation des bulletins de souscription (C. com., art. L. 225-6). La moitié du montant qui reste à verser pourra être libérée dans un délai qui n'excède pas cinq ans à compter de l'immatriculation au Registre du commerce et des sociétés.

En cas d'apport en nature ou de stipulation d'avantages particuliers au profit de personnes associées ou non, un ou plusieurs commissaires aux apports (ou aux avantages particuliers) sont désignés par décision de justice. Ils apprécient, sous leur responsabilité, la valeur des apports et des avantages (C. com., art. L. 225-8). Lorsque l'assemblée délibère sur l'approbation d'un apport en nature ou l'octroi d'un avantage particulier, les actions de l'apporteur ou du bénéficiaire ne sont pas prises en compte pour le calcul de la majorité (C. com., art. L. 225-10).

Dans les sociétés anonymes, les actions ne peuvent représenter des apports en industrie (C. com., art. L. 225-3, al. 4).

SECTION 2
LES CONDITIONS DE FORME

392 **Plan.** Les conditions de forme sont différentes selon que la société anonyme se constitue sans faire d'offre au public (**§ 1**) ou en faisant une telle offre (**§ 2**).

§ 1. La constitution sans offre au public

393 **Rédaction et signature des statuts.** Les fondateurs de la société peuvent rédiger un projet de statuts, mais pas obligatoirement. Le dépôt des apports en numéraire doit être effectué dans les huit jours de leur réception par les fondateurs auprès d'une banque, d'un notaire ou de la Caisse des dépôts et consignations. Les statuts, rédigés par acte notarié ou sous signature privée, sont signés par les futurs associés puis font l'objet d'un enregistrement fiscal.

394 **Immatriculation et publicité.** Après l'insertion de l'avis de constitution de société dans un journal d'annonces légales, les statuts sont déposés au greffe pour immatriculation au Registre du commerce et des sociétés. L'immatriculation confère la personnalité morale de la société. Une insertion au *BODACC* rend la société opposable aux tiers.

395 **Défaut de constitution.** Si la société n'est pas constituée dans le délai de six mois à compter du dépôt des fonds, tout souscripteur peut demander en justice la nomination d'un mandataire chargé de retirer les fonds pour les restituer aux souscripteurs (C. com., art. L. 225-11). Afin de renforcer la régulation financière, la loi n° 2016-1691 du 9 décembre 2016, dite *Sapin II*, s'inspire des allégements apportés à la SARL[1] pour ajouter à cette disposition la possibilité de demander le retrait des fonds, directement ou par dépositaire, par un mandataire représentant l'ensemble des souscripteurs. La loi permet aussi à tout intéressé, s'il n'a pas été procédé dans le délai légal de cinq ans aux appels de fonds pour

1. V. ss 321.

réaliser la libération intégrale du capital, de demander en justice soit la désignation d'un mandataire chargé de procéder à cette formalité, soit la condamnation des dirigeants sociaux à le faire sous astreinte (C. civ., art. 1843-3, al. 5).

§ 2. La constitution avec offre au public

396 **Projet de statut et publicité.** Un projet de statut doit obligatoirement être rédigé et signé par les fondateurs, puis déposé au greffe du tribunal de commerce du futur siège de la société. Une notice, signée par les fondateurs, indiquant les caractéristiques de la future société doit être publiée au *Bulletin d'annonces légales obligatoires* (*BALO*) (C. com., art. L. 225-2, al. 2). Une note d'information à l'intention du public doit en outre être soumise au visa préalable de l'autorité de marché (AMF). Ensuite, sont émis les bulletins de souscription au capital qui seront signés par les souscripteurs, futurs associés. En contrepartie, un certificat de dépôt de fonds est remis aux souscripteurs.

397 **Assemblée générale constitutive.** La convocation à l'assemblée est impérativement effectuée par la double insertion d'un avis de convocation dans un journal d'annonces légales. Tout souscripteur peut participer à la réunion, sans condition de détention d'un montant minimum d'actions, chacun pouvant se faire représenter par son conjoint ou un autre actionnaire. Cette assemblée délibère aux conditions de *quorum*[1] et de majorité prévues pour les assemblées extraordinaires (C. com., art. L. 225-9, al. 2), soit un *quorum* du quart sur première convocation ou d'un cinquième sur seconde convocation, et une majorité des deux tiers des voix des actionnaires présents ou représentés. Chacun des souscripteurs possède un nombre de voix proportionnel au nombre d'actions qu'il a souscrites (C. com., art. L. 225-122).

Le rôle de l'assemblée constitutive est de constater que le capital est entièrement souscrit et qu'il est libéré du montant requis

1. Le *quorum* est le nombre minimum exigé d'associés présents ou représentés à l'assemblée pour que celle-ci puisse valablement se tenir.

par la loi (C. com., art. L. 225-7, al. 2). L'assemblée doit ensuite adopter les statuts et nommer les organes de gestion. Elle a en outre le pouvoir d'approuver les actes passés par les fondateurs pour le compte de la société en formation, le rapport du commissaire aux apports en cas d'apports en nature et de donner mandat aux premiers organes de gestion d'engager la société.

La société n'est valablement constituée qu'à l'issue de l'assemblée constitutive. Suivront alors des formalités de publicité, identiques à celles de la société anonyme ne faisant pas appel à l'épargne publique, ainsi que l'immatriculation au Registre du commerce et le retrait des fonds, selon les règles applicables lors d'une constitution sans offre au public.

398 **Défaut de constitution.** Si la société n'est pas constituée dans le délai de six mois à compter du dépôt des fonds, tout souscripteur peut demander en justice la nomination d'un mandataire chargé de retirer les fonds pour les restituer aux souscripteurs (C. com., art. L. 225-12). Tout intéressé peut également demander en justice qu'il soit procédé à la libération intégrale du capital dans les mêmes termes qu'énoncés pour les sociétés constituées sans offre au public.

CHAPITRE 2

Le financement de la société anonyme

399 **Valeurs mobilières.** Les valeurs mobilières constituent le procédé majeur de financement des grandes entreprises créées sous forme de sociétés par actions. Elles sont visées par l'article L. 228-1 du Code de commerce, lequel précise qu'elles entrent dans la catégorie des titres financiers au sens de l'article L. 211-1 du Code monétaire et financier. On peut les définir comme étant des titres émis par des personnes morales, publiques ou privées, transmissibles par inscription en compte ou tradition, qui confèrent des droits identiques par catégorie et donnent accès, directement ou indirectement, à une quotité du capital de la personne morale émettrice ou à un droit de créance général sur son patrimoine. Elles revêtent au choix la forme de titres au porteur ou de titres nominatifs, sauf pour les sociétés pour lesquelles la loi ou les statuts imposent la seule forme nominative. Ces titres peuvent être cotés en bourse : il s'agit alors d'actions « admises aux négociations sur un marché réglementé ». Seules les sociétés autorisées par la loi peuvent émettre des valeurs mobilières (C. mon. fin., art. L. 411-1), c'est-à-dire les sociétés par actions (C. com., art. L. 228-1), depuis l'ordonnance du 4 mars 2004, les SARL

mais dans une stricte limite[1] et, depuis la loi PACTE, les sociétés par actions simplifiées[2].

400 **Historique.** Les valeurs mobilières ont progressivement pris une très grande importance économique. Au XIXe siècle, leur apparition a contribué à modifier profondément la composition des patrimoines et la manière de concevoir la propriété[3]. Les mouvements de privatisation, accompagnés de réformes nombreuses visant une meilleure protection de l'épargne et améliorant la fiscalité sur les titres, ont permis un très grand essor de la bourse. Parallèlement, est né un actionnariat collectif dirigé par des professionnels de la finance, comme les sociétés de gestion de portefeuille, que sont les SICAV ou les investisseurs institutionnels[4].

En 1966, les valeurs mobilières émises par les sociétés par actions ne pouvaient être que de deux sortes : les actions, représentant un titre d'associé, et les obligations, représentant un titre de créance (C. com., art. L. 228-1). Des réformes successives ont créé d'autres titres, certains correspondant à un démembrement de l'action (certificats d'investissement), d'autres se rapprochant des obligations (titres participatifs), d'autres encore se situant à mi-chemin entre l'action et l'obligation, les valeurs mobilières composées. La pratique ne cessant de créer de nouveaux produits financiers, le législateur a entrepris de fixer un cadre généralement applicable à toutes les valeurs mobilières, précisant les règles spécifiques à chacune d'entre elles. L'ordonnance du 24 juin 2004 portant réforme du régime des valeurs mobilières émises par les sociétés commerciales a visé à alléger et simplifier ces règles.

401 **Plan.** On envisagera, dans sa généralité, le droit commun des valeurs mobilières (SECTION 1), avant d'exposer les régimes spéciaux (SECTION 2).

---

1. V. ss 320.
2. V. ss 661.
3. G. Ripert, *Les aspects juridiques du capitalisme moderne*, Paris, 1951.
4. Y. Guyon, « Les investisseurs institutionnels en droit français », in *Institutional investors and Corporate Governance*, éd. W. de Gruyter, 1993. 385.

SECTION 1
LE DROIT COMMUN DES VALEURS MOBILIÈRES

402 **Plan.** Il convient de s'intéresser aux principales caractéristiques communes à l'ensemble des valeurs mobilières (**§ 1**), puis de s'interroger sur leur placement éventuel auprès du public (**§ 2**).

§ 1. Les caractéristiques des valeurs mobilières

403 **Plan.** Les valeurs mobilières comportent deux caractéristiques communes. Ce sont des droits négociables (**A**), ainsi que des droits mobiliers dématérialisés (**B**).

A. Négociabilité des valeurs mobilières

404 **Principe.** Les valeurs mobilières sont négociables, c'est-à-dire qu'elles sont librement transmissibles. Cette libre transmission est assurée par des procédés plus rapides et plus sûrs que ne l'est la cession. La négociabilité des valeurs mobilières présente un double avantage particulièrement adapté à la rapidité des transactions : elle constitue un mode de cession simplifiée et apporte une grande sécurité juridique pour l'acquéreur des titres. Il existe un troisième avantage, d'ordre fiscal.

405 **Mode de cession simplifiée.** Les valeurs mobilières échappent aux formalités lourdes de la cession de créance, telles qu'imposées par l'article 1690 du Code civil. À la différence de la cession des parts sociales qui rend nécessaire la rédaction d'un écrit et l'accomplissement de formalités pour être opposable à la société et aux tiers, les valeurs mobilières se transmettent par une inscription en compte.

406 **Sécurité juridique.** La négociabilité présente en outre l'avantage d'assurer au titulaire d'un titre négociable une importante protection juridique. C'est ce que rappelle l'actuel article L. 211-16 du

Code monétaire et financier : « nul ne peut revendiquer pour quelque cause que ce soit un titre financier dont la propriété a été acquise de bonne foi par le titulaire du compte dans lequel ces titres sont inscrits ». Toute revendication d'un tiers à l'encontre de l'inscrit en compte de bonne foi est interdite.

407 **Fiscalité allégée.** Alors que la cession de parts sociales rend exigibles des droits d'enregistrement au taux de 3 % après abattement de 23 000 €, une cession de valeurs mobilières ne nécessite pas un acte et exige un droit d'enregistrement de 3 % également, mais en plafonnant l'impôt dû à 5 000 € par mutation.

B. Dématérialisation des valeurs mobilières

408 **La dématérialisation.** Le principe de dématérialisation a été posé par l'article 94-II de la loi de finances du 30 décembre 1981, aujourd'hui codifié à l'article L. 211-4 du Code monétaire et financier. Avant la dématérialisation, on distinguait nettement les titres au porteur et les titres nominatifs. Les titres nominatifs résultaient de l'inscription du nom de leur titulaire sur un registre de la société émettrice. Les titres au porteur étaient représentés par un document matériel, dans lequel s'incorporaient les droits du porteur du titre, actionnaire ou obligataire. Le porteur était réputé être le propriétaire du titre et son transfert s'opérait par la simple tradition manuelle. En pratique, cependant, les titres au porteur pouvaient être inscrits à un compte auprès d'un organisme chargé de faciliter la circulation des titres, la SICOVAM[1], devenue *Euroclear France* en 2001.

Depuis 1982, toutes les valeurs mobilières émises en territoire français et soumises à la législation française ne peuvent plus être représentées matériellement par des formules imprimées. Elles doivent être inscrites en comptes tenus par la société émettrice (titres nominatifs) ou par un intermédiaire habilité, affilié à *Euroclear* (titres au porteur) (C. mon. fin., art. L. 211-4, al. 1). Le trans-

1. La Société interprofessionnelle pour la compensation des valeurs mobilières, créée par un décret du 4 août 1949, devenue Euroclear assure par le virement de compte à compte, la circulation des valeurs mobilières entre teneurs de compte, intermédiaires habilités (banques, sociétés de bourse), et sociétés émettrices qui lui sont affiliées.

fert de propriété des titres résulte de leur inscription au compte de l'acheteur (C. com., art. L. 431-2). Les valeurs mobilières sont devenues des droits mobiliers incorporels. Elles peuvent être, au choix de leur titulaire, nominatives ou au porteur, sous réserve des cas, nombreux et importants, où la nominativité est imposée, soit par les statuts de l'émetteur, soit surtout par la loi.

409 **Les valeurs mobilières nominatives.** Elles résultent de l'inscription en compte au nom de leur propriétaire, tenu par la société émettrice. Elles présentent l'avantage de permettre à la société de connaître l'identité de leurs titulaires.

Doivent en principe revêtir la forme nominative les titres de sociétés par actions qui ne sont pas admis aux négociations sur un marché réglementé qui sont de loin les plus nombreuses. Toutefois, un assouplissement permet que l'inscription soit prise chez l'émetteur (cas des titres nominatifs *purs*), ou chez un intermédiaire habilité choisi par le titulaire pour gérer son compte ouvert chez l'émetteur (cas des titres nominatifs *administrés*). L'ordonnance du 24 juin 2004 a en outre ouvert la faculté aux titulaires de titres non admis sur un marché réglementé de les faire circuler au porteur et de les inscrire chez un intermédiaire habilité sous certaines conditions[1]. Dans les sociétés cotées, l'actionnaire a le choix entre la forme nominative et la forme au porteur. Cependant, les statuts peuvent imposer la forme nominative, afin notamment de permettre à la société d'émettre des actions assorties d'un droit de vote double. La loi impose elle-même la forme nominative, notamment, pour les actions dont la cession emporte une clause d'agrément (C. com., art. L. 228-23, al. 2), pour les actions accordées au titre de la participation des salariés au fruit de l'entreprise, ou encore pour les actions non entièrement libérées (C. com., art. L. 228-9).

L'ordonnance du 28 avril 2016[2] et l'ordonnance du 8 décembre 2017[3] ont consacré l'usage de la Blockchain en matière d'inscription de titres financiers des sociétés non-cotées.

1. V. ss 410.
2. Ord. n° 2016-520 du 28 avr. 2016 relative aux bons de caisse.
3. Ord. n° 2017-1674 du 8 déc. 2017 relative à l'utilisation d'un dispositif d'enregistrement électronique partagé pour la représentation et la transmission de titres financiers.

Ces textes sont complétés par le décret du 26 décembre 2018[1] autorisant l'inscription de valeurs mobilières sur des dispositifs d'enregistrement électronique partagé *ou DEEP* (C. mon. fin., art. R. 211-9-7), plus connu sous le terme Blockchain[2]. Ce dispositif est constitué d'un registre informatique protégé par cryptographie. La fonction de registre de la Blockchain permet d'assurer l'inscription en compte des titres financiers sur DEEP et d'identifier nommément le propriétaire du titre.

410 **Régime juridique.** La transmission du titre nominatif s'opère à la suite d'un ordre de virement signé par le cédant. La société procède alors au virement des actions du compte du cédant à celui du cessionnaire. Le transfert de propriété résulte de l'inscription des valeurs mobilières au compte de l'acheteur.

L'ordonnance du 8 décembre 2017 a posé un principe d'équivalence pour les titres financiers non cotés, de l'inscription dans un compte-titres et de l'inscription dans un DEEP - dispositif d'enregistrement électronique partagé - (C. mon. fin., art. L. 211-3). Sur un dispositif blockchain, l'échange se fait par le biais de jetons. Le transfert de propriété entraîne une disparition de la titularité des données chez le cédant et son transfert au cessionnaire. Il découle de ce principe d'équivalence de l'inscription en compte de titres et de l'inscription dans un DEEP, la possibilité de participer aux assemblées générales et d'y exercer ses prérogatives *via* une technologie blockchain. Ce dispositif n'est possible toutefois que dans les sociétés non cotées et suppose de supprimer tout compte titres lorsqu'une société émettrice recourt à la *blockchain*[3].

---

1. Décr. n° 2018-1226 du 24 déc. 2018 relatif à l'utilisation d'un dispositif d'enregistrement électronique partagé pour la représentation et la transmission de titres financiers et pour l'émission et la cession de minibons.

2. V. P. Barban (coord.), Le recours à la technologie *blockchain* en droit des sociétés actes pratiques, 2021, § 2 et 3.

3. Le DEEP présente trois avantages : « Premièrement, il s'agit d'un écrit établi sur un support durable (C. com., art. R. 228-8 – RGAMF, art. 322-17). Deuxièmement, cet instrumentum permet au propriétaire d'exercer un contrôle – certes plus juridique que matériel – sur les titres, puisque seul le titulaire du compte peut adresser un ordre au teneur de compte. Enfin, troisièmement, cet instrumentum est « unique » car il n'existe qu'un seul compte-titres « pertinent » et opposable erga omnes pour un titre financier donné », V. P. Barban préc.

Pour les parts de SARL[1], le législateur de 2005 a consacré la location d'actions. Ce nouveau dispositif vise à faciliter la reprise des petites entreprises par des particuliers disposant de moyens financiers limités. La loi crée un régime juridique de location, codifié aux articles L. 239-1 à L. 239-5 du Code de commerce. Elle crée également une nouvelle opération de crédit-bail, portant sur des actions de sociétés par actions et des parts sociales de SARL non négociables sur un marché réglementé. Cette opération se définit comme une location de parts sociales ou d'actions assorties d'une promesse unilatérale de vente moyennant un prix convenu tenant compte, au moins pour partie, des versements effectués à titre de loyers (C. mon. fin., art. L. 313-7, 4). Un certain nombre de conditions président à ce nouvel outil de transmission : la possibilité doit avoir été prévue par les statuts ; le locataire doit être nécessairement une personne physique ; la location d'actions peut être exclue en raison de la nature des titres, elle ne peut porter que sur des titres nominatifs non négociables sur un marché réglementé.

La mise en gage des titres nominatifs s'opère au moyen d'un transfert de garantie inscrit sur les comptes. Le gage porte non sur des titres en particulier, mais sur l'universalité qu'est le compte de titres. Une ordonnance du 24 février 2005 ajoute à l'assiette du gage, comprenant les instruments financiers figurant initialement dans le compte gagé, les instruments financiers et les sommes *postérieurement* inscrits au crédit du compte gagé dès lors qu'ils sont placés en garantie de la créance initiale. La constitution en gage d'un compte est réalisée, tant entre les parties qu'à l'égard de la personne morale émettrice et des tiers, par une déclaration signée par le titulaire du compte (C. mon. fin., art. L. 211-20, I). Le créancier gagiste peut obtenir, sur simple demande au teneur de compte, une attestation de nantissement de compte. Il bénéficie d'un droit de rétention sur les titres pendant toute la durée du gage. Le compte gagé prend la forme d'un compte spécial ouvert au nom du titulaire et tenu par un intermédiaire habilité ou, le

1. V. ss 341.

cas échéant, la société émettrice (C. mon. fin., art. L. 431-4 II). Il peut être remplacé par un procédé informatique. La réalisation du gage intervient soit en vente publique pour les actions non cotées, soit par le fait du créancier après mise en demeure, pour les actions cotées[1].

411 **Les titres au porteur.** La notion de titre au porteur a perdu toute signification du fait de la dématérialisation du titre. Il constitue un titre anonyme[2] inscrit en compte chez un intermédiaire affilié à *Euroclear* (société de bourse, banque, établissement financier) qui ne connaît que le teneur de compte. Les titres au porteur ont longtemps été limités aux actions de sociétés françaises négociées sur un marché réglementé.

L'ordonnance du 24 juin 2004 a assoupli l'obligation d'inscription nominative pour les titres non admis aux négociations sur un marché réglementé en ouvrant la faculté de faire circuler ces titres et de les inscrire en compte chez un intermédiaire habilité, à deux conditions : cette faculté doit être prévue dans les statuts de la personne morale émettrice (pour les titres de capital) ou dans le contrat d'émission (pour les titres de créance) ; ces titres au porteur doivent être admis aux opérations d'un dépositaire central (C. mon. fin., art. L. 211-4, al. 3).

Les *titres au porteur identifiables* constituent une catégorie originale de titres au porteur, destinée à permettre l'identification des détenteurs de titres au porteur par l'émetteur. Les statuts peuvent prévoir que, à charge de rémunérer le service rendu, la société émettrice pourra demander à tout moment au dépositaire central qui assure la tenue du compte émission de ses titres et, depuis la loi *PACTE*, à un ou plusieurs intermédiaires (mentionnés à l'art. L. 211-3 du C. mon. fin.), l'identité des détenteurs et la quantité de titres conférant immédiatement ou à terme le droit de vote dans ses propres assemblées d'actionnaires, (C. com.,

1. Ord. 25 févr. 2005, transposant Dir. n° 2002/47/CE, 6 juin 2002 met en place un droit spécial des garanties propres aux marchés financiers : v. Ripert et Roblot, *Traité de droit commercial*, par M. Germain et V. Magnier, n° 2758.

2. R. Roblot, *La dématérialisation des valeurs mobilières,* brochure ANSA, 1984, n° 185 ; M.-A. Frison-Roche et M. Jockey, « Pourquoi existe-t-il encore des titres au porteur ? », *JCP E* 1994. I. 344.

art. L. 228-2-I). Toute stipulation contractuelle contraire ayant pour objet ou pour effet de limiter la communication de ces informations est réputée non écrite (C. com., art. L. 228-3-5)[1]. Ces titres se négocient en bourse de la même manière que les autres titres au porteur.

La transmission des titres au porteur s'effectue par virement de compte à compte à la suite d'un ordre de mouvement donné à l'intermédiaire financier qui tient le compte. Le transfert de propriété résulte de l'inscription des titres au compte de l'acheteur. Le nantissement du titre se fait désormais de la même manière pour les actions nominatives.

412 **La conversion des valeurs mobilières.** Tout propriétaire dont les titres font partie d'une émission comprenant à la fois des titres au porteur ou des titres nominatifs a la faculté de convertir ses titres dans l'autre forme. Toutefois, la conversion des titres nominatifs n'est pas possible s'agissant des sociétés pour lesquelles la loi ou les statuts imposent la forme nominative pour tout ou partie du capital.

413 **L'inscription d'un intermédiaire dans les sociétés cotées.** En principe, la loi n'admet en compte d'actionnaire que l'inscription du propriétaire des valeurs mobilières, lequel, seul, est titulaire du droit de vote. La loi du 15 mai 2001 a inventé un régime juridique spécifique pour les titulaires, non domiciliés en France, de titres de capital cotés sur un marché réglementé. L'article L. 228-1 du Code de commerce oblige les personnes qui détiennent dans des comptes ouverts à leur propre nom, chez la société émettrice ou chez un teneur de compte, des titres appartenant à des actionnaires non domiciliés en France à se déclarer spontanément comme « intermédiaire inscrit ». La loi PACTE est venue compléter ce dispositif dérogatoire. Désormais, cette inscription peut être faite pour le compte de tout propriétaire, résident en France ou non, sous réserve que les titres en capital ou les obligations concernés soient cotés sur un ou plusieurs marchés étrangers

1. La loi *PACTE* instaure l'obligation d'un traitement automatisé des données à caractère personnel collectées dans le cadre de l'identification des porteurs de titres (C. com., art. L. 228-3-6, I).

considérés comme équivalent à un marché réglementé par la Commission européenne.

L'obligation pour « l'intermédiaire inscrit » de déclarer sa qualité d'intermédiaire détenant des titres pour autrui existe au moment de l'inscription. L'inscription peut être faite sous la forme d'un compte collectif ou en plusieurs comptes individuels correspondant chacun à un propriétaire (C. com., art. L. 228-1, al. 7, *in fine*). Cette disposition entraîne des conséquences importantes en matière de représentation de l'actionnaire en assemblée[1] et de déclaration de franchissement des seuils[2]. Elle permet par ailleurs l'identification par la société de ses actionnaires non domiciliés en France, et également, sous certaines conditions, les actionnaires résidents en France.

414 **L'identification des actionnaires non domiciliés en France[3].** La loi prévoit deux procédures possibles permettant d'identifier les propriétaires réels, selon que les titres sont des titres au porteur identifiables ou des titres nominatifs.

Si les titres sont *des titres au porteur identifiables,* la société émettrice, après avoir suivi la procédure de l'article L. 228-2, I du Code de commerce, peut demander aux intermédiaires de communiquer les informations[4] concernant les propriétaires des titres soit directement, soit par l'intermédiaire du dépositaire central[5] ou du teneur de compte. Les « intermédiaires inscrits » sont tenus de révéler l'identité des propriétaires des titres. La société émettrice peut réitérer, dans les mêmes conditions, sa demande de divulgation du propriétaire réel des titres auprès des différents maillons de la chaîne de détention des titres (C. com., art. L. 228-3-1).

Si les titres sont des *titres nominatifs*, la loi prévoit que les « intermédiaires inscrits » sont tenus, à la demande de l'émetteur,

1. V. ss 506.
2. V. ss 725.
3. V. A. Viandier, *Sociétés et loi NRE, les réformes de la loi « Nouvelles régulations économiques »*, Dossiers pratiques Francis Lefebvre, 2001, p. 115 ; aj. M. Germain (dir.), *Les droits politiques des actionnaires*, rapport au Commissariat général au plan, nov. 2001 ; J.-P. Valuet, « Identification et vote des actionnaires non résidents des sociétés cotées », *Rev. sociétés* 2001. 571.
4. Pour le détail des informations à fournir et délais, v. C. com., art. R. 228-3 à R. 228-5, mod. par Décret n° 2019-1235 du 27 novembre 2019.
5. L'avantage pour la société émettrice de s'adresser au dépositaire central est d'avoir une connaissance plus globale de son actionnariat au porteur. À l'inverse, une demande adressée directement à un intermédiaire ne permet d'obtenir que la liste des propriétaires de titres que cet intermédiaire détient.

de révéler l'identité des propriétaires réels des titres et la quantité des titres détenus par chacun d'entre eux (C. com., art. L. 228-3). Comme dans le cas précédent (C. com., art. L. 228-3-1), l'émetteur peut s'efforcer de remonter la chaîne des détenteurs jusqu'au propriétaire réel.

Toutefois, la société émettrice n'est pas obligée d'identifier les tiers, désormais résident à certaines conditions, comme non résidents, pour lesquels les intermédiaires inscrits agissent (C. com., art. L. 228-1, al. 7).

415 **Sanctions.** Lorsque la personne inscrite comme détenteur et faisant l'objet d'une demande d'identification des véritables actionnaires est défaillante parce qu'elle n'a pas transmis les informations dans les délais prévus, ou parce qu'elle a transmis des renseignements incomplets ou erronés relatifs soit à sa qualité, soit à la quantité des titres détenus par chacun d'eux, les titres pour lesquels cette personne a été inscrite en compte sont privés des droits de vote pour toute assemblée d'actionnaires qui se tiendrait jusqu'à la date de régularisation de l'identification, et le paiement du dividende correspondant est différé jusqu'à cette date (C. com., art. L. 228-3-3). Si c'est sciemment que l'intermédiaire a méconnu ces dispositions, le tribunal peut, sur demande de la société ou d'un ou plusieurs actionnaires détenant au moins 5 % du capital, prononcer la privation totale ou partielle des droits de vote attachés aux actions et, éventuellement, du dividende correspondant. Cette interdiction ne peut excéder cinq ans (C. com., art. L. 228-3-2, al. 2).

§ 2. Le placement des valeurs mobilières dans le public

416 **Plan.** Dès lors qu'une société désire placer ses titres dans le public, elle doit se soumettre aux règles propres à l'offre au public. Il convient de définir la notion (**A**), avant de donner un bref aperçu de l'organisation des marchés financiers[1] (**B**).

1. Se reporter notamment à A. Couret, H. Le Nabasque *et al.*, *Droit financier*, Dalloz, coll. « Précis », 2012, n° 270.

A. La notion d'offre au public

417 **Sources.** Dans le but d'assurer une meilleure protection des épargnants, la loi du 24 juillet 1966 définissait la notion d'appel public à l'épargne selon quatre critères : la cotation des titres, le placement des titres avec le concours d'intermédiaires limitativement énumérés, le recours à la publicité pour le placement des titres, ainsi que le recours au démarchage. Si l'un des critères était rempli, la loi posait une présomption irréfragable d'appel public à l'épargne. Précisée par une loi du 2 juillet 1998, une définition de l'appel public à l'épargne figurait à l'article L. 411-1 du Code monétaire et financier[1]. Sans revenir sur la définition elle-même, la loi du 26 juillet 2006 multipliait les cas d'exclusion[2]. L'ordonnance du 22 janvier 2009 a substitué à la notion d'appel public à l'épargne celle d'offre au public. L'ordonnance n° 2019-1067 du 21 octobre 2019 modifiant les dispositions relatives aux offres au public de titres et complétée par le décret n° 2019-1097 du 28 octobre 2019 a adapté le droit français au Règlement 2017/1129/UE concernant le prospectus à publier en cas d'offre au public de valeurs mobilières ou en vue de l'admission de valeurs mobilières à la négociation sur un marché réglementé, dit Règlement « Prospectus » entré en vigueur le 21 juillet 2019.

418 **Définition.** Alors qu'avant l'ordonnance du 21 octobre 2019, l'offre au public de titres financiers était définie à l'article L. 411-1 du Code monétaire et financier, ce même article procède par renvoi à l'article 2, d) du Règlement Prospectus pour définir l'offre au public de titres financiers ou de parts sociales. Elle peut-être : un placement de valeurs mobilières par des intermédiaires financiers ; ou une communication adressée sous quelque forme et par quelque moyen que ce soit, à des personnes et présentant une information suffisante sur les conditions de l'offre et sur les titres à offrir, de manière à mettre un investisseur en mesure de décider d'acheter ou souscrire ces valeurs mobilières. Cette définition est

1. Cet effort de définition apparaît aujourd'hui en décalage avec les directives européennes, v. B. François, « Vers une nouvelle définition de l'appel public à l'épargne », *D.* 2004. 1652.

2. Cette réforme résulte de la transposition de la dir. n° 2003/71 du 4 nov. 2003 concernant le prospectus à publier en cas d'offre au public de valeurs mobilières à la négociation, *JOUE* L 345, 31 déc. 2003.

la même que celle énoncée auparavant par l'article L. 411-1 du Code monétaire et financier. Ce qui change en revanche est le principe d'interdiction repris de l'article 1841 du Code civil (désormais abrogé) et posé désormais par l'article L. 411-1 du Code monétaire et financier, lequel interdit à toute personne ou entité n'y ayant pas été autorisée par la loi de procéder à une offre au public de titres financiers ou de parts sociales[1].

419 **L'autorisation exceptionnelle de faire une offre au public.** Par dérogation à l'interdiction édictée à l'article L. 411-1, l'article L. 411-2 du même code autorise toute personne ou entité à procéder aux offres au public dans les cas suivants : une offre de titres financiers ou de parts sociales qui s'adresse exclusivement à un cercle restreint d'investisseurs[2] agissant pour compte propre ou à des investisseurs qualifiés[3] ; une offre au public relevant du financement participatif dont le plafond est fixé à 8 millions d'euros ; et une offre de titres de capital ou de parts qui s'adresse exclusivement à des personnes ou entités qui ont déjà la qualité d'associés de la société émettrice des titres de capital ou des parts sociales offerts. Ces offres sont donc désormais qualifiées d'offres au public (alors qu'avant l'ordonnance de 2019, elles étaient des opérations considérées comme des exceptions à une offre), simplement dispensées de l'obligation d'avoir à établir un prospectus au sens du règlement européen[4]. Les sociétés qui, hier, pouvaient réaliser ces opérations parce qu'elles n'étaient pas constitutives

1. L'ordonnan ce élargit le champ de cette interdiction quant aux personnes - l'article 1841 du Code civil visait antérieurement les « sociétés » alors que le nouvel article L. 411-1 du Code monétaire et financier vise désormais, plus largement, toute « personne » ou désormais toute « entité », cette dernière expression visant probablement les organismes non dotés de la personnalité juridique.

2. Un cercle restreint d'investisseurs est un groupe de personnes, autre que des investisseurs qualifiés, dont le nombre est inférieur à 150 (C. mon. fin., art. D. 411-4).

3. Un investisseur qualifié est une personne ou une entité disposant des compétences et des moyens nécessaires pour appréhender les risques inhérents aux opérations concernées. Il est désormais défini par l'article 2, e) du Règlement comme « les personnes ou les entités qui sont énumérées à l'annexe II, section I, points 1) à 4), de la directive 2014/65/UE et les personnes ou entités qui sont traitées à leur propre demande comme des clients professionnels, conformément à la section II de ladite annexe, ou qui sont reconnues en tant que contreparties éligibles conformément à l'article 30 de la directive 2014/65/UE, à moins qu'elles n'aient conclu un accord pour être traitées comme des clients non professionnels conformément à la section I, quatrième alinéa, de ladite annexe ».

4. Avant l'ordonnance de 2019, il n'était pas strictement nécessaire qu'un texte intervint pour permettre à certaines formes sociales de réaliser des opérations dont la loi disait qu'elles ne constituaient pas des offres au public. Désormais, cette mention spéciale est nécessaire.

d'une offre au public[1] conservent, pour l'essentiel, le droit de faire de telles offres alors pourtant que ces opérations constituent aujourd'hui des offres au public.

Les sociétés anonymes sont autorisées à procéder à des offres au public. Quant aux sociétés par actions simplifées, elles ne peuvent procéder à une offre au public de titres financiers ou à l'admission aux négociations sur un marché réglementé de leurs actions. Elles peuvent néanmoins procéder aux offres définies à l'article L. 411-2 du Code monétaire et financier et aux 2° et 3° de l'article L. 411-2-1 du même code (C. com, art. L. 227-2), c'est-à-dire à (i) des placements privés, (ii) une offre de financement participatif, (iii) à des personnes ou entités qui auraient déjà la qualité d'associé de la SAS ainsi qu'à (iv) des placements exigeant un investissement de chaque investisseur au moins égal à 100 000 €. Par ailleurs, les sociétés à responsabilité limitée ne peuvent en principe procéder à une offre au public. Cependant, par voie d'autorisation exceptionnelle, le nouvel article L. 223-11 du Code de commerce précise que les obligations émises par une SARL pourront être offertes au public « sous la forme d'une offre mentionnée au 1° de l'article L. 411-2 » - c'est-à-dire sous la forme d'un placement privé. Est en revanche désormais exclu, pour les SARL, la possibilité de recourir, pour le placement de leurs obligations, à une offre de financement participatif.

420 **La portée de l'offre au public.** Sauf dérogation des offres visées à l'article L. 411-2 du Code monétaire et financier, la société qui procède à une offre au public doit, au préalable, publier et tenir à la disposition de toute personne intéressée un prospectus, document destiné à l'information du public, portant sur le contenu et les modalités de l'opération, ainsi que sur l'organisation, la situation financière et l'évolution de l'activité de l'émetteur et des garants éventuels. Les conditions de la publication de ce document, appelé prospectus, sont prévues par le règlement général de l'AMF (Régl. gén. AMF, art. 212-1).

1. Les deux premières opérations avaient pour dénomination celle de « placement privé ». La pratique pourrait conserver cette dénomination.

Cette obligation d'information pèse également sur les sociétés qui procèdent à une admission aux négociations sur un marché réglementé (C. com., art. L. 412-1). Mais l'admission à la cote suppose l'existence de marchés financiers.

B. L'organisation des marchés financiers

421 **Évolutions.** Pendant longtemps la négociation des valeurs mobilières sur un marché réglementé a fait l'objet d'un monopole, celui des agents de change. Les anciennes charges d'agents de change ont été remplacées par des sociétés de bourse par la loi du 22 janvier 1988 sur les bourses de valeurs. Cette loi a créé de nouvelles autorités de marchés, le Conseil des bourses de valeur, la Société des Bourses françaises, devenue Paris Bourse en 1999 puis Euronext Paris en 2001, et l'Association française des sociétés de bourse. L'indépendance de ces institutions n'est pas acquise totalement tant que le ministère de l'Économie et des Finances reste investi d'une mission générale de tutelle sur les marchés de capitaux et les bourses de valeur. Le Conseil des bourses de valeur a fusionné en 1996 avec le Conseil des marchés à terme, pour devenir le Conseil des marchés financiers (CMF). Depuis la loi de sécurité financière du 1er août 2003, le CMF a fusionné avec la COB pour donner naissance à une seule autorité, l'Autorité des marchés financiers (AMF)[1].

422 **Le contrôle de l'AMF.** Il est revenu à l'AMF, en s'inspirant du règlement général élaboré par le CMF, de déterminer dans son propre règlement général les principes généraux d'organisation et de fonctionnement que doivent respecter les marchés réglementés. Elle veille par ailleurs à la régularité des opérations effectuées sur des titres admis aux négociations sur un marché réglementé. Elle veille également au respect des obligations professionnelles auxquelles sont astreintes les personnes intervenant sur les marchés réglementés, comme les prestataires de services d'investissement (C. mon. fin., art. L. 621-9).

1. Sur cette autorité, v. ss 605.

423 **Les marchés financiers.** Depuis la loi du 2 juillet 1996[1], il existait deux sortes de marchés, les marchés non réglementés (dits de gré à gré) et les marchés réglementés. L'ordonnance n° 2007-544 du 12 avril 2007 relative aux marchés d'instruments financiers, transposant la directive 2004/39/CE, a créé une concurrence entre plusieurs marchés. Outre le marché réglementé, elle permet la création de marchés simplement organisés, ou encore d'*internalisateurs systématiques*. En France, fonctionne le marché réglementé d'Eurolist de NYSE Euronext situé à Paris. Pour être reconnu comme tel, un marché réglementé doit l'être par arrêté du ministre chargé de l'économie, et il doit garantir un fonctionnement régulier des négociations (C. mon. fin., art. L. 421-1.). L'admission d'instruments financiers aux négociations sur un marché réglementé est décidée par l'entreprise de marché, sous réserve du droit d'opposition de l'AMF (C. mon. fin., art. L. 421-4 I). L'introduction en bourse suit l'admission. C'est la procédure par laquelle les investisseurs se voient offrir la possibilité d'acheter une partie des titres dont l'admission vient d'être décidée. Elle soumet les sociétés cotées à des contraintes particulières, leur imposant notamment un contrôle renforcé de l'AMF (en cas de prise de contrôle) et les exposant à de lourdes infractions boursières (délit d'initié, par exemple).

Alternext, marché organisé, mais non réglementé au sens de la loi, existe depuis 2005 pour les petites et moyennes entreprises, ce qui leur permet d'accéder à la bourse sans subir les contraintes d'un marché réglementé[2]. Pour être organisé, un marché doit satisfaire trois critères fixés par le règlement général de l'AMF (RGAMF, art. 524-1). En premier lieu, ses règles d'organisation doivent être approuvées par l'AMF (ce qui a été fait pour la première fois par décret du 3 mai 2005). Il doit, ensuite, se soumettre aux dispositions relatives aux abus de marché. Il doit enfin pré-

1. La loi du 2 juillet 1996 transposait la directive Service d'instruments financiers. Ce texte a été modifié par la directive du 21 avril 2004 concernant les marchés d'instruments financiers, puis la directive 2014/65/UE du 15 mai 2014 abrogeant la précédente, dire MIF II, laquelle prévoit notamment une mise en concurrence de tous les marchés, réglementés ou non : v. M. Germain et V. Magnier, Ripert et Roblot, « Traité de droit commercial », Les sociétés, n° 2692.

2. Sur Alternext, v. Th. Bonneau, *Dr. sociétés* oct. 2005. 15 ; aj. De Watrigant, *Actes pratiques*, 2008.

voir un mécanisme de garantie de cours lorsqu'il admet des actions et d'autres titres donnant ou pouvant donner accès au capital ou aux droits de vote.

Section 2
Les régimes spéciaux

424 **Plan.** La loi distingue désormais le régime des actions (**§ 1**), des obligations (**§ 2**) et des valeurs mobilières donnant accès au capital ou donnant droit à l'attribution de titres de créance (**§ 3**). Un mot devra être également dit des titres participatifs (**§ 4**).

§ 1. Les actions

425 **Caractéristiques.** Seules les sociétés par actions (sociétés anonymes, sociétés par actions simplifiées et sociétés en commandite par actions) sont autorisées à émettre des actions. Pendant longtemps, la loi n'a consacré qu'une catégorie d'actions.

En pratique, une certaine diversification des catégories d'actions a conduit à l'émission de titres conférant des droits inégaux. La première, une loi du 12 juillet 1994 avait permis l'émission de certaines actions à régime inégalitaire. Cette inégalité a été confirmée par l'ordonnance du 24 juin 2004 portant réforme du régime des valeurs mobilières qui consacre le droit d'émettre des actions de préférence.

Il importe d'analyser en premier lieu le régime de droit commun des actions que l'on pourrait qualifier d'ordinaires (**A**) avant de présenter celui des actions de préférence (**B**).

A. Les actions « ordinaires »

426 **Caractéristiques.** Comme toutes les valeurs mobilières, les actions sont des titres fongibles (c'est-à-dire interchangeables à l'intérieur d'une même émission), indivisibles à l'égard de la société qui ne connaît, sous réserve de l'application des règles de l'usufruit, qu'un seul titulaire pour un même titre, et négociables (**1**). Toute-

fois, la loi admet certaines restrictions à la négociabilité des actions.

En outre, l'action est un titre d'associé. Elle est représentative d'un apport en capital, en contrepartie duquel son titulaire se voit reconnaître des prérogatives particulières (**2**).

Enfin, l'action est un titre qui confère à son titulaire des droits identiques par catégorie de titres (**3**).

1. Titres négociables

427 **Principe.** Dans les sociétés de capitaux, la personne des associés importe peu : les actions sont donc en principe librement négociables et peuvent être cédées sans que soient respectées ni les formalités de la cession de créance telles qu'elles résultent de l'article 1690 du Code civil, ni aucune des formalités qui en dérivent. Toutefois, il existe un certain nombre de restrictions au principe de libre négociabilité, les actions pouvant être déclarées inaliénables, soit par le législateur, soit conventionnellement. En outre leur négociabilité, quand elle n'est pas remise en cause, peut être limitée.

428 **Restriction légale à la libre négociabilité.** Dans les sociétés anonymes, certaines actions perdent leur caractère négociable et cessible par le fait de la loi. Cette restriction n'est possible que si elle est limitée dans le temps. Sont ainsi déclarées inaliénables les actions souscrites ou achetées par le personnel dans le cadre de l'actionnariat des salariés (C. com., art. L. 225-194, al. 1) et les actions attribuées aux salariés au titre de la participation aux résultats de l'entreprise, en application de l'article 13 de l'ordonnance du 21 octobre 1986. Ce cas d'inaliénabilité n'est toutefois que temporaire (3 à 5 ans) et relatif, car une vente anticipée est possible dans certains cas énumérés par les textes.

D'autres actions sont uniquement cessibles : tel est le cas des actions d'une société qui n'est pas encore immatriculée au Registre du commerce et des sociétés ainsi que des actions émises dans le cadre d'une augmentation de capital tant que celle-ci n'est pas encore réalisée (C. com., art. L. 228-10). Dans ces hypothèses particulières, les actions ne peuvent être cédées qu'en respectant les dispositions du Code civil relatives à la cession de créance.

429 **Restrictions conventionnelles.** Aux termes de l'article 900-1 du Code civil, une inaliénabilité conventionnelle peut être prévue à l'encontre d'un ou de plusieurs actionnaires. Cette inaliénabilité ne peut être imposée que pour une durée limitée et à condition qu'elle soit justifiée par un intérêt social sérieux et légitime. Ce procédé a notamment été utilisé afin de permettre le maintien de « noyaux durs » dans le capital des sociétés nouvellement privatisées.

En outre, la négociabilité des actions peut être limitée par l'insertion dans les statuts de sociétés anonymes de clauses particulières. Ainsi une clause d'agrément peut imposer de soumettre la cession d'actions à l'agrément de tous les actionnaires ou, plus fréquemment du conseil d'administration (ou de surveillance). Une telle clause peut valablement être stipulée à l'égard des tiers, mais elle est soumise à des limites légales et jurisprudentielles importantes[1]. Il en est de même des clauses de préemption qui réservent aux actionnaires, ou à une catégorie d'entre eux, la possibilité d'acheter en priorité toutes les actions dont la cession est envisagée.

Clause d'agrément et fraude par interposition de personne
L'affaire *Rivoire et Carret, Lustucru et Barilla*[2]

Les deux fabricants français, *Rivoire et Carret et Lustucru,* sont regroupés au sein d'une *holding* composée de la famille Cartier-Million (détenant 41 % du capital) et d'un groupe détenant 48 % du capital. Le groupe minoritaire cherche à vendre sa participation au concurrent italien *Barilla.* Une clause d'agrément s'applique à toute cession à des tiers.

La famille Cartier-Million procède alors en deux étapes :

– elle cède sa participation à la société *Embranchement de la Capuche* qu'elle contrôle, laquelle possède quelques actions de la *holding.* S'agissant d'une cession entre associés, l'agrément n'est pas requis ;

– elle cède ses participations dans la société *Embranchement de la Capuche* à la société *Barilla*, qui devient actionnaire de la *holding*, à hauteur de 40 %.

L'arrêt de la cour d'appel de Grenoble, annule la cession litigieuse pour fraude. Le pourvoi est rejeté par la Cour de cassation.

1. V. ss 453.
2. Com. 27 juin 1989, *RD bancaire et bourse* 1989. 176, obs. M. Jeantin et A. Viandier ; *D.* 1990. 314, note J. Bonnard ; *adde*, Com. 21 janv. 1997, *Rev. sociétés* 1997. 349, note D. Bureau, *Dr. sociétés* 1997. 55, obs. Th. Bonneau.

2. Titres conférant des droits individuels

430 **Droits individuels renforcés.** Les droits individuels des actionnaires sont les mêmes que ceux attribués aux associés : droit de participer à la vie sociale, droit au maintien de sa qualité d'associé, droit de céder ses titres. Mais ces droits accusent certaines particularités dans les sociétés anonymes. Notamment, une réglementation précise et détaillée encadre le droit à l'information et son corollaire, le droit de vote. D'autre part, le souci du législateur a été de renforcer la protection des actionnaires minoritaires de société anonyme. Paradoxalement, pourtant, les nécessités de la vie sociale l'emportent souvent sur les principes, et notamment sur celui de l'égalité des actionnaires. S'explique ainsi un certain nombre de limites qui ont été apportées à ces droits, et tout particulièrement au droit de vote avec la création d'actions à statut particulier.

431 **Droit renforcé à l'information.** Le droit à l'information de l'actionnaire est renforcé et placé sous le contrôle vigilant des commissaires aux comptes et, lorsque la société est cotée, de l'Autorité des marchés financiers (AMF). Ce droit d'information participe au principe d'égalité des actionnaires en ce qu'ils doivent avoir un même accès à l'information. Il est permanent, mais il s'exerce surtout à l'occasion des assemblées d'actionnaires.

À compter de la convocation de l'assemblée et jusqu'au cinquième jour qui précède la tenue de l'assemblée, tout actionnaire a droit à la communication par courrier d'un certain nombre de documents et renseignements. Pour l'assemblée ordinaire annuelle, il s'agit notamment de l'ordre du jour, des comptes sociaux, des résultats des cinq derniers exercices, du rapport de gestion du conseil d'administration (ou du directoire), du rapport général et, le cas échéant, des rapports spéciaux du commissaire aux comptes, du texte des projets de résolution, du dernier bilan social avec avis du CSE (C. com., art. L. 225-115 et art. L. 242-13). Ces documents sont de nature à renseigner les actionnaires sur la situation financière, comptable et sociale de la société, afin de mettre l'actionnaire en mesure « de se prononcer en connaissance de cause et de porter un jugement informé sur la gestion et la marche des affaires de la société » (C. com., art. L. 225-108).

L'actionnaire qui souhaite des renseignements complémentaires peut en obtenir communication au siège social, assisté éventuellement d'un expert. Il peut ainsi prendre connaissance de la liste des actionnaires de la société (C. com., art. L. 225-115 et L. 225-116), ainsi que du montant global des rémunérations. Le droit de prendre connaissance emporte celui de prendre copie du montant global, certifié exact par les commissaires aux comptes, des rémunérations versées aux personnes les mieux rémunérées, le nombre de ces personnes étant de dix ou de cinq selon que l'effectif du personnel excède ou non deux cents salariés (C. com., art. L. 225-115 4°).

432 **Le droit de poser des questions écrites.** À compter de la communication de ces documents, tout actionnaire, quel que soit le nombre de titres qu'il détient, a la faculté de poser par écrit des questions, auxquelles le conseil d'administration (ou le directoire) sera tenu de répondre lors de l'assemblée. Une réponse commune peut être apportée à ces questions dès lors qu'elles présentent le même contenu. La réponse à une question écrite est réputée avoir été donnée dès lors qu'elle figure sur le site internet de la société dans une rubrique consacrée aux questions-réponses (C. com., art. L. 225-108, al. 3 et 4).

433 **Alerte.** Le droit d'information trouve aussi un prolongement dans la procédure d'alerte qui accorde le droit aux actionnaires de poser des questions écrites au président du conseil d'administration ou au directoire sur tout fait de nature à compromettre la continuité de l'exploitation. Mais ils doivent représenter au moins un vingtième du capital social ou être regroupés en association d'actionnaires telle que définie à l'article L. 225-120 du Code de commerce.

434 **Droit permanent à l'information.** À toute époque de l'année, l'actionnaire peut prendre connaissance, au siège social, des documents sociaux relatifs aux trois derniers exercices, ainsi que des procès-verbaux et des feuilles de présence des assemblées (C. com., art. L. 225-117). Ainsi aura-t-il communication des documents comptables, des résolutions et rapports de gestion. Il peut obtenir un certain nombre de renseignements concernant les dirigeants sociaux. La loi sur les nouvelles régulations économiques accorde

en outre à l'actionnaire le droit de prendre connaissance du montant des rémunérations et des avantages que chaque mandataire de la société a reçu durant l'exercice (C. com., art. L. 225-102, al. 1 et 2 nouveaux).

435 **Sanctions.** En cas de non-respect de ces dispositions par la société, le président du tribunal de commerce statuant en référé peut soit prononcer une injonction de faire sous astreinte, soit désigner un mandataire chargé de procéder à ces communications. En outre, l'assemblée peut être annulée s'il est prouvé qu'un actionnaire n'a pu exercer son droit de communication (C. com., art. L. 225-121, al. 2). Ces sanctions témoignent de l'importance accordée à l'information dans les sociétés anonymes, corollaire d'un droit de vote éclairé.

436 **Le droit de vote.** Selon l'article 225-122 du Code de commerce, le droit de vote attaché aux actions est proportionnel à la quotité de capital représentée et chaque action donne droit à une voix au moins. Toute clause contraire est réputée non écrite. Néanmoins la loi permet que les statuts limitent le nombre de voix dont dispose chaque actionnaire dans les assemblées, à condition que cette limitation soit imposée à toutes les actions sans distinction de catégorie, autres que les actions à dividende prioritaire sans droit de vote[1] (C. com., art. L. 225-125). En outre, il est permis par la loi, sous certaines conditions, soit de suspendre le droit de vote, soit d'y renoncer conventionnellement. À l'inverse, la loi a permis l'émission d'actions à droit de vote double[2].

437 **La suspension du droit de vote à titre de sanction.** La suspension du droit de vote peut faire office de sanction. Ainsi en va-t-il pour les actions non libérées des versements exigibles (C. com., art. L. 228-29) et des actions au porteur n'ayant pas été inscrites en compte (L. 30 déc. 1981, art. 94). Dans les sociétés cotées, l'actionnaire se voit privé du vote attaché aux actions excédant la fraction du capital qui aurait dû être déclarée en cas de franchissement du seuil[3], et ce pendant deux ans après la date de régularisation de la notification (C. com., art. L. 233-14).

1. Sur cette catégorie d'actions aujourd'hui en voie de disparition, v. ss 463.
2. V. ss 441.
3. V. ss 725.

438 **La suspension occasionnelle du droit de vote.** Le droit de vote peut aussi être suspendu pour l'actionnaire qui se trouve ponctuellement dans une situation de conflit d'intérêts. Il en est ainsi de l'administrateur, directeur général, du membre du directoire ou du conseil de surveillance, ou encore de l'actionnaire détenant plus de 5 % des droits de vote qui conclut directement ou indirectement une convention avec la société : lors d'une assemblée générale, il ne peut participer au vote sur l'approbation de cette convention[1]. De même, l'apporteur en nature et le bénéficiaire d'un avantage particulier ne peuvent participer au vote concernant la vérification de l'apport ou de l'avantage qui lui est consenti (C. com., art. L. 225-10 et L. 225-147). En cas d'augmentation de capital, les bénéficiaires d'une suppression du droit préférentiel de souscription ne peuvent pas prendre part au vote décidant cette suppression. La société qui est titulaire de ses propres actions ne peut pas participer aux votes et, depuis le 1er juillet 1991, toutes les actions d'autocontrôle sont privées du droit de vote[2].

439 **La renonciation conventionnelle au droit de vote.** Dans le silence de la loi, la validité des conventions de vote a été discutée[3]. Cette renonciation au droit de vote ne peut émaner ni des statuts, ni de la volonté préalable de l'actionnaire. Celui-ci doit pouvoir garder sa liberté. Les conventions de vote sont donc théoriquement interdites puisqu'elles faussent la règle de la proportionnalité entre le nombre d'actions et le nombre de droits de vote. Mais la jurisprudence opère des distinctions.

440 **Illustrations.** La jurisprudence considère comme nulles les conventions de vote passées dans un intérêt purement égoïste, comme celle qui consiste à s'engager par avance à voter en faveur d'un administrateur[4]. Elle a estimé au contraire que les conventions passées dans l'intérêt de la société pouvaient être valables. C'est

---

1. V. ss 568.
2. V. ss 723.
3. V. notamment P. Didier, « Les conventions de vote », in *Mélanges Foyer*, PUF, 1997, p. 341 ; A. Viandier, « Après l'article de Michel Jeantin sur les conventions de vote », in *Mélanges Jeantin*, Dalloz, 1999, p. 311.
4. Com. 10 mars 1950, *JCP* 1950. II. 5694, note D. Bastian.

ainsi qu'il a été admis que, dans un groupe de société, un protocole d'accord puisse valablement prévoir une répartition égalitaire des sièges d'administrateurs afin de permettre un contrôle paritaire dans une filiale commune. Il a néanmoins été précisé que les actionnaires devaient pouvoir choisir entre plusieurs personnes et ne pas se voir imposer une personne déterminée[1]. Par ailleurs, la convention est inopposable aux tiers, et en particulier à la société[2]. La sanction en cas de violation de la convention consiste en l'attribution de dommages-intérêts.

441 **Les actions à droit de vote double.** Traditionnellement, la loi admet l'émission d'actions à vote double dans un but de fidélisation des actionnaires et comme moyen de protection, le cas échéant, à l'encontre d'une prise de contrôle inamicale. Néanmoins, la loi encadre ces émissions, en raison d'une atteinte au principe de proportionnalité. La loi n° 2014-384 du 20 mars 2014 visant à reconquérir l'économie réelle, dite loi *Florange*, a néanmoins inversé le principe pour les sociétés cotées, ce qui conduit à distinguer un régime général du régime de ces sociétés.

1°) Règles générales. Le régime général des actions à droit de vote double est soumis à des conditions strictes (C. com., art. L. 225-123.). Le droit de vote double doit être attribué par les statuts ou une assemblée générale extraordinaire en cours de vie sociale. Les actions doivent être entièrement libérées et le droit de vote double ne peut être accordé qu'aux actions pour lesquelles il est justifié d'une inscription nominative depuis au moins deux ans au nom du même actionnaire. Des règles particulières s'appliquent en cas d'augmentation du capital par incorporation de réserves et en cas de fusion[3]. Le droit de vote double peut être exercé en principe dans toutes les assemblées. Il cesse automatiquement lorsque l'action devient une action au porteur ou lorsqu'elle est transmise en propriété (C. com., art. L. 225-124, al. 1).

2°) Règles applicables aux sociétés cotées. Depuis la loi *Florange*, dans les sociétés cotées, les droits de vote double sont de

1. T. com. Paris 1er août 1974 (*Schneider-Marine-Firmimy*), *Rev. sociétés* 1974. 685, note B. Oppetit ; *RTD com.* 1975. 130, obs. R. Houin.
2. T. com. Paris 12 févr. 1991, *Bull. Joly* 1991. 592, note M. Jeantin (affaire *Fruehauf*).
3. V. ss 233.

droit, sauf clause contraire des statuts pour toutes les actions libérées pour lesquelles il est justifié d'une inscription nominative depuis deux ans au nom d'un même actionnaire (C. com., art. L. 225-123). La règle est donc ici posée de l'automaticité du droit de vote double, sous réserve d'une clause contraire[1]. Plus de la moitié des sociétés concernées avaient en 2014 déjà recours au droit de vote double[2].

442 **Droit au dividende.** Comme tout participant au capital d'une société, l'actionnaire a droit au dividende. Il convient de rappeler que le droit au dividende ne signifie pas que l'actionnaire ait droit de demander, chaque année, qu'une partie des bénéfices dégagés par la société lui soit attribuée. D'une part, en effet, il faut qu'il y ait effectivement un bénéfice à distribuer, sans quoi il y aurait distribution de dividendes fictifs. D'autre part, le bénéfice distribuable est constitué par le bénéfice de l'exercice diminué des pertes antérieures et augmenté du report bénéficiaire, ainsi que des sommes prélevées pour la dotation des réserves légales (au moins 5 %) et, le cas échéant, la réserve statutaire (C. com., art. L. 232-11, al. 1). Il revient à l'assemblée annuelle de fixer le montant, après approbation des comptes annuels de réserves libres (C. com., art. L. 232-12). Il peut être prévu par les statuts l'attribution à titre de « premier dividende » d'un intérêt calculé sur le montant libéré et non amorti des actions[3]. Souvent, dans les petites sociétés, il n'y a pas de distribution de dividende et les actionnaires sont rémunérés soit en qualité de dirigeant ou de salarié, soit par les intérêts versés sur leurs comptes courants d'associés.

443 **Les actions à dividende majoré[4].** Elles confèrent à leurs titulaires un droit dans les bénéfices qui est supérieur à celui des autres actions (C. com., art. L. 232-14). Depuis la loi du 12 juillet 1994,

1. S. Torck, « L'attribution automatique du droit de vote double », *in* Dossier Le droit de vote, *Dr. sociétés*, n° spécial mars 2015, art. 7.
2. Rapp. Sénat, n° 328, 29 janv. 2014, p. 21.
3. Ce premier dividende suppose l'existence de bénéfices distribuables, ce qui le distingue de la clause d'intérêt fixe.
4. Il est curieux de constater que l'ordonnance du 24 juin 2004 qui crée un régime général unique applicable à toutes les actions de préférence laisse subsister les dispositions spéciales relatives aux actions à dividende majoré.

une majoration de dividende peut être attribuée par les statuts à tout actionnaire qui justifie d'une inscription nominative depuis au moins deux ans et de son maintien à la date de mise en paiement du dividende. Le taux de majoration est fixé par l'assemblée générale extraordinaire mais elle ne peut excéder 10 % du dividende distribué. Cette catégorie d'actions ne peut être attribuée avant la clôture du deuxième exercice suivant la modification des statuts qui a créé les actions à dividende majoré (C. com., art. L. 232-14). Lorsque la société est cotée en bourse, le nombre d'actions donnant vocation aux dividendes majorés ne peut pas être supérieur à 0,5 % du capital social pour un même actionnaire.

444 **Paiement du dividende.** Les modalités de mise en paiement des dividendes votés par l'assemblée générale sont fixées par elle ou, à défaut, par le conseil d'administration (ou le directoire) (C. com., art. L. 232-13). Toutefois, la mise en paiement doit avoir lieu dans un délai maximal de neuf mois après la clôture de l'exercice, sauf prorogation par ordonnance du président du tribunal de commerce statutaire sur requête du conseil d'administration (ou du directoire). Ce paiement s'effectue le plus souvent en numéraire, mais il peut aussi être effectué sous forme d'actions nouvelles (C. com., art. L. 232-18 à L. 232-20). La décision d'offrir ce choix aux actionnaires revient à l'assemblée générale ordinaire qui statue sur les comptes de l'exercice. L'avantage, pour la société, est de lui permettre de réaliser des économies en trésorerie[1]. L'opération s'analyse en une augmentation de capital mais les formalités sont allégées par rapport aux règles de droit commun.

445 **Droit aux réserves.** Ce droit aux réserves se traduit tout particulièrement dans les sociétés anonymes par le droit préférentiel de souscription dont disposent les actionnaires lors d'une augmentation de capital, ou encore par la prime d'émission qui augmente le prix des actions nouvelles[2].

446 **Droit aux boni de liquidation.** À la dissolution de la société, lorsque le passif est réglé et l'actif réalisé, chaque actionnaire reçoit une

1. V. R. Gaudet, « Paiement de dividendes en actions de priorité : un outil de transmission d'entreprise progressif et efficace », *Dr et patr.* juin 1997. 35.
2. V. ss 620.

part égale au nominal de l'action. Quant au boni de liquidation, il est réparti entre les actionnaires dans les mêmes proportions que leur participation au capital social, sauf clause contraire des statuts (C. com., art. L. 237-29).

447 **Droit de rester actionnaire.** Tout comme l'associé, l'actionnaire a le droit de rester actionnaire. Il ne peut être exclu de la société par les dirigeants ou par une décision de l'assemblée générale.

448 **Exceptions.** Toutefois, dans certains cas une exclusion peut être prévue par la loi. L'exclusion peut se justifier soit comme la sanction d'une faute, soit pour les besoins de la vie sociale. Peut ainsi être exclu de la société, l'actionnaire qui n'aura pas libéré ses actions et qui s'expose dès lors à la procédure d'exécution en bourse (C. com., art. L. 228-27), ou celui qui n'a pas présenté ses actions dans une opération d'échange, de regroupement ou de conversion de ses titres (C. com., art. L. 228-6), ou encore celui qui n'a pas inscrit ses titres en comptes dans le cadre de la dématérialisation des valeurs mobilières.

En outre, en cas de réduction de capital social, les actionnaires qui ne possèdent pas le nombre minimum d'actions anciennes pour obtenir une action nouvelle doivent soit accepter d'augmenter leurs engagements dans la société, soit en être exclus[1]. D'autres raisons d'ordre pratique peuvent justifier l'exclusion de certains actionnaires, comme les décisions de nationalisation. Néanmoins ces décisions doivent s'accompagner d'une indemnisation juste et préalable.

449 **Sanction.** En dehors des hypothèses légales, qui restent exceptionnelles, toute mesure qui aboutirait à l'exclusion d'un actionnaire devrait être annulée. Reste l'hypothèse d'une clause statutaire d'exclusion à laquelle la Cour de cassation ne paraît pas hostile[2].

450 **Droit de négocier ses actions.** L'actionnaire a le droit, comme tout associé, de céder ses titres. Cette cession est facilitée dans la mesure où les actions sont des titres négociables. Mais la loi peut déclarer inaliénables certaines actions, ainsi que certaines conventions.

1. V. ss 627.
2. V. ss 161.

451 **Les dérogations légales.** C'est le cas des actions attribuées aux salariés au titre de la participation aux résultats de l'entreprise (ord. 21 oct. 1986), ainsi que des actions souscrites ou achetées par le personnel dans le cadre de l'actionnariat des salariés (C. com., art. L. 225-194). Une inaliénabilité conventionnelle peut être prévue, mais elle doit être temporaire et justifiée par un intérêt social sérieux et légitime (C. civ., art. 900-1).

En outre, il est possible d'apporter des restrictions conventionnelles à la libre négociabilité des actions.

452 **Les restrictions conventionnelles.** Ces restrictions permettent de réintroduire un certain *intuitu personae* dans les sociétés anonymes. Soit les fondateurs jugent souhaitable de se préserver contre l'intrusion de tiers dans une société à caractère familial marqué, et choisissent d'insérer une clause d'agrément dans les statuts. Le principe de libre négociabilité trouve alors sa limite dans la volonté de contrôler certains actionnaires. La jurisprudence a admis de telles restrictions au droit de négociation des actions, mais à des conditions strictes qui en limitent le domaine et selon la procédure rigoureuse prévue pour les cessions de parts sociales. Soit les actionnaires veulent maintenir un équilibre entre les groupes existants et choisissent d'insérer une clause de préemption. Soit encore ces clauses figurent dans des actes extra-statutaires. Autant d'opérations qui soulèvent la question de leur valeur et de leur portée juridiques.

453 **Les clauses d'agrément, principe.** Dans les sociétés dont les titres de capital ne sont pas admis aux négociations sur un marché réglementé, la cession de titres de capital ou de valeurs mobilières donnant accès au capital peut être soumise à agrément (C. com., art. L. 228-23). Selon ces clauses, la cession d'une action n'est possible qu'après agrément accordé par l'organe habilité à statuer sur une telle demande (le plus souvent, compétence est donnée au conseil d'administration, ou de surveillance, plus rarement à l'assemblée générale). Il revient aux statuts de soumettre à agrément certaines cessions d'actions[1]. Mais certaines conditions doivent être remplies.

1. V. R. Roblot, « L'agrément de nouveaux actionnaires », in *Mélanges Bastian*, Librairies techniques, 1974, t. 1, p. 283 ; G. Mazet, « Les clauses statutaires d'agrément », in *Stabilité du pouvoir et du capital*

454 **Les clauses d'agrément, conditions et portée.** Les actions doivent revêtir impérativement la forme nominative (C. com., art. L. 228-23, al. 2). Le domaine de ces clauses est limité. Elles s'appliquent aux cessions à la suite de vente, d'échange, de donation, d'apport isolé, mais ne s'appliquent pas, sauf clause statutaire contraire, en cas de fusion ou de scission[1]. La clause suppose une négociation de l'action : elle ne peut donc s'appliquer lorsque la société passe sous le contrôle d'un groupe concurrent, opération dans laquelle la société propriétaire conserve sa personnalité morale[2]. Aucun agrément ne peut être exigé pour une transmission successorale, une liquidation du régime matrimonial ou encore pour les cessions intervenant entre époux ou faites à un ascendant ou à un descendant (C. com., art. L. 228-23, al. 3), mais elle peut désormais concerner les cessions entre actionnaires[3]. L'agrément lui-même doit être pur et simple, de sorte que les conditions posées par l'organe social habilité à autoriser la cession sont réputées non écrites[4]. Toute cession effectuée en violation d'une clause d'agrément figurant dans les statuts est nulle (al. 5).

La procédure prévue pour cet agrément est comparable à celle retenue pour les autres formes de société[5] ; Notamment, le cédant peut à tout moment renoncer à la cession de ses titres (C. com., art. L. 228-24, al. 2).

455 **Les clauses de préemption.** Les statuts de certaines sociétés anonymes comportent une clause aux termes de laquelle tout actionnaire désirant céder ses actions doit, par priorité, proposer aux autres actionnaires ou à certains d'entre eux la cession de ses titres[6]. À la différence de la clause d'agrément, une telle clause n'est pas soumise à la décision des organes sociaux et concerne seulement les rapports entre les actionnaires. Ces clauses ne sont

dans les sociétés par actions, actes du colloque de l'Association Droit et Commerce, 1990, *RJ com.*, n° spéc. 66.

1. Pour les difficultés d'interprétation de ces clauses, v. ss 233.
2. Com. 19 avr. 1972, *D.* 1972. 538, note D. Schmidt.
3. *Contra* Com. 10 mars 1976, *Rev. sociétés* 1976. 332, note J. Hemard, *D.* 1977. 455, note J.-Cl. Bousquet, *JCP* 1976. II. 18406, note Rabut.
4. Com. 17 janv. 2012, *D.* 2012. 719, note J. Moury.
5. V. ss 166 et 336.
6. G. Parléani, « Les pactes d'actionnaires », *Rev. sociétés* 1991. 1 ; A. Gaudemet, « La portée des pactes de préférence ou de préemption sur des titres de société », *Rev. sociétés* 2011. 139.

pas prévues par les textes. Leur validité semble être admise par la jurisprudence, dès lors que la clause ne constitue pas une clause d'agrément déguisée et ne porte pas atteinte au principe de négociabilité des actions[1]. La Cour de cassation adopte ainsi une interprétation stricte de ces clauses[2]. En outre, le droit de préemption ne peut s'exercer en cas de succession, liquidation de communauté de biens entre époux, cession à un conjoint, ascendant ou descendant.

En pratique, elle permet de conserver l'égalité prévue entre actionnaires, et est particulièrement utile lorsque plusieurs sociétés ont des filiales communes.

456 **Accords extra-statutaires de préemption.** Les tribunaux ont admis la validité de tels accords[3], de même que, plus largement, la formation de pactes extra-statutaires entre actionnaires. Mais leur portée est longtemps restée réduite : la violation de tels accords n'entraînant pas la nullité de la vente à un tiers, seuls des dommages-intérêts étaient dus (C. civ., art. 1142). Ce n'est que dans l'hypothèse où il y avait eu collusion frauduleuse entre les parties à la vente que l'acte pouvait être annulé[4]. Une évolution jurisprudentielle se dessine, plus favorable, semble-t-il, à assurer l'efficacité des pactes.

> **Les Pactes d'actionnaires**
> En dehors des stipulations statutaires, la pratique relève l'existence de conventions extra-statutaires dont l'atout majeur est de préserver la confidentialité[5]. Leur objet est divers : convenir d'une obligation de non-concurrence, organiser le pouvoir au sein d'un groupe de sociétés, éviter le rachat d'un

1. Com. 25 févr. 1994, *Bull. Joly* 1994. 508, n° 152, obs. D. Velardocchio ; *adde*, M. Jeantin, « Les clauses de préemption statutaires entre les actionnaires », *JCP E* 1991. I. 49.
2. Par exemple, une clause de préférence, prévoyant que le bénéficiaire sera informé de l'indication du prix offert, des conditions générales de la vente projetée et se verra remettre la copie de la promesse de vente, n'est pas applicable à un apport en société : 3e civ. 15 janv. 2015 *Bull. Joly* 2015, 200, note Th. Massart.
3. W. Le Bras, « La validité des clauses de préemption dans les conventions extra-statutaires », *Bull. Joly* 1986. 665 ; v., toutefois, en pratique, ss 164.
4. Com. 7 mars 1989, affaire *Schwich, JCP E* 1989. II. 15617, concl. M. Jeol, note Y. Reinhard ; *contra*, Civ. 3e, 30 avr. 1997, *D.* 1997. 475, note D. Mazeaud ; *adde*, C. Atias, *D.* 1998. Chron. 203 et 15517, obs. A. Viandier et J.-J. Caussain ; *RTD civ.* 1990. 70, n° 7, obs. J. Mestre.
5. Pour la divulgation fautive d'un pacte d'actionnaires à un tiers, engageant la responsabilité contractuelle de la société signataire et la responsabilité de sa filiale non signataire envers l'actionnaire partie au pacte, v. CA Paris, 3 juin 2014, n° 12/21265, *Bull. Joly* 2014, p. 702, note S. Messaï-Bahri.

centre de distribution par une enseigne concurrente[1], intéresser un salarié au capital social[2], limiter l'entrée de nouveaux actionnaires dans la société ou à l'inverse organiser la sortie d'anciens actionnaires[3]. Les pactes relatifs à l'entrée ou à la sortie font le plus souvent appel à des formules juridiques classiques : agrément, promesse d'achat ou de vente, pacte de préférence[4], promesse de porte-fort, lettres d'intention, clauses pénales, astreintes conventionnelles... Lorsque les formules juridiques sont plus originales, la validité de ces pactes peut être incertaine, de même que leur efficacité mise en cause. La casuistique est donc la règle en la matière.

Récemment, la Cour de cassation a jugé que l'actionnaire tenu d'une clause de non-concurrence insérée dans un pacte d'actionnaire devait se voir accorder la même protection qu'un salarié. La clause doit donc, pour être licite, répondre à quatre critères : être indispensable à la protection des intérêts légitimes de l'entreprise, limitée dans le temps et dans l'espace, tenir compte des spécificités des fonctions exercées par le débiteur et comporter l'obligation pour la société de verser à ce dernier une contrepartie financière, ces conditions étant cumulatives[5].

Quant à l'efficacité des pactes extra-statutaires, la jurisprudence a longtemps eu tendance à invoquer l'ancien article 1142 du Code civil pour faire obstacle à l'exécution en nature, et à réparer par des dommages et intérêts le préjudice causé par la violation du pacte. La Cour de cassation a depuis admis, à propos d'un pacte de préférence, que la sanction de sa violation soit la substitution du bénéficiaire du pacte au tiers acquéreur. Les conditions de cette substitution étaient particulièrement sévères, car la Cour exigeait la preuve que l'acheteur connaissait l'existence du pacte et que le bénéficiaire avait

1. Les associés minoritaires également membres d'un réseau de distribution bénéficient ainsi d'une préférence de rachat des titres détenus par les exploitants d'un centre de distribution : v. D. Mainguy, « Autopsie d'un puzzle juridique (les montages contractuels et sociétaires de la grande distribution à l'épreuve de la jurisprudence récente) », *Écrits rédigés en l'honneur de Jacques Foyer*, 2008, Economica, 655 s.

2. Ces pactes comportent souvent une clause dite de « *bad leaver* », prévoyant que le salarié devra céder toutes ses actions en cas de perte de la qualité de salarié pour quelque raison que ce soit. Ils ont été validés par la jurisprudence : Com. 3 fév. 2015, n° 13-28164, *Bull. Joly*, avr. 2015, 188, note S. Schiller ; Com. 17 juin 2016, n° 14-17978 (cas particulier d'actions attribuées gratuitement au titre de l'intéressement).

3. On peut ainsi citer la clause de sortie conjointe (*tag along*), la clause d'entraînement ou de rachat forcé (*drag along*), la clause de retrait et la clause d'introduction en bourse : v. G. Gaede, V^is « Pactes d'actionnaires », Répertoire Sociétés Dalloz ; S. Messaï-Bahri, « Pactes d'actionnaires », Joly Sociétés, EP 010, n° 190 s.

4. Le pacte de préférence est désormais défini par le Code civil dans son nouvel article 1123 comme « le contrat par lequel une partie s'engage à proposer prioritairement à son bénéficiaire de traiter avec lui pour le cas où elle déciderait de contracter ». Un tel pacte offre à son bénéficiaire un droit de préférence, indépendamment du prix auquel cette préférence s'exercera. Si le pacte peut contenir une clause de fixation du prix d'exercice, celle-ci est nulle lorsqu'elle prévoit la désignation d'un tiers expert pour procéder à cette fixation alors qu'elle fixe des directives insuffisamment précises à cette fin : Com. 5 janv. 2016, n° 14-19584, *Bull. Joly*, juin 2016, 325, note E. Schlumberger.

5. Com. 15 mars 2011, n° 10-13.824, *D.* 2011. 923, obs. B. Ines et 1261, note Y. Picod ; comp. Soc. 10 juill. 2002, *D.* 2002. 2491, note Y. Serra. On notera que l'actionnaire, en l'espèce, était un salarié de l'entreprise, ce qui peut limiter la portée de l'arrêt. L'impact pratique n'en est pas moins important, en raison du développement de l'actionnariat salarié (v. ss 609).

l'intention de s'en prévaloir[1]. Mais le juge se montra relativement souple dans l'établissement de la preuve. Il a été jugé que « l'urgence n'est pas une condition requise pour que soient ordonnées sur requête des mesures d'instruction sur le fondement de l'art. 145 C. pr. civ. »[2]. Désormais, donc, la substitution du bénéficiaire du pacte au tiers, c'est-à-dire l'exécution forcée du pacte, est admise dans l'hypothèse où la collusion frauduleuse du tiers acquéreur est caractérisée. Le nouvel article 1221 du Code civil, qui prévoit le régime de l'exécution forcée par le débiteur, devrait renforcer la tendance à l'exécution forcée des pactes d'actionnaires, sous réserve de la nouvelle limite imposée par le texte d'une « disproportion manifeste entre le coût pour le débiteur et l'intérêt pour le créancier ». Cette solution efficace devrait permettre au créancier d'obtenir son dû, sauf lorsqu'il n'en retirerait pas un profit[3]. Sous l'empire de l'ancien article 1142 du Code civil, la jurisprudence admettait la possibilité pour les parties de renoncer à l'exécution forcée[4], solution qui ne semble pas devoir être remise en cause depuis la réforme du Code civil par l'ordonnance du 10 février 2016.

457 **Droit de se grouper en associations d'actionnaires dans les sociétés cotées.** Dans les sociétés dont les actions sont admises aux négociations sur un marché réglementé, les actionnaires justifiant d'une inscription nominative depuis au moins deux ans et détenant ensemble au moins 5 % des droits de vote peuvent se regrouper en associations destinées à représenter leurs intérêts au sein de la société. Lorsque le capital de la société est supérieur à 750 000 euros, la part des droits de vote à représenter est réduite. Ces associations d'actionnaires de sociétés cotées doivent avoir communiqué leur statut à la société et à l'AMF (C. com., art. L. 225-120, I). La publicité des statuts de l'association n'a pas uniquement pour objet de porter l'existence de l'association à la connaissance de la société et de l'AMF. Cette formalité est aussi une condition d'exercice par l'association de ses pouvoirs.

458 **Les pouvoirs conférés aux associations d'actionnaires de sociétés cotées.** Les associations qui remplissent les conditions fixées par

1. Ch. mixte 26 mai 2006, *JCP* 2006. II. 1002, note L. Leveneur, *JCP* 2006. I. 176, obs. J. Ghestin : *Bull. Joly* 2006. 1072, note H. Le Nabasque ; comp. la violation d'une promesse unilatérale de vente : Civ. 3e, 11 mai 2011, n° 10-12.875, *D.* 2011. 1457, note D. Mazeaud ; *JCP E* 2011. 38, note Y. Paclot ; solution transposée à une promesse unilatérale de cession d'actions, Com. 13 sept. 2011, n° 10-19526, *D.* 2012. 130, note A. Gaudemet ; *adde* dir. F.-X. Lucas, « L'effectivité des pactes d'actionnaires », *Bull. Joly* 2011, Dossier 278 ; S. Schiller, « Pactes d'actionnaires », *Rép. Soc. Dalloz* ; N. Rontchevsky *et alii*, « L'inexécution des pactes d'actionnaires », *Actes prat.* nov.-déc. 2011, n° 120.
2. Com. 8 déc. 2009, *Rev. sociétés* 2010. 158, J.-F. Barbièri.
3. Cette hypothèse devrait rester peu fréquente en droit des sociétés.
4. Civ. 3e, 27 mars 2008, n° 07-11721, *Bull. Joly*, nov. 2008, p. 852, note R. Libchaber.

la loi peuvent exercer certains pouvoirs pour faciliter la représentation de petits actionnaires éprouvant des difficultés à faire valoir leurs droits. Elles peuvent demander l'inscription de projets de résolutions à l'ordre du jour (C. com., art. L. 225-105). Elles ont également la faculté de demander la nomination d'un mandataire *ad hoc* chargé de convoquer une assemblée générale (C. com., art. L. 225-103, II, 2° [1]). Elles peuvent par ailleurs s'informer sur la gestion en posant des questions écrites sur « tout fait de nature à compromettre la continuité de l'exploitation » et participer ainsi à la mise en place d'une procédure d'expertise judiciaire (C. com., art. L. 225-232).

Les associations d'actionnaires ont en outre la faculté de demander en justice la récusation pour juste motif des commissaires aux comptes (C. com., art. L. 225-230), ou leur relèvement pour empêchement ou faute grave [2] (C. com., art. L. 225-233). Elles ont également la possibilité d'exercer l'action en responsabilité sociale contre les administrateurs fautifs (C. com., art. L. 225-252).

Depuis la loi du 1er août 2003, ces associations bénéficient en outre des droits des associations d'investisseurs, sous réserve de quelques différences concernant la demande de mandats pour la réparation de préjudices individuels.

459 **Les associations d'investisseurs.** L'objet de ces associations d'investisseurs, créées par la loi du 5 janvier 1988, est la défense des intérêts des détenteurs de valeurs mobilières ou de produits financiers quels qu'ils soient, sans égard au caractère coté ou non de la société (C. mon. fin., art. L. 452-1).

De telles associations doivent être déclarées et avoir pour objet statutaire explicite la défense des investisseurs. Elles doivent être agréées (C. mon. fin., art. D. 452-1) [3].

1. Malgré le silence du texte, le juge saisi d'une telle demande doit vérifier si elle est légitime, c'est-à-dire conforme à l'intérêt social (et non pas uniquement faite dans le seul intérêt des demandeurs) : Colmar, 24 sept. 1975, *D.* 1976, note Y. Guyon ; Paris, 10 avr. 1989, *Rev. Soc.* 485, note Forschbach ; Paris, 17 déc. 2020, n° 20/14832 (non publié). En revanche, l'urgence n'est pas nécessaire.
2. Sur les conditions de l'action en relèvement, v. ss 183.
3. Les associations d'actionnaires sont assimilées à des associations d'investisseurs si elles ont communiqué leurs statuts à l'AMF, sans avoir à être agréées.

Lorsqu'elles sont agréées, les associations d'investisseurs peuvent agir en justice devant toutes les juridictions même par voie de constitution de partie civile, relativement aux faits portant un préjudice direct ou indirect à l'intérêt collectif des investisseurs ou de certaines catégories d'entre eux. Lorsqu'une pratique contraire aux dispositions législatives ou réglementaires est de nature à porter atteinte aux droits des épargnants, les associations d'investisseurs peuvent demander en justice qu'il soit ordonné à la personne qui en est responsable de se conformer à ces dispositions, de mettre fin à l'irrégularité ou d'en supprimer les effets. La demande est portée devant le président du tribunal de grande instance du siège social de la société en cause (C. mon. fin., art. L. 452-1, al. 4)

La loi du 8 août 1994 a accordé de nouveaux droits à ces associations, notamment, l'action en représentation conjointe calquée sur l'action du même nom reconnue aux associations de consommateurs en 1992. Les associations d'investisseurs peuvent agir au nom et pour le compte de plusieurs investisseurs, personnes physiques, identifiés ayant subi un préjudice « causé par le fait d'une même personne » (C. mon. fin., art. L. 452-2). Pour pouvoir agir, l'association doit être mandatée par au moins « deux investisseurs concernés » et ce mandat doit être écrit et spécial. Il ne peut pas être sollicité par voie d'appel public télévisé ou radiophonique, par affichage, tract ou lettre personnalisée. Seule la voie de la presse est ouverte ainsi que l'avis de recherche de l'association, ce qui limite les capacités de sollicitation. Toutefois, lorsqu'une association agréée agit en réparation devant les juridictions civiles ou commerciales, le président du tribunal compétent peut, par ordonnance de référé, l'autoriser à solliciter des actionnaires un mandat pour agir en leur nom en ayant recours, à ses frais, aux différents moyens de publicités déjà mentionnés (C. mon. fin., art. L. 452-2, al. 3, réd. L. 1er août 2003)[1].

1. L. Bore, « L'action en représentation conjointe : *class action* française ou action mort-née ? », *D.* 1995. Chron. 267, n° 8. Cette action, relativement lourde à mettre en œuvre, n'a jamais été exercée par une association d'investisseur, à laquelle lui est préférée l'action en défense de l'intérêt collectif.

3. Titres conférant des droits égaux

460 **Principe.** En principe, toutes les actions d'une société représentent la même fraction du capital social. De là le principe d'égalité entre actionnaires.

Les droits attachés à la propriété des actions sont égaux : chaque action donne, en principe, le même droit sur les bénéfices sociaux et est assortie d'un droit de vote. En découle un principe fondamental du droit des sociétés par actions, celui de l'égalité des actionnaires[1]. Ses applications sont diverses. La loi pose ponctuellement, notamment en cas de réduction de capital, qu'il ne peut jamais être porté atteinte à l'égalité des actionnaires. Ce principe a inspiré l'action de l'autorité de marché à l'égard des sociétés qui faisaient appel public à l'épargne[2]. Il revient aux commissaires aux comptes de s'assurer que l'égalité a bien été respectée entre les actionnaires (C. com., art. L. 225-235).

Toutefois, le principe d'égalité des actionnaires n'est pas d'ordre public et les statuts peuvent l'écarter, dans une certaine mesure, par la création d'actions spéciales.

461 **Dérogations.** L'inégalité a souvent été le fruit de pratiques, consacrées par la suite par la loi. Elle a pu prendre des formes diverses et correspondre à des prérogatives pécuniaires plus étendues pour telle catégorie d'actions ou consister en une contrepartie à la suspension de droit de vote. Avant 2004, le législateur a consacré partiellement cette inégalité par la création d'actions de priorité, de certificats d'investissement, ou encore d'actions à vote double[3]. Si ces dernières ont été préservées, l'ordonnance du 24 juin 2004 supprime les premières en leur substituant les actions de préférence, soumises à un régime unique.

1. J.-M. Moulin, *Le principe d'égalité dans les sociétés anonymes*, thèse Paris V, 1999 ; *L'égalité des actionnaires, mythe ou réalité ?*, Entretiens de Nanterre, 1994, *JCP E* 1994. 5 ; J. Mestre, « L'égalité en droit des sociétés (aspects de droit privé) », *Rev. sociétés* 1989. 399.

2. Ainsi sont réglementées par cette autorité la protection des actionnaires minoritaires, la transparence des marchés, les offres publiques ou encore l'utilisation abusive d'informations privilégiées.

3. V. ss 441.

B. Les actions de préférence

462 **Définition.** L'article L. 228-11 issu de l'ordonnance du 24 juin 2004 connaît un très grand succès pratique. Il dispose que *lors de la constitution de la société ou au cours de son existence, il peut être créé des actions de préférence, avec ou sans droit de vote, assorties de droits particuliers de toute nature, à titre temporaire ou permanent.* Ce texte supprime à terme les régimes particuliers d'actions et vise à unifier le régime des actions autres qu'ordinaires en un régime général des actions de préférence.

463 **Extinction des actions de priorité et des actions à dividende prioritaire sans droit de vote.** Les actions de priorité pouvaient bénéficier d'un droit à un dividende ou à un *boni* de liquidation « préciputaire », c'est-à-dire versé par priorité à leurs porteurs au détriment des actionnaires ordinaires ; en un droit à un dividende cumulatif : en cas d'insuffisance des bénéfices de l'exercice clos, un prélèvement était effectué par priorité sur les bénéfices ultérieurs ; enfin une part supérieure dans le *boni* de liquidation pouvait être versée, tous ces avantages étant cumulables.

Il pouvait être légalement porté atteinte au droit de vote par création d'actions à dividende prioritaire sans droit de vote, qui formaient une catégorie d'actions de priorité. Cette catégorie d'actions était soumise à un régime juridique strictement défini par des dispositions aujourd'hui abrogées. En contrepartie d'avantages financiers, ces actions étaient privées du droit de participer aux assemblées générales et d'y voter.

464 **Extinction des certificats d'investissement.** Les certificats d'investissement résultaient d'un démembrement de l'action. Leur émission était strictement encadrée. Titres négociables, ils étaient représentatifs des droits pécuniaires attachés aux actions et donnaient accès aux documents sociaux dans les mêmes conditions que pour les actionnaires (C. com., art. L. 225-32). En revanche, ils ne bénéficiaient pas des autres droits attachés à l'action, et notamment du droit de vote.

465 **Émission d'actions de préférence.** Les actions de préférence peuvent être émises lors de la constitution de la société ou au cours de son existence, *avec ou sans droit de vote, assorties de droits parti-*

culiers de toute nature, à titre temporaire ou permanent. Ces droits sont définis par les statuts. Désormais, pour les sociétés dont les actions sont admises aux négociations sur un marché réglementé ou sur un système multilatéral de négociation (et uniquement pour ces sociétés), ces droits doivent respecter le principe de proportionnalité tel qu'énoncé aux articles L. 225-122 à L. 225-125[1]. Depuis la loi *PACTE*, en effet, le renvoi à ces articles interdisant l'émission d'actions assorties de droits de vote multiple ne s'impose plus aux sociétés non cotées, ce qui permet à l'avenir aux SA et SCA non cotées, de même qu'aux SAS[2], d'émettre des actions de préférence assorties de droit de vote multiple. Il est précisé que le droit de vote peut être aménagé pour un délai déterminé ou déterminable. Il peut être suspendu pour une durée déterminée ou déterminable ou supprimé.

Le seuil de représentation de ces titres dans le capital social est de la moitié dans les sociétés dont les actions n'en sont pas admises aux négociations sur un marché réglementé et du quart pour celles dont les actions y sont admises. La violation de cette règle est sanctionnée par une nullité facultative.

466 **Régime des actions de préférence.**

1) Les « avantages ». La préférence accordée aux actions est le plus souvent d'ordre pécuniaire (versement de dividende préférentiel ou préciputaire), mais peut également porter sur des droits non pécuniaires (information financière renforcée, aménagement du droit de vote). Les commentateurs s'accordent sur le fait que les avantages sont limités par l'ordre public des sociétés (prohibition des clauses léonines). Ils sont plus partagés sur la question de savoir si l'action de préférence peut exister avec des droits amoindris et non plus supplémentaires. Conformément à la loi du 4 août 2008[3] réformée par la loi *PACTE*[4], à défaut de précision

1. L'art. L. 225-122 impose de respecter l'égalité « 1 action = 1 voix » et les exceptions à cette règle ne permettent d'accorder à une action pas plus d'un vote double.
2. Avant la loi *PACTE*, il était contesté que l'émission d'actions à droit de vote plural dans les SAS (non interdite alors par la loi) soit intégrée au processus d'émission des actions de préférence. Désormais, ces actions seront sans ambiguïté possible qualifiées d'actions de préférence.
3. H. Le Nabasque, « La réforme des actions de préférence », *JCP E* 2008. 2445.
4. H. Le Nabasque, *in* Dossier « Loi PACTE et droit des sociétés », dir. H. Le Nabasque, *Bull. Joly*, juin 2019, p. 70 s.

expresse des statuts, les actions de préférence auxquelles est attaché un droit limité de participation aux dividendes, aux réserves ou au partage du patrimoine en cas de liquidation, sont privées du droit préférentiel de souscription pour toute augmentation de capital en numéraire (C. com., art. L. 228-11, al. 5). Cette possibilité de supprimer le droit préférentiel de souscription de certaines actions de préférence auxquelles est attaché un droit limité de participation aux dividendes, aux réserves ou au boni de liquidation semble asseoir une conception éventuellement négative de la préférence. Les actions de préférence pourraient dès lors conférer des droits inférieurs aux actions ordinaires.

2) La procédure. La création de ces actions donne lieu à l'application des règles relatives aux avantages particuliers (C. com., art. L. 228-15[1]) lorsque les actions sont émises au profit d'une ou plusieurs personnes nommément désignées. Dans ce cas, le commissaire aux apports prévu par ces articles est un commissaire aux comptes n'ayant pas réalisé depuis cinq ans et ne réalisant pas de mission au sein de la société

467 **Assemblées spéciales.** Les porteurs d'actions de préférence sont constitués en assemblées spéciales et ont la faculté de donner mission au commissaire aux comptes d'établir un rapport spécial sur « le respect par la société des droits particuliers attachés aux actions de préférence » (C. com., art. L. 228-19).

468 **Rachat, conversion des actions de préférence.** Certaines actions de préférence sont stipulées rachetables et obéissent à des règles spécifiques[2]. Pour les actions qui ne sont pas stipulées rachetables, elles le sont selon les conditions de droit commun. Les opérations de rachat et de conversion de ces actions sont soit prévues dans les statuts soit, en principe, décidées par l'assemblée générale extraordinaire au vu d'un rapport spécial des commissaires aux comptes, sauf délégation de ce pouvoir au conseil d'administration (ou au directoire) voire subdélégation au directeur général

1. Le texte renvoie not. aux art. L. 225-8 et L. 225-10 du C. com., siège du contrôle des avantages particuliers, aux termes desquels la personne nommément désignée ne peut prendre part au vote et ses actions ne sont pas prises en compte pour le calcul de la majorité.
2. Sur la réforme du rachat des actions de préférence opérée par l'ordonnance n° 2004-604 du 24 juin 2004, v. *Dr. sociétés*, 2014, comm. 146, obs. D. Gallois-Cochet ; H. Le Nabasque, *in* Dossier préc..

(ou du président du directoire) (art. L. 228-12, L. 228-14 et L. 228-20). En revanche, seules les assemblées générales extraordinaires sont compétentes pour décider de l'émission d'actions de préférence au sein d'un groupe[1].

469 **Fusion-scission.** En cas de fusion ou de scission, les actions de préférence peuvent être échangées contre des actions des sociétés bénéficiaires du transfert du patrimoine comportant des droits particuliers équivalents (art. L. 228-17).

Sous réserve de l'interprétation de ces textes, le régime des actions de préférence apparaît donc très souple, seule l'émission d'actions comportant droit de vote multiple restant interdite.

§ 2. Les obligations

470 **Définition.** Les obligations, apparues dans la seconde moitié du XIXe siècle, ont joué un rôle important dans le financement de l'économie. Il s'agit de titres négociables constatant une créance sur la société. Elles confèrent à leurs titulaires, les obligataires, les mêmes droits de créance pour une même valeur nominale (C. com., art. L. 228-38). Les porteurs d'obligations sont des prêteurs qui, n'ayant pas la qualité d'associés, ne participent pas à la gestion de la société. L'avantage pour la société de recourir à l'emprunt obligataire est qu'il n'entraîne aucune perturbation dans la répartition du capital ou le partage des bénéfices. Toutefois, en s'endettant, la société devient débitrice des remboursements : elle doit chaque année, bénéficiaire ou déficitaire, assurer le service de l'emprunt. Quant à l'obligataire, s'il a l'avantage sur l'actionnaire d'être assuré qu'il recevra annuellement un intérêt, ainsi que le remboursement de son prêt à échéance, son placement peut s'avérer peu intéressant en période de hausse des taux et ne donne droit qu'au remboursement de la valeur nominale du titre.

471 **Distinctions.** Les obligations représentent un droit de créance différent des actions. Alors que la créance de l'actionnaire est commer-

1. La préférence peut consister à exercer des droits particuliers indistinctement dans une filiale ou, inversement, dans la société mère du groupe (C. com., art. L. 228-13 nouv.).

ciale, la créance de l'obligataire est civile. Le premier perçoit un dividende tandis que le second a droit à un remboursement de son obligation. La créance est représentée par un titre négociable ayant les caractéristiques des valeurs mobilières. Les obligations sont nominatives ou, éventuellement si la société est cotée, au porteur.

472 **Variété d'obligations.** La pratique a permis de créer une grande variété d'obligations afin de les rendre plus attrayantes pour le public. Cette diversité peut affecter le montant de la créance (obligations à prime d'émission, obligations participantes dépendant de la marche de l'entreprise), son mode de calcul (obligations à revenu variable, obligations indexées), ou encore l'échéance de remboursement du coupon (annuel, unique – en fin d'emprunt –, ou « coupon zéro »).

473 **Plan.** Le régime des obligations de type classique est décrit dans le Code de commerce, de l'article L. 228-38 à L. 228-90. L'analyse portera successivement sur l'emprunt obligataire (**A**), les droits des obligataires (**B**), la masse des obligataires (**C**).

A. L'emprunt obligataire

474 **Conditions d'émission de l'emprunt.** Pour émettre des obligations, la société doit avoir deux années d'existence et doit avoir établi deux bilans régulièrement approuvés par l'assemblée d'actionnaires (C. com., art. L. 228-39) ou, si cette dernière condition n'est pas remplie, après vérification de l'actif et du passif par un commissaire aux comptes. En outre, le capital de la société émettrice doit être entièrement libéré. Cette condition est néanmoins écartée au cas d'émission d'obligations destinées à être attribuées aux salariés au titre de la participation aux fruits de l'entreprise.

475 **Décision d'émission.** Le conseil d'administration, le directoire, le ou les gérants (de SARL) ont qualité pour décider ou autoriser l'émission d'obligations, sauf si les statuts réservent ce pouvoir à l'assemblée générale ou si celle-ci décide de l'exercer (C. com., art. L. 228-40 mod.). Le conseil d'administration (ou le directoire) peut quant à lui déléguer les pouvoirs nécessaires pour réaliser, dans le délai d'un an, l'émission d'obligation et en arrêter les

modalités. Les délégataires sont un ou plusieurs membres du conseil d'administration, le directeur général ou, en accord avec ce dernier, un ou plusieurs directeurs généraux délégués (ou le président du directoire et, avec l'accord de celui-ci, un ou plusieurs de ses membres). Dans les établissements de crédit la délégation porte sur toute personne du choix du délégant. Les personnes désignées rendent compte au conseil d'administration (ou au directoire) dans les conditions déterminées par ces organes (C. com., art. L. 228-40 mod.)

476 **Réalisation de l'emprunt.** Le montant de l'emprunt, ainsi que la valeur nominale des obligations sont fixés librement par la société émettrice. Aucune autorisation administrative n'est requise. Seule une notice d'information, revêtue du visa de l'AMF et insérée au *BALO*, est exigée des sociétés cotées. Souvent, l'emprunt est émis au-dessus du pair et la valeur de remboursement est supérieure à la valeur nominale. La différence entre le prix d'émission et le prix remboursé constitue la prime de remboursement.

La totalité de l'emprunt doit être souscrite, mais en pratique la société émettrice peut souscrire ses propres obligations pour les annuler ensuite. L'émetteur pourra ainsi prévoir un droit à réduction du montant de l'émission à hauteur du montant souscrit.

B. Les droits des obligataires

477 **Droit au paiement de l'intérêt.** L'obligataire, en tant que créancier de la société, a droit au paiement de l'intérêt. L'intérêt est librement déterminé au moment de l'émission. Il est le plus souvent un intérêt fixe. Dans le cas d'une émission d'obligations participantes, la société s'engage à payer aux obligataires, au lieu d'un intérêt fixe ou en même temps que lui, une somme calculée en fonction des bénéfices[1]. La situation de l'obligataire se rapproche alors de celle de l'actionnaire. Le revenu qui est payé à l'obligataire peut également être calculé sur le chiffre d'affaires et les obligations sont alors dites à revenu indexé. La pratique a recours aussi à l'émis-

1. L'épargnant voit ses revenus obligataires varier en fonction des résultats de l'entreprise. La part d'intérêt est fixe, mais le supplément de revenu obligataire est fonction d'éléments déterminés.

sion d'emprunts à taux variable ou à taux révisable. Le paiement est fait au siège social ou par les banques désignées par la société. Les intérêts non réclamés sont prescrits au bout de cinq ans, la prescription ne bénéficiant pas à la société, mais à l'État. La modification du taux d'intérêt en cours d'émission ne peut être décidée que moyennant l'accord de l'assemblée extraordinaire des obligataires. Parfois, par une clause *pari passu*, la société s'engage à l'égard des premiers obligataires à leur accorder les mêmes conditions que celles qui seront offertes aux emprunts ultérieurs. Mais l'obligataire, en tant que créancier de la société, n'a pas seulement droit au paiement de l'intérêt, il a aussi droit au remboursement du capital.

478 **Droit au remboursement du capital.** Le contrat d'emprunt fixe la date de remboursement, date à laquelle l'obligataire a le droit d'exiger le remboursement du montant nominal de son obligation, le cas échéant augmenté de la prime de remboursement. La société ne peut contraindre les obligataires à recevoir un remboursement anticipé de leur emprunt, sauf stipulation expresse contraire. En général, il est stipulé que les obligations sont remboursées progressivement selon le procédé de l'amortissement. Par un tirage au sort annuel, un certain nombre d'obligations sont remboursées et annulées. Soit la société rembourse un nombre égal d'obligations chaque année, soit elle rembourse une somme par annuités constantes. Un tableau d'amortissement est fixé dès l'émission pour déterminer le nombre d'obligations à amortir chaque année. Lorsque les obligations sont cotées, les sociétés peuvent se réserver la possibilité de procéder à des rachats en bourse de ses propres obligations. L'avantage d'un tel rachat est réel lorsque le cours de bourse des obligations est inférieur au pair ou à la valeur de remboursement.

479 **Obligations spécifiques.** En principe, la société doit rembourser le montant de la valeur nominale de l'obligation. Pour atténuer les inconvénients du nominalisme monétaire, il est possible d'émettre des obligations à prime ou des obligations à lots. Dans le premier cas, l'obligation est remboursée pour une valeur supérieure au prix d'émission. Dans le second, certaines obligations, tirées au sort, bénéficient d'une somme complémentaire de remboursement.

C. La masse des obligataires

480 **L'organisation des obligataires en une « masse ».** Les obligataires qui ont souscrit au même emprunt doivent pouvoir défendre les intérêts qu'ils ont en commun. Cette communauté d'intérêts à se défendre leur permet de se réunir de plein droit en un groupement, la « masse », dotée de la personnalité civile (C. com., art. L. 228-46). La masse comprend tous les obligataires d'une même émission et seulement eux. En cas d'émissions successives d'obligations et si les contrats d'émission le prévoient, la société peut néanmoins grouper en une masse unique les porteurs d'obligations ayant des droits identiques. La masse est dotée par la loi de représentants et d'une assemblée générale.

481 **Les représentants de la masse.** Ils sont au nombre de trois au maximum. Ils sont en principe nommés par l'assemblée générale des obligataires, qui fixe librement la durée de leur fonction et peut également les révoquer. Dans les sociétés cotées, ils peuvent être désignés dans le contrat d'émission. Si la nomination n'est pas intervenue dans le délai prévu par la loi ou en cas d'urgence, ils peuvent être désignés par le président du tribunal de grande instance statuant en référé, à la demande de tout intéressé.

Les représentants de la masse ont le pouvoir d'accomplir au nom de la masse tous les actes de gestion pour la défense des intérêts communs des obligataires, sauf restriction décidée par l'assemblée générale des obligataires (C. com., art. L. 228-53). À ce titre, ils ont seuls qualité, avec l'accord de l'assemblée des obligataires, pour intenter toute action en justice ou pour effectuer tout contrôle sur la société émettrice (C. com., art. L. 225-54). Dès lors, un obligataire ne pourrait agir individuellement, sous peine que son action soit déclarée d'office irrecevable, ou à moins qu'il n'invoque la lésion d'un intérêt personnel. Les représentants de la masse ne peuvent s'immiscer dans la gestion des affaires sociales. Néanmoins, la loi leur reconnaît deux prérogatives essentielles : ils ont le droit d'assister aux assemblées générales d'actionnaires, mais sans voix délibérative ; ils ont le droit d'obtenir communication des documents mis à la disposition des actionnaires dans les mêmes conditions que ceux-ci (C. com., art. L. 228-55 et L. 228-70).

482 **L'assemblée générale des obligataires.** Elle réunit les obligataires d'une même masse en vue de délibérer sur toutes les mesures ayant pour objet d'assurer la défense des intérêts communs, l'exécution de l'emprunt ainsi que sur toutes propositions tendant à le modifier. L'assemblée a également compétence pour statuer sur les incidents graves survenant au cours de la vie sociale lorsque la décision envisagée peut porter atteinte aux droits des obligataires. Les obligataires doivent être consultés pour toute modification de l'objet ou de forme de la société, ainsi que tout projet de fusion ou de scission. De même, l'émission d'un nouvel emprunt obligataire est soumise à l'avis des obligataires. La société n'est pas liée par un refus, mais les obligataires ont alors un droit individuel au remboursement de leurs obligations. L'assemblée des obligataires peut par ailleurs accepter une modification de leurs droits, mais cette décision doit être prise à la majorité des deux tiers des voix (C. com., art. L. 228-65 mod.). L'assemblée se voit en revanche interdire d'accroître les charges ou l'engagement des obligataires, tout au moins sans leur consentement unanime, de décider la conversion d'obligations en actions, d'établir un traitement inégal entre les obligataires d'une même masse. Toute clause contraire serait réputée non écrite.

Les décisions prises à chaque assemblée sont constatées par procès-verbal, signé par les membres du bureau et conservé au siège social dans un registre spécial. Tout obligataire peut voter par correspondance, au moyen d'un formulaire. Pour le calcul du quorum, il n'est tenu compte que des formulaires qui ont été reçus par la société avant la réunion de l'assemblée (C. com., art. L. 228-61 mod.).

§ 3. Les valeurs mobilières donnant accès au capital ou donnant droit à l'attribution de titres de créance

483 **Historique, les valeurs mobilières composées.** À côté des obligations de type classique se sont développées des émissions d'obligations

dites composées parce que permettant à leurs titulaires de devenir actionnaires ou d'acquérir des actions ou des obligations à des conditions préférentielles. Ces titres donnaient droit par conversion en actions (OCA), échange (OEA), remboursement (ORA), présentation d'un bon[1] ou de toute autre manière, à l'attribution, à tout moment ou date fixe, de titres qui, à cet effet, étaient émis en représentation d'une quotité du capital de la société émettrice (C. com., anc. art. L. 228-91). Ces titres complexes étaient composés d'une valeur mobilière émise par une société par actions (action, obligation, certificat d'investissement[2], titre participatif[3]) qui donnaient droit soit à des actions, soit à des certificats d'investissement.

Le législateur était intervenu ponctuellement pour encadrer certaines de ces émissions sans nécessairement interdire la pratique d'émettre d'autres valeurs composées. Dans un souci de simplification et de sécurité juridique, l'ordonnance du 24 juin 2004 étend ces régimes protecteurs à toutes les valeurs mobilières donnant accès au capital ou donnant droit à l'attribution de titres de créance. L'ordonnance n° 2014-863 du 31 juillet 2014 relative au droit des sociétés modifie le régime d'émission de ces valeurs mobilières[4].

484 **Conditions d'émission.** Les sociétés par actions peuvent émettre des valeurs mobilières donnant accès au capital ou donnant droit à l'attribution de titres de créance. Les actionnaires d'une société qui en émet ont, proportionnellement au montant de leurs actions, un droit de préférence à la souscription de ces valeurs mobilières. Le contrat d'émission peut prévoir qu'elles et les titres de capital ou de créances auxquelles ces valeurs donnent droit ne peuvent être cédés et négociés qu'ensemble. Depuis l'ordonnance du 31 juillet 2014, le conseil d'administration, le directoire, le ou les gérants ont qualité pour décider ou autoriser l'émission d'obliga-

1. Notamment les obligations avec bon de souscription d'actions (OBSA).
2. V. ss 464.
3. V. ss 487.
4. V. H. Le Nabasque et A. Pietrancosta, *in* Dossier « Simplification et *sécurisation* de la vie des sociétés par l'ordonnance n° 2014-863 du 31 juillet 2014 », *Bull. Joly* 2014, p. 486.

tions, sauf si les statuts réservent ce pouvoir à l'assemblée générale ou si celle-ci décide de l'exercer (C. com., art. L. 228-40).

En outre, les sociétés par actions peuvent émettre des valeurs mobilières donnant accès au capital d'une société mère ou d'une filiale et, à peine de nullité, l'émission doit être autorisée par l'assemblée générale extraordinaire de toutes les sociétés concernées.

Les titres de capital ne peuvent être convertis ou transformés en valeurs mobilières représentatives de créances. Toute clause contraire est réputée non écrite (C. com., art. L. 228-91).

485 **Conséquences de l'émission.** À dater de l'émission de valeurs mobilières donnant accès au capital, la société appelée à attribuer ces titres ne peut modifier sa forme ou son objet, à moins d'y être autorisée par le contrat d'émission. En outre, elle ne peut ni modifier les règles de répartition de ses bénéfices, ni amortir son capital, mais encore pas davantage créer des actions de préférence entraînant une telle modification ou un tel amortissement, à moins d'y être autorisée par l'assemblée des titulaires de valeurs mobilières donnant accès à terme au capital, et sous réserve de prendre alors les dispositions nécessaires au maintien de leurs droits (C. com., art. L. 225-98). La société appelée à attribuer les titres de capital ou les valeurs mobilières y donnant accès doit également prendre les mesures nécessaires à la protection des intérêts des titulaires des droits ainsi créés si elle décide de procéder à l'émission de nouveaux titres de capital avec droit préférentiel de souscription réservé à ses actionnaires (C. com., art. L. 228-99).

486 **La masse.** Les titulaires de valeurs mobilières donnant accès à terme au capital sont groupés de plein droit, pour la défense de leurs intérêts communs, en une masse qui jouit de la personnalité civile et est soumise aux mêmes dispositions que la masse des obligataires[1].

Les assemblées générales des titulaires de ces valeurs mobilières peuvent autoriser toute modification au contrat d'émission

1. V. ss 480.

et statuer sur toute décision touchant aux conditions de souscription ou d'attribution de titres de capital déterminés au moment de l'émission. Chaque valeur mobilière donnant accès au capital donne droit à une voix.

Les titulaires des valeurs mobilières donnant accès au capital disposent auprès de la société émettrice des titres qu'ils ont vocation à recevoir d'un droit de communication des documents sociaux identique à celui des actionnaires (C. com., art. L. 228-105).

Les représentants de la masse ont accès à l'assemblée générale des actionnaires, sans voix délibérative. Ils ne peuvent en aucune façon s'immiscer dans la gestion des affaires sociales. Ces dispositions sont édictées à peine de nullité.

§ 4. Les titres participatifs

487 **Définition.** Les titres participatifs sont très proches des obligations avec participation aux bénéfices et leur régime est calqué sur celui des obligations. Toutefois, leur particularité est de n'être remboursables, en principe, que lors de la liquidation de la société et après désintéressement de tous les autres créanciers.

488 **L'émission de titres participatifs.** Elle ne peut avoir lieu que dans certains types de sociétés par actions, notamment les sociétés appartenant au secteur public, les établissements publics de l'État à caractère industriel et commercial et les sociétés anonymes coopératives. L'assemblée générale ordinaire des actionnaires a compétence pour décider ou autoriser une telle émission. Mais elle peut déléguer au conseil d'administration (au directoire ou aux gérants) les pouvoirs nécessaires pour pouvoir procéder à l'émission.

489 **Droits des titulaires de titres participatifs.** Comme les obligataires, les titulaires de titres participatifs sont de plein droit groupés en une masse, dotée de la personnalité morale, pour la défense de leurs intérêts communs. Les représentants de la masse assistent aux assemblées d'actionnaires sans voix délibérative. Ils sont consultés sur toutes questions inscrites à l'ordre du jour, à l'excep-

tion de celles relatives à la désignation ou à la révocation des membres des organes sociaux. Les titres participatifs donnent en outre droit à une rémunération qui comprend une partie fixe (au moins 60 % du montant nominal du titre) et une partie variable calculée sur des éléments comptables tels que le chiffre d'affaires ou les bénéfices. Les porteurs de titres participatifs peuvent obtenir communication des documents sociaux dans les mêmes conditions que les actionnaires (C. com., art. L. 228-38). Les titres sont négociables.

490 **Remboursement des titres participatifs.** En principe, les titres participatifs ne sont remboursables qu'en cas de liquidation de la société et au même rang que les actionnaires, c'est-à-dire après désintéressement de tous les autres créanciers sociaux. Cependant une clause de remboursement anticipé peut être prévue dans le contrat d'émission, sans que ce remboursement puisse avoir lieu dans les sept ans qui suivent l'émission. La société peut également racheter en bourse les titres participatifs, soit pour les attribuer aux salariés au titre de la participation aux fruits de l'entreprise, soit en vue d'une régularisation en bourse.

CHAPITRE 3

L'organisation de la société anonyme

491 **Principe de hiérarchie des organes et évolutions.** L'organisation des sociétés anonymes repose initialement sur le principe de hiérarchie des organes sociaux. Comme dans toutes les sociétés, on y retrouve une assemblée générale qui constitue l'organe souverain. Pourtant, les organes d'administration et de gestion se voient reconnaître par le législateur des pouvoirs propres. La Cour de cassation a reconnu que les règles présidant à l'organisation de la société anonyme étaient d'ordre public[1]. Dès lors, un organe, même plus élevé dans la hiérarchie, ne peut se substituer à l'organe d'administration.

Dans l'entreprise individuelle, l'apporteur de capitaux est maître de l'affaire. Entreprise et propriété vont de pair. Dans les grandes sociétés, s'est au contraire opérée une séparation de la propriété et de la fonction d'entrepreneur. Au fur et à mesure que les sociétés anonymes se sont adressées à un nombre plus important d'épargnants, les actionnaires ont manifesté un manque

1. Civ. 4 juin 1946 (*Motte*), *JCP* 1947. II. 3158, note D. Bastian.

d'intérêt pour la gestion de la société[1]. La direction, quant à elle, est concentrée entre les mains d'une minorité qui investit elle-même peu de capitaux dans l'affaire. La règle en vertu de laquelle les risques et les profits doivent échoir à celui qui fournit les capitaux en même temps qu'il détient la direction ne se vérifie plus.

C'est pourquoi, parallèlement, s'est posée la question du contrôle de la gestion des dirigeants.

492 **Organe de contrôle externe.** Traditionnellement, la surveillance de la gestion de la société anonyme appartient aux actionnaires réunis en assemblée générale. Mais du fait de l'absentéisme des actionnaires et de la technicité d'une gestion devenue de plus en plus complexe, ce seul contrôle est vite devenu insuffisant. Afin de le rendre plus efficace, la loi de 1867 a consacré une nouvelle forme de contrôle, un contrôle extérieur à la société, par la nomination de commissaires aux comptes chargés de vérifier les comptes sociaux. L'exercice d'un tel contrôle a été renforcé par la loi de 1966 et ses réformes successives, grâce à une extension progressive du rôle des commissaires aux comptes[2].

493 **Place des salariés.** Depuis 1945, le législateur a accordé une place de plus en plus importante au salarié dans l'entreprise. La législation relève essentiellement du Code du travail car la loi de 1966 sur les sociétés commerciales est restée très discrète sur la place des salariés dans la société anonyme. Malgré les projets ambitieux élaborés en 1975 dans le rapport Sudreau sur la réforme de l'entreprise, les tentatives d'intégration des salariés dans les sociétés anonymes restent très timides. Les lois récentes tendent néanmoins à accroître le rôle du CSE et à permettre d'envisager une véritable participation des salariés au sein de l'entreprise[3].

494 **Plan.** Trois grandes fonctions sont assurées par différents organes intervenant dans la société anonyme. Alors que l'assemblée d'actionnaire constitue l'organe délibérant (SECTION 1), l'essentiel

---

1. Y. Guyon, « L'évolution récente des assemblées d'actionnaires en droit français », in *Mélanges Flattet*, Lausanne, 1985, p. 40 ; C. Jauffret-Spinosi, « Les assemblées générales d'actionnaires dans les sociétés anonymes, réalité ou fiction ? (étude comparative) », in *Mélanges Rodière*, Dalloz, 1981, p. 125.
2. La loi *PACTE* est néanmoins venue réduire leur influence en relevant les seuils d'intervention et limitant leurs interventions : v. ss 594.
3. R. Vatinet, « De la loi sur les nouvelles régulations économiques à la loi de modernisation : une montée en puissance du comité d'entreprise ? » *Dr. sociétés* 2002. 286.

du pouvoir est concentré au sein des organes de gestion (SECTION 2) sous surveillance des organes de contrôle (SECTION 3). Mention sera faite de la place des salariés au sein de la société anonyme (SECTION 4).

SECTION 1
L'ASSEMBLÉE D'ACTIONNAIRES

495 **Règles de gouvernement d'entreprise.** L'assemblée correspond en principe au pouvoir souverain de la société. En vérité, cette conception s'est trouvée faussée en raison du caractère peu démocratique des grandes sociétés et du comportement souvent passif des actionnaires. Soucieux de redonner à l'assemblée un rôle certain, le législateur a multiplié les réformes, adoptant une politique systématique d'information qui semble porter ses fruits. Prenant acte des souhaits de nouveaux actionnaires et à l'initiative des professionnels[1], le législateur depuis la loi du 15 mai 2001 a mis en place des règles de « gouvernement d'entreprise » visant à permettre un réel contrôle de la gestion des dirigeants par les actionnaires. Les lois qui ont succédé à la loi de 2001 en matière de gouvernance des sociétés cotées ont également tenté de renforcer la discipline des organes de contrôle que sont le conseil d'administration dans les sociétés monistes et le conseil de surveillance dans les sociétés dualistes, afin que ces conseils soient plus opérationnels. Mais beaucoup d'incertitudes demeurent sur la question de savoir qui dirige dans ces grandes sociétés[2]. La loi du 4 août

1. Rapports sous la présidence de M. Viénot sur le conseil d'administration des sociétés cotées, juillet 1995, juillet 1999, suivis du Rapport Bouton en 2001. Ces trois rapports ont été consolidés en 2003 à l'initiative du MEDEF et de l'AFEP dans un rapport intitulé « Le gouvernement d'entreprise des sociétés cotées. Principes de gouvernement d'entreprise ». Depuis 2008, ce document s'intitule Code de gouvernement d'entreprise des sociétés cotées et s'est imposé, de fait, comme le code de référence d'une grande partie des sociétés cotées qui disent s'y référer en vertu de la règle « se conformer ou expliquer ». Il a été révisé en juin 2013 et prévoit désormais une recommandation sur le vote des actionnaires sur les rémunérations des dirigeants (v. ss 528).

2. V. J. Duval-Hamel et M. Germain, « Le gouvernement des entreprises : qui dirige ? », in *Mélanges Tricot*, Dalloz-Litec, 2011, p. 657 ; V. Magnier (dir.), *La gouvernance des sociétés cotées face à la crise. Pour une meilleure protection de l'intérêt social*, préf. Ph. Marini, LGDJ, coll. « Droit des affaires », 2010 ; Ph. Bissara, R. Foy et A. De Vauplane, *Droit et pratique de la gouvernance des sociétés, cotées*, Joly-ANSA, 2007 ; Y. Paclot (dir.), « Le rôle respectif du conseil d'administration et de l'assemblée générale dans les sociétés anonymes », Actes pratiques, n° 152, mars-avril 2017.

2008 innove en consacrant le principe « se conformer ou expliquer », lequel était déjà inscrit dans les rapports Viénot de 1995 et 1999 mais sans valeur contraignante. Conformément à cette règle, les sociétés cotées doivent désormais déclarer qu'elles se réfèrent à un code de gouvernement d'entreprise ou expliquer pourquoi elles refusent de se soumettre à un tel code (C. com., art. L. 22-10-10, 4°[1]). La majorité des sociétés cotées disent se référer au code de gouvernement d'entreprise AFEP/MEDEF[2].

De nouveaux aspects de la gouvernance commencent à s'imposer, telle la responsabilité sociale et environnementale des entreprises, qui débordent aujourd'hui le seul domaine des sociétés cotées pour s'appliquer aux sociétés de grande taille, qu'elles relèvent du secteur public ou privé.

496 **Règles générales.** La loi reconnaît à tout actionnaire le droit de participer et d'assister à l'assemblée. Toute clause statutaire contraire est réputée non écrite (C. com., art. L. 225-112) et la possibilité de subordonner dans les statuts le droit de participer aux assemblées générales d'actionnaires à la détention d'un nombre minimal d'actions a été supprimée en 2001 (C. com., anc. art. L. 225-112). En cas de démembrement de propriété de l'action, la loi pose un critère organique propre aux SA[3] : si l'action est grevée d'un usufruit, le droit de vote appartient à l'usufruitier dans l'assemblée ordinaire et au nu-propriétaire dans l'assemblée extraordinaire (C. com., art. L. 225-110), sauf dispositions statutaires contraires. Il est indispensable de justifier de la propriété d'actions.

1. C. com., art. L. 22-10-10, 4° : « Lorsqu'une société se réfère volontairement à un code de gouvernement d'entreprise élaboré par les organisations représentatives des entreprises, les dispositions qui ont été écartées et les raisons pour lesquelles elles l'ont été, ainsi que le lieu où ce code peut être consulté, ou, à défaut d'une telle référence à un code, les raisons pour lesquelles la société a décidé de ne pas s'y référer ainsi que, le cas échéant, les règles retenues en complément des exigences requises par la loi ».

2. V. Rapport AMF, https://www.amf-france.org/fr/actualites-publications/publications/rapports-etudes-et-analyses/rapport-2020-sur-le-gouvernement-dentreprise-et-la-remuneration-des-dirigeants-des-societes-cotees ; *adde* S. Schiller et V. Magnier (dir.), « Le nouveau code AFEP-MEDEF 2013 », *Actes pratiques*, mars-avril 2014 ; Sur la réforme de 2016, A. Couret, « Réforme du code AFEP-MEDEF », *Bull. Joly*, janv. 2017, p. 15 ; A. Couret, « *Comply or explain* : les destinées françaises du principe », *Bull. Joly*, mars 2017, p. 202.

3. Pour les règles de droit commun, v. ss 153.

Le droit de participer aux assemblées est protégé pénalement. Celui qui, sciemment, aura empêché un actionnaire de participer à une assemblée pourra voir sa responsabilité pénale engagée (C. com., art. L. 242-9).

Le législateur distingue deux catégories d'assemblée générales dans les sociétés anonymes, l'assemblée générale ordinaire (**§ 1**) et l'assemblée générale extraordinaire (**§ 2**).

§ 1. L'assemblée générale ordinaire

497 **Plan.** L'assemblée générale ordinaire se réunit au cours de la vie sociale dans un autre but que de modifier les statuts (C. com., art. L. 225-98). Elle doit être réunie au moins une fois par an aux fins de délibérer sur les comptes annuels. Il arrive qu'exceptionnellement une assemblée ordinaire soit réunie, en cas d'urgence, l'assemblée ordinaire est alors convoquée extraordinairement.

L'étude des dispositions légales et réglementaires relatives aux assemblées générales ordinaires porte et sur les compétences de l'assemblée, d'une part (**A**) et leur fonctionnement, d'autre part (**B**).

A. Les compétences

498 L'assemblée générale ordinaire est compétente pour prendre toute décision qui n'entraîne pas la modification des statuts (C. com., art. L. 225-98, al. 1) et qui n'empiète par sur les prérogatives légales des organes d'administration et de direction. De manière plus précise, l'assemblée générale se prononce sur les questions importantes relatives aux comptes de la société et à son organisation interne. Elle a par ailleurs compétence pour autoriser certains actes de gestion.

499 **Les comptes sociaux.** Concernant les comptes de la société, l'assemblée générale doit approuver les comptes annuels (C. com., art. L. 225-100, al. 3), constater l'existence de sommes distribuables et décider de leur affectation (C. com., art. L. 232-12, al. 1). Cette réunion obligatoire doit avoir lieu dans les six mois de la clôture de l'exercice, à moins d'une prolongation autorisée judiciairement (C. com., art. L. 225-100, al. 1).

500 **L'organisation interne.** L'assemblée est compétente pour nommer et révoquer les membres du conseil d'administration (ou de surveillance) (C. com., art. L. 225-18 et L. 225-25), fixer le montant de la rémunération de ces dirigeants (C. com., art. L. 225-45 et 225-83) et révoquer dans les sociétés dualistes les membres du directoire, sur proposition du conseil de surveillance (C. com., art. L. 225-61, al. 1). L'assemblée désigne les commissaires aux comptes (C. com., art. L. 225-233).

501 **Autorisation d'actes de gestion.** L'assemblée est compétente pour autoriser les actes de gestion qui ne peuvent être accomplis sur la seule décision des dirigeants en vertu de la loi. Notamment, elle approuve les conventions passées entre la société et l'un des dirigeants soumises à une procédure de contrôle (C. com., art. L. 225-40 et L. 225-88). Elle est aussi compétente pour autoriser l'émission d'un emprunt obligataire, ainsi que la constitution et la prise de sûretés afférentes à l'emprunt (C. com., art. L. 225-100, al. 5 et L. 228-40). Elle est chargée d'approuver l'achat de ses propres actions pour la société et la réduction du capital qui en découle.

Les statuts peuvent également prévoir que certains actes de gestion ou certaines opérations devront être autorisés par l'assemblée des actionnaires, sans que cette limitation au pouvoir des dirigeants puisse être opposable aux tiers (C. com., art. L. 225-35 et L. 225-64).

B. Le fonctionnement

502 Les actionnaires habilités à participer aux assemblées générales doivent, depuis le 1er janvier 2015, être propriétaires de leurs titres, compte tenu de la date du transfert de propriété et non plus de celle du seul enregistrement comptable des titres. Il convient donc de pouvoir établir l'inscription définitive du titre en compte-titre pour participer à l'assemblée[1].

Le fonctionnement de l'assemblée générale ordinaire est principalement soumis à trois séries de dispositions tenant à la convo-

1. Cette nouvelle règle exclut de l'assemblée les personnes dont les transactions sont en cours de négociation mais pas encore dénouées à la date de l'assemblée.

cation et l'information préalable à l'assemblée, à la tenue de l'assemblée générale ordinaire et aux sanctions afférentes à ces règles.

503 **Initiative de la convocation.** En principe, seul le conseil d'administration (ou le directoire) peut valablement convoquer une assemblée générale ordinaire des actionnaires (C. com., art. L. 225-103). À défaut, l'assemblée peut être également convoquée par les commissaires aux comptes, s'il en existe, par les liquidateurs, par le conseil de surveillance le cas échéant, ainsi que par un mandataire désigné en justice, à la demande soit de tout intéressé en cas d'urgence, soit d'un ou plusieurs actionnaires réunissant au moins le vingtième du capital social, soit encore d'une association d'actionnaires. Si l'assemblée générale ordinaire n'a pas été réunie dans le délai de six mois à compter de la clôture de l'exercice, le ministère public ou tout actionnaire peut saisir le président du tribunal compétent statuant en référé afin d'enjoindre, le cas échéant sous astreinte, aux dirigeants de convoquer cette assemblée ou de désigner un mandataire pour y procéder (C. com. art. L. 225-100). À la suite d'une offre publique d'achat ou d'échange, ou après une cession d'un bloc de contrôle, une assemblée peut être convoquée par les actionnaires majoritaires en capital ou en droit de vote[1].

Préalablement à la convocation, un avis de réunion tend à informer les actionnaires qu'une assemblée va avoir lieu et leur permet de faire inscrire des points et des projets de résolutions à l'ordre du jour.

504 **Formes et délais de convocation.** Un avis de convocation doit être publié dans un journal d'annonces légales du département du siège social, ou être adressé par lettre aux actionnaires détenant des titres nominatifs, au moins quinze jours avant la tenue de l'assemblée. En cas de deuxième convocation (si le quorum n'est pas atteint), le délai est ramené à dix jours. Une société cotée est tenue de publier au *BALO*, trente-cinq jours au moins avant la tenue de la réunion un avis qui indique un nombre d'informations

1. V. ss 724, spéc. ss 733.

dont la liste a été très fortement enrichie par le décret n° 2010-684 du 23 juin 2010[1] : l'ordre du jour, les projets de résolution qui seront présentés par le conseil d'administration ou le directoire, ainsi que les modalités de participation à distance à l'assemblée, d'inscription de points ou de résolutions à l'ordre du jour et de consultation des informations sur le site Internet de la société... Ces informations très pratiques permettent une plus grande maîtrise de l'ordre du jour de l'assemblée par les actionnaires. L'avis de réunion et d'autres informations sont publiés sur le site de la société pendant une période ininterrompue d'au moins 20 jours avant la tenue de l'assemblée (C. com., art. R. 225-73-1)[2].

L'assemblée ne peut valablement délibérer que sur des questions inscrites à l'ordre du jour (C. com., art. L. 225-105, al. 3).Toute délibération prise contrairement à cette règle est obligatoirement frappée de nullité[3] et les dirigeants encourent des sanctions pénales. La seule exception au principe de fixité de l'ordre du jour concerne la révocation *ad nutum* des administrateurs ou des membres du conseil de surveillance[4].

Cependant, les actionnaires peuvent prendre l'initiative d'inscrire des points ou des résolutions à l'ordre du jour (C. com., art. L. 225-105). On considère que les points ne peuvent donner lieu qu'à un débat en assemblée, sans vote, alors que les propositions de résolutions sont soumises à un vote[5]. Cette possibilité pour les actionnaires ou une association d'actionnaires de déposer un projet de résolution est subordonnée à la détention d'une participation dans le capital social qui s'élève à 5 % si le capital est de moins de 750 000 euros. Au-delà de ce montant, le seuil est dégressif. Les actionnaires doivent proposer leur projet de résolution au moins vingt-cinq jours avant la date de l'assemblée. Les

1. Ce décret porte transposition de la directive n° 2007/36/CE du 11 juillet 2007 concernant l'exercice de certains droits des actionnaires de sociétés cotées, v. V. Magnier, *Rev. sociétés* 2011. 267.

2. Cette obligation introduite par le décret du 23 juin 2010 a conduit toutes les sociétés cotées à mettre en place un site internet dédié à l'information de leurs actionnaires pour faciliter l'exercice de leurs droits (C. com., art. R. 210-20).

3. Com. 6 mai 1974, *Rev. sociétés* 1974. 524, note Ph. Merle.

4. V. ss 529.

5. V. Magnier, « Nouvelles mesures en faveur de la démocratie actionnariale dans les sociétés cotées », *Rev. sociétés* 2011. 267.

dirigeants ont alors l'obligation d'inscrire ces projets à l'ordre du jour et l'avis de convocation doit en indiquer le contenu.

505 **Communication des documents sociaux et droit de poser des questions écrites.**

1) Règles générales. Les actionnaires ont le droit de se faire communiquer les documents sociaux. Ce droit est permanent et préalable à la tenue de chaque assemblée : quinze jours avant la tenue de celle-ci, les actionnaires doivent disposer du rapport de gestion qui sera présenté par le conseil d'administration (ou le directoire) en assemblée (C. com., art. L. 225-100). Le rapport de gestion comprend notamment une analyse objective et exhaustive de l'évolution des affaires, des résultats et de la situation financière de la société ; des indicateurs clefs de performance de nature financière et, le cas échéant, de nature non financière ayant trait à l'activité spécifique de la société, notamment des informations relatives aux questions d'environnement et de personnel ; une description des principaux risques et incertitudes auxquels la société est confrontée (C. com., art. L. 225-100-1). En outre, il rend compte annuellement de l'état de la participation des salariés au capital social et des titres acquis par les salariés dans le cadre d'une opération de rachat d'une entreprise par ses salariés.

Un rapport sur le gouvernement d'entreprise est joint au rapport de gestion qui sera également présenté par le conseil d'administration[1] (ou le conseil de surveillance[2]) à l'assemblée générale. Toutefois, les informations correspondantes peuvent être présentées au sein d'une section spécifique du rapport de gestion. Ce rapport contient la liste de l'ensemble des mandats et fonctions exercés dans toute société par chaque mandataire social durant l'exercice ; la liste des conventions réglementées[3] ; un tableau récapitulatif des délégations en cours de validité accordées par l'assemblée générale des actionnaires dans le domaine des augmentations de capital et le choix fait de l'une des deux modalités d'exercice de la direction générale (C. com., art. L. 225-37-4).

1. C. com., art. L. 225-37, al. 6.
2. C. com., art. L. 225-68, al. 6.
3. V. ss 569.

Traditionnellement, seul le rapport de gestion doit être communiqué avant l'assemblée générale des actionnaires[1]. Mettant en cause cette tradition, une cour d'appel a jugé que le rapport sur l'attribution des stocks options devait être communiqué aux actionnaires qui en font la demande dans les conditions légales[2].

Les actionnaires recevant la convocation peuvent demander à la société que leur soient adressés ou présentés au siège social un certain nombre d'informations détaillées concernant les formulaires de votes (C. com., art. R. 225-88, R. 225-89 et R. 225-85).

2) Information renforcée dans les sociétés cotées. Dans les sociétés cotées, le rapport sur le gouvernement d'entreprise doit contenir des informations supplémentaires[3]. Notamment, il doit présenter, de manière claire et compréhensible, la politique de rémunération des mandataires sociaux établie par le conseil d'administration (C. com., art. L. 22-10-8) et, pour chaque mandataire social les informations concernant leur rémunération (C. com., art. L. 22-10-9)[4]. Il expose et, le cas échéant, explique les éléments susceptibles d'avoir une incidence en cas d'offre publique d'achat ou d'échange (C. com., art L. 22-10-11). Il doit mentionner le code de gouvernement d'entreprise auquel la société se réfère[5], préciser les modalités particulières de la participation des actionnaires à l'assemblée générale, décrire la procédure mise en place permettant d'évaluer régulièrement si les conventions portant sur des opérations courantes et conclues à des conditions normales[6]. Pour les plus grandes sociétés cotées, il

1. C. com., art. R. 225-83.
2. CA Paris 5 févr. 2019, n° 17/03710, *Bull. Joly Soc.*, sept. 2019, p. 32, note Th. De Ravel d'Esclapon. Cette solution remet en cause la pratique dominante mais peut s'expliquer par des exigences de plus en plus fortes de transparence. Néanmoins, les conséquences doivent être relativisées, car le refus de communication ne constitue pas un cas de nullité obligatoire de l'AG.
3. V. ss 541.
4. Cette information s'étend aux mandataires sociaux dont le mandat a pris fin et ceux nouvellement nommés au cours de l'exercice écoulé. Les mêmes règles s'appliquent dans les sociétés dualistes (C. com., art. L. 22-10-20). V. ss 528 pour les SA monistes et 579 pour les SA dualistes.
5. C. com., art. L. 22-10-10, 4° : « Lorsqu'une société se réfère volontairement à un code de gouvernement d'entreprise élaboré par les organisations représentatives des entreprises, les dispositions qui ont été écartées et les raisons pour lesquelles elles l'ont été, ainsi que le lieu où ce code peut être consulté, ou, à défaut d'une telle référence à un code, les raisons pour lesquelles la société a décidé de ne pas s'y référer ainsi que, le cas échéant, les règles retenues en complément des exigences requises par la loi » ; v. ss 495.
6. V. ss 572.

convient en outre de préciser dans le rapport sur le gouvernement d'entreprise la politique de diversité appliquée aux membres du conseil d'administration[1].

3) Déclaration de performance extra-financière dans les sociétés de grande taille. La loi du 15 mai 2001 avait instauré que les sociétés françaises cotées présentent, dans le rapport de gestion annuel, parallèlement à leurs informations comptables et financières, des données sur les conséquences environnementales et sociales de leurs activités. La loi du 12 juillet 2010, dite loi « Grenelle II » a largement étendu cette obligation en la faisant sortir du cadre des sociétés cotées dans lequel la loi sur les nouvelles régulations avait placé l'obligation d'information sur les risques environnementaux pour les étendre aux sociétés de grande taille sans être nécessairement cotées. À la suite d'autres réformes[2], le décret n° 2017-1265 du 9 août 2017 transposant la directive européenne 2014/95/UE du 22 octobre 2014[3] substitue au rapport dit « RSE » une déclaration de performance extra-financière. Cette déclaration doit être insérée dans le rapport de gestion lorsque le total du bilan ou le chiffre d'affaires de la société excède 100 millions d'euros et que le nombre de salariés excède 500[4]. Dans la mesure nécessaire à la compréhension de la situation de la société, de l'évolution de ses affaires, de ses résultats économiques et

1. Les sociétés cotées concernées sont celles qui dépassent deux des trois seuils suivants : un total de bilan de 20 millions d'euros, un chiffre d'affaires net de 40 millions d'euros, un nombre moyen de salariés permanents de 250 (C. com., art. R. 22-10-29, al. 2).

2. Notamment, la loi du 12 juillet 2010, dite loi « Grenelle II », a largement étendu cette obligation : F. G. Trébulle, « L'environnement en droit des affaires », in *Mélanges Guyon*, Dalloz, 2003, p. 103 ; C. Malecki, *D.* 2003. 818 ; « Pour que gouvernance d'entreprise écologique rime avec éthique », *D.* 2008. 1774 ; « Le Grenelle II et la gouvernance d'entreprise sociétale », *Bull. Joly* 2010, p. 704 ; « Les recommandations de l'AMF sur l'information publiée par les sociétés cotées en matière de responsabilité sociale et environnementale », *JCP E* 2010. 2140 ; « L'investissement socialement responsable : quelques remarques sur une valeur montante de la gouvernance d'entreprise " verte " », *in* Magnier (dir.), *La gouvernance des sociétés cotées face à la crise. Pour une meilleure protection de l'intérêt social*, LGDJ, coll. « Droit des affaires », 2010, p. 263 ; G.-J. Martin, « Commentaire des articles 225, 226 et 227 de la loi n° 2010-788 du 12 juillet 2010 portant engagement national pour l'environnement (dite "Grenelle II") », *Rev. sociétés* 2011. 75.

3. La Commission européenne a déposé, le 21 avril 2021, une proposition de directive visant à modifier la directive 2014/95 selon trois orientations majeures : une clarification des éléments communiqués par les entreprises dans le cadre du reporting extra-financier ; une extension des entreprises concernées ; une analyse des données communiquées par le biais d'un contrôle tiers indépendant.

4. C. com., art. R. 225-104. Les sociétés qui établissent des comptes consolidés conformément à l'article L. 233-16 sont également tenues de publier une déclaration consolidée de performance extra-financière lorsque le total du bilan ou du chiffre d'affaires et le nombre de salariés de l'ensemble des entreprises comprises dans le périmètre de consolidation excèdent ces seuils légaux.

financiers et des incidences de son activité, la déclaration présente des informations sur la manière dont la société prend en compte les conséquences sociales et environnementales de son activité (C. com., art. L. 225-102-1, III). La déclaration peut renvoyer, le cas échéant, aux informations mentionnées dans le plan de vigilance prévu au I de l'article L. 225-102-4 (v. ss 507).

La déclaration comprend notamment des informations relatives aux conséquences sur le changement climatique de l'activité de la société et de l'usage des biens et services qu'elle produit, à ses engagements sociétaux en faveur du développement durable, de l'économie circulaire, de la lutte contre le gaspillage alimentaire, de la lutte contre la précarité alimentaire, du respect du bien-être animal et d'une alimentation responsable, équitable et durable, aux accords collectifs conclus dans l'entreprise et à leurs impacts sur la performance économique de l'entreprise ainsi que sur les conditions de travail des salariés, aux actions visant à lutter contre les discriminations et promouvoir les diversités et aux mesures prises en faveur des personnes handicapées[1].

Pour les sociétés cotées, les seuils légaux sont plus bas - à savoir 20 millions d'euros pour le total du bilan ou 40 millions d'euros pour le montant net du chiffre d'affaires et 500 pour le nombre moyen de salariés employés au cours de l'exercice -, et le contenu de l'information est plus développé. Ainsi, en complément des informations mentionnées au III de l'article L. 225-102-1, la déclaration de performance extra-financière et la déclaration consolidée de performance extra-financière présentent les effets de leur activité quant au respect des droits de l'homme et à la lutte contre la corruption et l'évasion fiscale (C. com., art. L. 22-10-36 et R. 22-10-29, al. 1er).

Ces informations sociales, sociétales et environnementales sont vérifiées par un organisme tiers indépendant (OTI), dont l'avis est transmis aux actionnaires en même temps que le rapport de gestion lorsque les entreprises dépassent certains seuils[2].

1. Pour le détail des informations à communiquer, v. C. com., art. R. 225-105.
2. Les seuils au-delà desquels les informations doivent être vérifiées par un OTI sont de 100 millions d'euros de total de bilan ou de chiffre d'affaires et de 500 salariés. Les sociétés cotées qui n'atteignent pas ces seuils n'ont pas cette obligation.

En outre, le commissaire aux comptes établit une attestation de présence de l'information dans le rapport de gestion (C. com., art. L. 823-10, al. 4).

Ces informations font l'objet d'une publication librement accessible sur le site internet de la société pendant une durée de cinq ans[1].

Lorsque le rapport prévu au deuxième alinéa de l'article L. 225-100 ne comporte pas la déclaration de performance extra-financière, toute personne intéressée peut demander au président du tribunal statuant en référé d'enjoindre, le cas échéant sous astreinte, au conseil d'administration ou au directoire, selon le cas, de communiquer les informations légales. Lorsqu'il est fait droit à la demande, l'astreinte et les frais de procédure sont à la charge, individuellement ou solidairement selon le cas, des administrateurs ou des membres du directoire.

4) Informations à communiquer dans le cadre du devoir de vigilance. La loi n° 2017-399 du 27 mars 2017 relative au devoir de vigilance ajoute une obligation de transparence à la charge des grandes sociétés, périmètre qui dépasse là encore le seul champ des sociétés cotées. Toute société qui emploie, à la clôture de deux exercices consécutifs, au moins cinq mille salariés en son sein et dans ses filiales directes ou indirectes dont le siège social est fixé sur le territoire français[2], ou au moins dix mille salariés en son sein et dans ses filiales directes ou indirectes dont le siège social est fixé sur le territoire français ou à l'étranger doit établir et mettre en œuvre de manière effective un plan de vigilance[3].

Le plan de vigilance et le compte rendu de sa mise en œuvre effective sont rendus publics et inclus dans le rapport de gestion (C. com., art. L. 102-4, I). Le contenu du plan de vigilance est détaillé par la loi selon un champ très large : il comporte les

1. Le comité juridique de l'ANSA considère qu'en l'absence de calendrier imposé, la déclaration de performance extra-financière peut être communiquée aux salariés et sur le site de la société dès la vérification faite par l'OTI et sans attendre la convocation ni la tenue de l'AG (Fiche ANSA, n° 21-022).

2. Ainsi sont concernées par le texte les PME et les ETI dès lors qu'elles travaillent avec un groupe de plus de 5 000 salariés.

3. Par renvoi, les SAS et les SCA de plus de 5 000 salariés se voient imposer le même devoir de vigilance ; V. ss 666. Une exonération existe dans la mesure où l'obligation d'établir et de mettre en œuvre un plan de vigilance ne s'impose pas si une autre société du groupe accomplit déjà cette obligation.

mesures de vigilance raisonnable propres à identifier les risques et à prévenir les atteintes graves envers les droits humains et les libertés fondamentales, la santé et la sécurité des personnes ainsi que l'environnement, résultant des activités de la société et de celles des sociétés qu'elle contrôle au sens du II de l'article L. 233-16, directement ou indirectement, ainsi que des activités des sous-traitants ou fournisseurs avec lesquels est entretenue une relation commerciale établie, lorsque ces activités sont rattachées à cette relation. Ce plan doit décrire différentes étapes consistant à identifier les risques définis par la loi sous forme de cartographie, évaluer la situation de ces risques et décrire les actions adaptées « d'atténuation des risques ou de prévention des atteintes graves ».

Le manquement à ces obligations engage la responsabilité de son auteur et l'oblige à réparer le préjudice que l'exécution de ces obligations aurait permis d'éviter. Cette responsabilité se fonde sur les nouveaux articles 1240 et 1241 du Code civil, lesquels décrivent le régime de responsabilité pour faute. Les manquements visés concernent l'inexistence d'un plan de vigilance ou un plan jugé non conforme aux exigences légales[1]. L'obligation de transparence consignée dans le rapport de gestion est désormais très large (voire disparate) et source d'une responsabilité civile importante pour son auteur[2].

À compter de la communication des documents, tout actionnaire a en outre la faculté de poser par écrit des questions auxquelles le conseil d'administration (ou le directoire) sera tenu de répondre lors de l'assemblée (C. com., art. L. 225-108). Pour les sociétés anonymes cotées, il y a obligation de publier au *BALO* le bilan, le compte de résultat et l'annexe. Il revient aujourd'hui à

1. Le Conseil constitutionnel a décidé qu'un lien de causalité direct doit être établi entre le manquement et le dommage, le régime instauré ne constituant pas un régime de responsabilité du fait d'autrui : déc. Cons. const. n° 2017-750 DC du 23 mars 2017. Le Conseil constitutionnel a également déclaré non conforme à la constitution le dispositif d'une amende civile dont le montant était calculé sur celui du préjudice de la victime.

2. Le contentieux relève du tribunal de commerce : CA Versailles, 10 déc. 2020, *SA Total*, n° 20/01692, *Bull. Joly Soc.*, avr. 2021, p. 25, note A. Reygrobellet : La Cour déduit la compétence du tribunal de commerce en raison de l'application d'une disposition du Code de commerce relative aux obligations des dirigeants qui fait l'objet d'un compte rendu dans le rapport de gestion. La question est alors de savoir si la compétence est exclusive.

l'AMF de s'assurer que les publications prévues sont régulièrement effectuées par la société.

506 **Tenue de l'assemblée.**

1) Règles générales. L'actionnaire doit assister personnellement à l'assemblée. Il peut exceptionnellement se faire représenter par un mandataire, qui ne peut être qu'un autre actionnaire ou son conjoint et, depuis l'ordonnance du 9 décembre 2010, par le partenaire d'un pacte civil de solidarité (C. com., art. L. 225-106, al. 1 et 5).

La pratique la plus courante est celle des pouvoirs en blanc : une formule de procuration, signée par l'actionnaire et renvoyée sans indication de nom de mandataire, accorde au président de l'assemblée le vote qui y est attaché. Pour toute procuration, le président émettra un vote favorable à l'adoption des projets de résolution présentée ou agréés par le conseil d'administration ou le directoire et un vote défavorable à l'adoption de tous les autres projets (C. com., art. L. 225-106, al. 6).

À défaut de donner une procuration ou de se faire représenter, l'actionnaire peut encore voter par correspondance (C. com., art. L. 225-107, al. 1). À la différence des pouvoirs en blancs, le vote par correspondance permet à l'actionnaire d'émettre un vote favorable ou défavorable, ou encore de s'abstenir. Bien que contraire au principe délibératif, cette mesure est un moyen adapté pour lutter contre l'absentéisme aux assemblées.

La loi du 15 mai 2001 a assoupli les règles gouvernant la tenue des assemblées en accordant aux statuts la possibilité de prévoir d'y participer par visioconférence et de voter à distance[1] (C. com., art. L. 225-107-II). Cette option était pourtant peu développée avant que la crise sanitaire en vienne à imposer des mesures d'urgence dérogatoires du droit des sociétés.

1. Le vote à distance reste complexe à mettre en œuvre, F.-X. Lucas et J.-P. Valuet, *Actes pratiques*, 2003 ; *Communic. ANSA*, n° 04-035.

AG et crise sanitaire[1]

Des mesures exceptionnelles ont dû être prises pour permettre la tenue des assemblées générales et des conseils d'administration pendant la crise sanitaire. Habilité par la loi n° 2020-290 du 23 mars 2020 d'urgence pour faire face à l'épidémie de Covid-19, le gouvernement a adopté l'ordonnance 2020-321 du 25 mars 2020 applicable aux assemblées et aux réunions des organes collégiaux d'administration, de surveillance et de direction tenues à compter du 12 mars 2020 et jusqu'au 31 juillet 2020. Ce texte a été complété par le décret n° 2020-418 du 10 avril 2020 dont l'application a été prorogée jusqu'au 30 septembre 2021. Les dispositions concernent toutes les sociétés mais quelques unes concernent spécifiquement les sociétés à responsabilité limitée et certaines sociétés par actions.

Les réunions à huis clos : l'article 4 de l'ordonnance autorise, pour les sociétés civiles et commerciales, la tenue des assemblées sans que leurs membres – et les autres personnes ayant le droit d'y assister, tels que les commissaires aux comptes et les représentants des instances représentatives du personnel – n'assistent à la séance, que ce soit en y étant présents physiquement ou par des moyens de visioconférence ou de télécommunications. Le décret prévoit que lorsque l'organe compétent pour convoquer l'assemblée à huis clos délègue cette compétence au représentant légal, la délégation doit être établie par écrit quel qu'en soit le support (papier ou électronique notamment) et préciser la durée pour laquelle elle est consentie ainsi que l'identité et la qualité du délégataire. Les moyens techniques mis en œuvre transmettent au moins la voix des participants et satisfont à des caractéristiques techniques permettant la retransmission continue et simultanée des délibérations.

1. *Adde* https://www.tresor.economie.gouv.fr/Articles/2020/03/27/covid-19-tenir-son-ag-et-respecter-les-delais-comptables.

Le vote par correspondance : l'article 3 du décret précise que lorsque les dispositions législatives ou réglementaires qui régissent l'assemblée ou les statuts permettent aux membres de l'assemblée de voter par correspondance ou de se faire représenter, l'organe compétent pour convoquer l'assemblée ou le représentant légal agissant sur délégation de cet organe peut décider que les membres de l'assemblée peuvent adresser par message électronique à l'adresse indiquée à cet effet dans la convocation, leurs instructions de vote par correspondance, ainsi que leurs mandats dans le cas d'une participation à l'assemblée par l'intermédiaire d'un représentant.

Le procès-verbal des assemblées : le décret prévoit que lorsqu'il est fait application des articles 4, 5 ou 6 de l'ordonnance n° 2020-321, le procès-verbal de l'assemblée doit le mentionner et préciser la nature de la mesure administrative choisie : huis clos (article 4) conférence téléphonique ou audiovisuelle (article 5), consultation écrite (article 6).

Le vote par des moyens électroniques (dispositions applicables aux sociétés à responsabilité limitée et à certaines sociétés par actions) : l'article 5 du décret précise que sans qu'une clause des statuts ne soit nécessaire à cet effet, l'organe compétent pour convoquer l'assemblée, ou le représentant légal agissant sur délégation de cet organe, peut décider que les associés ou les actionnaires peuvent voter par des moyens électroniques de télécommunication aux assemblées des sociétés à responsabilité limitée régies par l'article R. 223-20-1 du Code commerce ou à celles des sociétés par actions régies par l'article R. 225-61 du Code de commerce (sociétés anonymes et sociétés en commandite par actions).

L'exercice des mandats (dispositions applicables aux sociétés anonymes et sociétés en commandites par actions) : le décret précise que les mandats avec indication de mandataire, y compris, ceux donnés par voie électronique dans les conditions définies à l'article R. 225-61 du Code de commerce, peut valablement parvenir à la société jusqu'au quatrième jour précédant la date de l'assemblée générale. Le mandataire doit adresser ses instructions pour l'exercice des mandats dont il dispose, à la société ou à l'intermédiaire habilité par elle, par message électronique à l'adresse électronique indiquée par la société ou l'intermédiaire, sous la forme du formulaire mentionné à l'article R. 225-76 du Code de commerce, au plus tard le quatrième jour précédant la date de l'assemblée.

Par ailleurs, l'article 7 du décret prévoit que, dans ces mêmes sociétés, par dérogation au III de l'article R. 225-85 du Code de commerce et sans qu'une clause des statuts ne soit nécessaire, un actionnaire qui a déjà exprimé son vote à distance, envoyé un pouvoir ou demandé sa carte d'admission ou une attestation de participation peut choisir un autre mode de participation à l'assemblée sous réserve que son instruction en ce sens parvienne à la société dans des délais compatibles avec les dispositions du premier alinéa de l'article R. 225-77 et de l'article R. 225-80 du même code, tel qu'aménagé par l'article 6 du décret (consultation écrite).

La composition du bureau de l'assemblée générale (dispositions applicables aux sociétés anonymes, sociétés en commandites par actions et sociétés européennes) : l'article 8 du décret prévoit que lorsque l'assemblée se tient sans que les actionnaires n'y assistent physiquement ou par conférence téléphonique ou audiovisuelle et si l'assemblée d'actionnaires ne peut être présidée par le président du conseil d'administration ou du conseil de surveillance ou, en son absence, par la personne prévue par les statuts, elle est présidée par la personne désignée à cet effet par le conseil d'administration ou le conseil de surveillance parmi ses membres ou, en cas d'indisponibilité, parmi les mandataires sociaux. En outre, l'organe compétent pour convoquer l'assemblée ou son délégataire doit désigner deux scrutateurs, qu'il doit s'efforcer de choisir parmi les actionnaires. À défaut, les scrutateurs peuvent être choisis en dehors des actionnaires. Les membres des assemblées doivent être informés, dès que possible et par tous moyens, de l'identité et de la qualité des personnes désignées pour la présider ou la convoquer.

Les personnes morales associées sont représentées par des personnes physiques qui doivent justifier d'un pouvoir donné par la personne qui a la capacité d'engager la société.

2) Assouplissement du régime des mandats de vote dans les sociétés cotées. L'ordonnance du 9 décembre 2010 portant transposition de la directive 2007/36/CE du 11 juillet 2007 concernant l'exercice de certains droits des actionnaires de sociétés cotées consacre le principe de liberté de choix du mandataire dans ces sociétés : un actionnaire absent à l'assemblée générale peut s'y faire représenter par toute personne physique ou morale de son choix (C. com., art. L. 225-106, al. 2)[1]. Cette liberté est toutefois encadrée. Le mandat doit être écrit et communiqué à la société. Le mandataire, lorsqu'il n'est pas un autre associé, le conjoint ou le partenaire d'un PACS, doit informer son mandant de tout fait lui permettant de mesurer le risque que ce dernier poursuive un intérêt autre que le sien (C. com., art. L. 225-106-1). L'article précité dresse une liste des principales situations de conflits d'intérêts dans lequel le mandataire se trouve. Les membres de l'organe de gestion, d'administration ou de surveillance en font partie. Enfin, la loi impose à tout personne qui propose à un ou plusieurs actionnaires, sous quelque forme que ce soit, de recevoir procuration pour représenter un actionnaire en assemblée – le législateur vise ici la pratique dite de la « sollicitation de mandat » développée par les agences de conseil en vote qui font des sollicitations et du conseil en vote une profession à part entière –, de rendre publique la politique qu'elle adopte (C. com., art. L. 225-106-2). La sanction en cas de violation de ces règles est d'interdire à cette personne de participer en qualité de mandataire à toute assemblée de la société (C. com., art. L. 225-106-3).

3) Représentation des actionnaires étrangers dans les sociétés cotées. Dans les sociétés dont les titres sont admis aux négociations sur un marché réglementé, le vote des actionnaires étrangers est toutefois possible mais encadré. L'« intermédiaire inscrit » en compte ouvert à son nom, qui a spontanément révélé qu'il agit

1. Cette disposition est étendue au bénéfice des actionnaires de sociétés cotées sur Alternext.

pour un actionnaire n'ayant pas son domicile sur le territoire français dans les conditions étudiées précédemment[1], peut, en vertu d'un mandat général de gestion des titres, transmettre pour une assemblée le vote ou le pouvoir d'un propriétaire d'action non domicilié en France (C. com., art. L. 228-3-2). Le bénéficiaire d'un tel mandat peut transmettre ou émettre sous sa signature les votes des propriétaires d'actions, ce qui permet au titulaire des droits attachés à l'action soit de voter lui-même (puis de confier son vote à « l'intermédiaire inscrit »), soit de donner des instructions de vote à « l'intermédiaire inscrit ».

507 **Autres admissions.** D'autres personnes, qui n'ont pas la qualité d'actionnaires peuvent par ailleurs assister à l'assemblée. Il en est ainsi des commissaires aux comptes, quand ils existent, dont la présence, contre toute attente, n'est pas obligatoire, mais qui doivent obligatoirement être convoqués (C. com., art. L. 225-238 et L. 820-1). Les titulaires d'obligations doivent désigner leurs représentants à l'assemblée générale, mais ceux-ci n'ont pas voix délibérative (C. com., art. L. 228-55). En revanche, la loi ne prévoit pas que le CSE puisse envoyer un représentant.

508 **Conditions de validité et de majorité.**

1) Règles générales. La tenue de l'assemblée exige, à peine de nullité, l'établissement d'une feuille de présence (C. com., art. L. 225-114) qui permettra de vérifier la régularité de celle-ci (participants, calcul du *quorum*[2] et de la majorité). Un bureau doit être désigné, composé de trois membres dont son président (le plus souvent le président du conseil) à qui revient la police des débats[3].

À peine de nullité, l'assemblée générale ne peut valablement délibérer que sous respect de conditions de *quorum*. L'assemblée

1. V. ss 413 et 414.
2. Le *quorum* se définit comme le nombre minimal d'actionnaires requis, qu'ils soient présents ou représentés, qu'ils votent par correspondance ou par visioconférence, pour que l'assemblée puisse délibérer régulièrement. Si le *quorum* n'est pas atteint, une seconde convocation en assemblée doit avoir lieu. La *majorité* correspond, quant à elle, au nombre de voix nécessaires pour qu'une résolution soit adoptée en assemblée.
3. L'intérêt de mieux définir le rôle du bureau dans les assemblées de sociétés cotées est apparu lors de l'affaire opposant la société espagnole *Sacyr Vallehermoso* à la société *Eiffage*, v. Versailles 27 juin 2007, *D.* 2007. 1884 ; *RTD com* 2007. 779, note P. Le Cannu et B. Dondero ; aj. Y. Paclot, *JCP E* 2008. Chron. 1828.

ne délibère valablement sur première convocation que si les actionnaires présents ou représentés possèdent au moins le cinquième des actions ayant le droit de vote. Sur deuxième convocation, aucun *quorum* n'est requis (C. com., art. L. 225-98, al. 2).

Après lecture par le président des rapports du conseil d'administration et du commissaire aux comptes, puis débat, l'assemblée est appelée à voter chacune des résolutions proposées. Les décisions sont prises à la majorité des voix dont disposent les actionnaires présents ou représentés (C. com., art. L. 225-98, al. 3)[1].

En principe, le droit de vote est obligatoirement proportionnel à la quotité de capital souscrit que l'action représente et donne droit à une voix au moins. Toute clause contraire est réputée non écrite (C. com., art. L. 225-122). Exceptionnellement, néanmoins, le législateur autorise les statuts à suspendre le droit de vote de certains actionnaires. C'est le cas notamment lorsque les statuts limitent le nombre de voix de chaque actionnaire (C. com., art. L. 225-125). La loi n° 2019-744 du 19 juillet 2019 a modifié les règles relatives aux abstentions dans les sociétés anonymes (C. com., art. L. 225-96 pour les AGE et L. 225-98 pour les AGO)[2]. Désormais, les voix exprimées ne comprennent pas celles attachées aux actions pour lesquelles l'actionnaire n'a pas pris part au vote, s'est abstenu ou a voté blanc ou nul[3]. Ainsi, les abstentions et les votes blancs ou nuls ne sont pas comptés dans le total des voix (en revanche, ces voix sont prises en compte dans le calcul du quorum)[4].

Depuis la loi n° 2021-1308 du 8 octobre 2021 comportant diverses dispositions d'adaptation au droit de l'Union européenne en matière économique et financière, une confirmation électronique de réception du vote est transmise à tout actionnaire de société cotée qui a voté par des moyens électroniques de télécommunication ou à son mandataire. Par ailleurs, tout actionnaire de

1. La doctrine est partagée sur le point de savoir si cette condition de majorité est une disposition impérative, ou si les statuts pourraient exiger une majorité plus élevée, comp. Ripert et Roblot, n° 1583 et Y. Guyon, n° 306.
2. La même règle vaut pour les sociétés en commandite par actions, par renvoi de l'article L. 226-1 du Code de commerce ; v. ss 651.
3. La règle revient à l'état du droit positif de la loi du 24 juillet 1966.
4. Pour les SAS, v. ss 674.

société cotée, ou son mandataire, peut demander confirmation que son vote a bien été enregistré et pris en compte, à moins que cette information ne soit déjà à sa disposition (C. com., art. L. 22-10-43-1).

Les procès-verbaux, établis à la suite des assemblées sur un registre spécial de la société doivent pouvoir être consultés par les actionnaires pendant trois exercices successifs (C. com., art. L. 225-117). Le décret du 31 octobre 2019 autorise les sociétés anonymes (et plus largement les sociétés commerciales) à tenir de manière dématérialisée leur registre des délibérations des assemblées d'actionnaires (C. com., art. R. 225-22, al. 3 nouv. et R. 225-49, al. 3 nouv.).

2) Divulgation des résultats de vote après l'assemblée de sociétés cotées. Les sociétés cotées ont l'obligation de publier sur leur site, dans les quinze jours suivant la réunion d'une assemblée générale, le résultat des votes. Cette information contient au moins les indications suivantes : le nombre des actionnaires présents ou représentés à l'assemblée, le nombre de voix des actionnaires présents ou représentés à l'assemblée et, pour chaque résolution, le nombre total de voix exprimées, ainsi que le nombre et le pourcentage de voix favorables et défavorables à la résolution y compris les abstentions. Ces dispositions, issues de l'ordonnance du 9 décembre 2010 portant transposition de la directive 2007/36/CE, visent à instaurer une vraie transparence des votes exprimés en assemblée générale.

509 **Sanctions des règles de convocation.** Il convient de distinguer les nullités obligatoires et les nullités seulement facultatives. Concernant les sanctions de convocation, la nullité est obligatoire en cas de violation des dispositions régissant l'ordre du jour (C. com., art. L. 225-121, al. 1 et 225-105). En revanche, la nullité n'est que facultative concernant toute irrégularité dans la convocation (C. com., art. L. 225-104, al. 2). Dans cette dernière hypothèse, néanmoins, la nullité ne pourra pas être prononcée si tous les actionnaires étaient présents ou représentés.

Si un actionnaire n'a pu exercer son droit de communication, l'assemblée peut être annulée (C. com., art. L. 225-121, al. 2). En cas de refus par la société de communiquer certains documents auxquels l'actionnaire a droit, le président du tribunal de commerce statuant en référé peut ordonner cette communication sous astreinte (C. com., art. L. 238-1). Toutes ces sanctions civiles sont en outre assorties d'une injonction de faire par le tribunal.

510 **Sanctions des règles de tenue de l'assemblée.** L'article L. 225-121 du Code de commerce énumère différents cas de nullité des délibérations des assemblées d'actionnaires. Ce texte vient préciser les dispositions générales de l'article L. 235-1, alinéa 2 du même Code, aux termes duquel « la nullité d'actes ou délibérations autres que ceux qui modifient les statuts, ne peut résulter que de la violation d'une disposition impérative de la présente loi ou de celles qui régissent le contrat ».

Sont, dès lors, obligatoirement annulées les délibérations prises en violation des règles relatives à la compétence, au *quorum* ou à la majorité[1], à l'ordre du jour ou à la feuille de présence, ainsi que les délibérations prises en l'absence des rapports du conseil d'administration (de surveillance ou du directoire) et des commissaires aux comptes quand ils existent.

Dans le silence de la loi, la jurisprudence se reconnaît en outre la possibilité de déclarer que telle disposition de la loi doit être considérée comme impérative. En revanche, il n'est pas admis de prononcer la nullité lorsqu'il y a violation d'une disposition impérative extérieure à la loi, notamment en cas de violation d'une disposition impérative du décret d'application de la loi[2]. Revenant sur quelques jurisprudences contradictoires, la Cour de cassation privilégie aujourd'hui l'intérêt social par rapport à l'intérêt individuel des associés, et sa position devient plus conforme à l'adage « pas de nullité sans texte ». Il a ainsi été jugé que la violation des statuts ne constitue pas, en principe, une cause de nullité des délibérations sociales, tout en posant une exception pour « les cas dans lesquels il a été fait usage de la faculté, ouverte par une disposition impérative, d'aménager conventionnellement la règle

1. V. pour des dispositions légales extérieures au Code de commerce, dans l'hypothèse d'une société HLM : Com. 6 sept. 2016, n° 14-25.581, *Bull. Joly*, janv. 2017, p. 29, note M. Buchberger.
2. Les juges réservent néanmoins l'hypothèse où une disposition impérative de la loi renvoie au décret, qui se trouve comme incorporé à la loi : Com. 12 mai 1975, *Rev. sociétés* 1976. 337; v. ss 265.

posée par celle-ci »[1]. De même, la violation des droits de la défense et l'absence de motif pour justifier de l'exclusion d'un associé ne sont pas une cause de nullité de la délibération ayant prononcé cette exclusion[2]. Bien que le texte ne mentionne pas le cas de fraude ou d'abus de droit comme cause de nullité, la jurisprudence continue toutefois de prononcer l'annulation selon la règle *fraus omnia corrumpit*. Il s'agit d'une nullité absolue.

Cependant, ni la société, ni les actionnaires ne peuvent se prévaloir d'une nullité à l'égard des tiers de bonne foi (C. com., art. L. 235-12).

L'action en nullité dans le cas d'une irrégularité de la tenue de l'assemblée peut être couverte par une ratification ou par la réparation du vice avant jugement définitif. Une nouvelle assemblée doit alors se réunir, conformément aux règles applicables à l'assemblée générale ordinaire.

L'action en nullité se prescrit par trois ans à partir du jour où la nullité est encourue (C. com., art. L. 225-13). La prescription de l'action n'interdit pas d'engager la responsabilité civile ou pénale des dirigeants.

§ 2. L'assemblée générale extraordinaire

A. Les compétences

511 **Modification des statuts.** L'assemblée générale extraordinaire est seule habilitée à modifier les statuts (C. com., art. L. 225-96). Il s'agit de son rôle essentiel. Toutes les clauses des statuts peuvent en principe être modifiées. L'assemblée générale extraordinaire peut donc opérer des modifications importantes, telles que l'augmentation de capital, la modification de l'objet social, la transformation de la société, ou encore sa dissolution anticipée. Ce pouvoir est d'ordre public et les fondateurs ne peuvent, par des

1. Com. 18 mai 2010, n° 09-14.855, *Rev. sociétés* 2010. 374, note P. Le Cannu, *Bull. Joly* 2010. 651, note H. Le Nabasque ; *adde* pour une SARL, Civ. 3e, 13 avr. 2010, *Bull. Joly* 2010. 821, note A. Couret et B. Dondero et Com. 10 fév. 2015, n° 13-25.588, *Dr. sociétés* 2015, comm. 67, obs. D. Gallois-Cochet.
2. Com. 13 juill. 2010, *RTD com.* 2010. 727, *Bull. Joly* 2010, p. 990, note P. Le Cannu.

clauses limitatives, poser des interdictions de modification sous réserve de dispositions légales contraires[1]. En outre, l'assemblée générale extraordinaire pourrait prendre des décisions qui appartiennent normalement à l'assemblée ordinaire, sous réserve de respecter les conditions de majorité renforcée qui s'imposent à elle. Tel serait le cas, par exemple, de la révocation d'un membre du conseil d'administration.

512 **Exceptions.** L'assemblée générale ne peut pas prendre de décisions dans certains domaines. En premier lieu, elle ne peut priver un actionnaire de l'un de ses droits propres, ni augmenter leurs engagements. Elle ne peut donc prendre une décision qui entraînerait une « aggravation de la dette contractée par eux envers la société ou envers les tiers »[2]. Tel serait le cas si l'assemblée décidait d'obliger les actionnaires à effectuer des apports supplémentaires (C. com., art. L. 225-127), ou de transformer la société en une société en nom collectif, dans laquelle la responsabilité des associés serait indéfinie et solidaire (C. com., art. L. 225-245, al. 1). En revanche, l'interdiction doit être strictement entendue : l'assemblée peut prendre des décisions qui restreignent certains droits individuels, ce qui n'implique pas une augmentation des engagements. Ainsi, elle peut insérer à la majorité, une clause d'agrément limitant la libre négociabilité des actions.

D'autre part, l'assemblée générale extraordinaire ne peut changer la nationalité de la société en transférant le siège social de la société à l'étranger, si le pays d'accueil n'a pas conclu avec la France une convention spéciale permettant à la société d'acquérir sa nationalité sans perdre sa personnalité juridique (C. com., art. L. 225-97).

B. Le fonctionnement

513 **Accès.** En ce qui concerne l'accès à l'assemblée, l'article L. 225-113 du Code de commerce prévoit que tout actionnaire peut participer aux assemblées générales extraordinaires, quelle que soit sa parti-

1. V. les délégations de pouvoir en matière d'augmentation de capital, ss 614.
2. Ainsi, pour une clause de non-concurrence insérée en cours de vie sociale, Com. 26 mars 1996, *Dr. sociétés* 1996. 122, Th. Bonneau, *Bull. Joly* 1996. 604, note P. Le Cannu.

cipation au capital. Toute clause contraire est réputée non écrite. En cas d'actions grevées d'usufruit, il appartient au nu-propriétaire de participer à l'assemblée, sauf clause statutaire contraire.

514 **Informations.** Avant la réunion de l'assemblée générale extraordinaire, la société doit aux actionnaires des informations du même ordre que celle qu'elle leur doit au cas d'assemblée ordinaire. Un arrêt un peu surprenant précise que, contrairement à ce qui se passe dans les assemblées ordinaires, cette assemblée n'a pas à statuer sur rapport du conseil d'administration[1].

515 **Quorum et majorité.** L'assemblée générale extraordinaire ne délibère valablement que si les actionnaires présents ou représentés possèdent au moins, sur première convocation, le quart et, sur deuxième convocation, le cinquième des actions ayant le droit de vote (C. com., art. L. 225-96, al. 2). À défaut de ce dernier *quorum*, la deuxième assemblée peut être prorogée à une date postérieure de deux mois au plus à celle à laquelle elle avait été convoquée ; le *quorum* du cinquième reste néanmoins indispensable.

En ce qui concerne la majorité, l'assemblée générale extraordinaire statue à la majorité des deux tiers des voix des actionnaires présents, représentés ou votant par correspondance (C. com., art. L. 225-96, al. 3). Une telle majorité permet à une minorité qui détient plus d'un tiers des voix de s'opposer à toute modification des statuts, d'où son nom de *minorité de blocage*. Elle pourrait néanmoins, sous certaines conditions, se voir reprocher de commettre un abus de minorité. Ces conditions de *quorum* et de majorité sont d'ordre public (C. com., art. L. 225-121).

516 **Publicité.** Toute modification de l'une des dispositions des statuts doit faire l'objet d'une publicité dans un journal d'annonces légales ainsi qu'au greffe du tribunal de commerce et au Registre du commerce afin de rendre cette modification opposable aux tiers.

517 **Nullité des délibérations.** Le domaine des nullités des délibérations des décisions des assemblées générales extraordinaires est proche

1. Com. 26 oct. 2010, *D.* 2010. 2578; comp. v. ss 505.

de celui des assemblées ordinaires. Toutefois, le texte qui fonde ces nullités est l'alinéa 1er de l'article L. 235-1 du Code de commerce, qui envisage la nullité de l'acte résultant d'une disposition *expresse* (et non impérative) de la loi.

La mise en jeu de la responsabilité civile des dirigeants sociaux peut être recherchée à raison des fautes commises dans la convocation ou la tenue des assemblées lorsque la faute a été à l'origine d'un dommage pour la société, les actionnaires ou même les tiers. À ces sanctions s'ajoutent des sanctions pénales lourdes pour les dirigeants.

SECTION 2
LES ORGANES DE GESTION

518 **Plan.** La gestion de la société anonyme est assurée selon un système plus complexe que celui de la gérance de société à responsabilité limitée. Le législateur donne le choix entre deux types de gestion : la gestion de type classique avec conseil d'administration et son président (C. com., art. L. 225-17 à L. 225-56) et une formule, inspirée du droit allemand, la société anonyme avec directoire et conseil de surveillance (C. com., art. L. 225-57 à 225-93). Le choix est laissé à la libre disposition des fondateurs ou des actionnaires. Le changement entre les systèmes peut s'opérer, en cours de vie sociale, par une modification statutaire décidée en assemblée générale extraordinaire, sans entraîner de transformation de la société (C. com., art. L. 225-57).

L'étude de la gestion de la société anonyme repose sur cette distinction entre le mode traditionnel d'administration qu'est la société avec conseil d'administration (SOUS-SECTION 1) et la société anonyme avec directoire (SOUS-SECTION 2).

Sous-section 1
La société anonyme avec conseil d'administration

519 **Évolutions.** Sous l'empire de la loi du 24 juillet 1867, la société anonyme était gérée par un ou plusieurs mandataires, révocables, pris parmi les associés. À cette gestion individuelle, la pratique a substitué une gestion collective exercée par le conseil d'administration, consacrée par la loi du 16 novembre 1940, et reprise par la loi du 24 juillet 1966.

Parallèlement, le président du conseil d'administration, qui prit le titre de président-directeur-général en 1940, se vit attribuer des pouvoirs propres de gestion par la loi du 24 juillet 1966. La structure moniste présentait donc la caractéristique de concentrer sur la même tête, la présidence du conseil d'administration et la direction générale de la société.

Afin de remédier à une trop forte concentration du pouvoir, la loi du 15 mai 2001 a dissocié la présidence du conseil de la direction générale de la société et distingue les pouvoirs de ces organes. Cette dissociation ne constitue cependant qu'une option[1]. « La direction générale de la société est assumée, sous sa responsabilité, soit par le président du conseil d'administration, soit par une autre personne physique nommée par le conseil d'administration et portant le titre de directeur général. Dans les conditions définies par les statuts, le conseil d'administration choisit entre les deux modalités d'exercice de la direction générale... Lorsque la direction générale de la société est assumée par le président du conseil d'administration, les dispositions relatives au directeur général lui sont applicables » (C. com., art. L. 225-51-1)[2].

1. Quatre modalités d'organisation de la gestion sont donc désormais disponibles : conseil d'administration avec président assumant les fonctions de directeur général, conseil d'administration avec président n'assumant pas les fonctions de directeur général, directoire et conseil de surveillance avec révocation du directoire par l'assemblée des actionnaires, directoire et conseil de surveillance avec révocation du premier par le second. V. S. Castagne, « Les nouveaux modes de direction des sociétés anonymes après la loi NRE », *Dr. sociétés* 2003. 5.
2. B. Saintourens, « Les organes de direction de la société anonyme après la loi relative aux nouvelles régulations économiques », *Rev. sociétés* 2001. 515.

520 **Conventions réglementées.** L'étude de la gestion de la SA ne serait pas complète sans l'analyse de la réglementation applicable aux dirigeants de la société dans leurs rapports individuels avec celle-ci. Il existe un risque pour la société que les dirigeants ne cherchent à profiter de leur position privilégiée dans la société. Un conflit d'intérêts pourrait surgir chez un dirigeant, opposant son intérêt personnel à l'intérêt social[1]. Afin de mieux contrôler ce risque, la loi impose un régime particulier aux conventions passées entre la société est l'un de ses dirigeants, lequel régime a été régulièrement modifié, y compris par la loi *PACTE*.

521 **Plan.** Les dirigeants de la société anonyme de gestion classique sont donc le conseil d'administration (**§ 1**), le président du conseil d'administration (**§ 2**) et le directeur général de la société (**§ 3**). Une mention particulière doit être faite du régime des conventions réglementées (**§ 4**).

§ 1. Le conseil d'administration

522 **Plan.** Le conseil d'administration est composé d'administrateurs mais il est un organe collégial. Il résulte de ce mode de fonctionnement que ses membres, pris isolément, n'ont aucun pouvoir de gestion dans la société. Le pouvoir appartient au seul organe collégial et non aux individus qui le composent.

L'étude du conseil d'administration conduit à distinguer les règles relatives au statut des administrateurs (**A**), de celles régissant le fonctionnement du conseil d'administration (**B**).

A. Le statut des administrateurs

523 Un certain nombre de dispositions impératives concernent la nomination des administrateurs (**1**), la cessation de leurs fonctions (**2**) ainsi que leur responsabilité (**3**).

1. D. Schmidt, « Essai de systématisation des conflits d'intérêts », *D.* 2013. chron. 446, *adde* du même auteur, *Les conflits d'intérêts dans la société anonyme*, Joly, « Patr227_19. Et Aff. », 2004 ; V. Magnier, « Mouvements et inerties en matière de conflits d'intérêts dans le cadre du droit des sociétés », in « Les mouvements du droit face aux conflits d'intérêts », dir. N. Molfessis, *JCP* 2011. suppl. n° 52. étude 7 ; A. Couret (dir.), *Les conflits d'intérêts : Une question majeure pour le droit des affaires du XXI*^e^ *siècle*, actes du colloque de l'Association Droit et Commerce, 2006, *RJ com.* 2006, n° spéc.

1. La nomination des administrateurs

524 **Conditions de fond.**

1) Règles générales. Alors que les administrateurs devaient obligatoirement être propriétaires d'actions de la société, il appartient désormais aux statuts de prévoir une telle obligation et de déterminer le nombre d'actions à détenir (C. com., art. L. 225-25, al. 1). Ces actions, dites souvent de garantie, deviennent donc facultatives. Le délai ouvert aux administrateurs pour régulariser leur situation au regard de l'obligation statutaire est de six mois[1].

L'administrateur peut être une personne physique ou une personne morale. Dans le premier cas, il doit posséder la capacité civile et ne pas tomber sous le coup de certaines incompatibilités ou interdictions. Il ne doit pas dépasser la limite d'âge fixée par les statuts[2]. Lorsqu'une personne morale est nommée administrateur, la loi prévoit qu'elle doit désigner un représentant permanent qui est soumis aux mêmes conditions et obligations que s'il était administrateur en son nom propre. Néanmoins, ce ne sera pas le représentant qui sera, le cas échéant, propriétaire des actions de la société mais la personne morale elle-même. En cas de révocation de ce représentant, la personne morale est tenue de le remplacer (C. com., art. L. 225-20).

2) Administrateurs indépendants, comités spécialisés dans les sociétés cotées. Afin d'assurer un meilleur contrôle des administrateurs sur la direction des sociétés cotées, le code de gouvernement d'entreprise des sociétés cotées préconise que la moitié au moins de ceux-ci soit indépendante. L'administrateur est indépendant lorsqu'il n'entretient aucune relation de quelque nature que ce soit avec la société, son groupe ou sa direction, qui puisse compromettre l'exercice de sa liberté de jugement[3]. En juin 2013, un nouveau critère d'indépendance plus objectif a été introduit

---

1. Traditionnellement, les actions détenues par les administrateurs étaient affectées à la garantie des actes de gestion des administrateurs. D'où leur nom d'actions de garantie leur réservant un régime particulier, notamment l'inaliénabilité et ses corollaires, l'insaisissabilité et l'interdiction de la mise en gage. Ce régime, fortement illusoire en pratique, a été supprimé, ainsi que l'obligation légale pour l'administrateur d'être actionnaire.

2. À défaut, le nombre d'administrateurs ayant dépassé l'âge de 70 ans ne pourra être supérieur au tiers des administrateurs en fonction.

3. V., pour une critique, J. Delga, E. Scholastique, B. Richard, *in* « La gouvernance d'entreprise », *Cah. dr. entr.* 2005, n° 5.

dans le code de gouvernement d'entreprise des sociétés cotées : le seuil de douze années de mandat au-delà duquel un administrateur n'est plus considéré comme indépendant.

En dehors de toute contrainte légale, les rapports Viénot figurant désormais dans le code du gouvernement d'entreprise AFEP/MEDEF ont recommandé la mise en place dans les sociétés cotées de comités spécialisés composés d'administrateurs indépendants afin d'assister le conseil d'administration dans certaines missions : nomination et rémunération des dirigeants, contrôle des comptes. L'ordonnance du 8 décembre 2008 impose désormais la constitution d'un comité d'audit dans les sociétés cotées, dont la mission est d'assurer le suivi des questions relatives à l'élaboration et au contrôle des informations comptables et financières (C. mon. fin., art. L. 823-19). Plus spécialement, leur mission porte sur le suivi du processus d'élaboration de l'information financière, de l'efficacité des systèmes de contrôle interne et de gestion des risques, du contrôle légal des comptes et de l'indépendance des commissaires aux comptes. Il ne s'agit que d'assurer les suivis de cette gestion, les décisions de gestion portant sur les risques relevant de l'action de la direction générale[1].

3) Parité dans les grandes sociétés. Le législateur a récemment souhaité remédier au faible taux de nomination de femmes dans les conseils d'administration des grandes sociétés[2], ce qui a nécessité une révision de la Constitution pour autoriser l'instauration de quotas en France[3]. La loi n° 2011-103 du 27 janvier 2011 relative à la représentation équilibrée des femmes et des hommes au sein des conseils d'administration et de surveillance et à l'égalité

1. Dépourvus de toute compétence décisionnelle, ces comités agissent donc sous la responsabilité du conseil qui ne peut pas leur transférer sa propre compétence décisionnelle. V. Com. 11 oct. 2005, *JCP E* 2005. 1796, qui annule l'octroi d'une rémunération décidée par référence à une décision prise par deux administrateurs mandatés à cet effet.

2. En 2009, on comptait 10,5 % de femmes dans les conseils d'administration du CAC 40 et en 2010, 15,3 %.

3. L'article 1er de la Constitution prévoit désormais que « la loi favorise l'égal accès des femmes et des hommes aux responsabilités sociales et professionnelles » (Const. 4 oct. 1958, art. 1er, modifié par L. const. n° 2008-724, 23 juill. 2008, art. 1er). Dans une décision du 16 mars 2006, le Conseil constitutionnel avait déclaré que les dispositions de la proposition de loi relative à l'égalité salariale visant à instaurer une représentation équilibrée entre les femmes et les hommes étaient contraires au principe d'égalité devant la loi, justifiant une réforme constitutionnelle avant qu'il soit possible d'introduire des quotas en France.

professionnelle[1] pose un tel principe de représentation. Elle prévoit l'instauration progressive de la parité au sein des conseils de manière pour parvenir le 1er janvier 2017 à la proportion minimale de 40 % d'administrateurs ou de membres du conseil de surveillance de chaque sexe. Ces dispositions sont applicables aux sociétés anonymes cotées sur un marché réglementé (C. com., art. L. 22-10-3 pour les SA monistes et L. 22-10-21 pour les SA dualistes) mais également à celles qui, pendant au moins trois années consécutives, emploient au moins 250 salariés au 1er janvier 2020 (anciennement 500 salariés) et présentent un montant net de chiffre d'affaires ou un total de bilan d'au moins 50 millions d'euros (C. com., art. L. 225-17, al. 2 et L.225-69-1)[2]. Afin d'assurer un engagement rapide des sociétés, deux étapes intermédiaires ont été prévues[3]. Lorsque le conseil d'administration est composé au plus de huit membres, l'écart entre le nombre des administrateurs de chaque sexe ne peut être inférieur à deux (C. com., art. L. 225-18-1). Les administrateurs élus *parmi* les salariés actionnaires comme ceux élus *par* les salariés ne sont pas pris en compte pour apprécier cette parité[4]. Lorsque, du fait d'une vacance, le conseil d'administration n'est plus conforme à l'exigence de parité, il doit procéder à des nominations provisoires dans le délai de six mois à compter de cette vacance.

Toute nomination effectuée en violation de ces règles est sanctionnée par la nullité[5]. En outre, il est prévu une sanction financière : le versement de la rémunération des administrateurs[6] est

---

1. *JO* du 28 janvier 2011 ; pour une comparaison avec l'approche allemande, v. J. Redenius-Hoevermann et D. Weber-Rey, « La représentation des femmes dans les conseils d'administration France et en Allemagne », *Rev. sociétés* 2011. 203.
2. Pour les sociétés en commandite par actions, le texte est inscrit à l'article L. 226-4 du Code de commerce pour les SCA de grande taille et à l'article L. 22-10-74 pour les SCA cotées.
3. Afin d'assurer un engagement rapide des sociétés, deux étapes intermédiaires ont été prévues. Une première disposition prévoit que lorsque, à la date de publication de la loi – soit le 28 janvier 2011 –, l'un des deux sexes n'est pas représenté aux conseils d'administration ou de surveillance de sociétés visées par le texte, un représentant au moins de ce sexe doit être nommé lors de la prochaine assemblée générale ordinaire ayant à statuer sur la nomination d'administrateurs ou de membres du conseil de surveillance. Une seconde disposition fixe à 20 % la proportion minimale des administrateurs ou membres du conseil de surveillance de chaque sexe dans un délai de trois ans suivant la publication de la loi – soit à l'issue de la première assemblée générale ordinaire tenue après le 1er janvier 2014.
4. La dernière version de cette règle est issue de la loi PACTE.
5. La loi *PACTE* abroge la phrase selon laquelle la violation de ces dispositions n'entraîne pas celle des délibérations auxquelles a pris part l'administrateur irrégulièrement nommé.
6. V. ss 528.

suspendu temporairement (C. com., art. L. 225-45). Le versement est rétabli lorsque la composition du conseil d'administration devient régulière, incluant l'arriéré depuis la suspension. La même sanction est identique lorsque le conseil de surveillance n'est pas composé conformément à la règle de la parité.

Le rapport annuel du président du conseil d'administration ou du conseil de surveillance, relatif à la composition et au fonctionnement de cette instance[1], doit comporter des développements sur l'application du principe de représentation équilibrée des femmes et des hommes en son sein[2].

525 **Cumul des mandats.** Une personne physique ne peut exercer simultanément plus de cinq mandats d'administrateur de sociétés anonymes ayant leur siège sur le territoire français (art. L. 225-21, al. 1)[3]. Par dérogation, ne sont pas pris en compte les mandats d'administrateur ou de membre du conseil de surveillance exercés par cette personne dans les sociétés, cotées ou non, qui sont contrôlées[4] par la société dans laquelle elle est administrateur[5]. De même, les mandats d'administrateur exercés dans les sociétés non cotées contrôlées ne comptent que pour un seul mandat, sous réserve que le nombre de mandats détenus à ce titre n'excède pas cinq[6].

De plus, une même personne physique ne peut pas cumuler, tous mandats confondus, plus de cinq mandats d'administrateur, de membre du conseil de surveillance, de directeur général, ou de membre du directoire et directeur général unique (C. com., art. L. 225-94-1)[7]. Aux termes de la loi Macron, le nombre maximum de mandats qu'une même personne peut détenir est réduit à

1. V. ss 555.
2. Après une période d'adaptation, les sociétés concernées se sont progressivement conformées à la règle de la parité (V. rapport AMF sur le gouvernement d'entreprise).
3. Auparavant, le cumul pouvait aller jusqu'à huit mandats (art. L. 1966, art. 92, al. 1).
4. Le contrôle est défini par référence à l'article L. 233-16 du Code de commerce pour l'application des règles relatives aux comptes consolidés (v. ss 695).
5. Cette dérogation est applicable au mandat de président qui peut donc cumuler jusqu'à cinq mandats de président du conseil d'administration.
6. C. Malecki, « Règles du cumul global de mandats : les précisions du projet de loi de sécurité financière », *D.* 2003. 1418.
7. Ainsi, une personne physique titulaire d'un mandat d'administrateur ne pourra exercer simultanément que quatre autres mandats. Un directeur général, qui est en même temps administrateur, n'exerce qu'un mandat. Les directeurs généraux délégués ne sont pas visés par la limite de cumul de mandat.

trois quand le mandat est exercé dans certaines conditions précisées par la loi. Il s'agit des mandats sociaux exercés au sein de sociétés dont les titres sont admis aux négociations sur un marché réglementé par les personnes exerçant un mandat de directeur général, de membre du directoire ou de directeur général unique dans une société dont les titres sont admis aux négociations sur un marché réglementé et qui emploie au moins cinq mille salariés permanents dans la société et ses filiales, directes ou indirectes, dont le siège social est fixé sur le territoire français, ou au moins dix mille salariés permanents dans la société et ses filiales, directes ou indirectes, dont le siège social est fixé sur le territoire français ou à l'étranger (C. com., art. L.225-94-1, al. 1, *in fine*). Par dérogation, ne sont pas comptés les mandats d'administrateur ou de membre du conseil de surveillance exercés dans les sociétés contrôlées, cotées ou non, par une personne exerçant un mandat dans la société mère. Ne sont pas non plus comptés les mandats d'administrateur ou de membre du conseil de surveillance exercés par le directeur général unique des sociétés dont l'activité principale est d'acquérir et de gérer des participations au sens de l'article L. 233-2 du Code de commerce, dans les sociétés qui constituent des participations (C. com., art. L. 225-94-1, al. 3 nouv.)[1].

Par ailleurs, une même personne ne peut exercer simultanément plus d'un mandat de directeur général, de membre du directoire ou de directeur général unique (C. com., art. L. 225-54-1, al. 1er). Par dérogation, un mandat supplémentaire peut être exercé dans une société contrôlée, cotée ou non, et un autre mandat dans une autre société dès lors qu'aucune des deux sociétés concernées n'est cotée.

En cas de dépassement, l'administrateur a trois mois à compter du franchissement du plafond pour régulariser sa situation. Sinon, il doit démissionner d'office du dernier mandat et restituer les

1. Dans une telle hypothèse, ne sont pas pris en compte les mandats non exécutifs détenus par le dirigeant exécutif d'une société A, société de participation, dans une société B dans laquelle A détient entre 10 % et 50 % du capital. Cette nouvelle disposition concerne les sociétés d'investissement dont les dirigeants pourront plus facilement siéger dans les sociétés conseils des sociétés dans lesquelles des participations sont prises.

sommes perçues. Les délibérations auxquelles il a pris part restent valables. Sa responsabilité civile peut être recherchée en cas de préjudice, le non-respect des règles de cumul constituant une faute (C. com., art. L. 225-251).

Afin d'informer les actionnaires sur le cumul des mandats, le rapport sur le gouvernement d'entreprise présenté par le conseil d'administration à l'assemblée générale doit comporter la liste de l'ensemble des mandats et fonctions exercés dans toute société par chacun des mandataires sociaux durant l'exercice (C. com., art. L. 225-37-4, 1°)[1].

526 **Cumul d'un mandat d'administrateur et d'un contrat de travail.** La question du cumul est ancienne. Le législateur hésite entre permettre aux administrateurs de mieux connaître leur entreprise, favoriser l'accès des salariés au conseil d'administration et éviter de réduire la portée de la révocation *ad nutum* des administrateurs. Ce cumul est donc permis mais encadré. La loi du 24 juillet 1966 prévoyait qu'un salarié de société anonyme ne pouvait être nommé administrateur que si un contrat de travail était antérieur de deux années au moins à sa nomination. Aujourd'hui l'exigence d'une antériorité demeure sans durée minimum. La loi n° 2012-387 du 22 mars 2012 relative à la simplification du droit et à l'allégement des démarches administratives, dite loi *Warsmann II*, allège ce cadre pour les PME.

En principe, un administrateur ne peut se faire octroyer un contrat de travail au cours de son mandat. Le contrat de travail serait frappé de nullité absolue[2] et l'administrateur devrait restituer le salaire indûment perçu (C. com., art. L. 225-44).

Un salarié peut devenir administrateur sans perdre le bénéfice de son contrat de travail, sous réserve qu'il remplisse les conditions énoncées à l'article L. 225-22 du Code de commerce. Le contrat de travail doit correspondre à un emploi effectif, permettant de poursuivre l'activité salariée en parallèle avec les fonctions

1. Cette obligation se retrouve dans les sociétés en commandite par actions, mais pas dans les sociétés par actions simplifiées.
2. Com. 26 janv. 1999, *Bull. Joly* 1999. 657, obs. Th. Granier, *JCP E* 1999. 1239, obs. A. Viandier et J.-J. Caussain, *Dr. sociétés* 1999. 59, note D. Vidal, *RTD civ.* 1999. 831, obs. J. Mestre.

d'administrateur et maintenant un état de subordination[1] caractéristique du contrat de travail[2]. En raison de leur autonomie, les faits qui justifieraient un licenciement n'ont pas à être pris en compte au titre de la révocation. De manière plus atypique, le contrat de travail peut avoir pour objet l'exercice d'un mandat social, ce qui pose des questions cruciales en cas de licenciement du mandataire social[3].

Le nombre d'administrateurs salariés ne peut excéder le tiers des administrateurs en fonction[4]. La violation de cette dernière règle n'est pas expressément sanctionnée, mais, par analogie, la jurisprudence applique la nullité prévue pour la première condition[5].

Les conditions sont cumulatives. Lorsqu'elles sont remplies, le salarié conserve le bénéfice de son contrat et peut cumuler son salaire avec sa rémunération d'administrateur. Si l'une d'entre elles n'est pas satisfaite, la jurisprudence reste hésitante : tantôt elle maintient le contrat de travail et annule la nomination d'administrateur[6], tantôt elle considère que le contrat de travail prend fin dès que le salarié est nommé administrateur[7], tantôt elle estime que le contrat de travail est seulement suspendu[8]. La

---

1. V. l'hypothèse d'un cumul au sein d'un groupe de sociétés, concernant un salarié exerçant une activité de dirigeant au sein d'une filiale : Soc. 2 juin 2016, n° 14-29727, *Bull. Joly*, sept. 2016, 477, note G. Auzero.
2. Pour la jurisprudence, les fonctions doivent être nettement distinctes, ce qui est le cas notamment si elles font l'objet de rémunérations différentes et si les fonctions salariées sont d'ordre purement technique (directeur technique, par exemple).
3. Fréquent dans les groupes, ce montage permet à la société mère d'exercer un contrôle sur la mise en œuvre de la politique de groupe dans la filiale. Dans l'hypothèse où il est mis fin à l'un des contrats, se pose la question de l'articulation entre eux : en principe, le licenciement n'entraîne pas de droit de révocation du mandataire social en raison de l'indépendance respective des contrats (Com. 3 mars 2015, n° 14-12036, *Bull. Joly* juin 2015, p. 286, note D. Porrachia) ; les circonstances de la révocation peuvent néanmoins être affectées par le licenciement. Il en va ainsi lorsque les modalités du licenciement permettent de caractériser le caractère brutal de la révocation dans la filiale – il est vrai, dans la mesure où il y a identité d'objet du contrat de travail et du mandat social : Com. 9 janv. 2019, n° 17-28957, *Bull. Joly*, avr. 2019, p. 13, note C. Coupet.
4. Ce seuil du tiers s'apprécie sans compter les administrateurs de catégories particulières (administrateurs élus pas les salariés, administrateurs représentant les salariés actionnaires ou le fonds commun de placement d'entreprise...).
5. La condition d'antériorité de deux ans du contrat de travail par rapport au mandat d'administrateur qui avait été reprise dans le nouvel article L. 225-22, alors qu'elle avait été supprimée en 1994, a été définitivement écartée par la loi MURCEF du 11 déc. 2001.
6. Soc. 28 mars 1979, *Rev. sociétés* 1979. 819, note P. Le Cannu.
7. Soc. 5 juin 1980, *JCP E* 1981. II. 1362, note Y. Guyon.
8. Soc. 11 juin 1997, *Bull. Joly* 1997. 882, n° 318, note B. Petit. Comp. Ass. plén. 4 juin 1993, *Bull. Joly* 1993. 746, note P. Le Cannu, *JCP E* 1993. II. 475, note B. Petit, *D.* 1993. 501, note Chartier et concl. Jeol, *JCP* 1993. II. 22112, note Y. Saint-Jours, *RTD com.* 1993. 674, obs. Reinhard, dans lequel

nullité de la nomination n'entraîne pas celle des délibérations auxquelles l'administrateur a pris part (C. com., art. L. 225-22, al. 1).

Lorsque l'administrateur salarié est révoqué de son mandat social il conserve par principe le bénéfice de son contrat de travail.

527 **Mode de nomination, nombre d'administrateurs, durée des fonctions.**

1) Règles générales. À la constitution, les administrateurs sont désignés dans les statuts (administrateurs statutaires) puis dans un acte séparé. En cours de vie sociale, ils sont élus par l'assemblée générale ordinaire des actionnaires statuant aux conditions de *quorum* et de majorité qui lui sont propres. En cas de vacance d'un siège d'administrateur, le conseil d'administration procède, dans l'attente d'une assemblée générale, à une cooptation en nommant une personne à titre provisoire. La cooptation est obligatoire lorsque le nombre d'administrateurs est devenu inférieur au minimum statutaire sans être inférieur au minimum légal. Elle est interdite lorsque le minimum légal n'est pas atteint : une assemblée générale ordinaire doit être convoquée immédiatement par le conseil d'administration. À défaut, tout intéressé peut demander en justice la désignation d'un mandataire chargé de convoquer l'assemblée afin de procéder à la nomination (C. com., art. L. 225-24). La nomination d'un administrateur fait l'objet d'une publicité dans un journal d'annonces légales, d'une inscription au Registre du commerce et d'une insertion au BODACC afin de la rendre opposable aux tiers.

Le nombre d'administrateurs est librement choisi par les statuts dans la double limite de trois au minimum et dix-huit au maximum (C. com., art. L. 225-17)[1]. En cas de fusion, le nombre de membres du conseil d'administration peut atteindre vingt-quatre, pendant trois ans maximum (C. com., art. L. 225-95).

---

l'Assemblée plénière a nettement pris parti pour la nullité de la nomination au poste de membre du conseil de surveillance ; aj. B. Petit, « Le sort du contrat de travail des directeurs généraux », *Dr. sociétés*. 1991. 463 ; R. Vatinet, « Des hypothèses de non-cumul d'un contrat de travail et d'un mandat social », *Rev. sociétés* 1999. 273.

1. Contre vingt-quatre avant la loi NRE.

La durée des fonctions des administrateurs est fixée par les statuts, sans pouvoir excéder six ans (C. com., art. L. 225-18)[1]. Ils sont rééligibles, sauf disposition contraire des statuts.

2) Mise au nominatif des actions des dirigeants dans les sociétés cotées. Afin de faciliter les contrôles exercés autrefois par la COB et aujourd'hui par l'AMF sur les opérations effectuées par les dirigeants de sociétés cotées sur les titres de la société dans laquelle ils exercent leur mandat, la loi impose aux différents mandataires sociaux des sociétés cotées de faire mettre sous la forme nominative les actions de la société qui leur appartiennent (C. com, art. L. 225-109)[2]. Une alternative à la mise au nominatif des titres des dirigeants consiste à déposer ces titres auprès d'un intermédiaire habilité en vue de l'administration ou de la conservation de ces titres (C. com., art. 225-112).

528 Rémunération

1) Règles générales. Les fonctions peuvent être gratuites, mais le plus souvent les administrateurs sont rémunérés. Cette rémunération ne peut consister qu'en l'octroi de jetons de présence dont le montant annuel est fixé par l'assemblée générale[3] globalement pour l'ensemble du conseil d'administration, qui décide ensuite librement de la répartition entre ses membres (C. com., art. L. 225-44 et L. 225-45, al. 1er). Dans les grandes sociétés soumises à la parité[4], la loi n° 2011-103 du 27 janvier 2011 relative à la représentation équilibrée des femmes et des hommes au sein des conseils d'administration et de surveillance et à l'égalité professionnelle[5] prévoit la suspension du versement des jetons de présence lorsque la proportion des membres de chaque sexe d'au

1. Jusqu'à la loi de simplification du 22 mars 2012, la durée du mandat pour les administrateurs statutaires était réduite à trois ans (renouvelables).
2. Les personnes visées par l'obligation de mise au nominatif sont le président, les directeurs généraux, les membres du directoire de la société concernée, ou encore les personnes physiques ou morales exerçant dans cette société les fonctions d'administrateur ou de membre du conseil de surveillance ainsi que les représentants permanents des personnes morales qui exercent ces fonctions. La même obligation s'étend aux conjoints non séparés de corps de ces personnes.
3. Les administrateurs, qui sont actionnaires, peuvent participer au vote de la fixation de leur rémunération.
4. La loi vise les sociétés cotées et celles employant au moins 500 salariés et présentant un montant net de chiffre d'affaires ou un total de bilan d'au moins 50 millions d'euros sur une durée d'au moins trois années consécutives.
5. *JO* 28 janv. 2011.

moins 40 % n'est pas respectée. Le versement est rétabli lorsque la composition du conseil d'administration retrouve cette parité (al. 2).

Une rémunération exceptionnelle peut être allouée à un administrateur chargé d'une mission qui dépasse le cadre de ses fonctions (C. com., art. L. 225-46), mais son octroi est soumis aux dispositions de l'article L. 225-40 propres aux conventions réglementées. Le conseil peut autoriser le remboursement de frais de voyage et de déplacement ainsi que des dépenses engagées par les administrateurs dans l'intérêt de la société. Les dirigeants de grandes sociétés peuvent bénéficier en outre de *stock-options*[1] ou d'une attribution d'actions gratuites[2].

Tout actionnaire a droit d'obtenir communication du montant global, certifié exact par les commissaires aux comptes (quand ils existent), des rémunérations des cinq personnes les mieux rémunérées (ce nombre est porté à dix dans les sociétés de plus de deux cents salariés ; C. com., art. L. 225.115-4e).

2) Rémunération des mandataires de sociétés cotées.

Historique. Pour faire face aux abus auxquels certains modes de rémunération ont pu conduire[3], les lois récentes ont exigé plus de transparence dans les grandes sociétés. Depuis l'exercice 2014, il était recommandé par le Code de gouvernance d'entreprise de l'AFEP-MEDEF que l'ensemble des rémunérations dues aux dirigeants durant l'exercice soit soumis à un vote consultatif des actionnaires[4]. Jusqu'en 2020, toutefois, les administrateurs de sociétés anonymes étaient moins concernés par les textes que les

---

1. Sur ce mécanisme relativement complexe, v. R. Vatinet in *Rev. sociétés* 1997. 31 et 2001. 580 ; V. Martineau-Bourgninaud, « Le mythe de la transparence en droit des sociétés. Réflexions sur les *stock-options* accordées aux mandataires sociaux », *D.* 2004. 862. Un arrêt précise que si les droits résultant de l'attribution, pendant le mariage à un époux commun en biens, d'une option de souscription ou d'achats d'actions forment des propres par nature, les actions acquises par l'exercice de ces droits entrent en revanche dans la communauté lorsque l'option est levée pendant le mariage : Civ. 1re., 9 juill. 2014, no 13-15.948, *Dr. sociétés* 2015, comm. 24, obs. R. Mortier.

2. V. ss 609.

3. Ainsi Versailles 19 mai 2011, *Rev. sociétés* 2012. 99, note P. Le Cannu ; Com. 1er mars 2011, *Rev. sociétés* 2012. 41, note P. Le Cannu.

4. V. Magnier, « Le nouveau code de gouvernement d'entreprise des sociétés cotées est arrivé ! », *Actes pratiques*, sept. 2013. *Adde* « Rapport d'information sur la transparence de la gouvernance des entreprises », *AN* no 737, 20 févr. 2013 : www.assemblee-nationale.fr/14/rap-info/i0737.asp, *Actes pratiques*, Dossier juill. 2014 (dir. S. Schiller et V. Magnier).

dirigeants[1]. La loi 2016-1691 du 9 décembre 2016 relative à la transparence, à la lutte contre la corruption et à la modernisation de l'économie, dite loi « *Sapin II* », imposait que les actionnaires se prononcent sur une politique de rémunération des dirigeants de sociétés cotées, en prévoyant deux votes distincts[2]. D'une part, les principes et les critères de rémunération, de détermination, de répartition et d'attribution des éléments fixes, variables et exceptionnels composant la rémunération totale et les avantages de toute nature attribuables aux dirigeants font l'objet d'un vote *ex ante* en assemblée générale (C. com., art. L. 225-37-2 et L. 225-82-2). Un second vote, *ex post*, porte d'autre part sur les éléments de rémunération et avantages de toute nature versés ou attribués aux dirigeants concernés au titre de l'exercice précédent. La présentation de la politique de rémunération concernait uniquement le président, les directeurs généraux ou directeurs généraux délégués[3] ou, pour les sociétés dualistes, les membres du directoire, le directeur général unique et les membres du conseil de surveillance[4]. Prise en application de la loi PACTE, l'ordonnance n° 2019-1234 du 27 novembre 2019, complétée par le décret n° 2019-1235, a réformé le régime juridique encadrant la rémunération des mandataires sociaux des sociétés dont les actions sont cotées. Cette ordonnance étend le champ des personnes concernées à tous les mandataires sociaux de SA[5]. Le vote sur la poli-

1. Première du genre, la loi du 26 juillet 2005 imposait que le rapport de gestion décrive, en les distinguant, les éléments fixes, variables et exceptionnels versés aux mandataires sociaux, ainsi que les engagements de toute nature, pris par la société, au bénéfice de ses mandataires sociaux, en précisant les critères en application desquels ils étaient calculés ou les circonstances en vertu desquelles ils étaient établis. Étaient par ailleurs soumis à la procédure des conventions réglementées des articles L. 225-38 et L. 225-86 du Code de commerce, les éléments de rémunération, les indemnités ou les avantages dus ou susceptibles d'être dus à raison de la cessation ou du changement des fonctions d'un administrateur, ou postérieurement à celles-ci, ce qui vise les rémunérations accordées aux dirigeants de sociétés cotées après leur départ autrement dit *parachutes dorés*. Ensuite, la loi du 21 août 2007 a subordonné le versement de ces rémunérations différées à des *conditions de performance* (anc. C. com., art. L. 225-42-1, al. 1er et L. 225-90-1, al. 1er).

2. H. Le Nabasque, « Le *say on pay* contraignant », *Bull. Joly*, 2016, p. 461 ; « Le champ d'application du nouveau *say on pay* (loi *Sapin* 2 du 9 décembre 2016 et décret du 16 mars 2017) », *Bull. Joly*, avr. 2017, p. 263.

3. C. com., art. L 22-10-8, anc. L. 225-37-2 modifié par Ordonnance n° 2019-1234 puis abrogé par Ordonnance n° 1142 du 16 novembre 2020.

4. C. com., art. L. 22-10-26, anc. L. 225-82-2 modifié par Ordonnance n° 2019-1234 puis abrogé par Ordonnance n° 1142 du 16 novembre 2020.

5. Sont également désormais visés les gérants et membres du conseil de surveillance de sociétés en commandite par actions.

tique de rémunération couvre ainsi l'ensemble des mandataires sociaux des sociétés dont les actions sont cotées.

Vote sur la politique de rémunération des mandataires sociaux. Dans les sociétés cotées monistes, aux termes de l'article L. 22-10-8, I du Code de commerce[1], le conseil d'administration établit une politique de rémunération de tous les mandataires sociaux. Cette politique doit être conforme à l'intérêt social, contribuer à sa pérennité et s'inscrire dans sa stratégie commerciale. Elle décrit toutes les composantes de la rémunération fixe et variable et explique le processus de décision suivi pour sa détermination, sa révision et sa mise en œuvre. Elle est présentée de manière claire et compréhensible au sein du rapport sur le gouvernement d'entreprise mentionné au dernier alinéa de l'article L. 225-37 du Code de commerce. Ainsi définie, la politique de rémunération des mandataires sociaux fait ensuite l'objet d'un projet de résolution en assemblée générale (C. com., art. L. 22-10-8, II). Lorsque l'assemblée générale des actionnaires n'approuve pas le projet de résolution, la loi prévoit deux hypothèses : si une politique de rémunération a été précédemment approuvée, celle-ci continue de s'appliquer et le conseil d'administration doit soumettre à l'approbation de la prochaine assemblée générale des actionnaires un projet de résolution présentant une politique de rémunération révisée et indiquant de quelle manière ont été pris en compte le vote des actionnaires - et, le cas échéant, les avis exprimés lors de l'assemblée générale. Si, à l'inverse, aucune politique de rémunération n'a été précédemment approuvée, la rémunération doit être déterminée conformément à la rémunération attribuée au titre de l'exercice précédent ou, en l'absence de rémunération attribuée au titre de l'exercice précédent, conformément aux pratiques existant au sein de la société.

La partie réglementaire du Code de commerce précise les informations générales à présenter dans la politique de rémunération

1. Pour les sociétés dualistes, la même règle s'applique mais vise le conseil de surveillance (C. com., art. L. 22-10-26 s.).

(C. com., art. R. 22-10-14)[1]. En outre, il doit être précisé pour chaque mandataire social un certain nombre d'éléments d'information, en particulier les éléments fixes, variables et exceptionnels de leur rémunération et les avantages de toute nature qui leur sont accordés en raison de leur mandat. Lorsque la société attribue une rémunération en actions, doivent être précisées les périodes d'acquisitions et, le cas échéant, de conservation des actions. Lorsque la société attribue des éléments de rémunération variables, doivent être précisés les critères de nature financière et non financière, y compris ceux relatifs à la responsabilité sociale et environnementale de l'entreprise.

Une fois soumise au vote de l'assemblée générale des actionnaires, la politique de rémunération est rendue publique sur le site de la société (C. com., art. R. 22-10-14).

Le dispositif légal interdit expressément le versement de toute rémunération qui ne serait pas conforme à la politique approuvée par les actionnaires. En effet, aucun élément de rémunération, de quelque nature que ce soit, ne peut être déterminé, attribué ou versé par la société, ni aucun engagement correspondant à des éléments de rémunération, des indemnités ou des avantages dus ou susceptibles d'être dus à raison de la prise, de la cessation ou du changement de leurs fonctions ou postérieurement à l'exercice de celles-ci, ne peut être pris par la société s'il n'est pas conforme à la politique de rémunération approuvée ou, en son absence, aux rémunérations ou aux pratiques mentionnées précédemment (C. com., art. L. 22-10-8, III). Toutefois, en cas de circonstances exceptionnelles, le conseil d'administration peut déroger à l'application de la politique de rémunération si cette dérogation est temporaire, conforme à l'intérêt social et nécessaire pour garantir la pérennité ou la viabilité de la société. Tout versement, attribution ou engagement effectué ou pris en méconnaissance de ces dispositions est nul.

Votes sur la rémunération des mandataires sociaux. Le dispositif issu de l'ordonnance du 27 novembre 2019 prévoit deux

1. Il s'agit notamment de présenter la manière dont l'intérêt social est respecté, quel est le processus de décision suivi pour déterminer la politique de rémunération, les méthodes d'évaluation permettant de déterminer les critères de performance et la mesure selon laquelle ces critères ont été satisfaits...

sortes de votes dits « ex post », l'un portant sur l'ensemble des rémunérations à verser pour l'exercice, les autres, sur les versements individuels à verser à chaque dirigeant de société cotée. Pour permettre une plus grande clarté sur ces informations, l'assemblée se prononce sur la base d'informations devant figurer dans le rapport sur le gouvernement d'entreprise et dont la liste imposée est longue. Doit notamment être précisée la rémunération totale et les avantages de toute nature versés à raison du mandat au cours de l'exercice écoulé, ou attribués à raison du mandat. Pour le président du conseil d'administration, le directeur général et chaque directeur délégué, doit en outre être précisé le ratio entre le niveau de la rémunération de chacun de ces dirigeants et, d'une part, la rémunération moyenne des salariés, d'autre part, la rémunération médiane des mêmes salariés, les calculs de ce ratio d'équité reposant sur une base équivalent temps plein des salariés de la société autres que les mandataires sociaux[1] (C. com., art. L. 22-10-9). Doit également figurer l'évolution annuelle de la rémunération, des performances de la société, de la rémunération moyenne des salariés de la société et des ratios d'équité sur les cinq derniers exercices, de manière à permettre la comparaison des évolutions de rémunération. En cas de vote négatif sur le projet de résolution portant sur l'ensemble des rémunérations versées durant l'exercice, les membres du conseil d'administration (ou de surveillance) doivent réviser leur politique et soumettre une politique de rémunération révisée, tenant compte du vote des actionnaires, à l'approbation de la prochaine assemblée générale. Le versement de la somme allouée pour l'exercice en est suspendu jusqu'à l'approbation de la politique de rémunération révisée. Lorsqu'il est rétabli, il inclut l'arriéré depuis la dernière assemblée. Lorsque l'assemblée générale n'approuve pas le projet de résolution présentant la politique de rémunération révisée, la somme suspendue ne peut être versée, et les mêmes effets que ceux associés à la désapprobation du projet de résolution s'appliquent (C. com., art. L. 22-10-34).

1. Pour les sociétés n'employant pas de salarié, comme les holdings, le code AFEP-MEDEF recommande de prendre un périmètre plus représentatif par rapport à la masse salariale en France, pour permettre de calculer ce ratio.

Par ailleurs, l'assemblée générale statue, par des résolutions distinctes, sur les éléments fixes, variables et exceptionnels composant la rémunération totale de chacun des dirigeants de société, et les avantages de toute nature versés au cours de l'exercice écoulé ou attribués au titre du même exercice. Il s'agit, pour les sociétés anonymes monistes, du président du conseil d'administration, du directeur général, des directeurs généraux délégués, ou, pour les sociétés dualistes[1] du président du conseil de surveillance et du directoire, des autres membres du directoire ou du directeur général unique. Ces éléments de rémunération attribués au titre de l'exercice écoulé aux dirigeants sociaux ne peuvent être versés qu'après approbation par une assemblée générale des éléments de rémunération du dirigeant concerné (C. com., art. L. 22-10-34).

Information au sein du rapport sur le gouvernement d'entreprise des sociétés cotées. La politique de rémunération doit tout d'abord être présentée de manière claire et compréhensible au sein du rapport sur le gouvernement d'entreprise mentionné au dernier alinéa de l'article L. 225-37. L'article L. 22-10-9 du Code de commerce[2] impose en outre que les sociétés cotées présentent, « de manière claire et compréhensible », au sein du rapport sur le gouvernement d'entreprise visé à l'article L. 225-37 du Code de commerce[3] un certain nombre d'informations concernant pour chaque mandataire social, y compris les mandataires sociaux dont le mandat a pris fin et ceux nouvellement nommés au cours de l'exercice écoulé, les informations suivantes. Il s'agit de mentionner 1° La rémunération totale et les avantages de toute nature versés à raison du mandat au cours de l'exercice écoulé, ou attribués à raison du mandat au titre du même exercice ; 2° La proportion relative de la rémunération fixe et variable ; 3° L'utilisation de la possibilité de demander la restitution d'une rémunération variable ; 4° Les engagements de toute nature pris par la société et correspondant à des éléments de rémunération, des indemnités

1. V. ss 574.
2. La règle s'impose aussi pour les SA dualistes (C. com., art. L. 22-10-26 avec un renvoi à l'art. L. 225-68) et les SCA cotées (C. com., art. L. 22-10-76 par renvoi à l'article L. 226-10-1).
3. V. ss 541.

ou des avantages dus ou susceptibles d'être dus à raison de la prise, de la cessation ou du changement des fonctions ou postérieurement à l'exercice de celles-ci, notamment les engagements de retraite et autres avantages viagers, en mentionnant, dans des conditions et selon des modalités fixées par décret, les modalités précises de détermination de ces engagements et l'estimation du montant des sommes susceptibles d'être versées à ce titre ; 5° Toute rémunération versée ou attribuée par une entreprise comprise dans le périmètre de consolidation au sens de l'article L. 233-16 ; 6° Pour le président du conseil d'administration, le directeur général et chaque directeur général délégué, les ratios entre le niveau de la rémunération de chacun de ces dirigeants et, d'une part, la rémunération moyenne sur une base équivalent temps plein des salariés de la société autres que les mandataires sociaux, d'autre part, la rémunération médiane sur une base équivalent temps plein des salariés de la société autres que les mandataires sociaux[1] ; 7° L'évolution annuelle de la rémunération, des performances de la société, de la rémunération moyenne sur une base équivalent temps plein des salariés de la société, autres que les dirigeants, et des ratios mentionnés au 6°, au cours des cinq exercices les plus récents au moins, présentés ensemble et d'une manière qui permette la comparaison ; 8° Une explication de la manière dont la rémunération totale respecte la politique de rémunération adoptée, y compris la manière dont elle contribue aux performances à long terme de la société, et de la manière dont les critères de performance ont été appliqués ; 9° La manière dont le vote de la dernière assemblée générale ordinaire prévu au I de l'article L. 22-10-34 a été pris en compte ; 10° Tout écart par rapport à la procédure de mise en œuvre de la politique de rémunération et toute dérogation appliquée conformément au deuxième alinéa du III de l'article L. 22-10-8, y compris l'explication de la nature des circonstances exceptionnelles et l'indication des éléments spécifiques auxquels il est dérogé ; 11° L'application des dispositions du second alinéa de l'article L. 225-45.

1. E. Schlumberger, *in* Dossier « Loi PACTE et droit des sociétés », dir. H. Le Nabasque, *Bull. Joly*, juin 2019, p. 64 ; *Adde*. sur les différents types de ratio, v. V. Magnier, « Retour sur la rémunération des dirigeants de sociétés cotées : comment introduire cohérence et mesure ? », *D.*, Chron. 212, janv. 2016.

2. La cessation des fonctions

529 **Les causes.** Les fonctions d'administrateur peuvent prendre fin pour des causes variées : décès ou maladie, limite d'âge, arrivée du terme du mandat, démission, révocation, transformation, fusion ou dissolution de la société. Les régimes diffèrent selon les causes de cessation des fonctions, certains appelant des précisions.

1) L'arrivée du terme. Lorsque le mandat de l'administrateur arrive à son terme, il prend fin automatiquement sans qu'aucun droit au renouvellement ne puisse être invoqué. Toutefois, il est admis que le conseil d'administration doive inscrire la question à l'ordre du jour de l'assemblée, sous peine de versement de dommages-intérêts compensant le préjudice subi. Le terme est avancé en cas d'atteinte de la limite d'âge ou encore de transformation de la société.

2) La démission. Les administrateurs ont le droit de démissionner sans avoir à fournir le moindre motif. La démission suppose un acte positif. L'administrateur doit notifier à la société sa décision. Un administrateur peut aussi être forcé de démissionner en cas d'incapacité, d'interdiction, de déchéance ou d'incapacité. De même s'il a plus de cinq mandats d'administrateurs, dépasse la limite d'âge statutaire ou légale, si la société est transformée, dissoute, ou si elle adopte la forme dualiste.

3) La révocation. Le principe qui régit la révocation des administrateurs de société anonyme veut qu'ils soient révocables *ad nutum* par l'assemblée générale, c'est-à-dire à tout moment sans préavis, ni juste motif de révocation, ni indemnité (C. com., art. L. 225-18, al. 2). Cette règle est d'ordre public et toute disposition contraire serait nulle[1]. La loi n'exige pas que surgisse un

1. Tel serait le cas de la convention par laquelle serait consenti à l'administrateur un contrat de travail en compensation (Com. 26 janv. 1999, *Bull. Joly* 1999, p. 657, note Th. Granier, *RTD civ.* 1999. 831, J. Mestre), celui d'une promesse de rachat de ses actions en cas de cessation de ses fonctions, (CA Paris 14 déc. 1993, *Rev. sociétés* 1994. 111, obs. Y. Guyon), celui d'un pacte subordonnant la révocation d'un administrateur à l'autorisation préalable du conseil d'administration(Com. 14 mai 2013, n° 11-22845, *Dr. sociétés* 2103, comm. 157, obs. M. Roussille, ou encore de l'octroi d'indemnités de départ importantes.

incident de séance[1] et la révocation peut avoir lieu « en toutes circonstances » sans que l'ordre du jour ne la mentionne (C. com., art. L. 225-105, al. 3). Néanmoins, lorsque la décision a été prise dans des conditions formellement irrégulières, la révocation sera annulée à la suite de l'annulation de l'assemblée[2]. D'autre part, si la révocation s'accompagne de circonstances injurieuses, vexatoires, ou brutales, qui portent une atteinte injustifiée à la réputation de l'administrateur, celui-ci pourra obtenir des dommages-intérêts auprès de la société pour révocation abusive[3]. De manière quelque peu critiquable, la jurisprudence veille de même à ce que le principe du contradictoire soit respecté[4], ce qui suppose que l'administrateur ait été mis en mesure de présenter ses observations préalablement à la décision de la révocation, voire qu'il ait eu connaissance des motifs de sa révocation avant qu'il fût procédé au vote[5]. Plus récemment, la Cour de cassation est utilement revenue sur cette dernière condition en précisant que le dirigeant révocable *ad nutum* n'a pas à être informé, préalablement à l'entretien auquel il est convoqué pour s'expliquer, des motifs de sa révocation. Aussi, celle-ci ne peut être considérée comme abusive dès lors qu'il a été mis en mesure de présenter ses observations devant l'organe compétent pour décider de mettre fin à ses fonctions et qu'elle est intervenue dans des circonstances excluant toute violation de l'obligation de loyauté par la société (C. civ., art. 1382 devenu C. civ., art. 1240)[6].

---

1. Sous la loi de 1867, l'inscription de la révocation à l'ordre du jour était obligatoire. Mais les juges avaient pu autoriser l'assemblée à prononcer la révocation, sans qu'elle soit mise à l'ordre du jour, quand les débats faisaient surgir un incident de séance, c'est-à-dire une révélation imprévue imposant d'urgence la révocation : Cass., req., 20 déc. 1910, *D.* 1912. 1. 441, note Thaller. Le mandataire d'un actionnaire a le pouvoir de révoquer un administrateur dans ces conditions, dès lors que le mandant n'a pas donné d'instruction contraire : Com. 1er juill. 2008.
2. Com. 21 juill. 1969, *D.* 1970. 88.
3. Com. 6 mai 1974, *Rev. sociétés* 1974. 524, note Ph. Merle, *JCP* 1974. II. 17859, note J.-J. Burst.
4. Com. 15 mai 2007, *RTD com.* 2007. 773, obs. P. Le Cannu et B. Dondero ; aj. J.-P. Bertrel, « La cohabitation de la révocabilité *ad nutum* et du contradictoire », *Dr. et patr.* oct. 1998, p. 74 ; K. Adorn, « La révocation des dirigeants de sociétés commerciales », *Rev. sociétés* 1998. 487 ; comp. Com. 10 mai 2006, *RDC* 2006. 1186, qui pose le principe selon lequel les organes de gestion sociétaires n'ont pas de caractère juridictionnel ; *adde* dans un groupe de sociétés, une obligation de loyauté contraint les sociétés du groupe à respecter le principe du contradictoire : Com. 3 mars 2015, n° 14-12036, *Bull. Joly*, juin 2015, 286, note D. Poracchia.
5. Com. 29 mars 2011, n° 10-176.67, *Dr. sociétés* 2011, comm. 130, obs. M. Roussille ; Com. 14 mai 2013, n° 11-22.845, *Dr. sociétés* 2103, comm. 157, obs. M. Roussille ; pour des circonstances particulières, où la révocation n'avait pas été mise à l'ordre du jour, Com. 28 nov. 2018, n° 17-15.859.
6. Com. 23 oct. 2019, n° 17-27.659.

Les actionnaires n'engagent leur responsabilité personnelle en exerçant leur droit de révocation que s'ils ont agi avec une volonté de nuire ou une intention malveillante[1].

3. La responsabilité des administrateurs

530 **Obligations des administrateurs.** Les administrateurs ont le devoir de participer aux réunions du conseil mais n'ont aucun pouvoir individuel sur la gestion de la société. Ils doivent accomplir leur mission avec diligence et bonne foi[2]. Ils doivent agir avec loyauté envers les associés et la société[3]. Les informations qui leur sont communiquées ont un caractère confidentiel et ils sont alors tenus d'une obligation de discrétion (C. com., art. L. 225-37, al. 4)[4]. Le manquement à ces obligations met en cause la responsabilité des administrateurs.

531 **Responsabilité civile.** Les administrateurs sont responsables, envers la société ou envers les tiers[5]. Cette responsabilité peut être individuelle ou solidaire. Il s'agit bien de déterminer non pas la responsabilité « des membres du conseil d'administration » mais de *chacun* d'entre eux, individuellement[6]. L'aspect collégial du conseil d'administration rend, toutefois, l'appréciation de cette responsabilité individuelle délicate en ce que la faute invoquée par les victimes réside fréquemment dans une délibération qui, par construction, est le fruit d'un travail collectif. C'est pourquoi la Cour de cassation a posé une présomption de faute à l'encontre de chacun des membres du conseil d'administration – ou du directoire. Il s'agit d'une présomption simple, le membre de l'organe collégial pouvant alors échapper à sa responsabilité, mais à charge pour lui de démontrer qu'il s'est « comporté en administrateur pru-

1. Com. 1er fév. 1994, n° 92-11.171, *Bull. Joly* 194, p. 413, note R. Baillod ; Com. 14 mai 2013, n° 11-22.845, *Dr. sociétés* 2103, comm. 157, obs. M. Roussille. Cet arrêt semble faire peser sur les associés une obligation de loyauté « dans l'exercice du droit de révocation » alors que traditionnellement cette obligation pèse sur la société, pour laquelle la révocation s'analyse comme une décision.
2. E. Scholastique, *Le devoir de diligence des administrateurs de sociétés (droits français et anglais)*, LGDJ, 1998, préf. A. Tunc.
3. V. ss 181 ; *adde*, H. Le Nabasque, « Le développement du devoir de loyauté en droit des sociétés », *RTD com.* 1999, et la jurisprudence citée.
4. B. Fages, *Bull. Joly*, avr. 2019, p. 7.
5. Pour une étude approfondie, v. Th. Le Bars, « Responsabilité civile des dirigeants sociaux », Rép. Dalloz.
6. Com. 30 mars 2010, *Rev. sociétés* 2011. 304, note P. Le Cannu ; *JCP E* 2010. 1416, note A. Couret.

dent et diligent »[1]. Ce pourra être le cas si l'administrateur établit qu'il s'est opposé à la décision fautive adoptée.

Cette responsabilité est encourue en cas de violation des dispositions législatives ou réglementaires applicables aux sociétés anonymes, en cas de violation des statuts ou pour faute de gestion (C. com., art. L. 225-251). La mauvaise gestion peut consister en un acte volontaire (utilisation abusive des fonds sociaux pour favoriser d'autres sociétés), mais recouvre aussi les cas d'imprudence ou de négligence. Sa détermination suppose une appréciation sur l'attitude qu'aurait dû avoir un dirigeant diligent. Ainsi, l'abstention de l'administration, voire son absence non motivée par un empêchement pourraient ne pas suffire à combattre la présomption jurisprudentielle. Le fait que l'opération dommageable a été autorisée par l'assemblée des actionnaires n'exonère pas nécessairement les mandataires sociaux mais peut entraîner une atténuation de leur responsabilité.

La faute de gestion est retenue à l'encontre du dirigeant ou administrateur dans l'exercice de ses fonctions. Elle est le fondement le plus fréquemment invoqué pour engager la responsabilité des dirigeants. Le dirigeant peut se voir reprocher une faute de gestion quand bien même il n'a fait qu'exécuter la décision prise par l'assemblée générale des actionnaires[2]. À l'égard des tiers, cependant, la jurisprudence ne retient la responsabilité du dirigeant que s'il a commis une faute séparable de ses fonctions et qui lui est imputable personnellement[3]. Cette faute a été précisée comme étant une faute commise intentionnellement par le dirigeant, d'une particulière gravité, la rendant incompatible avec l'exercice normal des fonctions sociales[4], ce qui est le cas d'une

1. *Ibid.* Il appartiendra au juge du fond de préciser ce que recouvrent ces qualificatifs « prudent » et « diligent ».
2. Com. 8 mars 2016, n° 14-16621, *Bull. Joly*, sept. 2016, p. 475, note S. Schiller. Dans cet arrêt, la faute de gestion est retenue à l'encontre d'un dirigeant qui a agi « avec une légèreté blâmable », expression empruntée au droit social.
3. Com. 28 avr. 1998, *Bull. Joly* 1998, p. 808, note P. Le Cannu ; *JCP E* 1998. 1258, note Y. Guyon.
4. Com. 20 mai 2003, *D.* 2003. 2623, note B. Dondero ; *Rev. sociétés* 2003. 479, note J.-F. Barbièri ; *Bull. Joly* 2003, p. 786, note H. Le Nabasque ; V. Wester-Ouisse, « Critique d'une notion imprécise : la faute du dirigeant de société séparable de ses fonctions », *Cah. dr. aff.* 1999. 782 ; M. Germain, *Rev. sociétés* 2003. 284.

faute pénale intentionnelle[1] mais pas nécessairement d'actes de concurrence déloyale commis à l'encontre d'une société tierce[2].

La Cour de cassation a enfin justement précisé que les dirigeants engagent leur responsabilité envers les associés même pour des fautes qui ne sont pas détachables de leurs fonctions de dirigeants[3], ce qui est conforme à l'idée qu'un actionnaire n'est pas un tiers à la société !

L'action en responsabilité contre un administrateur peut être individuelle ou sociale (C. com., art. L. 225-252). L'action individuelle (ou action *ut singuli*) appartient à celui qui subit personnellement le préjudice[4]. Le versement de dommages-intérêts se fera au profit du demandeur. L'action sociale vise, quant à elle, à réparer le préjudice subi par la société. Elle est en principe exercée par les représentants légaux de la société. Mais elle peut l'être aussi par un ou plusieurs actionnaires agissant à la place des représentants légaux de la société (action sociale *ut singuli*). Cette action peut être exercée individuellement par un actionnaire ou un groupe d'actionnaires détenant au moins 5 % du capital social[5]. Les dommages-intérêts seront versés à la société.

La prescription de l'action sociale est de trois ans à compter du fait dommageable ou de sa révélation. La responsabilité des administrateurs est solidaire.

---

1. Com. 28 sept. 2010, n° 09-66.255, *Rev. sociétés* 2010. 97, note B. Dondero ; *contra* Civ. 3e, 4 janv. 2006, *D.* 2006. AJ 231. Pour une appréciation plus subjective de la faute détachable : Com. 27 mai 2014, n° 12-28657, *Bull. Joly*, juill-août 2014, p. 467, note E. Mouial-Bassilana ; Com. 24 juin 2014, n° 13-50050, *Dr. sociétés* 2014, comm. 164, M. Roussille ; Com. 27 mai 2015, n° 14-11405, *Bull Joly*, sept. 2015, p. 446, note B. Brignon.
2. Pour que la responsabilité du dirigeant à l'égard des tiers soit retenue à propos d'actes de contrefaçon ou de concurrence déloyale, l'implication personnelle et active du dirigeant dans la commission des actes doit être établie. Tel fut le cas dans une affaire où la Cour de cassation a retenu la qualification de faute séparable des fonctions, dès lors que le dirigeant « avait participé de façon active et personnelle aux actes dénoncés dont il a revendiqué la qualité d'initiateur » : Com. 7 juill. 2004, n° 02-17729, *Bull. Joly Soc.*, déc. 2004, n° 303, p. 1531, note H. Le Nabasque ; *contra* Com. 14 nov. 2018, n° 17-19.851.
3. Com. 9 mars 2010, *Bull. Joly* 2010. 537, § 109, note D. Schmidt ; *D.* 2010. AJ 761, obs. A. Lienhard. La théorie de la représentation, qui justifie le recours à la faute séparable dans les relations entre dirigeants et tiers à la société n'est pas applicable dans les relations internes ; *JCP E* 2010. 1483, note S. Schiller ; *Rev. sociétés* 2010. 230, note H. Le Nabasque ; *Bull. Joly Bourse* 2010. 316, § 41, note N. R.
4. En pratique, le préjudice subi par l'actionnaire se confond avec le préjudice social, aboutissant souvent à indemniser la société seule sur la base d'une action sociale *ut singuli* (l'associé ou l'actionnaire exerce lui-même l'action en responsabilité, mais en réparation du préjudice subi par la société du fait des agissements de son dirigeant) : V. J.-J. Ansault, sous Com. 30 mai 2018, n° 17-10393, *Bull. Joly*, nov. 2018, p. 62.
5. Dans les sociétés cotées, une association d'actionnaires de la société peut intenter l'action sociale sous réserve de détenir 5 % du capital social, v. ss 457.

532 **Responsabilité aggravée.** Lorsque la société anonyme est en état de redressement ou de liquidation judiciaire, et que la procédure fait apparaître une insuffisance d'actif, la loi institue une action en comblement du passif. Les administrateurs peuvent, par cette action, être tenus de contribuer au paiement du passif social s'ils ont commis des fautes de gestion. Les dirigeants concernés sont les dirigeants de droit ou de fait, qu'ils soient rémunérés ou non (C. com., art. L. 651-1). Cette action ne se cumule pas avec l'action fondée sur les articles 1382, 1383 du Code civil, ni avec celle de l'article L. 225-251 du Code de commerce[1].

Elle a été complétée par une action visant à mettre à la charge des dirigeants les dettes de la personne morale instituée par la loi du 26 juillet 2005, dite « loi de sauvegarde des entreprises » supprimée par l'ordonnance du 18 décembre 2008.

Les administrateurs peuvent être soumis aux interdictions et déchéances prévues en application de la législation sur les procédures collectives de redressement ou de liquidation judiciaire (C. com., art. L. 225-255).

533 **Responsabilité pénale.** Les délits de droit commun (abus de confiance, escroquerie) sont applicables aux dirigeants de sociétés[2], et notamment aux administrateurs. En outre, les articles L. 242-6 et L. 242-8 du Code de commerce sanctionnent un certain nombre d'infractions commises dans l'administration et la direction de la société anonyme : la distribution de dividendes fictifs, la publication ou la présentation aux actionnaires de comptes annuels ne donnant pas une image fidèle de l'exercice social, l'absence d'inventaire, d'établissement des comptes annuels et du rapport de gestion, l'usage des biens ou du crédit de la société, fait de mauvaise foi et contrairement à l'intérêt social,

1. Com. 28 févr. 1995, *D.* 1995. 390, note F. Derrida ; *JCP E* 1995. I. 487, n° 15, obs. M. Cabrillac et Ph. Petel ; *RTD com.* 1995. 663, obs. J.-Ph. Hael. Comp. Com. 14 et 28 mars 2000, *Bull. Joly* 2000. 602 et 606, note J.-J. Daigre ; *JCP E* 2000. 1566, note Ph. Petel ; *adde*, M. Menjucq et M. Ch. Piniot, « Responsabilité civile des dirigeants sociaux. Non-cumul des actions du droit des sociétés et du droit des procédures collectives », *RJDA* 1995. 249.

2. Pour un cas d'irrecevabilité de constitution de partie civile d'un actionnaire, de surcroît caution d'engagements sociaux, qui se prévaut des préjudices occasionnsés par les multiples infractions commises par un dirigeant : Crim., 23 mars 2016, n° 15-81448, *Bull. Joly*, juill.-août 2016, 395, note J.-F Barbièri.

à des fins personnelles[1]. Cette dernière incrimination, l'abus de biens sociaux, a connu une évolution jurisprudentielle heurtée compte tenu de l'appréciation du lien entre le délit et l'atteinte à l'intérêt social[2]. Aujourd'hui le contentieux s'est déplacé et porte sur le délai de prescription[3].

La plupart des infractions peuvent être relevées contre le président, les administrateurs, les directeurs généraux, ainsi que les dirigeants de fait. C'est la personne elle-même qui doit payer les amendes mises à sa charge. Leur acquittement par la société constituerait un abus de biens sociaux.

B. Le fonctionnement du conseil d'administration

534 **Plan.** Bien que le Conseil d'administration ait acquis un rôle moteur dans la stratégie générale de la société, le législateur n'a pas modifié les règles de son fonctionnement[4]. Selon l'article 225-17 du Code de commerce, « La société anonyme est administrée par un conseil d'administration composé de trois membres au moins ». Le conseil d'administration est un organe collégial. Les administrateurs exercent leur fonction collectivement. Seront successivement étudiés les conditions de fonctionnement du conseil d'administration (**1**) et ses pouvoirs (**2**).

1. Les conditions de fonctionnement

535 **Convocation.** Le conseil est convoqué par son président, qui fixe l'ordre du jour. Les délais et les modalités de convocation des

1. L'art. L. 242-7 C. com., qui punissait l'absence de constatation des délibérations du conseil d'administration sur un registre spécial tenu au siège social, a été abrogé par l'ordonnance du 25 mars 2004. La sanction pénale est remplacée par une injonction de faire.

2. Un premier arrêt de la Cour de cassation a admis que l'usage des biens d'une société est nécessairement abusif lorsqu'il est fait dans un but illicite (Crim. 22 avr. 1992, *Rev. sociétés* 1993. 134, note B. Bouloc). Puis la Cour de cassation a adopté une solution contraire (Crim. 6 févr. 1997, affaire *Noir-Botton, Rev. sociétés* 1997. 147, note B. Bouloc ; *JCP* 1997. II. 22823, note M. Pralus ; *D.* 1997. 334 note C. Renuci) pour revenir à la solution de 1992 (Crim. 27 oct. 1997, affaire *Carignon, Rev. sociétés* 1997. 869, note Bouloc, *D.* 1997. 334, note C. Renucci ; *Cah. dr. aff.* 1997. 1429, note M. Boizard ; *JCP* 1998. II. 10017, M. Pralus) ; Crim. 6 avr. 2016, n° 15-81859, *Bull. Joly*, sept. 2016, 472, note N. Ferrier; Crim., 29 juin 2016, n° 15-84228, *Bull. Joly*, nov. 2016. 648, note N. Bargue.

3. Crim. 8 oct. 2003, *D.* 2003. 2695, obs. A. Lienhard ; Com. 14 mai 2003, *D.* 2003. 1766, obs. A. Lienhard ; Y. Mayaud, « Appel à la raison ou pour une approche cohérente de la prescription de l'abus de biens sociaux », *D.* 2004. 194 ; *Adde* avant la réforme du droit de la prescription réalisée par la loi n° 2008-561, du 17 juin 2008 : Civ. 2e, 14 avr. 2016, n° 15-14593, *Bull. Joly*, sept. 2016, 469, note B. Saintourens.

4. V. P. Kasparian, « Prise de décision stratégique « émergente » et risque d'omnipotence du directeur général », *Bull. Joly*, janv. 2015, 54.

administrateurs sont déterminés par les statuts. Toutefois, en l'absence de réunion depuis plus de deux mois, les administrateurs constituant au moins le tiers du conseil peuvent demander au président de convoquer le conseil sur un ordre du jour déterminé (C. com., art. L. 225-36-1 nouv.[1]). En cas de dissociation des fonctions de président et de directeur général, la loi ajoute la possibilité pour le directeur général de demander au président la convocation du conseil. Le président est lié par cette demande, sous réserve que l'ordre du jour soit déterminé. En revanche, le président n'est pas lié pour le choix de la date de réunion.

Tous les administrateurs doivent être convoqués. Si un administrateur n'a pas été convoqué et informé en temps utile, il pourra obtenir l'annulation de la décision prise. Doivent également être convoqués deux membres délégués par le conseil social et économique (CSE) et ayant voix consultative au conseil. Le défaut de convocation des délégués du CSE est sanctionné par le délit d'entrave[2], mais ne vicie pas la délibération du conseil.

La présence des commissaires aux comptes, quand ils existent, est obligatoire uniquement dans les réunions du conseil qui arrêtent les comptes de l'exercice (C. com., art. L. 225-238). Pour les autres réunions, leur présence est facultative.

536 **Quorum et majorité.** Le conseil d'administration ne peut délibérer valablement que si la moitié au moins des administrateurs est présente, toute clause contraire étant réputée non écrite (C. com., art. L. 225-37, al. 1). La représentation est possible, mais chaque administrateur ne peut, au cours d'une même séance, être porteur de plus d'une procuration. Pour le calcul du *quorum*, les administrateurs représentés ne sont pas pris en compte.

Le vote se fait par tête et, sauf disposition des statuts prévoyant une majorité plus élevée, les décisions se prennent à la majorité des membres présents ou représentés (al. 2). La voix du président de séance (en principe le président du conseil) est pré-

1. Cette disposition était de source réglementaire avant la loi NRE.
2. Depuis l'entrée en vigueur de la loi Macron, a été supprimée la peine d'emprisonnement d'une durée d'un an qui pouvait être infligée en cas d'entrave au fonctionnement régulier d'une institution représentative du personnel. L'emprisonnement n'est maintenu que pour l'entrave à la mise en place de l'institution elle-même ou à la désignation de ses membres.

pondérante en cas de partage des voix, sauf disposition contraire des statuts.

La loi du 15 mai 2001 a prévu que le règlement intérieur, lorsqu'il existe, puisse prévoir la participation des membres du conseil par des moyens de visioconférence (C. com., L. 225-37, al. 3). Toutefois, cette possibilité est assortie de trois limites. Les statuts ne doivent pas en avoir interdit l'usage ; la prise en compte des participants à distance pour le *quorum* et la majorité est exclue lors de la prise de certaines décisions telles que la nomination et la révocation du président, du directeur général et des directeurs généraux, l'arrêté des comptes sociaux et des comptes consolidés[1] ; pour les autres décisions, le règlement intérieur du conseil d'administration doit stipuler que la participation à la visioconférence vaut présence physique pour le *quorum* et la majorité. En outre, la loi ne rend pas obligatoire ce règlement intérieur, ni dans l'ensemble des sociétés anonymes, ni même dans les sociétés cotées.

Les délibérations du conseil d'administration sont constatées sur des procès-verbaux établis sur un registre spécial coté et paraphé par le président du tribunal de commerce.

537 **Information des administrateurs.** La loi du 15 mai 2001 consacre un droit des administrateurs à l'information, précisé depuis : « Le président ou le directeur général de la société est tenu de communiquer à chaque administrateur tous les documents et informations nécessaires à l'accomplissement de sa mission » (C. com., art. L. 225-35, al. 3). La loi reprend une solution jurisprudentielle qui reconnaissait ce droit aux administrateurs et obligeait ainsi le président du conseil à mettre ses membres « en mesure de remplir leur mission en toute connaissance de cause »[2].

La Cour de cassation avait eu l'occasion de préciser que cette information doit être préalable à la réunion du conseil et qu'elle était portable[3].

1. Il n'est pas interdit aux membres du conseil de participer à distance à la réunion mais ils n'ont qu'une voix consultative.
2. Com. 2 juill. 1985, affaire *Cointreau*, *D.* 1986. 351, note Y. Loussouarn, *JCP* 1985. II. 20518, note A. Viandier ; R.-M. Borges, « Le droit d'information individuel des administrateurs de société anonyme », *Bull. Joly* 1997. 843.
3. Com. 8 oct. 2002, *JCP E* 2002. 2003. 317, obs. A. Viandier.

L'information des administrateurs
L'arrêt *Cointreau*
Le conseil d'administration est appelé à agir au nom de la société. Il s'ensuit que le président de ce conseil doit mettre les administrateurs en mesure de remplir leur mission en toute connaissance de cause.
Pour rejeter la demande d'un administrateur, la cour d'appel a déclaré qu'aucune disposition légale n'impose au président du conseil d'administration de joindre à la convocation qu'il adresse aux membres de celui-ci, son projet de rapport ou des documents économiques et financiers se rapportant à l'ordre du jour.
En se déterminant ainsi, sans rechercher si Mme Geneviève Cointreau avait reçu au préalable et dans un délai suffisant l'information à laquelle elle avait droit, la cour d'appel n'a pas donné de base légale à sa décision.

538 **Règlement intérieur.** La loi n'impose qu'un seul conseil obligatoire par an, celui de la préparation des comptes annuels et aucun ordre du jour n'y est imposé. Il appartient au seul président d'organiser et de préparer les travaux du conseil, ainsi que de veiller au bon fonctionnement de la société (C. com., art. L. 225-51). La loi n'a pas retenu une règle contenue dans le projet de loi du 15 mai 2001 qui faisait obligation au conseil d'administration des sociétés faisant appel public à l'épargne d'établir un règlement intérieur. Pourtant le règlement intérieur est considéré comme une pièce maîtresse du gouvernement d'entreprise dans les sociétés cotées : un tel document est utile car il oblige notamment à préciser la fréquence des réunions du conseil d'administration, ainsi que la fixation de l'ordre du jour. Il permet ainsi de sensibiliser les administrateurs aux devoirs de leur charge et d'inciter le conseil à arrêter des règles de fonctionnement claires[1]. Le règlement ne doit pas en revanche contenir des règles relatives à des matières qui ne sont pas de la compétence du conseil d'administration ou qui sont extérieures à son fonctionnement[2].

539 **Sanction des irrégularités.** La nullité pourra être prononcée contre toute décision qui viole une disposition impérative de la loi (règles

1. Rapport Viénot I, 6.
2. Par exemple, en imposant aux associés se retirant de la société de respecter une clause de non-concurrence pendant cinq ans, Paris 30 nov. 1993, *JCP E* 1994. II. 575, obs. Th. Bonneau. Dans le cadre des recommandations émises au titre du gouvernement d'entreprise, la pratique s'est très largement répandue d'établir un règlement intérieur du conseil d'administration dans les sociétés cotées, mais ce document n'a aucun caractère contraignant. V. P. Le Cannu, « Le règlement intérieur des sociétés », *Bull. Joly* 1986. 723 ; A. Viandier, « Le règlement intérieur du conseil d'administration des sociétés cotées », *RJDA* 2003. 1003.

de *quorum*), ainsi qu'en cas de fraude ou d'abus de droit (à la suite de manœuvres visant à empêcher l'accès à la réunion à un administrateur).

2. Les pouvoirs du conseil d'administration

540 Aux termes du nouvel article L. 225-35 du Code de commerce, modifié par la loi *PACTE*, « le conseil d'administration détermine les orientations de l'activité de la société et veille à leur mise en œuvre, conformément à son intérêt social, en prenant en considération les enjeux sociaux et environnementaux de son activité. Il prend également en considération, s'il y a lieu, la raison d'être de la société définie en application de l'article 1835 du code civil. Il se saisit de toute question intéressant la bonne marche de la société et règle par ses délibérations les affaires qui la concernent. » Au-delà de ce pouvoir général d'administration, le conseil d'administration se voit reconnaître d'importantes prérogatives particulières.

541 **Pouvoir général d'administration.** La loi du 15 mai 2001 a redéfini le rôle du conseil d'administration en dissociant son pouvoir de gestion de son pouvoir de contrôle. Son pouvoir de gestion concerne la détermination des orientations de l'activité et le règlement des questions intéressant la bonne marche et les affaires de la société. Depuis la loi *PACTE*, il est clair que les sociétés ne doivent pas être gérées dans l'intérêt de personnes ou groupes de personnes particuliers, mais dans leur intérêt propre. L'intérêt social n'est pas l'intérêt commun des associés, mais l'intérêt de la personne morale elle-même. En outre, le conseil d'administration doit prendre en considération les enjeux sociaux et environnementaux liés à l'activité de la société sans que les manquements à cette obligation n'entraînent la nullité des actes et délibérations qui lui seraient contraires (C. civ., art. 1840-10). En revanche, la responsabilité de ses membres pourrait être recherchée s'il est établi qu'ils n'ont pas pris suffisamment en compte ces nouvelles finalités dans la détermination de la gestion sociale. Ils pourront également préciser la raison d'être de la société[1].

---

1. V. ss 35.

Afin de mieux connaître les processus et méthodes de travail, ainsi que la répartition des pouvoirs des organes des dirigeants qui conduisent aux décisions, la loi impose au conseil d'administration de rendre compte annuellement, dans un rapport sur le gouvernement d'entreprise joint au rapport de gestion[1] du conseil d'administration (ou de surveillance) (C. com., art. L. 225-37, al. 6 et L. 225-68, al. 7) et en impose le contenu (C. com, art. L. 225-34). Le rapport contient notamment la liste de l'ensemble des mandats et fonctions exercés dans toute société par chaque mandataire social durant l'exercice ainsi que celle des conventions réglementées[2]. Il présente un tableau récapitulatif des délégations en cours de validité accordées par l'assemblée générale des actionnaires dans le domaine des augmentations de capital. Il précise en outre les éventuelles limitations que le conseil d'administration apporte aux pouvoirs du directeur général.

Dans les sociétés anonymes cotées, le rapport de gouvernement d'entreprise donne plus d'informations encore. Il précise notamment la composition, ainsi que les conditions de préparation et d'organisation des travaux du conseil. Il présente la politique de rémunération adoptée ainsi que le montant total de la rémunération versée aux mandataires sociaux pendant l'exercice (C. com., art. L. 22-10-8 et L. 22-10-9)[3]. Il doit mentionner le code de gouvernement d'entreprise auquel la société se réfère[4], préciser les modalités particulières de la participation des actionnaires à l'assemblée générale ou les dispositions des statuts qui prévoient ces modalités, décrire la procédure mise en place par la société en application de l'article L. 22-10-12 et de sa mise en

1. Toutefois, pour les sociétés anonymes monistes, les informations correspondantes peuvent être présentées au sein d'une section spéciale du rapport de gestion visé à l'article L. 225-100 du Code de commerce. Cette possibilité n'est pas offerte aux SA dualistes, ni aux SCA. Dans les sociétés dualistes, le rapport de gestion émane du directoire alors que le rapport sur le gouvernement d'entreprise émane du conseil de surveillance.

2. V. ss 569.

3. Pour le détail, v. ss 528.

4. C. com., art. L. 22-10-10, 4° : « Lorsqu'une société se réfère volontairement à un code de gouvernement d'entreprise élaboré par les organisations représentatives des entreprises, les dispositions qui ont été écartées et les raisons pour lesquelles elles l'ont été, ainsi que le lieu où ce code peut être consulté, ou, à défaut d'une telle référence à un code, les raisons pour lesquelles la société a décidé de ne pas s'y référer ainsi que, le cas échéant, les règles retenues en complément des exigences requises par la loi » ; v. ss 495.

œuvre, c'est-à-dire la procédure permettant d'évaluer régulièrement si les conventions portant sur des opérations courantes et conclues à des conditions normales mentionnées à l'article L. 225-39 remplissent bien ces conditions[1]. Pour les plus grandes sociétés cotées, il convient en outre de préciser dans le rapport sur le gouvernement d'entreprise la politique de diversité appliquée aux membres du conseil d'administration au regard de critères tels que l'âge, le sexe ou les qualifications et l'expérience professionnelle, ainsi que des objectifs de cette politique, de ses modalités de mise en œuvre et des résultats obtenus au cours de l'exercice écoulé. Cette description est complétée par des informations sur la manière dont la société recherche une représentation équilibrée des femmes et des hommes au sein du comité mis en place, le cas échéant, par la direction générale en vue de l'assister régulièrement dans l'exercice de ses missions générales et sur les résultats en matière de mixité dans les 10 % de postes à plus forte responsabilité. Si la société n'applique pas une telle politique, le rapport comprend une explication des raisons le justifiant. Enfin, le rapport expose et, le cas échéant, explique les éléments susceptibles d'avoir une incidence en cas d'offre publique d'achat ou d'échange (C. com., art. L. 22-10-11).

Ce rapport est rendu public et transmis à l'AMF (C. mon. fin., art. L. 621-18-3).La délimitation précise des pouvoirs du conseil d'administration est une source de difficultés en pratique[2]. Le conseil d'administration est compétent pour prendre les décisions relatives aux grandes orientations de la société. Il doit s'assurer en outre que ces orientations sont effectivement suivies par le directeur général. Cela signifie qu'il peut et doit demander régulièrement au directeur général de lui rendre compte des initiatives prises. À défaut, la responsabilité des administrateurs serait engagée[3].

---

1. V. ss 572.
2. V. P. Kasparian, « Réflexions sur la notion d'« orientations stratégiques de l'entreprise », consacrée par la loi de sécurisation de l'emploi, en matière de responsabilité des membres du conseil d'administration », *Bull. Joly*, mars 2014, 189.
3. A. Viandier, *Sociétés et loi NRE, Les réformes de la loi « Nouvelles régulations économiques »*, éd. Francis Lefebvre, coll. « Dossiers pratiques », 2001, p. 43.

Le conseil d'administration doit en outre s'intéresser à la marche quotidienne des affaires. Il devra notamment intervenir en cas de trouble affectant ou susceptible d'affecter la bonne marche de la société : grève prolongée, mésentente entre les dirigeants de la société. Concernant les affaires de la société, il semble ici que le législateur revienne à l'idée que le conseil d'administration dispose des pouvoirs les plus étendus pour agir en toutes circonstances au nom de la société.

Les contrôles et vérifications relèvent de l'obligation faite aux administrateurs de surveiller la gestion de la société, toute défaillance constituant une faute de gestion de nature à engager leur responsabilité. Il appartient au conseil d'apprécier l'opportunité des contrôles et vérifications, le président et le directeur général n'ayant pas à donner leur approbation. Il ne lui est d'ailleurs pas interdit de s'immiscer dans la gestion, puisqu'il est lui-même, à la différence du conseil de surveillance, un organe de gestion.

542 **Limites légales au pouvoir général du conseil d'administration.** Le conseil d'administration voit ses pouvoirs traditionnellement limités par deux séries de dispositions. Il doit, en premier lieu, agir dans le respect de l'objet social. Cependant, dans les rapports avec les tiers, la société est engagée même par les actes du conseil d'administration qui ne relèvent pas de l'objet social, à moins qu'elle ne prouve que le tiers avait eu connaissance du dépassement de l'objet social, ou qu'il ne pouvait l'ignorer compte tenu des circonstances, étant exclu que la seule publication des statuts suffise à constituer cette preuve (C. com., art. L. 225-35, al. 1 et 2). En outre, le législateur précise que le règlement des questions intéressant la bonne marche et les affaires de la société ne peut pas se faire au détriment « des pouvoirs expressément attribués aux assemblées d'actionnaires ». Ce sont notamment les modifications statutaires, l'approbation des comptes et l'affectation des résultats, la nomination de commissaires aux comptes.

Les statuts peuvent limiter conventionnellement les pouvoirs du conseil d'administration au-delà des limites légales. La violation des limites statutaires engage la responsabilité des administrateurs.

543 **Attributions particulières.** Les pouvoirs spécialement réservés au conseil d'administration par la loi sont nombreux. Plus spécialement, le conseil a compétence pour désigner certains organes et aménager leurs attributions. Il est habilité à prendre les mesures nécessaires pour permettre le bon fonctionnement des assemblées d'actionnaires. Il autorise certains actes ou conventions passées avec la société.

544 **Pouvoir de nomination et de révocation.** Le conseil d'administration est seul compétent pour nommer et révoquer le président et pour fixer sa rémunération (C. com., art. L. 225-47), ce qui rend nécessaire une décision du conseil portant sur le montant et les modalités de la rémunération[1]. Il nomme les directeurs généraux sur proposition du président, détermine leur rémunération et fixe l'étendue et la durée de leurs pouvoirs[2] (C. com., art. L. 225-53 et L. 225-56). De même, le conseil peut coopter d'autres administrateurs dans les conditions de l'article L. 225-24 du Code de commerce. Il répartit les jetons de présence entre administrateurs et peut allouer des rémunérations exceptionnelles.

Il peut en outre décider la création d'un comité d'études. Ce comité peut être composé d'administrateurs de la société ou de tiers. Le conseil d'administration décide de son rôle, qui ne peut être que consultatif.

545 **Bon fonctionnement de l'assemblée générale.** Le conseil d'administration convoque les assemblées générales et fixe leur ordre du jour (C. com., art. L. 225-103 et L. 225-105). Il établit les comptes annuels (C. com., art. L. 225-232-1), présente à l'assemblée générale ordinaire annuelle un rapport de gestion et propose l'affectation des résultats. Pour toute décision importante concernant la vie de la société, le conseil doit établir un rapport spécial préalable à la tenue de l'assemblée : en cas d'augmentation de capital (C. com., art. L. 225-129), de suppression du droit préférentiel de souscription (C. com., art. L. 225-135), d'émission d'obligations convertibles ou échangeables en actions (C. com., art. L. 225-135 et L. 225-169).

1. Selon Com. 11 oct. 2005, une décision prise par deux administrateurs, même mandatés à cet effet, ne peut suppléer à la décision du conseil d'administration.
2. Sur les conventions de management, v. ss 666.

546 **Autorisations.** Les pouvoirs les plus importants du conseil sont ceux par lesquels il autorise certaines opérations ou conventions. Deux séries d'hypothèses sont envisagées : il s'agit de l'autorisation des cautions, avals et garanties donnés par la société et de l'autorisation des conventions conclues entre la société et ses administrateurs.

547 **Autorisation des cautions, avals et garanties.** Les cautions, avals et garanties donnés par des sociétés anonymes autres que celles exploitant des établissements bancaires ou financiers doivent faire l'objet d'une autorisation préalable du conseil d'administration (C. com., art. L. 225-35, al. 4)[1]. Cette règle, qui écarte la compétence du président ou du directeur général, est justifiée par le risque particulier qu'encourt la société dans ce type d'opération[2].

Le conseil doit autoriser, par un vote spécial, son président à se porter caution ou à fournir la garantie de la société pour un montant annuel global qu'il fixe librement. Cette autorisation est accordée pour une durée d'un an. Dans la limite du montant ainsi fixé, le président peut librement consentir la garantie de la société.

En l'absence de toute autorisation du conseil, l'opération est inopposable à la société et l'inopposabilité ne peut être couverte ni par un vote de l'assemblée générale ni par une ratification implicite du conseil d'administration[3].

En cas de dépassement de la limite fixée, ce dépassement de pouvoir est inopposable aux tiers qui n'en ont pas eu connaissance, à moins que le montant de l'engagement invoqué n'excède à lui seul la limite fixée par le conseil.

548 **Autorisation des conventions conclues entre la société et ses administrateurs.** Le conseil d'administration est compétent pour autoriser

1. La même règle vaut dans les sociétés dualistes (C. com. art. L. 225-68, al. 2).

2. Seuls doivent faire l'objet d'une autorisation par le conseil d'administration les engagements souscrits par la société en garantie des obligations pesant sur un tiers : Com. 11 févr. 1986, n° 84-13.959, *Bull. civ.* IV, n° 14 ; *Rev. sociétés* 1986, note J.-J. Daigre. Pour un engagement de substitution de cautionnement : Com. 24 juin 2003, n° 01-01-464, *Bull. civ.* IV, n° 109 ; *D.* 2003. AJ 1839, obs. A. Lienhard ; 1er déc. 2009, n° 08-18.896, *RTD com.* 2010. 371, obs. P. Le Cannu et B. Dondero et 15 janv. 2013, n° 11-27.648 (selon lequel « l'engagement non autorisé ne peut faire peser sur la société aucune obligation ». Pour la question de la soumission des « garanties de passif » à cette règle : Com. 15 janv. 2013, n° 11-28-173, préc. n° 333.

3. Com. 8 déc. 1998, *Bull. Joly* 1999. 535, note P. Le Cannu, *RTD com.* 1999. 445, obs. B. Petit et Y. Reinhard, *JCP E* 1999. 668, obs. A. Viandier et J.-J. Caussain.

les conventions conclues entre la société et ses dirigeants (C. com., art. L. 225-38 à L. 225-43), conventions qui sont soumises à un régime particulier[1].

§ 2. Le président du conseil d'administration

549 La loi NRE a dissocié la fonction de président du conseil d'administration et de directeur général, et a redéfini leur rôle respectif. Le président du conseil perd les prérogatives de direction générale et de représentation de la société. Toutefois, le conseil d'administration peut choisir que le président assumera la direction générale en cumulant son mandat avec un mandat de directeur général. Après avoir étudié le statut du président du conseil d'administration (**A**), on envisagera ses pouvoirs et sa responsabilité (**B**).

A. Le statut du président du conseil d'administration

550 **Nomination.** Le président est nommé par le conseil d'administration parmi ses membres (C. com., art. L. 225-47, al. 1). Il a donc nécessairement la qualité d'administrateur mais plus obligatoirement celle d'actionnaire. Il doit être obligatoirement une personne physique à peine de nullité de la décision. Il est nommé pour une durée qui ne peut excéder son mandat d'administrateur, soit six ans au plus. Mais il est rééligible (al. 2). Le président se voit appliquer l'ensemble des règles du statut des administrateurs. Le nombre de mandats de président de conseil d'administration est limité à cinq dans les sociétés anonymes ayant leur siège social sur le territoire français. Les fonctions d'administrateur sont assimilées à celles de président pour le calcul des mandats. Une limite d'âge doit être prévue par les statuts, à défaut elle est légalement fixée à soixante-cinq ans, et rend nulle toute nomination intervenue en violation de cette règle (C. com., art. L. 225-48).

1. V. ss 568.

551 **Rémunération.** Le président du conseil d'administration perçoit une rémunération, en tant qu'administrateur. De plus, il reçoit une rémunération spéciale déterminée par le conseil d'administration qui n'est pas soumise à la procédure des conventions réglementées passées entre la société et ses dirigeants. Cette rémunération peut être fixe ou proportionnelle au chiffre d'affaires ou aux bénéfices. Le président peut bénéficier de *stock-options*. Dans les sociétés dont les titres sont admis aux négociations sur un marché réglementé, la rémunération totale du président du conseil est déterminée dans les conditions prévues à l'article L. 22-10-8 (C. com., art. L. 22-10-16) : l'ensemble de sa rémunération et ses avantages de toute nature sont soumis aux règles applicables à tous les mandataires sociaux imposant un vote des actionnaires sur la politique de rémunération et un autre vote au moment du versement des rémunérations[1]. Pour le président, les ratios entre le niveau de la rémunération de chacun des dirigeants et, d'une part, la rémunération moyenne sur une base équivalent temps plein des salariés de la société autres que les mandataires sociaux, d'autre part, la rémunération médiane sur une base équivalent temps plein des salariés de la société autres que les mandataires sociaux doivent en outre figurer dans le rapport de gestion à l'assemblée générale annuelle (C. com., art. L. 22-10-9, 6°).

552 **Cumul du mandat avec un contrat de travail.**

1) Règles générales. Des règles identiques à celles relatives aux administrateurs sont applicables au président du conseil. Si le président est déjà en fonction, il ne peut pas obtenir un emploi salarié dans la société. La loi du 22 mars 2012 laisse penser qu'un président dans une société anonyme de petite taille puisse devenir salarié, mais l'existence du lien de subordination pourrait devenir problématique. En revanche, si son contrat de travail est antérieur à sa nomination de président et s'il correspond à un travail effectif, le cumul est possible. La jurisprudence a admis que, dans des cas où le lien de subordination à l'égard de la société n'était pas clairement établi, le contrat de travail était automatiquement sus-

1. V. ss 528.

pendu pendant le temps d'exercice du mandat présidentiel. Pendant la suspension, le président ne reçoit pas son salaire et perd tout droit à la couverture sociale.

2) Recommandations pour les sociétés cotées. Le code de gouvernement d'entreprise des sociétés cotées recommande aux dirigeants de sociétés anonymes cotées qui deviennent mandataires sociaux de mettre fin au contrat de travail qui les lie à la société ou à la société du groupe, soit par rupture conventionnelle, soit par démission (principe 19). Cette recommandation s'applique non seulement aux présidents, mais également aux président-directeur-général et directeur général dans les sociétés à conseil d'administration, au président du directoire, au directeur général unique dans les sociétés à directoire et conseil de surveillance. Elle ne s'applique pas, en revanche, aux simples administrateurs.

Rémunérations et retraite du président

La fonction de président donne droit à une rémunération en jetons de présence, déterminée par le conseil d'administration (C. com., art. L. 225-47, al. 1) et lui seul. Elle est souvent complétée par des avantages en nature (*stock-options*) et l'octroi d'un complément de retraite. Selon une jurisprudence classique, la pension de retraite s'analyse comme un complément de rémunération lorsque trois conditions sont remplies : l'avantage consenti est la contrepartie de services particuliers rendus par le président à la société pendant l'exercice de ses fonctions ; il est proportionné à ces services et ne constitue pas une charge excessive pour la société.

Si les trois conditions sont remplies, la prise de décision appartient au conseil d'administration seul[1]. Si l'une des trois conditions n'est pas remplie, la pension est considérée comme une convention conclue entre la société et un administrateur soumise, par conséquent, à un vote de l'assemblée générale des actionnaires statuant sur rapport spécial des commissaires aux comptes (quand ils existent) selon la procédure des articles L. 225-38 et suivants du Code de commerce[2]. En outre, l'octroi d'une « indemnité de départ », qui n'est pas une rémunération, est soumis à la procédure d'autorisation des articles L. 225-38 s.[3]

1. V. par ex. Com. 10 nov. 2009, *D.* 2009. AJ 2805, *Rev. sociétés* 2010. 38, note P. Le Cannu, confirmant Paris 7 oct. 2008, *JCP E* 2009. 1088, note Y. Paclot et 1576, note M. Germain ; *adde,* Com. 14 sept. 2010, *Bull. Joly* 2010. 960, note P. Le Cannu.
2. Com. 24 oct. 2000, *JCP E* 2000. 37, note Y. Guyon ; *Rev. sociétés* 2001. 95, obs. P. Le Cannu ; *Dr. sociétés* 2001. 14, obs. D. Vidal, *Bull. Joly* 2001. 54, note M. Storck ; *Cah. dr. aff.* 2000. 434, note M. Boizard ; Com. 3 mai 2000, *Bull. Joly* 2000. 821, note P. Le Cannu.
3. Com. 7 oct. 2008, *JCP E* 2009. 1088, note Y. Paclot.

Sur le plan fiscal, la rémunération du président bénéficie du régime favorable des traitements et salaires. Le président est également assimilé à un salarié au regard du droit de la sécurité sociale.

553 **Cessation des fonctions.** Outre l'arrivée du terme du mandat, la survenance de la limite d'âge et la démission du président du conseil d'administration, la révocation met fin à ses fonctions. Des règles identiques à celles concernant les administrateurs sont applicables : le conseil d'administration peut, à tout moment, révoquer le président (C. com., art. L. 225-47, al. 3), sans préavis ni précision de motifs, ni indemnité. Seuls des dommages-intérêts pourront lui être accordés si la révocation ne s'est pas faite dans des formes régulières ou en cas d'abus de droit, cette dernière réserve impliquant une atteinte à son honneur ou le non-respect des droits de la défense[1]. Cette règle est d'ordre public et la jurisprudence condamne toutes les clauses qui conduisent, directement ou indirectement, à supprimer ou limiter la libre révocation.

En cas d'empêchement temporaire ou de décès du président, un administrateur délégué le remplace. Il est nommé par le conseil d'administration dans les mêmes conditions que le président et ses fonctions prennent fin lors de l'élection d'un nouveau président ou du retour de l'ancien président. Ses pouvoirs sont ceux du président avec possibilité de les réduire. Ces limitations sont inopposables aux tiers. Sa responsabilité est identique à celle du président.

B. Les pouvoirs et responsabilité du président du conseil d'administration

554 **Règles générales.** Aux termes du nouvel article L. 225-51 du Code de commerce, « le président du conseil d'administration organise et dirige le conseil d'administration, dont il rend compte à l'assemblée générale. Il veille au bon fonctionnement des organes de la société et s'assure, en particulier, que les administrateurs sont en mesure de remplir leur mission ».

1. Com. 26 nov. 1996, *JCP E* 1997. II. 918, note Ph. Reigné, *D.* 1997. 493, note D. Gibirila, *Bull. Joly* 1997. 141, note C. Priéto. Paris 19 sept. et 13 oct. 2000, *RTD com.* 2001. 156, obs. J.-P. Chazal et Y. Reinhard.

555 **L'organisation et la direction du conseil d'administration.** Le président du conseil organise et dirige le conseil d'administration. L'organisation des travaux du conseil d'administration doit s'entendre de toutes les opérations qui touchent aux réunions du conseil (date de convocation, ordre du jour, communication des informations, demandes de convocation fondées sur l'article L. 225-35-1 du Code de commerce), des relations avec la direction générale, les salariés et les commissaires aux comptes de la société (quand ils existent). La direction des travaux vise les réunions proprement dites : ouverture et présidence des séances, mise aux voix.

556 **Surveillance du bon fonctionnement des organes de la société.** On peut considérer que le législateur a voulu attribuer au président du conseil d'administration une mission élargie de gardien de l'organisation sociétaire : convocations, respect des formalités, relation entre les organes sociaux. La loi attribue en outre au président une sorte de droit de regard sur les administrateurs : il doit s'assurer, d'une part, qu'ils ont la possibilité d'assumer leur mission, ce qui semble renvoyer principalement au droit d'information des administrateurs et, d'autre part, qu'ils ont les compétences nécessaires pour assumer leurs fonctions et leurs responsabilités. Ceci risque d'aggraver la responsabilité civile du président du conseil.

557 **La responsabilité du président.** Le président du conseil d'administration est responsable de l'inexécution ou de la mauvaise exécution de son mandat. En sa qualité d'administrateur, il encourt les mêmes responsabilités civile et pénale que celui-ci. Comme pour les administrateurs, la jurisprudence fait preuve d'indulgence en exigeant la preuve d'une faute séparée des fonctions et qui soit imputable personnellement au président[1]. En cas d'ouverture d'une procédure de redressement judiciaire contre la société, le président peut être l'objet d'une action en réparation du préjudice subi par un associé ou un créancier, à raison d'une faute de gestion qu'il aurait pu commettre en qualité d'administrateur. Dans ce cas, il sera condamné à supporter tout ou partie des dettes

1. Com. 9 mai 2001, *JCP E* 2001. 1071 ; *RTD com.* 2001. 934, obs. J.-P. Chazal et Y. Reinhard.

sociales pour insuffisance d'actif, sur le fondement de l'action en comblement de passif (C. com., art. L. 225-255).

§ 3. Le directeur général

558 **Plan.** La loi NRE prévoit que la direction générale est assumée, soit par le président du conseil d'administration, soit par une autre personne physique nommée par le conseil d'administration et portant le titre de directeur général. La loi précise que le directeur général peut être assisté dans ses fonctions de directeurs généraux délégués.

L'étude sera consacrée au statut (**A**) et aux pouvoirs et responsabilité du directeur général (**B**), complétée par celle des directeurs généraux délégués qui ont vocation à l'assister (**C**).

A. Le statut du directeur général

559 **Désignation.** Il revient au conseil d'administration de choisir entre les deux modalités d'exercice de la direction générale, celle assumée par la présidence du conseil et celle par une autre personne (C. com., art. L. 225-51-1). Le conseil exerce alors ce choix « dans les conditions définies par les statuts ». Si la dissociation est finalement choisie, le conseil seul (et non plus sur proposition du président du conseil) désigne le directeur général, qui doit être une personne physique et avoir moins de soixante-cinq ans (sauf clause statutaire contraire).

560 **Cumul des mandats.** Une personne physique ne peut exercer simultanément plus d'un mandat de directeur général de sociétés anonymes ayant leur siège sur le territoire français (C. com., art. L. 225-54-1, al. 1). La loi précise qu'il est impossible d'exercer simultanément plus d'une des trois fonctions suivantes : directeur général, membre du directoire ou directeur général unique. De plus, une limite globale, tous mandats confondus, interdit à une même personne physique de cumuler plus de cinq mandats de directeur général, de membre du directoire, de directeur général unique, d'administrateur ou de membre du conseil de surveillance (C. com., art. L. 225-94).

La loi prévoit une dérogation au cumul de mandat : un directeur général peut exercer un deuxième mandat de directeur général, de membre du directoire ou de directeur général unique dans une société non cotée contrôlée (au sens de l'article L. 233-16 du Code de commerce) par celle où il occupe son premier mandat.

Comme pour les administrateurs, la sanction du non-respect de la règle du non-cumul est la démission d'office de l'un des mandats dans les trois mois de la nomination effectuée en violation de la règle de l'article 225-54-1 du Code de commerce. La démission d'office ne remet pas en cause la validité des délibérations auxquelles l'intéressé a participé. En revanche, sa responsabilité civile peut être recherchée en cas de préjudice (C. com., art. L. 225-251). Le rapport annuel doit obligatoirement présenter la liste de l'ensemble des mandats et fonctions exercés dans toute société par chacun des mandataires sociaux durant l'exercice (C. com., art. L. 225-37-4, 1°).

561 **Rémunération et cumul avec un contrat de travail.** La rémunération du directeur général est fixée par le conseil d'administration (C. com., art. L. 225-53, al. 3). Dans les sociétés dont les titres sont admis aux négociations sur un marché réglementé, la rémunération du directeur général (et des directeurs généraux délégués s'il y en a) est déterminée dans les conditions prévues à l'article L. 22-10-8 (C. com., art. L. 22-10-17) : la rémunération totale du directeur général et ses avantages de toute nature sont soumis aux règles applicables à tous les mandataires sociaux imposant un vote des actionnaires sur la politique de rémunération et un autre vote au moment du versement des rémunérations[1]. Pour le directeur général et chaque directeur général délégué, les ratios entre le niveau de la rémunération de chacun d'entre eux et, d'une part, la rémunération moyenne sur une base équivalent temps plein des salariés de la société autres que les mandataires sociaux, d'autre part, la rémunération médiane sur une base équivalent temps plein des salariés de la société autres que les mandataires sociaux doivent en outre figurer dans le rapport de gestion à l'assemblée générale annuelle (C. com., art. L. 22-10-9, 6°).

1. V. ss 528.

Le directeur général peut cumuler son mandat avec un contrat de travail sous réserve des conditions légales et jurisprudentielles posées pour les administrateurs. Le code de gouvernement d'entreprise des sociétés cotées recommande au directeur général de sociétés anonymes cotées qui devient mandataire social de mettre fin au contrat de travail qui le lie à la société ou à la société du groupe, soit par rupture conventionnelle, soit par démission (recommandation 19).

562 **Révocation.** Aux termes du nouvel article L. 225-55 du Code de commerce, « le directeur général est révocable à tout moment par le conseil d'administration ». Mais la loi précise que si la révocation est décidée sans juste motif, elle pourra donner lieu à des dommages-intérêts. L'exigence de juste motif concerne le directeur général et non le président. En cas de cumul des fonctions, le statut de président l'emportera, ne permettant pas l'allocation de dommages-intérêts lors d'une révocation sans juste motif. Concernant les hypothèses où le juste motif peut être retenu, il semble qu'il faille appliquer la jurisprudence qui s'est développée en matière de révocation d'un membre du directoire, d'un gérant de SARL ou de société civile. Pourraient ainsi constituer de justes motifs de révocation : un dépassement de pouvoirs[1], un différend grave entre les dirigeants[2], l'incapacité à atteindre les objectifs fixés et à éviter des conflits avec des tiers[3], voire une dégradation de l'image du groupe dans lequel exerce le dirigeant social[4]. Le principe du contradictoire doit être respecté, en conformité avec la jurisprudence qui s'est développée pour les membres du directoire[5].

1. Par ex., Paris 2 oct. 1997, *RJDA* 1998. 297.
2. Par ex., Paris 5 nov. 1999, *RJDA* 2000. 177.
3. Par ex., Paris 5 mars 1999, *RJDA* 1999. 795.
4. Com. 10 nov. 2015, n° 14-20301, *Bull. Joly*, fév. 2016, 84, note Th. Favorio.
5. Com. 24 févr. 1998, *RJDA* 1998. 740 ; v. cependant Com. 14 mai 2013, *D.* 2013. 319, note B. Dondero. Le respect de ce principe s'apprécie uniquement à l'aune de la décision effective, pas si elle a été seulement évoquée : Com. 28 nov. 2018, n° 17-15859, *Bull. Joly*, fév. 2019, p. 21, note J. Heinich.

B. Les pouvoirs et responsabilités du directeur général

563 **Pouvoir.** Sous l'empire de la loi de 1966, le président du conseil d'administration assumait, sous sa responsabilité, la direction générale de la société et il représentait la société dans ses rapports avec les tiers. La loi NRE transfère au directeur général ces pouvoirs. Désormais, en cas de dissociation des fonctions, le directeur général est *investi des pouvoirs les plus étendus pour agir en toutes circonstances au nom de la société* (C. com., art. L. 225-56-1, al. 1). *Il représente la société dans ses rapports avec les tiers* (al. 2). Le directeur général dispose légalement du pouvoir d'ester en justice au nom de la société et notamment d'effectuer des déclarations de créance au nom de celle-ci[1]. La société est engagée même par les actes du directeur général ne relevant pas de l'objet social, sauf si elle prouve que le tiers savait que l'acte dépassait l'objet social ou qu'il ne pouvait l'ignorer compte tenu des circonstances, étant exclu que la seule publication des statuts suffise à constituer cette preuve. Les limitations de pouvoir statutaires ou décidées par le conseil sont inopposables aux tiers (al. 3). Le directeur général engagera néanmoins sa responsabilité.

Malgré tout, le directeur général exerce ses pouvoirs dans la limite des pouvoirs que la loi attribue expressément aux assemblées d'actionnaires et au conseil d'administration.

564 **Responsabilité.** Le directeur général encourt les mêmes responsabilités civiles que les administrateurs, en cas de violation des dispositions législatives, réglementaires ou encore statutaires, ou en cas de faute de gestion (C. com., art. L. 225-251). Il encourt les responsabilités pénales prévues aux articles L. 242-1 et suivants du Code de commerce.

C. Les directeurs généraux délégués

565 **Nomination.** Les directeurs généraux délégués (DGD) sont nommés par le conseil d'administration, sur proposition du directeur géné-

1. Ce pouvoir peut néanmoins être restreint par une délibération expresse du conseil d'administration ou une clause statutaire, v. Com. 15 oct. 2013, n° 12-24.881, *Dr. sociétés* 2014, comm. 25, obs. M. Roussille.

ral (C. com., art. L. 225-53, al. 1 mod.). Ils ne peuvent être que des personnes physiques. Depuis la loi *PACTE*, les DGD doivent être nommés selon « un processus de sélection qui garantit jusqu'à son terme la présence d'au moins une personne de chaque sexe parmi les candidats » (C. com., art. L. 225-53)[1] et les propositions de nomination (émanant du DG) doivent s'efforcer de rechercher une représentation équilibrée d'hommes et de femmes. Le nombre maximum des directeurs généraux délégués est fixé par les statuts, sans pouvoir dépasser cinq (al. 2), mais aucune détention minimale de capital n'est requise. La limite d'âge du directeur général est applicable aux directeurs généraux délégués (65 ans à défaut de clause statutaire contraire). Il revient au conseil d'administration de déterminer leur rémunération et la durée de leur fonction. Dans les sociétés dont les titres sont admis aux négociations sur un marché réglementé, cette rémunération doit être octroyée dans les conditions et limites apportées par le Code de commerce (C. com., art. L. 22-10-9)[2] et suivre les recommandations du code de gouvernement d'entreprise des sociétés cotées. Les directeurs généraux délégués sont révocables à tout moment par le conseil d'administration, sur proposition du directeur général. Si la révocation est décidée sans juste motif, elle peut donner lieu à des dommages-intérêts (C. com., art. L. 225-55). Lorsque le directeur général cesse ou est empêché d'exercer ses fonctions, les directeurs généraux délégués conservent leurs fonctions et leurs attributions, sauf décision contraire du conseil d'administration.

566 **Pouvoirs.** Le conseil d'administration détermine l'étendue des pouvoirs conférés aux directeurs généraux délégués, en accord avec le directeur général (C. com., art. L. 225-56 II, al. 1). Les directeurs généraux délégués disposent, à l'égard des tiers, des mêmes pouvoirs que le directeur général (al. 2).

567 **Responsabilité.** La loi ne prévoit pas de responsabilité civile à l'encontre des directeurs généraux délégués. En revanche, ils encourent les mêmes sanctions pénales que celles applicables au directeur général.

1. Rapp. pour les membres du directoire, ss 577.
2. V. ss 528.

§ 4. Le régime des conventions

568 **Notion.** Une convention passée entre la société anonyme et l'un de ses dirigeants est soumise à un régime particulier. La particularité du régime de ces conventions s'explique par le risque que ces personnes, placées dans une position privilégiée par rapport à la société et en situation de conflits d'intérêts, ne cherchent à obtenir des contrats dans des conditions avantageuses. La difficulté de trouver un équilibre entre la nécessité de lutter contre les conflits d'intérêts dans un souci de bonne gouvernance et celle de ne pas entraver la bonne marche de la société (les conventions étant fréquentes et rarement sensibles pour la société) a conduit le législateur à opérer maintes réformes de ce régime[1]. En dépit de ces réformes, ce mécanisme reste unique pour limiter les conflits d'intérêts dans les sociétés et n'a pas été fondamentalement modifié depuis sa consécration par la loi du 24 juillet 1966[2]. Il a même été étendu aux rémunérations[3]. Le législateur a pris soin de distinguer différents types de conventions et d'imposer une procédure particulière à certaines d'entre elles. Il convient de distinguer trois sortes de conventions : les conventions dites réglementées, dont le régime se distingue des conventions libres et des conventions interdites. Dernièrement, la loi *PACTE*, complétée par le décret n° 2019-1235 du 27 novembre 2019, est venue transposer le droit européen en la matière[4], ce qui conduit à introduire une légère différence de régime entre les sociétés cotées et non cotées.

1. Plus particulièrement, la loi du 15 mai 2001 a élargi le champ d'application du régime des conventions réglementées à certains actionnaires. Elle imposait également une communication sur toutes les conventions libres, mais la loi du 1er août 2003 est venue restreindre le champ de cette dernière obligation. L'ord. n° 2014-863 du 31 juill. 2014, relative au droit des sociétés, a simplifié le régime des conventions réglementées, tout en y ajoutant de nouvelles dispositions.
2. V. S. Schiller et V. Magnier (dir.), *Les conventions réglementées dans les groupes de sociétés, Actes pratiques et ingénierie sociétaire*, juill. août. 2015.
3. Concernant le régime spécial des conventions réglementées, qui s'applique aux rémunérations des dirigeants, v. ss 528.
4. Certaines dispositions de la loi *PACTE* visent à réformer le régime des conventions réglementées dans les sociétés cotées, par transposition de la directive 2017/828/UE du 17 mai 2017, modifiant la directive 2007/36/CE en vue de promouvoir l'engagement à long terme des actionnaires. Mais la loi *PACTE* va au-delà d'une simple transposition pour ajouter de nouvelles règles qui visent également les sociétés non cotées.

569 **Les conventions réglementées.** Il s'agit de *toute convention intervenant directement ou par personne interposée entre la société et son directeur général, l'un de ses directeurs généraux délégués, l'un de ses administrateurs, l'un de ses actionnaires disposant d'une fraction des droits de vote supérieure à 10 % ou, s'il s'agit d'une société actionnaire, la société la contrôlant au sens de l'article L. 233-3* (C. com., art. L. 225-38, al. 1)[1]. Les personnes visées à titre principal sont donc les mandataires sociaux[2] de la société anonyme (administrateurs, directeur général, directeurs généraux délégués), les actionnaires détenant une fraction des droits de votes supérieure à 10 %, ainsi que les sociétés qui contrôlent une société actionnaire disposant d'une fraction des droits de vote supérieure à 10 %[3]. Le domaine d'application des conventions réglementées est large[4] et s'étend en outre aux conventions auxquelles ces mêmes personnes sont indirectement intéressées (C. com., art. L. 225-38, al. 2) ou dans lesquelles elles contractent par personne interposée. En l'absence de définition de ces notions par la loi, la jurisprudence considère qu'il y a interposition de personne lorsque le mandataire social conclut l'opération par le biais d'un tiers. Elle a par ailleurs tendance à adopter une interprétation large de l'intérêt indirect[5]. Le champ des conventions réglementées s'étend également aux conventions conclues entre la société et une entreprise si le directeur général, l'un des directeurs généraux délégués ou l'un des administrateurs de la société est

---

1. Il s'agit par ailleurs, dans le cadre des sociétés dualistes, de toute convention intervenant directement ou par personne interposée entre la société et l'un des membres du directoire ou du conseil de surveillance, un actionnaire disposant d'une fraction des droits de vote supérieure à 10 % ou, s'il s'agit d'une société actionnaire, la société la contrôlant au sens de l'article L. 233-3 (C. com., art. L. 225-86). *Adde* ss 590.

2. Récemment la Cour de cassation a, curieusement, étendu le champ d'application des conventions réglementées à un salarié qui venait d'accepter le mandat social mais n'avait pas encore été nommé aux fonctions de directeur général : Com. 5 janv. 2016, n° 14-18688, *Bull. Joly*, avr. 2016, 205, note B. Dondero ; *contra* Com. 22 juill. 1986, n° 85-12384, *Rev. soc.* 1987, 46, note Y.G.

3. Ainsi, une société A, détient plus de 10 % des droits de vote dans la société B : si une troisième société C contrôle A, la convention passée entre B et C est soumise au régime des conventions réglementées. Pour la définition du contrôle au sens de l'article L. 233-3 C. com, v. ss 721.

4. Pour une lettre d'engagement aux termes de laquelle la société devient automatiquement débitrice, en cas de cessation des fonctions de son directeur général, d'une indemnité à son bénéfice : Com. 26 nov. 2013, n° 12625004, *Bull. Joly*, mars 2014, 169, note M. Roussille.

5. Sur la difficulté d'interprétation de l'intérêt indirect, Com. 16 mai 2018, n° 16-18.183, *Bull. Joly*, sept. 2018, p. 496, note I. Parachkevova, *Adde* I. Parachkévova, « L'intérêt indirect dans les conventions réglementées », *Bull. Joly*, juill.-août 2016, p. 450.

propriétaire, associé indéfiniment responsable, gérant, administrateur, directeur général, membre du conseil de surveillance ou, de façon générale, dirigeant de l'entreprise (C. com., art. L. 225-38, al. 3). Cette dernière disposition étend donc la procédure aux conventions passées dans les groupes de sociétés ayant des dirigeants communs[1]. Dans un souci de simplification, l'ordonnance n° 2014-863 du 31 juillet 2014 relative au droit des sociétés écarte l'application de la procédure des conventions réglementées dans l'hypothèse d'une filiale détenue à 100 % (C. com., art. L. 225-39[2]). Cette exemption vaut pour la société mère comme pour la filiale et soustrait donc au dispositif des conventions réglementées les conventions conclues avec une filiale à 100 % qui peuvent désormais être conclues librement.

Traditionnellement, la procédure s'applique à une vente, ou encore à un bail[3], mais non aux opérations faisant par ailleurs l'objet de garanties légales spécifiques telles que la fusion. La loi du 26 juillet 2005 avait soumis les modalités de départ des dirigeants de sociétés dont les titres sont admis aux négociations sur un marché réglementé à cette procédure mais cette règle a été abrogée par l'ordonnance n° 2019-1234 du 27 novembre 2019 de transposition de la directive 2017/828/UE du 17 mai 2017 (C. com., art. L. 225-42-1, abrogé). Ce type de rémunération est désormais soumis au régime des rémunérations des administrateurs de sociétés cotées[4].

570 **La procédure d'information et de contrôle des conventions réglementées.** La loi PACTE conduit à distinguer le droit commun de la procédure de contrôle des conventions réglementées applicables à toutes les sociétés concernées, des obligations d'information pesant en outre sur les sociétés cotées.

1. Ainsi d'une société anonyme qui vend des fournitures à une société en nom collectif dans laquelle le gérant est en même temps administrateur de la SA. Cette vente est considérée comme une convention réglementée si elle ne répond pas aux critères des conventions libres.

2. Pour les sociétés dualistes, C. com., art. L. 225-87.

3. Plus récemment, la promesse d'embauche faite par le président du conseil d'administration au directeur général en fonction constitue une convention réglementée : Soc. 12 juin 2012, n° 11-10135, *Bull. Joly* 2012. 481, note B. Dondero.

4. V. ss 528.

1°) Droit commun. La personne *directement ou indirectement*[1] intéressée doit informer le conseil d'administration de la convention projetée. Le conseil d'administration donne alors son autorisation préalable à la conclusion de chaque convention, par un vote auquel l'intéressé ne participe pas (C. com., art. L. 225-40, al. 1er). Dans un souci de transparence, l'ordonnance n° 2014-863 du 31 juillet 2014 relative au droit des sociétés institue une obligation de motivation des décisions préalables d'autorisation des conventions, à la charge du conseil d'administration (C. com., art. L.225-38, al. 4). Le conseil est ainsi tenu d'expliquer quel est l'intérêt de la convention pour la société et de le justifier, notamment en précisant les conditions financières qui y sont attachées. Le président du conseil doit ensuite donner avis aux commissaires aux comptes (s'il en existe) de toutes les conventions autorisées par le conseil d'administration, dans le mois de leur conclusion (C. com., art. L. 225-40, al. 2)[2]. Le commissaire aux comptes ou, s'il n'en a pas été désigné[3], le président du conseil d'administration établit un rapport spécial précisant les caractéristiques essentielles des conventions autorisées et l'identité des dirigeants concernés. Il n'a pas à se faire juge de l'opportunité des conventions passées (C. com., art. L. 225-235, al. 3). En l'absence de rapport l'assemblée ne pourra valablement délibérer. Après audition du rapport spécial, l'assemblée générale statue sur les conventions. La personne directement ou indirectement intéressée ne peut prendre part au vote et ses actions ne sont pas prises en compte pour le calcul de la majorité[4] (C. com., art. L. 225-40, al. 4). Depuis la loi PACTE, cette personne ne peut plus assister

1. Les deux termes ont été ajoutés par la loi *PACTE*, de manière à faciliter l'interprétation de la personne « intéressée ». *Adde* ss. 569.
2. L'obligation d'informer le commissaire aux comptes ne concerne que les conventions réglementées autorisées et conclues.
3. En relevant les seuils, la loi *PACTE* conduit à substituer à un avis exprimé par un expert indépendant celui du président du conseil d'administration, l'impact n'étant en réalité important que pour les sociétés de dimension modeste.
4. La loi *PACTE* a supprimé l'obligation d'écarter les actions de l'intéressé du calcul du quorum. Jusqu'à cette loi, le texte excluait expressément que les actions de la personne intéressée soient prises en compte pour le calcul du quorum, ce qui ne changeait rien en matière de conflits d'intérêts et, en pratique, réduisait les chances d'obtenir un vote rapidement. La mention expresse au quorum ayant disparu, on peut estimer que les actions de l'intéressé sont désormais prises en compte, de fait, pour le calcul du quorum.

aux délibérations du conseil portant sur la convention la concernant. En outre, un réexamen annuel des conventions est obligatoire. Ainsi, les conventions conclues et autorisées au cours d'exercices antérieurs dont l'exécution a été poursuivie au cours du dernier exercice sont examinées chaque année par le conseil d'administration et communiquées au commissaire aux comptes, s'il en existe[1], pour les besoins de l'établissement du rapport présenté à l'assemblée générale annuelle des actionnaires (C. com., art. L. 225-40-1).

2°) Dans les sociétés cotées. Depuis la loi PACTE transposant la directive 2017/828/UE, « les sociétés dont les titres sont admis à la négociation sur un marché réglementé publient sur leur site internet des informations sur les conventions » réglementées (C. com., art. L. 22-10-13). Cette information ne porte donc pas seulement sur la conclusion de la convention mais plus largement sur des informations y afférent. La liste des informations devant être mentionnées, fixée par le décret n° 2019-1235 du 27 novembre 2019 portant transposition de la directive 2017/828/UE du 17 mai 2017, comprend notamment le nom de l'intéressé, la nature de sa relation avec la société et les conditions financières de la convention[2]. En cas de défaut d'information, toute personne intéressée peut demander au président du tribunal statuant en référé d'enjoindre, le cas échéant sous astreinte, au conseil d'administration de publier ces informations (C. com., art. L. 225-40-2, al. 2). Dans les groupes de sociétés (dont la mère est une société cotée), l'information figure par ailleurs dans le rapport sur le gouvernement d'entreprise (C. com., art. L. 225-37-4, 2°).

3°) Dans les groupes de sociétés, est instituée une dispense de l'obligation de se soumettre à la procédure des conventions réglementées, inchangée par la loi *PACTE*. Elle concerne les conventions conclues entre deux sociétés dont l'une détient,

1. d À défaut, dans le silence de la loi, cette tâche devrait incomber au président du conseil d'administration.
2. V. ss 590.

directement ou indirectement, la totalité du capital de l'autre (C. com., art. L. 225-39 et L. 225-87)[1].

Mais la société doit fournir une information portant sur les conventions intervenues d'une part avec ses mandataires sociaux ou un actionnaire disposant d'une fraction des droits de vote supérieure à 10 % et, d'autre part, une autre société contrôlée par la première au sens de l'article L. 233-3, cette information devant figurer dans le rapport sur le gouvernement d'entreprise joint au rapport annuel de gestion (C. com., art. L. 225-37-4, 2°)[2]. Ce dispositif d'information a été créé au profit des actionnaires d'une société mère relativement aux conventions que ses dirigeants ou actionnaires importants ont pu conclure avec les filiales sous contrôle de la société mère.

571 **Effets.** Les conventions, qu'elles soient ou non approuvées par l'assemblée générale, produisent leurs effets à l'égard de tiers, sauf lorsqu'elles sont annulées en cas de fraude (C. com., art. L. 225-41, al. 1). Même en l'absence de fraude, les conséquences préjudiciables à la société des conventions, lorsque celles-ci ont été désapprouvées, peuvent être mises à la charge de la personne intéressée, et éventuellement de l'ensemble du conseil d'administration (al. 2). Cette dernière solution sera retenue lorsque la convention désapprouvée par l'assemblée aura été autorisée par ce dernier en violation des intérêts de la société.

Si la convention n'a pas été soumise à l'assemblée, l'absence de décision n'entraîne pas, là non plus, sa nullité mais une responsabilité de la personne intéressée. La solution est identique si le rapport du commissaire aux comptes est omis.

La convention qui aura été conclue sans autorisation préalable du conseil d'administration pourra cependant être annulée.

1. Dans cette situation, le législateur estime que l'éventuel conflit d'intérêts est supposé disparaître parce que la convention implique une société mère et sa filiale à 100 % (ou presque). L'avantage suspect fourni à la filiale est tempéré par le contrôle exclusif tempéré par la société mère. Inversement, l'absence de minoritaires au sein de la filiale réduit le risque de conflits d'intérêts avec les autres actionnaires quand l'avantage profite à la société mère. Il est toutefois permis de s'inquiéter du risque subsistant de conflits d'intérêts du côté de la société mère, s'agissant notamment de la rémunération des dirigeants de la filiale. Une seconde inquiétude concerne le sort des conventions conclues entre la filiale et la société mère, en sa qualité d'actionnaire.

2. La même règle s'applique aux membres du directoire ou du conseil de surveillance dans les sociétés dualistes, v. ss 590.

Encore faut-il qu'elle ait entraîné des conséquences dommageables pour la société (C. com., art. L. 225-42). Dans cette dernière hypothèse, la nullité pourra néanmoins être couverte par un vote de l'assemblée générale intervenant sur rapport spécial des commissaires aux comptes (ou, s'il n'en a pas été désigné, du président du conseil d'administration) exposant les circonstances en raison desquelles la procédure d'autorisation n'a pas été suivie[1]. Mais l'exécution de la convention en connaissance de cause ne vaut pas régularisation du défaut d'autorisation par l'assemblée générale des actionnaires[2]. Pour éviter tout conflit d'intérêts, l'intéressé ne prend pas part au vote et ses actions ne sont pas prises en compte pour le calcul du *quorum* et de la majorité lors de la régularisation de la convention par l'assemblée[3]. L'action en nullité se prescrit par trois ans[4], à compter de la date de la convention, ou de sa révélation si elle a été dissimulée. Par un arrêt de principe, la Cour de cassation avait jugé que l'absence de soumission de la convention à la procédure d'approbation préalable devant le conseil d'administration suffisait à caractériser l'exigence d'une dissimulation[5]. Par cette approche objective de la dissimulation, il n'y avait donc pas à rechercher l'intention de son auteur. Un arrêt récent revient sur cette jurisprudence ancienne et exige que la volonté de dissimuler, qu'il distingue de la simple omission, soit bien caractérisée. S'il y a bien eu volonté de dissimulation, il invite à apprécier la révélation de la convention à l'égard de la personne qui exerce l'action. Ainsi, une appréciation subjective de la dissimulation prévaut désormais et il ne suffit plus de constater que la convention était connue du conseil d'administration ou, le cas échéant, du commissaire aux

1. Com. 21 nov. 2000, *Bull. Joly* 2001, p. 172, note P. Le Cannu.
2. Com. 25 mars 2003, *Bull. Joly* 2003, p. 803, note M. Storck.
3. La seule approbation ultérieure des comptes ne suffit pas à couvrir la nullité : Com. 28 nov. 1995, *Bull. Joly* 1996. 204, note P. Le Cannu.
4. En revanche l'exception de nullité est perpétuelle. Cette exception suppose que la convention n'ait pas été exécutée en totalité (Civ. 1re, 17 juin 2010, n° 09-14.470, *Rev. sociétés* 2010. 509, note J.-F. Barbièri). Mais il suffit d'un commencement d'exécution de la convention pour faire obstacle à l'allégation de nullité après l'expiration du délai de prescription, tant par voie d'action que par voie d'exception, Com. 15 janv. 2013, n° 11-28-244.
5. Com. 24 févr. 1976, n° 74-13.185, *Bull. civ.* IV, n° 60, *Rev. sociétés* 1977. 88, note Y. Chartier (2e arrêt) ; *JCP* 1976. II. 18506, note C. Lucas de Leyssac.

comptes[1]. Le moment où il convient de se placer pour apprécier si une convention présente des conséquences dommageables pour la société est celui où il est statué, sur la demande d'annulation et non pas au moment de la conclusion de la convention[2].

La nullité d'une convention peut être invoquée par voie d'exception. Mais l'exécution de la convention empêche d'invoquer une telle exception[3].

572 **Les conventions libres.** Une convention est traditionnellement qualifiée de « libre » lorsqu'elle porte sur des « opérations courantes et conclues à des conditions normales » (C. com., art. L. 225-39)[4]. Les opérations courantes sont celles qui sont effectuées par la société d'une manière habituelle, dans le cadre de son activité[5]. Les conditions normales sont les conditions dans lesquelles sont habituellement conclues des conventions semblables, aussi bien dans la société concernée que dans les sociétés intervenant dans le même secteur d'activité[6]. L'ordonnance du 31 juillet 2014 a considérablement étendu le champ des conventions libres en y incluant les conventions conclues entre deux sociétés dont l'une détient, directement ou indirectement, la totalité du capital de l'autre, ce qui vise les conventions entre une société mère et les filiales détenues à 100 %, conventions très fréquentes en pratique qui échappent désormais à tout contrôle.

Les conventions répondant à ces critères sont exemptées de tout contrôle[7], ce qui vaut désormais pour les sociétés non cotées.

1. Com. 8 févr. 2011, *Rev. sociétés* 2011. 288, note P. Le Cannu ; *JCP E* 2011. 1151, note B. Dondero ; *Bull. Joly* 2011, p. 297, note C.-N. Ohl et D. Schmidt ; comp. Com. 24 févr. 1976, *JCP* 1976. II. 18506, note C. Lucas de Leyssac ; *Rev. sociétés* 1977. 88, note Y. Chartier.

2. Com. 1er oct. 1996, nº 94-16.315, *Bull. Joly*, fév. 1997, p. 138, note P. Le Cannu ; Soc. 17 sept. 2014, nº 13-16.172, *Bull. Joly*, janv. 2015, p. 10, note B. Saintourens.

3. Civ. 1re, 17 juin 2010, *Rev. sociétés* 2010. 509, note J.-F. Barbièri.

4. Pour les sociétés dualistes, v. C. com., art. L. 225-87.

5. Com. 1er oct. 1996, *Bull. Joly* 1997, p. 138, note P. Le Cannu ; Com. 11 mars 2003, *Bull. Joly* 2003, p. 684, note D. Vidal.

6. Le texte s'applique couramment pour les contrats de vente, fourniture et prestations de service. Pour des conventions de trésorerie au sein d'un groupe de sociétés, Versailles 2 avr. 2002, *Bull. Joly* 2002, p. 923, note H. Le Nabasque ; *Dr. sociétés* 2002. 22, obs. F.-X. Lucas.

7. Entre 2003 (loi du 1er août 2003) et 2011, le législateur imposait à l'intéressé l'obligation de communiquer ces conventions au président du conseil d'administration, sauf lorsqu'en raison de leur objet ou de leurs implications financières, elles n'étaient significatives pour aucune des parties (critère très sujet à l'arbitraire). La liste et l'objet de ces conventions étaient alors communiqués par le président aux membres du conseil d'administration et aux commissaires aux comptes (C. com., art. L. 225-39, al. 2 nouv.). La loi nº 2011-525 du 17 mai 2011 portant simplification du droit a supprimé cette

En effet, transposant la directive 2017/828/UE, la loi *PACTE* instaure une procédure de contrôle propre aux sociétés cotées. Dans ces sociétés, « le conseil d'administration met en place une procédure permettant d'évaluer régulièrement si les conventions portant sur des opérations courantes et conclues à des conditions normales remplissent bien ces conditions (C. com., art. L. 22-10-12). Les personnes directement ou indirectement intéressées à l'une de ces conventions ne participent pas à son évaluation ». Il s'agit, par cette procédure d'évaluation, de permettre à la société de s'assurer de la pertinence des critères de qualification des conventions courantes[1]. Le rapport sur le gouvernement d'entreprise doit procéder à la description de la procédure mise en place par la société, ainsi que de sa mise en œuvre (C. com., art. L. 22-10-10, 6°)[2].

573 **Les conventions interdites.** Les conventions interdites sont celles par lesquelles les administrateurs (personnes physiques), le directeur général, les directeurs généraux délégués contractent des emprunts auprès de la société, se font consentir par elle un découvert, en compte courant ou autrement, ou encore se font cautionner ou avaliser par elle leurs engagements envers les tiers (C. com., art. L. 225-43 modifié). La même interdiction s'étend aux conjoints, ascendants et descendants de ces personnes, aux représentants permanents des personnes morales administrateurs, ainsi qu'aux personnes interposées. La sanction du non-respect de cette interdiction est la nullité absolue de l'opération.

La loi crée néanmoins deux exceptions à cette interdiction. D'une part, elle ne s'applique pas aux administrateurs personnes morales, sous réserve d'interposition de personne. Ainsi, la

prérogative, lourde à mettre en œuvre en pratique et revient donc à l'état du droit positif antérieur à la loi du 1er août 2003.

1. Aucune disposition ne prévoit les modalités d'organisation de cette procédure d'évaluation ni sa périodicité et la loi ne prévoit pas non plus de sanction légale en cas de manquement. S'agissant de pratique de gouvernance, il semble normal que le conseil d'administration se charge de l'établissement de cette procédure en s'appuyant, pour les compléter, sur les dispositifs de contrôle interne existant dans la société. Certaines sociétés établissent ainsi des chartes internes sur les conventions réglementées, décrivant les critères de sélection des conventions ainsi que les caractéristiques des catégories de conventions dites courantes, ce qui pour l'AMF constitue une bonne pratique de gouvernance.

2. Cette nouvelle règle n'est pas issue de la transposition de la directive 2017/828/UE, celle-ci ne contenant aucune disposition en ce sens. V. ss 591 pour les sociétés dualistes.

convention de prêt, d'avance ou de découvert est-elle autorisée entre sociétés d'un même groupe, à la condition de respecter, par ailleurs, la procédure de l'article L. 225-38 du Code de commerce. D'autre part, cette interdiction ne s'applique pas aux conventions conclues entre un administrateur et un établissement de crédit si l'opération est courante et est conclue à des conditions normales (C. com., art. L. 225-43, al. 2). De telles opérations échappent alors à tout contrôle.

Les irrégularités de procédure des conventions réglementées

Lorsqu'une convention est autorisée par le conseil d'administration mais n'est pas approuvée par l'assemblée générale des actionnaires, la convention est valable, mais la responsabilité de l'intéressé peut être engagée en cas de préjudice pour la société.

Lorsqu'une convention n'est pas autorisée par le conseil d'administration, elle peut soit être validée par un vote de l'assemblée intervenant sur rapport spécial du commissaire aux comptes, s'il existe, soit, si elle a eu des conséquences dommageables pour la société, être annulée, sans préjudice de la responsabilité de l'intéressé.

SOUS-SECTION 2

LA SOCIÉTÉ ANONYME AVEC DIRECTOIRE ET CONSEIL DE SURVEILLANCE

574 **Origines.** Introduite dans le droit français par un amendement lors de la discussion de la loi de 1966, la société anonyme avec directoire et conseil de surveillance repose sur une distinction organique des fonctions de gestion et de contrôle.

Le directoire, un conseil restreint parfois réduit à un directeur général unique, réunit les pouvoirs d'administration et de direction, qui sont répartis entre le conseil d'administration et le président (ou le directeur général) dans la structure traditionnelle. Un conseil de surveillance nommé par les actionnaires contrôle la gestion du directoire. Cette structure dualiste est directement inspirée du modèle de société par actions allemandes. Elle n'a pas connu un réel succès en France, du fait notamment de certaines lourdeurs dans la gestion[1].

575 **Plan.** L'étude du directoire (**§ 1**) précède celle du conseil de surveillance (**§ 2**). Une mention particulière sera faite du régime des conventions passées entre la société et l'un de ses dirigeants (**§ 3**).

§ 1. Le directoire

576 **Plan.** À l'instar du conseil d'administration, le directoire est un organe collégial. Pourtant, le pouvoir d'engager la société est confié à son seul président. Après avoir présenté le statut des membres du directoire (**A**), il conviendra de s'interroger sur le fonctionnement de cet organe (**B**).

A. Le statut des membres du directoire

577 **Nomination.** À la différence des administrateurs, le conseil de surveillance, et non les actionnaires, nomme les membres du directoire. C'est également le conseil de surveillance qui confère à l'un d'eux la qualité de président (C. com., art. L. 225-59, al. 1). Le directoire peut comprendre cinq membres au plus dans les sociétés non cotées et sept dans les sociétés cotées. Dans les sociétés anonymes dont le capital est inférieur à 150 000 euros, une seule personne peut exercer les fonctions du directoire. Elle prend alors le titre de directeur général unique. Depuis la loi *PACTE*, il doit être recherché dans la composition du directoire une représentation équilibrée des hommes et des femmes. À cette fin, la loi impose au directoire de déterminer « un processus de sélection qui garantit jusqu'à son terme la présence d'au moins une personne de chaque sexe parmi les candidats » (C. com., art. L. 225-58)[2].

La société à directoire dissocie le pouvoir de gestion du capital de la société. Une même personne ne peut être à la fois membre

1. P. Le Cannu, *La société à directoire*, LGDJ, 1979, préf. J. Derruppé ; « Les sociétés anonymes à directoire vingt ans après », *Rev. sociétés* 1986. 565. V., cependant, B. François, « Pour la société anonyme à directoire », *D.* 2004. 682.

2. Rapp. pour les DGD, ss. 565. La loi ne précise pas quel organe doit veiller à cet équilibre mais il semble que la tâche revienne au conseil de surveillance, organe en charge de nommer les membres du directoire.

du directoire et membre du conseil de surveillance (C. com., art. L. 225-74). Les membres du directoire doivent obligatoirement être des personnes physiques. Ils peuvent être choisis parmi ou en dehors des actionnaires, contrairement aux administrateurs de société anonyme classique. Des personnes étrangères à la société, et notamment des salariés de l'entreprise peuvent occuper ces fonctions. Il appartient aux statuts de fixer la durée du mandat des membres du directoire, dans la limite légale comprise entre deux et six ans. Si les statuts ne fixent pas de durée, la loi fixe la durée à quatre ans (C. com., art. L. 225-62). La réélection est possible. La limite d'âge est de soixante-cinq ans, comme pour les fonctions de président du conseil d'administration.

578 **Cumul des mandats sociaux.** De même que pour le directeur général dans une société anonyme classique, la loi interdit désormais à une personne physique d'être titulaire de plus d'un mandat de membre du directoire ou de directeur général unique dans les sociétés ayant leur siège social sur le territoire français (C. com., art. L. 225-67). Les exceptions au cumul prévues pour le directeur général ou le président du conseil d'administration, lorsqu'il est aussi directeur général, s'appliquent également aux membres du directoire (C. com., art. L. 228-94, al. 2). La même dérogation que pour le directeur général permet à un membre du directoire ou de directeur général unique d'exercer un deuxième mandat dans une société contrôlée, ou encore d'exercer un mandat de directeur général, de membre du directoire ou de directeur général unique dans une société non cotée (C. com., art. L. 225-67, al. 2). Le nombre de mandats (de directeur général, membre du directoire, directeur général unique, administrateur ou membre du conseil de surveillance) détenus dans diverses formes de sociétés ne peut pas dépasser cinq (C. com., art. L. 225-94-1 mod.). En cas de dépassement et faute de démission dans les trois mois, la démission s'applique d'office.

579 **Rémunération, cumul avec un contrat de travail.** Le mode et le montant de la rémunération des directeurs sont fixés par le conseil de surveillance dans l'acte de nomination (C. com., art. L. 225-63). La jurisprudence admet néanmoins que le conseil de surveillance

puisse modifier cette rémunération en cours de mandat[1]. Dans les sociétés dont les titres sont admis aux négociations sur un marché réglementé, le régime des rémunérations des mandataires sociaux issu de l'ordonnance n° 2019-1234 du 27 novembre 2019 s'applique. En effet, la fixation du mode et du montant de la rémunération de chacun des membres du directoire est effectuée dans les conditions prévues à l'article L. 22-10-26 du Code de commerce, lequel impose un régime identique à celui qui régit la rémunération des membres du conseil d'administration[2] (C. com., art. L. 22-10-19 renvoyant à l'art. L. 22-10-26).

Un membre du directoire peut cumuler son mandat avec un contrat de travail qu'il soit antérieur ou postérieur au mandat. Ce contrat doit néanmoins correspondre à un emploi effectif, distinct des activités de directeurs. Un salarié qui devient membre du directoire ne perd pas le bénéfice de son contrat de travail s'il poursuit son activité salariée. Un directeur peut se faire consentir un contrat de travail mais il est soumis à la procédure des conventions réglementées. Le code de gouvernement d'entreprise des sociétés cotées recommande aux directeurs de sociétés anonymes cotées qui deviennent mandataires sociaux de mettre fin au contrat de travail qui les lie à la société ou à la société du groupe, soit par rupture conventionnelle, soit par démission (Code AFEP MEDEF, art. 19).

580 **Cessation des fonctions.** Le mandat prend fin par l'arrivée du terme du mandat[3], par démission, ainsi que par révocation. Les membres du directoire peuvent être révoqués à tout moment par l'assemblée générale sur proposition du conseil de surveillance (C. com., art. L. 225-61, al. 1). Toutefois, si les statuts le prévoient,

1. Étant précisé que cette modification ne peut avoir d'effet que pour l'avenir ; Com. 10 fév. 2009, n° 08-12564, *Bull. Joly*, juin 2009, 556, note P. Le Cannu.
2. Pour le régime décrit pour les sociétés anonymes monistes aux articles L. 22-10, v. ss 528.
3. La jurisprudence affirme que l'arrivée du terme du mandat du dirigeant met automatiquement fin à celui-ci sans possibilité de reconduction tacite : CA Versailles, 12 sept. 2002, n° 00/07416, *Bull. Joly*, janv. 2003, p. 56, note B. Saintourens ; CA Paris, 16 oct. 2018, n° 16/03087, *Bull. Joly*, avr. 2019, p. 23, note S. Messaï-Bahri. Il s'ensuit que le dirigeant ne dispose pas d'un droit au renouvellement et que l'absence d'un tel renouvellement n'est pas indemnisable. Néanmoins, lorsque le dirigeant a poursuivi l'exercice de ses fonctions au-delà du terme (direction de fait), il peut prétendre à l'indemnisation du préjudice subi lorsque son mandat a pris fin de façon brutale.

ils peuvent être révoqués par le conseil de surveillance[1]. La révocation du poste de président du directoire reste de la compétence du conseil de surveillance.

En l'absence de juste motif de révocation, les membres révoqués peuvent demander des dommages-intérêts[2] (C. com., art. L. 225-61, al. 1). La solution, permet de renforcer l'indépendance du directoire. La loi ajoute que si le directeur révoqué était lié à la société par un contrat de travail, sa révocation n'emporte pas la résiliation de ce contrat (C. com., art. L. 225-61, al. 2). D'une manière générale, il n'est pas interdit de fixer par avance une indemnité conventionnelle de rupture en cas de cessation de fonction d'un membre du directoire[3].

581 **Responsabilité.** La responsabilité des directeurs est, en tout point, semblable à celle qui pèse sur les administrateurs, qu'il s'agisse de la responsabilité civile (C. com., art. L. 225-256), de la responsabilité aggravée dans le cadre d'un redressement ou d'une liquidation judiciaires (C. com., art. L. 225-93) ou de la responsabilité pénale (C. com., art. L. 242-30 et L. 245-17).

B. Le fonctionnement du directoire

582 **Compétences du directoire.** Aux termes de l'article L. 225-64, alinéa 1 du Code de commerce, le directoire est investi des pouvoirs les plus étendus pour agir en toutes circonstances au nom de la société. Il les exerce dans la limite de l'objet social et sous réserve de ceux expressément attribués par la loi au conseil de surveillance et aux assemblées d'actionnaires. Il détermine les orientations de l'activité de la société et, depuis la loi *PACTE*, veille à leur mise en œuvre, conformément à son intérêt social, en prenant en considération les enjeux sociaux et environnementaux de son

1. Ce nouveau mode de révocation accroît le pouvoir du conseil de surveillance sur le directoire, de même que sa responsabilité puisqu'il pourrait voir sa responsabilité engagée s'il ne procède pas à la révocation alors qu'un juste motif la justifie ; A. Viandier, préc.
2. Paris 5 mars 1999, *Bull. Joly* 1999. 686, note P. Le Cannu, *RTD com.* 1999. 449, obs. B. Petit et Y. Reinhard et 2000. 112, obs. Cl. Champaud et D. Danet ; *adde*, P. Le Cannu, « Le principe du contradictoire et la protection du dirigeant », *Bull. Joly* 1996. 11 ; Paris, 26 mai 2016, n° 14/20147, *Bull. Joly*, nov. 2016, 654, note I. Parachkévova.
3. Com. 11 mars 2014, n° 13-10188, *Bull. Joly*, juin 2014, 387, note J.-J. Ansault.

activité[1]. Il prend également en considération, s'il y a lieu, la raison d'être de la société définie en application de l'article 1835 du Code civil. Il a donc des pouvoirs similaires à ceux du conseil d'administration et du directeur général dans une société anonyme classique, hormis le pouvoir de représentation. Les mêmes restrictions concernent la limite de l'objet social dans les rapports internes à la société, ainsi que les pouvoirs propres attribués par la loi au conseil de surveillance et aux assemblées générales. En outre, le directoire est investi d'un certain nombre d'attributions particulières énumérées par la loi. Ainsi, le directoire est compétent pour convoquer les assemblées générales et fixer leur ordre du jour (C. com., art. L. 225-103 et L. 225-105), réaliser une augmentation ou une réduction de capital (C. com., art. L. 225-129, al. 3 et L. 225-204), établir, au profit du conseil de surveillance, un certain nombre de rapports sur la gestion sociale.

Une fois par trimestre au moins, le directoire doit présenter un rapport au conseil de surveillance (C. com., art. L. 225-68). Trois mois après la clôture de l'exercice, il doit soumettre au conseil de surveillance les comptes annuels aux fins de vérification et de contrôle. Il doit également lui présenter le rapport de gestion, qui sera soumis à l'assemblée générale ordinaire et communiqué au CSE. Le directoire délibère et prend ses décisions dans les conditions fixées par les statuts. Cette souplesse donne toute latitude aux statuts, notamment pour prévoir l'introduction de la visioconférence (C. com., art. L. 225-64).

583 **Compétence du président du directoire.** Le président du directoire est seul *investi du pouvoir de représentation de la société vis-à-vis des tiers* (C. com., art. L. 225-66, al. 1). Il n'a aucun pouvoir de direction distinct de celui dont disposent les autres membres du directoire. Ce pouvoir de représentation peut aussi être confié à l'un quelconque des directeurs, qui porte alors le titre de directeur général (al. 2).

1. V. ss 34 et 541 pour les sociétés anonymes à conseil d'administration.

§ 2. Le conseil de surveillance

584 **Plan.** Le conseil de surveillance est un organe collégial. Le statut juridique des membres du conseil de surveillance est semblable à celui des administrateurs. De même, les règles de fonctionnement du conseil de surveillance sont proches de celles qui gouvernent le fonctionnement du conseil d'administration. Seule différence essentielle entre les deux organes, les attributions du conseil de surveillance sont plus limitées.

L'étude du conseil de surveillance sera menée en distinguant les règles relatives au statut des membres qui le composent (**A**) et celles relatives à son fonctionnement (**B**).

A. Le statut des membres du conseil de surveillance

585 **Nomination, cumul des mandats, révocation.** Le conseil de surveillance se compose de trois membres au moins et dix-huit au plus (C. com., art. L. 225-69). Le pouvoir de nomination appartient à l'assemblée générale ordinaire (C. com., art. L. 225-75, al. 1er). Comme pour les administrateurs, la loi n'impose plus que les membres du conseil de surveillance soient des actionnaires, mais les statuts le peuvent (C. com., art. L. 225-72, al. 1er). Les règles de non-cumul de mandats applicables aux administrateurs sont transposables aux membres du conseil de surveillance[1]. Pour le calcul du plafond relatif au nombre de mandats de membre du conseil de surveillance, il convient de tenir compte des mandats d'administrateur, mais aussi de directeur général, de membre du directoire et de directeur général unique (C. com., art. L. 225-94-1). Toutefois, la dérogation prévue au titre des mandats exercés au sein des sociétés contrôlées est applicable au président du conseil de surveillance. Traditionnellement, les membres du conseil de surveillance ont toujours pu se faire consentir un contrat de travail en cours de mandat social, sous réserve de faire respecter les conditions jurisprudentielles classiques[2].

1. V. ss 525.
2. Soc. 12 mars 2008, n° 07-40.042, *RJDA* 2008. 820.

Le conseil de surveillance élit en son sein un président et un vice-président qui sont chargés de convoquer le conseil et d'en diriger les débats (C. com., art. L. 225-81).

Dans les sociétés dualistes de grande taille[1], la loi n° 2011-103 du 27 janvier 2011 relative à la représentation équilibrée des femmes et des hommes au sein des conseils d'administration et de surveillance et à l'égalité professionnelle[2] impose des exigences de parité identiques à celles posées dans les sociétés monistes, et prévoit les mêmes sanctions, à savoir la nullité de la composition du conseil et – à partir de 2017 – la suspension du versement des jetons de présence le temps de la régularisation (C. com., art. L. 225-69-1 nouv.)[3]. La durée des fonctions est déterminée par les statuts sans pouvoir excéder six ans[4]. De même que pour les administrateurs, les membres du conseil de surveillance sont librement révocables par l'assemblée générale ordinaire.

586 **Rémunération.** Seul le président reçoit une rémunération fixée par le conseil de surveillance (C. com., art. L. 225-81, al. 1er). Les autres membres perçoivent une rémunération dont le montant annuel et global est fixé par l'assemblée générale et, depuis la loi du 15 mai 2001, réparti par le conseil de surveillance et lui seul[5] (C. com., art. L. 225-83). Il peut en outre être alloué, par le conseil de surveillance, des rémunérations exceptionnelles pour les missions ou mandats confiés à des membres de ce conseil. Dans ce cas, ces rémunérations sont soumises à la procédure des conventions réglementées. Dans les sociétés dualistes dont les titres sont admis aux négociations sur un marché réglementé, la répartition de la somme allouée aux membres du conseil de surveillance en rémunération de leur activité est déterminée dans les conditions prévues à l'article L. 22-10-26 (C. com., art. L. 22-10-27). En outre,

---

1. La loi vise les sociétés cotées et celles qui emploient 250 salariés et présentent un montant net de chiffre d'affaires ou un total de bilan d'au moins 50 millions d'euros pendant au moins trois années consécutives.
2. *JO* 28 janv. 2011.
3. V. ss 524.
4. Avant la loi de simplification du 22 mars 2012, la durée était réduite à trois ans pour les membres nommés par les statuts.
5. V. ss 528, pour les sociétés anonymes avec conseil d'administration.

le conseil de surveillance détermine, s'il l'entend, la rémunération de son président et de son vice-président élus en application de l'article L. 225-81, dans les conditions prévues à l'article L. 22-10-26[1]. Depuis la loi du 11 février 1994, le cumul entre des fonctions salariées et le statut de membre du conseil de surveillance est admis, sous réserve que le nombre des membres du conseil salariés ne dépasse pas le tiers des membres en fonction (C. com., art. L. 225-85, al. 1er).

Le conseil de surveillance n'étant pas un organe de gestion, ses membres n'encourent aucune responsabilité en raison des résultats de la gestion sociale, sauf si leur immixtion dans la gestion est démontrée. De même, il est rare qu'une sanction pénale soit prononcée à l'encontre d'un membre du conseil de surveillance, du moins lorsqu'il n'a pas excédé les limites de ses pouvoirs.

B. Le fonctionnement du conseil de surveillance

587 **Modalités de fonctionnement.** Le conseil de surveillance est organisé comme le conseil d'administration. Il doit élire en son sein un président et un vice-président, qui, à peine de nullité, sont nécessairement des personnes physiques (C. com., art. L. 225-81). Le président est chargé de convoquer le conseil et d'en diriger les débats. Il donne avis au commissaire aux comptes (s'il en existe) des conventions passées entre les dirigeants et la société, et autorisées par le conseil de surveillance (C. com., art. L. 225-86). Il ne dispose en aucun cas du pouvoir de représentation de la société.

Le règlement intérieur peut prévoir, sauf disposition contraire des statuts, que sont réputés présents pour le calcul du *quorum* et de la majorité les membres du conseil de surveillance qui participent à la réunion du conseil par des moyens de visioconférence (C. com., art. L. 225-82). Les conditions de mise en œuvre de cette facilité sont identiques à celles valant pour les réunions du conseil d'administration[2]. Pour certaines décisions, seule la présence

1. V. ss 579 et 528.
2. V. ss 536.

physique à la réunion vaut présence juridique pour les besoins de *quorum* et de majorité. Il s'agit de la nomination des membres du directoire (C. com., art. L. 225-59), de la proposition de révocation des membres du directoire (C. com., art. L. 225-61), de l'élection et de la détermination de la rémunération du président (C. com., art. L. 225-81).

588 **Compétence générale.** Le conseil de surveillance est investi d'un pouvoir de contrôle permanent de la gestion de la société par le directoire (C. com., art. L. 225-68, al. 1). Il s'agit d'un contrôle qui porte, à titre principal, sur l'opportunité de la gestion, sans que le conseil puisse s'immiscer dans les activités de gestion, ainsi que sur la régularité des opérations de gestion. Le conseil de surveillance dispose ainsi d'une compétence partiellement concurrente à celle du commissaire aux comptes. En outre, le conseil de surveillance présente à l'assemblée générale un rapport sur le gouvernement d'entreprise joint au rapport de gestion, lequel inclut les informations, le cas échéant adaptées aux sociétés à conseil de surveillance, mentionnées aux articles L. 225-37-3 à L. 225-37-5 du Code de commerce[1], ainsi que les observations du conseil de surveillance sur le rapport du directoire et sur les comptes de l'exercice.

Afin de faciliter l'exercice de ce contrôle, la loi met à la disposition du conseil de surveillance de nombreux moyens (C. com., art. L. 225-68) : il dispose d'un pouvoir permanent d'investigation et le directoire doit le tenir régulièrement informé de sa gestion à l'aide du rapport trimestriel et de la communication des comptes annuels et des comptes consolidés. Les commissaires aux comptes, s'il en existe, sont par ailleurs tenus d'informer le conseil de surveillance des contrôles auxquels ils ont procédé et de leurs résultats.

589 **Compétences particulières.** En outre, certaines dispositions permettent au conseil de participer activement au fonctionnement de la société. Il nomme les membres du directoire et leur président, et fixe leur rémunération. Il propose leur révocation à l'assemblée

1. V. ss 555.

générale. Il donne son autorisation préalable à toutes les conventions projetées entre la société et un membre du directoire ou du conseil de surveillance.

Enfin, les statuts peuvent prévoir que la conclusion des opérations qu'il énumère[1] est subordonnée à l'autorisation préalable du conseil de surveillance (C. com., art. L. 225-64, al. 3). Cette possibilité, ajoutée à la liste des pouvoirs attribués par la loi au conseil de surveillance, permet de conférer à ce dernier des compétences plus étendues qu'au conseil d'administration. Un transfert peut ainsi s'opérer du contrôle à la gestion, susceptible d'entraîner la responsabilité des membres du conseil de surveillance en leur qualité de dirigeants de fait de la société.

§ 3. Le régime des conventions

590 **Conventions réglementées.** Le régime des conventions réglementées dans les sociétés anonymes à directoire est similaire à celui applicable dans les sociétés avec conseil d'administration[2]. Les personnes visées sont les membres du directoire et du conseil de surveillance, un actionnaire disposant d'une fraction des droits de vote supérieure à 10 %, agissant directement ou par personnes interposées (C. com., art. L. 225-86). Le domaine des conventions est identique à celui applicable aux sociétés avec conseil d'administration. De même pour la procédure (C. com., art. L. 225-88) : le membre du directoire ou du conseil de surveillance directement ou indirectement intéressé par la convention est tenu d'en informer le conseil de surveillance dès qu'il en a connaissance. Si cette personne siège au conseil de surveillance, elle ne peut prendre part ni aux délibérations ni au vote du conseil sur l'autorisation sollicitée. Le président du conseil de surveillance doit aviser, s'il existe, le commissaire aux comptes de toutes les conventions autorisées et les soumettre au vote de l'assemblée générale ordinaire des actionnaires. Les commissaires aux comptes ou, s'il n'en

1. C'est l'équivalent de la clause *Katalog* en droit allemand.
2. V. ss 590.

a pas été désigné, le président du conseil de surveillance, présentent, sur ces conventions, un rapport spécial à l'assemblée, qui statue sur ce rapport. L'intéressé ne prend pas part au vote en assemblée et ses actions ne sont pas prises en compte dans le calcul de la majorité.

Comme dans les SA monistes, les conventions conclues et autorisées au cours d'exercices antérieurs dont l'exécution a été poursuivie au cours du dernier exercice sont examinées chaque année par le conseil de surveillance et communiquées au commissaire aux comptes, s'il en existe, pour les besoins de l'établissement du rapport. Les sociétés cotées doivent désormais publier sur leur site internet des informations sur les conventions réglementées (C. com., art. L. 22-10-30).

Qu'elles soient ou non approuvées par l'assemblée générale, les conventions produisent leurs effets à l'égard des tiers, sauf lorsqu'elles sont annulées dans le cas de fraude (C. com., art. L. 225-89). La responsabilité de l'intéressé peut être retenue quand la convention désapprouvée porte préjudice à la société. Les conventions non autorisées par le conseil peuvent être annulées si elles ont eu des conséquences dommageables pour la société (C. com., art. L. 225-90).

591 **Conventions libres.** Les conventions portant sur des opérations courantes conclues à des conditions normales ne sont pas soumises à la procédure des conventions réglementées (C. com., art. L. 225-87, al. 1er). Dans les sociétés cotées, le conseil de surveillance doit mettre en place une procédure permettant d'évaluer régulièrement si ces conventions remplissent bien ces conditions. Les personnes directement ou indirectement intéressées à une convention ne participent pas à son évaluation (C. com., art. L. 22-10-29).

592 **Conventions interdites.** L'interdiction de passer certaines conventions avec la société, identique à celle étudiée dans la société anonyme avec conseil d'administration, concerne les emprunts et découverts contractés auprès de la société par les membres du directoire ou du conseil de surveillance autres que les personnes morales, ainsi que le cautionnement ou aval accordé par la société envers les tiers (C. com., art. L. 225-91). La sanction est la nullité absolue.

SECTION 3

LES ORGANES DE CONTRÔLE

593 **Plan.** Le contrôle exercé par les actionnaires est complété par un contrôle indépendant et permanent effectué par les commissaires aux comptes (**§ 1**). Afin de permettre une information plus précise sur une opération de gestion, le législateur a en outre prévu l'intervention ponctuelle d'un expert de gestion (**§ 2**). Le CSE exerce un contrôle visant à protéger l'intérêt des salariés (**§ 3**). Quant à l'Autorité des marchés financiers, héritière de la Commission des opérations de bourse, elles exercent un contrôle renforcé sur les sociétés cotées (**§ 4**).

§ 1. Les commissaires aux comptes

594 **Nomination au titre d'une société donnée.** On rappelle que les commissaires aux comptes sont soumis à un double statut, en tant que membres d'une profession libérale et en tant qu'organes sociaux chargés d'une mission de surveillance des comptes sociaux[1]. Les dispositions législatives exigeant un haut niveau de compétence et une indépendance renforcée garantissent l'efficacité et la sincérité du contrôle accompli par les commissaires aux comptes.

Alors que toutes les sociétés anonymes étaient tenues d'avoir au moins un commissaire aux comptes, depuis la loi *PACTE* et le décret d'application du 24 mai 2019, ces sociétés ne sont tenues que si elles dépassent, à la clôture d'un exercice social, deux des trois nouveaux seuils légaux[2]. Néanmoins, l'AGO de ces sociétés conserve la possibilité de désigner à tout moment un ou plusieurs commissaires aux comptes. En outre, même si les seuils légaux ne sont pas atteints, un ou plusieurs actionnaires représentant au moins le dixième du capital social peuvent demander en justice la nomination d'un commissaire aux comptes (C. com., art. L. 225-

1. V. ss 182.
2. 4 millions d'euros de total du bilan (contre 1 550 000 € avant la loi *PACTE*), 8 millions d'euros de chiffre d'affaires (contre 3 100 000 € auparavant) et cinquante salariés.

218, al. 3 nouv.)[1]. Par ailleurs, les sociétés doivent en désigner deux lorsqu'elles sont astreintes à publier des comptes consolidés (C. com., art. L. 823-2). Dans cette dernière hypothèse, ils se livrent ensemble à un examen contradictoire des conditions et des modalités d'établissement des comptes.

Les commissaires aux comptes sont désignés par les statuts lors de la constitution de la société. Néanmoins, en cours de vie sociale, l'assemblée générale ordinaire peut valablement désigner un ou plusieurs commissaires aux comptes pour remplacer les titulaires et suppléants, du fait de leur décès, empêchement ou refus d'exercice. En dehors des incompatibilités générales, la loi édictait des incompatibilités propres aux sociétés anonymes. La loi du 1er août 2003 a abrogé ces dispositions pour établir un statut plus rigoureux des commissaires aux comptes, qui relève désormais du droit commun des sociétés (C. com., art. L. 822-1.)[2]. En outre, la loi exige l'absence de lien de famille avec les dirigeants de la société et l'absence de dépendance économique.

Le défaut de désignation du commissaire aux comptes, alors que deux des seuils légaux sont atteints, constitue une faute de gestion à la charge du dirigeant[3] et il est sanctionné pénalement (C. com., art. L. 820-4, 1°). La loi frappe de nullité toutes les délibérations prises à défaut de désignation régulière du commissaire aux comptes.

595 **Certification des comptes, mission d'information.** Les commissaires aux comptes sont investis d'une mission légale permanente de contrôle et de surveillance à l'égard de la société pour laquelle ils exercent leurs fonctions. À ce titre, ils certifient, en justifiant de leur appréciation, que les comptes annuels de la société sont réguliers et sincères et donnent une image fidèle du résultat des opérations et de la situation financière et du patrimoine de la société[4] (C. com., art. L. 823-9). Cette mission légale exclut toutefois toute

1. Le décret n° 2019-514 du 24 mai 2019 précise que la demande peut être formulée au président du tribunal de commerce statuant en la forme des référés (C. com., art. D. 225-164-1 nouv.).
2. V. ss 190.
3. Paris 18 nov. 1997, *Bull. Joly* 1998. 250, obs. J.-F. Barbièri, *BCNCC* 1998, n° 110, note Ph. Merle.
4. Com. 19 oct. 1999, *BCNCC* 2000, n° 117, 60, note Ph. Merle ; *RTD com.* 2000. 119, obs. C. Champaud et D. Danet.

immixtion dans la gestion de la société. De cette mission découle le devoir général du commissaire aux comptes d'informer les divers organes sociaux (dirigeants, actionnaires, conseil social et économique) et, si la situation l'impose, d'alerter en vue de prévenir les risques graves.

596 **Mission d'alerte dans les sociétés anonymes.** Le devoir d'alerte oblige le commissaire aux comptes à s'informer, à l'occasion de l'exercice de sa mission, des faits de nature à compromettre la continuité de l'exploitation (C. com., art. L. 234-1). Cette découverte engage une procédure d'alerte. Une information est adressée au président du conseil d'administration ou du directoire. À défaut de réponse dans les quinze jours, ou en cas de réponse insatisfaisante, le commissaire aux comptes invite par écrit le président ou le directoire à réunir le conseil d'administration ou le conseil de surveillance dans les huit jours pour délibérer sur la situation invoquée. La délibération du conseil est communiquée au conseil social et économique (CSE) et le commissaire en informe le président du tribunal de commerce. En l'absence de délibération dans le délai requis, ou si, malgré les décisions, la continuité de l'exploitation demeure compromise, le commissaire aux comptes établit un rapport spécial, qui sera présenté lors de la prochaine assemblée générale des actionnaires. Ce rapport est communiqué au CSE. En cas d'urgence et après avoir requis du président sa convocation immédiate, il est autorisé à convoquer lui-même l'assemblée. Celle-ci délibère alors sur le rapport spécial communiqué aux actionnaires. Si les décisions de l'assemblée générale ne permettent pas d'assurer la continuité de l'exploitation, le commissaire aux comptes informe de ses démarches le président du tribunal de commerce et lui communique les résultats. Le commissaire aux comptes peut reprendre le cours d'une procédure au point où il avait estimé y mettre un terme lorsque, malgré les éléments ayant motivé sa décision de l'arrêter, la continuité de l'exploitation demeure compromise. Cette reprise de la procédure doit intervenir dans un délai de six mois à compter du déclenchement de la procédure et l'urgence commande l'adoption de mesures immédiates (C. com., art. L. 234-1 et L. 234-2, réd. L. 17 mai 2011).

597 **Particularités dans les sociétés dont les titres financiers sont admis aux négociations sur un marché réglementé.** Dans les sociétés cotées, le commissaire aux comptes, s'il en existe, doit présenter, dans un rapport joint au rapport de gestion, ses observations sur le rapport sur le gouvernement d'entreprise (C. com., art. L. 22-10-71). Cette nouvelle obligation faite aux commissaires aux comptes renforce fortement leur responsabilité. Par ailleurs, l'autorité de contrôle des marchés a toujours eu un droit de regard sur la nomination des commissaires aux comptes appelés à exercer, autrefois, dans les sociétés faisant appel public à l'épargne, désormais dans les sociétés cotées. La loi du 1er août 2003 a renforcé ces exigences, en créant une section dans le Code monétaire et financier, consacrée aux relations entre l'Autorité des marchés financiers et les commissaires aux comptes (C. mon. fin., art. L. 621-22). Désormais, l'AMF peut demander aux commissaires aux comptes de ces sociétés tous renseignements sur ces personnes et ils peuvent à leur tour, interroger l'AMF sur toute question rencontrée dans l'exercice de leur mission et susceptible d'avoir un effet sur l'information financière de la personne. Ils doivent également informer l'AMF de tout fait ou décision justifiant leur intention de refuser la certification des comptes. Ils doivent lui transmettre copie de l'écrit transmis au président du conseil d'administration ou au directoire dans le cadre d'une procédure d'alerte, ainsi que le rapport qu'ils envisagent de présenter à l'assemblée générale.

598 **Suppression de l'information sur les conventions courantes.** La loi du 15 mai 2001, corrigée par la loi du 1er août 2003, avait élargi le droit à l'information des commissaires aux comptes. À propos des conventions courantes conclues à des conditions normales, la loi imposait que la liste et l'objet de ces conventions soient communiqués par le président aux membres du conseil d'administration et aux commissaires aux comptes, sauf lorsqu'en raison de leur objet ou de leurs implications financières, ces conventions ne sont significatives pour aucune des parties (C. com., art. L. 225-39). Il en découlait des obligations nouvelles pour les commissaires diligents qui devaient notamment s'assurer que la société dispose d'un contrôle interne permettant au président d'avoir communica-

tion des conventions libres qui ont été passées[1]. La loi du 17 mai 2011 a supprimé cette obligation d'information[2].

§ 2. L'expert de gestion

599 **Notion.** La loi de 1966 a donné la possibilité aux actionnaires minoritaires de demander en justice la désignation d'un expert chargé de présenter un rapport sur telle ou telle opération de gestion (C. com., art. L. 225-231). L'expertise de minorité est aujourd'hui ouverte à un certain nombre de personnes autres que des actionnaires minoritaires et est devenue l'expertise de gestion dans les sociétés par actions[3] et les SARL[4]. Elle connaît aujourd'hui un vif succès. Toutefois, l'expertise préventive ordonnée sur le fondement de l'article 145 du Code de procédure civile peut lui être préférée, sans que celle-ci soit revêtue d'un caractère subsidiaire par rapport à l'expertise de gestion, de sorte que l'actionnaire est libre d'exercice l'une comme l'autre[5].

A. Conditions d'exercice

600 **Condition de nomination.** Une expertise de gestion peut être sollicitée par un ou plusieurs actionnaires représentant au moins 5 % du capital social[6], le conseil social et économique, le ministère public, ainsi que, pour les sociétés cotées, par une association d'actionnaires au sens de l'article L. 225-120 du Code de commerce et par l'Autorité des marchés financiers. La demande d'expertise ne peut être dirigée que contre la société dont la gestion est mise en cause[7].

1. V. « Les nouvelles obligations des commissaires aux comptes après la loi NRE du 15 mai 2001 », Ph. Merle, *Cah. dr. aff.* 2001. 3516.
2. V. ss 572.
3. C. com., art. L. 225-231 pour les SA ; C. com., art. L. 226-1 pour les commandites par actions ; C. com., art. L. 227-1 pour les SAS.
4. C. com., art. L. 223-37.
5. Com. 18 oct. 2011, n° 10-18.989, *Dr. sociétés* 2012. 10, note D. Gallois-Cochet.
6. Ce pouvoir est donné aux personnes qui détiennent des actions en indivision, l'indivisaire étant un actionnaire : Com. 4 déc. 2007, *D.* 2008. 78, note A. Lienhard.
7. Com. 13 nov. 1972, n° 71-12393, *D.* 1973. 397, note J.-J. Burst ; pour un groupe de sociétés, v. Com. 21 mars 2018, n° 16-20879, *Bull. Joly*, juin 2018, p. 339, note J.-M. Moulin ; dans les SA, le Directeur général représente la société (C. com., art. R. 225-163).

601 **Procédure.** Lorsque l'expertise est demandée par des actionnaires, la procédure doit commencer obligatoirement par une question écrite posée au président du conseil d'administration ou au directoire. La question porte sur une ou plusieurs opérations de gestion de la société, ainsi que, le cas échéant, des sociétés qu'elle contrôle au sens de l'article L. 233-3 du Code de commerce. La réponse doit être communiquée aux commissaires aux comptes. À défaut d'une réponse dans le délai d'un mois, ou en cas de réponse insuffisante, les actionnaires pourront demander en justice la désignation d'un ou plusieurs experts chargés de présenter un rapport sur une ou plusieurs opérations de gestion (C. com., art. L. 225-231). Les autres personnes habilitées à demander une telle expertise peuvent demander directement en référé la désignation d'un expert.

Le président du tribunal apprécie s'il y a lieu de faire droit à la demande[1]. Il doit s'assurer ensuite que la demande d'expertise répond à une finalité sociale[2]. La demande sera plus facilement accordée si elle est accompagnée de présomptions suffisamment précises permettant de suspecter telle ou telle opération de gestion[3]. Le président n'a pas toutefois à se faire juge des opérations de gestion critiquées ni de l'évolution financière de la société[4]. La jurisprudence retient une conception stricte de la notion d'acte de gestion[5].

Si les actionnaires n'atteignent pas le minimum requis, ils peuvent néanmoins demander la désignation d'un expert dans les conditions de droit commun sur la base de l'article 145 du nouveau Code de procédure civile (expertise *in futurum*)[6]. L'autono-

---

1. Les conclusions du rapport général du commissaire aux comptes peuvent servir à fonder la demande d'une telle expertise : Com. 10 déc. 2013, n° 12-24232, *Bull. Joly*, fév. 2014, 83, note J.-F. Barbièri.
2. Com. 10 févr. 1998, *Bull. Joly* 1998. 468, note M. Menjucq.
3. Com. 22 mars 1988, *Rev. sociétés* 1988. 227 ; comp. Paris 31 mars 2000, *Dr. sociétés* 2000. 142, obs. D. Vidal.
4. Com. 15 juill. 1987, *Bull. Joly* 1987. 703, note P. Le Cannu (affaire *Duquesne Purina*).
5. Com. 19 nov. 1991, *Bull. Joly* 1992. 66, note P. Le Cannu ; *Rev. sociétés* 1992. 510, obs. M. Marteau-Petit (affaire *Galtier*).
6. Paris 25 oct. 2002, *Bull. Joly* 2003. 213, note A. Couret ; *adde*, T. com. Paris 27 juin 2002, affaire *Videndi Universal, JCP E* 2002. 1253, note A. Viandier, *Bull. Joly* 2002, note A. Couret ; I. Parléani, *Rev. sociétés* 2003. 223 ; M. Jeantin, in *Mélanges Perrot*, Dalloz, 1996. La mesure d'instruction *in futurum* doit désormais prendre en compte le secret des affaires : Civ. 1re, 22 juin 2017, n° 15-27845.

mie reconnue à l'article 145 du Code de procédure civile permet à cette expertise d'être complémentaire de l'expertise de gestion lorsque celle-ci est impossible (car n'entrant pas dans le cadre légal) ou qu'elle a échoué[1].

B. Mission

602 **Pouvoirs et limites.** Le président du tribunal détermine l'étendue de la mission et les pouvoirs de l'expert (C. com., art. L. 225-231, al. 4). L'expertise ne peut avoir un caractère général et doit porter sur une ou plusieurs opérations de gestion déterminées[2]. Elle ne peut relever de la compétence des commissaires aux comptes et ne peut remettre en cause la régularité et la sincérité des comptes sociaux[3]. L'expertise doit avoir un caractère contradictoire[4].

Le rapport de gestion est communiqué au demandeur, ainsi qu'au ministère public, au CSE, au commissaire aux comptes, au conseil d'administration (ou au directoire et au conseil de surveillance), et, pour les sociétés cotées, à l'AMF. Il doit en outre être annexé au rapport qui sera présenté par le commissaire aux comptes lors de la prochaine assemblée générale ordinaire.

§ 3. Le conseil social et économique

603 **Les prérogatives classiques.** Le conseil social et économique (CSE, ex comité d'entreprise) reçoit tous les documents relatifs aux comptes annuels, et les documents de gestion prévisionnelle (C. com., art. L. 232-3).

Il peut également convoquer les commissaires aux comptes pour demander des explications sur les différents postes des documents communiqués.

Il peut demander en justice la récusation ou le relevé des fonctions d'un commissaire aux comptes (C. com., art. L. 823-6 et

1. Com 15 sept. 2015, n° 13-25275, *Bull. Joly*, nov. 2015, 581, note G. Gil.
2. Com. 13 avr. 1988, *Bull. Joly* 1988. 592 (affaire *Buitoni*).
3. Com. 20 déc. 1988, *Rev. sociétés* 1989. 55 ; *adde*, Paris 4 févr. 2000, *Rev. sociétés* 2000. 385, obs. Y. Guyon.
4. N. Dedessus-le-Moustier, « Expertise de gestion et principe du contradictoire », *Rev. sociétés* 1998. 45.

L. 823-7). Il peut aussi demander la désignation d'un expert de gestion (C. com., art. L. 225-231). Il peut en outre initier la procédure d'alerte lorsqu'il a connaissance de faits de nature à affecter la situation économique de l'entreprise (C. com., art. L. 234-1).

604 **Les prérogatives complémentaires.** La loi du 15 mai 2001 a accordé de nouvelles prérogatives au comité d'entreprise devenu Conseil social et économique. Il peut demander la désignation en justice d'un mandataire chargé de convoquer l'assemblée générale en cas d'urgence, ou encore requérir d'inscrire des projets de résolutions à l'ordre du jour de l'assemblée générale. La loi a en outre accordé un important pouvoir d'information au CSE en cas d'offre publique d'achat[1].

§ 4. L'Autorité des marchés financiers

605 **Origines et évolutions, de la COB à l'AMF.** La commission des opérations de bourse (COB) a été créée par une ordonnance du 28 septembre 1967, sur le modèle de la puissante *Securities and Exchange Commission* américaine. Elle a vu ses pouvoirs nettement renforcés par la loi de 2 août 1989 relative à la sécurité et à la transparence du marché financier, ainsi que la loi du 2 juillet 1996 sur la modernisation des activités financières. Elle avait pour mission principale de « veiller à la protection de l'épargne investie en valeurs mobilières ou tous autres placements donnant lieu à appel public à l'épargne, à l'information des investisseurs et au bon fonctionnement des marchés de valeurs mobilières, de produits financiers cotés ou de contrats à terme négociables ». Dotée à l'origine de pouvoirs et de moyens limités, la COB a su acquérir une grande autorité et exerce désormais un contrôle efficace sur la vie des sociétés cotées. Elle s'est vue investie d'une triple mission spéciale : l'amélioration de l'information du public, l'organisation et le fonctionnement du marché des instruments financiers, la surveillance des placements.

1. R. Vatinet, « De la loi sur les nouvelles régulations économiques à la loi de modernisation : une montée en puissance du comité d'entreprise ? », *Dr. sociétés* 2002. 286.

Elle a parallèlement suscité des inquiétudes quant à l'étendue de ses pouvoirs et de son contrôle, rendant nécessaire l'instauration de recours judiciaires et permettant de s'interroger sur la mise en place d'une responsabilité juridique[1]. La loi du 2 juillet 1996 avait consacré une séparation institutionnelle complexe en créant une seconde autorité, professionnelle de marché, *le Conseil des marchés financiers* (CMF). La loi sur la sécurité financière du 1er août 2003 a réformé l'architecture institutionnelle française en faisant fusionner la COB et le CMF en une seule autorité, l'Autorité des marchés financiers, et a opéré un cloisonnement organique des pouvoirs en son sein.

Alors que la COB n'avait pas la personnalité morale, l'Autorité des marchés financiers a acquis le statut d'« autorité publique indépendante » dotée de la personnalité juridique (C. mon. fin., art. L. 621-1). À la différence de la COB qui était composée d'un seul collège comprenant un président et neuf membres, l'AMF comprend deux formations distinctes, un collège plénier et une commission des sanctions[2].

606 **Pouvoirs.** Héritant de la COB un pouvoir réglementaire qui lui permet d'édicter des normes de caractère général, le collège de l'AMF a pris un règlement général concernant le fonctionnement des marchés placés sous son contrôle (notamment les règles de pratique professionnelle qui s'imposent aux émetteurs de sociétés cotées et celles relatives aux offres publiques d'acquisition[3]). Il peut en outre prendre des décisions individuelles comme l'octroi du visa par lequel il autorise une opération d'offre au public. Le collège de l'AMF est doté d'un pouvoir d'investigation renforcé qui lui accorde un droit de visite et de saisie des documents (pour la recherche d'infractions boursières comme le manquement d'initié)[4] et d'un pouvoir d'injonction administrative direct. Il peut

1. Ce pouvoir avait permis à la COB de jouer un rôle décisif dans l'élaboration du droit des sociétés faisant appel public à l'épargne R. Ramette, « La réforme de la COB et le cumul de pouvoirs normatifs, de sanction et d'investigation », *Bull. Joly Bourse* 1995. 483.

2. Sur l'AMF, v. Y. Paclot, *Rép. sociétés*, V° « L'Autorité des marchés financiers ».

3. V., pour une application extensive des règlements de la COB, Paris 7 mars 2000, *Bull. Joly* 2000, § 102, note J.-F. Barbièri, affaire *KPMG*.

4. L'entrave à une mission de contrôle ou d'enquête de l'AMF est sévèrement punie d'emprisonnement et d'amendes (C. mon. fin., art. L. 642-2).

ainsi après une procédure contradictoire, ordonner que soit mis fin, en France ou à l'étranger, à tout manquement de nature à porter atteinte à la protection des investisseurs ou au bon fonctionnement du marché (C. mon. fin., art. L. 621-14).

Par ailleurs, il revient à la commission des sanctions de l'AMF de prononcer des sanctions[1] pécuniaires. Celles-ci ne peuvent excéder 100 millions d'euros[2] ou, lorsque des profits ont été réalisés, le décuple de leur montant (C. mon. fin., art. L. 621-15, III). La commission des sanctions statue par décision motivée, hors la présence de son rapporteur. Elle doit désormais rendre publique sa décision dans les publications, journaux ou supports qu'elle désigne. L'article L. 621-30 du Code monétaire et financier pose le principe de la compétence du juge judiciaire pour toutes les décisions individuelles de l'AMF, à l'exception de celles concernant les professionnels contrôlés (mentionnés à l'art. L. 621-9 II). Dès lors, les recours contre les décisions individuelles relatives aux agréments ou sanctions concernant les professionnels du marché boursier visés à l'article L. 621-9 II du Code monétaire et financier, relèvent désormais du Conseil d'État. Pour les autres personnes, notamment les émetteurs et les dirigeants initiés, les recours contre les décisions individuelles à leur encontre sont, comme par le passé, portés devant la cour d'appel de Paris[3]. Cette possibilité de recours contre les décisions de la commission des

1. L'AMF a compétence pour prononcer une sanction administrative à l'encontre d'un commissaire aux comptes, Com. 11 juill. 2006, *JCP E* 2006. 2564, note Y. Paclot. L'AMF dispose ainsi d'un pouvoir répressif qui relève de la matière pénale au sens de l'article 6. 1 de la Convention européenne des droits de l'homme relatif au droit à un procès équitable. La COB a été sanctionnée à plusieurs reprises soit pour non respect des droits de la défense soit pour non respect d'un droit à un tribunal impartial, sur fondement de cet article 6. V. Ass. plén. 5 févr. 1999, *Gaz. Pal.* 25 févr. 1999, concl. M.-A. Lafortune. Depuis longtemps, la possibilité de cumuler des poursuites administratives et pénales en matière boursière a été critiquée, critique fondée sur le prinicpe *non bis in idem*. Par une décision du 18 mars 2015, le Conseil constitutionnel a abrogé l'article L. 465-1 du Code monétaire et financier, qui définit et punit le délit d'initié, ainsi que les expressions qui, dans les articles régissant le fonctionnement de l'AMF, s'y réfèrent, à compter du 1er septembre 2016, ce qui laisse présager le fin du cumul des poursuites administratives et pénales en matière d'opérations d'initié.

2. La loi du 22 octobre 2010, dite loi de régulation bancaire et financière, a fait passer le seuil de la sanction de 10 à 100 millions d'euros.

3. En rendant au Conseil d'État une partie du contentieux porté autrefois et par dérogation devant le juge judiciaire, le nouveau système risque de poser des conflits de compétence. La nouvelle répartition, selon la qualité de la personne mise en cause et non selon la nature des décisions contestées, pourrait également conduire à des discordances de jurisprudence, éventuellement à l'occasion d'une même affaire ; v. I. Thomasset-Pierre, « Création de l'Autorité des marchés financiers », *D.* 2003. 2951 ; Y. Paclot, *JCP E* 2003. 174.

sanctions n'était, jusqu'en 2010, ouverte qu'aux personnes sanctionnées. Le président de l'AMF peut désormais, après l'accord du collège, former un recours, à titre principal ou incident en cas de recours de la personne poursuivie, contre les décisions de la Commission des sanctions (C. mon. fin., art. L. 621-30, al. 2, réd. L. 22 oct. 2010). Par ailleurs, le président de l'AMF peut demander au président du tribunal de grande instance de Paris qu'il soit ordonné à la personne qui est responsable de la pratique relevée de se conformer aux dispositions législatives ou réglementaires, de mettre fin à l'irrégularité ou d'en supprimer les effets (C. mon. fin., art. L. 621-14 II).

La loi du 22 octobre 2010 de régulation bancaire et financière a institué une procédure de transaction, la « composition administrative » dont le domaine a été étendu à l'ensemble des manquements financiers relevant de la compétence de l'AMF. Cette procédure permet à l'autorité de marché, dans un souci d'efficacité, de conclure des transactions financières à l'amiable avec les personnes poursuivies et connaît un réel succès[1]. L'accord issu de la procédure n'exprime pas une reconnaissance de culpabilité. Il doit être homologué par la commission des sanctions.

Section 4
Les salariés

607 **Évolutions.** L'introduction dans la loi de 1966 de la société avec directoire et conseil de surveillance répondait en partie au souci du législateur de permettre la participation des salariés au contrôle de la gestion de la société, si ce n'est à leur gestion elle-même. Malgré ces dispositions, et malgré les projets ambitieux élaborés dans le rapport Sudreau sur la réforme de l'entreprise en 1975, les tentatives d'intégration des salariés dans les sociétés anonymes restent très timides. Les lois récentes, depuis la loi du 15 mai 2001, tendent néanmoins à renforcer les droits des salariés au sein de

1. Selon le rapport établi par l'AMF en 2014, plus de 1 000 dossiers ont été reçus et 969 ont été traités.

la société, de même que le rôle du CSE. La loi n° 2014-856 du 31 juillet 2014, dite loi ESS, a institué un droit d'information au bénéfice des salariés en cas de cession de l'entreprise qui les emploie. Dernièrement, les nouveautés introduites par la loi n° 2015-990 du 6 août 2015 pour la croissance, l'activité et l'égalité des chances, dite loi Macron, contiennent de nombreuses mesures en matière d'épargne salariale. Elle est complétée par la loi du 17 août 2015 relative au dialogue social et à l'emploi (loi Rebsamen), laquelle a renforcé la représentation obligatoire des salariés dans les conseils d'administration ou de surveillance des grandes sociétés.

608 **L'information.** Le conseil social et économique (CSE) est informé et consulté sur les questions intéressant l'organisation, la gestion et la marche générale de l'entreprise. Il en est de même relativement aux modifications de l'organisation économique et juridique de l'entreprise. Dans les sociétés anonymes, il a en outre les mêmes droits d'information que les actionnaires, de façon permanente comme en cas de crise. La loi du 15 mai 2001 et la loi du 31 mars 2006 ont renforcé ces droits en cas de dépôt d'une OPA-OPE portant sur l'entreprise.

La loi n° 2013-504 du 14 juin 2013 relative à la sécurisation de l'emploi, dite LSE, instaure une participation plus accrue des salariés en prévoyant une consultation annuelle obligatoire du CSE sur les orientations stratégiques de l'entreprise[1] (C. Trav., art. L. 2312-22). La jurisprudence s'oriente vers une lecture large de cette disposition, afin de permettre au CSE d'avoir une vue d'ensemble précise de la stratégie d'une entreprise au sein d'un groupe, sur les trois années à venir[2].

La loi ESS réformée par la loi Macron instaure deux obligations d'information nouvelles au bénéfice des salariés de certaines entreprises[3]. Une première information, générale, doit être com-

1. Le comité émet un avis sur les orientations stratégiques de l'entreprise et peut proposer des orientations alternatives. Cet avis est transmis à l'organe chargé de l'administration ou de la surveillance de l'entreprise, qui formule une réponse argumentée.

2. Lyon, Ch. soc. c, 8 janv. 2016, n° 14/09041, *Bull. Joly*, mai 2016, 268, note P. Kasparian.

3. V. B. Saintourens, « Les droits des salariés à l'égard de la société après la loi Macron », *Bull. Joly*, oct. 2015, 541.

muniquée tous les trois ans aux salariés de sociétés commerciales ayant un effectif de moins de 250 salariés (peu importe leur taille en chiffre d'affaires ou de total du bilan). Le décret du 4 janvier 2016 permet à ce dispositif d'entrer en vigueur dans la mesure où ce texte précise le contenu de l'information périodique à donner aux salariés ainsi que les modes de diffusion de ces éléments d'information, dotés d'une certaine souplesse. La loi Macron réformant la loi ESS instaure par ailleurs une obligation d'information spécifique des salariés en cas de vente de droits sociaux assurant le contrôle de la société lorsque celle-ci compte moins de 50 salariés. Cette information permet aux salariés de formuler une offre, le cas échéant, avant que la cession n'intervienne. La sanction en cas de manquement à cette dernière obligation d'information, prévue initialement comme une nullité, est constituée par une simple amende civile, plafonnée à 2 % du montant de la vente. Le prononcé de cette amende suppose qu'une action en responsabilité ait été engagée à l'encontre du cédant pour non-respect de son obligation d'information préalable. La juridiction saisie de l'action en responsabilité ne peut prononcer l'amende civile qu'à la demande du ministère public. La loi Macron permet d'exclure l'information spécifique des salariés en cas de cession des droits sociaux (ou de l'entreprise) si, au cours des douze mois qui précèdent celle-ci, elle a déjà fait l'objet d'une information générale.

L'ampleur de cette information est d'autant plus remarquable que, selon la Cour de cassation, les membres du CSE ne sont astreints au respect d'une obligation de confidentialité que dans des circonstances particulières : ils le sont seulement au titre des informations déclarées confidentielles par l'employeur et uniquement pour les informations qui sont de nature confidentielle au regard des intérêts légitimes de l'entreprise[1].

609 **La participation financière.** Un système d'intéressement aux bénéfices a été mis en place en France par une ordonnance du 7 janvier 1959 et complété par une ordonnance du 17 août 1967. Il est

1. Soc. 5 nov. 2014, n° 13-17270, *Bull. Joly*, fév. 2015, 66, note G. Auzero.

devenu obligatoire pour toutes les entreprises employant au moins cinquante salariés, quels que soient la nature de leur activité et leur régime juridique. La loi du 19 février 2001 a étendu l'usage des plans d'épargne d'entreprise. Ces plans ouvrent aux salariés de l'entreprise la faculté de participer, avec l'aide de celle-ci, à la constitution d'un portefeuille de valeurs mobilières (C. trav., art. L. 3312-1 s.). Ainsi, l'article L. 225-129-6 du Code de commerce oblige, sauf exception, lors d'une prise de décision d'augmentation du capital par apport en numéraire l'AGE d'une SA à se prononcer sur un projet de résolution tendant à la réalisation d'une augmentation de capital réservée aux salariés (à travers un plan d'épargne entreprise, PEE). En cas d'omission d'une telle résolution – obligatoire –, celle-ci est sanctionnée par la nullité, laquelle peut toutefois être régularisée[1]. La loi permet en outre la création de nouveaux plans, tels le plan partenarial d'épargne salariale volontaire et le plan d'épargne interentreprises.

Par ailleurs, lors de toute augmentation de capital en numéraire, sauf si elle résulte d'une émission au préalable de valeurs mobilières donnant accès au capital, l'assemblée générale extraordinaire doit se prononcer sur un projet de résolution tendant à réaliser une augmentation de capital réservée aux salariés (C. com., art. L. 225-129-6). Cette même assemblée doit également, tous les trois ans, être convoquée pour se prononcer sur le même type d'opération dès lors que les actions détenues par le personnel de la société et des sociétés qui lui sont liées en application de l'article L. 225-180 représentent moins de 3 % du capital[2]. Ce délai est repoussé à cinq ans si une assemblée générale s'est prononcée depuis moins de trois ans sur une augmentation de capital réservée aux salariés à l'occasion d'une augmentation de capital en apport en numéraire. En cas de violation de ces disposi-

1. Com. 28 nov. 2018, n° 16-28358, *JCP E* 2019. 68, note F. Barrière. Naturellement, les actionnaires conservent leur liberté de vote ; ils sont donc soumis à l'obligation de soumettre la résolution au vote en AGE, sans nécessairement que celle-ci soit adoptée.

2. Depuis la loi du 17 mai 2011, cette obligation et celle de réserver l'augmentation de capital aux salariés dans les conditions énoncées ci-dessus ne sont plus applicables aux sociétés contrôlées au sens de l'article L. 233-16 du Code de commerce lorsque la société qui les contrôle a mis en place, dans les conditions prévues au deuxième alinéa de l'article L. 3344-1 du Code du travail, un dispositif d'augmentation de capital dont peuvent bénéficier les salariés des sociétés contrôlées.

tions, une injonction de faire peut être demandée (C. com., art. L. 225-149-3). Les actionnaires sont informés de l'état de la participation des salariés au capital social dans le rapport annuel de gestion (C. com., art. L. 225-102).

La participation au capital est également rendue possible par l'attribution au profit des membres du personnel salarié de la société ou de certaines catégories d'entre eux d'options de souscription ou d'achat d'actions. Une telle attribution est autorisée par l'assemblée générale extraordinaire des actionnaires. Le conseil d'administration (ou le directoire) peut alors offrir à ces dirigeants de souscrire des actions nouvelles ou d'acheter des actions existantes à un prix déterminé pour toute la durée de l'option. Plus largement, depuis le 1er janvier 2005, les sociétés par actions, cotées ou non, peuvent procéder à des attributions gratuites d'actions (AGA) au profit de tout ou partie de leur personnel ou aux salariés de leurs filiales. Le nombre total des actions attribuées gratuitement ne peut excéder 10 % du capital social à la date de la décision. Dans les sociétés non cotées, ce pourcentage peut dépasser 10 % sans pouvoir excéder 15 % du capital social. Ces pourcentages sont portés à 30 % lorsque l'attribution d'actions gratuites bénéficie à l'ensemble des membres du personnel salarié de la société. Le régime de ces AGA par le conseil d'administration ou le directoire a été assoupli par la loi Macron : si, au-delà du pourcentage de 10 % ou de 15 % – pour les PME non cotées –, l'écart entre le nombre d'actions distribuées à chaque salarié ne peut être supérieur à un rapport de un à cinq, il n'y a plus aucune restriction en deçà quant à l'écart que l'on rencontre entre le nombre d'actions distribuées à chaque salarié (C. com., art. L. 225-197-1). La levée de l'option au moment opportun (du fait de la montée de la valeur des titres) permet au salarié de réaliser une plus-value importante[1]. Afin de faciliter les conditions d'attribution, la loi Macron a réduit la période d'acquisition des titres de deux à un an et la période de conserva-

1. V. R. Vatinet, « Le clair obscur des *stock-options* à la française », *Rev. sociétés* 1997. 31 et 2001. 581.

tion des actions qui la suit devient facultative[1]. Dans un souci de transparence, les actionnaires doivent être informés tous les ans par un rapport spécial des plans d'option mis en œuvre. Les renseignements concernent chaque mandataire social et chacun des dix salariés de la société non-mandataires sociaux dont le nombre d'options ainsi consenties est le plus élevé (C. com., art. L. 225-184). Ce dispositif a été complété par la mise en place d'un système de participation à la gestion de l'entreprise.

610 **La participation des représentants des salariés à la gestion.**

1) Les administrateurs représentant les salariés. Une ordonnance du 21 octobre 1986 a introduit pour la première fois en droit français un système de participation des salariés avec voix délibérative. Elle prévoyait que soient désignés des administrateurs représentant les salariés dans les SA qui emploient, à la clôture de deux exercices consécutifs, au moins 1 000 salariés dans la société et ses filiales directes ou indirectes dont le siège est fixé sur le territoire français et à l'étranger. La loi n° 2013-504 du 14 juin 2013 relative à la sécurisation de l'emploi, dite LSE, réformée par la loi n° 2015-994 du 17 août 2015 puis la loi *PACTE*, prévoit une participation obligatoire des salariés au conseil d'administration ou de surveillance pour les sociétés employant plus de 1 000 salariés permanents dans la société et ses filiales, directes ou indirectes, dont le siège est fixé sur le territoire français, ou de 5 000 salariés permanents dans la société et ses filiales, directes ou indirectes, dont le siège est fixé sur le territoire français et étranger[2] (C. com., art. L. 225-27-1, al. 1er mod. pour les SA monistes et L. 225-79-2, II, al. 1er mod. pour les sociétés dualistes)[3]. Le nombre des administrateurs représentant les salariés est au moins égal à deux dans les sociétés dont le nombre

1. En vertu de l'article L. 225-197-1 modifié du Code de commerce, la période totale d'attribution et de conservation doit être au moins égale à deux ans au lieu de quatre antérieurement. Le régime fiscal des actions attribuées est avantageux.

2. Afin de respecter le parallélisme des formes, l'obligation ne devrait cesser, au cas où la société redescendrait au-dessous d'un effectif de 1 000 salariés, qu'autant que la baisse aurait opéré sur deux exercices successifs : v. A. Couret, *Bull. Joly*, juin 2018, p. 385.

3. L'obligation d'assurer la représentation des salariés au sein des conseils d'administration (ou de surveillance) ne s'impose ni aux filiales, directes ou indirectes, des sociétés qui sont elle-mêmes soumises à ces obligations ni, à l'inverse, aux sociétés *holding* (C. com., art. L. 225-27-1, II, al. 2 et art L. 225-79, 2, II, al. 2).

d'administrateurs est supérieur à huit (douze avant la loi *PACTE*) et au moins à un s'il est égal ou inférieur à huit (douze avant la loi *PACTE*). La loi prévoit quatre modalités de désignation[1]. Les statuts (et donc les actionnaires) choisissent le mode de désignation. Ces représentants ont voix délibérative au conseil d'administration. Le nombre des administrateurs liés à la société par un contrat de travail ne peut dépasser le tiers des administrateurs en fonction (C. com., art. L. 225-22). Lorsqu'ils sont élus, les salariés conservent le bénéfice de leur contrat de travail. Toute nomination intervenue en violation de ces règles est nulle. Cette nullité n'entraîne pas celle des délibérations auxquelles a pris part l'administrateur irrégulièrement nommé (C. com., art. L. 225-29).

La durée du mandat ne peut excéder six ans. Il est, sauf clause contraire, renouvelable. La démission, l'incapacité et la rupture du contrat de travail emportent fin du mandat électif. Toutefois, le licenciement du salarié concerné ne peut être prononcé que par le bureau du jugement du conseil des prud'hommes statuant en référé. En outre, seul le tribunal de grande instance statuant en la forme des référés peut, à la demande de la majorité des membres du conseil d'administration ou de surveillance, révoquer le salarié de son mandat, et ceci uniquement pour faute dans l'exercice de ce dernier.

Les pouvoirs et les responsabilités des représentants des salariés ainsi élus sont identiques à ceux des autres membres du conseil d'administration ou de surveillance. Ils ont les mêmes droits (information, rémunération) et les mêmes devoirs.

2) Les administrateurs (ou membres du conseil de surveillance) représentant les salariés actionnaires dans les sociétés cotées et les sociétés d'une certaine taille. Le dispositif précédemment décrit a été complété par les lois du 25 juillet 1995 et du 17 janvier 2002 qui ont introduit une participation facultative à la gestion de la société lorsqu'un certain seuil de participation des salariés au capital social était atteint. La loi du 30 décembre 2006 a limité

1. Ces modalités sont : élection par les salariés (personnel de la société ayant au moins 3 mois d'ancienneté, étant exclus les salariés occasionnellement mis à disposition) ; désignation par les représentants du personnel ; désignation par l'organisation syndicale la plus représentative.

cette participation aux sociétés dont les titres sont admis aux négociations sur un marché réglementé mais l'a rendue obligatoire pour ces sociétés. Dans ce type de sociétés, lorsque le rapport de gestion établit que les actions détenues par le personnel de la société, ainsi que par le personnel de sociétés qui lui sont liées au sens de l'article L. 225-180, représentent plus de 3 % du capital social, un ou plusieurs administrateurs (ou membres du conseil de surveillance) doivent être élus par l'assemblée générale des actionnaires (C. com., art. L. 22-10-5 nouv.). La loi *PACTE* étend cette obligation aux sociétés non cotées à la double condition que le seuil des 3 % soit franchi et que la société emploie à l'échelle nationale 1 000 salariés permanents ou 5 000 à l'échelle internationale (C. com., art. L. 225-23). Un régime identique est prévu pour les sociétés à forme duale à conseil de surveillance (C. com., art. L. 225-71, al. 2). Ainsi, lorsque le seuil de 3 % du capital est atteint dans les sociétés cotées ou de grande taille (selon les seuils précités), une AGE doit d'abord être réunie en vue de modification des statuts qui doivent prévoir que l'AGO élira des représentants des actionnaires salariés, sur proposition des actionnaires, lesquels se prononceront par un vote sur les candidats dans les conditions fixées par les statuts. Le contentieux sur la nomination des administrateurs représentant les actionnaires salariés relève de la compétence du tribunal de commerce[1].

Les administrateurs (ou membres du conseil de surveillance) sont élus parmi les salariés actionnaires ou issus, lorsqu'un fonds commun de placement détient des actions de la société, des salariés membres du conseil de surveillance de ce fonds. La loi PACTE a supprimé les dérogations à cette obligation de nommer des administrateurs ou membres du conseil de surveillance issus de la collectivité des actionnaires salariés[2] dans deux cas. Il s'agit des

1. Com. 18 mars 2020, n° 17-24.039, *Rev. soc.* 2020. 549, note R. Vatinet. Il s'agit d'une règle de gouvernance et il convient donc de faire une nette distinction entre les représentants des actionnaires salariés et les administrateurs représentant l'ensemble des salariés (compétence du tribunal d'instance ; C. org. Jud., art. R. 221-27, 3°).

2. Une première dérogation concernait les sociétés dont le conseil comprenait déjà un ou plusieurs administrateurs (ou membre du conseil de surveillance) salariés nommés parmi les membres du conseil de surveillance des fonds communs de placement d'entreprise représentant les salariés. Une seconde concernait les sociétés où le conseil comprenait un ou plusieurs salariés élus en vertu des articles L. 225-27 et L. 225-71 (régime de représentation facultatif).

sociétés dont le conseil comprend déjà un ou plusieurs administrateurs (ou membre du conseil de surveillance) salariés nommés parmi les membres du conseil de surveillance des fonds communs de placement d'entreprise représentant les salariés ; ou encore ceux qui ont été élus en application des dispositions des articles L. 225-27 et L. 225-71 c'est-à-dire en application d'une clause statutaire stipulant que le conseil doit comprendre des administrateurs (membres du conseil de surveillance) élus soit par le personnel de la société soit par ce dernier et celui des filiales directes ou indirectes de cette société. Dans ces deux hypothèses, les sociétés ne sont pas tenues de modifier leurs statuts ni de nommer des administrateurs (ou membre de conseil de surveillance) issus du groupe des salariés actionnaires comme l'impose l'alinéa 1er des articles L. 225-23 du Code de commerce ou L. 225-71 (C. com., art. L. 225-23 et L. 225-71, al. 4). Le renouvellement de l'administrateur ou du membre du conseil de surveillance désigné dans les conditions qui viennent d'être énoncées est possible et l'exception envisagée continue de s'appliquer, quand bien même la société aurait vu son actionnariat salarié dépasser, entre-temps, le seuil des 3 %[1].

Si l'assemblée ne s'est pas réunie dans les dix-huit mois à compter de la présentation du rapport de gestion, tout salarié actionnaire peut demander au président du tribunal statuant en référé d'enjoindre sous astreinte au conseil d'administration ou au directoire de convoquer une assemblée générale extraordinaire afin qu'elle procède à la modification des statuts dans le sens prévu par la loi (C. com., art. L. 225-23 et L. 225-71).

Les administrateurs représentants les actionnaires salariés ne sont pas pris en compte pour le calcul du minimum ni du maximum d'administrateurs[2]. Ils ne sont pas non plus pris en compte pour l'application du régime de la mixité au sein du conseil prévu par les articles L. 225-18-1 et L. 22-10-3 pour les sociétés monistes et L. 225-69-1 et L. 22-10-21 pour les membres du conseil de surveillance de sociétés dualistes[3].

1. Com. 16 févr. 2010, *Bull. Joly* 2010, p. 638, note D. Poracchia.
2. C. com., art. L. 225-17 ; v. ss 527.
3. V. ss 585.

CHAPITRE 4

Les adaptations de la société anonyme

611 **Plan.** En cours de vie sociale, la société doit subir des adaptations. Ces adaptations touchent soit le capital social qui variera au gré du développement de l'activité (SECTION 1) soit la société elle-même, destinée à disparaître (SECTION 2).

SECTION 1

LES VARIATIONS DU CAPITAL SOCIAL

612 **Plan.** Gage des créanciers, le régime du capital social est fondé sur le principe d'intangibilité[1]. Le législateur n'interdit pas toutefois des variations de capital, qui se traduisent soit par une augmentation soit par une diminution, ou encore par un amortissement du capital social. Parfois même il les impose, mais en fixe strictement le régime. Exceptionnellement, il permet le rachat par la société de ses propres actions.

1. V. ss 59.

Il convient d'étudier les règles relatives à l'augmentation (**§ 1**), la réduction et l'amortissement du capital (**§ 2**), ainsi que le régime du rachat de ses propres actions par la société (**§ 3**).

§ 1. L'augmentation du capital

613 **Les modes.** Comme dans toutes les autres formes de sociétés, une augmentation de capital dans les sociétés anonymes peut se faire soit par apports nouveaux, en numéraire ou en nature, soit par incorporation de réserves ou de bénéfices en capital. L'augmentation du capital en numéraire (**A**) ou par incorporation de réserves (**B**) est une opération fréquente ; en revanche, l'augmentation par apport en nature (**C**) est plus rare.

A. L'augmentation du capital par apport en numéraire

614 **Conditions de l'augmentation de capital.** La libération intégrale du capital de la société est une condition préalable à toute augmentation par apports en numéraire (C. com., art. L. 225-131). Cette règle est imposée à peine de nullité et de sanctions pénales à l'encontre des dirigeants (C. com., art. L. 242-17, al. 2 et 4). Cette disposition permet d'éviter une fraude aux règles de libération du capital[1].

En second lieu, l'assemblée générale extraordinaire des actionnaires est en principe seule compétente pour décider, sur le rapport du conseil d'administration (ou du directoire), une augmentation de capital (C. com., art. L. 225-129 mod.). Deux assouplissements ont cependant été apportés à ce principe.

D'une part, l'assemblée générale extraordinaire peut déléguer cette prise de décision au conseil d'administration (ou au directoire) sous réserve qu'une telle augmentation soit réalisée dans les cinq ans à compter de la décision ou de la délégation (C. com., art. L. 225-129 mod.). Cette délégation n'est en revanche pas admise en cas d'augmentation de capital réservée aux salariés :

1. V. ss 49. Par exception, une émission réservée aux adhérents d'un PEE peut être faite sans que le capital ait été intégralement libéré (C. com., art. L. 225-138, 7e).

seule l'assemblée générale extraordinaire est compétente, que ce soit lors de toute augmentation de capital en numéraire ou, selon une périodicité fixée par décret en Conseil d'État, lorsque les actions détenues par le personnel représentent moins de 3 % du capital et dans les conditions prévues aux articles L. 3332-18 à L. 3332-24 du Code du travail[1]. En cas de délégation de compétence, il revient à l'assemblée de fixer la durée, qui ne peut excéder vingt-six mois, durant laquelle cette délégation peut être utilisée, et le plafond global de cette augmentation. Dans cette limite, le conseil d'administration (ou le directoire) dispose des pouvoirs nécessaires pour fixer les conditions d'émission, constater la réalisation des augmentations de capital et procéder à la modification corrélative des statuts. Toute délégation est en principe suspendue en période d'offre publique d'achat ou d'échange sur les titres de la société.

En outre, dans les sociétés anonymes dont les titres sont admis aux négociations sur un marché réglementé, le conseil d'administration (ou le directoire) peut subdéléguer le pouvoir de décider la réalisation de l'émission ou d'y surseoir au profit du directeur général (ou du président du directoire), voire d'un ou plusieurs directeurs (C. com., art. L. 225-129-4). Ces personnes doivent alors rendre compte à leur délégant.

D'autre part, lorsque l'assemblée générale extraordinaire décide elle-même l'augmentation de capital, elle peut déléguer au conseil d'administration (ou au directoire) le pouvoir de fixer les modalités de l'émission des titres (C. com., art. L. 225-129-1).

615 **Le droit préférentiel de souscription.** En règle générale, les apports en numéraire sont rémunérés par l'émission d'actions sociales nouvelles, émises à la valeur nominale de celles-ci, c'est-à-dire de la fraction de capital à laquelle chacune d'entre elles, considérées comme égales, correspond. La loi reconnaît un droit préférentiel de souscription au profit des actionnaires en place. Ce droit permet à chaque actionnaire de la société émettrice de souscrire, par priorité à toute personne et proportionnellement à ses droits dans

1. V. ss 609.

le capital social, à toute augmentation en numéraire[1] (C. com., art. L. 225-132). Il permet de maintenir l'équilibre des pouvoirs entre les actionnaires. Il est réservé aux actionnaires dont les actions sont intégralement libérées et aux titulaires des certificats d'investissement[2]. Son régime est applicable aux titres de capital et aux valeurs mobilières donnant accès au capital.

Le droit préférentiel de souscription s'exerce à titre irréductible et, éventuellement, réductible. À titre irréductible, les actionnaires ont un droit de préférence à proportion de leurs droits antérieurs dans la société. Cette faculté de souscription d'un nombre déterminé de titres est cessible. Le droit préférentiel est un titre négociable lorsqu'il est détaché d'actions elles-mêmes négociables. À titre réductible, l'assemblée des actionnaires peut décider de répartir les titres non souscrits après cinq jours de bourse du délai minimal obligatoire de souscription à titre irréductible[3]. Ce droit de souscrire à titre réductible doit être prévu par l'assemblée générale extraordinaire des actionnaires qui décide l'augmentation du capital, ou, en cas de délégation, par le conseil d'administration (ou le directoire).

Dans les sociétés dont les titres sont admis aux négociations sur un marché réglementé, une pratique consacrée par l'ordonnance du 24 juin 2004 consiste à remplacer le droit préférentiel de souscription par un droit de souscrire en priorité pendant une période très courte (C. com., art. L. 225-135, al. 2). Ce droit n'est pas négociable.

616 **Publicité.** Une information spéciale des anciens actionnaires est exigée avant l'émission effective pour leur permettre d'exercer leur droit préférentiel de souscription. Cette information se fait individuellement dans les sociétés non cotées. Les sociétés cotées

1. A. Couret, *Le droit préférentiel de souscription*, Toulouse, 1978 ; « Le développement du droit préférentiel de souscription de l'actionnaire en droit comparé », *Rev. sociétés* 1979. 505.
2. Depuis la loi du 4 août 2008, certaines actions de préférence sans droit de vote et aux prérogatives limitées ne disposent plus de plein droit du droit préférentiel de souscription pour toute augmentation de capital en numéraire. Il revient aux statuts de le prévoir : v. ss 466.
3. La souscription de chaque actionnaire pourra être réduite dans la limite de la fraction disponible de l'augmentation de capital. Ce droit permet aux actionnaires qui le souhaitent de souscrire à l'augmentation de capital au-delà de la part de capital qu'ils détiennent, mais à titre réductible, c'est-à-dire proportionnellement aux droits de souscription qu'ils possèdent et dans la limite de leurs demandes.

sont, quant à elles, soumises à des règles spéciales d'information et de publicité relevant du droit boursier.

617 **Suspension du droit préférentiel de souscription.** Cette suspension s'explique par la nécessité de faire entrer un nouveau groupe dans la société. Mais elle est soumise à de strictes conditions. En principe, seule l'assemblée générale extraordinaire qui décide ou autorise l'augmentation de capital peut décider de suspendre ce droit, totalement ou partiellement (C. com., art. L. 225-135) et de fixer le prix d'émission. Le rapport du conseil d'administration (ou du directoire) au vu duquel l'assemblée se prononce doit indiquer le montant et les modalités de l'augmentation de capital, les raisons de la suspension du droit préférentiel de souscription et les modalités d'attribution des nouvelles actions. Le rapport du commissaire aux comptes doit, quant à lui, exprimer l'avis de ce dernier sur la proposition de suspension du droit préférentiel de souscription, sur le choix des éléments de calcul et sur le prix d'émission des actions nouvelles[1].

Pour les sociétés dont les titres ne sont pas cotés, l'assemblée générale ne peut suspendre le droit préférentiel de souscription qu'au bénéfice de personnes nommément désignées (*in favorem*) ou de catégories de personnes répondant à des caractéristiques déterminées. Ces bénéficiaires ne participent pas au vote de l'assemblée générale extraordinaire. La suspension est alors limitée à dix-huit mois maximum (deux ans avant 2004) à compter de la tenue de l'assemblée. Ces mêmes conditions s'appliquent au cas où l'assemblée générale délègue au conseil d'administration (ou au directoire) le pouvoir de dresser la liste des bénéficiaires.

618 **Suspension du droit préférentiel de souscription sans indication du bénéficiaire.** Pour les sociétés cotées, la suspension du droit préférentiel de souscription est faite sans indication de bénéficiaire. Aux termes des articles L. 225-136 nouveau du Code de commerce, la société est soumise à des contraintes de prix parti-

1. La loi du 17 mai 2011 a supprimé la dérogation à ces dispositions, suivant laquelle, lorsqu'il revient au conseil d'administration (ou au directoire) de procéder à l'émission en application d'une autorisation donnée par l'assemblée générale, le commissaire aux comptes établit un rapport au conseil d'administration ou au directoire. Faute de décret d'application, cette dérogation n'avait jamais été appliquée.

culières, fixées par décret en Conseil d'État après consultation de l'Autorité des marchés financiers, en matière de fixation du prix de souscription des nouveaux titres[1]. Toutefois, dans la limite de 10 % du capital social par an, l'assemblée générale extraordinaire peut autoriser le conseil d'administration (ou le directoire) à fixer le prix d'émission selon les modalités, qu'elle détermine au vu d'un rapport du conseil d'administration (ou du directoire) et d'un rapport spécial du commissaire aux comptes. Dans les autres cas, le prix est fixé par l'AGE.

619 **Renonciation au droit préférentiel de souscription.** Les actionnaires et les titulaires de certificats d'investissement peuvent valablement renoncer, individuellement, à leur droit préférentiel de souscription (C. com., art. L. 225-132). Ils doivent en aviser la société par lettre recommandée. Dans une société non cotée, cette renonciation peut être faite au profit d'un tiers bénéficiaire dénommé, sous réserve de son acceptation. La renonciation peut être totale ou partielle et être consentie au profit de plusieurs bénéficiaires. Elle peut être faite gratuitement ou moyennant une indemnité versée à l'actionnaire qui renonce à son droit. Dans une société cotée, la renonciation doit être faite sans indication de bénéficiaire.

620 **Prime d'émission.** Les actions nouvelles peuvent être émises à leur montant nominal, majoré d'une prime d'émission (C. com., art. L. 225-128). Cette prime consiste à exiger des nouveaux souscripteurs le versement d'un montant supérieur à la valeur nominale des titres émis. Elle permet de compenser la perte subie par les anciens associés sur les réserves et les plus-values latentes et intègres donc, dans le calcul de son montant, ces éléments de valeur conservés par la société. La prime d'émission doit être libérée intégralement lors de la souscription à peine de nullité de la décision (C. com., art. L. 225-144). La jurisprudence analyse cette technique comme un supplément d'apport laissé à la libre disposition de la société[2].

1. L'ordonnance du 24 juin 2004 écarte la règle contraignante des « dix parmi les vingt » qui consistait à retenir comme prix d'émission la moyenne du cours sur dix jours consécutifs choisis parmi les vingt derniers jours de bourse précédant le début d'une émission.
2. Com. 9 juill. 1952, *JCP* 1953. II. 7742, note D. Bastian.

621 **Déroulement de l'opération d'augmentation de capital.** L'augmentation doit être réalisée dans un délai de cinq ans au plus à compter de la date de l'assemblée qui l'a autorisée. Contrairement aux règles de souscription et de libération lors de la constitution de la société, la libération des actions en numéraire doit être d'un quart au moins de la valeur nominale de l'action. La libération du solde doit intervenir sur appel du conseil d'administration (ou du directoire) dans le délai de cinq ans à compter du jour où l'augmentation de capital est devenue définitive. La totalité de la prime d'émission doit être libérée immédiatement. Si les souscriptions n'ont pas absorbé la totalité de l'augmentation de capital, le montant de l'augmentation pourra être limité au montant des souscriptions sauf décision de l'AGE et à condition que ce montant atteigne les trois quarts au moins de l'augmentation décidée (C. com., art. L. 225-134).

De même que lors de la constitution de la société, si l'augmentation de capital n'est pas réalisée dans le délai de six mois à compter de l'ouverture de la souscription, tout souscripteur peut demander au président du tribunal de commerce statuant en référé la nomination d'un mandataire chargé de retirer les fonds pour les restituer aux souscripteurs, déduction faite des frais de répartition (C. com., art. L. 225-144, al. 3).

622 **Augmentation de capital par compensation de créances.** Si le montant de la souscription est en principe libéré par un versement en espèces, la libération par compensation de créances est également possible. En ce cas, la créance du souscripteur sur la société doit être liquide et exigible (C. com., art. L. 225-127). Afin de permettre une conversion objective, elle doit faire l'objet d'un arrêté de compte établi par le conseil d'administration (ou le directoire) et certifié par le commissaire aux comptes.

B. L'augmentation du capital par incorporation de réserves

623 **Procédé.** Cette opération n'entraîne pas l'entrée dans la société de nouveaux associés. Elle consiste à capitaliser les sommes inscrites dans les divers comptes de réserves. Elle se constate par un simple

jeu d'écritures. Le changement est néanmoins important du point de vue juridique : ces réserves, susceptibles à l'origine d'être distribuées, viennent renforcer le gage des créanciers sociaux et sont désormais soumises à la règle de la fixité du capital. Toutes les réserves comptabilisées peuvent être incorporées : il peut s'agir non seulement des réserves facultatives et statutaires, mais encore de la réserve légale que les associés sont contraints d'alimenter chaque année. Une société peut également incorporer les primes d'émission, d'apport ou de fusion ainsi que les bénéfices d'un exercice qui n'ont pas été mis en réserve.

L'incorporation de réserves au capital entraîne une augmentation des droits des associés ainsi qu'une modification des statuts sociaux. C'est pourquoi la décision ne peut être valablement prise que par l'assemblée générale extraordinaire des actionnaires. Exceptionnellement, celle-ci statue aux conditions de *quorum* et de majorité de l'assemblée ordinaire (C. com., art. L. 225-129). L'assemblée peut déléguer ses pouvoirs au conseil d'administration (ou au directoire), suivant les mêmes règles applicables à une augmentation de capital en numéraire.

624 **Réalisation de l'opération.** Elle se réalise par un virement du compte *réserves* au compte *capital*. Elle entraîne soit une élévation du montant nominal des actions, soit une distribution d'actions gratuites. Une telle attribution se fait en proportion des droits de chaque actionnaire dans le capital de la société. Ces droits d'attribution sont négociables si les actions anciennes auxquelles ils sont attachés sont elles-mêmes négociables, ou seulement cessibles si les actions ne sont pas négociables (C. com., art. L. 2225-149).

C. L'augmentation du capital par apport en nature

625 **Conditions.** Elles ne sont pas aussi strictes que pour une augmentation de capital en numéraire. Il n'est pas nécessaire que le capital souscrit antérieurement ait été entièrement libéré et les actionnaires anciens ne bénéficient pas d'un droit préférentiel de souscription. En revanche, les titres de capital attribués en contrepartie de l'apport doivent être entièrement libérés dès leur émission

(C. com., art. L. 225-147 et L. 242-17). L'apport peut se faire en pleine propriété, en usufruit ou en jouissance. Si la société a déjà constitué des réserves ou des plus-values d'actifs, les actions nouvelles seront émises au montant nominal majoré d'une prime, la prime d'apport. L'AGE peut déléguer pour une durée maximale de vingt-six mois, au conseil d'administration (ou au directoire) les pouvoirs nécessaires à l'effet de procéder à une augmentation de capital en nature, dans la limite de 10 % de son capital social.

626 **Déroulement de l'opération.** Un contrat d'apport est conclu entre l'apporteur et la société. Le projet de ce contrat est signé par le président du conseil d'administration (ou du directoire) après autorisation du conseil d'administration et sous réserve de son approbation par l'assemblée générale extraordinaire des actionnaires. Le contrat d'apport doit préciser la nature des biens apportés, leur valeur proposée, le nombre de titres de capital à émettre, les modalités de l'émission telles que la prime d'apport et, le cas échéant, les avantages particuliers attachés aux actions. L'assemblée générale extraordinaire doit approuver la convention. Pour cette raison, il n'y a pas lieu d'appliquer la procédure des conventions réglementées dans le cas où l'apporteur est un administrateur de la société.

Un ou plusieurs commissaires aux apports sont désignés par le président du tribunal de commerce, à la requête du président du conseil d'administration. Ils doivent apprécier sous leur responsabilité la valeur des apports en nature et les avantages particuliers (C. com., art. L. 225-147). L'article R. 225-136 du Code de commerce fixe les mentions principales de leur rapport, le délai dans lequel il doit être remis et les conditions dans lesquelles il est mis à la disposition des actionnaires. L'assemblée doit également se prononcer sur l'évaluation de l'apport en nature (C. com., art. L. 225-10). Elle n'est pas tenue par les conclusions du commissaire aux apports. Si l'apporteur est associé, il ne peut pas participer au vote.

§ 2. La réduction et l'amortissement du capital

A. La réduction du capital

627 **Nature de l'opération.** La réduction du capital intervient soit lorsque la société subit des pertes, soit lorsque le capital apparaît trop important pour les besoins de la société. Dans le premier cas, il s'agit donc d'une mesure d'assainissement des finances puisque la réduction du capital permet d'aligner le capital sur le montant de l'actif net. La loi impose cette mesure en cas de pertes représentant la moitié du capital social (C. com., art. L. 225-248).

628 **Conditions.** L'assemblée générale extraordinaire est seule compétente pour décider ou autoriser une réduction du capital social. Elle peut déléguer tout pouvoir au conseil d'administration (ou au directoire) pour la réaliser (C. com., art. L. 225-204). Dans le but de faire respecter les droits des créanciers et le principe d'égalité entre les actionnaires, les commissaires aux comptes doivent établir un rapport mentionnant les causes et les modalités de l'opération. Ce rapport est communiqué à l'assemblée qui se prononcera sur ce rapport. Si la réduction du capital est motivée par des pertes, les créanciers ne peuvent pas s'y opposer. Si elle n'est pas motivée par des pertes, les créanciers et le représentant de la masse des obligataires peuvent former opposition à cette procédure dans un délai de trente jours suivant la date du dépôt au greffe du procès-verbal de délibération (C. com., art. L. 225-205). Il ne peut s'agir que des créanciers dont la créance est antérieure à cette date. L'opposition est portée devant le tribunal de commerce qui peut soit la rejeter, soit ordonner la constitution de garanties, soit ordonner le remboursement des créances. L'opération ne peut commencer qu'après le règlement du sort de cette opposition.

629 **Procédure.** L'assemblée a le choix entre deux procédures : la réduction du capital s'opère soit par réduction de la valeur nominale des actions, soit par diminution de leur nombre. Dans ce dernier cas, les actionnaires qui ne possèdent pas le nombre suffisant

d'actions anciennes pour obtenir une action nouvelle doivent sortir de la société. Le capital ne peut être réduit au-dessous du minimum légal que sous condition suspensive d'une augmentation de capital subséquente (C. com., art. L. 224-2). Lorsque la réduction de capital est devenue définitive, elle fait l'objet de mesures de publicité et entraîne la modification des statuts, sous peine de sanctions pénales envers les dirigeants.

630 **L'opération d'accordéon.** Lorsque le capital est réduit pour absorber des pertes, l'opération est souvent le préalable à une augmentation ultérieure. Elle suppose qu'un actionnaire nouveau accepte de procéder au renflouement de la société. L'augmentation de capital lui sera donc réservée, avec renonciation des actionnaires anciens à leur droit préférentiel de souscription.

B. L'amortissement du capital

631 **Notion.** L'amortissement est l'opération par laquelle la société rembourse à ses actionnaires tout ou partie du montant nominal de leurs actions. Elle est décidée sur disposition statutaire expresse ou sur délibération de l'assemblée générale extraordinaire des actionnaires (C. com., art. L. 225-198). Elle est réalisée par des prélèvements sur les bénéfices ou les réserves. L'amortissement constitue une restitution anticipée des apports à titre d'avance sur le *boni* de liquidation. Le capital reste inchangé. Les actions ainsi amorties deviennent des actions en jouissance, conservant le droit de vote et le droit aux bénéfices, mais elles perdent le droit au remboursement de la valeur nominale (C. com., art. L. 225-199). Fiscalement, l'amortissement est assimilé à un dividende.

632 **Interdictions.** Dans certains cas, les sociétés ont l'interdiction de procéder à l'amortissement de leur capital sous peine de nullité de l'opération et de quelques sanctions pénales[1].

1. Les incriminations subsistant après la loi sur la sécurité financière sont toutes relatives à la composition et à la tenue des assemblées générales d'obligataires (C. com., art. L. 245-11 à L. 245-13 et L. 245-15).

§ 3. Le rachat par la société de ses actions

633 **Limites et intérêt.** Considéré avec circonspection, le rachat par la société de ses propres actions reste interdit par principe, sous quelques réserves, pour les sociétés non cotées (C. com., art. L. 225-206, I). Cette opération présente cependant certains avantages pour une société cotée qui dispose d'une trésorerie excédentaire et qui souhaite diminuer le nombre de ses titres et augmenter par conséquent la valeur des titres non rachetés. Cette création de valeur permet de stabiliser l'actionnariat et peut servir comme moyen de défense contre des prises de contrôle inamicales. Une politique favorable aux actionnaires a ainsi pu être menée conduisant à la disposition de l'article L. 225-209 du Code de commerce qui permet de façon relativement libérale aux sociétés cotées d'acheter leurs propres actions. Les risques de manipulation de cours sur les marchés ont toutefois conduit à l'élaboration de textes de droit boursier très contraignants qui viennent donc se superposer, de façon un peu paradoxale, aux dispositions du Code de commerce[1].

634 **Les hypothèses de rachat.**

1) Règles générales. Par exception au principe d'interdiction de rachat par une société de ses propres actions, l'assemblée générale qui a décidé une réduction de capital non motivée par des pertes peut autoriser le conseil d'administration (ou le directoire) à acheter un nombre déterminé d'actions pour les annuler (C. com., art. L. 225-207). En outre, les sociétés qui font participer leurs salariés aux résultats de l'entreprise et celles qui consentent des options d'achat de leurs actions peuvent, à cette fin, racheter leurs propres actions (C. com., art. L. 225-208). Par ailleurs, des actions acquises à la suite d'une fusion ou d'une scission ou encore à la suite d'une décision de justice peuvent être rachetées par la société et conservées par elle si elle ne possède pas déjà 10 % de son capital. Dans le cas contraire, et si elles n'ont pas été cédées dans

1. V. M. Galland, *Rép. sociétés*, V° « Rachat d'actions » ; R. Mortier, « Programmes de rachat d'actions », *Actes pratiques* 2007, n° 94.

les deux ans de leur acquisition, les actions rachetées doivent être annulées (C. com., art. L. 225-213). Enfin, en cas de refus d'agrément demandé à une cession de titres, le conseil d'administration, ou le directoire, peut faire acquérir par la société les actions du cédant, avec son consentement, en vue d'une réduction du capital (C. com., art. L. 228-24).

2) Dans les sociétés cotées. L'assemblée générale ordinaire d'une société dont les actions sont admises aux négociations sur un marché réglementé peut autoriser le conseil d'administration, ou le directoire, à acheter un nombre d'actions représentant jusqu'à 10 % du capital social (C. com., art. L. 225-209). La même assemblée définit les finalités et les modalités de l'opération, ainsi que son plafond. Lorsque les actions sont rachetées pour favoriser la liquidité dans les conditions définies par le règlement général de l'AMF, le nombre d'actions pris en compte pour le calcul de la limite de 10 % correspond au nombre d'actions achetées, déduction faite du nombre d'actions revendues pendant la durée de l'autorisation (C. com., art. L. 225-209, al. 2, réd. ord. 30 janv. 2009). Le règlement général de l'AMF (art. 631-5), qui renvoie aux textes communautaires relatifs aux manipulations de cours, précise strictement les finalités auxquelles doivent obéir les rachats d'actions pouvant être autorisés dans les sociétés cotées. Cette autorisation n'est valable que pour dix-huit mois. Le marché doit être tenu informé de la décision prise en assemblée[1]. Il en va de même pour le CSE.

635 **Le régime de détention de ses propres actions par la société.** Que ses actions soient admises ou non aux négociations sur un marché réglementé, la société qui procède au rachat ne peut posséder, directement ou indirectement, plus de 10 % du total de ses propres actions, ni plus de 10 % d'une catégorie déterminée (C. com., art. L. 225-210, al. 1er). Ces actions doivent être mises au nominatif, à l'exception des actions rachetées pour favoriser la liquidité des titres de la société (v. ss 634), et entièrement libérées lors de l'acquisition. L'acquisition de telles actions par la société ne doit

1. V. ss 637.

pas avoir pour effet d'abaisser les capitaux propres à un montant inférieur à celui du capital augmenté des réserves non distribuables (C. com., art. L. 225-210, al. 2). La société doit disposer de réserves, autres que la réserve légale, d'un montant au moins égal à la valeur de l'ensemble des actions qu'elle possède (al. 3). Les actions possédées par la société sont privées du droit de vote et ne donnent pas droit aux dividendes (al. 4).

Par ailleurs, le nombre d'actions acquises par la société en vue de leur conservation et de leur remise ultérieure en paiement ou en échange dans le cadre d'une opération de fusion, de scission ou d'apport ne peut excéder 5 % de son capital.

636 **Rachat des actions de préférence cotées.** L'ordonnance du 24 juin 2004, qui crée les actions de préférence, organisait un régime spécifique pour le cas où le marché ne serait pas liquide : « Lorsque les actions de préférence sont inscrites aux négociations sur un marché réglementé, elles peuvent être rachetées ou remboursées, à l'initiative de la société ou du porteur, si le marché n'est pas liquide, dans les conditions prévues par les statuts » (C. com., art. L. 228-20). Ce texte a été abrogé par l'ordonnance du 6 novembre 2008. Depuis l'ordonnance du 31 juillet 2014, certaines actions de préférence sont stipulées rachetables et obéissent à des règles spécifiques[1]. Pour les actions qui ne sont pas stipulées rachetables, elles le sont selon les conditions de droit commun[2].

637 **Information sur le programme de rachat dans les sociétés cotées.** La loi prévoit une information des actionnaires et du marché. Dans son rapport de gestion, le conseil d'administration, ou le directoire, précise les modalités d'opérations de rachat réalisées au cours de l'exercice (nombre d'actions achetées et vendues, courts moyens des achats et des ventes, frais de négociations, nombre des actions inscrites au nom de la société). Pour chacune des finalités de rachat, le rapport de gestion indique en outre le nombre d'actions utilisées et les éventuelles réallocations dont elles ont fait l'objet (C. com., art. L. 225-211, al. 2 réd. ord. 30 janv. 2009).

1. Sur la réforme du rachat des actions de préférence opérée par l'ordonnance n° 2004-604 du 24 juin 2004, v. *Dr. sociétés*, 2014, comm. 146, obs. D. Gallois-Cochet.
2. V. ss 462.

Les sociétés rendent compte chaque mois à l'AMF des acquisitions, cessions, annulations et transferts qu'elles ont effectués (C. com., art. L. 225-212 réd. ord. 30 janv. 2009).

638 **Les interdictions de rachat.** Certaines interdictions de rachat sont maintenues. Il s'agit de l'interdiction pour une société d'avancer des fonds, d'accorder des prêts ou de consentir une sûreté en vue de la souscription ou de l'achat de ses propres actions par un tiers (C. com., art. L. 225-216). Est également interdite la prise en gage par la société de ses propres actions (C. com., art. L. 225-215). Ces interdictions sont étendues aux certificats d'investissement (C. com., art. L. 225-217).

Section 2
La disparition de la société anonyme

639 **Plan.** La société anonyme disparaît soit par voie de transformation en une autre société (**§ 1**), soit par voie de dissolution (**§ 2**). On rappelle qu'elle peut aussi fusionner ou se scinder avec une autre société, selon les règles de droit commun[1].

§ 1. La transformation de la société anonyme

640 **Plan.** La transformation de la société anonyme obéit au régime de droit commun de la transformation. Il convient toutefois de souligner les particularités de régime relatives tant aux conditions de sa transformation qu'à ses effets.

641 **Conditions préalables.** Toute société anonyme peut valablement se transformer en une société d'une autre forme (C. com., art. L. 225-243). Elle doit toutefois avoir deux ans d'existence et fait établir et approuver les bilans de ses deux premiers exercices. Ces condi-

1. V. ss 215.

tions ne sont pas obligatoires si la société se transforme en société en nom collectif (C. com., art. L. 223-245). Un rapport spécial du commissaire aux comptes doit être rédigé, attestant que les capitaux propres sont au moins égaux au capital social (C. com., art. L. 225-244[1]). La décision de transformation est prise sur ce rapport par l'assemblée générale extraordinaire des actionnaires. À défaut de cette constatation, la décision ne pourrait pas valablement être prise.

La transformation est soumise, le cas échéant, à l'approbation de l'assemblée d'obligataires. En cas de refus, les obligataires pourront demander le remboursement de leur créance à la société.

642 **Effets de la transformation.** Les règles de droit commun s'appliquent. La société se transforme sans perdre sa personnalité morale, mais son régime change. Les conditions de *quorum* et de majorité seront celles requises par la forme de la société choisie (unanimité dans une SNC). Il conviendra de procéder à toutes les formalités de publicité en cas de modification des statuts.

643 **Transformation en SARL.** Pour transformer la société anonyme en société à responsabilité limitée, il est nécessaire d'obtenir la majorité des trois quarts du capital social (C. com., art. L. 225-245). Les actions deviennent des parts sociales, cessibles dans des conditions limitées, et non plus négociables. Le capital social pourra être fixé librement par les statuts mais devra être libéré du cinquième. Le nombre des associés ne devra pas dépasser cent.

644 **Transformation en société par actions simplifiée.** La transformation en société par actions simplifiée doit être décidée par le commissaire aux comptes et approuvée à l'unanimité par les actionnaires. La société doit remplir toutes les conditions qui doivent être satisfaites par cette forme de société lors de sa constitution[2].

1. La présence de ce texte spécial applicable aux sociétés anonymes s'articule difficilement avec le texte de droit commun, l'article L. 224-3, exigeant la présence d'un commissaire à la transformation, v. F. Paponnaud, « Les nouvelles règles applicables aux transformations après la loi de sécurité financière du 1er août 2003 », *Dr. sociétés* 2004. étude 6.
2. V. ss 658.

§ 2. La dissolution de la société anonyme

645 **Causes de droit commun et causes spécifiques.** La société anonyme peut être dissoute pour les causes de dissolution de droit commun énoncées à l'article 1844-7 du Code civil (arrivée du terme, dissolution anticipée décidée par les actionnaires ou par le juge pour justes motifs...). Mais il existe des causes spécifiques à la dissolution de la société anonyme. Elles sont soit volontaires soit imposées.

La dissolution anticipée de la société peut être décidée par l'assemblée générale extraordinaire des actionnaires (C. com., art. L. 225-246). Le tribunal de commerce peut prononcer la dissolution de la société à la demande de tout intéressé lorsque le nombre d'actionnaires est inférieur à sept depuis plus d'un an (C. com., art. L. 225-247). Le tribunal peut accorder à la société un délai de six mois pour régulariser la situation. Tout intéressé peut demander la dissolution de la société lorsque le capital social est inférieur au minimum légal. Dans tous les cas, le tribunal ne peut prononcer la dissolution si la régularisation a eu lieu au jour où le tribunal statue sur le fond (C. com., art. L. 224-2). Pour éviter la dissolution, le juge tentera aussi d'intervenir pour mettre un terme au conflit qui peut opposer les actionnaires et entraîner des difficultés de fonctionnement interne de la société en désignant un administrateur provisoire[1].

Si, du fait de pertes constatées dans les documents comptables, les capitaux propres sont inférieurs à la moitié du capital social, le conseil d'administration (ou le directoire) est tenu, dans les quatre mois qui suivent l'approbation des comptes ayant fait apparaître ces pertes, de convoquer l'assemblée générale extraordinaire qui décidera s'il y a lieu de dissoudre la société (C. com., art. L. 225-248). Soit l'assemblée générale extraordinaire vote la dissolution, la société est appelée à être liquidée. Soit elle écarte la dissolution et doit reconstituer les capitaux propres. Cette régularisation doit se produire au plus tard à la clôture du deuxième

1. V. ss 244.

exercice suivant celui ayant constaté les pertes. Si la régularisation n'a pas eu lieu dans les délais, tout intéressé peut demander en justice la dissolution de la société. Le tribunal peut accorder à la société un délai maximum de six mois pour qu'elle régularise la situation. Il ne peut prononcer la dissolution si la régularisation a eu lieu le jour où il statue sur le fond.

646 **Liquidation et partage.** La dissolution ouvre la période de liquidation, en vue du partage. La personnalité morale de la société est maintenue jusqu'à la clôture de la liquidation et un liquidateur doit être désigné. Les règles de la liquidation sont identiques à celles applicables aux autres sociétés. La publicité de la dissolution de la société la rend opposable aux tiers.

SOUS-TITRE 2

LA SOCIÉTÉ EN COMMANDITE PAR ACTIONS

647 **Caractéristiques.** De même que les sociétés en commandite simple, les sociétés en commandite par actions permettent la dissociation du capital et du pouvoir. Cette forme de sociétés a connu un réel succès au XIXe siècle, mais l'apparition et l'essor de la SARL à partir de 1925 ont accéléré son déclin. La société en commandite par actions est une société commerciale par la forme. Elle est régie par les articles L. 226-1 à L. 226-14 du Code de commerce. Elle est constituée entre un ou plusieurs associés, les commandités, qui ont le statut juridique des associés en nom collectif, et les commanditaires qui n'engagent leur responsabilité qu'à hauteur de leurs apports.

Elle emprunte certaines de ses caractéristiques à la société anonyme. Les commanditaires sont des actionnaires, titulaires d'actions négociables. Comme elle, la société en commandite peut être cotée. Mais elle emprunte aux sociétés de personnes la responsabilité personnelle et solidaire des commandités. Seuls les commandités peuvent être gérants, les commanditaires ne pouvant pas s'immiscer dans la gestion.

On soulignera les particularités de constitution (CHAPITRE 1), de fonctionnement (CHAPITRE 2). Les règles de la dissolution de la société en commandite par actions sont celles du droit commun (v. ss 234 s.).

CHAPITRE 1

La constitution de la société en commandite par actions

648 **Conditions de fond.** La société en commandite par actions doit répondre aux conditions de validité du contrat de l'article 1128 du Code civil. Les règles de capacité sont identiques à celles de la société en commandite simple. La société doit se constituer avec au moins un associé commandité et au minimum trois associés commanditaires. Elle doit avoir un capital minimum prévu dans les statuts.

Les types d'apport sont identiques à ceux de la société en commandite simple, mais leur souscription et leur libération se font selon les règles applicables aux sociétés anonymes. La souscription doit être intégrale et la libération de la moitié pour les apports en numéraire, le solde devant être libéré dans les cinq ans. En échange de leur apport, les actionnaires recevront des actions dont la valeur nominale est librement fixée par les statuts comme dans les sociétés anonymes.

649 **Conditions de forme.** Les formalités de constitution sont analogues à celles de la société anonyme. Les statuts, ou l'assemblée constitutive si la société en commandite est cotée, doivent prévoir la nomination des premiers membres du conseil de surveillance.

CHAPITRE 2

Le fonctionnement de la société en commandite par actions

650 **La gérance.** Elle peut être confiée à un ou plusieurs gérants, personnes physiques ou morales, associés commandités ou tiers. La loi ne pose aucune limite au cumul de mandats de gérance dans les sociétés en commandite par actions. Le gérant doit avoir la capacité commerciale. Il peut être étranger, s'il est muni de la carte de commerçant étranger. Il ne doit pas être frappé d'interdiction ni d'incompatibilité. La limite d'âge est fixée à soixante-cinq ans, sauf disposition statutaire contraire.

Les premiers gérants sont désignés par les statuts, ou en cours de vie sociale par une assemblée générale ordinaire regroupant tous les associés. L'accord de tous les associés commandités est requis (C. com., art. L. 226-2), sauf disposition statutaire contraire. La durée des fonctions est librement fixée soit par les statuts soit par l'acte de nomination. Les conditions de révocation sont fixées par les statuts. À défaut, le gérant est révocable par le tribunal de commerce à la demande de tout associé ou de la société, mais uniquement pour cause légitime (C. com., art. L. 226-2, al. 3).

Les gérants ont les pouvoirs les plus étendus pour agir en toutes circonstances au nom de la société. Aucune disposition légale ne limite leurs pouvoirs (C. com., art. L. 226-8). Les statuts peuvent fixer des limites mais elles ne sont pas opposables au tiers. La société est en outre engagée envers les tiers même si les actes du gérant n'entrent pas dans l'objet social, sauf en cas de mauvaise foi des tiers. Les gérants ont les mêmes obligations que le conseil d'administration de société anonyme : convoquer les assemblées et fixer leur ordre du jour, établir un inventaire et les comptes annuels, permettre aux actionnaires d'exercer leur droit de communication. Leur responsabilité, tant civile que pénale, est identique à celle des administrateurs de société anonyme.

651 **Les associés.** Tous les associés commanditaires sont actionnaires. Les associés commandités ont la qualité de commerçant et répondent indéfiniment et solidairement des dettes sociales. Les associés non gérants ont le droit, deux fois par an, d'obtenir communication des livres et des documents sociaux et de poser par écrit des questions sur la gestion sociale.

La réunion des commanditaires en assemblée obéit aux règles fixées dans la société anonyme, tant pour les assemblées générales ordinaires que pour les assemblées générales extraordinaires. La réunion des commandités répond aux règles de la société en nom collectif. Les associés statuent à l'unanimité, sauf clause contraire des statuts. Seuls les commanditaires désignent les membres du conseil de surveillance. Les assemblées ordinaires ont les mêmes compétences que celles qui se tiennent dans les sociétés anonymes (notamment, approbation des comptes annuels, répartition des bénéfices)[1].

652 **Le contrôle de la gestion par les commissaires aux comptes.** L'assemblée générale ordinaire d'une société en commandite par actions doit désigner au moins un commissaire aux comptes lorsque la

1. TC Paris, 14 oct. 2020, n° J2020000303. Le tribunal de commerce de Paris a jugé que les actionnaires d'une société en commandite par actions (en l'espèce *Lagardère SCA*) pouvaient solliciter en justice la désignation d'un mandataire aux fins de convoquer une assemblée générale. Toutefois cette demande doit répondre à l'intérêt social de la société concernée et non au seul intérêt propre des demandeurs, *Bull. Joly Soc.* 2020, n° 12, note E. Schlumberger.

société dépasse deux des trois seuils légaux[1] (C. com., art. L. 226-6).

653 **Le conseil de surveillance.** La particularité de la société en commandite par actions est d'avoir un conseil de surveillance qui représente les commanditaires (C. com., art. L. 226-4). Il est obligatoirement désigné. Il se compose d'au moins trois associés commanditaires, les associés commandités ne pouvant pas en faire partie. Les conditions de nomination et de rémunération sont fixées par les statuts, mais seuls les commanditaires participent à cette nomination. La loi n° 2011-103 du 27 janvier 2011 relative à la représentation équilibrée des femmes et des hommes au sein des conseils d'administration et de surveillance et l'égalité professionnelle impose une proportion d'au moins 40 % des membres du conseil de surveillance des grandes sociétés en commandite par actions de chaque sexe dans des conditions identiques à celles posées dans les sociétés anonymes monistes[2] ou dualistes[3], et sanctionne la violation de ces règles de manière similaire (C. com., art. L. 226-4-1 nouv.).

Sa mission est d'assurer le contrôle permanent de la gestion de la société (C. com., art. L. 226-9). Il apprécie l'opportunité de la gestion et il consigne ses remarques dans un rapport présenté à l'assemblée générale ordinaire annuelle. Il dispose des mêmes pouvoirs d'investigation que les commissaires aux comptes, s'il en existe (C. com., art. L. 226-9, al. 1). Depuis la loi du 3 juillet 2008, l'obligation d'établir un rapport sur le gouvernement d'entreprise et le contrôle interne est étendue aux sociétés en commandite par actions dont les titres financiers sont cotés[4] (C. com., art. L. 226-10-1). Les commissaires aux comptes, s'il en existe, présentent, dans un rapport joint au rapport annuel de gestion, leurs observations sur ce rapport.

Les membres du conseil de surveillance sont soumis à un régime de responsabilité propre[5] : ils doivent répondre des fautes

1. 4 millions d'euros de total du bilan (contre 1 550 000 € avant la loi *PACTE*), 8 millions d'euros de chiffre d'affaires (contre 3 100 000 € auparavant) et cinquante salariés.
2. V. ss 524.
3. V. ss 585.
4. V. ss 555.
5. Dès lors, l'exigence de faute séparable des fonctions ne leur est pas applicable, v. ss. 531.

commises dans l'exécution de leur mandat (C. com., art. L. 226-13) ; des délits commis par les gérants, dont ils ont eu connaissance et qu'ils n'ont pas révélés à l'assemblée générale ; du défaut de mentions obligatoires dans les statuts et de l'omission d'une formalité prescrite par la loi pour la constitution de la société ou la modification statutaire.

654 **Les conventions réglementées.** Les règles applicables aux conventions réglementées dans les sociétés anonymes s'appliquent aux sociétés en commandite par actions, par renvoi de l'article L. 226-10 du Code de commerce aux articles L. 225-38 s. L'autorisation requise est donnée par le conseil de surveillance. Quant aux conventions portant sur les opérations courantes et conclues à des conditions normales, elles ne font plus l'objet d'aucune information par renvoi de l'article L. 226-10 du Code commerce aux articles L. 225-38 à L. 225-43 du même Code[1].

655 **Les causes de dissolution.** Les causes de dissolution sont identiques à celles applicables aux sociétés anonymes. Notamment, la perte de la moitié du capital social est une cause de dissolution. En outre, les causes de dissolution de la société en commandite simple s'appliquent à la société en commandite par actions.

1. V. ss 572 et 591.

SOUS-TITRE 3

LA SOCIÉTÉ PAR ACTIONS SIMPLIFIÉE

656 **Origines.** La société par actions simplifiée (SAS) a été créée par la loi du 3 janvier 1994. Cette nouvelle forme de société répondait à des attentes vivement exprimées de la part du monde des affaires. En particulier, les entrepreneurs souhaitaient adopter des structures souples, soumises à peu de formalisme et pouvant satisfaire, en toute sécurité, le besoin de constituer des montages tels que des filiales communes ou les filiales exclusives et donc détenues à 100 % par la même société. Progressivement libérée de certaines contraintes par les lois du 12 juillet 1999[1] et du 4 août 2008[2], la SAS connaît un très grand succès et remplace les SA et même les SARL[3]. Désormais, cette forme de société répond à des projets d'entreprenariat variés et s'adapte à des besoins concrets très diversifiés. On la retrouve comme support de société uniper-

1. Sur cette loi, v. M. Germain, « La SAS libérée », *JCP E* 1999. 1505 ; P. Le Cannu, « La SAS pour tous », *Bull. Joly* 1999. 841 ; J. Paillusseau, « La nouvelle société par actions simplifiée. Le big bang du droit des sociétés », *D.* 1999. 333. *Adde*, H. Le Nabasque, « La SAS et la loi sur les nouvelles régulations économiques », *Rev. sociétés* 2001. 589.

2. B. Saintourens, *Rev. sociétés* 2008. 477 ; J.-F. Barbièri, *Bull. Joly* 2008. 560.

3. Les sociétés par actions simplifiées continuent à augmenter et sont aujourd'hui plus nombreuses que les SARS : en 2017, 60 % des sociétés créées étaient des SAS, contre 36 % de SARL et 4 % d'autres formes sociales (Insee Première, janv. 2018).

sonnelle dans la mesure où les entrepreneurs individuels ont accès à la SAS par la constitution d'une société par actions simplifiée unipersonnelle (la SASU). Mais la SAS est aussi devenue le support privilégié des start-up. Elle sert par ailleurs au développement de PME, constitue un outil de structuration de groupes de toute taille ou encore de moyens de transmission d'entreprise.

Juridiquement, la SAS repose sur le principe de la liberté contractuelle des associés, laquelle s'exprime dans les statuts[1], et offre dès lors une structure souple avec une forte place laissée à l'*intuitu personae*. Aux termes de l'article L. 227-1, al. 3 du Code de commerce, le régime juridique de cette forme de société est emprunté à celui de la société anonyme *dans la mesure où ces règles sont compatibles avec les dispositions particulières prévues* par les articles L. 227-1 à L. 227-20 du Code de commerce, à l'exception de nombreuses dispositions dont celles relatives à la direction, l'administration et les assemblées d'actionnaires de sociétés anonymes, ainsi que celles concernant la transformation de la société et, depuis la loi du 4 août 2008, celles qui imposent un capital social minimum. Reste donc applicable aux SAS, sauf disposition statutaire contraire, le reste du droit commun de la société anonyme, ce qui touche en particulier aux relations avec les tiers.

Ainsi, la société par actions simplifiée combine les avantages d'une société à base contractuelle, comme les sociétés de personnes, et ceux de la responsabilité limitée des associés à leurs apports[2]. Elle reste limitée dans ses possibilités de financement. La société par actions simplifiée ne peut, sauf dérogation légale, procéder à une offre au public de titres financiers ou à l'admission aux négociations sur un marché réglementé de ses actions[3]. Ainsi,

1. Y. Guyon, « Présentation générale de la SAS », *Rev. sociétés* 1994. 207 ; J. Honorat, « La SAS ou la résurgence de l'élément contractuel en droit français des sociétés », *LPA* 19 août 1996, n° 99, p. 4 ; S. Schiller, *Les limites de la liberté contractuelle en droit des sociétés, Les connexions radicales*, LGDJ, 2002 ; L. Convert, *L'impératif et le supplétif dans le droit des sociétés. Étude de droit comparé Angleterre, Espagne, France*, LGDJ, 2003.

2. V. « La SAS dans les groupes », dir. M. Germain et P.-L. Perin, *Actes pratiques et ingénierie sociétaire*, 2014, n° 138.

3. Elle peut néanmoins procéder aux offres définies aux 2 et 3 du I, au I *bis*, et au II de l'article L. 411-2 du Code monétaire et financier, ce qui correspond à des placements privés : v. ss 419 (C. com., art. L. 227-2 et art. L. 227-2-1).

l'ordonnance n° 2014-559 du 30 mai 2014 relative au financement participatif[1] ouvre ce nouveau mode de financement alternatif à la SAS[2]. La loi *PACTE* lui ouvre aussi la possibilité d'adresser une offre d'acquisition ou de souscription de ses titres à ses dirigeants, salariés ou anciens salariés, dans des conditions fixées par le règlement général de l'AMF[3].

La liberté accordée aux SAS présente par ailleurs des risques dans la mesure où il revient aux statuts d'anticiper des conflits à venir, aucune disposition supplétive de la loi ne venant y remédier. La rédaction des statuts de SAS impose une vigilance accrue, exige une bonne maîtrise du droit des sociétés et, au-delà, des règles du droit civil, notamment des contrats, la rigueur statutaire et le souci du détail étant indispensables à la pérennité de l'entreprise. Contrairement aux autres formes de sociétés par actions, plus étroitement encadrées par la loi, rédiger des statuts de SAS devient un exercice périlleux. Il s'avère en outre qu'il est difficile de s'en remettre à des statuts-types, tant la SAS répond aux desseins les plus divers. La SAS suscite de plus en plus d'enthousiasme chez les entrepreneurs mais alimente une part désormais importante du contentieux en droit des sociétés.

657 **Plan.** On verra successivement la constitution (CHAPITRE 1) et le fonctionnement de la société par actions simplifiée (CHAPITRE 2), avant de présenter la société par actions unipersonnelle (CHAPITRE 3).

---

1. V. ss. 419.
2. Selon les termes du nouvel article L. 227-2-1 inséré dans le Code de commerce par l'ordonnance du 31 mai 2014, « par dérogation aux articles L. 227-1 et L. 227-9, lorsqu'une société par actions simplifiée procède à une offre définie au I bis de l'article L. 411-2 du Code monétaire et financier :
1° Les articles L. 225-122 à L. 225-125 sont applicables ;
2° Les articles L. 225-96 à L. 225-98 sont applicables » ;
3° Le troisième alinéa de l'article L. 225-105 est applicable.En d'autres termes, dès lors qu'une SAS réalisera une offre de ses titres par l'intermédiaire d'une plateforme en financement participatif, les textes précités lui seront applicables, excluant les droits de vote multiple, les majorités et quorum particuliers, la liberté statutaire relative à la détermination de l'ordre du jour, ou encore la liberté d'organisation des convocations à l'assemblée des associés et de l'information préalable. Ces diverses contraintes concernent le quorum et la majorité applicables aux décisions collectives d'associés, l'ordre du jour des assemblées d'associés, le changement de nationalité de la société ainsi que la convocation des associés et les sanctions des irrégularités en la matière.
3. V. ss 661.

CHAPITRE 1

La constitution de la société par actions simplifiée

658 **Option.** La SAS peut être créée soit en suivant le processus d'opération classique de constitution d'une société selon les règles qui lui sont applicables (SECTION 1), soit par transformation d'une société existante (SECTION 2).

SECTION 1

LA CRÉATION DE LA SOCIÉTÉ PAR ACTIONS SIMPLIFIÉE

659 **Règles de la SA.** La constitution de la SAS s'effectue selon les règles applicables aux sociétés anonymes. Il convient toutefois de préciser quelques règles particulières relatives aux associés et au capital social.

660 **Les associés.** Toute personne, physique ou morale, société à but lucratif ou non, association ou groupement, peut être associée d'une SAS. La SASU ne comprend qu'un seul associé. Aucun plafond n'est imposé. Comme dans la société anonyme, les associés de SAS ne supportent les pertes qu'à concurrence de leur apport.

Les apports peuvent être en numéraire, en nature. Concernant ces derniers, un plafond fixé à 30 000 euros permet à la société d'être dispensée du recours au commissaire aux apports lorsqu'aucun apport en nature n'excède ce plafond et si la valeur totale de l'ensemble des apports en nature non soumis à l'évaluation d'un commissaire aux apports n'excède pas la moitié du capital (C. com., art. L. 227-1, al. 5, réd. loi *Sapin II*)[1]. Au contraire des sociétés anonymes, la SAS peut, depuis la loi du 4 août 2008, accueillir des apports en industrie, tels que définis à l'article 1843-2 du Code civil. Les actions détenues en échange de cet apport sont inaliénables ; les statuts doivent déterminer les modalités de souscription et de répartition de ces actions et fixer un délai au terme duquel, après leur émission, ces actions feront l'objet d'une évaluation par un commissaire aux comptes. Les actions remises en contrepartie de l'apport ne rentrent pas dans la composition du capital social, conformément au droit commun.

661 **Le capital social.** Depuis l'entrée en vigueur de la loi du 4 août 2008, la SAS se trouve affranchie de l'obligation de constituer un capital social. Il revient aux seuls statuts de fixer le montant de ce capital[2] (C. com., art. L. 227-2, al. 2). La SAS ne peut pas procéder à une offre au public de ses actions ni à leur admission aux négociations sur un marché réglementé (C. com., art. L. 227-2, al. 1er)[3]. Toutefois, certaines dérogations sont désormais prévues par le Code de commerce. Ainsi, la loi PACTE a modifié les articles L. 227-2 et L. 227-2-1 du Code de commerce pour permettre aux SAS d'offrir des actions à leurs dirigeants et salariés, le cas échéant aux anciens salariés[4]. Corrélativement, la loi précise que ces titres ne peuvent être soumis à des clauses

1. Lorsqu'il n'y a pas eu de commissaire aux apports ou lorsque la valeur retenue est différente de celle proposée par le commissaire aux apports, les associés sont solidairement responsables pendant cinq ans, à l'égard des tiers, de la valeur attribuée aux apports en nature lors de la constitution de la société.

2. V. Th. Massart, « La modernisation de la SAS ou comment apporter moins pour gagner plus », *Bull. Joly* 2008. 632.

3. Autrefois, la violation de cette interdiction entraînait des sanctions pénales sous forme d'amendes à l'encontre des dirigeants. Ces sanctions ont disparu.

4. Avant la loi PACTE, de telles offres ne pouvaient être proposées que dans un cercle restreint inférieur à 150 personnes, ce qui interdisait d'y procéder lorsque les salariés étaient plus nombreux.

d'inaliénabilité, d'agrément ou de cession forcée. Ces offres sont dispensées de prospectus à condition que soit mise à disposition des souscripteurs un document contenant un certain nombre d'informations[1]. La loi n'interdit pas, en outre, que les associés soient des personnes morales qui offrent leurs actions au public.

Section 2

La transformation d'une société en société par actions simplifiée

662 **La décision.** La décision de transformation doit être prise par l'assemblée des associés à l'unanimité (C. com., art. L. 227-3). Elle n'entraîne pas la création d'une personne morale nouvelle (C. com., art. L. 210-6). Confrontés à l'exigence d'unanimité, certains praticiens avaient imaginé de faire fusionner une société anonyme par une SAS nouvellement créée, la fusion pouvant s'opérer à la majorité renforcée. Afin de protéger l'intérêt des actionnaires minoritaires, la Cour de cassation assujettit la décision de fusion-absorption d'une SA par une SAS à l'unanimité[2].

663 **L'intervention d'un commissaire à la transformation.** Lorsqu'une société anonyme se transforme en SAS, elle doit avoir au moins deux ans d'existence ; le bilan de ses deux premiers exercices doit avoir été approuvé et un rapport du commissaire aux comptes attestant que les capitaux propres sont au moins égaux au capital social doit être établi. Ce n'est que lorsque la société originelle n'a pas de commissaire aux comptes qu'un commis-

1. En particulier, la société doit communiquer des informations sur le nombre et la nature des valeurs mobilières émises, les raisons et les modalités de l'offre ou de l'attribution ; V. Instruction AMF DOC-2019-21 relative aux modalités de dépôt et de publication des prospectus – Guide d'élaboration des prospectus et information à fournir en cas d'offre au public ou d'admission des titres financiers, AMF: https://www.amf-france.org/sites/default/files/private/2021-04/2020-06.pdf.
2. Com. 19 déc. 2006, *JCP E* 2007. 1192, note A. Viandier.

saire à la transformation doit intervenir.[1] Il est chargé d'apprécier la valeur des biens composant l'actif social et les avantages particuliers (C. com., art. L. 224-3).

1. Le commissaire aux comptes, lorsqu'il existe, peut faire office de commissaire à la transformation (C. com., art. L. 224-3, al. 1er).

CHAPITRE 2

Le fonctionnement de la société par actions simplifiée

664 **La liberté statutaire.** L'organisation interne de la SAS est éminemment contractuelle et dépend en grande partie des statuts[1]. Aussi, dans la mesure où elles sont compatibles avec les dispositions particulières prévues pour la SAS, les règles concernant la SA lui sont applicables. Toutefois, certaines règles concernant les SA sont expressément écartées dans les SAS (C. com., art. L. 227-1, al. 3). Il s'agit notamment des règles applicables aux assemblées d'actionnaires et celles applicables à la gestion de la SA[2]. Il n'existe donc pas dans la SAS d'organisation légale du pouvoir, ni même de règle supplétive d'organisation permettant de compléter les statuts. Quelques règles doivent cependant être mention-

1. M. Germain et P.-L. Périn, *La société par actions simplifiée*, 6e éd., Joly, 2016 ; L. Godon, *La société par actions simplifiées*, LGDJ, coll. « Droit des affaires », 2014.
2. La loi n° 2019-744, dite loi Soilihi, a ajouté l'article L. 225-14, al. 2 du Code de commerce à la liste des dispositions dont l'application est expressément écartée du régime des SAS par l'article L. 227-1, al. 3. L'article L. 225-14 prévoit que si des avantages particuliers sont stipulés, les statuts contiennent l'évaluation des avantages à laquelle il est procédé au vu du rapport annexé aux statuts. Désormais, il semble que les fondateurs de SAS ne sont plus tenus de procéder à l'évaluation des avantages particuliers par un commissaire *ad hoc* lors de la constitution d'une SAS. Il n'y aurait donc plus lieu de désigner un commissaire à cet effet.

nées, relativement à la direction de la SAS (SECTION 1), les actionnaires (SECTION 2) et le contrôle de la SAS (SECTION 3), ainsi que sa transformation (SECTION 4). Ces règles sont désormais complétées par une jurisprudence riche en la matière.

SECTION 1
LA GESTION DE LA SOCIÉTÉ PAR ACTIONS SIMPLIFIÉE

665 **L'administration.** Le seul organe imposé par la loi est le président (C. com., art. L. 227-6). Ainsi, la société peut être dirigée par une seule personne, le président. Mais elle peut l'être aussi par plusieurs organes collégiaux au choix des statuts[1]. Il a même été admis qu'une SAS confie par contrat sa gestion à une société tierce[2]. Les statuts fixent librement les conditions dans lesquelles la société est dirigée (C. com., art. L. 227-5) s'agissant des conditions de nomination et de révocation des dirigeants. Pour ce qui concerne la révocation, la liberté statutaire prévaut. La révocation *ad nutum* est admise[3]. Une réparation est admise en cas de révocation brutale et vexatoire[4], mais, plus souplement que dans la société anonyme, la procédure de révocation d'un dirigeant de SAS ne comporte pas d'obligation d'ouvrir une discussion préalable et formelle[5]. Seules les stipulations statutaires doivent être respectées[6].

1. Com. 25 janv. 2017, n° 14-28792, *Bull. Joly*, mars 2017, 170, note M. Germain et P.-L. Périn. Il n'est pas interdit que des actes extra-statutaires viennent compléter les statuts, mais ils ne peuvent ni les contredire, ni suppléer leur silence dans le domaine que la loi réserve explicitement aux statuts.
2. Com. 24 nov. 2015, n° 14-19685, *Bull. Joly*, mars 2016, 137, note P. Le Cannu ; *Adde* v. ss. 666.
3. Une difficulté apparaît lorsque les associés ont la perspective d'acquérir les titres du dirigeant en cas de révocation *ad nutum* de ce dernier : ils se trouvent en situation potentielle de conflit d'intérêts. Le devoir de bonne foi issu du droit des contrats (nouv. art. 1104 du Code civil) pourrait venir utilement régler ce dilemme, mais la Cour de cassation n'a pourtant pas retenu les arguments en ce sens : Com. 8 nov. 2016, n° 14-29770, *Bull. Joly*, fév. 2017, 112, note H. Barbier.
4. Paris, P. 5, ch. 8, 23 juin 2015, n° 14-16892, *Bull. Joly*, janv. 2016, note P.-L. Périn.
5. Com. 10 juill. 2012, n° 11-19.563 (*Valtech*), *Bull. Joly*, oct. 2012, p. 712, note M. Germain et P.-L. Périn ; Com. 8 avr. 2014, n° 13-11.650, *Bull. Joly*, juill.- août 2014, p. 452, note P.-L. Périn ; Com. 14 avr. 2015, n° 14-15.869, *Bull. Joly* 2015, p. 350, note P.-L. Périn.
6. La Cour de cassation rappelle que s'agissant de la perte de confiance par les actionnaires, celle-ci doit être de nature à compromettre l'intérêt social pour qu'elle puisse être qualifiée de juste motif de révocation du dirigeant : Com. 14 nov. 2018, n° 17-11.103, *Bull. Joly*, fév. 2019, p. 18, note Th. De Ravel D'Esclapon (v. ss 352). Lorsque les statuts prévoient une révocation sans juste motif, il revient au président de la société de rapporter la preuve du caractère abusif de sa révocation : Versailles, 5 juin 2003, *Bull. Joly* 2003, p. 1131, note P. Le Cannu. Une cour d'appel a rappelé l'impossibilité d'une

Les statuts fixent également le nombre des dirigeants, la durée de leur mandat[1] et leur mode de rémunération[2]. Concernant cette dernière, la loi est silencieuse et, les associés ne disposant pas du pouvoir légal de nomination, on peut considérer que la décision de fixer cette rémunération ne leur revient pas nécessairement. Les statuts, un pacte extra-statutaire ou une convention de mandat social, peuvent dès lors organiser librement le principe ou les modalités de la rémunération. Il est acquis que lorsque les associés sont compétents pour fixer la rémunération du dirigeant de SAS, celle-ci n'a pas la nature d'une convention, au sens de l'article L. 227-10[3] et ne doit pas être soumise au contrôle des conventions réglementées[4]. La solution est différente en cas de versement d'un complément de rémunération pour fin de mandat qui peut alors s'analyser comme une convention soumise aux dispositions des conventions réglementées[5].

666 **Le président.** Seul organe obligatoire de la SAS, le président peut être une personne physique ou une personne morale[6] (C. com., art. L. 227-7). Son mode de désignation est fixé librement par les statuts. Il peut être associé ou non (C. com., art. L. 227-6, al. 1). Il peut percevoir une rémunération. La liberté statutaire de la SAS autorise l'institution d'un autre organe que l'assemblée générale pour décider de la fixation de sa rémunération.

---

révocation judiciaire du président en l'absence de prévision expresse d'une telle voie de révocation par les statuts : Versailles, 12e ch., 17 sept. 2013, n° 11/08075. La simple mésentente entre dirigeants ne constitue pas un juste motif de révocation : Paris, P. 5, ch. 8, 19 nov. 2013, n° 12/18648. Les juges du fond apprécient le caractère vexatoire de la révocation : Paris, P. 5, ch. 8, 30 avr. 2014, n° 13/12230.

1. Toutefois un dirigeant peut démissionner dans les conditions classiques du mandat, après notification à la société et moyennant indemnisation du mandataire en application de l'article 2007 du Code civil, à moins que la renonciation n'ait eu pour fin que de prévenir un « préjudice considérable » pour le dirigeant : Soc. 1er févr. 2011, n° 10-20.953, v. ss 175.

2. Ainsi, le juge n'a pas compétence pour se substituer aux organes sociaux statutairement compétents pour fixer le montant de la rémunération d'un président de SAS : Com. 17 déc. 2013, n° 12-27.213, *Bull. Joly* 2014, p. 147, note B. Dondero.

3. V. ss 677.

4. Com. 4 nov. 2014, n° 13-24.889, *Bull. Joly* 2015, p. 13, note P.-L. Périn. Le seul moyen pour l'associé minoritaire de s'opposer à cette décision collective est donc de proposer des adaptations de majorité permettant de rééquilibrer les débats.

5. Crim. 25 sept. 2019, n° 18-83.113 ; compte tenu des circonstances (montant très important de l'indemnité de départ), la rémunération a été qualifiée de convention réglementée. Le dirigeant n'ayant pas respecté la procédure des conventions réglementées a été condamné pour abus de biens sociaux.

6. Dans l'hypothèse d'un président personne morale, il est reconnu à la SAS la possibilité de demander qu'il soit fait mention au RCS de l'identité de la personne physique désignée comme représentant permanent de la société : CA Paris, pôle 5, ch. 8e, 1er juill. 2014, n° 14/04247.

Le président est investi des pouvoirs les plus étendus pour agir en toutes circonstances au nom de la société dans la limite de l'objet social (C. com., art. L. 227-6, al. 1). Il *représente* la société à l'égard des tiers. Dans les rapports avec les tiers, la société est engagée même par les actes du président qui ne relèvent pas de l'objet social, à moins qu'elle ne prouve que le tiers savait que l'acte dépassait cet objet ou qu'il ne pouvait l'ignorer compte tenu des circonstances, étant exclu que la seule publication des statuts suffise à constituer cette preuve.

Les sûretés pour autrui consenties par une SAS :

Un contentieux abondant est né de la question de la validité des garanties constituées par les sociétés, notamment des engagements de cautions pris par une société, représentée par son dirigeant, au bénéfice d'une autre société. La Cour de cassation procède à une distinction selon que la société s'étant portée caution est une société à risque illimité ou à risque limité, mais les évolutions jurisprudentielles les plus récentes semblent revenir sur cette distinction.

S'agissant des sociétés à risque illimité, la Cour de cassation annule fermement toutes les garanties souscrites par ces dernières lorsqu'elles sont jugées contraires à l'intérêt social[1]. Cette solution est prononcée quand bien même ce type d'actes est inscrit dans l'objet statutaire de la société. L'action en nullité vise alors à constater une nullité absolue et non relative[2]. Dans les sociétés à risque illimité, le critère de l'intérêt social prévaut donc sur celui de l'objet social.

S'agissant des sociétés à risque limité, une jurisprudence similaire semblait s'appliquer tant pour les SARL[3] que pour les SA[4] avant que la Cour de cassation ne revienne sur sa propre

1. Pour une SCI, v. ss 270. Cette solution doit pouvoir être étendue aux SNC.
2. Civ. 1re, 18 oct. 2017, v. ss 270.
3. Com. 17 déc. 2003, n° 02-11245, *Dr. Sociétés* 2004, comm. 217 : la Cour de cassation censure les juges du fond, pour défaut de base légale, pour ne pas avoir caractérisé « en quoi cette garantie, qui n'était pas interdite, était contraire à l'intérêt social ».
4. Com. 13 nov. 2007, n° 06-15826, *Dr. Sociétés* 2008, comm. 32, obs. H. Hovasse : la Cour de cassation approuve les juges du fond d'avoir invalidé un cautionnement intragroupe souscrit par une SA au motif que « la souscription de cette sûreté était contraire à l'intérêt social ».

jurisprudence et pose que « serait-elle établie, la contrariété à l'intérêt social de la sûreté souscrite par une société à responsabilité limitée en garantie de la dette d'un tiers n'est pas, par elle-même, une cause de nullité de cet engagement »[1]. Cette jurisprudence a été étendue aux SAS. Ainsi, une SAS est engagée envers les tiers par les actes de son président qui ne relèvent pas de l'objet social et la contrariété à l'intérêt social ne constitue pas, par elle-même, une cause de nullité des engagements souscrits en son nom[2]. Cependant, le risque de nullité des sûretés pour autrui souscrites par une société à responsabilité limitée n'est pas totalement écarté. En témoigne un arrêt rendu par la Chambre commerciale de la Cour de cassation dans une affaire où une SAS unipersonnelle s'était portée caution des obligations de son associé unique envers le fournisseur de cette dernière. Se retranchant derrière l'appréciation souveraine des juges du fond, la Cour de cassation semble laisser entendre que la garantie souscrite par une société à risque limité peut être annulée lorsque cette annulation ne découle pas uniquement de la contrariété à l'intérêt social de la société qui s'est portée caution, mais procède d'un dépassement de son objet social que le créancier bénéficiaire de la garantie ne pouvait ignorer compte tenu de sa proximité avec la société garante[3]. Subsisteraient les deux critères d'appréciation retenus pour apprécier la validité d'une garantie souscrite par une société à responsabilité illimitée, à savoir la référence au dépassement de l'objet social et l'atteinte à l'intérêt social. Sauf à savoir lequel des deux critères prévaut sur l'autre[4], la solution ne serait pas éloignée de celle retenue par la jurisprudence en matière de société à responsabilité illimitée.

1. Com. 12 mai 2015, n° 13-28504 et 14-11028, v. ss 357.
2. Com. 19 sept. 2018, n° 17-17600, *Bull. Joly*, nov. 2018, p. 628, note J.-F. Barbièri : seule la preuve de la connaissance par le tiers d'un dépassement de l'objet social (ou qu'il ne pouvait ignorer au regard des circonstances) permet d'éviter que la société soit engagée. En l'espèce, l'autorisation de souscrire la sûreté avait été consentie en assemblée extraordinaire, cette décision prise à l'unanimité valant sans doute assentiment des associés au dépassement de l'objet social par le président. Rapp. pour les SARL, ss 357 et comp. pour les sociétés à responsabilité illimitée, ss 270.
3. Com. 14 fév. 2018, n° 16-16013, *Bull. Joly*, juil.août 2018, p. 412, note E. Schlumberger.
4. E. Schlumberger, note sous Com.

Les principes de la représentation des SAS sont l'objet de nombreux débats.

1) Pouvoir de représentation et délégations de pouvoir dans la SAS. Dans une première version du texte, il n'était fait état d'aucun dispositif de délégation des pouvoirs du président. On a pu hésiter sur la possibilité de prévoir valablement une telle délégation de pouvoir. La loi du 1er août 2003 a ajouté au dispositif antérieur en précisant que les statuts peuvent prévoir les conditions dans lesquelles une ou plusieurs personnes *autres* que le président, portant le titre de directeur général ou de directeur général délégué, peuvent exercer les pouvoirs confiés au président (al. 3). La loi subordonne la validité et l'opposabilité d'une telle délégation à deux conditions : les statuts doivent prévoir les conditions d'exercice des pouvoirs ainsi confiés au représentant permanent ; cette délégation doit faire l'objet d'une publication au RCS[1]. Ce dispositif a suscité une nouvelle inquiétude : la possibilité de déléguer le pouvoir d'effectuer des actes déterminés (licencier, représenter en justice) était-elle soumise à ces conditions, à défaut de quoi les actes accomplis en violation de celles-ci étaient susceptibles d'être annulés ou déclarés irrecevables ? Plusieurs juges du fond l'affirmèrent et remirent en cause de nombreux actes[2]. Dans un arrêt rendu en Chambre mixte, la Cour de cassation redonne cohérence à la pratique des délégations de pouvoir. Elle distingue à juste titre représentation légale, permanente et complète, et représentations spéciales et fonctionnelles – ou encore dépendant des règles propres au mandat – pour reconnaître que la seconde, à l'inverse de la première, n'a pas à obéir aux conditions légales[3]. Elle affirme ainsi la qualité de représen-

1. La jurisprudence a autorisé l'inscription de représentants permanents des dirigeants de SAS dans l'extrait Kbis du RCS (Paris, P. 5, Ch. 8, 1er juill. 2014, n° 14/04237, *Bull. Joly*, nov. 2014, 436, note P.-L. Périn). Le comité de coordination des registres du commerce et des sociétés (CCRCS) a rendu un avis entérinant cette jurisprudence, mais prévoit cette inscription dans la rubrique des « personnes ayant le pouvoir d'engager à titre habituel la société » et non dans la case dédiée au président ou au directeur général concerné : avis n° 2015-04, 5 fév. 2015.

2. Paris 3 déc. 2009, *Bull. Joly* 2010, p. 338, note M. Germain et P.-L. Périn ; *contra* Civ. 2e, 9 juill. 2009, *Bull. Joly* 2009, p. 1091, note N. Ferrier ; Paris 31 août 2010, *D.* 2010. 2153 ; *adde*, M. Germain et P.-L. Périn, préc., n° 538 à 558.

3. Ch. mixte, 19 nov. 2010, n° 10-10.095 et 10-30.125, *Bull. Joly* 2010, p. 982, note M. Germain et P.-L. Périn ; *JCP* E 2010. 2049, note A. Couret et B. Dondero. Il s'ensuit qu'une délégation conventionnelle n'obéit à aucun formalisme et peut se déduire des fonctions. Ainsi, le gérant d'une SARL prési-

tant légal du directeur général ou des directeurs délégués généraux. Plus largement, tout organe peut agir comme un dirigeant de droit lorsqu'il est doté d'un pouvoir d'autorisation des engagements sociaux[1].

2) Le contenu du pouvoir de représentation. Alors que dans les sociétés anonymes, le directeur général ou les directeurs généraux délégués ont automatiquement le pouvoir général de représenter leur société (C. com., art. L. 225-56, III, al. 2)[2], l'article L. 227-6, alinéa 3 du Code de commerce renvoie aux statuts de SAS de prévoir cette possibilité et de préciser les conditions dans lesquelles ces personnes pourront exercer les pouvoirs normalement dévolus au président. Qu'en est-il lorsque les statuts se contentent d'instituer un directeur général sans en déterminer les pouvoirs ? La Cour de cassation a décidé qu'un tiers ayant contracté avec la SAS pouvait se prévaloir de l'absence de définition statutaire du pouvoir de représentation du directeur général pour invoquer l'inopposabilité à son égard des actes conclus par ce directeur général[3]. Il ne faut pas déduire de cette jurisprudence une règle absolue de défaut de pouvoir légal de représentation du directeur général de SAS. Il a en effet été décidé que les tiers peuvent également se prévaloir à l'égard d'une SAS des engagements pris pour le compte de cette dernière par une personne portant le titre de directeur général ou de directeur général délégué de la société sans que la SAS puisse opposer aux tiers le défaut de définition statutaire du pouvoir de représentation de son directeur général[4].

Un droit de veto sur les actes du directeur général peut valablement être reconnu au président de SAS par les statuts, sous une double condition jurisprudentielle : le directeur doit être en

dant une SAS est implicitement habilité à licencier le salarié de la SAS. Soc. 27 janv. 2016, n° 13-26.761, *Bull. Joly*, juin 2016, p. 333, note N. Ferrier.

1. V. l'exemple d'un comité de surveillance de SAS : Paris, 23 fév. 2016, n° 14/24308, *Bull. Joly*, sept. 2016, 481, note M. Germain et P.-L. Périn.

2. V. ss 566.

3. Com. 21 juin 2011, n° 10-20.878, *D.* 2011. 1753, obs. A. Lienhard, et Pan.,2765, note J.-C. Hallouin.

4. Com. 9 juill. 2013, n° 12-22.627, *Dr. sociétés* 2013. 11, note D. Gallois-Cochet. Il résulte de cette décision, protectrice des intérêts des tiers, que dès lors qu'une personne est valablement nommée comme DG ou DGD, celle-ci engage la SAS, quel que soit le contenu des pouvoirs qui lui sont statutairement confiés. Le tiers n'est en outre pas tenu d'entreprendre des vérifications sur le contenu des statuts ni sur d'éventuelles limitations statutaires.

mesure de présenter ses observations lorsque ce droit est exercé[1], l'exercice du droit de veto ne peut résulter de la simple abstention du président et un acte explicite est requis[2].

Une clause de désignation d'un mandataire *ad hoc* peut valablement figurer dans les statuts. Une telle clause permet de répondre à des situations de blocage, le cas échéant, en cas de désaccord entre associés par la désignation administrateur chargé, par exemple, d'expédier les affaires courantes ou de convoquer une assemblée générale[3]. Mais dès lors que l'intérêt social le commande et sous réserve de respecter les conditions prétoriennes d'une telle désignation, une demande de désignation en justice d'un administrateur provisoire l'emporte sur celui prévu dans les statuts[4].

Dans les rapports avec les tiers, la société est engagée même par les actes du président qui ne relèvent pas de l'objet social[5], à moins qu'elle ne prouve que le tiers savait que l'acte dépassait cet objet ou qu'il ne pouvait l'ignorer compte tenu des circonstances, étant exclu que la seule publication des statuts suffise à constituer cette preuve (C. com., art. L. 227-6, al. 2). Les dispositions statutaires qui limiteraient les pouvoirs du président sont inopposables aux tiers[6]. En revanche, s'agissant de tiers se prévalant d'une violation des limites statutaires pour faire valoir une fin de non-recevoir à caractère procédural, la Cour de cassation est intervenue à plusieurs reprises pour valider leur prétention. Les responsabilités du président et des dirigeants de la SAS sont identiques à celles des administrateurs ou des membres du directoire

1. Com. 19 nov. 2013, n° 12-26.702, *Bull. Joly* 2014, p. 85, note P.-L. Périn.
2. Com. 16 fév. 2016, n° 14-23093, *Bull. Joly*, juil-août 2016, p. 400, note P.-L. Périn.
3. Com. 13 janv. 2021, n°s 18-24.853 et 19-11.302. La désignation d'un mandataire *ad hoc* pour convoquer l'assemblée générale d'une SA est seulement subordonnée à la démonstration de sa conformité à l'intérêt social.
4. La société doit être menacée d'un péril imminent du fait de la grave mésentente entre les organes sociaux (ou entre les associés), entrainant la paralysie de la société et affectant le fonctionnement de la société (et de ses filiales) : v. ss 244.
5. Pourtant, il a été jugé qu'un acte de cautionnement n'avait pu être valablement donné par une SAS, dès lors qu'il ne pouvait être rattaché à son object social et qu'il n'y avait pas de communauté d'intérêts entre la société caution et la société cautionnée : Versailles, 12 janv. 2016, n° 14/02657, *Rev. Soc.*, janv.-mars 2016, 143, obs. B. Dondero et P. Le Cannu.
6. Une telle inopposabilité devrait pouvoir être étendue aux dirigeants, autres que le président, qui auraient reçu les mêmes pouvoirs de représentation en vertu d'une clause statutaire.

de la société anonyme (C. com., art. L. 227-8)[1] hormis le fait que la faute résultera plus souvent de la violation des statuts, qui peuvent renforcer la responsabilité des dirigeants, que de la violation de la loi ou des règlements[2]. Lorsque le président ou le dirigeant de la SAS est une personne morale, ses propres dirigeants sont soumis aux mêmes conditions et obligations et encourent les mêmes responsabilités civile et pénale que s'ils étaient président ou dirigeant de la SAS, sans préjudice de la responsabilité solidaire de la personne morale qu'ils dirigent (C. com., art. L. 227-7). Les peines prévues pour les dirigeants de la société anonyme sont applicables au président et aux dirigeants de la SAS (C. com., art. L. 224-1).

3) Les conventions de management. Un nouveau dispositif se répand, consistant à faire appel à un prestataire de services pour assurer la direction de la société. La Cour de cassation exerce un contrôle strict, au cas par cas, de ces conventions. Dans deux arrêts remarqués, elle a décidé, à propos de sociétés anonymes, d'annuler pour absence de cause[3] ce type de convention[4]. À l'inverse, elle a validé une convention de management dans une SAS[5], mais il est vrai dans des circonstances bien différentes, la société de services assurant la fonction de direction étant indépendante de la société, une SAS en l'espèce. Il convient de veiller à ce que ces conventions ne dévoient pas les règles du droit des sociétés, en particulier en permettant d'introduire des clauses limitatives ou exonératoires de responsabilité d'un dirigeant, qui priveraient d'effet le système légal de responsabilité. La doctrine

1. V. ss 530.
2. Pour la responsabilité personnelle des membres d'un comité de surveillance d'une SAS à l'égard des tiers, v. Com. 4 nov. 2014, n° 13-20.158, *Dr. sociétés* 2015, comm. 8, obs. M. Roussille.
3. Il s'en évince que la convention dépourvue de cause (si elle a été conclue avant le 1er oct. 2016), ou désormais dépourvue de contrepartie réelle (ou encore assortie d'une contrepartie illusoire ou dérisoire au sens de l'art. 1169 du C. civ.) encourt la nullité.
4. Le prestataire de services se trouvait être une société animée par le dirigeant désigné dans la société anonyme, ce qui faisait que la même fonction de direction était rémunérée deux fois, et que les services faisaient double emploi avec la mission de dirigeant : Com. 14 sept. 2010, n° 09-16.084 (*Samo gestion*), *Bull. Joly*, déc. 2010, p. 960, note P. Le Cannu ; Com. 23 oct. 2012, n° 11-23.376 (SA *Mécasonic)*, *Bull. Joly*, fév. 2013, p. 108, note N. Ferrier ; *adde* Paris, P. 5 Ch. 5, 4 juill. 2013, *Bull. Joly*, avr. 2014, p. 240, note P. Le Cannu.
5. Com. 24 nov. 2015, n° 14-19.685, *Bull. Joly*, mars 2016, p. 137, note P. Le Cannu ; *Adde*. Paris, 5-8, 23 sept. 2016 n° 15-14.118, *Bull. Joly*, janv. 2017, p. 32, note M. Germain et P.-L. Périn.

dégage ainsi deux critères d'appréciation de la validation des conventions de management[1] touchant, d'une part, à la qualité de la personne délivrant les prestations promises et, d'autre part, à la nature exacte de ces prestations. Ainsi, d'abord, la prestation devrait être délivrée par un prestataire *tiers* à la société, et non le mandataire social lui-même (sauf l'hypothèse d'un groupe dans lequel un salarié de la société mère serait placé à la direction d'une filiale en qualité de directeur général[2])[3]. Ensuite, les termes de la convention devraient porter sur des prestations techniques clairement distinctes de la direction générale de la société nécessitant des compétences spécifiques – comptables, financières, administratives etc. – distinctes de celles permettant d'exercer un simple mandat social[4]. En pratique, dans une SAS, il est préconisé qu'existent des prescriptions statutaires fixant les conditions de la direction générale de la société et que la convention s'y conforme, la Cour de cassation ayant eu l'occasion de rappeler que « seuls les statuts de la SAS fixent les conditions dans lesquelles la société est dirigée »[5].

Les dirigeants de SAS ont un devoir de loyauté à l'égard de la société et des associés, ce qui leur interdit de dissimuler une opportunité d'affaires ou de faire un usage abusif de leurs pouvoirs et droits en vue d'obtenir des avantages personnels[6].

Le rapport de gestion présenté aux associés est rédigé par le président. Il inclut désormais le plan de vigilance tel qu'imposé par la loi n° 2017-399 du 27 mars 2017 relative au devoir de vigilance des sociétés mères et des entreprises donneuses d'ordre[7].

---

1. V. Com. 12 déc. 2018, n° 16-15.217, *Bull. Joly*, mars 2019, note A. Reygrobellet. En l'espèce, il s'agissait d'une convention de prestation de services qui ne comprenait pas toutes les attributions de ce mandat social. Il s'agissait en réalité d'une mission de conseil et d'assistance de l'associé unique de la société.
2. Dans un tel cas, en effet, le mandat serait l'objet même du contrat de travail autorisant la possibilité de délivrer certaines prestations à la filiale.
3. A. Reygrobellet, « Les conventions de *management fees* : où en est-on ? », *Bull. Joly*, fév. 2108, p. 120.
4. A. Reygrobellet, note sous Com. 6 déc. 2016, n° 15-11.105, *Bull. Joly*, mars 2017, p. 177.
5. Com. 25 janv. 2017, n° 14-28792, *Bull. Joly*, mars 2017, p. 170, note M. Germain et P.-L. Périn. Dans la SA, les limites statutaires seraient plus importantes, la répartition légale des pouvoirs entre les organes de la SA devant être considérée comme impérative, v. ss 491 s.
6. Ainsi, l'obstruction est un cas de déloyauté justifiant l'expulsion de la société : Paris, P. 5, ch. 8, 17 sept. 2013, n° 12/12567, *Bull. Joly*, fév. 2014, 91, note P.-L. Périn ; *adde* v. ss 181.
7. V. ss 505.

Section 2
Les associés de la société par actions simplifiée

667 **Droit des associés.** Les associés de SAS se voient reconnaître des prérogatives identiques à ceux dont bénéficient les associés dans les autres sociétés commerciales. En particulier, le principe de libre concurrence reconnaît à l'associé le droit d'exercer une activité concurrente à celle de la société, sauf stipulation statutaire contraire[1]. Plusieurs dispositions du Code de commerce permettent toutefois de renforcer la cohésion au sein de la SAS par des clauses statutaires, ce qui porte parfois atteinte aux droits individuels des associés. Il en est ainsi des clauses d'inaliénabilité, des clauses d'agrément, des clauses d'exclusion[2]. Cette liberté statutaire reste toutefois soumise aux restrictions de droit commun[3]. Au-delà des termes de la loi, la validité d'autres types de clauses, ainsi que leur efficacité juridique, a été reconnue par la jurisprudence[4].

668 **Clauses d'inaliénabilité.** L'article L. 227-13 du Code de commerce permet aux statuts de prévoir l'inaliénabilité des actions de la société. Cette inaliénabilité ne doit pas excéder dix ans mais n'a pas à être justifiée par un intérêt sérieux et légitime (comp. C. civ., art. 900-1). Elle rend nulle toute cession effectuée en violation de la clause (C. com., art. L. 227-15).

669 **Clauses d'agrément.** Les statuts peuvent en outre prévoir de soumettre toute cession à l'agrément préalable de la société (C. com., art. L. 227-14), ce qui, comme désormais dans les sociétés anonymes non cotées[5], inclut les cessions d'actions entre actionnaires. Mais les statuts doivent préciser l'organe compétent pour statuer sur l'agrément. La sanction de la violation de la clause est également la nullité de la cession.

1. Com. 10 sept. 2013, n° 12-23.888, *Dr. sociétés* 2014, comm. 3, obs. R. Mortier.
2. J. Stoufflet, « Aménagements statutaires et actionnariat de la SAS », *Rev. sociétés* 2000. 241.
3. V. P. Le Cannu, *Rép. sociétés*, V° « Société par actions simplifiée ».
4. Pour une clause de préemption au cas où l'un des associés souhaiterait céder ses actions à un tiers : Com. 2 fév. 2016, n° 14-20747.
5. V. ss 454.

670 **Clauses d'exclusion.** Les statuts peuvent également prévoir qu'un associé peut être tenu de céder ses actions (C. com., art. L. 227-16) et fixer ainsi les conditions de l'exclusion. L'exclusion ne comptant pas parmi les décisions relevant impérativement de la compétence de la collectivité des associés, le président ou un organe collégial, voire un tiers, pourrait se voir confier ce pouvoir, en veillant alors à encadrer strictement la procédure. Lorsque cette exclusion est subordonnée à une décision collective des associés, les statuts ne sont pas autorisés à priver l'associé dont l'exclusion est proposée de son droit de participer à cette décision et de voter sur la proposition[1]. Les modalités du prix de rachat de ses actions consécutives à la décision d'exclusion d'un associé peuvent être fixées à l'avance ou résulter de l'accord des parties lors de la cession ou, sinon, être déterminées par l'expert de l'article 1843-4 du Code civil. La société a la possibilité de racheter ses propres titres à l'actionnaire exclu (C. com., art. L. 227-18). Les droits de la défense de l'associé sanctionné doivent pouvoir être exercés préalablement à la décision.

En cas de changement de contrôle d'une société associée, les statuts peuvent prévoir une obligation d'information à la charge de cette société. Dans les conditions déterminées par les statuts, la société peut alors décider de suspendre l'exercice des droits non pécuniaires de cet associé et de l'exclure (C. com., art. L. 227-17).

671

Clauses statutaires d'exclusion dans les opérations de LBO ou le « Cadre-salarié prisonnier »

Consacrées dans les SAS par la loi (art. L. 227-16), les clauses d'exclusion d'associés – salariés participant à des opérations de capital-investissement sont valables[2]. De telles clauses de sortie

1. Com. 23 oct. 2007, *Arts et entreprises*, *D.* 2008. 47, note Y. Paclot, *JCP* 2007. II. 10197, note D. Bureau ; La solution, maintes fois réaffirmée, se fonde sur le droit de l'associé de participer et de voter aux décisions collectives visé à l'art. 1844 du Code civil, seule la loi pouvant le cas échéant restreindre ce droit fondamental ; *Adde* v. ss 152. Toute régularisation d'une clause litigieuse aux fins d'adopter une nouvelle clause d'exclusion suppose l'unanimité des associés, y compris l'associé irrégulièrement exclu, conformément aux termes de l'article L. 227-19 du Code de commerce : Com. 9 juill. 2013, n° 12-21238, *Bull. Joly*, oct. 2013, 636, note D. Poracchia. Cette solution est transposable aux sociétés civiles (v., sans remettre en cause cette solution, en cas d'aménagement du vote « unanime » : Com. 24 oct. 2018, n° 17-26402, *Bull. Joly*, janv. 2019, p. 23, note B. Brignon).

2. En pratique, se développe plus fréquemment l'usage de promesses de cession insérées dans un pacte d'associés ou faisant l'object d'un contrat autonome, le juge accordant pleine efficacité aux clauses qui prévoient la nullité lorsque la cession viole le pacte ou le contre : pour une société de gestion de portefeuille, v. Com. 27 juin 2018, n° 16-14097, *Bull. Joly*, oct. 2018, p. 565, note P.-L. Périn.

figurent ainsi dans les statuts de sociétés constituées à l'occasion d'opérations de rachat avec effet de levier, dites LBO (pour *Leverage Buy Out*). Par ces opérations, les salariés décident d'investir dans la reprise de leur entreprise des montants proportionnels à leurs moyens. Ils participent donc au capital d'un groupe au travers d'une société de cadres et salariés non dirigeants (dites « ManCo ») et contribuent ainsi à la création de valeur actionnariale de leur entreprise pour, ensuite, revendre avec profit leur participation au nouvel acquéreur. Ces clauses statutaires liant la qualité d'associé à celle de salarié, celui-ci se voit contraint à une cession forcée de ses droits sociaux en cas de licenciement. En dépit de leur validité, certaines clauses d'exclusion dans des opérations de ce type ont fait l'objet d'un important contentieux.

Une première difficulté porte sur le prix de cession des titres lors du rachat de la participation. Des salariés exclus ont pu souhaiter privilégier la date de leur licenciement pour fixer le prix de cession (à cette date, la société étant plus prospère), alors que les tribunaux préfèrent se rapprocher de la date où la cession est effective. Cette dernière solution a été validée par le Conseil constitutionnel[1].

Une autre difficulté a trait à l'aléa de l'opération. Les salariés ou mandataires sociaux subissent le risque de l'entreprise lorsque la société dans laquelle ils ont investi connaît des difficultés. Or la jurisprudence leur refuse un droit de sortie automatique. Une clause statutaire d'une SAS prévoyant une faculté de rachat des actions d'un associé en cas de perte de sa qualité de salarié ou de mandataire social d'un groupe ne peut en effet être interprétée comme instituant une obligation de rachat pouvant être invoquée par un salarié licencié[2]. La solution est sévère pour le salarié. Les logiques, d'ordre institutionnel et économique, visant à préserver l'intérêt social (la société n'a plus les moyens de racheter les participations des salariés) l'emportent sur la volonté de maintenir la cohésion entre les qualités d'associé et de salarié.

1. Cons. const., 16 sept. 2016, n° 2016-563 QPC ; *JCPE E* 2015, 1186, note M. Buchberger.
2. Versailles, 12e ch., 24 mai 2016, n° 14/03646, *Bull. Joly*, nov. 2016, p. 659, note P.-L. Périn.

672 **Clause de suspension des droits non pécuniaires.** En attendant la décision de cession forcée évoquée précédemment, une clause peut prévoir que les droits non pécuniaires de l'associé sanctionné seront suspendus tant qu'il n'aura pas procédé à la cession. La suspension de l'exercice des droits non pécuniaires de l'associé est sans incidence sur sa qualité d'associé tant qu'il n'a pas procédé à la cession[1], celle-ci devenant parfaite du fait de la fixation du prix. En l'absence de stipulation statutaire spécifique, la date d'évaluation est la date la plus proche de la cession future[2].

673 **Régime et portée des clauses statutaires.** Pour l'adoption de toutes ces clauses statutaires prévues par le Code de commerce, à savoir, l'inaliénabilité des actions, l'agrément, l'exclusion d'un actionnaire, la suspension des droits de vote ou l'exclusion d'un associé dont le contrôle est modifié, l'unanimité était exceptionnellement requise[3]. La loi nº 2019-744 du 19 juillet 2019[4] a modifié l'article L. 227-19 du Code de commerce selon lequel, désormais, les clauses statutaires d'exclusion et d'agrément ne peuvent être adoptées ou modifiées que par une décision prise collectivement par les associés dans les conditions et formes prévues par les statuts.

Par ailleurs, si les statuts ne précisent pas les modalités du prix de cession des actions lorsque la société met en œuvre une clause introduite en application des articles L. 227-14, L. 227-16 et L. 227-17, ce prix est fixé par accord entre les parties ou, à défaut, déterminé dans les conditions prévues à l'article 1843-4 du Code civil[5].

---

1. Com. 16 sept. 2014, nº 13-17.807, *Bull. Joly* 2014, p. 695, note P. Le Cannu. Par conséquent, l'associé continue de percervoir les dividendes quand bien même il n'exerce plus d'activité dans le cadre social.
2. *Ibid* ; comp. avec l'associé de société civile exerçant son droit de retrait, v. ss 266.
3. La Cour de casation a approuvé une cour d'appel d'avoir considéré qu'une délibération prise en AGE qui apportait des modifications à des clauses statutaires entrant dans les prévisions de l'article L. 227-19 du Code de commerce était entachée de nullité à raison de l'absence de l'unanimité requise : v. Com. 8 avr. 2014, nº 13-18120, *Bull. Joly*, sept. 2014, 503, note H. Lécuyer. Reste à savoir si l'unanimité est exigée lorsqu'une disposition extra-statutaire, intégrée par exemple dans le règlement intérieur, modifie ou altère substantiellement une disposition des statuts dans les domaines couverts par l'article L. 227-19. V. S. Schiller, « Pactes, statuts, règlement intérieur : quelle hiérarchie ? », *Rev. Sociétés*, 2011, 331.
4. Loi de simplification, de clarification et d'actualisation du droit des sociétés, *JO* du 20 juillet 2019, dite loi « Soilihi ».
5. V. ss 164.

Toute cession effectuée en violation des clauses statutaires est nulle (C. com., art. L. 227-15).

SAS
clause d'exclusion et droit commun des sociétés

La disposition issue du nouvel article L. 227-19 du Code de commerce est-elle compatible avec l'article 1836, alinéa 2 du Code civil ?

On a pu se demander si la nouvelle disposition de l'article L. 227-19 issue de la loi n° 2019-744, selon laquelle une clause d'exclusion ne peut être adoptée ou modifiée que « par une décision prise collectivement par les associés dans les conditions et formes prévues par les statuts », dérogeait à l'article 1836, alinéa 2 du Code civil. Aux termes de cet article, les modifications statutaires emportant augmentation des engagements d'un associé ne peuvent être adoptées sans son consentement, l'unanimité étant requise si tous les associés sont concernés. Pourtant les dispositions de l'article L. 227-19, alinéa 2 sont claires. En outre, l'adoption d'une clause d'exclusion n'emporte pas systématiquement augmentation des engagements de l'associé.

Par un arrêt de principe du 9 février 1937, la Cour de cassation a jugé que l'augmentation des engagements de l'associé doit s'entendre comme « l'aggravation de la dette des associés envers la société ou envers les tiers ». Si l'on se réfère à cet arrêt, il est clair que la clause statutaire d'exclusion n'entre pas dans les prévisions de l'article 1836 du Code civil. Il est vrai que, lorsqu'il s'agit des rapports de l'associé envers la société, la jurisprudence a évolué et assimilerait « diminution des droits » et « augmentation des engagements ». L'on pourrait dès lors affirmer que, la clause d'exclusion portant atteinte au droit de l'associé de conserver cette qualité, son introduction dans les statuts en cours de vie sociale nécessiterait l'unanimité des associés.

En réalité, l'article 1836, alinéa 2 du Code civil est une disposition exceptionnelle. Il déroge au principe selon lequel les statuts sont modifiés aux conditions de majorité qu'ils prévoient ou, en l'absence de telles stipulations, à l'unanimité des associés ; il serait donc injustifié d'en faire une interprétation extensive. Par ailleurs, la clause statutaire d'exclusion n'augmente pas les engagements de l'associé et ne diminue pas non plus ses droits sur la société – c'est-à-dire les droits qu'il tient de sa qualité d'associé. Cette clause modifie le contrat de société, en permettant d'imposer à un associé de céder ses titres pour des motifs non discrétionnaires. Elle doit donc, en principe, être insérée dans les statuts aux conditions de majorité requises pour les modifier. Un arrêt rendu par la 1re chambre civile de la Cour de cassation le 1er février 2017 corrobore d'ailleurs la conclusion selon laquelle la clause d'exclusion peut être adoptée à la majorité prévue par les statuts. Il n'en est autrement que si l'exclusion sanctionne la violation d'un engagement à l'égard de la société imposé à l'associé, telle une obligation de non-concurrence. En ce cas, mais uniquement dans la mesure où la clause augmente les engagements des associés, l'unanimité est requise.

674 **Décisions collectives.** Les statuts fixent librement les décisions qui doivent être prises collectivement par les associés de la SAS[1], ainsi que les formes et les conditions selon lesquelles elles sont prises (C. com., art. L. 227-9)[2]. Les modalités de convocation de l'assemblée relèvent de la liberté statutaire et, à la différence d'autres formes sociales, les associés n'ont aucun droit de provoquer par une demande en justice la convocation d'une assemblée générale en cas de carence du dirigeant compétent[3]. Les conditions de *quorum* et de majorité sont également fixées librement par les statuts.

1. M. Jeantin, « Les associés de la SAS », *Rev. Sociétés*, 1994. 223.
2. La loi n° 2019-744 n'étend pas aux SAS la règle de calcul des absentions applicables désormais dans les sociétés anonymes, selon laquelle l'abstention n'est plus assimilée à un vote négatif mais comme un vote spécifique – v. ss 508. Dans le silence des statuts de SAS, la prudence est de continuer d'assimiler les abstentions à des votes défavorables.
3. Toutefois, lorsque le président de la SAS est statutairement compétent pour convoquer l'assemblée et qu'il refuse de le faire, le président du Tribunal de commerce peut désigner un administrateur *ad hoc* aux fins de convoquer l'assemblée, sous réserve que cette mesure soit prise contradictoirement : Com. 25 mars 2014, n° 13-16.089, *Dr. sociétés* 2014, comm. 127, obs. D. Gallois-Cochet.

Les statuts fixent en outre les modes de consultation, qu'elles aient lieu en assemblée ou par écrit. Ils doivent prévoir une réglementation sur le vote par procuration, préciser les éléments d'information des associés. Le principe de proportionnalité des droits de vote n'est pas obligatoire et il peut être prévu des actions à vote multiple. Un droit de veto peut être accordé à un associé.

La loi impose néanmoins que les décisions les plus importantes soient prises par l'ensemble des associés, sans distinguer entre assemblée générale ordinaire et assemblée générale extraordinaire[1]. Il s'agit des décisions portant sur les comptes annuels et relatives aux bénéfices, la nomination des commissaires aux comptes, les opérations portant sur le capital, ainsi que les opérations de fusion, de scission, ou d'apport partiel d'actif et la dissolution. Toutefois l'article 244-2 du Code de commerce, modifié par la loi pour l'initiative économique du 1er août 2003, n'énonce de sanction pénale à l'encontre du président ou du dirigeant d'une SAS qui n'aurait pas consulté les associés dans les conditions prévues par les statuts que lorsque la décision touche à la structure ou à l'existence même de la société (augmentation, amortissement et réduction de capital, fusion, scission, dissolution ou transformation en une société d'une autre forme)[2].

Les décisions prises en violation de l'ensemble de ces règles, visées à l'article L. 227-9 du Code de commerce, peuvent être annulées à la demande de tout intéressé (C. com., art. L. 227-9, al. 4).

Les statuts sociaux doivent également organiser l'information destinée aux associés[3] et, lorsque la tenue d'une assemblée est prévue statutairement, le CSE se voit conférer d'importantes prérogatives : il peut demander en justice la désignation d'un mandataire chargé de convoquer l'assemblée et requérir l'inscription de projets de résolutions à l'ordre du jour ; deux membres du CSE

1. Il appartient aux statuts de réintroduire une telle distinction, empruntée à d'autres formes sociales telle que la SA. L'exercice d'une telle option suppose toutefois de bien délimiter le domaine de chacune des assemblées et d'éviter tout chevauchement de compétence entre décision ordinaire et décision extraordinaire, source de confusion.

2. L'absence de consultation des associés en cas de nomination de commissaire aux comptes, d'approbation des comptes annuels et de répartition des bénéfices n'est plus un délit.

3. P.-L. Périn, « L'information des associés des SAS », *Cah. dr. aff.* 1997. 1060.

peuvent en outre assister à ces assemblées et doivent, à leur demande, être entendus lors des délibérations requérant l'unanimité des associés.

Les statuts doivent enfin organiser les dispositions spécifiques aux assemblées spéciales de titulaires de catégories d'actions, la loi ne prévoyant aucune règle supplétive en la matière[1].

SECTION 3
LE CONTRÔLE DE LA SOCIÉTÉ PAR ACTIONS SIMPLIFIÉE

675 **Les commissaires aux comptes.** La loi du 4 août 2008 a supprimé, au moins dans certains cas, l'obligation pour les SAS de désigner un commissaire aux comptes. Désormais, les associés peuvent nommer un ou plusieurs commissaires aux comptes dans les conditions prévues à l'article L. 227-9-1 du Code de commerce, en particulier avec l'exigence que la décision soit prise collectivement par les associés. Les SAS restent cependant tenues de désigner un commissaire aux comptes lorsque deux des trois seuils seront dépassés : 4 millions d'euros de total du bilan (contre 1 550 000 € auparavant), 8 millions d'euros de chiffre d'affaires (contre 3 100 000 € auparavant) et 50 salariés (C. com., art. D. 227-1). Il en va de même lorsque la société contrôle une ou plusieurs sociétés ou qu'elle est contrôlée au sens de l'article L. 233-16, II et III du Code de commerce, et ce indépendamment de tout seuil. Les dispositions de droit commun relatives aux pouvoirs et responsabilités des commissaires aux comptes s'appliquent dans les SAS.

676 **L'expertise de gestion.** Comme dans les sociétés anonymes, les associés représentant au moins le vingtième du capital social peuvent demander en justice la désignation d'un ou plusieurs experts de gestion chargés de présenter un rapport sur une ou

1. Les dispositions de l'article L. 225-99 du Code de commerce, relatives aux assemblées spéciales de titulaires d'actions relevant d'une même catégorie font, en application de l'article L. 227-1, al. 3 du Code de commerce, partie des dispositions des SA non applicables aux SAS.

plusieurs opérations de gestion lorsque les associés estiment que leurs intérêts sont lésés par les dirigeants.

677 **Les conventions réglementées.** Le commissaire aux comptes ou, à défaut, le président de la société présente aux associés un rapport sur les conventions intervenues directement ou par personne interposée entre la société et son président, l'un de ses dirigeants, l'un de ses actionnaires disposant d'une fraction des droits de vote supérieure à 10 % ou, s'il s'agit d'une société actionnaire, la société la contrôlant (C. com. art. L. 227-10)[1]. Contrairement à ce qui se passe dans les sociétés anonymes, le contrôle des conventions réglementées a lieu *a posteriori* dans les sociétés par actions simplifiées, sans procédure d'autorisation préalable[2]. De plus, la loi, s'agissant de la SAS, n'organise pas la privation du droit de vote de l'associé intéressé. Aussi, les statuts ne peuvent valablement stipuler une telle privation[3]. En tout état de cause, la convention produira donc son effet.

Les conventions non approuvées produisent néanmoins leurs effets à l'égard des tiers, à charge pour la personne intéressée d'en supporter les conséquences dommageables pour la société. Les conventions sont soumises à l'accord des associés dans les conditions fixées par les statuts.

De même que pour les SA, la loi du 17 mai 2011 a supprimé l'obligation, issue de la loi du 15 mai 2001, de communiquer aux commissaires aux comptes de SAS les conventions courantes conclues à des conditions normales entre la société l'un de ses dirigeants. Corrélativement n'existe plus le droit pour les actionnaires d'obtenir communication de ces conventions. En dépit de ce formalisme allégé, les statuts étant libres de prévoir des dispositions plus contraignantes que celles prescrites par la loi, le formalisme ancien peut être maintenu si les statuts en reproduisent expressément les termes.

---

1. *Adde* ss 568 s.
2. Sur l'ensemble de cette procédure : M. Germain et P.-L. Périn, *Les sociétés par actions simplifiée*, préc., n° 630 s.
3. En pratique, il est fréquent que les statuts de SAS rappellent, à tort, les « dispositions impératives de la loi », en vue de prévoir l'impossibilité pour l'associé intéressé de prendre part au vote. Or le régime des conventions réglementées applicable à la SA est exclu pour les SAS sur le fondement de l'article L. 227-1, al. 3 du Code de commerce.

Les conventions interdites sont identiques à celles qui le sont dans les sociétés anonymes.

S'il existe un organe de surveillance, les statuts peuvent prévoir de soumettre *a priori* les conventions réglementées, ou certaines d'entre elles, à son contrôle.

Section 4

La transformation de la société par actions simplifiée

678 **Conditions.** La transformation d'une société par actions simplifiée en une société d'une autre forme est décidée collectivement par les associés dans les conditions prévues par les statuts (C. com. art. L. 227-9 mod.). Par extension des règles de transformation applicables aux sociétés anonymes, la décision de la transformation d'une société par actions simplifiée est prise sur le rapport du commissaire aux comptes de la société attestant que le montant des capitaux propres est au moins égal au capital social (C. com. art. L. 225-244). Si elle entraîne une augmentation des engagements des associés, elle doit être prise à l'unanimité (C. com. art. L. 225-245). L'exigence d'ancienneté de deux ans conformément aux règles de la société par actions n'est toutefois plus applicable aux sociétés par actions simplifiées (C. com. art. L. 227-1 mod.). Cette suppression permet à de telles sociétés souhaitant offrir leurs actions au public de se transformer sans délai. Un commissaire à la transformation n'a pas lieu d'être désigné et il reviendra au commissaire aux comptes d'apprécier la valeur des biens composant l'actif social et les avantages particuliers consentis par la société (C. com. art. L. 2254-243).

CHAPITRE 3

La société par actions simplifiée unipersonnelle

679 **Intérêt.** La société par actions simplifiée unipersonnelle (SASU) peut présenter un intérêt pour l'entrepreneur individuel qui se constitue en société et qui peut bénéficier de plus de souplesse que s'il constitue une EURL. Mais la SASU est surtout intéressante pour la constitution de filiale à 100 % dans les groupes de sociétés. Elle permet en effet d'éviter les lourdeurs de la constitution d'une société anonyme[1].

680 **Particularités.** Dans la SASU, l'associé unique exerce tous les pouvoirs dévolus à la collectivité des associés dans la SAS classique (C. com., art. L. 227-1, al. 2). Celui-ci doit prendre personnellement ses décisions, sans pouvoir déléguer ses pouvoirs. Il ne peut cependant agir que dans le strict cadre et selon les modalités prévues par les statuts[2].

1. L'apport d'un fonds de commerce à une SASU a été formellement allégé par la loi *Sapin II* : le nombre de mentions obligatoires de l'acte d'apport est réduit par rapport à celles prévues pour les cessions de fonds (C. com., art. L. 141-1, al. 1).

2. Il appartient ainsi aux statuts d'aménager le régime de la révocation du ou des dirigeants de manière à permettre une telle révocation sur la seule initiative de l'associé unique et à sa seule discrétion, en précisant également la procédure à suivre : Com. 8 avr. 2014, n° 13-11650, *Bull. Joly*, juill.-août 2014, 452, note P.-L. Périn.

Les conventions conclues entre la société et son président ne font pas l'objet d'un rapport spécial du commissaire aux comptes. Elles sont en revanche mentionnées dans un registre dans lequel toutes les décisions sont consignées (C. com., art. L. 227-9). Celles qui interviennent entre l'associé unique ou la société la contrôlant s'il s'agit d'une société actionnaire ne sont pas expressément visées par cette exclusion. Surtout, l'article L. 227-10 du Code de commerce institue un régime dérogatoire en présence d'un associé unique[1]. Pour autant, la règle de l'approbation des conventions n'est pas formellement écartée même si, substantiellement, aucun rapport ne sera soumis à l'associé unique[2]. Toutes les dispositions autorisant les restrictions statutaires précédemment décrites dans les SAS ne sont pas applicables à la société unipersonnelle[3]. Depuis un décret du 15 janvier 2010, une SASU dont l'associé unique, personne physique, assume personnellement la présidence est dispensée d'établir chaque année un rapport de gestion, dès lors que l'activité de cette société ne dépasse pas, à la clôture d'un exercice social, deux des trois seuils suivants : 4 millions d'euros de total de bilan, 8 millions de chiffre d'affaires hors taxe et 50 salariés.

La dissolution de la SASU suit les règles de dissolution de l'EURL. Si l'associé est une personne morale, elle entraîne la transmission universelle du patrimoine de la société à l'associé unique, sans liquidation (C. civ., art. 1844-5, al. 3). Néanmoins, les créanciers peuvent faire opposition à la dissolution (C. com., art. L. 237-2). Si l'associé est une personne physique, il peut opter pour la dissolution et, dans ce cas, celle-ci n'emporte pas transmission universelle et automatique du patrimoine de la société. Il devra alors procéder à une liquidation (C. civ., art. 1844-5, al. 4).

1. Article L. 227-10 alinéa 1er du Code de commerce : « Par dérogation aux dispositions du premier alinéa... ».
2. *Comp.* M. Germain et P.-L Périn, *op. cit.*, n° 642, p. 405.
3. V. ss 667. Lors du passage d'une SAS pluripersonnelle à la SASU, il faut probablement estimer que la mise en œuvre de ces clauses est gelée le temps que la société n'a qu'un associé.

SOUS-TITRE 4

LA SOCIÉTÉ EUROPÉENNE

681 **Historique.** Il aura fallu attendre une cinquantaine d'années pour que l'idée de créer une société européenne, qui remonte aux débuts de la construction européenne, voie le jour. Malgré l'élaboration de plusieurs projets en ce sens, aucun consensus n'avait en effet pu être trouvé, en raison notamment de l'insertion dans ces projets d'un volet social contraignant, requérant la mise en place d'une participation des salariés calquée sur le modèle de cogestion allemande. Très assouplis, le règlement n° 2157/2001 relatif au statut de société européenne et la directive n° 2001/86 complétant ce statut pour ce qui concerne l'implication des travailleurs sont entrés en vigueur le 8 octobre 2004. Avec un peu de retard sur le calendrier communautaire, la France a transposé la directive et adapté son droit au règlement par le biais d'un amendement au projet de loi du 26 juillet 2005 qui insère un chapitre IX intitulé « De la société européenne » au sein du Livre II, Titre 2 du Code de commerce. Le règlement 2157/2001 prévoit une révision du statut de société européenne au plus tard cinq après son entrée en vigueur, soit le 8 octobre 2009 (art. 69), mais la révision de ce texte a pris du retard. Un rapport devrait être établi par la Commission quant à l'application de ce règlement, qui pourra proposer des modifications et sera soumis au Conseil et au Parlement. Le gouvernement français a déjà dressé un premier bilan des sociétés

européennes en France et suggéré des modifications dans un Rapport Lenoir remis le 19 mars 2007[1]. Une petite dizaine de sociétés françaises a pris la forme de la société européenne, attestant probablement d'une trop grande lourdeur de la réglementation pesant sur cette forme de société. Beaucoup plus prometteur, le projet de société privée européenne pourrait servir utilement les PME européennes et améliorer leur compétitivité dans l'intérêt de l'Union européenne[2].

682 **Sources.** Le règlement ne propose pas un statut complet de société et fait reposer la société européenne (SE) sur une architecture complexe prévue en son article 9 : en l'absence de dispositions dans le règlement et dans la mesure où celui-ci le prévoit, les règles applicables à la SE peuvent être, le cas échéant, des dispositions spécifiquement prévues par le droit national auquel est soumise la société – en application des mesures communautaires –, ainsi que celles, non spécifiques à la société européenne, qui s'appliqueraient à une société anonyme constituée selon le droit de l'État membre dans lequel la SE a son siège statutaire[3]. Pour une large part donc, les sociétés européennes qui se constituent et s'immatriculent en France sont soumises aux règles gouvernant la société anonyme, même si ces règles le sont à titre subsidiaire, c'est-à-dire applicables sous réserve d'être compatibles avec le règlement et de ne pas heurter un principe impératif de ce texte. Le régime de la SE (hors implication des salariés) n'en ressort pas aisément, car il repose sur au moins trois sources différentes et complémentaires : le règlement 2157/2001, les dispositions spécifiques à la SE dans le Code de commerce complétées par le décret n° 2006-448 du 14 avril 2006 relatif à la société européenne et aujourd'hui codifié dans la partie réglementaire du Code de commerce[4] et les règles relatives à la SA applicables par renvoi.

1. V. l'analyse complète de M. Menjucq, *Rép. sociétés*, V° « Société européenne ».
2. Sur ce projet, v. *D.* 2008. 2848 ; « La société privée européenne pour demain », *Bull. Joly* 2008. 460; aj. Boucourechliev (dir.), *Propositions pour une société fermée européenne*, CREDA, 1997 ; *Une société de droit européen ?*, Presses Sciences Po., 1999.
3. En outre, la société européenne est soumise aux dispositions fiscales, aux procédures collectives et plus généralement à toutes les autres branches du droit de l'État dans lequel elle a son siège social et son administration centrale.
4. Les articles R. 229-1 du Code de commerce précisent les modalités de publicité relatives à la constitution de la SE, ainsi que le régime de publicité et de protection des tiers en cas de transfert dans un autre État membre du siège d'une SE immatriculée en France.

683 **Implication des salariés.** La directive, quant à elle, met en place un dispositif détaillé sur l'implication des salariés dans la SE. Elle a été transposée par la loi du 26 juillet 2005 dans le Code du travail (C. trav., art. L. 2351-1 s.). Ces dispositions ont leur importance dans la mesure où une SE ne peut être immatriculée dans un État membre que si un accord sur les modalités relatives à l'implication des travailleurs a préalablement été conclu. Cet accord procède d'une négociation entre dirigeants et représentants des salariés concernés réunis dans un groupe spécial de négociation. À titre supplétif, si les parties à la négociation en conviennent ou si elles n'ont pu aboutir à un accord à la fin de la période de négociation, des dispositions de référence sont applicables. Ces règles sont déterminées en annexe de la directive et comportent des dispositions relatives à la composition de l'organe de représentation des salariés, à l'information et à la consultation des salariés, ainsi qu'à leur participation dans les organes sociaux. Toutefois, sur la base du principe « avant-après »[1], la future société européenne n'est pas tenue d'instituer des règles relatives à la participation des salariés si aucune société participant à sa constitution n'était antérieurement régie par de telles règles. En outre, ces dispositions de référence sont exclues si certains seuils ne sont pas atteints et si le groupe spécial de négociation n'en prévoit pas l'application.

684 **Rattachement juridique.** La société européenne doit avoir son siège statutaire et son administration centrale dans le même État membre et dans un même endroit si la loi de l'État concerné l'exige (Règl., art. 9), ce qui limite fortement l'exercice du libre établissement de la société européenne par rapport aux sociétés anonymes de droit national[2]. En revanche, l'une des grandes

1. Visant à faire respecter certains droits acquis des salariés, ce principe impose que les droits relatifs à leur participation dans l'entreprise qu'avaient les salariés avant la constitution de la société européenne constituent la base de l'organisation de leurs droits de participation dans la société européenne. Ce principe souffre cependant des exceptions.

2. L'article 48 du Traité de Rome admet qu'une société régulièrement constituée dans un État membre ait son siège statutaire et son administration centrale (c'est-à-dire son siège réel) dans deux États membres différents. La CJCE en a déduit la possibilité pour une société anonyme de créer dans un autre État membre une succursale (ou prétendue telle) destinée en réalité à exercer la totalité de ses activités (arrêt *Centros*) ; de transférer son siège social dans un autre État membre sans qu'on puisse invoquer la perte de sa personnalité morale en application du critère du siège réel (arrêt *Uberseering*) ; et d'exercer son activité à titre exclusif dans un autre État membre en éludant le droit local relatif à la constitution des sociétés, droit qui ne peut lui être appliqué en tant que loi de police (arrêt *Inspire Art*, 30 sept. 2003), v. M. Menjucq, « Rattachement de la société européenne et jurisprudence commu-

particularités de la société européenne est de pouvoir transférer son siège statutaire dans un autre État membre sans que ce transfert donne lieu à dissolution ni à création d'une personne morale nouvelle (Règl., art. 8).

685 **Plan.** L'étude de la société européenne relevant du droit français comporte, de manière classique, celle des règles relatives à sa constitution (CHAPITRE 1), son mode de fonctionnement (CHAPITRE 2) et sa disparition (CHAPITRE 4), auxquelles il est important d'ajouter le dispositif prévu pour le transfert du siège social de la SE d'un État membre à un autre (CHAPITRE 3).

nautaire sur la liberté d'établissement : incompatibilité ou paradoxe », *D.* 2004. 2874. En matière fiscale, toutefois, la CJCE condamne les « montages purement artificiels dont le but était d'échapper à l'emprise de la législation d'un État » et exige d'une société qu'elle soit réellement établie dans un État membre pour bénéficier des mesures fiscales avantageuses que la législation de cet État offre : CJCE 12 sept. 2006, *Cadbury Schweppes*, *Europe* 2006. 314, obs. F. Mariatte ; aj. C. Prieto, *RTD eur.* 2007. 43 ; *D.* 2007. 2564, chron. B. Bolze et L. D'Avout. En dernier lieu, CJCE 18 déc. 2008, *Cartesio*, *D.* 2008. 1, obs. A. Lienhard.

CHAPITRE 1

La constitution de la société européenne

686 **Plan.** La société européenne a ceci de particulier qu'elle ne peut être créée *ex nihilo* et qu'elle ne peut se constituer que selon des techniques limitativement énumérées. En outre, son accès est réservé à des entités ayant leur siège statutaire et leur administration dans un État membre, ou à des sociétés qui, sans avoir leur administration dans un État membre, y ont leur siège statutaire ainsi qu'un établissement caractérisant un lien effectif et continu avec un État membre. Mais des personnes physiques, comme morales, peuvent participer à sa constitution.

Le règlement énumère de manière limitative quatre techniques de constitution : la constitution par fusion (SECTION 1), par création de holding (SECTION 2) ou de filiale commune (SECTION 3) et par transformation d'une société anonyme (SECTION 4).

SECTION 1

LA CONSTITUTION PAR FUSION

687 **Principe.** Deux ou plusieurs sociétés anonymes peuvent constituer une société européenne par voie de fusion si deux d'entre elles au moins relèvent du droit d'États membres différents. Il peut s'agir de la fusion-absorption, la société absorbante prenant la forme de société européenne, ou d'une fusion avec création d'une nouvelle société sous forme de société européenne.

Les sociétés participantes doivent établir un projet de fusion dont les mentions obligatoires sont prévues à l'article 20 du règlement, de même que la publicité, la date et les effets[1] de la fusion. Il revient aux législations nationales dont relèvent les sociétés participantes de définir les modalités de la fusion.

688 **Modalités.** En droit français, le contrôle de la légalité de la fusion est effectué, pour la partie de la procédure relative à chaque société qui fusionne, par le greffier du tribunal dans le ressort duquel est immatriculée la société. Pour la partie de la procédure relative à la réalisation de la fusion et à la constitution de la société européenne, le contrôle est confié à un notaire (C. com., art. L. 229-3 al. 1 et 2). Le règlement opérant un renvoi aux règles nationales applicables dans les sociétés anonymes pour ce qui est de la protection des intérêts des créanciers et des actionnaires, aucun droit d'opposition ni de retrait n'est prévu en droit français.

L'assemblée générale de chacune des sociétés qui fusionnent approuve le projet aux conditions de majorité requises dans les sociétés anonymes pour une fusion interne, c'est-à-dire dans les conditions prévues pour la modification des statuts et non pas à l'unanimité, ce qui facilite grandement l'opération.

1. Logiquement, la fusion entraîne la transmission universelle du patrimoine des sociétés qui fusionnent à la société européenne.

Section 2

La constitution d'une société européenne holding

689 **Principe.** Les sociétés anonymes et les SARL peuvent promouvoir la constitution d'une société européenne *holding* si deux d'entre elles au moins relèvent du droit d'États membres différents, ou ont depuis au moins deux ans une société filiale relevant du droit d'un autre État membre ou une succursale située dans un autre État membre. Les sociétés participantes doivent établir un projet commun de constitution de société.

690 **Modalités.** Le projet comporte un rapport expliquant et justifiant les aspects économiques et juridiques de l'opération et ses conséquences pour les actionnaires et les salariés. Il précise également le pourcentage minimum des parts ou actions à apporter, ce pourcentage ne pouvant être inférieur à 50 % des droits de vote, ainsi que des indications identiques à celles prévues dans le cas d'une constitution de SE par fusion. Ce projet est déposé au greffe du tribunal dans le ressort duquel les sociétés sont immatriculées et fait l'objet d'une publicité.

L'assemblée générale de chacune des sociétés concernées approuve le projet aux conditions de quorum et de majorité requises pour les décisions non modificatives des statuts. Les associés ont trois mois à compter de l'établissement de l'acte de constitution de la société européenne pour apporter leurs parts ou actions, en échange de quoi ils recevront des actions de la société européenne. La SE n'est constituée que si le pourcentage minimal fixé conformément au projet est atteint dans ce délai de trois mois.

Section 3
La constitution d'une société européenne filiale

691 **Principe.** À l'inverse du schéma précédent, des sociétés ou plus largement des entités juridiques de droit public ou privé, constituées selon le droit d'un État membre et ayant leur siège statutaire et leur administration centrale dans la Communauté peuvent constituer une filiale commune qui prenne la forme de société européenne. Deux d'entre ces sociétés ou entités au moins doivent relever du droit d'États membres différents ou avoir depuis au moins deux ans une société filiale relevant du droit d'un autre État membre, ou encore une succursale située dans un autre État membre.

Une SE peut elle-même constituer une ou plusieurs filiales sous forme de SE. Les dispositions de l'État membre du siège statutaire de la société européenne exigeant qu'une société anonyme ait plus d'un actionnaire n'étant pas applicables à la SE filiale (Règl., art. 3), une société européenne peut créer une société dont elle est le seul actionnaire (C. com., art. L. 229-6)[1].

Section 4
La transformation d'une société anonyme en société européenne

692 **Principe.** Une société anonyme constituée selon le droit d'un État membre et ayant son siège statutaire et son administration centrale dans un État membre peut se transformer en société européenne si elle a depuis au moins deux ans une filiale qui relève

1. Il est également possible de créer une société européenne unipersonnelle qui ne soit pas filiale d'une autre société européenne, dès lors que la législation de l'État dont elle relève permet la constitution de sociétés anonymes unipersonnelles, ce qui n'est pas admis en droit français.

du droit d'un autre État membre. La transformation ne provoque ni la dissolution de la société ni la création d'une personne morale nouvelle. En revanche, l'opération ne doit pas avoir pour conséquence le transfert du siège dans un autre État membre.

693 **Modalités.** L'organe de direction ou d'administration de la société établit un projet de transformation et un rapport justifiant les aspects juridiques et économiques de l'opération ainsi que ses conséquences pour les actionnaires et les salariés.

Un ou plusieurs experts indépendants désignés ou agréés doivent attester que la société dispose d'actifs nets au moins équivalents au capital augmenté des réserves que la loi ou les statuts ne permettent pas de distribuer[1]. L'assemblée générale approuve le projet de transformation ainsi que les statuts de la SE aux conditions de quorum et de majorité nécessaire pour modifier les statuts.

1. Dans la fusion interne, le droit français impose seulement que le montant des capitaux propres soit au moins égal au montant du capital social.

Chapitre 2

Le fonctionnement de la société européenne

694 Le capital d'une SE doit être d'au moins 120 000 euros. Le régime relatif à son maintien, ses modifications, ainsi que les actions, les obligations et autres titres assimilables de la SE sont régis par les dispositions qui sont applicables à la société anonyme.

695 **Plan.** La SE comporte une assemblée générale des actionnaires (Section 1) et soit un organe de surveillance et un organe de direction (système dualiste), soit un organe d'administration (système moniste) (Section 2).

Section 1

L'ASSEMBLÉE GÉNÉRALE DES ACTIONNAIRES

696 **Compétence et organisation.** L'assemblée générale décide dans les matières pour lesquelles une compétence spécifique lui est conférée par le règlement et par les dispositions de la législation de l'État membre où la SE a son siège statutaire. Elle est également compétente pour les mêmes matières que celles conférées à

l'assemblée générale d'une société anonyme. Pour l'organisation, le déroulement de l'assemblée et les procédures de vote, le règlement renvoie aux règles applicables aux sociétés anonymes de l'État du siège de la SE, c'est-à-dire, pour les SE relevant du droit français, aux articles L. 225-95 à L. 225-126 du Code de commerce[1], dès lors que ces règles ne heurtent aucun principe impératif du règlement.

697 **Liberté statutaire.** De manière tout à fait originale, le droit français a introduit dans le régime des SE ne faisant pas publiquement appel à l'épargne la possibilité de prévoir des assouplissements que ne connaît pas la SA. L'idée est de proposer un modèle souple d'organisation interne pour favoriser l'essor des SE relevant du droit français, en empruntant certains mécanismes à la SAS.

Ainsi, les statuts d'une société européenne qui n'entend pas offrir au public ses actions peuvent soumettre tout transfert d'actions à des restrictions à la libre négociabilité (par le biais de clauses d'agrément ou d'inaliénabilité temporaire, par exemple) sans que ces restrictions puissent avoir pour effet de rendre ces actions inaliénables pour une durée excédant dix ans (C. com., art. L. 229-11) ; Dans les conditions qu'ils déterminent, les statuts d'une même société peuvent prévoir qu'un actionnaire soit tenu de céder ses actions. Ils peuvent également prévoir la suspension des droits non pécuniaires de cet actionnaire tant qu'il n'a pas procédé à la cession concernée (C. com., art. L. 229-12) ; De même, les statuts d'une telle société peuvent prévoir que la société actionnaire dont le contrôle est modifié au sens de l'article L. 233-16 doit, dès cette modification, en informer la société européenne qui peut alors décider de suspendre l'exercice des droits non pécuniaires de cet actionnaire et de l'exclure (C. com., art. L. 229-13). De telles clauses, qui accordent à la société européenne une grande souplesse, ne peuvent être adoptées ou modifiées qu'à l'unanimité des actionnaires.

1. V. ss 495.

Section 2

Les organes de direction et d'administration

698 **Règles générales.** La société européenne est dirigée soit par un organe de surveillance et un organe de direction (système dualiste), soit par un organe d'administration (système moniste). On peut en déduire que les deux formes de SA sont applicables aux SE de droit français, même si le Code de commerce ne le précise à aucun moment. Les membres de ces organes sont nommés pour une période fixée par les statuts, qui ne peut excéder six ans renouvelables (Règl., art. 46). Aux termes de l'article L. 229-3 du Code de commerce (al. 1er), la direction et l'administration de la société européenne sont régies par les dispositions applicables aux sociétés anonymes (C. com., art. L. 225-17 à L. 225-95-1), à l'exception des règles de quorum et de majorité des organes délibérant[1]. Les dispositions relatives aux nominations au sein des organes délibérant de la société anonyme[2] ne doivent pas non plus faire obstacle à la participation des travailleurs définie à l'article L. 2351-1 du Code du travail. En cas d'adoption du système dualiste, le directoire est composé de sept membres[3] au plus (C. com., art. L. 229-7 al. 5) et chaque membre du conseil de surveillance peut se faire communiquer par le président du directoire les documents qu'il estime nécessaires à l'accomplissement de sa mission[4].

Par disposition particulière, il est précisé que les membres des organes de la SE sont tenus de ne pas divulguer, même après la cessation de leurs fonctions, les informations dont ils disposent sur la SE et dont la divulgation serait susceptible de porter préjudice aux intérêts de la société (Règl., art. 49).

1. Il s'agit de C. com., art. L. 225-37, L. 225-82 et L. 225-64, al. 4.
2. Il s'agit de C. com., art. L. 225-17 al. 1er, L. 225-22 al. 2, L. 225-69 et L. 225-79 al. 2.
3. Contre cinq dans la SA.
4. Pour les administrateurs de la SE, il convient de se rapporter à C. com., art. L.225-35 al. 3.

CHAPITRE 3

Le transfert intracommunautaire du siège de la société européenne

699 **Principe.** Toute société européenne régulièrement immatriculée au registre du commerce et des sociétés peut transférer son siège dans un autre État membre (C. com., art. L. 229-2). Cette opération intracommunautaire, qui est permise à la SE seule, offre une grande mobilité à ce type de société.

700 **Modalités.** La SE doit établir un projet de transfert et le déposer au greffe du tribunal dans le ressort duquel elle est immatriculée. Ce projet fait l'objet d'une publicité dont les modalités sont fixées par un décret en Conseil d'État, codifié aux articles R. 229-2 et suivants du Code de commerce.

Le transfert du siège est décidé par l'assemblée générale extraordinaire dans les conditions prévues à l'article L. 225-96 du Code de commerce (notamment elle ne délibère valablement que si les actionnaires présents ou représentés possèdent au moins, sur première convocation, le quart, et sur deuxième convocation, le cinquième des actions ayant le droit de vote). Elle statue à la majorité des deux tiers des voies dont disposent les actionnaires présents ou représentés. Le greffier du tribunal compétent délivre une attestation de conformité des actes et de formalités préalables à la fusion.

701 **Ratifications spéciales.** Ce transfert est soumis à la ratification des assemblées spéciales réunissant les titulaires d'actions d'une catégorie déterminée (mentionnées au C. com., art. L. 225-99) et les titulaires d'actions à dividende prioritaire sans droit de vote (mentionnés au C. com., art. L. 228-35-6). En cas d'opposition à l'opération, ces actionnaires peuvent obtenir le rachat de leurs actions dans des conditions fixées par les articles R. 229-6 et suivants du Code de commerce. Le projet de transfert de siège est également soumis aux assemblées spéciales des porteurs de certificats d'investissement statuant selon les règles de l'assemblée générale des actionnaires, à moins que la société n'acquière ces titres sur simple demande de leur part et que cette acquisition ait été acceptée par leur assemblée spéciale ; De même pour l'assemblée d'obligataires de la société, à moins que le remboursement de leurs titres sur simple demande de leur part ne leur soit offert.

702 **Droit d'opposition des créanciers.** Les créanciers non obligataires dont la créance sur la société est antérieure au transfert du siège peuvent former opposition à celui-ci. Une décision de justice rejette l'opposition ou ordonne soit le remboursement des créances soit la constitution de garanties si la société en offre et si elles sont jugées suffisantes. À défaut de remboursement des créances ou de constitution des garanties ordonnées, le transfert de siège est inopposable à ces créanciers. Mais l'opposition formée par un créancier n'a pas pour effet d'interdire la poursuite des opérations de transfert.

Le droit français, pas plus que le règlement, ne prévoit de mesure particulière visant à protéger l'intérêt des actionnaires minoritaires en cas de transfert intracommunautaire du siège social.

703 **Réalisation du transfert.** Un notaire ou le greffier du tribunal compétent délivre un certificat attestant de manière concluante l'accomplissement des actes et formalités préalables au transfert.

En vertu de l'article L. 229-4 du Code de commerce, le procureur de la république est compétent pour s'opposer au transfert de siège social d'une société européenne immatriculée en France et dont résulterait un changement de droit applicable. Cette opposition doit s'exercer dans un délai de deux mois et ne peut avoir lieu que pour des raisons d'intérêt public.

CHAPITRE 4

La disparition de la société européenne

704 La disparition d'une société européenne s'effectue selon deux modalités, soit qu'elle se transforme en société anonyme (SECTION 1), soit qu'elle soit dissoute et liquidée (SECTION 2).

SECTION 1

LA TRANSFORMATION DE LA SOCIÉTÉ EUROPÉENNE EN SOCIÉTÉ ANONYME

705 **Règle.** La société européenne peut se transformer en société anonyme relevant du droit de l'État membre de son siège statutaire. La décision concernant la transformation ne peut être prise avant deux ans à partir de son immatriculation et avant que les deux premiers comptes annuels n'aient été approuvés (art. 66 Règl.). La procédure est identique à celle suivie pour la transformation d'une société anonyme en société européenne[1].

1. V. ss 693.

SECTION 2
LA DISSOLUTION ET LA LIQUIDATION DE LA SOCIÉTÉ EUROPÉENNE

706 **Cas généraux et cas particulier.** Les causes de dissolution applicables aux sociétés anonymes sont applicables à la société européenne[1]. L'article 63 du Règlement y ajoute une cause propre aux sociétés européennes : lorsque le siège statutaire et l'administration centrale de la société européenne ne sont plus situés sur le même territoire et qu'aucune régularisation de la situation n'est intervenue dans un délai déterminé, ni aucun transfert du siège statutaire opéré, la société européenne doit être mise en liquidation.

1. V. ss 645.

TROISIÈME PARTIE

LES GROUPEMENTS DE SOCIÉTÉS

707 **L'absence d'un droit des groupes.** Les groupes revêtent une grande importance économique. Pourtant le droit français ne réglemente pas les groupes de sociétés en tant que tels, à la différence du droit allemand qui y consacre un livre au sein de sa grande loi sur les sociétés par actions. Seules des techniques parcellaires, comme les prises de participation financière, ou encore le groupement d'intérêt économique sont connues du législateur français. Une des raisons tient à la diversité de ces structures qui, selon une étude approfondie effectuée auprès des groupes français il y a quelques années, se satisfont d'une absence de réglementation[1]. La jurisprudence offre, dans le silence du législateur, des solutions juridiques adaptées aux groupes.

708 **Droit européen.** Sur le plan européen, le groupement européen d'intérêt économique, fortement inspiré de son modèle français, offre quant à lui un instrument juridique de groupement aux entreprises membres de l'Union européenne. Cet instrument est aujourd'hui complété par la société européenne qui sert d'instru-

1. *Les groupes de sociétés, une politique législative*, CREDA, 1975 ; *adde*, J. Foyer, « Faut-il un droit des groupes de sociétés ? », *RJ com.* 1996. 175.

ment de concentration de niveau européen aux sociétés nationales[1]. Un avant-projet de neuvième directive instaurant un droit des groupes a, quant à lui, été abandonné[2].

709 **Plan.** En l'état actuel du droit positif, il convient de distinguer l'étude des groupes de sociétés (CHAPITRE 1) et celle relative au groupement d'intérêt économique (CHAPITRE 2).

1. V. ss 681.
2. *JOCE* n° C167, 27 juin 1983.

CHAPITRE 1

Les groupes de sociétés

710 **La notion de groupe de sociétés.** Le groupe de société lie les sociétés de manière à permettre à l'une d'entre elles, dite société mère, de tenir les autres sous sa dépendance et d'exercer un contrôle sur cet ensemble qui se caractérise par l'unité des prises de décisions.

Malgré l'existence de ce contrôle, les sociétés sous domination conservent en principe leur pleine autonomie juridique et patrimoniale, ce qui favorise la décentralisation des décisions de gestion courante, la spécialisation des exploitations et une meilleure connaissance du marché.

Le groupe de sociétés n'a pas de personnalité juridique. Il est avant tout une notion économique.

Les liens qui unissent les sociétés peuvent être contractuels ou financiers, hiérarchiques ou communs.

711 **Plan.** Une distinction peut être opérée entre les groupes contractuels (SECTION 1) et les groupes financiers (SECTION 2).

SECTION 1
LES GROUPES CONTRACTUELS

712 Les sociétés sont réunies entre elles par une très grande variété de liens contractuels relevant du droit des obligations et des contrats spéciaux. Les groupes contractuels sont organisés en fonction de divers contrats qui vont lier les sociétés les unes aux autres, visant à renforcer leur dépendance les unes par rapport aux autres (ou à une autre). On peut relever l'existence de deux types de groupes contractuels, selon que les accords favorisent la collaboration entre sociétés (**§ 1**) ou leur intégration (**§ 2**).

§ 1. Les accords de collaboration

713 **Les groupements momentanés d'entreprise.** La constitution de tels groupements permet à plusieurs sociétés ayant des activités complémentaires de se charger d'un travail d'ensemble important (génie civil). Parfois, sur demande du maître de l'ouvrage, les sociétés concernées vont donner mandat à l'une d'elles (entreprise-pilote) pour toutes les relations concernant le chantier. Sauf stipulation contraire expresse, chacun des membres n'est responsable que de l'inexécution ou de la mauvaise exécution de ses propres engagements.

714 **Les accords de coopération.** Il s'agit de conventions ayant pour objet de permettre à deux ou plusieurs sociétés ou groupes de sociétés d'unir leurs efforts, sur un pied d'égalité, dans certains secteurs de leur activité (mise en commun de moyens de recherche...). Ces accords prennent le nom de *joint-venture* lorsqu'ils réunissent des sociétés relevant de droits différents.

715 **La location-gérance.** Un contrat de location-gérance est celui par lequel une société confère le soin de gérer son fonds de commerce à une autre société qui l'exploite à ses risques et périls. La société de gérance joue le rôle de locataire et se voit appliquer les règles classiques de la location-gérance (C. com., art. L. 144-1 à L. 144-13).

§ 2. Les accords d'intégration

716 **Les accords de distribution.** Il s'agit pour un détaillant de s'intégrer à un fabriquant. Pour celui-ci, le réseau qu'il constitue lui permet de se développer. Il procure au détaillant un approvisionnement réalisé à des bonnes conditions.

717 **Les accords de sous-traitance.** Il s'agit de contrats par lesquels un donneur d'ordres se décharge de tâches de production en les confiant à d'autres entreprises qui opèrent pour le compte du donneur d'ordre. Le produit est destiné au client du donneur d'ordre et ses caractéristiques sont fournies par celui-ci. Il peut y avoir sous-traitance intégrée, lorsque le sous-traitant n'a qu'un partenaire, par faiblesse économique ou en raison de dispositions contractuelles particulières avec le donneur d'ordres. La dépendance devient alors périlleuse et conduit parfois à la mise en redressement ou en liquidation judiciaire du sous-traitant.

Section 2
Les groupes financiers

718 **Plan.** Les liens qui rassemblent les sociétés sont souvent, directement ou indirectement[1], de nature financière. Ils se concrétisent par la constitution de filiales et de sous-filiales, et plus largement par des prises de participation (**§ 1**) ce qui peut entraîner certaines conséquences juridiques (**§ 2**).

1. La société-mère peut ainsi, par une lettre d'intention (ou de confort), venir prêter son concours à une filiale afin que celle-ci obtienne un crédit. Après avoir considéré qu'un tel engagement pouvait ne constituer qu'une simple obligation de moyen (Com. 26 janv. 1999, Sony, *D.* 1999. 577, note L. Aynès ; *JCP* 1999. II. 10087, note D. Legeais) la Cour de cassation décide que l'auteur de la lettre d'intention qui s'est engagé à faire « le nécessaire » pour mener l'opération à bonne fin s'est obligé à un tel résultat (Com. 26 févr. et 9 juill. 2002, *Cah. dr. aff.* 2003. 545, note B. Dondero). Cet engagement s'analyse en une garantie rendant nécessaire une autorisation spéciale du conseil d'administration selon les termes de l'article L. 225-35 du Code de commerce ; *adde*, D. Mazeaud, in *Mélanges Jeantin*, Dalloz, 1999, p. 341.

§ 1. Les prises de participation

719 **Les prises de participation.** Les prises de participation permettent la constitution de groupes d'une très grande diversité. Il convient de définir certaines notions (**A**) avant d'étudier le régime spécifique des prises de participation dans les sociétés cotées (**B**).

A. Les notions

720 **La participation.** Il y a participation lorsqu'une société possède dans une autre société une fraction de capital comprise entre dix et cinquante pour cent (C. com., art. L. 233-2).

Il est possible de classer les participations selon qu'elles établissent des liens au sein d'un groupe de sociétés, ou entre groupes de sociétés[1]. Deux groupes de sociétés peuvent ainsi nouer des liens entre eux par l'intermédiaire d'une filiale commune. Il s'agit d'une société détenue de manière égalitaire qui fonctionne le plus souvent sur la base d'un protocole signé entre les dirigeants des sociétés participantes. Un tel accord a pour objet de prévenir les difficultés qui peuvent surgir en cours de vie sociale. Il peut ainsi prévoir la mise en œuvre d'un droit de préemption en cas de cession des droits sociaux en vue de respecter l'équilibre initial, ou encore organiser une répartition paritaire des postes de direction[2].

Témoignant de l'intention d'établir des liens durables avec la société dont les actions ou les parts sont souscrites ou achetées, la participation peut conduire une société à exercer un pouvoir de domination sur une autre, et, ainsi, à la contrôler.

721 **Le contrôle.** La question du contrôle peut se poser à tout moment, mais plus particulièrement lors de la tenue de l'assemblée. Une société est considérée comme en contrôlant une autre dans plusieurs situations décrites par l'article L. 233-3-I du Code de commerce : lorsqu'elle détient directement ou indirectement une

1. Cl. Champaud, « La méthode de groupement des sociétés », *RTD com.* 1967. 1003 ; *adde*, *Le pouvoir de concentration de la société par actions*, préf. Y. Loussouarn, Sirey, 1962.

2. La jurisprudence valide facilement ces accords, à la différence des conventions passées entre les associés d'une même société : T. com. Paris 1er août 1947, *Rev. sociétés* 1974. 685, note B. Oppetit ; *RTD com.* 1975. 130, obs. R. Houin (affaire *Schneider-Marine-Firminy*).

fraction du capital lui conférant la majorité des droits de vote dans les assemblées générales (contrôle de droit) ; lorsqu'elle dispose seule de la majorité des droits de vote dans cette société en vertu d'un accord conclu avec d'autres associés ou actionnaires et qui n'est pas contraire à l'intérêt de la société (contrôle de droit) ; lorsqu'elle détermine en fait, par les droits de vote dont elle dispose, les décisions dans les assemblées générales de cette société (contrôle de fait) ; lorsque, enfin, elle est associée ou actionnaire de cette société et dispose du pouvoir de nommer ou de révoquer la majorité des membres des organes d'administration, de direction ou de surveillance de cette société.

Le contrôle est présumé lorsque la société dispose directement ou indirectement d'une fraction des droits de vote supérieurs à 40 % et qu'aucun autre associé ou actionnaire ne détient directement ou indirectement une fraction supérieure à la sienne (C. com., art. L. 233-3-II). Cette présomption est simple.

Deux ou plusieurs personnes agissant de concert[1] sont considérées comme en contrôlant conjointement une autre lorsqu'elles déterminent en fait, dans le cadre d'un accord en vue de mettre en œuvre une politique commune, les décisions prises dans les assemblées générales de cette dernière (C. com., art. L. 233-3-III).

722 **La filiale.** Est réputée filiale toute société dont plus de la moitié du capital appartient à une autre société (C. com., art. L. 233-1).

Dans les hypothèses de participation et de contrôle, on parle également de « société-mère » et de « sociétés-filiales », mais dans un sens plus large que celui prévu à l'article L. 233-1 du Code de commerce.

723 **L'autocontrôle.** Il y a autocontrôle lorsque des actions ou des parts d'une société sont possédées par une ou plusieurs sociétés dont elle détient elle-même directement ou indirectement le contrôle[2]. Dans ce cas, les droits de vote attachés à ces actions ou à ces droits de vote ne peuvent être exercés à l'assemblée générale de la société (C. com., art. L. 233-31). Il n'est pas non plus tenu

1. V. ss 725.
2. Pour un ex. de cession d'autocontrôle, Paris 15 mars 2000 (affaire *André*), *Bull. Joly* 2000. 625, note A. Couret.

compte de ces actions ou parts d'autocontrôle pour le calcul du quorum. Cette règle ne concerne toutefois que les sociétés par actions ayant leur siège sur le territoire français.

L'affaire de l'*Est Républicain*[1] : un lourd parfum de droit de la concurrence et des concentrations

Une sous-filiale de la société du Journal de l'*Est Républicain* (« Le Journal ») détenait une participation dans celle-ci (les actions étant privées de droit vote à raison des règles limitant les situations d'autocontrôle). Le Groupe Hersant média détenait directement et indirectement une « minorité de blocage »[2] dans « Le Journal ». Une banque entre alors dans le capital du Journal, lui en conférant le contrôle. Le Groupe Hersant demanda l'annulation des délibérations de l'AGE qui avaient été adoptées avec le vote des actions d'autocontrôle. Était donc invoquée une violation des règles relatives à l'autocontrôle. Les juges du fonds firent droit à cette demande et annulèrent les décisions d'assemblées.

L'objet principal du pourvoi interjeté par les représentants du Journal était d'invoquer une violation des dispositions législatives par les juges du fonds qui avaient décidé que la notion de contrôle ne procédait pas exclusivement de la détention de participations permettant à une ou plusieurs sociétés d'exercer une influence déterminante sur une autre mais que l'existence de cette influence pouvait être induite des clauses statutaires ou de contrats particuliers qui aboutissaient à l'exercice de cette domination de l'entreprise contrôlée (rapp. C. com., art. L. 233-16, II, 2°). C'est pourtant cette conception réaliste du contrôle que la Cour approuve, en décidant que l'objet effectif du contrôle n'est pas la société en tant que telle mais l'entreprise qui est son objet et sa finalité, au sens de l'article 1832 du Code civil.

Le contrôle est donc un fait procédant d'une organisation juridique d'une situation économique et l'analyse « factualiste » doit prévaloir sur une approche purement financière.

B. Le régime des prises de participations dans les sociétés cotées

724 **Réglementation spécifique.** La prise de contrôle d'une société non cotée n'est pas réglementée. La question a pourtant été posée de savoir si la cession de droits sociaux ne changeait pas de nature lorsqu'elle entraînait un transfert de contrôle de la société. Dans un arrêt célèbre, la Cour de cassation a décidé que l'opération ne

1. Com. 29 juin 2010, *D.* 2010. 1705, A. Lienhard et 2038, note D. Ohl ; *Rev. sociétés* 2010. 446, note M. Laprade ; *RTD com.* 2010. 732, obs. C. Champaud et D. Danet.
2. Une telle participation permet à l'actionnaire détenteur de s'opposer aux décisions prises en assemblée générale extraordinaire pour lesquelles la majorité renforcée est requise.

présentait pas d'originalité particulière[1]. Par la suite, elle lui a pourtant reconnu le caractère commercial dès lors que l'opération avait pour objet et pour effet le changement de contrôle de la société ou qu'elle faisait partie d'une opération globale visant le transfert de l'entier contrôle de la société[2]. À l'inverse, les prises de participations dans les sociétés cotées en bourse doivent respecter des procédures particulières portant sur la déclaration de franchissement de seuils (**1**), les offres publiques (**2**), la garantie de cours ayant disparu en 2010 (**3**).

1. La déclaration de franchissement de seuils

725 **Déclaration de franchissement de seuils.** Toute personne physique ou morale, agissant seule ou de concert, qui vient à posséder un nombre d'actions représentant plus de 5 %, 10 %, 15 %, 20 %, 25 %, 30 %[3], 33,33 %, 50 %, 66,66 %, 90 % et 95 % du capital ou des droits de vote d'une société ayant son siège sur le territoire français, doit informer cette société, dans un délai de cinq jours à compter du franchissement de chacun de ces seuils, du nombre total d'actions[4] de celle-ci qu'elle possède[5] (C. com., art. L. 233-7, al. 1). Pour des actionnaires non-résidents au sens de l'article L. 228-1, alinéa 3 du Code de commerce, cette obligation de déclaration incombe à l'intermédiaire inscrit comme détenteur de titres.

La société doit à son tour en informer l'AMF dans un délai de cinq jours de bourse, celui-ci devant porter immédiatement l'information à la connaissance du public.

Sont considérées comme *agissant de concert* au sens de l'article L. 233-10, I du Code de commerce les personnes qui ont

1. Com. 21 janv. 1970, *JCP* 1970. II. 16541, note B. Oppetit ; *RTD com.* 1970. 738, obs. R. Houin et 21 juin 1982, *Rev. sociétés* 1982. 852 (affaire *Saupiquet-Cassegrain*) ; *adde*, B. Oppetit, « Les cessions de droits sociaux emportant le transfert du contrôle d'une société : essai de synthèse », *Rev. sociétés* 1978. 631.

2. D. Plantamp, « Le critère de la cession de contrôle (essai de synthèse jurisprudentielle) », *RTD com.* 1999. 819. Pour des ex. d'annulation de cession de contrôle pour dol et erreur, Com. 17 oct. 1995, *Rev. sociétés* 1996. 55, note D. Bureau ; 10 déc. 2003, *Dr. sociétés* 2004. 62, obs. H. Hovasse.

3. Ce seuil a été ajouté par la loi du 22 octobre 2010, dite loi de régulation bancaire et financière.

4. Pour une application de la règle *ante legem*, Com. 10 mai 2006, *D.* 2006. AJ 1457.

5. Sur les franchissements de seuil, v. D. Schmidt, Répertoire Sociétés Dalloz, V° « Action de concert » ; aj. sur l'aff. *Sacyr – Eiffage* : Versailles 27 juin 2007, *D.* 2007. 1884, *Bull. Joly* 2007. 1192, note M. Storck, *RTD com.* 2007. 779, note P. Le Cannu et B. Dondero et 796, obs. N. Rontchevsky ; aj. Y. Paclot, *JCP E* 2008. Chron. 1828 ; Paris 24 juin 2008, *Gecina*, *Rev. sociétés* 2008. 644, note F. Martin-Laprade.

conclu un accord en vue d'acquérir ou de céder des droits de vote, ou en vue d'exercer des droits de vote, soit pour mettre en œuvre une politique commune vis-à-vis de la société, soit pour obtenir le contrôle de cette société. Une communauté d'objectifs est donc nécessaire, que l'accord porte sur l'acquisition et la cession des droits de vote, sur l'exercice des droits de vote, ou sur sa prise de contrôle[1]. Cette dernière hypothèse a été consacrée par la loi de régulation bancaire et financière du 22 octobre 2010, venant confirmer la solution de la Cour de cassation dans une affaire *Gecina*. En l'espèce, une action de concert fut retenue à l'encontre de deux personnes qui avaient conclu un accord de séparation avec une société tierce, ayant pour objet essentiel de permettre aux premières d'acquérir de concert des droits de vote dans la société *Gecina*, et d'en prendre le contrôle, et ce alors qu'aucun accord n'avait été conclu en vue de déterminer durablement la politique sociale de *Gecina*. La réforme conforte également la position de l'AMF qui, dans une affaire *Sacyr/Eiffage*[2], avait rencontré des difficultés pour caractériser un concert en présence d'un accord, occulte et non formalisé, qui tendait probablement à la prise de contrôle de la société *Eiffage*, sans qu'aucune politique commune à tous les concertistes ait été envisagée vis-à-vis de la société.

Une action de concert est présumée dans quatre cas : entre une société et ses dirigeants ; entre une société et les sociétés qu'elle contrôle au sens de l'article L. 233-3 du Code de commerce ; entre des sociétés contrôlées par la ou les mêmes personnes ; entre les associés d'une SAS à l'égard des sociétés que celle-ci contrôle (C. com., art. L. 233-10-II)[3]. Même dans ces cas, le bureau de l'assemblée ne peut priver de leur droit de vote les

---

1. Com. 27 oct. 2009, n° 08-18.819, *D.* 2009. 2836, note D. Schmidt ; *Rev. sociétés* 2010. 112, note F. Martin Laprade ; *RTD com.* 2010. 173, obs. N. Rontchevsky ; *Bull. Joly* 2010. 154, note H. Le Nabasque.

2. T. com. Nanterre., Ord. réf. 1er juin 2007, *D.* 2007. 1884, obs. A. Lienhard, *RTD com.* 2007. 796, obs. N. Rontchevsky ; confirmée par Versailles 27 juin 2007, *RTD com.* 2007. 779, note P. Le Cannu et B. Dondero; T. com. Nanterre 6 mai 2008, *JCP E* 2008. 1828. Chron. Y. Paclot ; *D.* 2008. 2411, note F. Martin Laprade, *Rev. sociétés* 2009. 842, note Y. Paclot.

3. Sur la question de savoir si la privation édictée par l'article L. 233-14 poursuit une finalité répressive, v. Com. 17 déc. 2013, n° 13-14778, *Bull. Joly*, mars 2014, 162, note A.-V. Lefur et D. Schmidt, et Cons. const., décision n° 2013-369, QPC du 28 fév. 2014.

membres du concert qui n'ont pas satisfait à leur obligation de déclarer un franchissement de seuil[1].

L'actionnaire qui n'aurait pas procédé régulièrement aux déclarations prévues à l'article L. 233-7 auxquelles il était tenu est privé des droits de vote attachés aux actions excédant la fraction qui n'a pas été régulièrement déclarée pour toute assemblée d'actionnaires qui se tiendrait jusqu'à l'expiration d'un délai de deux ans suivant la date de régularisation de la notification. Dans les mêmes conditions, les droits de vote attachés à ces actions et qui n'ont pas été régulièrement déclarés ne peuvent être exercés ou délégués par l'actionnaire défaillant (C. com., art. L. 233-14).

726 **Déclaration d'intention.** Dans certains cas, une déclaration d'intention s'ajoute à l'obligation de déclaration de franchissement des seuils. Lorsqu'une personne physique ou morale acquiert un nombre d'actions représentant plus de 10 % ou plus de 20 % du capital ou des droits de vote d'une société dont les actions sont cotées sur un marché réglementé, elle est tenue de faire une déclaration d'intention indiquant les objectifs qu'elle envisage de poursuivre au cours des douze mois à venir. Cette obligation de déclaration s'étend aux franchissements de seuils de plus de 15 % et 25 % à partir du 1er août 2009 (C. com., art. L. 233-7, VII, réd. ord. 30 janv. 2009). En cas de changement d'intention, une nouvelle déclaration motivée doit être adressée à la société et à l'AMF, et portée à la connaissance du public dans les conditions fixées par le règlement général de l'AMF[2]. L'actionnaire qui n'a pas déclaré, dans les délais prévus, un franchissement à la hausse des seuils en capital ou en droits de vote est privé pendant les deux années qui suivent la date de régularisation de sa déclaration, des droits de vote dont il bénéficiait au sein des assemblées de la

1. Com. 10 fév. 2010, n° 13-14778, *Bull. Joly*, avr. 2015, note H. Le Nabasque.
2. Avant la modification de cette obligation par l'ordonnance du 30 janvier 2009 ce changement d'intention ne pouvait être motivé que par des modifications importantes dans l'environnement, la situation ou l'actionnariat des personnes concernées. Depuis le 1er août 2009, date d'entrée en vigueur de l'ordonnance du 30 janvier 2009, seuls sont visés les changements d'intention survenus dans les six mois à compter de cette déclaration, sans que le texte nouveau précise pour quelle motivation ce changement peut avoir lieu.

société concernée pour les actions excédant la fraction qui aurait dû être déclarée (C. com. art. L. 233-14, al 1)[1].

Cette obligation incombe, en cas de détention par un propriétaire étranger, à l'intermédiaire inscrit en compte.

La loi du 31 mars 2006 a ajouté un nouveau cas de déclaration d'intention qui n'est lié à aucun franchissement de seuil, encore que l'existence d'un mouvement significatif sur le marché peut la générer : toute personne, dont il y a des motifs raisonnables de penser qu'elle prépare une offre publique, peut être tenue de déclarer ses intentions à l'AMF. Il en est ainsi, en particulier, quand des instruments financiers admis aux négociations sur un marché réglementé français font l'objet d'un mouvement significatif (C. mon. fin., art. L. 433-1).

727 **Réduction de participation.** Les mêmes obligations de déclaration s'imposent lorsque la participation au capital devient inférieure à l'un de ces seuils (C. com., art. L. 233-7, al. 3).

Outre ces obligations légales, les statuts peuvent prévoir une obligation supplémentaire d'information portant sur la détention de fractions du capital ou des droits de vote inférieures à 5 %, sous réserve que ces fractions ne soient pas inférieures à 0,5 % du capital ou des droits de vote (C. com., art. L. 233-7, al. 5).

728 **Ramassage.** Le régime de déclaration s'applique lors de « ramassages » progressifs de titres d'une société sur le marché boursier. La déclaration permet de savoir si ce ramassage a pour but de prendre le contrôle de la société.

Une fois franchi le seuil du tiers des titres de capital ou des droits de vote d'une société, toute personne est tenue de déposer un projet d'offre publique d'achat (OPA) ou d'échange (OPE).

2. L'offre publique

729 **L'offre publique d'achat ou d'échange.** L'OPA ou l'OPE est l'opération par laquelle une personne morale (ou physique) fait connaître publiquement qu'elle est disposée à acquérir tout ou partie des titres d'une société cotée, à un prix déterminé, généralement supé-

1. Saisi d'une QPC relative à la conformité à la Constitution de ces dispositions, le Conseil constitutionnel les a jugées conformes à la Constitution.

rieur au cours en bourse[1]. Si l'opération se règle en espèce, il s'agit d'une OPA. Si elle se fait par remise de titres en compensation, il s'agit d'une OPE. C'est une opération de concentration ou de restructuration d'entreprises dont le prix est identique pour tous les actionnaires de la société cible, qu'ils soient majoritaires ou minoritaires. Le risque d'une telle opération pèse sur les sociétés qui voient leur cours baisser et oblige les dirigeants à gérer de façon stricte leur société. L'opération peut être soit négociée (OPA, OPE amicale) soit agressive (OPA, OPE inamicale).

La réglementation s'applique aux OPA et OPE, ainsi qu'aux opérations relatives aux blocs de titres. Elle est codifiée aux articles L. 433-1 à L. 433-4 du Code monétaire et financier complétés par le titre III du Livre II du règlement général de l'AMF. La directive 2004/25 du 21 avril 2004 transposée dans le Code monétaire et financier par la loi du 31 mars 2006, harmonise les procédures d'offres publiques, ainsi que les mesures de défense anti-OPA.

Traditionnellement, la réglementation des offres publiques s'applique aux sociétés de droit français cotées sur un marché réglementé français. Le domaine de la réglementation a été élargi par la loi du 31 mars 2006 aux sociétés ayant leur siège social sur le territoire d'un autre État membre de la Communauté européenne ou de l'espace économique européen (EEE) lorsque les titres de la société ne sont pas admis sur un marché réglementé de l'autre État et que ses titres, admis sur un marché réglementé d'un autre État membre, le sont pour la première fois en France. En cas de multicotation, la société qui fait l'objet de l'offre peut déclarer l'AMF compétente. Elle l'est, de droit, pour les sociétés de droit étranger dont les titres sont admis sur un marché réglementé français (C. mon. fin., art. L. 433-1). La réglementation est également étendue aux marchés non réglementés mais de manière facultative, ce qui suppose que le gestionnaire du marché en demande l'application (C. mon. fin., art. L. 433-1-IV).

1. Sur l'ensemble des offres publiques, v. D. Carreau et H. Letréguilly, *Rép. sociétés*, V° « Offres publiques ».

L'offre est volontaire. Toutefois, dès lors qu'une personne physique ou morale, agissant seule ou de concert[1], vient à détenir plus de 30 % du capital ou des droits de vote[2] d'une société cotée, le déclenchement de l'offre est obligatoire et cette personne doit en informer immédiatement l'AMF. Il en va de même lorsque des personnes physiques ou morales, détenant un nombre compris entre 30 % et la moitié des titres de capital ou des droits de vote, augmentent ce nombre d'au moins 1 % du nombre total des titres de capital ou des droits de vote de la société dans un délai inférieur à un an (C. mon. fin., art. L. 433-3 mod.).

L'offre se déroule selon une procédure précise, qui peut parfois être allégée.

730 **La procédure d'offre.** L'initiateur de l'offre, aidé d'un établissement financier, doit déposer un projet d'offre publique à l'AMF en vue d'acquérir une quantité déterminée des titres de la société. Il doit préciser l'objectif poursuivi, le nombre et la nature de titres de la société visée qu'il détient déjà, éventuellement le nombre minimum de titres qui doivent être présentés à l'offre pour que celle-ci aboutisse, le prix ou les parités d'échange, ainsi que les modalités de paiement ou d'échanges prévues.

En cas d'*offre obligatoire*, le prix est réglementé depuis la loi du 31 mars 2006 portant transposition de la directive européenne sur les offres publiques d'acquisition modifiée, sur ce point, par la loi de régulation bancaire et financière du 22 octobre 2011. Désormais, le prix proposé doit être au moins équivalent au prix le plus élevé payé par l'auteur de l'offre, agissant seul ou de concert sur une période de douze mois précédant le fait générateur de l'obligation de dépôt du projet de l'offre, soit le jour du franchissement du seuil des 30 %[3]. L'AMF peut demander ou autoriser

1. En cas d'offre publique d'acquisition, sont considérées comme agissant de concert les personnes qui ont conclu un accord avec l'auteur de l'offre publique visant à obtenir le contrôle de la société qui fait l'objet de l'offre, ou à faire échouer cette offre (nouv. C. mon. fin., art. L. 233-10-1).

2. Ce seuil a été abaissé de 33,33 à 30 % par la loi du 22 octobre 2010, dite loi de régulation bancaire et financière, dans un souci de rapprochement avec les législations des autres États membres de l'Union européenne qui, en grande majorité, appliquent un seuil inférieur au tiers du capital ou des droits de vote.

3. Selon la loi du 31 mars 2006, le point de départ de la période d'offre était constitué par le dépôt de l'offre. En faisant remonter ce point au jour du franchissement du seuil des 30 %, la loi du 22 octobre 2010 permet de tenir compte des prix payés bien avant le dépôt de l'offre.

la modification du prix proposé dans les circonstances et selon les critères fixés dans son règlement général[1] (C. mon. fin., art. L. 433-3, I). Elle peut par ailleurs édicter des dérogations à l'obligation de dépôt d'un projet d'offre publique. Une note contenant les orientations en matière d'emploi de la personne qui effectue l'offre est soumise au visa préalable de l'AMF (C. mon. fin., art. L. 621-8, IX).

Traditionnellement, l'offre était irrévocable, ce qui a soulevé des difficultés au regard du droit de la concurrence[2]. Désormais, lorsque le projet d'offre publique fait l'objet d'une notification à la Commission européenne, au ministre de l'Économie, à l'autorité compétente à cet égard d'un autre État de l'Union européenne ou des États-Unis, une dérogation au principe d'irrévocabilité permet à l'initiateur de l'offre de stipuler une condition suspensive d'obtention de la décision[3].

Depuis la loi du 15 mai 2001, complétée par la loi du 31 mars 2006 et la loi n° 2014-384 du 29 mars 2014 (Loi *Florange*), le dépôt d'une offre publique portant sur une entreprise entraîne l'obligation pour le chef d'entreprise de la société cible et celui qui est l'auteur de l'offre de réunir immédiatement leur conseil social et économique respectif pour les en informer (C. trav. art. L. 2312-42). Au cours de la réunion du comité social et économique de l'entreprise qui fait l'objet de l'offre, l'employeur indique si l'offre a été sollicitée ou non. Le comité social et économique décide s'il souhaite procéder à l'audition de l'auteur de l'offre et

1. L'article L. 261-1 RG AMF prévoit que la société visée par une offre publique désigne un expert indépendant lorsque l'opération est susceptible de générer des conflits d'intérêts au sein de son conseil d'administration ou de son conseil de surveillance, de nature à nuire à l'objectivité de l'opération.

2. Dans l'hypothèse où une offre était soumise à autorisation au titre d'un contrôle des concentrations, l'initiateur prenait le risque de voir son opération autorisée par les autorités boursières françaises, mais refusée par les autorités compétentes en matière de concurrence, et en particulier européennes (règl. CEE n° 4064/89). Il devait alors procéder à une rétrocession des titres acquis (affaire *Schneider-Legrand*, J.-J. Daigre, *Banque et Droit* 2001, n° 77, 36 et ses conséquences *JCP E* 2003. Act. 433).

3. Toutefois la condition est caduque lorsque l'opération projetée dépasse la phase initiale d'un mois à compter de la réception par l'autorité compétente d'une notification complète (« Phase I ») et rend nécessaire l'ouverture d'une enquête approfondie (« Phase II »). La difficulté à concilier les règles du droit boursier et du droit de la concurrence est alors reportée sur cette seconde étape de la procédure. V. L. Cohen-Tanugi, « OPA et contrôle des concentrations : la quadrature du cercle », *LPA* 21 juill. 1999, p. 31 ; L. Idot, *JCP E* 2001. 1 ; A. Brunet *et al.*, *JCP E* 2002. 1802 ; Bucher, « Droit de la concurrence et des offres publiques (et autres modifications apportées au Règlement général du Conseil des marchés financiers par l'arrêté du 15 nov. 2002) », *Bull. Joly Bourse* 2003. 1.

désigner un expert-comptable. Il peut également se prononcer sur le caractère amical ou hostile de l'offre. L'audition de l'auteur de l'offre est encadrée par des délais stricts et brefs (une semaine). Le CSE peut se faire assister par un expert-comptable chargé d'établir un rapport d'évaluation du projet de l'auteur de l'offre. Par la suite, l'auteur de l'offre ayant acquis le contrôle de la société devra rendre compte périodiquement au CSE de cette société de la manière dont il a mis en œuvre les déclarations d'intention et, le cas échéant, les engagements pris auprès du CE (C. trav., art. L. 2312-51).

Pour les sociétés dont les titres sont admis aux négociations sur un marché réglementé, le rapport visé à l'article L. 225-100 du Code de commerce[1] expose et, le cas échéant, explique un certain nombre d'éléments qui sont susceptibles d'avoir une incidence en cas d'offre publique, notamment les restrictions statutaires à l'exercice des droits de vote et aux transferts d'actions, les accords entre actionnaires dont la société a connaissance, ou encore les accords prévoyant des indemnités pour les membres du conseil d'administration ou du directoire ou les salariés en cas de démission ou de licenciement sans cause réelle et sérieuse (C. com., art. L. 225-100-3).

Lorsque l'offre porte sur des titres d'un établissement de crédit, l'Autorité de contrôle prudentiel en est informée[2] (C. mon. fin., art. L. 511-10). Lorsqu'elle porte sur des titres d'une entreprise d'assurance, le ministre chargé de l'économie en est informé (C. assur., art. L. 322-4).

La période d'offre débute avec la décision de recevabilité de l'offre qui doit être prise par l'AMF dans les cinq jours suivant la publication du projet de dépôt. Jusqu'à la clôture de l'offre, les actionnaires de la société visée peuvent répondre favorablement ou non à l'offre.

1. V. ss 505.
2. L'autorité de contrôle prudentiel (ACP) a été créée par l'Ord. 2010-76 du 21 janv. 2010 à la suite de la crise financière mondiale et opère fusion de la Commission bancaire, de l'Autorité de contrôle des établissements de crédit et des entreprises d'investissement (CECEI) et du Comité des entreprises d'assurance (CEA).

Afin de mieux lutter contre les prises de participation rampantes, la loi n° 2014-384 du 29 mars 2014 (loi *Florange*) a introduit un seuil de « caducité » automatique : lorsque, à la clôture d'une OPA, l'initiateur de l'offre ne détient pas au moins 50 % du capital ou des droits de vote, l'offre est caduque de plein droit (C. mon. fin., art. L. 233-1-2).

L'AMF veille à ce que toute offre se déroule en conformité avec des principes qu'elle fixe, tel que le respect de l'intérêt social, l'égalité de traitement ou d'information des actionnaires des sociétés concernées, ou encore le libre jeu des offres et de la surenchère[1]. Si les dirigeants accomplissent des actes autres que de gestion courante, l'AMF doit en être avisée. Il leur est interdit d'accroître les participations d'autocontrôle à compter du dépôt du projet d'offre.

731 **Offre concurrente.** Une offre publique concurrente d'une offre initiale peut être présentée, sous réserve qu'elle offre un prix supérieur d'au moins 2 % au prix antérieur. L'initiateur de l'offre a la faculté de surenchérir sur cette offre concurrente, tout comme sur sa propre offre, dans les mêmes conditions.

L'AMF publie le résultat de l'offre.

732 **La procédure simplifiée.** Elle est possible notamment lorsque l'initiateur détient déjà directement ou indirectement, seul ou de concert, la moitié au moins du capital et des droits de vote d'une société, ou lorsqu'il envisage une prise de participation au plus égale à 10 % des titres de capital conférant des droits de vote (ou à 10 % des droits de vote) de la société visée. La procédure est en principe réalisée par des achats de titres suivant les conditions fixées par l'avis d'ouverture de l'offre. Ses formalités restent contrôlées par l'AMF.

733 **Moyens de défense anti-OPA (ou OPE).** La société cible peut souhaiter opposer des moyens de défense aux OPA inamicales[2]. À titre préventif, la société a pu soit développer le capital non votant par l'émission d'actions de préférence, soit verrouiller l'accès au capi-

1. Paris 27 oct. 1993, *JCP E* 1994. I. 331, n° 14, obs. A. Viandier et J.-J. Caussain ; *RD. banc. fin.* 1999, n° 40, p. 252, obs. M. Germain et M.-A. Frison-Roche.
2. V. R. Vatinet, « Les défenses anti-OPA », *Rev. sociétés* 1987. 539 ; D. Bouillet, « La sauvegarde des sociétés face aux offres publiques d'achat sauvages », *JCP E* 1998. 453.

tal à l'aide, par exemple, des conventions de vote. Depuis la loi du 15 mai 2001, toute clause d'une convention prévoyant des conditions préférentielles de cession ou d'acquisition d'actions admises aux négociations sur un marché réglementé, et portant sur au moins 0,5 % du capital ou des droits de vote de la société qui a émis ces actions, doit être transmise à l'AMF dans un délai de cinq jours de bourse à compter de la signature de la convention ou de l'avenant introduisant la clause concernée. À défaut de publicité, les effets de la clause sont suspendus, et les parties déliées par leur engagement en période d'offre publique (C. com., art. L. 233-11). En outre, et sauf lorsqu'elles résultent d'une obligation législative, les clauses d'une société dont des actions sont admises à la négociation sur un marché réglementé prévoyant des restrictions statutaires au transfert d'actions de la société sont inopposables à l'initiateur d'une offre publique pour les titres qui lui seraient apportés dans le cadre de son offre[1] (C. com., art. L. 233-34). Par ailleurs, les statuts de sociétés cotées peuvent prévoir de suspendre, *pendant toute la période d'offre*, les effets des restrictions à l'exercice du droit de vote attachés aux actions de la société, que ces restrictions soient statutaires ou non (C. com., art. L. 233-36 et L. 233-37). La suspension peut également être prévue pour jouer, sous certaines conditions, pendant la première assemblée générale qui suit la clôture de l'offre (C. com., art. L. 233-38).

La société peut également se défendre en période d'OPA en augmentant le coût de l'opération et, notamment en procédant à une augmentation de capital. Ayant cherché à réhabiliter les droits des actionnaires en période d'offre, la loi du 31 mars 2006 exigeait que, ***pendant la période d'offre,*** les dirigeants obtiennent l'approbation préalable de l'assemblée générale pour prendre toute mesure relevant normalement de leur compétence mais dont la mise en œuvre est susceptible de faire échouer l'offre, hormis la

1. Cette disposition n'apparaissait pas indispensable, dans la mesure où elle vise les clauses d'agrément, qui sont désormais interdites dans les sociétés dont les titres sont admis aux négociations sur un marché réglementé (C. com., art. L. 228-23, al. 1er), et les clauses statutaires de préemption qui sont incompatibles avec une cotation. Sur la notion et la validité des pactes d'actionnaires en général, v. S. Schiller, *Rép. sociétés*, V° « Pactes d'actionnaires ».

recherche d'autres offres (C. com., art. L. 233-32, I). Cette disposition (dite principe de neutralité des dirigeants) a été modifiée par la loi *Florange* de telle sorte que les organes de direction de la société cible peuvent désormais prendre toute décision dont la mise en œuvre est susceptible de faire échouer l'offre, sous réserve des pouvoirs expressément attribués aux assemblées générales dans la limite de l'intérêt de la société. Concernant les décisions prises par les dirigeants ***avant la période d'offre*** mais qui n'ont été que partiellement mises en œuvre, une approbation ou confirmation par l'assemblée générale est requise pour certaines d'entre elles[1] (C. com., art. L. 233-32, III, *in fine*). En outre, toute délégation d'une mesure dont la mise en œuvre est susceptible de faire échouer l'offre, hormis la recherche d'autres offres, accordée par l'assemblée générale avant la période d'offres est suspendue en période d'offre publique (C. com., art. L. 233-32, III, al. 1er).

Cette règle de l'approbation préalable ne s'impose toutefois que sous réserve de réciprocité : elle est en effet écartée si la société auteur de l'offre, ainsi que ceux qui la contrôlent, n'y sont pas eux-mêmes soumis. L'assemblée générale extraordinaire peut par ailleurs décider l'émission de bons de souscription d'actions destinés à faire échouer l'offre (C. com., art. L. 233-32, II, al. 1er). Ces bons permettent à tous les actionnaires d'une société cible de souscrire, avant l'expiration de la période d'offre publique et à des conditions préférentielles, des actions de la société. L'attribution de tels bons est obligatoirement gratuite

734 **L'offre publique de retrait (OPR).** La procédure de retrait permet aux actionnaires minoritaires d'une société dont les titres sont admis aux négociations sur un marché réglementé de demander leur retrait de la société. Cette procédure est possible, à l'initiative soit des actionnaires minoritaires, soit des actionnaires majoritaires, dans les cas où un associé ou un groupe d'associés agissant de concert détient au moins 95 % des droits de vote (C. mon. fin., art. L. 433-4, I). A ces deux hypothèses répondant à une initiative

1. Il s'agit des décisions du conseil d'administration (ou de surveillance), du directoire, du directeur général ou de l'un des directeurs généraux délégués, qui ne s'inscrivent pas dans le cours normal des activités de la société et dont la mise en œuvre est susceptible de faire échouer l'offre.

propre des actionnaires, s'en ajoutent d'autres où le législateur[1] ou l'AMF imposent le recours à une procédure d'OPR en raison d'importants changements subis par la société.

735 **Retrait obligatoire à l'issue d'une offre publique de retrait.** Le retrait obligatoire (*squeeze out*) intervient traditionnellement à l'issue d'une offre ou d'une demande de retrait[2] (OPR-RO). À l'issue d'une offre publique de retrait réalisée en application du règlement général de l'AMF, l'actionnaire ou le groupe majoritaire peut se voir transférer les titres non présentés par les actionnaires minoritaires[3] ou les porteurs de certificats d'investissement ou de certificats de droits de vote[4] dès lors qu'ils ne représentent pas plus de 10 % (5 % avant la loi *PACTE*) du capital ou des droits de vote moyennant indemnisation de ces derniers (RGAMF, art. 236-1, al. 1er).

Lorsque le retrait est consécutif à une procédure d'offre publique de retrait, son initiateur peut soit se réserver de demander la mise en œuvre du retrait obligatoire une fois l'offre terminée, soit demander que le retrait obligatoire se réalise automatiquement à la clôture de l'offre publique du retrait.

Un expert indépendant doit être désigné (RGAMF, art. 261-1, II). L'AMF examine le projet d'offre et se prononce sur sa recevabilité. Elle apprécie notamment si l'initiateur propose une indemnisation juste et équitable aux actionnaires minoritaires[5].

Jusqu'en 2011, l'usage du retrait obligatoire était limité car il ne pouvait être réalisé qu'à l'issue d'une OPR. La loi du 22 octobre 2010, dite loi de régulation bancaire et financière en a étendu l'application à toute offre publique.

736 **Retrait obligatoire à l'issue d'une offre publique.** Désormais le retrait obligatoire peut suivre toute offre publique dès lors qu'à l'issue de l'offre, les titres non présentés par les actionnaires minoritaires

1. C'est le cas lorsque la société se transforme en une société en commandite par actions (C. mon. fin., art. L. 433-3).
2. V. ss 734.
3. Cette procédure s'impose aux actionnaires, personnes morales de droit public comme de droit privé : Com. 21 janv. 2014, n° 12-29475, *Bull. Joly*, avr. 2014, 235, note J.-M. Moulin.
4. Le domaine du retrait est étendu quant aux titres, les titres concernés étant des titres de capital existant mais également des titres donnant ou pouvant donner accès au capital (C. mon. fin., art. L. 433-4).
5. V. par ex., Paris 19 déc. 2000, *RTD com.* 2001. 487, obs. N. Rontchevsky.

ne représentent par plus de 10 % (5 % avant la loi *PACTE*) du capital ou des droits de vote (C. mon. fin., art. L. 433-4, III). Le retrait obligatoire est donc possible en dehors d'une offre publique de retrait. La loi précise que l'indemnisation versée aux minoritaires est égale, par titre, au prix proposé lors de la dernière offre ou, le cas échéant, au prix résultant de l'évaluation multicritère d'usage courant en matière d'offres publiques (C. mon. fin., art. L. 433-4, III).

3. Disparition de la garantie de cours

737 **Notion.** La garantie de cours était une procédure très ancienne, spécifiquement applicable aux négociations de blocs de contrôle, opération par laquelle l'actionnaire d'une société cotée qui détient, par le nombre de titres importants qu'il possède (majorité du capital ou des droits de vote), une influence prépondérante dans les organes de direction de la société, décide de céder ses titres. Toute personne physique ou morale, agissant seule ou de concert, qui acquérait ou projetait d'acquérir un bloc de titres lui conférant, compte tenu des titres ou des droits de vote qu'elle détenait déjà, la majorité du capital ou des droits de vote dans la société avait l'obligation de respecter la procédure afin d'assurer le respect de l'égalité entre les actionnaires. À la différence des offres publiques, la garantie de cours supposait une cession ou un projet de cession entre des personnes identifiées.

738 **Suppression de la garantie de cours.** Depuis que le prix de l'offre dans une procédure d'offre publique obligatoire est réglementé (v. ss 729), la garantie de cours ne s'appliquait plus qu'à des cas très marginaux – en particulier, le cas où la cession d'un bloc de contrôle émanait d'actionnaires majoritaires – ne suffisant plus à justifier son maintien. Aussi, la loi de régulation bancaire et financière du 22 octobre 2011 l'abroge-t-elle. En contrepartie, cette loi fait du franchissement direct ou indirect du seuil de 50 % un nouveau cas d'offre obligatoire (v. ss 729).

Ces opérations conduisent à la naissance de groupes de sociétés, ce qui entraîne certaines conséquences juridiques.

§ 2. Les conséquences juridiques

739 Bien que la personnalité morale ne soit pas accordée au groupe de sociétés, certaines branches du droit attachent à son existence des effets juridiques importants, que ce soit par l'intermédiaire du législateur ou de la jurisprudence.

740 **Droit comptable.** Les sociétés commerciales placées à la tête d'un groupe, quelle que soit leur forme, doivent, indépendamment de leurs comptes annuels, établir et publier des comptes consolidés (C. com., art. L. 233-16). L'obligation de consolidation pèse dès lors qu'une société contrôle de manière exclusive ou conjointe d'autres sociétés, ou qu'elle exerce une influence notable sur celles-ci.

Le contrôle exclusif par une société résulte soit de la détention directe ou indirecte de la majorité des droits de vote dans une autre entreprise ; soit de la désignation, pendant deux exercices successifs, de la majorité des membres des organes d'administration, de direction ou de surveillance d'une autre entreprise.

Le contrôle conjoint est le partage du contrôle sur une entreprise exploitée en commun par un nombre limité d'associés ou d'actionnaires, de sorte que les décisions résultent de leur accord.

L'influence notable sur la politique financière et la gestion d'une entreprise est présumée lorsqu'une société dispose directement ou indirectement d'au moins 20 % des droits de vote.

Les comptes consolidés doivent être réguliers, sincères et donner une image fidèle du groupe. Leur établissement doit obéir aux principes comptables et aux règles d'évaluation prévues pour celui des comptes annuels. Ils doivent être certifiés par deux commissaires aux comptes qui devront veiller à la concordance avec les comptes des informations données dans le rapport de gestion du groupe consolidé (C. com., art. L. 225-235). Ils sont publiés et déposés au greffe du tribunal de commerce.

741 **Droit boursier.** Le droit boursier des prises de participation dans les sociétés dont les titres sont admis aux négociations à un marché réglementé impose différentes mesures d'information ou de notification. C'est le cas notamment de l'obligation de déclaration de

franchissement de seuils et de publication des conventions d'actionnaires prévoyant des conditions préférentielles de cession ou d'acquisition d'actions. Il réglemente également l'autocontrôle en neutralisant l'exercice en assemblée générale des droits attachés à des actions ou à des droits de vote d'une société qui sont possédés par une ou plusieurs sociétés dont elle-même détient directement ou indirectement le contrôle (C. com., art. L. 233-31). Il réglemente de même les participations croisées. Une société par actions ne peut posséder d'actions d'une autre société, si celle-ci détient une fraction de son capital supérieure à 10 % (C. com., art. L. 233-29, al. 1). La société qui vient à détenir plus de 10 % du capital d'une autre société doit en informer cette dernière dans le délai de quinze jours à compter du franchissement du seuil (C. com., art. L. 233-7, al. 1). Si les investissements réciproques sont de même importance, chacune des sociétés doit réduire le sien, de telle sorte qu'il n'excède par 10 % du capital de l'autre (C. com., art. L. 233-29, al. 2). La violation de ces dispositions entraîne des sanctions pénales.

La jurisprudence étend aux groupes de sociétés certaines solutions dégagées pour les sociétés. Ainsi, une société-mère ne peut pas imposer à l'une de ses filiales une décision contraire aux intérêts spécifiques de cette société[1]. De même, elle fait application de la jurisprudence en matière d'abus de majorité[2]. La loi du 15 mai 2001 étend l'expertise de gestion au groupe (C. com., art. L. 225-231).

742 **Droit du travail.** Les mesures d'information et de notification visent principalement le public, mais les lois successives ont renforcé également le droit d'information des salariés, notamment lors d'une OPA ou OPE[3]. En outre, la loi impose la mise en place d'un comité de groupe dont la mission est d'assurer aux représentants du personnel une information de groupe complémentaire à celle donnée par le CSE. La jurisprudence, quant à elle, a très tôt reconnu l'existence du groupe, en relevant l'absence d'autonomie

1. Paris 22 mai 1965, *JCP* 1965. II. 14274 *bis*, concl. Neuveu (affaire *Fruehauf*).
2. T. com. Paris 29 juin 1981 (affaire *Agache-Willot*), *Gaz. Pal.* 1981. II. 687, P. de Fontbressin.
3. V. ss 730.

juridique des diverses entités le composant pour ne retenir que l'unité économique et sociale formée[1]. Elle fait ainsi intervenir la notion de groupe aussi bien dans les relations individuelles du travail[2] que dans les rapports collectifs[3].

743 **Droit pénal.** Afin de mieux contrôler les échanges de flux financiers entre sociétés de même groupe, la jurisprudence pénale a posé les critères de l'intérêt de groupe permettant d'échapper à l'application des textes relatifs à l'abus de biens sociaux visé aux articles L. 242-6 3° et L. 241-3 4° du Code de commerce. L'existence d'un groupe doit être établie et le concours financier apporté doit être dicté par les intérêts de ce groupe, appréciés au regard d'une politique commune. Il ne doit pas être dépourvu de contrepartie ou ne doit pas rompre l'équilibre entre les engagements respectifs des diverses sociétés et ne pas excéder les possibilités financières de celle qui en supporte la charge[4]. Lorsque chacune des sociétés a un objet distinct, l'intérêt du groupe n'est pas reconnu[5].

> **Le droit pénal et les groupes de sociétés**
> **Affaire *Rozenblum***
> « Pour échapper à l'incrimination d'abus de biens sociaux, le concours financier apporté par les dirigeants de fait ou de droit d'une société à une autre entreprise d'un même groupe dans laquelle ils sont intéressés directement ou indirectement, doit être dicté par l'intérêt économique social ou financier commun, apprécié au regard d'une politique élaborée pour l'ensemble de ce groupe, il ne doit ni être démuni de contrepartie ou rompre l'équilibre entre les engagements respectifs des diverses sociétés concernées, ni excéder les possibilités financières de celles qui en supportent la charge »[6].

1. V. par ex., Soc. 2 déc. 1997, *BRDA* 1998, n° 6, 5. *Adde, Les salariés et les associés minoritaires dans les groupes de sociétés*, PU Aix-Marseille, 1993.
2. A ainsi été condamnée une société autre que la société employeuse à verser des indemnités de rupture de contrat de travail au motif que les salariés se trouvaient en fait sous la subordination commune de plusieurs sociétés : Soc. 22 janv. 1998.
3. Elle apprécie par exemple la nécessité de constituer un comité de groupe, adapte le motif économique d'un licenciement au sein d'un groupe, ou encore condamne le fait que la constitution d'un groupe puisse faire obstacle aux règles de la représentation du personnel.
4. Crim. 4 févr. 1985, *Rev. sociétés* 1985. 648, obs. B. Bouloc ; *JCP* 1986. II. 20585, note W. Jeandidier, *D.* 1985. 478, note D. Ohl (affaire Rozenblum).
5. Crim. 14 avr. 1993, *Bull. Joly* 1993. 771 ; *Adde* Crim. 1er fév. 2017, n° 15-85199, *Bull. Joly*, avr. 2017, p. 239, note E. Laouial-Bassilana.
6. La jurisprudence a en revanche jugé que l'intérêt du groupe ne saurait être invoqué en cas de poursuites pour banqueroute (Crim. 27 avr. 2000, *Cah. dr. aff.* 2000. 327, obs. A. Lienhard).

744 Si le droit des sociétés ne prend pas en compte les groupes de sociétés en tant que tels, il permet en revanche le regroupement de sociétés indépendantes dans un but économique.

CHAPITRE 2

Le groupement d'intérêt économique

745 **Caractéristiques.** Le groupement d'intérêt économique trouve sa source dans une ordonnance du 23 septembre 1967 figurant aux articles L. 251-1 à L. 251-23 du Code de commerce. Il a été créé afin de permettre une concentration des entreprises par la mise en commun de certaines de leurs activités. Le succès qu'a connu le GIE en France a conduit le droit européen à créer le groupement européen d'intérêt économique (GEIE) par un règlement adopté le 25 juillet 1985 qui s'inspire très fortement du modèle français (C. com., art. L. 252-1 à L. 252-13).

Le GIE a la personnalité morale, mais il n'est pas une société. Il présente l'avantage d'être de constitution et de fonctionnement très souples. Ses membres sont indéfiniment et solidairement responsables des dettes du groupement sans qu'ils aient nécessairement la capacité de commerçant. Les droits de ses membres ne peuvent être représentés par des titres négociables. Toute clause contraire est réputée non écrite.

L'analyse portera sur les conditions de constitution (SECTION 1), de fonctionnement (SECTION 2) et de dissolution (SECTION 3) du GIE. À titre comparatif, il convient de présenter brièvement l'étude du GEIE (SECTION 4).

Section 1
La constitution du GIE

746 **Définition.** Le groupement d'intérêt économique est constitué par deux ou plusieurs personnes physiques ou morales pour une durée déterminée, en vue de mettre en œuvre tous les moyens propres à faciliter ou à développer l'activité économique de ses membres et à améliorer ou à accroître les résultats de cette activité (C. com., art. L. 251-1). L'activité du GIE doit se *rattacher* à l'activité économique de ses membres et ne peut avoir qu'un caractère auxiliaire[1] par rapport à celle-ci (recherche, distribution...). Le but du GIE n'est pas de réaliser des bénéfices pour lui-même mais de faire faire des économies à ses membres.

747 **Conditions de fond.** Toute personne physique ou morale jouissant de la pleine capacité juridique et exerçant une activité économique peut participer à la constitution d'un GEI. Il doit y avoir au minimum deux membres. L'objet du GIE peut être civil ou commercial. Il doit se rattacher à l'activité principale de ses membres, mais il ne peut avoir qu'un caractère auxiliaire par rapport à celle-ci. Le GIE peut être constitué sans capital. Le contrat de constitution peut contenir une clause de variabilité du capital, ce qui permet le retrait des membres et l'arrivée de nouveaux membres. En l'absence d'apports, le GIE est financé par des avances en compte courant ou des cotisations. La durée du GIE doit être déterminée.

748 **Les formalités.** La constitution d'un GIE rend nécessaire la rédaction d'un contrat déposé au greffe du tribunal de commerce. Le GIE acquiert la personnalité morale à compter de son immatriculation au Registre du commerce et des sociétés. Une insertion au *BODACC* rend le GIE opposable aux tiers. La reprise des actes des fondateurs est possible mais uniquement par une délibération des membres après immatriculation du groupement (C. com., art. L. 251-4, al. 2).

1. Ce qui n'est pas le cas de deux professions déclarées incompatibles par la loi (assurance et expertise automobile, par exemple) : Com. 13 nov. 2003, *Dr. sociétés* 2004. 55, obs. F.-X. Lucas.

SECTION 2

LE FONCTIONNEMENT DU GIE

749 **Les assemblées.** Les membres du GIE ont le droit de participer à la vie du groupement dans les assemblées ordinaires et extraordinaires. L'assemblée est habilitée à prendre toutes les décisions dans les conditions déterminées par le contrat (C. com., art. L. 251-10, al. 1). L'assemblée est obligatoirement réunie à la demande d'un quart des membres du groupement. Dans le silence des statuts, les décisions sont prises à l'unanimité. Le contrat peut aussi attribuer à chaque membre un nombre de voix différent. À défaut, chacun dispose d'une voix (C. com., art. L. 251-10, al. 2).

Les membres du groupement ont le droit au partage des bénéfices éventuels du groupement après approbation des comptes et selon les modalités du contrat. Ils ont en outre le droit de se retirer du groupement selon les conditions du contrat. Un membre ne peut toutefois se retirer tant qu'il n'a pas exécuté ses engagements (C. com., art. L. 251-9, al. 2).

750 **L'administration.** Le groupement d'intérêt économique est administré par une ou plusieurs personnes, physiques ou morales (par l'intermédiaire d'un représentant permanent). Le nombre et les conditions de nomination sont librement fixés par les membres du GIE. La nomination doit faire l'objet d'une publication dans les mêmes conditions que l'acte constitutif. Dans les rapports avec les tiers, un administrateur engage le groupement par tout acte dans l'objet social de celui-ci. Toute limitation de pouvoir est inopposable aux tiers (C. com., art. L. 251-11, al. 2). Les administrateurs sont responsables individuellement ou solidairement selon les cas, envers le groupement ou envers les tiers, des infractions aux lois et règlements, de la violation de l'acte constitutif, des fautes de gestion.

751 **Le contrôle.** Le contrôle interne de la gestion au sein du GIE est obligatoire. Il ne peut être confié qu'à des personnes physiques (C. com., art. L. 251-12, al. 1). La nomination et la cessation des fonctions du contrôleur de gestion font l'objet de mesures de

publicité. Sa mission consiste à contrôler les comptes et la gestion du GIE.

En outre, l'intervention d'un ou de plusieurs commissaires aux comptes est obligatoire si le GIE émet des obligations ou s'il compte au moins cent salariés à la clôture d'un exercice (C. com., art. L. 251-12, al. 3). Les dispositions de droit commun touchant au mandat et à la fonction du commissaire aux comptes sont applicables au GIE.

Le régime des conventions est étendu par la loi NRE aux *personnes morales de droit privé non commerçantes ayant une activité économique* (C. com., art. L. 612-5). Dès lors, il semble que les conventions passées directement ou par personne interposée entre un GIE à objet civil et l'un de ses administrateurs ou l'une des personnes assurant un rôle de mandataire social soient soumises à la procédure des conventions réglementées. Il en serait de même des conventions passées entre un GIE à objet civil et une société dont un associé indéfiniment responsable, un gérant, un administrateur, le directeur général, un directeur général délégué, un membre du directoire ou du conseil de surveillance, un actionnaire disposant d'une fraction des droits de vote supérieure à 10 %, serait simultanément administrateur ou assurerait un rôle de mandataire social dans le GIE à objet civil. Le représentant légal ou, s'il en existe un, le commissaire aux comptes du GIE devra présenter à l'assemblée un rapport sur toutes les conventions sans distinction selon qu'elles portent sur des opérations courantes et qu'elles sont conclues à des conditions normales ou non.

Section 3
La disparition du GIE

752 **La transformation.** Un GIE peut être transformé en société en nom collectif sans donner lieu à dissolution ni à création d'une personne morale nouvelle (C. com., art. L. 251-18, al. 1). Pour la transformation d'un GIE en une autre forme que la SNC, le coût fiscal de dissolution étant très élevé, il est conseillé en pratique

de procéder à la transformation en deux étapes : tout d'abord le GIE se transforme en SNC, puis la SNC peut se transformer plus aisément en une autre société.

753 **La dissolution.** Les causes de dissolution sont proches de celles des sociétés : arrivée du terme prévu dans le contrat, réalisation ou extinction de l'objet, décision de dissolution anticipée par l'assemblée, décision judiciaire pour justes motifs, décès d'un membre personne physique ou dissolution d'un membre personne morale, incapacité, faillite personnelle, interdiction de diriger, gérer, administrer des membres (C. com., art. L. 251-19 et L. 225-20). La dissolution du GIE entraîne sa liquidation (C. com., art. L. 251-21). La personnalité du groupement subsiste pour les besoins de la liquidation. La procédure de redressement ou de liquidation judiciaire s'applique automatiquement aux membres du GIE.

Section 4
Le groupement européen d'intérêt économique

754 **Caractéristiques.** Le groupement européen d'intérêt économique a été créé par un règlement du Conseil des Communautés européennes en date du 25 juillet 1985[1]. Il trouve sa source en droit français dans une loi du 13 juin 1989 intégrée dans le nouveau Code de commerce aux articles L. 252-1 et suivants. Ses caractéristiques sont très proches du GIE qui a servi de modèle au règlement européen[2].

Le GEIE répond aux mêmes conditions de constitution que le GIE. Toutefois, il doit y avoir dans le groupement européen d'intérêt économique au moins deux membres relevant de deux États différents de l'Union européenne. Sa durée peut en outre être indéterminée, contrairement à la durée du GIE.

1. Règl. (CEE) n° 2137/85, *JOCE* n° L 199, 31 juill. 1985 ; *JCP* 1985. III. 57523.
2. V. C. Gavalda, « L'acculturation dans la législation française de la formule du GEIE », in *Mélanges Derruppé*, Montchrestien, 1991, p. 37.

Le GEIE est administré par un ou plusieurs gérants (et non des administrateurs) qui le représentent vis-à-vis des tiers. Le droit français a retenu la possibilité donnée par le règlement de permettre que des personnes morales soient nommées comme gérant (C. com., art. L. 252-6). Mais elles sont tenues de désigner un représentant permanent qui encourt les mêmes responsabilités civile et pénale que s'il était gérant en son nom propre. Les pouvoirs des gérants sont fixés par le contrat constitutif. À la différence des administrateurs du GIE, les gérants du GEIE engagent le groupement par tout acte, même n'entrant pas dans l'objet social. Les dispositions applicables au GIE relatives aux assemblées et au contrôle des comptes et de la gestion sont applicables au GEIE.

De même pour les règles de transformation et de dissolution du GEIE (C. com., art. L. 252-8).

Bibliographie

A. Constantin, *Droit des sociétés*, 7e éd., Dalloz, coll. « Mémento », 2020.

M. Cozian, A. Viandier et Fl. Deboissy, *Droit des sociétés*, 34e éd., LexisNexis, coll. « Manuels », 2021.

P. et Ph. Didier, *Droit commercial*, t. 2, *Droit des sociétés commerciales*, Economica, coll. « Corpus », 2011.

D. Gibirila, *Droit des sociétés*, 6e éd., Ellipse, coll. « Université droit », 2020.

Y. Guyon, *Droit des affaires*, t. 1, *Droit commercial général et sociétés*, 12e éd., Economica, 2003.

M. Jeantin, *Droit des sociétés*, 3e éd., Montchrestien, 1996.

P. Le Cannu et B. Dondero, *Droit des sociétés*, 8e éd., LGDJ, coll. « Précis Domat », 2020.

B. Mercadal, Ph. Janin, A. Charveriat et A. Couret, *Mémento Sociétés commerciales 2019*, 50e éd., Francis Lefebvre, coll. « Mémento pratique », 2019.

Ph. Merle, en collaboration avec A. Fauchon, *Droit commercial, Sociétés commerciales*, 24e éd., Dalloz, coll. « Précis », 2020-2021.

J. Mestre et D. Velardocchio, *Lamy sociétés commerciales*, 2021.

B. Dondero, *Droit des sociétés*, 7e éd., Dalloz, coll. « Hypercours », 2020.

G. Ripert et R. Roblot, par M. Germain et V. Magnier, *Traité de droit commercial*, 23e éd., LGDJ, t. 1, vol. 2, 2022.

D. Vidal, *Droit des sociétés*, 7e éd., LGDJ, coll. « Manuel », 2010.

Encyclopédies juridiques

Répertoire Sociétés Dalloz (dir. V. Magnier).

Juris-Classeur Sociétés Traité (dir. F. Terré et M. Germain).

Dictionnaire Joly Sociétés.

INDEX ALPHABÉTIQUE

Les chiffres renvoient aux numéros de paragraphes.

A

B

C

G

H

I

J

L

M

N

O

P

Q

R

U

V

TABLE DES MATIÈRES

Photocomposition Nord Compo
59650 Villeneuve d'Ascq

FSC
www.fsc.org
MIXTE
Papier issu
de sources
responsables
FSC® C108412

720646 (I) - OSB-Prg 60g - NC (MLN)

Achevé d'imprimer par CPI Bussière en janvier 2022
N° d'impression : 2062590 - 2062610
Dépôt légal : janvier 2022

Imprimé en France